兩岸經濟合作與海西建設

石正方 主編

崧燁文化

目錄

海峽兩岸經濟週期協動性的測量與分析
一、引言
二、研究方法與數據收集
三、海峽兩岸經濟週期協動性的實際測量
四、關於測量結果的進一步討論
五、海峽兩岸經濟週期協動性的演化趨勢與政策啟示

新時期兩岸經貿合作的進展與前景
一、國際金融危機對兩岸經濟的影響
二、近期兩岸經貿合作的新進展
三、兩岸經濟合作的前景

抓住機遇，推動兩岸經貿合作進入新的發展階段
兩岸「經濟兩化」功能與推進
一、「經濟兩化」背景概述
二、「經濟兩化」的經濟動因
三、積極推進兩岸「經濟兩化」進程

深化兩岸經濟合作的路徑與重點
一、兩岸經濟往來正常化
二、兩岸經濟合作制度化
三、兩岸經濟關係機制化
四、兩岸產業合作新型化

兩岸經濟合作機制相關問題之研究
——從簽署 ECFA 政策思維談待解決之歧見
　　一、前言
　　二、臺灣對簽署 ECFA 之政策構想
　　三、中國大陸對簽署 ECFA 之政策思維
　　四、兩岸經濟合作機制待解決之問題
　　五、結語

試析具有兩岸特色的「ECFA」
　　前言
　　一、「ECFA」的兩岸特色
　　二、「讓利」能讓兩岸經貿合作走的更遠
　　三、臺灣對「ECFA」需求與矛盾
　　四、幾點思考

ECFA 與兩岸經濟合作方式及途徑的選擇
　　一、東亞區域經濟一體化與兩岸經濟合作趨勢
　　二、ECFA 是推動兩岸經濟合作基本途徑
　　三、兩岸經濟合作面臨的問題與障礙及解決途徑

ECFA 簽訂後對兩岸經貿關係之影響初探
　　壹、前言
　　貳、馬英九政府的兩岸經貿政策
　　參、ECFA 的規劃與協商進度
　　肆、簽署 ECFA 對兩岸經貿可能影響
　　伍、結論

論 ECFA 框架下兩岸經貿爭端解決機制的構建
　　一、ECFA 框架下構建兩岸經貿爭端解決機制的必要性
　　二、兩岸經貿爭端解決機制適用的主體及客體範圍
　　三、兩岸經貿爭端解決機制運行模式的選擇
　　四、兩岸經貿爭端解決機制的具體設置
　　五、結語

由兩岸經濟合作協議談兩岸金融合作遠景
　　第一節 經濟全球化及自由化之趨勢
　　第二節 大陸經貿暨金融影響力與日俱增
　　第三節 兩岸經濟合作架構協議（ECFA）的簽署與兩岸金融合作
　　第四節 經濟全球化趨勢下的國際資金移動與外人直接投資
　　第五節 兩岸快速經貿成長帶來了金融合作商機
　　第六節 臺灣金控公司設立經營對大陸的啟示：子銀行績效比較
　　第七節 發展產業供應鏈融資，強化兩岸中小企業及農村金融合作，促進經濟及社會穩定發展
　　第八節 結論與建議

ECFA 與兩岸金融合作雙贏
　　一、兩岸金融市場相互開放的現狀
　　二、ECFA 及其對兩岸金融合作的意義
　　三、ECFA 下兩岸金融合作雙贏的思路
　　四、現階段兩岸金融合作雙贏的路徑

兩岸經濟合作協議與臺灣經濟發展
　　壹、前言
　　貳、臺灣經濟發展的問題

參、簽兩岸經濟合作協議之重要性
　　肆、兩岸經濟合作協議對兩岸關係之影響
　　伍、兩岸經濟合作協議簽訂後臺灣應有之經貿戰略
　　陸、結語

ECFA 對臺灣農業的影響探析
　　一、島內各方對臺灣農業受 ECFA 影響的反應
　　二、ECFA 對臺灣農業的影響
　　三、全球貿易自由化下臺灣應有的認知
　　四、結論

兩岸經濟合作模式與 ECFA 框架下的福建對臺合作——推動兩岸經濟合作制度化之探討
　　一、兩岸經濟合作模式的演進
　　二、影響兩岸經濟合作模式從功能性向制度性演進的因素
　　三、在 ECFA 框架下建設海峽兩岸閩臺區域經濟合作先行區

構建兩岸經貿合作緊密區域研究
　　一、構建兩岸經貿合作緊密區域的重要意義
　　二、兩岸經貿合作緊密區域的基本構想和功能定位
　　三、兩岸經貿合作緊密區域的政策機制和具體措施

中國大陸區域試點機制與兩岸海西產業合作的重要意涵
　　第一節 前言
　　第二節 中國大陸區域試點機制
　　第三節 後金融風暴兩岸戰略性新興產業合作契機
　　第四節 新興產業與建置海西兩岸產業合作試點機制

海西發展戰略與兩岸經貿合作
　　一、兩岸經貿合作日趨緊密
　　二、兩岸經貿合作前景
　　三、海西發展在兩岸經貿合作中的優勢
　　四、海西發展戰略的意義

影響「海峽西岸經濟區」發展成功的因素
　　一、前言
　　二、臺灣經濟發展與政府角色
　　三、中國成功的區域發展策略和政策
　　四、中國設置「海峽西岸經濟區」之緣起
　　五、中國「海峽西岸經濟區」之發展現況
　　六、影響「海峽西岸經濟區」發展成功的因素

海西區先行先試戰略與兩岸 ECFA 連接問題探討
　　引言
　　一、兩岸經濟合作需要從整體層面與區域層面同時推進
　　二、海西先行先試戰略與兩岸 ECFA 連接的意義與作用
　　三、海西先行先試戰略與兩岸 ECFA 連接之授權與體現
　　四、海西先行先試戰略與兩岸 ECFA 連接的思路與原則
　　五、海西先行先試戰略與兩岸 ECFA 連接的內容與政策
　　六、建設海西先行先試戰略與兩岸 ECFA 連接的運作平臺
　　結論

南臺灣與海西區合作發展創造兩岸互信和諧新契機
　　壹、前言
　　貳、兩岸發展交流現況

參、南臺灣公共領域發展現況
肆、大陸發展、兩岸交流與海西經濟區規劃
伍、兼顧公私管理的兩岸地區發展合作構想
陸、結語

海西「兩岸經貿合作緊密區域」建設相關問題研究
一、新時期海西建設面臨機遇和挑戰
二、加快海西「兩岸經貿合作緊密區域」建設
三、海西「兩岸經貿合作緊密區域」建設的原則
四、海西「兩岸經貿合作緊密區域」建設的對策取向
五、結論

海峽西岸經濟區政府、科學研究院所和企業區域三螺旋合作
一、大學—企業—政府區域三螺旋空間運行過程
二、政府營造孕育特色產業集群的區域三螺旋支撐環境
三、三螺旋競爭性企業主導特色產業集群的形成和發展
四、創業型大學以推進區域三螺旋提升特色產業集群競爭力
五、小結

海西平潭綜合建言
一、前言
二、平潭綜合實驗區的之 SWOT 分析
三、平潭綜合實驗區之遠景與規劃
四、解決平潭發展障礙之方法與路徑：
五、結語

擴大宣傳力度推動「共建共管特區」平潭島之我見
　　一、前言
　　二、缺乏宣傳力度、鮮為人知的兩岸「共建共管特區」
　　三、政策建議
　　四、結語

廈門對臺交流合作先行先試分析
　　一、廈門發展對臺交流合作的獨特優勢
　　二、廈門在兩岸關係發展中發揮了獨特的作用
　　三、廈門面臨的新機遇思考
　　四、廈門在海西建設中先行先試探討

從「新港臺互動關係」看兩岸區域經濟整合與發展之前景分析
　　第一節 前言
　　第二節 香港政府主動調整港臺關係
　　第三節 「新港臺互動關係」的經濟效益
　　第四節 香港與臺灣經貿往來的最新現況
　　第五節 「新港臺關係」與兩岸經濟發展之前景分析

東亞區域經濟整合與臺灣參與的可行性問題探討
　　一、東亞區域經濟合作發展趨勢與特點
　　二、臺灣參與東亞區域經濟合作的戰略與策略
　　三、臺灣參與東亞區域經濟整合與海峽兩岸經濟整合的關係問題

構建浙臺兩地區域經濟合作模式初探
——基於 SWOT 分析的策略選擇與模式研究
　　一、浙江加強浙臺兩地的經濟合作的 SWOT 分析
　　二、浙臺兩地區域經濟合作及其模式分析
　　三、基於 SWOT 分析的策略選擇與模式建議

兩岸「三通」後粵臺經貿合作新發展
　　一、廣東臺商投資的現狀與特點
　　二、「三通」後，廣東對臺合作的主要問題
　　三、「三通」後廣東對臺的政策與建議

關於兩岸金融合作願景的思考
　　一、兩岸金融合作面臨重大發展機遇
　　二、兩岸金融合作擁有廣闊空間和豐富內涵
　　三、推動兩岸金融合作應考量的戰略因素

海西區構建對臺金融市場的機會與挑戰
　　壹、前言
　　貳、歷史回顧
　　參、政策演進
　　肆、當前政策架構
　　伍、實踐成果
　　陸、機會與挑戰
　　柒、對策建議

海峽西岸經濟區對臺金融合作的市場空間探析
　　一、引言
　　二、供需視角下海峽西岸經濟區對臺金融合作的市場空間
　　三、產業聯動視角下海峽西岸經濟區對臺金融合作的市場空間
　　四、拓展海峽西岸經濟區對臺金融合作市場空間的主要路徑

海峽兩岸金融業合作的路徑選擇和前景分析
　　一、海峽兩岸金融業合作的基本現狀
　　二、海峽兩岸金融業合作存在的問題
　　三、海峽兩岸金融業合作的路徑選擇
　　四、海峽兩岸金融業合作的發展前景

臺灣證券業在簽訂 MOU 後，進入大陸市場營運策略之研究
　　壹、研究背景與動機
　　貳、文獻回顧
　　參、兩岸證券商發展現況
　　肆、研究方法
　　伍、結果與討論
　　陸、結論與建議

國際化程度與多角化策略對兩岸銀行經營績效之影響
　　1. 前言
　　2. 理論基礎與文獻探討
　　3. 研究方法
　　4. 實證結果
　　5. 結論與建議

擴大臺閩區域旅遊合作發展之研究
　　一、前言
　　二、臺灣觀光旅遊發展現況
　　三、臺閩旅遊合作是觀光發展的必然趨勢
　　四、對擴大臺閩旅遊合作的幾點建議

陸客來臺旅遊對臺灣經濟與社會影響探討
　　一、2008年7月後陸客旅遊臺灣人數逐漸增加
　　二、兩岸互設旅遊機構，標示兩岸旅遊業邁入新曆程
　　三、陸客來臺整體滿意度高、臺灣民眾亦多持正面看法
　　四、陸客來臺觀光產業對臺經濟貢獻良多
　　五、兩岸政府應解決現階段旅遊問題，扭轉負面印象
　　六、結語

海峽兩岸次區域旅遊業合作研究——以桂臺旅遊合作為例
　　一、關於兩岸旅遊業合作方式的簡單討論：區域視角
　　二、代表性區域的選取及其解釋
　　三、兩岸經濟一體化條件下桂臺旅遊合作的階段與模式
　　四、以桂臺合作促進桂林國家旅遊綜合改革試驗區建設

兩岸海運直航視角下的沿海港口競爭力
　　一、引言
　　二、文獻綜述
　　三、競爭力評價指標體系與評價值
　　四、沿海港口直航競爭力的聚類分析
　　五、沿海港口直航競爭力的梯度區類
　　附錄 沿海港口與臺灣直航競爭力指標權重的問卷調查

臺灣高科技產業回顧與兩岸合作的前瞻思考
- 一、前言
- 二、臺灣高科技產業回顧
- 三、後金融海嘯時代的市場變化
- 五、結語

臺灣漁業經濟發展與展望
- 一、臺灣漁業的角色與貢獻
- 二、臺灣的漁業經濟發展概況
- 三、漁會組織在臺灣漁業經濟發展上的定位
- 四、當前重要漁業經濟問題與未來方向
- 五、全球金融海嘯下的農業新思維
- 六、海峽兩岸漁業經濟發展的互動關係
- 七、結語

掌握契機建構兩岸食品安全管理體系
- 一、前言
- 二、臺灣食品與農業安全管理體系與措施
- 三、建立兩岸食品安全及農產品檢疫檢驗系統
- 四、結語：深化安全農產品產製銷合作

一體化架構下兩岸農業合作機制的省思與創新
- 一、引言
- 二、基於合作模式與機制的兩岸農業合作評析
- 三、一體化架構下兩岸農業合作的機制訴求：以歐盟共同農業政策變遷為參佐
- 四、經濟一體化架構下兩岸農業合作機制的創新

跋

海峽兩岸經濟週期協動性的測量與分析

王華

一、引言

經濟週期波動是與經濟增長相伴隨的普遍現象，在追求經濟增長的同時儘可能避免經濟週期波動造成的負面衝擊，也是任何經濟體制定和實施宏觀政策的基本目標所在。不同理論對經濟週期的成因提出了多種解釋，但歸結起來不外乎外生衝擊（如技術革新或體制突變）與內生傳導（如投資波動或消費波動）兩個層面的因素。隨著全球經濟一體化與區域經濟一體化的發展，世界各國（地區）經濟聯繫日益緊密，一國經濟週期波動得以透過各種渠道向其他國家傳導，從而形成所謂的國際經濟週期協動現象。

關於國際經濟週期協動性的產生原因，也即經濟週期的跨國傳導機制，主要包括國際貿易傳導、國際投資傳導與國際金融傳導等渠道，而國際貿易是其中最主要的傳導渠道（Sherman & Kolk, 1996）。經由國際貿易而形成的產業內專業化分工格局，增強了貿易各國經濟週期的波動關聯；大量的實證研究也證明，國際貿易發展與國際經濟週期協動性具有正向關係（Frankel & Rose, 1998; Gruben, Koo & Millis, 2002; Baxter & Kouparitsas, 2005）。國際直接投資促成國際生產體系的形成，提升了資本來源國與目的國之間產業結構的同質性；而跨國公司全球利益和風險共擔機制則是跨國公司影響世界經濟週期的主要傳導機制（宋玉華等，2007）。在國際金融傳導機制方面，de Haan、Jacobs和Mink（2007）認為

15

貨幣一體化水平和國際借貸發展程度等對金融開放的兩個國家（地區）之間經濟週期的傳導起著重要作用。

隨著中國對外開放程度的不斷提高，對全球經濟一體化參與程度的日益加深，中國與各大經濟體之間可能存在的經濟週期協動性已經引起越來越多的關注和研究。表1列出了已有相關研究中的測量結果。由表中可知，大部分研究的結論都認同中國與其他國家（地區）之間的經濟週期協動性仍不明顯，這在很大程度上源於中國整體的開放度仍然不高——如對資本帳戶仍施行管制，利率與匯率也未市場化。但從動態的角度來看，中國經濟與世界經濟的週期協動性已經表現出不斷增強的趨勢。

表1　對於中國與其他國家（地區）經濟週期協動性的研究測量結果

文獻	研究對象	研究區間	測量結果及匹配對象	研究結論
任志祥和宋玉華（2004a）	中國與其他9國（地區）	1979~2002	$\rho<0$，日本、菲律賓；$\rho\in[0,0.2]$，泰國、新加坡、印尼、馬來西亞；$\rho\in[0.2,0.4)$，韓國、香港、美國	中國與其他國家之間經濟週期波動的相關性較弱
任志祥和宋玉華（2004b）	中國與其14個主要貿易夥伴	1992~2001	$\rho_{HP}<0$，澳大利亞、美國、日本、荷蘭、新加坡；$\rho_{HP}\in[0,0.3]$，英國、馬來西亞、加拿大、泰國、德國；$\rho_{HP}\in[0.3,0.5)$，法國、義大利、韓國；$\rho_{HP}>0.5$，香港	中國與其他國家之間經濟週期的協動性不強
程傳海（2007）	中國與東亞14國（地區）	1970~2004	$\rho<0$，菲律賓、寮國、汶萊、日本、緬甸；$\rho\in[0,0.3]$，柬埔寨、泰國、韓國、馬來西亞、新加坡、印尼；$\rho\in[0.3,0.5]$，台灣、香港、越南	中國經濟週期波動的獨立性較強
		1991~2004	$\rho<0$，汶萊、菲律賓、緬甸；$\rho\in[0,0.3]$，日本、柬埔寨、韓國、寮國；$\rho\in[0.3,0.5]$，香港；$\rho>0.5$，印尼、台灣、馬來西亞、新加坡、泰國、越南	中國與其他國家（地區）經濟週期同步性有所增強
喻旭蘭（2008）	中國與東盟5國	1994~2005季度數據	$\rho\in[0.5,0.7]$，印尼、泰國；$\rho\in[0.8,1]$，馬來西亞、新加坡、菲律賓	中國與其他國家週期同步性較高

文獻	研究對象	研究區間	測量結果及匹配對象	研究結論
孫陽 (2009)	中國與其16個主要貿易夥伴	1994～2004	$\rho < 0$，美國；$\rho \in [0, 0.3]$，加拿大、俄羅斯、日本；$\rho \in [0.3, 0.5]$，英國、韓國、澳大利亞、義大利、法國、荷蘭、泰國；$\rho > 0.5$，馬來西亞、德國、印度、香港、新加坡	
童笛和張文彬 (2009)	中國與東亞9國(地區)	1980～2008 季度數據	$CI \in [0, 0.3]$，台灣；$CI \in [0.3, 0.5]$，香港、泰國、日本、菲律賓、馬來西亞、韓國、新加坡；$CI > 0.5$，印尼	中國經濟週期波動方向與其他國家（地區）不一致
彭斯達和陳繼勇 (2009)	中國與美國	1990～2005	$\rho_{HP} = 0.372$	經濟週期協動性程度不高，但呈現逐步增強趨勢
李星 (2009)	中國與美國	1978～1989	$\rho_{HP} = 0.38$	週期同步性不顯著
		1990～1999	$\rho_{HP} = -0.48$	
		2000～2007	$\rho_{HP} = 0.82$	週期同步性較高
石柱鮮等 (2009)	中國與日本	1976～2006	$\rho_{CF, r(10)} \in [0.3, 0.5)$，2005年後	經濟週期協調性表現出增強趨勢
	中國與韓國	1987～2006	$\rho_{CF, r(10)} \in [0.3, 0.4)$，2005年後	

註：對於研究區間，如無特殊說明，均為年度數據；由於測量方法不同，測量結果不盡可比，其中 ρ 表示增長率週期份量的相關係數，ρ_{HP} 表示HP濾波週期份量的相關係數，$\rho_{CF, r(10)}$ 表示CF帶通濾波週期份量的10年期滾動相關係數；CI表示基於B-B算法的虛擬變量序列的一致指數。

　　海峽兩岸經貿關係的發展使得臺灣與大陸的經濟聯繫正不斷加強。目前大陸已經成為臺灣最重要的投資地和貿易夥伴，臺灣對外投資中超過半數投向大陸地區（農業和製造業投資大陸比重甚至超過70%），而對大陸的巨額出超也成為臺灣經濟成長的重要源泉。而臺灣也已成為大陸利用外資的第五大來源地，台灣是大陸第五大貿易夥伴、第三大進口來源地和第十二大出口市場。鑒於如此密切的經貿往來，本文試圖對海峽兩岸經濟體的經濟週期協動性進行測量。經濟週期協動性的有無涉及到海峽兩岸經貿交流密切程度、產業合作關係的深入程度以及在全球價值鏈中的地位相關性等多方面因素，是對兩岸經濟相互依存關係的最為綜合的表徵，可以作為未來兩岸經濟制度性一體化設計的重要依據。

　　論文共分為五個部分，第二部分說明本文採用的研究方法和數據來源，第三部分對海峽兩岸經濟週期協動性進行具體測量，第四部分對測量方法論的合理性與嚴謹性進行更多探討，第五部分為研究結論和政策啟示。

二、研究方法與數據收集

（一）關於經濟週期波動份量的提取

一般來說，經濟變量的時間序列包含三種變動因素，即長期趨勢T、循環（週期）波動C和隨機擾動I；對於季度或月度變量，序列中還可能包含季節性波動S。其中長期趨勢是指經濟變量隨時間的推移所表現出的一種穩定的變動趨勢；循環波動是圍繞著長期趨勢以數年為週期的一種週期性波動；隨機擾動是由偶然因素引起的不規則變動；季節性波動則是由氣候、節日等因素引起的一種每年重複出現的週期波動。將經濟時間序列按上述構成因素加以分解，對深入分析和把握經濟指標的變動特徵，從而準確地測量和預測經濟週期具有非常重要的作用。時間序列分解模型的加法形式為

$$Y=T+C+S+I$$

其中T、C、S、I均為絕對量；該模型比較直觀，但不利於不同經濟變量之間的比較。乘法形式的分解模型則為

$$Y=T\times C\times S\times I$$

其中除T為絕對量外，C、S和I均為相對量，便於各變量之間的互相比較，但直觀性較差。

在經濟週期研究中，按照是否對經濟變量時間序列各因子進行分解，可以把經濟週期測量方法分為兩類。對於增長型經濟週期波動，通常採用增長率週期或增長週期兩種方法來加以測量。增長率週期法又稱為直接法，一般是按環比增長率來測量變量的週期波動；透過與上一年同期數值相比，可以大致消除序列中長期趨勢和季節因素的影響，從而反映經濟變量的週期波動和不規則變動。該測量方法簡單易行、直觀明了，因沒有量綱，便於變量間的比較。當經濟變量總體上服從指數增長時，增長率週期法可以完全消除序列中長期趨勢的影響，但對於增長速度低於或高於指數增長的情況，則會產生長期趨勢消除過度或不足的問題；同時環比增長率受短期波動的影響較大。

增長週期法是在對變量進行時間序列分解的基礎上，採用變量的循環波動份量C來測量其週期波動，它反映了變量對其長期趨勢的相對偏離程度隨時間發生的循環波動。用這種方法測量的週期波動也稱為「離差型週期」。該測量方法更符合經濟週期的原本含義，但涉及到時間序列分解模型的選擇和季節波動及長期趨勢的測定等問題。

篇幅所限，本文僅採用增長率週期法來反映經濟週期的波動份量。

（二）經濟週期波動分析及其協動性測量

對於經濟週期波動，可以從波動幅度、波動的平均位勢以及波動的擴張與收縮長度等方面進行分析，從中判斷經濟週期波動的狀態特徵。其中波動幅度是每個週期內波動高度（峰位）與波動深度（谷位）的離差，表明每個週期內經濟增長高低起伏的程度，波動係數CV是衡量週期波動幅度對歷史增長趨勢偏離程度的標準化指標；波動的平均位勢指每個週期內各年度經濟增長率的幾何平均值，反映每個週期經濟增長的總體水平；波動的擴張／收縮長度是每個週期內擴張／收縮期的時間長度，反映每個週期經濟擴張（或經濟收縮）的持續性。

協動性是用來測量樣本國家（地區）間經濟週期波動方向的一致性和相互聯繫緊密性的特徵。交叉相關分析技術適於用來進行協動性分析，兩個國家（地區）A與B間經濟週期波動份量的Pearson相關係數計算公式為

$$\rho_{AB} = \frac{\mathrm{Cov}(Y_A, Y_B)}{S_{YA} S_{YB}} = \frac{\sum_{t=i-r+1}^{n}(Y_{tA} - \overline{Y}_A)(Y_{tB} - \overline{Y}_B)}{\sqrt{\sum_{t=i-r+1}^{i}(Y_{tA} - \overline{Y}_A)^2 \sum_{t=i-r+1}^{i}(Y_{tB} - \overline{Y}_B)^2}}, i = r, r+1, \cdots, n$$

變量運行的正相關性顯示了週期的協動性特徵（宋玉華等，2007）。當樣本國家間經濟週期波動的相關係數為正值且數值較大時，說明國家間經濟週期波動的方向一致，並且相互聯繫緊密，即可以定量確證樣本國家（地區）間的經濟週期波動具有較強的協動性。

$$\rho_{AB}^{(i)} = \frac{\text{Cov}^{(i)}(Y_A, Y_B)}{S_{Y_A}^{(i)} S_{Y_B}^{(i)}} =$$

$$\frac{\sum_{t=i-r+1}^{i}(Y_{tA} - \overline{Y}_A)(Y_{tB} - \overline{Y}_B)}{\sqrt{\sum_{t=i-r+1}^{i}(Y_{tA} - \overline{Y}_A)^2 \sum_{t=i-r+1}^{i}(Y_{tB} - \overline{Y})^2}}, i = r, r+1, \cdots, n$$

為了考察經濟週期協動性隨時間推移而產生的變化，除了計算全部樣本期間的相關係數外，還可以根據樣本期間的重要事件進行分段，計算分段相關係數，從中反映不同時期協動性的演化情況。同時，還可以計算較小區間（如r期）的滾動相關係數，從中顯示協動性的動態演化情況；滾動相關係數的計算公式如下

嚴格來講，由上述（同期）相關係數衡量的是經濟週期波動的同步程度，可稱為同步性或同期性。而協動性是比同步性內涵更寬泛的概念，例如國際經濟週期的傳導往往存在時滯，可能產生一國經濟週期波動與另一國滯後期經濟波動的相關性，此時需要借助錯期相關係數來加以測算，l階錯期滾動相關係數的計算公式為

$$\rho_{AB}^{(+l,i)} = \frac{\text{Cov}^{(+l,i)}(Y_A, Y_B)}{S_{Y_A}^{(i)} S_{Y_B}^{(i)}} =$$

$$\frac{\sum_{t=i-r+1}^{i}(Y_{tA} - \overline{Y}_A)(Y_{t+l,B} - \overline{Y}_B)}{\sqrt{\sum_{t=i-r+1}^{i}(Y_{tA} - \overline{Y}_A)^2 \sum_{t=i-r+1+l}^{i+l}(Y_{tB} - \overline{Y})^2}}, i = r, r+1, \cdots, n-l$$

在此基礎上，還可以借助Granger因果檢驗方法來進行更為嚴格的經濟週期波動傳導方向與時滯的檢驗。

（三）數據來源

本文研究中，將反映經濟週期的指標確定為國內生產總值（GDP）這一綜合性的經濟總量指標，研究區間設定為1978～2009年。大陸地區GDP數據採用《新中國五十年統計資料彙編》、《中國統計年鑑2009》以及國家統計局網站公布的1978～2009年GDP指數，據此整理得到各年份相對於上一年的環比增長率數據。臺灣GDP的歷年增長率數據則取自臺灣統計資訊網公布的「國民所得及經濟成長」統計。

三、海峽兩岸經濟週期協動性的實際測量

(一) 海峽兩岸經濟週期的波動分析

海峽兩岸1978～2009年GDP增長率的波動軌跡可如圖1所示。由圖中可知，兩岸的經濟波動都較為明顯，週期性也較為突出。

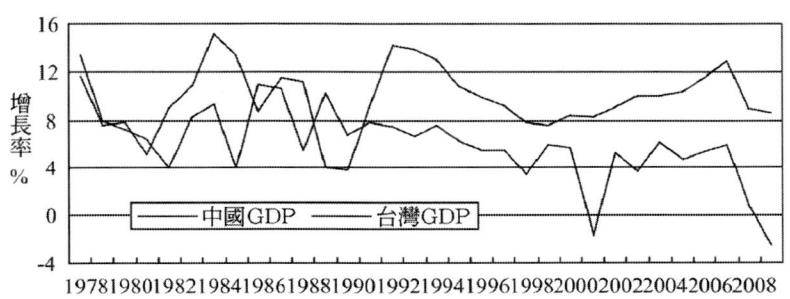

圖1　海峽兩岸GDP的增長率曲線

按照經濟週期的「谷—谷」劃分準則，1978～2009年的31年間，中國大陸地區經濟增長率的波動共呈現出4輪週期。如表2所示，前2輪週期屬於5年左右的短週期類型（基欽週期），後2輪週期則屬於10年左右的中週期類型（朱格拉週期），4輪週期的平均長度為7年。改革開放以來，經濟週期波動趨緩，週期變長，顯示經濟運行逐漸趨於平穩。但各輪週期的擴張長度普遍較短，表明擴張的持續性較弱，穩定性仍有待提高。

表2　大陸地區各輪經濟週期中GDP增長率的波動狀況

週期序號	波峰年份	波谷年份	波動幅度(%)	波動係數	平均位勢(%)	週期長度(年)	擴張長度(年)
1	1984	1986	6.4	0.24	11.45	5	3
2	1987	1990	7.8	0.57	7.63	4	2
3	1992	1999	6.6	0.24	10.66	9	2
4	2007	2009	4.3	0.15	9.86	10	8
4輪週期平均			6.3	0.28	9.76	7	3.75

臺灣經濟增長率的波動則經歷了5輪週期。如表3所示，5輪週期中有2輪為長度8-10年的中週期，有3輪為長度3年的短週期，各輪週期的平均長度為5.4年。各輪週期的波動幅度有漸次遞增的趨勢，且近10年來的波動係數明顯提高，平均位勢卻顯著下降，顯示經濟增長速度趨緩，經濟穩定性逐漸喪失。

表3　臺灣各輪經濟週期中GDP增長率的波動狀況

週期序號	波峰年份	波谷年份	波動幅度（%）	波動係數	平均位勢（%）	週期長度（年）	擴張長度（年）
1	1984	1985	5.25	0.39	7.21	3	2
2	1986	1988	5.43	0.34	9.05	3	2
3	1989	1998	6.81	0.27	6.76	10	1
4	1999	2001	7.62	1.31	3.31	3	2
5	2004	2009	8.72	0.84	3.64	8	6
5輪週期平均			6.77	0.52	5.83	5.4	2.6

相對而言，海峽兩岸經濟週期波動幅度大體相當；但縱向來看，兩岸經濟波動狀況存在觀感上的明顯反差，大陸地區呈現穩中有升的趨勢，臺灣則恰好相反。

（二）海峽兩岸經濟週期同步性的測量

進一步觀察圖1可知，海峽兩岸經濟週期波動表現出一定程度的相似特徵。如在1978～1981、1984～1985、1992～1998以及2007～2009年間，兩岸週期波動都處於收縮階段（經濟增長率不斷下降），而在1982～1984、1990～1991以及2001～2007年間，兩岸週期波動都處於擴張階段（經濟增長率不斷上升），週期收縮或擴張重疊的年份達到21年。這為兩岸經濟週期的協動與否提供了直觀的判斷依據。

表4為兩岸GDP增長率的Pearson相關係數。從中可知，1978～2009年間，兩岸經濟週期波動的協動性（同步性）並不顯著。考慮到在較長歷史時期內可能存在多種不同的相關模式，在此進一步根據樣本期間的重要事件進行分段，計算分段相關係數，從中反映不同時期協動性的演化情況。實際以1990和2000年為界劃分為3段，分別考慮1990年臺灣頒布《對大陸地區從事間接投資或技術合作管

理辦法》從而正式認可對大陸投資、以及2000年臺灣民進黨執政等事件前後，兩岸經濟週期協動性可能產生的變化。實際分段相關係數亦見於表4。

表4 海峽兩岸GDP增長率的Pearson相關係數

研究區間	1978~2009	1978~1989	1990~1999	2000~2009
相關係數	0.1286	0.0005	0.3605	0.5657**

註：**表示可在5%顯著性水平下拒絕無相關性原假設（單邊檢驗）。

由表4的分段相關係數可見，在1990年以前，兩岸的交流規模很小，層次亦低，基本不存在經濟週期的協動性現象；而1990年之後，隨著兩岸經貿往來的不斷深入，經濟週期協動性也不斷呈現，1990～1999年相關係數為0.3605，2000～2009年相關係數則達到0.5657。雖然臺灣一直奉行管制政策，主張分散貿易和投資市場，降低對大陸經貿依賴，但兩岸經濟週期協動性的不斷提升，清晰顯示兩岸經濟相互依存是不可逆轉的大趨勢。

進一步，利用滾動相關係數來表現兩岸經濟週期協動性的動態演化特徵。由於兩岸經濟週期的平均長度都在6年上下，故採用2倍於該長度的12年期的滾動相關係數。這樣既可以較全面地概括短期經濟週期的經濟關聯特徵，又避免了由於原始序列週期長度過短導致的動態趨勢表現不充分的問題。1989年起各年份的滾動相關係數如圖2所示。

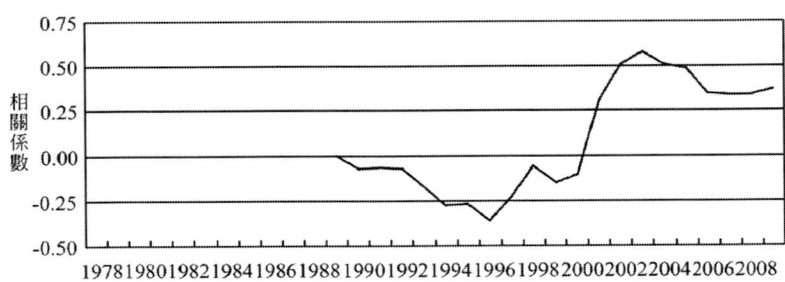

圖2 海峽兩岸GDP增長率的12年期滾動相關係數曲線

從中可知，2001年至今兩岸經濟週期波動的12年期滾動相關係數較高，表

現出較為明顯的週期協動特徵，之前各年份的滾動相關係數則不顯著。具體而言，從1990年開始，兩岸經濟週期波動開始表現出一致趨向，導致2001年開始的12年期滾動相關係數迅速上升。而恰恰是也從1990年開始，兩岸經貿交流進入密切發展階段，意味著海峽兩岸可能存在實質性的週期協動現象。

（三）海峽兩岸經濟週期跨期協動性的測量

在上述同期相關係數所測量的經濟週期波動同步性之外，利用錯期相關係數來反映兩岸經濟波動的跨時期傳導，結果如圖3和圖4所示。由圖3可知，在1989～1991年間，大陸地區經濟波動對滯後2年的臺灣經濟波動之間存在一定的錯期相關；而在2002～2005年間，大陸地區經濟波動對滯後1年、2年和3年的臺灣經濟波動之間都存在較為明顯的錯期相關。

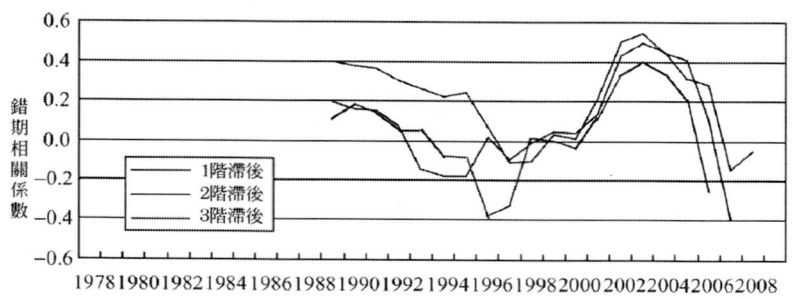

圖3　大陸GDP增長率與臺灣滯後期GDP增長率的滾動相關係數曲線

由圖4可知，在1999～2000年間，臺灣經濟波動對滯後2年和3年的大陸地區經濟波動之間都存在較為明顯的錯期相關；而在2001～2003年間，臺灣經濟波動對滯後1年的大陸地區經濟波動之間存在較為明顯的錯期相關。

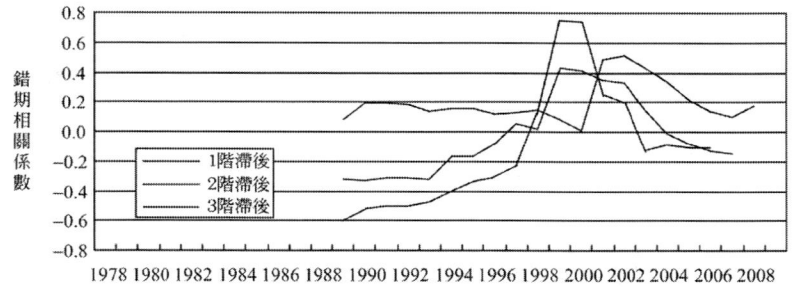

圖4　大陸滯後期GDP增長率與臺灣GDP增長率的滾動相關係數曲線

總體而言，錯期相關分析並未提供穩定而明顯的跨年份的經濟週期協動傳導訊息；基於Granger因果檢驗的結果同樣也無法給出有價值的訊息，在此不再贅述。

四、關於測量結果的進一步討論

基於海峽兩岸GDP增長率的（全樣本、分段、滾動及錯期）相關分析，直觀地給出了兩岸經濟週期波動之間可能存在的協動性特徵，這也是目前研究文獻中通用的測量方法。然而，僅僅採用相關分析技術還無法揭示經濟週期協動性的全面特徵，這其中包括週期協動性的傳導機制、傳導方向、傳導速度、傳導力度等多方面重要內容。

理論研究支持國際（區際）貿易和投資是經濟週期協動性的主要傳導渠道。海峽兩岸經貿關係業已不斷深入發展。根據大陸海關統計，自1978年兩岸開展小額間接貿易始，兩岸貿易交流迅猛發展，至2009年底累計貿易總額已經達到9600多億美元，名義年均增長率接近30%；其中大陸對臺灣出口額達到1700多億美元，自臺灣進口額達到7900多億美元，累計貿易逆差達6200億美元。兩岸貿易額在雙方對外貿易總額中已經占據相當比重：2000年以來，兩岸貿易占臺灣對外貿易總額比重超過10%並不斷攀升，2005年達到20%，目前更超過四分之

一；尤其是臺灣對大陸出口額，已占臺灣出口總額的40%以上，臺灣自大陸進口額則占到臺灣進口總額的10%以上，對大陸的巨額出超也成為臺灣經濟成長的重要源泉。兩岸貿易占大陸對外貿易總額的比重則基本維持在5%～8%之間，其中大陸對臺灣出口額占大陸出口總額的比重在2%上下，自臺灣進口額占大陸進口總額比重在10%上下，但近年三項比重都呈現下降之勢。利用上述指標構造兩岸貿易強度指數，由圖5可知，兩岸貿易強度基本處於上升的趨勢，只是近4年來貿易強度略有下降。比較圖5中貿易強度曲線與圖2中經濟週期協動性（相關係數）曲線，可以發現二者有很高的相似度。因此可以認為，兩岸貿易往來確實成為兩岸經濟週期協動性的重要傳導渠道。

在兩岸投資方面，一直以來都僅有臺商對大陸的單向、間接渠道的投資，雖然目前臺灣已經開放大陸資金入臺，但規模尚為有限。根據大陸商務部統計，截至2009年底，臺商在大陸投資項目達80499項，實際投資金額495.4億美元，占大陸累計利用外資總額的5.2%，臺灣業已成為大陸利用外資的第五大來源地。而根據臺灣「經濟部投審會」統計，1991年以來臺商對大陸投資金額以年均27.4%的速度增長，對大陸投資占全部對外投資的比重不斷上升，近年來每年比重已經達到70%上下；而經核准的項目累計超過37000項，合約投資金額累計達750億美元以上，占累計對外投資比重的55.83%，其中農業和製造業投資大陸比重都超過了70%，大陸已經成為臺灣最重要的投資地。考慮到統計數據的穩定性與準確性，同時利用大陸口徑和臺灣口徑的臺商投資數據來構造兩岸投資強度指數。由圖5可知，兩岸投資強度在1999年之前呈先增後減態勢，之後則呈總體上升趨勢，目前基本維持在6%上下。投資強度曲線與經濟週期協動性曲線之間同樣存在一定的相似性（雖然相似度低於貿易強度曲線），可以認為臺商投資是兩岸經濟週期協動性的重要傳導渠道。

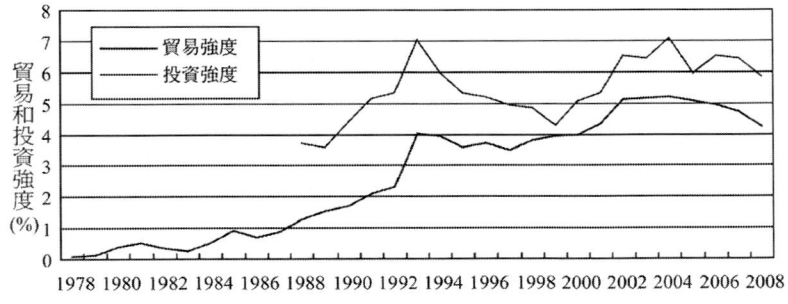

圖5 海峽兩岸雙邊貿易強度與投資強度曲線計算公式：（1）貿易強度＝雙邊貿易總額／（大陸地區對外貿易總額＋臺灣對外貿易總額）×100；（2）投資強度＝（大陸口徑臺商對大陸投資總額＋臺灣口徑臺商對大陸投資總額）／2／（大陸地區實際利用外資總額＋臺灣對外投資總額）×100。數據來源：兩岸雙邊貿易總額數據取自大陸海關統計，大陸地區對外貿易總額及實際利用外資總額數據取自《中國統計年鑑2009》，大陸口徑臺商對大陸投資總額數據取自大陸商務部統計，臺灣口徑臺商對大陸投資總額數據取自臺灣「投審會」（剔除歷年補報數據），臺灣對外貿易總額及對外投資總額數據取自《Taiwan Statistical Data Book 2009》。

除了直接經貿往來之外，兩岸外向型經濟結構以及臺商「大陸生產、歐美銷售」的產業格局，導致二者同時會遭受世界市場經濟景氣波動的衝擊，由此經由間接渠道形成經濟週期協動現象。理論上講，即使兩個經濟體之間不存在直接經貿往來，只要二者經濟結構存在相似性，就易於同時受世界經濟的影響衝擊而呈現經濟週期的協動特徵，對此不妨稱之為「表象協動」。因此，在分析海峽兩岸經濟週期協動性問題時，有必要對週期協動性的來源和傳導渠道加以區分討論；而源於世界經濟衝擊的兩岸經濟週期協動性，更昭示了海峽兩岸在經濟全球化過程中合作共贏的客觀前景。對此將另文分析，此處不再展開論述。

經濟週期協動性不僅表現為兩岸經濟波動的同步性，還體現為波動傳導的方向和速度。基於同期相關係數的結果無法揭示這兩種特徵，而圖3和圖4的錯期相關分析結果又未能提供穩定而明顯的跨年份的經濟週期協動傳導訊息。對此一種可能的解釋是，這種波動傳導的時滯在1年以內，故而年份時間序列中無法體現這種傳導節奏。王華和唐永紅（2010）利用1989—2008年季度數據的短期Granger因果關係檢驗發現，臺灣經濟增長率對於大陸地區經濟增長率有單向因果關係，並認為其原因一方面在於臺灣經濟規模較小，而經濟開放度又較大陸為

高，對世界經濟景氣的衝擊更加敏感，因而經濟波動會提前於大陸；另一方面，臺灣對自大陸進口商品貿易的限制以及對陸資入島的禁止，則在短期內有效隔絕了大陸經濟波動的影響。該研究對本文的上述推斷提供了一定支持。可以認為，短期內，臺灣經濟週期波動存在提前於大陸地區經濟週期波動的可能性，但這種提前並非實質性傳導，而是共同受世界經濟景氣的衝擊所致。

此外，經濟週期協動性還涉及一國（地區）經濟週期波動導致另一國（地區）經濟週期相應波動的力度。經濟週期協動性對於規模不同、結構不同的經濟體而言，效果是不同的。直觀判斷，在完全開放條件下，如果經濟週期波動由較大規模經濟體向較小規模經濟體傳導，則預期會產生更大幅度的波動；如果經濟週期波動由較小規模經濟體向較大規模經濟體傳導，則預期波動幅度會減小。借由彈性概念表述，即較小規模經濟體對於較大規模經濟體的經濟週期波動的彈性係數會相對較大，而較大規模經濟體對於較小規模經濟體的經濟週期波動的彈性係數會相對較小。然而在相關分析過程中，不論彈性係數大小，只要兩國（地區）經濟週期波動表現為同向趨勢，都可以得到較大的相關係數。對此問題的一種替代性方法是建立回歸模型來估計不同經濟體在國際經濟週期協動過程中的相對彈性係數，這也同樣成為本研究的未來拓展方向。

五、海峽兩岸經濟週期協動性的演化趨勢與政策啟示

海峽兩岸經濟週期波動業已呈現一定程度的協動性特徵，並且這種協動性有不斷提升的趨勢。尤其是近20年來，大陸經濟週期波動趨於平穩後，兩岸增長率週期波動顯現出較為明顯的同步性。然而，不可忽視的問題是，大陸地區的經濟開放度並不高；由於政治僵局橫亙其間，兩岸經貿交流也存在很多障礙和侷限，並未完全按照經濟規律實現生產要素和商品的自由流動；即使在兩岸三通直航實現以來，經濟交流的單向性現象也未能完全改觀；同時，兩岸經濟體規模大小的差距是非常明顯的。在此背景下，二者之間經濟週期波動未來會遵循怎樣的

傳導機制實現相互影響，是需要重點考慮的問題。

首先，隨著大陸地區對外開放度的提高和產業結構的升級，兩岸經濟結構特徵逐漸趨同，致使二者針對世界經濟景氣衝擊的敏感性日益接近；但相對於作為小型經濟體的臺灣，作為大型經濟體的大陸地區擁有更大的經濟腹地和市場空間來吸收來自外界的經濟波動衝擊，正常情況下經濟週期波動幅度應當會小於臺灣，此時即產生表象性的、非對稱的週期協動現象。其次，目前大陸地區在臺商全球產業布局中僅處於加工生產環節，而非終端市場，大陸市場的投資衝擊與消費波動對臺灣的影響實際並不大；但世界市場的需求波動會對大陸臺資企業的出口（在統計數據中表現為大陸地區的出口）產生直接影響，進而透過兩岸貿易渠道影響到臺灣的經濟週期波動，由此形成外部來源的、間接傳導的兩岸經濟週期協動性。隨著兩岸產業合作的深化以及臺商對大陸終端市場的開拓，兩岸經濟週期波動的協動性會不斷由外部來源向內部來源轉變。再次，由於兩岸經貿交流不是完全受經濟規律所驅使（如存在嚴重政治干擾和諸多政策限制），在經由貿易和投資渠道傳導經濟週期波動方面還存在很多「絕緣」層；如果經濟規律之外的干擾和限制得以不斷減弱，則貿易和投資強度的提升對於週期傳導的力度也會有更明顯的體現。可見，海峽兩岸經濟週期協動性的形成和傳導，其中還存在眾多的變數，並非用一般的經濟理論可以予以完全解釋；需要隨著時間推演，利用更多經驗事實和數據來加以檢驗。

海峽兩岸經濟週期協動性的顯現，對於推動兩岸「三通」新形勢下的經貿關係發展與經濟一體化政策設計不無啟示。一方面，兩岸經濟週期協動性是兩岸經貿往來關係不斷加深、兩岸經濟體產業合作關係不斷深化、面對全球市場的競爭力協同提升與互利雙贏格局形成、相互經濟依存關係形成的綜合體現。這種協動性又要求兩岸交流由「量」向「質」的進一步提升，從而提升兩岸經貿合作的深度與廣度，不斷優化貿易和投資結構。在當前國際金融危機衝擊與國際市場貿易保護主義反彈的情況下，兩岸出口導向型經濟面臨嚴峻挑戰，加之出口導向經濟增長效率的邊際遞減，迫切需要推動產業結構轉型升級。當前則應以進一步挖掘兩岸產業比較優勢、降低經貿交流成本和提升貿易結構作為兩岸貿易政策的著力點，提升大陸臺資製造業企業的全球競爭力，實現兩岸出口加工產業向全球產業

價值鏈中附加價值高的環節轉移。在吸引臺商投資的過程中，既要注重臺資企業的就業創造效應，也應關注其採購、研發、經營和銷售當地化的可能性，切實推動臺資企業與當地企業充分融合、對當地產業結構升級優化造成必要的促進作用。另一方面，鑒於兩岸經濟週期已經顯現協動特徵，可以考慮建立經濟週期波動的協同預警系統，進而將構建兩岸宏觀調控政策的協調機制作為兩岸經濟制度性一體化設計的前期重要內容；透過在對外經濟政策、財政政策與貨幣政策等方面的雙邊協調，共同應對外部經濟衝擊、抵禦負面影響，不斷提高經濟運行的穩健性，實現經濟長期穩定增長，並為遠期向「兩岸共同市場」、貨幣一體化的邁進積累可行的合作經驗。

　　本文研究還存在諸多侷限性，有待進一步拓展和完善。首先，經濟週期協動程度的高低是一個相對概念，本文提供了縱向對比結果，卻未提供橫向對比結果（兩岸經濟體與其他國家或地區的經濟週期協動性程度），無法呈現兩岸參與全球經濟一體化的全貌。其次，相關分析提供了週期協動性的總體測量，但關於協動性的傳導方向和傳導力度等特徵，則作用不大，還需要借助其它分析手段來分析實現。再次，關於協動性的傳導機制，本文的分析有待進一步深入，如兩岸產業內貿易、政治限制等要素的作用。最後，關於經濟週期波動份量的提取方法，也會對測量結果產生影響，有必要採用其它方法（如HP濾波等）重複上述研究，以對比判斷不同方法下研究結論的穩定性。

新時期兩岸經貿合作的進展與前景

熊俊莉

　　美國次級房貸引致的金融危機，使全球各國（地區）經濟都受到劇烈衝擊，大陸與臺灣也均呈現經濟成長趨緩與外貿出口下滑的現象，快速發展的兩岸經貿往來遭遇挑戰。然而，2008年以來海峽兩岸經貿關係出現了重大的積極變化，大陸地區陸續頒布多項惠臺政策協助臺灣擺脫經濟困境，臺灣對兩岸經貿關係的政策思路也作了重要調整。在兩岸均持開放態度並積極推動下，兩岸經濟關係將更加緊密，兩岸經濟合作將朝正常化、制度化、機制化的方向逐步推進。

一、國際金融危機對兩岸經濟的影響

　　美國次級房貸引爆的全球金融危機，除了使美國經濟承受萎縮的重大壓力，也迅速蔓延至全世界經濟體。2008年8月以後危機加深，美、日、歐等發達國家經濟大幅衰退，減少了對發展中國家（地區）的投資；內需大幅萎縮，減少了對出口導向經濟體的產品進口。亞洲多個高度依賴外需的出口導向型經濟體，如日本、中國大陸、韓國、臺灣等，都遭受嚴重衝擊。此次國際金融危機對大陸與臺灣的衝擊顯著表現在經濟增長、對外貿易與兩岸經濟往來等三個方面。

　　（一）兩岸GDP增速均大幅減緩

　　2008年下半年國際經濟環境急轉直下，儘管中國大陸金融市場受到的影響有限，但實體經濟卻受到直接、快速的衝擊。按可比價格計算，2008—2009年中國GDP分別增長9.6%和8.7%，與往年相比，增速明顯下滑。尤其2009年第1季

經濟增長率僅6.2%，同比降低了4.4個百分比，規模以上工業增加值降幅達11.3%，企業效益明顯下降，就業困難增多。2009年下半年中國經濟呈V型復甦，但復甦的基礎仍很脆弱，政府投資與刺激內需等政策雖然帶動第4季GDP恢復10.7%的增長，但國民經濟運行仍面臨較多不確定因素，金融危機導致的民間投資趨弱、就業增長和農村勞動力轉移減緩、價格下行壓力等問題可能在一段時間內難以完全消除。

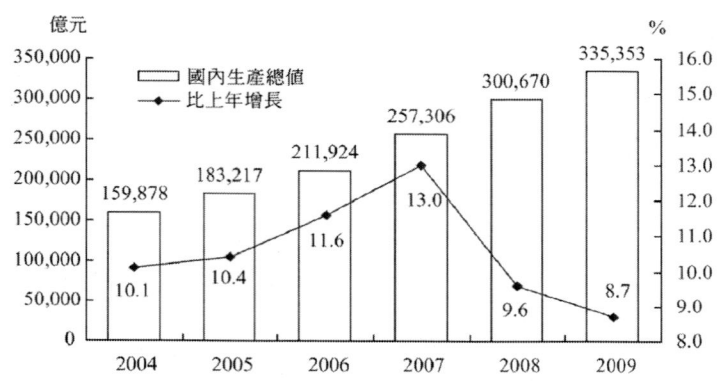

圖1　2004-2009年中國GDP及其增長率資料來源：中國國家統計局，《2008年國民經濟和社會發展統計公報》，2009年2月26日；《2009年12月份及全年主要統計數據》，2010年1月。

　　金融危機對臺灣經濟造成的衝擊遠超過預期，不僅嚴重影響臺灣製造業及出口貿易，島內的民間投資也快速萎縮，導致2009年臺灣經濟衰退1.87%，創60年來最大衰退紀錄。受國際金融危機影響臺灣經濟在2009年第1季創下罕見的9.06%的經濟衰幅，全年民間投資大幅衰退19.6%，島內就業形勢不斷惡化，9月失業率創下6.04%的高位。臺灣經濟在金融危機中也暴露出內需不足、服務業競爭力弱、產業轉型升級困難等結構性問題。

　　（二）兩岸對外貿易均大幅衰退

　　金融危機對中國經濟最大的衝擊是外貿出口。由於美、日、歐經濟陷入深度衰退，國際市場需求大幅萎縮，自2008年11月起中國對外貿易形勢發生逆轉，出口下降2.2%，是2001年7月以來首次下降。2009年第一季度國際金融危機持續惡化和蔓延，中國對外貿易延續去年11.12月持續下降的態勢，且降幅明顯擴

大，外貿出口總額比去年同期下降19.7%。出口是拉動中國經濟增長的「三駕馬車」之一，貿易進出口總額占GDP近70%。國際金融危機中，它也成為導致中國經濟下滑的最主要因素之一，2009年第1季淨出口對經濟的貢獻率已經下降為-0.2個百分點，依靠出口拉動經濟成長陷入困境。世界銀行的《中國經濟季報》指出，全球危機使中國出口受到重創，並對社會投資和市場情緒產生影響，對製造業的影響尤其明顯。

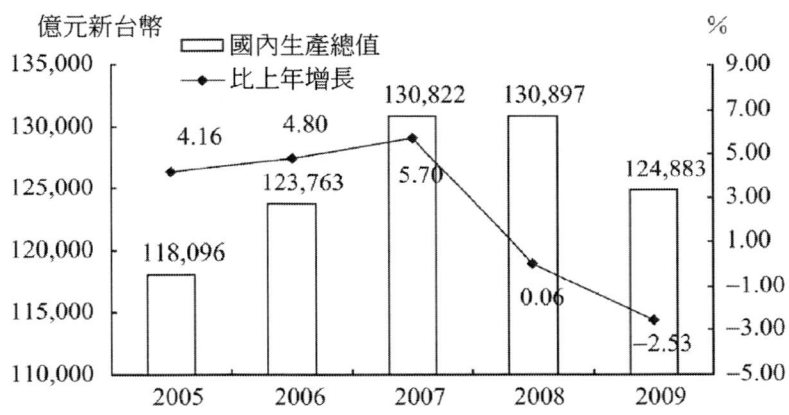

圖2　2005-2009年臺灣GDP及其增長率資料來源：根據臺灣「行政院主計處」2009年5月發布的「國民所得統計及經濟情勢展望」繪製。

相較大陸地區臺灣外貿面臨的形勢更加嚴峻，由於外貿依存度高達128%，全球金融危機造成臺灣外需與出口的急劇減少。自2008年9月起臺灣外貿出口一路走跌，9—12月，出口額年增率分別為-1.6%、-8.3%、-23.32%及-41.9%，2009年1月更降至-44.1%，創下臺灣1971年有貿易統計以來的最大衰退幅度。臺灣最主要的幾個出口市場均出現對臺灣產品需求大幅下滑的現象，2009年1月臺灣對大陸（含香港）出口衰退58.6%，對東盟（6國）出口衰退51.1%，對歐洲、美國、日本等主要市場的出口也受金融危機影響分別衰退32.6%、26.5%及17.9%。由於產業過度集中、產品結構單一，臺灣的電子產品、基本金屬及其製品、塑橡膠及其製品、機械、礦產品出口下滑幅度驚人，分別衰退45.3%、43.6%、44.7%、32%及42.4%。

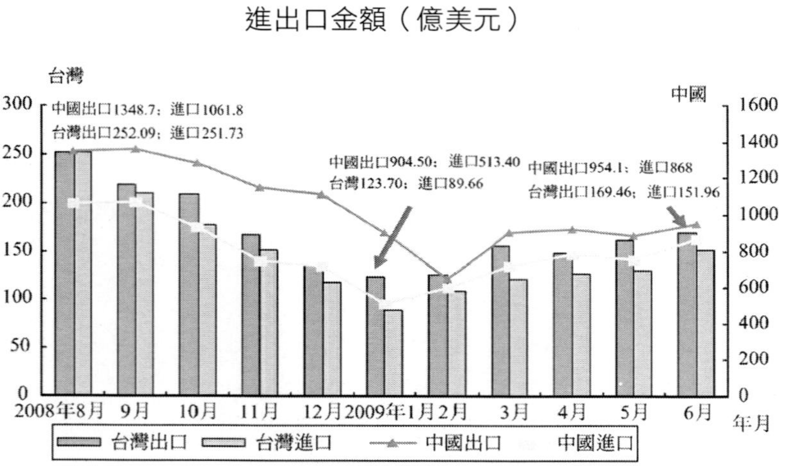

進出口金額（億美元）

圖3 兩岸進出口貿易額統計（2008.8-2009.6）資料來源：根據大陸商務部、臺灣「經濟部」統計數據繪製。

國際金融危機也造成兩岸外貿進口不同程度的衰退，臺灣受到的衝擊尤為嚴重。島內進口需求快速下滑，2008年8月至2009年1月進口減少了64.4%，嚴重影響了臺灣對外貿易的健康發展。2009年下半年兩岸對外貿易均出現企穩回升，但金融危機的深層次影響依然存在，兩岸出口最主要的美歐最終市場復甦速度緩慢，兩岸對外貿易持續增長仍面臨較大的不確定因素。

（三）兩岸貿易與投資遭遇瓶頸

儘管政治、文化等領域存在分歧，兩岸經濟關係卻相當緊密。臺灣對大陸（含香港）的出口依存度近年來穩定在40%以上，且仍呈上升趨勢，大陸已經成為臺灣最大的貿易夥伴和最大的出口市場，是帶動臺灣經濟增長的最重要動力。2002年以後臺商對大陸投資金額占臺對外投資總額的比重一直都維持在65%以上的高位，大陸已成為臺商對外投資高度集中的地區。臺商投資大陸，往往都從臺灣購買關鍵零組件、機械設備，因而形成貿易創造效應。臺灣出口大陸的比重逐年上升，臺灣外貿出口與大陸外需市場的連結程度也相當緊密，從而形成兩岸經濟較高的關聯度。

然而，快速發展的兩岸經貿往來也因國際金融危機遭遇挑戰。臺商對大陸投

資金額增長率從2007年的30.5%大幅下降至2008年的7.2%。自2008年第4季起臺商對大陸投資金額持續減少，2009年1—4月臺商投資大陸金額同比減少62.58%，全年衰退幅度達33.2%。兩岸間投資對貿易的帶動作用，似乎更早就開始失效。因此，當金融危機爆發，中國對美國出口衰退時，臺灣對大陸出口衰退的幅度更大。2008年9—12月，中國對美國的出口成長率分別為15.39%、12.44%、-6.13%及4.14%，而臺灣對大陸的出口成長率卻不斷衰退，分別為-16.3%、-19.9%、-38.5%及-54%，也驗證了臺商投資大陸所帶動的貿易效果已經開始減弱。

二、近期兩岸經貿合作的新進展

面對這場1930年代以來全球最嚴重的金融危機，中國大陸和臺灣都深受拖累，但卻因此建立起更緊密的經濟合作關係，聯手應對經濟波動的衝擊。大陸地區陸續頒布多項促進兩岸經貿交流與合作的政策，協助臺灣抵禦金融危機、緩解經濟困難，且已經彰顯成效；臺灣制定了「搭橋專案」等兩岸經濟合作策略，希望借助大陸市場實現經濟復甦。更緊密的經濟合作關係，為兩岸儘早擺脫金融危機、恢復經濟活力做出了突出貢獻。

（一）大陸對臺經貿政策推動兩岸經濟合作

大陸地區自2005年起，透過「國共經貿論壇」陸續公布了80多項惠臺政策和措施（表1），主要集中於農業、開放大陸居民赴臺旅遊、便利臺灣民眾出入境、教育、專業執照、醫療、交通航運等方面。雖然當時在臺灣阻撓下許多未及時付諸實施，但自從2008年國民黨在臺灣重新執政後，兩會（海協會與海基會）恢復協商，許多惠臺政策得到落實。大陸尤其重視幫助臺灣抵禦金融危機，並明確表示，如果世界經濟形勢持續惡化，臺灣方面提出緩解經濟困難的要求，大陸方面願意盡最大努力提供協助。

表1　近年大陸地區惠臺措施統計

時間	會議	惠台措施
2005.4.26~5.3	連戰和平之旅	3 項
2005.5.5~13	宋楚瑜搭橋之旅	3 項
2006.4.14~25	兩岸經貿論壇	15 項
2006.10.17	兩岸農業合作論壇	20 項
2007.4.28~29	第三屆兩岸經貿論壇	13 項
2008.12.20~21	第三屆兩岸經貿文化論壇	10 項
2009.5.15~22	首屆海峽論壇	8 項
2009.11.5~8	兩岸農漁水利合作交流會	12 項
2010.6.20	第二屆海峽論壇（航空會議）	9 項

　　隨著金融危機的深化，臺灣經濟遭遇了前所未有的困難，外貿出口大幅減少，股市房市快速下滑。相對而言，大陸儘管也受到金融危機的衝擊，但強大的復甦能力使它成為全球抵禦經濟危機的一個重要信心來源。大陸地區自2009年2月起啟動「家電下鄉」、「汽車下鄉」等政策，採用財政補貼方式，鼓勵汽車、家電「農村消費」及「以舊換新」，是大陸惠農強農、拉動內需、帶動生產的一項重要措施。該政策已經取得了很大成效，據家電下鄉資訊系統統計，截至2009年底家電下鄉相關產品銷售量與銷售額已分別達3768萬臺（件）和693億元。

　　「家電下鄉」不僅帶動了大陸地區家電產業發展，為了幫助臺商渡過金融危機，大陸還擴大對臺灣採購的政策取向，臺灣電子、電腦及相關產業也都得到實惠。2009年大陸彩電廠向臺灣友達、奇美與華映等廠商採購了約44億美元的面板，使臺灣在大陸面板市占率由2008年的約35%提高至50%，大幅領先主要的韓國競爭廠商三星、LG等。2009全年大陸赴臺的海貿會各採購團、面板團、四川團、江蘇團、廣州團和河南團等對臺採購超過150億美元，採購團受到島內業界的普遍歡迎，有效地提升臺灣產業界和民眾對未來的樂觀預期，並實質性地增加了臺灣的投資和消費，有利於臺灣經濟盡快走出低迷、實現復甦。

　　大陸刺激內需的各種措施，正逐漸帶動兩岸經貿依存度回升，兩岸貿易成為拉動臺灣經濟復甦的重要動力。2009年兩岸進出口貿易的金額及占臺灣貿易總額比重均呈現回升態勢，臺灣對大陸（含香港）進出口比重分別上升1和2.1個百

分點，已經超過金融危機前的依存程度。臺灣對大陸出口訂單大幅增長，帶動臺灣整體出口形勢好轉。大陸已代替美國成為臺外銷訂單的最大來源地，10月增長率高達20%，帶動臺灣外銷訂單出現國際金融危機以來的首次正增長，同比增長4.41%；12月臺灣對大陸（含香港）出口增長91.2%，帶動整體出口增長46.9%。投資帶動兩岸貿易的效應雖然已經減弱，大陸內需市場復甦又成為兩岸貿易回升的重要動力。

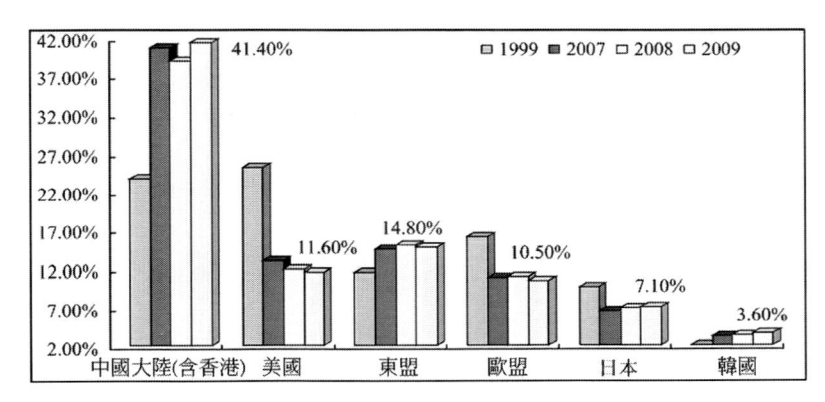

圖4　臺灣出口依存度變化情況資料來源：根據臺灣「主計處」統計數據計算繪製。

（二）臺灣調整兩岸經貿政策促進經濟合作

從李登輝的「戒急用忍」到民進黨執政初期的「積極開放，有效管理」，轉而至2006年頒布的「積極管理，有效開放」，2008年以前兩岸經貿關係由於臺灣持續的管制政策無法正常發展。國民黨重新執政，為兩岸經貿關係的正常化發展帶來了曙光，兩岸海運空運全面直航、陸資入臺等20多項開放政策陸續頒布，原來民進黨執政時期對大陸產品進口的限制，對臺商投資大陸的限制都逐漸放寬。

臺灣一直採取「寬出嚴進」的大陸貿易政策，對大陸產品進口進行嚴格限制。2002年以後才開始在WTO架構下逐步放寬大陸物品的進口，截至2010年2月1日止，臺灣已經開放對大陸8628項農、工產品的進口，占全部貨品（10879項）的79.3%。

表2　臺灣歷年開放進口大陸物品統計表

年份	1988–1989	1990–1999	2000	2001	2002	2003	2004
項數	92	5666	5786	5888	8055	8493	8614
年份	2005	2006	2007	2008	2009	2010	
項數	8666	8660	8718	8753	8617	8628	

註：2009年1月1日臺「貨品會」增、刪修訂2189項貨品。資料來源：根據臺灣「國貿局」統計數據計算繪製。

兩岸資本市場開放的基礎比貿易部門更加薄弱，臺灣的「主管部門」不僅禁止大陸廠商到臺灣投資，而且臺商投資大陸也要遵循「在大陸地區從事投資或技術合作審查原則」（2006年）：一是投資人對大陸投資累計金額不得超過「主管機關」設定的投資金額或比例上限；二是投資或技術合作的經營項目分為禁止類和一般類，禁止製造業投資達102項，准許投資的一般類累計投資金額超過2000萬美元需列為專案審查案件，超過1億美元列為重大投資案件審查。

隨著臺灣兩岸政策的開放，單向的、受限的投資局面逐步發生轉變。一方面，臺灣放寬赴大陸投資規模和產業別限制，尤其是對高科技產業和服務業的限制。臺灣於2008年8月1日起，將臺商赴大陸投資上限由40%放寬至60%（在臺設立營運總部或跨國企業者不設限），並簡化投資審查程序，僅對超過5000萬美元的個案進行項目審查，金額在100萬美元以下只需要事後報備即可；放寬赴大陸投資高科技產業的限制，開放6代以上TFT-LCD面板廠登陸、開放12英吋廠及8英吋參股和併購大陸晶圓廠、開放半導體封測和IC設計產業赴大陸投資；進一步開放服務業赴大陸投資，允許銀行業、信託服務業、金融租賃業、創投業、二類電信業的一般業務投資大陸，放寬不動產業投資規模的限制。另一方面，臺灣方面開放陸資赴臺，兩岸實現雙向投資的進程也逐步取得進展。2008年12月臺灣開放大陸合格境內機構投資人（QDII）入臺投資證券期貨市場；2009年4月海協會與海基會達成共識，臺灣將在政策制度上允許大陸資本進入島內開展投資；5月臺「行政院」審核通過「大陸地區人民來臺投資許可辦法」與「大陸地區之營利事業在臺設立分公司或辦事處許可辦法」；6月，臺灣審查「大陸地區人民來臺投資業別項目」草案，敲定陸資入臺投資項目，第一階段開放100項，其中包括製造業64項、服務業25項、公共建設11項，雖然是採用「正面表列」

方式，開放的項目受限，但兩岸已經拉開雙向直接投資的序幕，未來分階段循序漸進的開放在預期之內。

表3 臺灣對廠商投資大陸政策的調整

投資者	調整前投資上限	調整後（2008.8.1）投資上限
個人	新台幣8000萬元	每年500萬美元
中小企業	新台幣8000萬元	新台幣8000萬元或淨值或合併淨值的60%，以較高的為投資上限
非中小企業	淨值或合併淨值的40%或30%或20%	淨值或合併淨值的60%

註：臺灣「經濟部投審會」修訂「在大陸地區從事投資或技術合作許可辦法」及「在大陸地區從事投資或技術合作審查原則」，並於2008年8月1日起生效。

事實上，臺灣不僅大幅調整兩岸經貿管制政策，也重視利用大陸經濟復甦契機與更緊密的兩岸經貿關係，帶動臺灣儘早擺脫金融危機和經濟停滯。目前臺當局正加緊推動「逐陸專案」和「搭橋專案」，並取得了一定成效。臺灣推行的「新鄭和計劃」，在「強力拓展大陸市場」方面制定了「逐陸專案」，透過各項具體措施幫助臺灣廠商爭取大陸內需市場。「搭橋專案」自2008年底開始推行，已舉辦了中草藥、太陽光電、車載資通訊等兩岸產業合作及交流會議，範圍涉及合作創新研發、供應鏈整合及產品標準等方面，迄今已促成超過100家兩岸企業或協會簽訂合作或意向書。面臨外銷的萎縮，兩岸市場整合與經貿合作已經成為臺灣的主動選擇。

大陸與臺灣均認為，目前兩岸關係面臨難得的歷史機遇，為促進兩岸更緊密的經貿關係創造了良好的環境，尤其是面對國際金融危機對兩岸經濟的影響和衝擊，雙方應秉持優勢互補、互利雙贏的原則，加強和深化兩岸經貿交流與合作，實現兩岸經貿關係正常化。

三、兩岸經濟合作的前景

國際金融危機後，在兩岸均持開放態度並積極推動下，兩岸經濟關係將更加緊密，兩岸經濟合作將朝正常化、制度化、機制化的方向逐步推進。

（一）兩岸經濟關係正常化將穩步進行

2008年以來，兩岸經濟合作出現了重大的積極變化，兩岸「三通」、開放觀光、陸資入臺等陸續得到落實，均成為兩岸經濟關係正常化進程中的重要標誌。

兩岸推動「三通」已有些時日，但受政治因素影響一直無法實現，阻礙了兩岸經濟關係的正常發展，對兩岸的經濟發展均造成諸多不利面。尤其是兩岸無法直航，極大增加了進出口運輸成本、人員往來成本等，損害了雙方的經濟利益。兩會協商後，已於2008年12月15日實施日常包機與航線截彎取直，後又實現定期航班和航班時刻表、票價的正常化，2010年5月兩岸再次擴大直航的範圍，大陸地區新增6個客、貨運航點，兩岸每週航班數也增加至370班。由於臺灣與大陸乘客比例約為5：1，兩岸臺商與赴大陸旅遊的臺灣民眾將是兩岸客運直航的最大受益者。臺灣「工商建研會」一份針對島內企業的民調顯示，93%的民眾肯定直航有利於節省通航時間；70%的民眾認為直航可減少交通成本；36%的民眾肯定直航能降低物流成本，有助於增加商機，也即大多數島內民眾肯定「三通」直航對經濟的正面效應。

兩岸人員往來一直是單向、不平衡的。臺灣民眾經過簡單的審批便能進入大陸地區，而大陸民眾到臺一直受到諸多限制，人員往來的限制使兩岸經濟合作無法正常開展。開放大陸居民赴臺旅遊成為兩岸旅遊業合作發展的契機，為兩岸經濟關係正常化邁出一大步。臺灣在民進黨執政時期雖然被迫開放大陸居民赴臺旅遊，但把每日開放的人數限於1000人，推廣的態度也不積極，因此成行的人數一直很有限。執政黨輪替之後，將人數上限提至3000人，但由於仍存在諸多限制，如需團進團出、10人以上才能成團、必須提出相關的財力證明等，其效果也未見提升。2008年7月至12月，大陸到臺旅遊總人數為61000人，平均每天僅300人。兩會第二次會談後，兩岸放寬組團人數、保證金等規定，如大陸開放赴臺旅遊的省市數增加到25個，成團人數降為5人等。大陸赴臺旅遊的人數迅速增

加，據臺「主計處」統計，今年1—4月大陸赴臺遊客超過50萬人，已經超過日本成為臺最大的遊客來源地（同期日本約35萬人）。開放大陸居民赴臺旅遊對臺灣的觀光及相關服務業也有很強的提振作用，對出口嚴重下滑的臺灣而言，是擴大內需的一項重要利好因素。臺灣「內政部移民署」統計數據顯示，截至2010年4月底止大陸地區居民赴臺旅遊人數已超過百萬，按每人在臺平均停留8天7夜，每日消費250美元（約新臺幣8000元）估算，已為臺灣觀光相關產業帶來新臺幣572億的外匯收益與商機。

陸資入臺是實現兩岸雙向投資、經貿關係正常化的重要環節，多年來受到臺灣執政當局的阻撓無法開放。金融危機給臺灣資本市場帶來巨大壓力，2009年臺灣全年固定資產投資衰減11.4%，民間投資大幅衰退19.56%；吸引FDI的情況也不樂觀，2009年臺當局核准外商赴臺投資金額衰減了42%。在國際競爭的壓力下，引進具有雄厚資本優勢的大陸投資，成為臺灣經濟復甦的曙光。2009年6月，臺灣關於陸資入臺的相關配套政策將陸續頒布，繼開放證券投資及期貨交易市場後，兩岸開放直接投資也取得突破性的進展。2009年7月至12月臺當局已核准23件大陸投資項目，投資金額共計3749萬美元。儘管目前由於陸資入臺投資的產業範圍受限導致大陸廠商投資臺灣的規模較小，但已經為大陸資金、機構、人員入島創造了條件，為未來推動兩岸雙向投資以及兩岸經貿關係正常化開啟了新的篇章。

（二）兩岸經濟合作制度化將加快步伐

在兩岸經濟關係功能性聯結越來越緊密的基礎上，加強經濟合作制度化建設的要求便提上日程，兩岸中斷將近10年的制度化協商管道「海協會—海基會」也得以恢復。兩岸兩會恢復協商後，迄今舉行了4次會談，簽署了12項協議和1項共識，為兩岸經貿關係制度化奠定了基礎。兩岸也確定了制度化協商的常態運作機制，每半年將舉行一次兩會高層會談，推動兩岸經貿關係的正常互動。

兩岸經濟合作制度建設的內容十分豐富。以金融合作為例，在2009年4月兩岸簽署《海峽兩岸金融合作協議》，建立了合作框架的基礎上，又進一步開啟實質性合作與合作規則制度化的大門，就訊息交換、訊息保密、金融檢查、溝通交

流和危機處理等方面,11月兩岸簽署了銀行、證券及期貨、保險業等三項監管合作備忘錄(MOU),隨著兩岸監理機關建立制度性的對話機制,兩岸將逐步消除彼此金融市場的實質進入障礙。今年3月臺灣「金管會」公布了「金融三法(兩岸金融、保險及證券業開放辦法)」,臺灣金融業獲准赴大陸設分行、子行及參股,5月又修改了「大陸地區人民來臺投資業別項目」,將銀行、保險和證券業列為陸資可入臺投資的行業。大陸方面,有關兩岸金融合作制度層面,如現行《外資金融機構管理條例》中對臺適用部分也將進行調整。建立和完善兩岸經濟合作中的各種制度,使經濟往來有章可循,是兩岸經濟合作正常發展的必然要求,是兩岸經濟合作有序進行的重要保障。

(三)兩岸經濟合作機制化將逐步推進

兩岸經濟合作的制度建設正加速進行,為了使這些制度不流於形式,得到正確的貫徹實施,就必須建立起長效機制,來保證兩岸經濟合作的落實、推動、糾錯、評價等,簽訂ECFA正是兩岸對經濟合作機制化的嘗試。

兩岸簽署ECFA是互利互惠,合作雙贏的事。尤其臺灣產業競爭力已經出現弱化趨勢。臺灣商品出口占全球市場的比重,由1999年的2.2%下降為2008年的1.6%,外貿導向型的臺灣經濟面臨競爭力危機,臺灣方面迫切希望透過ECFA擴大兩岸經濟合作,爭取大陸內需市場,化解經濟發展遭遇的困境。其一,ECFA緩解了臺灣「邊緣化」於區域經濟整合的出口危機。大陸是臺灣最大的貨物貿易出口市場,若再加上東盟10國,共占臺灣出口總額的53.9%。「10+1」生效對臺灣出口大陸與東盟地區的產品形成巨大壓力,尤其是機械產業和化工產業約50%產品出口集中於兩地,若能透過ECFA實現出口大陸零關稅或低關稅(目前臺灣石化、機械、汽車及零組件產品對大陸出口關稅約6.5%—14.9%),既有助於增加對大陸的出口,也可經大陸以較低關稅轉出口至東盟各國,對臺灣提升產品出口競爭力有很大助益。其二,ECFA有利於臺灣提升服務業的國際競爭力。臺灣服務業占GDP比重約70%,已經取代製造業成為經濟的支柱產業,但島內需求飽和、解決就業不足、服務業出口競爭力弱等問題逐漸暴露,服務業國際化的壓力增大。兩岸若在ECFA中就服務業市場准入條件達成一致,將為臺灣提升服

務業競爭力提供契機。今年第1季的統計數據顯示，外商投資大陸模式正發生重大轉變，對服務業的投資提升至FDI的45.2%，很快將超過製造業，擁有巨大潛力的大陸服務業市場將成為外商新一輪競爭的戰場。臺灣服務業在大陸服務業市場展開與其它外資企業的競爭，將可能因ECFA框架內有條件的開放兩岸服務業獲得先機和競爭優勢，進而提升臺灣服務業的整體水平與競爭力。其三，ECFA有利於臺灣產業結構升級。一是對臺灣傳統產業轉型升級有利。近年來臺灣調整產業結構成效不明顯，除了島內自身經濟因素影響，另一個重要原因是對大陸施行貿易壁壘，表面看來保護了島內傳統產業、避免了「產業空洞化」、維持了貿易優勢和順差，但實際上扭曲了兩岸貿易結構，進而對生產消費、資源分配、國際分工等都造成扭曲，對臺灣經濟和產業長期健全發展產生不利的影響。兩岸簽訂ECFA，大陸承諾儘量不影響島內弱勢產業和中小企業，正因為考慮到臺灣傳統產業的短期承受能力，但臺灣自身經濟轉型與產業升級的要求越來越迫切，循序漸進地推動兩岸貿易正常化和自由化符合臺灣利益。二是對臺灣新興產業發展有利。臺灣提出發展生物科技、觀光旅遊、綠色能源、文化創意、精緻農業、醫療照護等「六大新興產業」的目標，但島內市場狹小，而大陸對新興產業的政策支持力度大、發展速度快、市場潛力大，與大陸合作發展新興產業有利於臺灣在新的全球產業鏈中占據優勢地位。三是對臺灣產業創新有利。兩岸簽署ECFA後，創新資源將隨物流、人流便利化，知識產權保障制度將逐步完善，有利於兩岸展開深層研發創新合作，對臺灣成為「全球創新中心」、實現「臺灣黃金十年」的目標有很大幫助。

　　簽署兩岸經濟合作框架協議，是兩岸經濟合作機制化的重要步驟。目前，兩岸兩會已就ECFA進行了三次正式協商，就協議的名稱、基本結構，協商原則、協議文本等問題達成了共識。當前兩岸雙方形成良性互動態勢，為兩岸簽署經濟合作框架協議，建立具有兩岸特色的經濟合作機制提供了極為有利的條件。在兩岸均持開放態度並積極推動下，兩岸經濟合作機制化有望取得突破性進展，促進兩岸經濟進一步緊密合作。

抓住機遇，推動兩岸經貿合作進入新的發展階段

陳克明

近幾年來，隨著兩岸關係的改善，兩岸經貿關係不斷取得突破性的進展，其中，兩岸實現直航以及就簽訂ECFA（兩岸經濟合作框架協議，Eco-nomic Cooperation Framework Agreement, ECFA for dhort）展開商談這兩個重要事件具有十分重要的戰略意義。一方面，把兩岸經貿關係正常化向前推進；另一方面預示著兩岸經貿合作有可能拓展新的發展空間。

兩岸經貿合作經歷了三十多年的發展，取得舉世矚目的成效，達到較高的發展水平，但這是在非直通的、單向的狀態下實現的，是非正常化的雙邊經貿合作關係狀態，兩岸實現直航，解決了長期以來影響兩岸經貿正常往來的一個十分重要的、基礎性的、基本的問題，而ECFA的最終簽署，將從總體上基本解決兩岸雙邊經貿合作的正常化、制度化、機制化問題，毫無疑問，這將標幟著兩岸雙邊經貿合作關係進入穩定運行與不斷深化的成熟期。

我認為，兩岸實現直航與簽訂ECFA，還為發展基於區域多邊合作的兩岸經貿合作關係創造條件，拓展兩岸經貿合作的新空間，使兩岸經貿關係由單純的雙邊關係向雙邊與多邊關係同時並存發展轉變，兩岸經貿合作關係進入新的發展階段，其具體表現就是把兩岸經貿合作融入東亞區域合作，兩岸共同參與東亞區域合作。

1990年代後期，全球區域經濟一體化出現迅速發展態勢，掀起第三次浪潮。據WTO統計，截至2008年5月，向WTO通報生效的區域經濟合作協定已達205個，其中80%是近十年來締結的新協定，目前正在以平均每月1個的速度遞增，全球GDP排名前30位的國家或地區，無一例外參與了不同類型的區域經濟合

作組織。積極推動、融入區域合作，已經成為中國加入WTO後對外開放的新起點，是中國順應世界經濟發展潮流的最佳選擇和不可逆轉的大趨勢，「十一五」規劃明確提出：「中國應積極參與多邊貿易談判，推動區域和雙邊經濟合作，促進全球貿易和投資自由化便利化」。中國已完成談判和在談的自由貿易區已有12個，涉及29個國家和地區，涵蓋中國對外貿易總額的四分之一；自2002年中國與東盟簽署《全面經濟合作框架協議》著手建立自由貿易區以來，雙方貿易關係發展迅速，2004年至2008年，中國—東盟貿易額由1059億美元增加到2311億美元，今年1—4月，中國與東盟貿易額達870.93億美元，增長58.5%，互相投資額也有較快的發展，至2008年累計接近600億美元，其中2008年中國對東盟直接投資額為21.8億美元，比上年增長125%。在國際金融危機嚴重衝擊的2009年，中國對外貿易下滑13.9%的形勢下，與東盟貿易也只下降7.9%，更遠遠低於對主要貿易夥伴歐盟（-14.5%）、美國（-10.6%）和日本（-14.2%）的下降幅度。「10+1」（或「10+3」）自由貿易區的建立，以及正在積極推動之中的大東亞共同體的構想，將對中國經濟的發展乃至於東亞、亞太地區經濟發展意義重大。

兩岸經貿關係發展的歷史經驗表明，兩岸經貿合作的不斷發展依仗且得益於中國經濟的發展，經過多年的快速發展，2008年，兩岸貿易總額達1292.17億美元，其中臺灣對大陸出口額1033.4億美元，自大陸進口額為258.78億美元，到2002年，大陸超過美國成為臺灣最大的出口市場，2003年超過日本成為臺灣的最大貿易夥伴，2005年成為臺灣僅次於日本、美國的第三大進口市場，而臺商對大陸投資早已是臺灣對外投資的最主要投資地，占臺灣對外投資總額的三分之二以上，高居榜首。這些都與大陸經濟在較長時期內高速發展密切相關。所以，從這個意義上說，跟隨著中國經濟的發展趨勢，兩岸經貿合作關係必然也要融入區域合作的潮流之中。

事實上，對於臺灣經濟的發展來說，融入區域合作，不但符合臺灣經濟發展的長遠利益，還具有緊迫性。

第一，臺灣經濟也是高度開放的經濟，與東亞、東南亞各國有十分密切的經

貿關係。除了與日本、韓國有較長歷史且規模較大水平較高的貿易關係外，臺灣與東盟各國也有較為密切的經貿關係，東盟十國不但是臺灣商品的主要出口地之一，2008年臺灣對東盟的出口占臺灣對外出口總額比重為15.2%，臺灣還曾是東南亞國家的主要投資來源地，是臺灣海外廠商重要的海外生產基地，臺灣在東南亞諸國有一定的產業合作基礎，甚至也還有相當的社會文化基礎，可以說臺灣與東亞地區各國在發展經貿合作方面有一定的基礎和發展潛力與前景，況且，大東亞區域合作所形成的是世界第三大自由貿易區，其巨大的市場規模與發展潛力，對於自身經濟縱深不足、高度依賴外部市場的臺灣來說，提供了一個廣闊的長遠發展空間。

第二，由於某種原因，臺灣目前被排除在東亞區域合作之外，面臨被「邊緣化」的嚴重威脅。2010年「中國─東盟自由貿易區」啟動後，中國大陸與東盟各國約90%的商品貿易陸續實現零關稅，而臺灣的出口產品約65%集中在這兩個市場，不能享受關稅減讓的臺灣產品的出口競爭力必將受到嚴重削弱，甚至於完全失去應有的市場地位，到目前為止，臺灣只有與拉丁美洲五個「邦交」小國簽訂自由貿易協定，僅占臺灣對外貿易總額的0.2%，融入東亞區域經濟合作中，對臺灣來說至關重要，不但表現在市場占有上，還表現在充分利用東亞地區業已形成或正在形成的產業鏈關係，透過跨國公司的生產和銷售網路在東亞地區各經濟體之間的水平分工聯繫，發揮臺灣成為跨國企業的「全球創新中心」、「亞太經貿樞紐」和「臺商運籌經營」的「營運總部」的作用；另外，融入東亞區域合作，特別是參與東亞地區的水平分工，還可以減緩甚至於阻止臺灣的產業「空洞化」趨勢，因為如果不能加入到區域合作之中，臺灣的多數零組件出口必然面對較高的關稅課徵問題，這就必然促使終端產品製造商要求零組件供應商必須將零組件的生產轉移出去，融入區域合作後，這些零組件供應商就可以繼續保持在臺灣生產並隨著業務的發展而增加直接投資，創造更多的就業機會，從而有效地緩阻臺灣的產業「空洞化」。

所以，透過特定的形式，借助於兩岸經貿合作的深化，透過兩岸經濟的整合，將兩岸經貿合作關係融入區域合作之中，對臺灣經濟的未來發展意義十分重大。

我們知道，當代區域經濟合作的主格調和發展趨勢是建立和發展水平型國際分工，這是一種以產品生產的產業鏈為基礎形成的區域間產業內貿易的國際分工關係，其建立及其發展的深度與廣度，除了取決於參與分工的不同國家或地區的要素結構差異外，還在很大程度上取決於合作區域內的物流成本和跨境交易成本，這是因為產業內的產品生產工序分工所形成的因要素差異而產生的比較優勢空間是比較有限的，如果物流成本和跨境交易成本過高，就必然湮沒了比較優勢，水平分工關係就無法建立。顯然，兩岸實現直航、簽訂ECFA，將能有效地降低區域內交易的物流成本和跨境交易成本，為兩岸的企業，特別是臺灣的企業參與到東亞區域水平分工體系中，創造了十分重要的基本條件，有利於兩岸共同參與大東亞區域合作，也必將推動大東亞地區國際分工水平的不斷提高並促進經濟的快速發展。

因此，如果兩岸透過經濟整合共同參與區域經濟合作，兩岸經貿合作關係就不是單純的雙邊關係，意味著兩岸經貿合作由現在的雙邊經貿合作關係發展為融入區域經濟合作的多邊關係，標幟著兩岸經貿合作進入新的發展階段，兩岸經貿合作因為有了一個新的拓展空間而前景無限。

推動基於區域多邊合作的兩岸經貿合作關係的發展，拓展兩岸經貿合作新的發展空間，應該認真研究解決以下問題：

第一，盡快完成ECFA的簽訂並盡快落實和細化延伸，積極探討臺灣借助於ECFA融入區域合作的具體方式途徑。

首先，盡快完成ECFA商談並正是簽訂，是十分緊迫的任務，尤其是對臺灣而言更是迫在眉睫，中國一東盟自由貿易區已經啟動，最近在韓國首爾舉行的中日韓政府首腦會議討論了關於「大東亞共同體」的未來十年進程，東亞區域合作的發展步伐在加快進行，沒有給臺灣留下躊躇猶豫的時間；其次，即使很快簽訂ECFA，要得以落實並產生發揮作用需要一個過程和時間，何況ECFA只是一個框架協議，需要具體細化和延伸，直到兩岸經濟產生實質性的整合效果，才是真正的發揮作用，才能有利於兩岸共同參與區域合作，必須儘可能地縮短這一過程；最後，在落實和細化延伸ECFA的過程中，需要認真研究如何透過具體的方式途

徑借助於ECFA將臺灣帶入區域合作的過程中，其中既有一些可以選擇的途徑，如建立兩岸四地自由貿易區以及借助於區域合作中的非制度安排，協助臺灣逐步參與介入區域合作等等；也需要探索是否有盡快促使臺灣參與區域合作的捷徑方式，包括從政治層面的制度化的途徑與方式。

第二，鞏固直航成果，盡快形成、完善臺灣海峽航運市場體系，推動海峽航運港口的整合，建設臺灣海峽物流體系。

直航是實現了，但真正要使直航在兩岸經貿合作中發揮好作用，特別是要有助於兩岸共同參與區域合作，必須要在兩岸之間形成高效率的運輸體系並使之能成為區域物流體系中的有機組成部分。應該說，直航雖然實現了，但兩岸航運業界不能僅僅滿足於此，應該充分認識到這個問題並不只是兩岸共同參與區域合作的基本條件，也就是說不只是通與不通的問題，它還涉及到兩岸在參與區域合作中的競爭能力和地位問題，因為只有高水平的發達的物流體系才能為從產業分工協作提供低成本、高效率的物流服務，使優勢產業的作用充分得到發揮。在海峽地區建設功能強大的高效率的物流體系是需要較長時間的艱苦努力的，需要及早考慮、規劃並有效實施。這是一項任重而道遠的任務，必須盡快採取措施，建立和完善臺灣海峽運輸市場及其體系，發揮市場機制作用，透過海峽兩岸航運港口的整合，建設臺灣海峽航運港口體系，並在此基礎上建設功能強大的臺灣海峽物流體系，為兩岸共同參與區域合作提供強大的基礎設施。我以為，兩岸官方和航運業界應及早就這一事項展開溝通、研討並制定具體的工作計劃，積極推動。

第三，研究尋找基於區域多邊合作的兩岸產業分工與產業合作的具體方式和內容，以提高兩岸產業合作的水平，增強兩岸在區域合作中的競爭力。

對於水平分工來說，不同國家或地區依照各自的要素結構、要素價格形成相對優勢進行產品生產上的工序分工，不同的行業、產品的不同工序的規模經濟不同，這就決定不同國家或地區的產業和企業在分工體系中的地位、作用和具體的內容。兩岸共同參與區域合作，不僅僅是兩岸的產業、企業各自以其自身的優勢參與分工，更重要的是兩岸透過合作形成新的、具有更強競爭性的優勢產業，這不但可以提升兩岸各自的產業水平，還可以增強兩岸在區域合作中的地位能力，

這就是我們強調的兩岸共同參與區域合作的關鍵所在，它和兩岸分別以各自獨立身分參與區域合作應該是有區別的，所以，需要從區域合作的視角，以提升兩岸產業在區域合作中的地位為目標，尋找兩岸產業合作的具體產業及其合作的最佳途徑、方式和具體內容，以期透過提升兩岸產業合作的水平，增強兩岸在區域合作中的地位和競爭能力，推動東亞區域合作水平的發展提升。

兩岸「經濟兩化」功能與推進

劉紅　王淼森

經過兩年多來的和平發展，兩岸關係已站在新的歷史起點上，面臨著進一步發展的良好契機和有利條件。現階段的主要任務是是實現兩岸經濟關係正常化、兩岸經濟合作制度化（「經濟兩化」）。ECFA的推進，為兩岸解決「經濟兩化」問題打開了新的大門。

一、「經濟兩化」背景概述

（一）經濟全球化發展的必然結果

自1980年代以來，「在國際分工深化發展的基礎上，隨著各國和各地區經濟開放度的增加，各經濟體間的各種壁壘逐漸消除，整個世界相互滲透、相互依存、相互依存、相會影響的程度不斷加深，規模與形式不斷增加」的經濟全球化，逐漸成為世界經濟發展的潮流和趨勢。

由於經濟全球化是要在世界範圍內的資金、技術、產品、市場、資源、勞動力進行有效合理的配置，透過突破市場障礙和各種約束，降低直接的生產成本和間接的交易成本，從而為追求利益最大化的各種經濟體的結構調整和經濟發展，提供更多的機會和空間。在經濟全球化的大背景下，兩岸「經濟兩化」可以充分整合和利用兩岸經濟互補性，有助於兩岸經濟結構調整和產業結構升級，進一步謀求各自最大化利益的需要，提高各自在經濟全球化浪潮中的抗風險能力。不僅將為兩岸貿易與投資提供十分便利的條件，大幅度降低兩岸經貿交流的成本和時

間，提高市場競爭力，贏得更多商機，獲得更多的利潤，更重要的是可以增強兩岸在國際市場中的競爭力，提高兩岸參與經濟全球化的實力。

正是在經濟全球化的推動下，大陸和臺灣先後加入了世界貿易組織。雖然受因於臺灣的經貿政策，臺灣遲遲沒有履行相應的承諾，WTO原則在兩岸之間也沒有發揮效用，但是這無疑為兩岸經貿交流提供了一個平臺和參照物。雙方本著「WTO精神」，推動兩岸「經濟兩化」的實現，建立具有兩岸特色的經濟合作機制，具有十分重要的意義。

（二）符合區域經濟一體化的潮流

區域經濟一體化是經濟全球化的必然結果，是指在一定區域內的若干國家和地區，為維護本國或本區域的利益而進行的國（區）際合作與交往。隨著區域經濟一體化不斷走向成熟，那些地理位置臨近、經濟上依存度較高的國家和地區形成一種區域聯盟，借此提高自身經濟能力和在國際經濟中相對優勢的分工地位。1990年代末期以來，東亞地區的經濟格局發生了深刻變化，曾經是東亞經濟火車頭的日本經濟經歷了10餘年的長期增長停滯，與此同時中國經濟在改革開放的前提下持續高速增長，區域內的主要國家和地區都把中國變為了自己最重要的貿易夥伴。中國經濟的崛起加速了東亞區域經濟的整合，東亞地區開啟了區域經濟一體化的進程。就中國而言，其繼與東盟簽署「10＋1」、與東盟、日、韓簽署「10＋3」協議外，內地分別與香港、澳門簽署《關於建立更緊密經貿關係的安排》（CEPA），開創了國家主體與單獨關稅區經濟一體化的新模式，並獲得了巨大成功，為香港、澳門的經濟發展注入了新的活力。

與2010年元旦開始啟動的東亞區域經濟一體化相對應的，是臺灣一直游離於整個區域經濟的邊緣地帶，臺灣經濟被邊緣化的危機將進一步加大。而如果兩岸實現了「經濟兩化」，兩岸經濟的互補性，有助於臺灣利用大陸廣闊的經濟發展空間，有助於臺灣盡快融入東亞區域經濟一體化的進程，便於在東亞區域內與其他國家和地區的競爭中獲得優勢，加快臺灣經濟借助世界經濟全球化、區域經濟一體化的發展而發展。

（三）大陸經濟發展的必然結果

改革開放徹底改變了中國經濟發展的軌跡。從1978年到2009年，年均實際增長率約為9.8%，GDP由3645億美元增長到335353億美元，是同期世界經濟年均增長率的3倍多，整個經濟規模已經由1978年的世界第十前進為世界第三，中國已成為世界上最具有發展潛力的經濟大國之一。尤其在國際金融危機期間，中國經濟展現了前所未有的活力，率先走出經濟危機的困境，成為穩定世界經濟的重要力量。正如美國彼得森國際經濟研究所高級研究員戈德斯泰所講：「中國在應對此次國際金融危機方面的表現非常出色。中國在提振全球需求增長方面將發揮重要的作用。」

與中國大陸經濟快速發展相對應，臺灣在國際經濟中的地位則相對下降。「根據IMF等國際機構公布的資料，臺灣經濟規模由曾經的世界第十六退至2008年的第二十六，出口由1980年代中期的世界第十一位降至2008年的第十八位。」由此可見，隨著中國大陸經濟的騰飛，兩岸經濟實力的消長明顯。從兩岸經貿發展的歷程來看，大陸經濟實力越強，對臺灣的吸引力就越大，兩岸經濟交流與合作的動力越強。此外，大陸在經濟發展上正致力於推動經濟結構轉型和產業結構優化升級，改變過去經濟發展過度依賴投資和出口的做法，更加重視內需對經濟的拉動作用，逐漸把經濟增長從以往主要依賴物質資源的投入調整到技術進步、自主創新和勞動力素質的提高上來。這些轉變無疑會對傳統的兩岸經貿交往產生巨大的衝擊，尤其是會影響臺商在大陸的投資活動。因此，兩岸必須要實現「經濟兩化」，並以此為基礎尋求兩岸經貿新的互補點與合作策略，才能開創兩岸經貿發展的新局面。

（四）臺灣經濟自身發展的要求

從臺灣經濟發展的進程來看，臺灣在歷史上都是掛靠或依附於某個或成為某個經濟體的一部分，然後透過發展有比較利益優勢的產品和產業，促進自身經濟的發展。例如：「在1980年代中期以前，臺灣經濟深度依賴美、日市場，以美、日勞動密集型產業加工基地的角色處於美、日為核心的西方經濟體系的邊緣地位；1980年代中期以後，臺灣經濟逐漸將重心轉向亞洲，並透過引進美、日資本和技術，對東南亞、大陸實施直接投資等環節推進產業升級換代，逐漸以技

術密集型產品加工基地的角色在亞太國際產業分工體系中發揮技術及產業中介功能。」因此，從本質上講臺灣經濟屬於一種外向出口、「淺碟形」經濟。

然而，臺灣這種外向型經濟受外部因素干擾較大，尤其是在世界經濟不景氣時受損更加嚴重。在國際金融危機的衝擊下，與臺灣經濟聯繫密切的三大發達經濟體美國、日本和歐元區都處於不同程度的衰退。臺灣經濟「內需提振乏力，消費和投資意願下降；外需市場萎縮，對外貿易由盛轉衰；服務業增長停滯，製造業面臨嚴重產能過剩」。2009年，臺灣經濟仍呈負增長態勢，形勢有所好轉，但前景依然不樂觀。國際金融危機之後，各經濟體之間的經濟實力此消彼長，臺灣由於其自身出口經濟的特點，必將加深對大陸經濟的依賴。因此，加快實現兩岸「經濟兩化」，為臺灣經濟發展注入新的活力，成為臺灣經濟再次起飛的重要起點。

二、「經濟兩化」的經濟動因

（一）有利於兩岸經貿的繼續發展

從某種程度上來講，兩岸經貿關係的發展歷程，就是兩岸經濟關係正常化、經濟合作制度化的試驗過程。自1979年元旦全國人大常委會發表《告臺灣同胞書》發表，在大陸的積極推動下，以小額海上貿易和經香港轉口的間接貿易為主要形式的兩岸經貿開始起步。到90年代前期，大陸在促進兩岸經貿交流、鼓勵臺商投資等方面的法律、政策和工作體系基本完備，為此，兩岸經貿交流與合作迎來第一個高潮期，先後在1996年3月兩岸民航運輸票證實現「一票到底」，1997年1月就兩岸「試點直航」問題達成協議，極大地方便了兩岸交流。兩岸經貿的發展，有力地回擊了李登輝提出的「戒急用忍」政策。在民進黨執政期間，先後在2001年1月實現廈門和金門、馬尾和馬祖間的海上客貨直航，2003年春節起先後實現「春節包機、節日包機和專項包機」，全面回擊陳水扁當偈限制兩岸經貿的對策。特別是在2005年4月起，在國共兩黨開始交流後，大陸又多次頒布

惠臺政策，這為兩岸經貿關係的進一步發展提供了新的政策支持。2008年5月，兩岸關係開始歷史性轉折，「兩會」協商制度化和兩岸「三通」的實現，寫下了兩岸交流合作的新篇章。

31年來，兩岸累計貿易額達到9636.2億美元，其中大陸對臺灣出口1723.5億美元，臺灣對大陸出口7913.2億美元，臺灣順差達6189.7億美元。經過30餘年的運作，已經成為兩岸「經濟兩化」的調試過程。受國際金融危機等因素影響，自2008年11月後，兩岸貿易往來開始出現大滑坡。但隨著世界經濟形勢的進一步好轉，加之兩岸經貿制度化協商的進行，特別是ECFA的工作商談的展開，兩岸經貿將逐步回穩，並且將成為「經濟兩化」的主要推動力量。

（二）有利於增加兩岸經濟互補性

兩岸實現經濟關係正常化、經濟合作制度化的過程，也是兩岸經濟互補性和依存度不斷增強的過程，進而互助互惠、共創雙贏的過程。兩岸經濟交流與合作的歷程表明，兩岸經濟存在互補互利的關係。臺灣的市場狹小，是一個淺碟形的經濟體，相對於大陸來說，臺灣在資金、技術、管理和營銷方面存有優勢，而大陸在科技人才、勞動力、土地、市場方面具有明顯的比較優勢。正是基於彼此間經濟發展的互補性，兩岸經貿形成了緊密的依存關係；或者說經貿依存度越高，表明經濟互補性越強。從1978年到2009年，從臺灣方面來看，對大陸的進口依存度由0.42%上升至11.7%，對大陸的出口依存度由零上升至42%，臺灣對大陸外貿依存度由0.19%上升至28%。從大陸方面來看，對臺灣的進口依存度由零上升至8.5%，對臺灣的出口依存度由0.47%上升至1.7%，大陸對臺灣的外貿依存度由0.22%上升至4.8%。當然，大陸對臺灣的外貿依存度，近幾年來不升反降，特別是2009年降幅要大一些，這是近幾年來大陸經濟發展好於臺灣的結果。也是受國際金融危機的影響，2009年間兩岸貿易下降17.8%，臺灣外貿下降達20%。大陸外貿雖說下降13.9%，但是經濟基本面不受影響。因此，大陸對臺灣的外貿依存度有所下降，更是說明兩岸經濟互補性的重要，臺灣方面的需求要大於大陸。由此可見，兩岸「經濟兩化」，有助於在發展兩岸經貿的同時，有利於兩岸經濟互補性的增加。

（三）有利於臺灣和兩岸產業調整

伴隨著臺灣工業向大陸地區的不斷產業轉移，海峽兩岸貿易的商品結構和參與貿易的企業結構也發生較大的變化。1980年代初期，大陸從臺灣進口的產品主要以日用消費品為主，也包括一定的電子產品和機器設備。大陸輸入臺灣的產品主要是農工原料、土特產品。90年代以後，不論是臺灣還是大陸，從對方進口的產品已由早期的少數幾種民生消費品，發展到兩岸生產所需的農工原料或工業產品，商品結構日趨多元化。到2000年以後，資本和技術的密集型產品成為構成海峽兩岸貿易商品的主體。目前，隨著兩岸經濟關係正常化、經濟合作制度化不斷深入，兩岸的貿易和商品結構的多元化趨勢愈發明顯。與海峽兩岸商品貿易結構不斷變化相對應的是海峽兩岸參與貿易的企業主體也發生了較大變化，「1980年代初期海峽兩岸貿易基本上由兩個區域內部的企業參加，進行垂直的產業間貿易。1990年代後，貿易主體由區域內的企業轉變為以跨區域合資企業和跨區獨資企業為主。」目前，隨著兩岸「三通」的實現，臺灣放寬了臺資企業投資大陸的限制，加之兩岸制度化協商取得了巨大成果，如兩岸MOU的簽署，使得參與經貿活動的兩岸企業迎來新的機遇和挑戰，從而帶來新一輪企業結構的調整。可以說，兩岸經貿交流和臺商投資大陸的發展，要求雙方進行產業調整，「經濟兩化」是產業調整的最佳途徑。

（四）有利於拓寬兩岸經貿合作領域

隨著兩岸經貿的發展，兩岸在農業、工業、高新技術產業、服務業等領域合作不斷加深，並呈現出由傳統產業合作向高新技術產業與現代服務業合作的趨勢。農業方面，兩岸農業交流與合作已進入快速發展時期，初步形成了寬領域、多層次、全方位的合作雙贏發展格局。據不完全統計，截至2009年底，在大陸投資發展的臺資農業企業已達6100多家，投資大陸農業的臺資達72億美元。在大陸的16個省區的海峽兩岸農業合作試驗區和臺灣農民創業園，臺資農業企業已達5000家，利用臺資58億美元。工業方面，臺商投資大陸項目已達80061個，到位臺資495.4億美元。自2008年開始，臺灣經濟部門和大陸方面開始建立搭橋專案，啟動以來，在中草藥、通訊、太陽能光電、車載資訊、LED、照明、風力

發電等項目上,已促成300多家企業商談,並簽署18份合作協議書。在未來兩岸經貿合作中,臺資企業將透過新增投資轉向科技含量高的產業,原有產業要增加以技術和品牌為核心的競爭力。在現代服務業領域,大陸具有巨大潛力,與大陸相比臺灣在現代服務業領域起步較早,行業發展成熟,正好彌補大陸在現代服務業領域相關經驗和資金方面的某些不足。「經濟兩化」有助於在當前經濟全球化和區域經濟一體化的飛速發展中,兩岸經濟界透過更高層次的制度設計和戰略規劃,利用兩岸之間行業的互補性,拓寬兩岸經貿合作領域,提升兩岸經貿合作層次,形成兩岸共有的「合力」,更好的推進兩岸經貿協調、有序和可持續發展。

三、積極推進兩岸「經濟兩化」進程

經過30年的經濟交流和「三通」的實現,如何以某種制度化、機制化的安排,為兩岸經濟持續穩定發展提供保障被提上議事日程,ECFA就是在這一背景下提出和推動的。ECFA協商正在正常進行,第一階段性協議簽署也要在6月完成,但要想全面落實ECFA精神,還要積極做好相關方面的工作。

(一)減少簽署ECFA的不利因素

一是改變兩岸經貿交流中的不對稱、不平衡的格局。長期以來,臺灣對大陸實行歧視性待遇。就商品貿易而言,大陸對臺灣商品全面開放,臺灣仍禁止大陸農產品834種、工業品1360種輸入島內,占臺灣進口商品總數的20.3%。就兩岸經貿看,截止到2009年,在兩岸累計9636.2億美元貿易額中,臺灣方面的順差高達6189.7億美元,占64.2%,嚴重不平衡。在投資方面,與大陸長期以來鼓勵和保護臺灣同胞來大陸投資不同,臺灣直到2009年6月起才開放陸資入臺,但在投資領域和操作上設有許多限制。在兩岸人員往來方面,大陸基本處於開放狀態,但是臺灣方面對大陸人員赴臺依然設置種種障礙,即使大陸居民「赴臺自由行」旅遊也沒有實現。由此可見,兩岸在人員交流與往來方面的不對稱狀態還是極為明顯的。總之,雖然馬英九上臺後放寬了兩岸經貿交流的限制,但短期內兩

岸經貿不對稱、不平衡格局依然難以扭轉，這是需要解決的問題之一。

二是消除島內政治因素對兩岸「經濟兩化」的干擾。兩岸關係和平發展和推動ECFA的進程，招來島內綠營的強烈反對，甚至發動流血抗爭事件。綠營在對其「泛政治化」的同時，宣揚「臺灣勞工沒頭路、農民害了了、傳統產業死了了、沖垮321萬白領、臺灣香港化和薪資大陸化、矮化臺灣『主權』、為『一中市場』鋪路」等「十大謊言」，阻礙ECFA的協商和簽署。泛綠陣營還在發動ECFA「公投」，一方面反對兩岸經濟合作，一方面以此作為內部進行政治動員、贏得年底「五都選舉」的主打議題。綠營的做法干擾了兩岸「經濟兩化」的進程，但無法阻擋兩岸「經濟兩化」的潮流。

三是解除部分臺灣民眾對ECFA的疑慮。對於「經濟兩化」，臺灣工商企業界一直是支持兩岸「經濟兩化」的主要力量，但是還有部分群體存有疑慮。部分紡織日用品、製鞋、紙業、陶瓷、皮革等弱勢傳統產業者，擔心受到大陸產品的衝擊。部分臺灣南部農民，在一些政客的刻意誤導下，對大陸惠臺政策的不甚瞭解，甚至抵制兩岸經貿的開放。部分學者和媒體，他們聲稱當前兩岸誇大了「經濟兩化」所帶來的效應。針對島內的種種疑慮，大陸方面多次釋出善意，強調「在商談ECFA時，我們會充分考慮臺灣農民兄弟的利益」，大陸商簽ECFA的立場是「可以讓利」，都表現出了大陸在兩岸「經濟兩化」上的極大誠意。當然消除疑慮需要時間，更需要「經濟兩化」的效益顯示。

對於上述問題，臺灣也表示，ECFA若能達到60%民眾支持，簽署兩岸經濟合作框架協議（ECFA）心裡才較踏實，還要再加油。臺「陸委會」在ECFA兩次工作商談後民調顯示，58.9%的民眾認為ECFA有助於臺灣的經濟發展；53.1%的民眾支持與大陸協商簽訂ECFA。這一結果，與近一時期來的相關民調結果基本一致。應該說，簽署ECFA已是大勢所趨，民心所向，不利因素正在逐步消除。

（二）積極推進「經濟兩化」

一是繼續為兩岸實現「經濟兩化」營造良好的政治氛圍。目前處於兩岸關係和平發展的鞏固期，應按照大陸提出的「建立互信，擱置爭議，求同存異，共創雙贏」、「面向未來，捐棄前嫌，密切合作，攜手並進」、「先易後難，求同化

異，循序前進，積極穩妥」等原則、方針，全面推進兩岸交流和合作。從馬英九當局來看，在贊同兩岸「經濟兩化」的同時，對於綠營宣揚ECFA是「親中賣臺」、「犧牲臺灣主權」的攻擊分外小心，因而在兩岸「經濟兩化」問題上缺乏果斷和氣魄。從綠營來看，一方面出於「臺獨意識形態」，他們就不願與大陸經濟交往過密；一方面希望借ECFA議題，打擊馬英九的兩岸經貿政策，贏得部分選民支持，重奪政權。然而，兩岸「經濟兩化」已是大勢所趨，各類政治力量應摒棄「戒恐心理」，以更加積極、開放、務實的心態來看待兩岸「經濟兩化」。

二是創新經貿交流機制。由於兩岸關係的特殊性，兩岸的經貿交流和協商，始終處於一種以民間直接、官方間接的狀態。如兩岸經貿交流「戴白手套」的協商機制，海協會和海基會作為兩岸當局授權處理兩岸各項交流具體事宜、溝通協商兩岸交流中的各種問題的民間社團，是當前主要經貿協商機制。在具體協商時，根據需要已有主管部門官員上桌談判。如兩岸官方默許或授權的行業性交流機制，在兩岸官方不能直接商談的情況下，此類談判早就進行。MOU、2009年11月簽署的兩岸食品產業與科技合作文件、2010年5月互設旅遊辦事處，就是屬於此種類型，作為在兩岸關係特殊發展時期的成功選擇。如地區性交流協商機制，大陸各省區或重大企業，與臺灣相關部門進行直接商談，簽訂協議。此類商談越來越多。創新兩岸經貿交流機制，是推動兩岸「經濟兩化」實現的重要途徑。

三是加快兩岸經濟合作制度化進程。「兩岸經濟合作的制度化是指對兩岸經濟活動予以規範，制定雙方共同遵守的辦事規程或行動準則。正常化是解除不合時宜的政策限制的過程，制度化則是建立符合雙方利益需要的行事規範的過程。」而在實際協商過程中，兩岸經貿正常化和制度化協商往往會交織在一起，雙軌同進。如兩年來兩會簽訂12個協議和達成的2個共識中，關於「三通」、「陸客赴臺」本身的協議，包括「正常展開」和「如何進行」的制度規定。兩會就共同打擊犯罪及司法協助協議、漁業勞務合作、農產品檢驗、兩岸標準與檢測合作協議等議題達成協議，以及專業領域就MOU、2010年年5月互設旅遊辦事處等文件，則主要是為「三通」的「順利進行」提供制度上的保障。目前，要加快兩岸經濟合作的制度化，首先需要簽署ECFA，推動兩岸經濟合作制度化進程。

（三）加快「經濟兩化」示範區「海西區」建設

一是海峽西岸經濟區前景美好。海西區的發展戰略框架，與港澳粵經濟區有很大相似之處。港澳粵經濟合作經驗之一，利用政府對地區的政策傾斜，加快發展地區航運、金融、物流、貿易、會展、旅遊等優勢行業，聯手推動地區內產業結構調整和優化升級，推進地區內基礎設施對接，從而使港澳粵區域成為亞太地區最具活力和競爭力的城市群。經驗之二，加快港澳粵區域內高新技術創新合作，構建開放融合、布局合理、支撐有力的區域創新體系，形成廣州—深圳—香港為主軸的區域創新布局。以建設粵港澳科技產業園、深港創新圈和穗港、珠澳、莞港創新合作基地為重點，推動建立粵港澳聯合創新區。經驗之三，以港澳粵經濟圈為依託，推動整個泛珠江三角洲的發展，並以此為突破口，加強港澳同內地城市的聯繫，互通有無、優勢互補，增強港澳地區同內地的經濟聯繫，為港澳經濟發展注入新的活力。港澳粵經濟區的成功，對海西區的建設具有相當的借鑒意義，很有參考價值。要説有不同，海西區的外接地區經濟規模、實力更強，內連地區更廣、更多、更近，地理位置來説更是港澳粵區、長三角、臺灣和大陸腹地的中心，可以説海西區的前景更加美好。

二是加快海峽西岸經濟區建設。海西區建設的起點很高，重點一為建立海西自由貿易區。從發展戰略角度講，海西區建設應堅持以閩臺合作為主體，利用閩臺之間獨特的地緣、產業優勢，以貿易和投資為重點，建立海峽西岸自由貿易區。重點二為加強區內閩臺合作。擴大「三通效應」，積極拓展區內的產業合作。在農業合作方面促進閩臺農業資源進一步整合和優化配置。在服務業方面，推動雙方服務業的全面對接，推動區域內現代服務業的優化升級。在其他產業合作方面，積極推動相關產業結構的調整和優化升級，為其他內陸地區同臺灣進行產業合作時提供經驗。重點三為加大輻射力度。要以海西區為依託，分別港澳粵經濟區、長三角經濟區、華中腹地發展，改變原有福建地處東南、與大陸腹地連接不利的局面，發揮地理優勢的作用。重點四為區內制度化建設。注重區域內的制度化建設，發揮兩岸經濟合作制度化「先行先試」作用，為日後構建具有兩岸特色的經濟合作機制打下堅實基礎。重點五為擴大交流平臺建設。利用國家在海西區建設方面的政策傾斜，繼續大力推動海交會、臺交會、投洽會等重大涉臺經

貿盛會的召開,以拓寬交流渠道,提高合作的層次,改善了臺商投資環境,從而為區域經濟制度化建設創造了良好的氛圍和條件。

　　實現兩岸「經濟兩化」,建立具有兩岸特色的經濟合作機制,是客觀趨勢所至,是兩岸同胞所願,是雙方利益所在。因此,兩岸應攜手合作,消除阻礙兩岸「經濟兩化」的不利因素,擴大「三通」帶來的正面效應,加快兩岸經濟合作制度化進程。

深化兩岸經濟合作的路徑與重點

朱磊

　　深化兩岸經濟合作既是推動兩岸關係和平發展的重要內容，也是適應全球經濟發展潮流的必然選擇。經濟全球化與區域經濟一體化是當今世界經濟發展的兩大趨勢，並由此帶來兩個層次的經濟開放：第一層次，在經濟全球化潮流下，世界上超過150個國家或地區加入了世界貿易組織（WTO），對其它所有WTO成員進行一定程度的經濟開放；第二層次，在多邊談判進展有限的困境下，區域經濟一體化潮流隨之興起，WTO成員間透過以自由貿易協議（FTA）為主的區域貿易協議（RTA）形式進行更優惠的關稅減讓和經濟開放。

　　深化兩岸經濟合作需要進行涵蓋這兩個層次的經濟開放（如圖1）。兩岸雖同為WTO成員，但因特殊的政治關係和背景，雙方經濟相互開放程度落後於對其它WTO成員的開放程度，其中主要是臺灣對與大陸進行經濟交流與合作的限制較多，很多方面連第一層次的入世承諾都未實現。因此，本文認為未來加強和深化兩岸經濟合作的路徑，一是實現兩岸經濟往來的正常化，二是推進兩岸經濟合作的制度化，三是探討和落實兩岸經濟關係的機制化安排。正常化大體上是雙方實現第一層次的開放程度，即雙方基本獲得對方加入WTO時向其它WTO成員承諾的開放內容；制度化與機制化則是在兩岸經濟進一步自由化的過程中逐步實現第二層次，即WTO成員間簽署FTA時的開放程度；而在現實中正常化、制度化與機制化是同時推進的。在兩岸簽署經濟合作框架協議之後，兩岸產業合作新型化將是深化兩岸經濟合作的重點內容。

```
┌─────────────┐           ┌─────────────┐
│  經濟全球化  │           │ 區域經濟一體化│
└──────┬──────┘           └──────┬──────┘
       ↓                          ↓
┌─────────────────┐      ┌─────────────────────┐
│加入WTO對所有成員開放│      │部分WTO成員間相互進一步開│
│(WTO Agreement)  │─────→│放(WTO-Plus Agreement)│
└────────┬────────┘      └──────────┬──────────┘
         ↓                     ↓         ↓
┌──────────────┐  ┌──────────────┐  ┌──────────────┐
│兩岸經濟往來正常化│⇔│兩岸經濟合作制度化│⇔│兩岸經濟關係機制化│
└──────────────┘  └──────────────┘  └──────────────┘
```

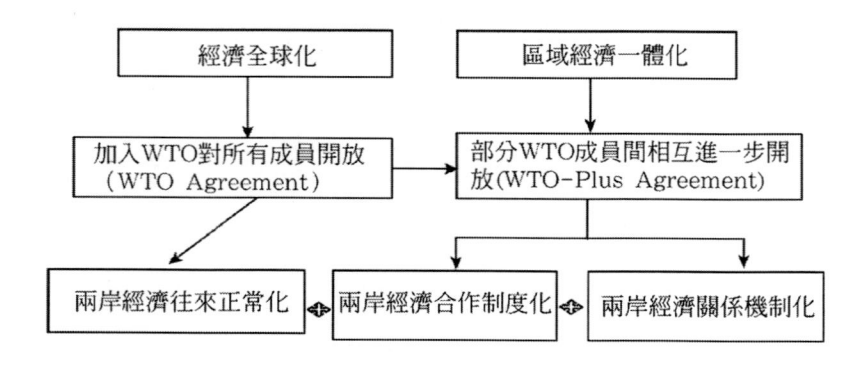

圖1　兩岸經濟關係深化的世界經濟背景

一、兩岸經濟往來正常化

兩岸經濟往來正常化，主要指改變兩岸經濟往來因政策限製造成的間接、單向、局部的不正常狀況，實現直接、雙向、全面的兩岸經濟往來格局。1979年以前的30年間，兩岸經濟基本處於隔絕狀態，是在特殊歷史、政治條件下進行的嚴格政策限制。大陸發表《告臺灣同胞書》、明確倡議兩岸開展經濟文化交流後，兩岸經濟往來從無到有，從小到大，政策限制也逐步放鬆，這是兩岸經濟往來正常化的開端。在兩岸經濟往來正常化的進程中，大陸率先提出並大力推動兩岸實現包括通航、通郵、通商在內的「三通」，並單方面大幅開放對臺貿易與投資，政策鬆綁的速度和程度遠遠走在臺灣前面。2008年以來，隨著兩岸關係實現歷史性轉折，大陸不斷加大推動兩岸經濟合作的力度，臺灣也相繼實施了有利於兩岸經濟關係發展的政策，雙方在「九二共識」基礎上推進協商，共同促成了兩岸全面直接雙向「三通」、兩岸簽署金融監管備忘錄（MOU）等成果，不少學者據此認為兩岸經濟往來的正常化已經「基本實現」。

但從WTO的角度看，兩岸相互放鬆經濟限制政策尚未達到入世時承諾的標準。21世紀初，兩岸先後加入世界貿易組織（WTO），各自對WTO成員做出了不同程度的經濟開放的承諾。按照WTO規範，該承諾適用於WTO的所有成員，即

每個成員均應給予其它所有成員「最惠國待遇（Most Favored Nation, MFN）」（註：WTO文件明確說明該術語包括國家和地區，無主權意涵），不應歧視任何WTO成員。目前，大陸對與臺灣的貿易及投資往來完全開放，與其它外資相比還有「同等優先，適當放寬」的原則，而臺灣方面的政策限制仍較多。以開放商品進口為例，臺灣對大陸以外的WTO成員開放了99%以上的入世時承諾的商品進口，但對自大陸進口的商品卻分為禁止進口、有條件進口、允許進口三類，其中有條件進口和允許進口種類合計不超過80%。截至2010年1月1日，臺灣准許從大陸進口的農工產品共8625項，占全部商品總數10867項的79.37%，其中農產品開放62.26%（1427項），工業產品開放83.94%（7195項）。再以開放大陸企業赴臺投資為例，目前臺灣開放大陸企業投資島內製造業項目僅占臺入世承諾項目的30%，自2009年7月開放至2010年4月，大陸赴臺投資資金為22.5億元新臺幣，僅占同期臺吸引島外投資的1%左右。對大陸開放服務業項目僅占臺入世承諾項目的22%，金融業對大陸開放則尚在籌劃。因此以「最惠國待遇」的標準看兩岸經濟往來正常化還有較長的路要走。

二、兩岸經濟合作制度化

兩岸經濟合作制度化，是指對兩岸經濟活動予以規範，制定雙方共同遵守的辦事規程或行動準則。正常化是解除不合時宜的政策限制的過程，制度化則是建立符合雙方利益需要的行事規範的過程，二者大體可以理解為「破」和「立」的關係，即破除障礙和確立規範。兩岸經濟由長期隔絕到相互往來，必然存在規則、標準等多方面的制度差異和制度空白，需要透過協商尋求可以共同遵守的制度化安排。

首先需要建立兩岸經濟議題協商的制度化安排。自2008年6月兩岸兩會恢復協商以來，已經形成每年兩次分別在兩岸城市舉行會談的常態化、制度化模式，以兩會為主的穩定的兩岸經濟協商制度日益成熟，並將在此基礎上形成並完善多

層次的經濟交流的溝通與協商機制，包括兩會協商機制、政黨交流機制、行業協會協商機制、專家交流機制、企業合作論壇、民間交流論壇等。第一，海協會與海基會的兩會協商機制是兩岸官方正式授權的專門協商平臺。隨著兩岸經濟關係的迅速發展，應強化現有的兩會協商機制，如建立對口交流的專業小組，兩岸經濟主管部門官員與相關領域專家直接參與。第二，國民黨與共產黨建立的兩岸經濟文化論壇平臺成為海峽兩岸之間一種特殊的經濟協商機制。特別是國民黨在野期間，這一協商機制在兩岸經濟合作過程中造成了兩會不能造成的獨特作用。在兩會協商機制恢復後，兩岸經濟協商機制的性質、功能與角色，需要根據形勢需要重新進行定位，更好地發揮先導作用。第三，行業協會協商機制。2005年兩岸在解決臺商春節包機問題上創造了「澳門模式」，即由兩岸行業協會組織出面，相關官員以民間行業代表或顧問身分參加，就兩岸航運或包機等問題進行協商，並達成共識，然後各自分別安排。這是在兩會商談無法恢復的情況下，兩岸雙方採取的權宜性措施，對於務實解決兩岸交流中迫切需要解決的問題發揮了特殊的作用。當前，兩會商談已恢復，但由於建立兩岸經濟合作廣泛複雜，兩岸仍可借重兩岸民間機構的聯繫渠道，對其中的專業性、行業性議題進行先期交流，尋求共識，為兩岸協商進行鋪墊。

其次是功能性議題的制度化安排，即針對兩岸經濟往來中某一重要問題或事項進行制度化安排。內容包括：投資保障協議、避免雙重徵稅協議、貿易爭端處理機制、產業標準的共同制定及知識產權保護等。例如兩岸兩會第四次領導人會談簽署的《海峽兩岸漁船船員勞務合作協議》、《海峽兩岸農產品檢疫檢驗合作協議》、《海峽兩岸標準計量檢驗認證合作協議》，以及此前簽署的《海峽兩岸食品安全協議》、《海峽兩岸共同打擊犯罪及司法互助協議》、《海峽兩岸金融合作協議》等，即屬於兩岸經濟合作制度化的範疇。從這個意義上說，兩岸簽署經濟合作框架協議也屬於制度化安排的內容，但由於該協議牽涉面極廣，涉及到不同產業及不同經濟行為的相互聯繫及相互作用，與前述單一功能性議題的制度性協議有著很大不同，因此在兩岸經濟合作制度化基礎上需要再提出兩岸關係「機制化」的概念。

此外，兩岸經濟合作制度化還包括區域合作以及產業合作的制度化安排。區

域經濟合作制度化既有諸如海峽西岸經濟區等大區域經濟合作，也包括海西區內某些實行特殊政策的經濟特區和先行先試綜合試驗區的制度化建設。產業合作制度化的內容，既有目前兩岸積極推動的「產業搭橋計劃」的制度化安排，具體包括中草藥、太陽能光電、車載資通訊（汽車電子）、航空、紡織與纖維、通訊、LED照明、光儲存、資訊服務、風力發電、自行車、設計服務、流通服務、食品、精密機械等15項產業的合作制度，同時也廣泛涵蓋兩岸農業、製造業和服務業的全面合作，如精緻農業、旅遊業和金融服務業等產業合作的制度化安排。

三、兩岸經濟關係機制化

　　兩岸經濟關係機制化，是指將兩岸經濟交流與合作中的各種經濟政策與經濟活動納入有明確發展方向的有機系統內，構建出一個符合兩岸關係特色、適應兩岸共同發展需要的經濟合作機制。其中最核心的內容是簽署兩岸經濟合作框架協議。兩岸經濟合作框架協議是為實現兩岸經濟關係正常化、推進兩岸經濟全面深入合作而做出的具有兩岸特色的制度化安排。

　　從性質上看，世界貿易組織（WTO）對成員間的經濟合作協議一律稱為「區域貿易協議（Regional Trade Agreement，RTA）」。依據協議的實質內容，WTO對RTA主要分為4類：一是對部分貿易商品進行關稅減讓，稱「部分範圍（Partial Scope，PS）」；二是對大多數貿易商品關稅減讓，稱「自由貿易協議（Free Trade Agreement，FTA）」，絕大多數RTA均屬此類；三是協議內容含有服務業合作，則稱「經濟整合協議（Economic Integration Agreement，EIA）」；四是關稅領土合併，對外實行共同的關稅和貿易限制，稱為「關稅同盟（Custom Union，CU）」。兩岸商簽的經濟合作框架協議內容以貨物貿易為主，多數學者主張應屬於FTA範疇，也有學者提出兩岸經濟合作機制需要在WTO已有框架基礎上進行創新。

　　事實上，兩岸經濟合作框架協議有鮮明的兩岸特色，既不同於以往WTO成員

間簽署的一般性FTA，也不同於中國大陸與港澳地區簽署的CEPA。其特色突出表現在：第一，兩岸是在尚未完全實現經濟正常化的條件下同時推動經濟自由化。目前全球400多個RTA均相互提供比當初加入WTO時所承諾的更優惠的關稅減讓條件，即「超WTO協議（WTO-Plus Agreement）」，而兩岸是在逐步實現WTO承諾的同時展開「超WTO協議」的談判，這與一般FTA談判在實現了WTO承諾的基礎上進行「超WTO協議」談判的內容不同。第二，早期FTA內容僅限於貨物貿易關稅減讓，近年來服務貿易和投資內容也經常出現在FTA內容中，但經濟合作內容仍較少見，而兩岸經濟合作框架協議內容不僅涵蓋貨物貿易、服務貿易和投資，還包括有規劃指導、有政策支持、有產學研一起參與的新型產業合作與各種經濟合作，遠比一般意義上的FTA複雜和豐富。第三，由於兩岸關係特殊，雖同為WTO成員，商簽兩岸經濟合作框架協議的過程中要體現「血濃於水」的同胞情義，即在平等互利的基礎上要照顧對方的關切。正是在這種特殊環境下，大陸提出在就兩岸經濟合作框架協議的談判中會有五個方面的特色：一是兩岸在早期收穫中提出希望對方降稅的產品，無論是金額還是在各自出口中所占的比例，大陸方面都會少於或低於臺灣方面；二是大陸方面選擇對臺灣降稅的產品時，將儘可能選取能惠及臺灣中小企業和廣大基層民眾的相關產品；三是大陸方面提出希望臺灣方面降稅的要求時，將儘量不影響臺灣的弱勢產業；四是大陸不會要求臺灣方面進一步擴大大陸農產品入島；五是大陸無意對臺灣實施勞務輸出。除了要符合兩岸關係特色外，兩岸經濟合作框架協議還要適應兩岸共同發展需要，並需得到兩岸各界支持，受到國際社會歡迎。

　　兩岸簽署經濟合作框架協議，目的是促進兩岸經濟共同發展，增進兩岸同胞共同福祉，最大限度地實現優勢互補，最大可能地追求互利雙贏。根據兩岸研究單位有關「兩岸經濟合作框架協議」研究的共同結論與建議，兩岸經濟合作框架協議的簽署，對兩岸經濟發展均有正面的效益。中華經濟研究院研究結果顯示，簽署兩岸經濟合作架構協議，雖對臺灣不同產業帶來不同程度的正、負面影響，但整體而言，將促使臺灣的GDP增長，並對福利、貿易、就業、產值等總體經濟產生正面效益。兩岸簽署經濟合作框架協議對提升臺灣經濟競爭力、避免邊緣化尤其重要。2010年「中國—東盟自由貿易區」啟動後，中國大陸與東盟約90%

的商品陸續實現零關稅，臺灣出口產品的40%以上集中在大陸，在日、韓也加緊與大陸商簽FTA的形勢下，兩岸如不簽署經濟合作框架協議，臺灣產品在大陸的競爭力將面臨東南亞與日、韓產品的兩面夾擊，前景堪憂。相反，該協議如能順利簽署，則對臺灣成為跨國企業的「全球創新中心」及「亞太經貿樞紐」和臺商運籌經營的「營運總部」將有重要意義。總之，兩岸簽署經濟合作框架協議，有利於在現有基礎上更為迅速全面地深化兩岸經濟合作，有利於為兩岸人民謀得更多和更實在的利益，有利於臺灣經濟提升競爭力和擴大發展空間，有利於兩岸共同應對世界經濟發展趨勢。

四、兩岸產業合作新型化

　　兩岸簽署和落實經濟合作框架協議後，兩岸應「以互補互利、共同發展為目標，大力推動兩岸新型產業合作」。「兩岸產業合作新型化」的內涵主要是「三有三新」，即有規劃指導、有政策支持、有產學研一起參與，以及開拓新領域、新方式、新布局的兩岸新型產業合作。「有規劃指導」是指未來兩岸產業合作需要透過兩岸相關單位的溝通與協商，對兩岸產業合作進行有針對性的規劃和引導，避免完全由企業自發進行合作的盲目性；「有政策支持」是指兩岸產業合作要符合兩岸的產業政策，既要順應大陸加快轉變經濟發展方式的戰略，也要適合臺灣推動「黃金十年」加速進行產業結構轉型升級的需求，在兩岸產業政策的支持和鼓勵下，強化兩岸具備優勢互補的產業合作，提高臺資企業與大陸企業及大陸市場的結合程度；「有產學研一起參與」是要充分發揮兩岸產業界、學術界及相關研究部門的多方智慧，對兩岸的智力資源進行有效調動和整合，更好地進行兩岸產業政策對接，圓滿地推動兩岸新型產業合作。

　　兩岸產業合作的新領域、新方式和新布局是適應兩岸產業結構發展形勢的時代要求。

　　第一，兩岸產業結構的發展階段決定了兩岸產業合作需要開拓新領域。與臺

灣已處於後工業化階段相比，中國大陸尚處在工業化進程中，工業在經濟中的地位較重，而服務業尚未得到充分發展。臺灣服務業產值占GDP比重雖已高達3／4，但卻長期呈現低就業比重、低實質成長、低投資比例、低勞動投入、低研發投入、低國際競爭力、低產業關聯度等特點，也急需突破瓶頸，服務對象向外延伸。臺灣最近提出未來經濟發展重點是服務業的擴大化與精緻化，同時製造業也由過去的代工、製造型產業轉型升級為營運、管理、創新、智慧、服務型產業。因此兩岸拓展以服務業為主軸的產業合作新領域有著廣闊前景。例如，目前兩岸已優先選擇了城市食品物流、無線城市、半導體照明等三個產業作為試點進行合作，其特點即為兩岸間優勢互補明顯且原有合作欠缺深度。以城市食品物流業為例，大陸傳統批發市場和農貿市場的渠道仍占主導地位，食品、特別是農產品生產分散，物流設施相對落後，管理水平不高，而臺灣則在這些方面有較多值得大陸借鑑的經驗。臺灣服務業在大陸服務業市場增長潛力大於製造業產品市場的背景下，也可利用大陸市場迅速擴大經營版圖。臺灣連鎖、餐飲等服務業比發達經濟在大陸更具優勢，臺灣金融服務業也具有百萬大陸臺商的基本市場。臺灣服務業在大陸市場以外，還可與大陸服務業合作，共同承接全球服務轉移和外包，迅速進入國際服務業分工格局，兩岸服務型企業在建立境外品牌、技術中心和市場營銷渠道等方面加強合作，可以共同提高兩岸服務型企業的國際競爭力。

此外，全球經濟、科技發展日新月異也要求兩岸產業合作不斷開拓新領域。例如，低碳經濟是世界發展潮流，發展綠色能源產業也成為兩岸產業合作的重要領域。臺灣視其為「臺灣產業新的生命力」，並制定了技術突圍、關鍵投資、環境塑造、出口轉進及內需擴大等五大策略，計劃以此為基礎實現2025年二氧化碳排放量回到2000年的水平。大陸則提出要以節能增效和生態環保為重點，加快發展綠色經濟、循環經濟和節能環保產業，推廣應用低碳技術，積極應對氣候變化，實現產業升級和結構優化。節能環保產業是今年兩岸產業搭橋專案計劃交流的重點，將有幾場搭橋會為兩岸產業合作提供契機。以LED照明為例，臺灣領導人近日表示將在島內全面更換路燈為LED燈以刺激該產業發展，同時大陸也在推動「十城萬盞」計劃，雙方可透過產業合作共同快速發展。今年2月臺灣工研院照明檢測實驗室與北京國家電光源質量監督檢測中心共同簽訂合作檢測協定，

正式啟動兩岸互相認證機制，在互相認可LED燈具測量標準後，臺灣廠商銷往大陸LED燈具檢測成本及與時間大大節省，加速產品上市，幫助臺灣產業切入大陸市場，未來還可努力將兩岸標準推廣成為全球標準，奠定兩岸相關產業在全球LED照明市場的潛在利基。

第二，兩岸產業的發展水平各異要求兩岸在產業合作中嘗試和擴大新方式。兩岸產業分工方式複雜，既有產業間分工，也有產業內和產品內的垂直分工和水平分工，還有特徵較模糊的混合型分工，因此未來產業合作方式也必然是複雜多樣的，需要突破已有的合作方式。其一，對於兩岸均處於萌芽期的新興產業，如生物科技產業，兩岸可考慮採取聯合研發的方式，加強資金、技術、訊息與人員交流，合作制定產業標準，加速產業技術的吸收、消化與創新，實現資源整合。其二，對於兩岸均處於快速成長期但一方領先的產業，如臺灣設計、製造技術較領先的半導體產業，可考慮透過深化和細化雙方在研究、製造與管理等不同環節的分工，同時發揮良性競爭，加強自身已有優勢，帶動對方水平提升，為下一步合作奠定基礎。其三，對於臺灣已處於成熟期而大陸仍處於快速成長期的產業，如訊息電子產業，可考慮採用合作生產模式，加強產業內和產品內分工，並借助大陸龐大的內需市場建立和發展自有品牌，改變原有低利的代工模式，在產品營銷、市場掌控、產品設計、物流、人際關係、通路布局、策略規劃、資金取得、財務規劃、風險管理及庫存調控等方面加強專業知識和技術水平，擴大經營版圖。其四，對於兩岸均處於穩定成熟期的產業，如家用電器產業，可考慮透過兩岸大型家電集團的相互投資、技術學習或策略聯盟，加快技術升級，擴大市場和產能，也可透過融資收購方式整合雙方產能，提升產品的國際市場競爭力。

第三，兩岸經濟發展形勢將加速兩岸產業合作的新布局。空間經濟學的最新理論研究表明，產業集聚中心主要有兩大類，一是新興產業集聚地，以知識密集為特徵，二是成熟產業集聚地，多為投資人預期的產物，以勞動密集為特徵，二者的形成原因各不相同，後者主要受投資人預期影響較明顯。臺商在大陸的集聚現象較為明顯的長三角、珠三角和環渤海等地區主要是勞動密集型產業或價值鏈生產過程中的勞動密集環節，未來將向新興產業集聚地轉型，而大陸其它地區也需要更多的較具規模的成熟產業集聚地。全球範圍看，世界經濟發展呈現雁行分

布，創新型經濟因研發力量儲備較豐裕，技術和產業創新的機率較高，易於形成以知識密集為特徵的新興產業集群；模仿創新型經濟緊隨其後，受制於產業結構的發展階段，其原創性不如領先型經濟，但可以透過節約成本和改進工藝兩種主要途徑進行模仿創新；模仿創新型經濟在生產規模化的過程中，將技術和資本物化到機器和流水線上，操作變得簡單，產品變為勞動密集型，並向勞動力具有比較優勢的追趕型經濟投資，形成成熟產業集群。中國大陸長期以來屬於典型的勞動力具有比較優勢的追趕型經濟，但隨著資本日益豐裕和勞動力價格逐步提高，生產要素價格改變，國家提出「自主創新」的發展戰略，加速了向創新型經濟的轉變，並因研發力量的儲備增強具備了形成新興產業集聚地的基本條件。臺灣經過半個世紀的發展由追趕型經濟演變為模仿創新型經濟，並正在努力向創新型經濟邁進，其知識密集型產品的生產比重在90年代後期已經超過非知識密集型產品。2010年4月16日，臺灣立法部門三讀通過《產業創新條例》為島內形成以知識密集為特徵的新興產業集群提供了有利條件。臺商到大陸投資主要是基於降低生產成本和市場布局的考慮，這使臺灣成熟產業大量外移，目前以「臺灣接單、大陸生產」為特徵的「三角貿易」在臺灣製造業中的產值比重較高，已超過50%，而電腦、電子產品製造業更高達80%，說明臺灣已不具備成熟產業集聚地的條件；而新興產業集聚地則需要有更強大的人才、資本和技術儲備，臺灣需要在開放大陸技術人才、資金和機構入臺方面採取更開放的措施才能為這一目標提供基礎條件。總之，未來兩岸產業合作將展開新一輪布局，兩岸在形成以知識密集為特徵的新興產業集群的過程中既競爭又合作，共同推動兩岸經濟關係向前發展。

兩岸經濟合作機制相關問題之研究——從簽署ECFA政策思維談待解決之歧見

戴肇洋

一、前言

　　海峽兩岸自2008年5月臺灣二次政黨輪替後,重新開啟已中斷許久之對話關係,透過兩會(海基會、海協會)先後進行四次江陳會談,代表兩岸政府共計簽署12項協議及達成1項共識,並且在各項交流往來關係大幅進展基礎下,已就兩岸簽署「經濟合作架構協議(Economic Cooperation Framework Agreement, ECFA)」達成共識,此一協議對於兩岸關係發展而言,可以說是奠定新的里程。

　　不可否認,近些年來中國大陸經濟崛起,除了積極與各國間簽署自由貿易協定(Free Trade Agreement, FTA)之外,挾藉其經濟實力推動整合東亞區域貿易體系政策日益明顯,包括2002年11月與東協(大陸簡稱東盟)10國間所簽署之「全面經濟合作框架協定」(亦即東協加一),業已自2010年元月1日起生效,預估至2015年東協加三(中國大陸、日本、南韓)一旦完成時,此一區域將可能發展成為全球最大的自由貿易板塊。面對此一發展趨勢,2008年國民黨候選人馬蕭陣營在大選政見上提出以改善兩岸關係為競選主軸,並且在執政之後於2009年2月27日宣布推動簽署兩岸「經濟合作架構協議」,作為未來兩岸經濟活動的基礎,進而與各國間簽署自由貿易協定之條件。

由於簽署ECFA將是兩岸自1949年分治後秉持WTO原則,以兩個獨立經濟體之名義進行簽署,對於兩個經濟體而言,並非僅是單純的經濟性議題,而是涉及複雜的政治性議題,尤其各自背後對於簽署ECFA所隱含的政策目標差異,勢必使得兩岸在經濟合作機制上衍生一些歧見。亦即兩岸在簽署ECFA共識下,如何解決既有所存在之歧見,是未來兩岸關係是否更進一步朝向正常、穩定發展之關鍵所在。爰此,本文擬就兩岸對簽署ECFA之政策思維作一觀察,從其政策思維中找出兩岸在經濟合作更進一步往來時待解決的問題加以歸納,以作為未來促進兩岸關係更加互信、和諧之參考。

二、臺灣對簽署ECFA之政策構想

2008年5月之後,政府為解決兩岸已日益密切的貿易、投資之往來,推動兩岸簽署「經濟合作架構協議」,其除了希望突破兩岸所存在因一個中國原則而無法簽署FTA的瓶頸,以及因應2010年東亞區域經濟整合所形成之貿易限制之外,尚有隱含促進兩岸關係正常穩定發展,乃至達到兩岸共存共榮目的。茲將臺灣對於簽署ECFA政策思維,分成政治與經濟層面彙整如下:

(一)從政治層面的角度評之

1.降低一中政治立場歧見

長期以來,「一個中國」原則可以說是兩岸在政治立場上最大、也是最不易解決之歧見,所以在推動上以採取較不具有政治敏感度與爭議性的ECFA模式作為主軸。其實,ECFA模式在國際間已有先例可循,2002年11月大陸與東協10國簽署的「全面經濟合作框架協定(Framework Agreement on Comprehensive Economic Cooperation)」就是其中最典型的代表模式,雙方在主權對等下,歷經多年包括商品貿易(2004年)、爭端解決機制(2004年)、服務貿易(2007年)、投資(2008年)等範圍諮商、談判,於2010年元月起正式生效實施。至於之前中國大陸與港澳間所簽署的「更緊密經貿夥伴安排(Closer Economic

Partnership Arrangement，CEPA）」模式，則是屬於一個國家之內單邊開放市場對於某一特別行政區域提供貿易、投資等優惠措施，兩者模式在國家主權立場上，有極大的不同。

很顯然地，由於FTA模式涉及國家主權，取得共識時間較為冗長，CEPA模式則又因兩岸特殊關係，而極易陷入政治議題爭端，所以在目前兩岸對於「一中」政治立場仍有極大歧見氛圍下，推動兩岸ECFA模式，對於解決兩岸已日益密切的經濟合作，的確具有創新性與前瞻性。簡單地說，在推動兩岸經濟合作機制上，若能秉持WTO原則，採取較單純的ECFA模式，不但可以跳脫將兩岸歸類為「國與國」關係，或是被視為「宗主國—特別行政區」關係的窠臼概念，而且亦可走出一條符合兩岸政治現況較具體可行的模式，更為兩岸經濟合作關係正常穩定發展開創造新的契機。

2.擴大參與國際社會空間

目前政府積極推動簽署兩岸ECFA，其最大壓力乃是，中國大陸經濟崛起及其推動東亞區域經濟整合，此一發展趨勢對於仍依賴進、出口貿易帶動經濟成長或產業發展的臺灣而言，其參與國際社會空間，勢必較之以往面對更多挑戰。事實而言，近些年來中國大陸積極與其他國家間簽署FTA，例如中國大陸與海灣國家之合作聯盟、與南部非洲之關稅同盟，以及與澳大利亞及巴西等國家之簽署FTA，除了有穩定產業資源來源之政策目的之外，乃是中國大陸正積極推動睦鄰策略（neighboring county relations strategy）之一環。亦即中國大陸藉由簽署FTA，促進與FTA夥伴國家之間的經濟合作，進而更進一步擴大參與國際社會空間。

簡單地說，近些年來中國大陸為能擴大參與國際社會空間，採取多元化、多層次策略，不但已展現其主宰國際經濟的雄心，而且亦提升其影響國際政治之地位。此一發展趨勢，對於近年臺灣所推動以經濟為主軸，加強與各國之各項交流往來，擴大參與國際社會空間的務實政策，將是另一新的挑戰。

（二）從經濟層面的角度評之

1.提供臺灣經濟切入國際舞臺

誠如上述,東亞區域經濟在中國大陸積極投入下朝向整合發展,並且至2015年時將有可能建立成為全球最大貿易板塊。此一發展趨勢,除了對於全球經濟板塊的重組與貿易結構之調整產生深遠的影響之外,尤其對於地理位置包括於東亞板塊之內的臺灣經濟成長或產業發展,更是造成極大之衝擊。面對外在環境不斷壓迫與日益嚴峻趨勢之下,臺灣與經濟實力日益強大及交流往來更加頻繁的中國大陸展開各項經濟議題對話,進而簽署ECFA,是無法避免之選擇。此外,另從臺灣經濟長期發展來說,在簽署「經濟合作架構協議」後,亦可提供臺灣經濟在國際舞臺上有切入之空間,包括與各國間進行談判簽署自由貿易協定等機會。

2.降低臺灣經濟遭到排擠風險

隨著中國大陸經濟實力提升,不斷與許多國家間訂定各種區域或雙邊經濟合作協議,加上東協加一已於2010年元月1日正式生效實施,更進一步擴大對周邊國家的影響。由於中國大陸已成為臺灣最大出口與最多貿易順差的市場,不過依據近些年來中國大陸進口來源統計資料分析顯示,雖來自臺灣進口金額仍有成長,但所占比重卻在逐年下降;相對來自東協10國或南韓進口金額成長幅度,卻已超過臺灣成長幅度,其所占比重亦是微微成長,顯示中國大陸已逐漸成為東協國家及南韓的主要出口市場。此一發展趨勢,倘若臺灣一直被排除在東亞區域經濟體系之外,彼長我消將會提高未來臺灣經濟風險,最後可能迫使臺灣經濟淪為邊緣化與產業陷入空洞化危機,所以簽署ECFA是臺灣在東亞區域經濟整合過程中,尋求因應較有利益之策略選擇。

3.加速促進兩岸產業互利互惠

由於臺灣先天條件較為匱乏,加上技術累積不足,使得傳統型製造產業與代工型高新技術產業升級轉型,仍有其發展限制。在此同時,為免未來遭到經濟邊緣化、產業空洞化,乃將兩岸簽署「經濟合作架構協議」,作為促進兩岸關係發展最重要的機制。另一方面,中國大陸也因在全球經濟變革下,亟須重建一種能夠促使其經濟保持活力並永續增長機制,這種機制間接影響未來中國大陸產業升級轉型發展,所以簽署經濟合作架構協議對於兩岸而言,將會帶給彼此互利互

惠。亦即臺灣希望透過兩岸資金、技術、貿易、投資等資源整合、分工，以持續海峽兩岸關係之正常、穩定發展。簡單地說，近些年來臺灣正面對著全球與大陸經濟之雙邊競逐，兩岸關係必須與時俱進，以更加開放的態度積極連結中國大陸資源與市場，促使臺灣產業持續發展。

4.形塑吸引外商來臺投資誘因

臺灣產業結構相較港澳更為多元多樣，而且多項產業早已建立一個頗完整的供需體系，假如兩岸簽署經濟合作架構協議，在兩岸關係更加緩和下，除了能讓臺商利用更優惠的身分進軍大陸布局內需市場之外，更可配合臺灣擁有頗完善良好的投資環境，形塑吸引外商來臺擴大投資誘因。亦即臺灣如果能夠善用地理優勢，國際著名跨國企業對大陸之投資都可能先湧至臺灣，例如設置亞太區域營運總部或成立物流中心等，不但可以引進新興產業，而且亦可創造更多就業機會，所以簽署ECFA對臺灣而言，的確存在其迫切性與必要性。

三、中國大陸對簽署ECFA之政策思維

眾所周知，長期以來解決「臺灣問題」對於中國大陸歷屆領導人而言，是積極建立自己威信的重要手段之一，其各自所發表的對臺政策論述，不但反映每一時期領導人風格，甚至顯示其發表論述之際所掌握的權力現況。茲將中國大陸對於簽署ECFA政策思維，分成政治、經濟層面加以歸納如下：

（一）從政治層面的角度論之

1.實踐兩岸和平發展目標

若將江胡兩人對臺政策做一比較分析，可以觀察胡錦濤與江澤民之政策不同在於其所採取的方針，包括：其一，不訂統一時程、爭取對話協商；其二，採取「不戰併臺」上策，加強例如心理戰、法律戰、輿論戰、外交戰、經濟戰、文化戰等作為對臺策略；其三，對臺獨更硬、對其他更軟，擴大拉攏、甚至既往不

咎，抵制法理獨立、默認事實獨立，藉以爭取臺灣民心，取得最後統一；其四，持續武備、阻美奪臺，不以下策的軍事攻臺，而是以上策之臨界威攝，作為維持與大國之溝通空間；其五，靈活處理主權、正視兩岸分治。整體而言，其係以硬的更硬，防止臺獨分裂勢力，軟的更軟、釋出惠臺政策利多，拉攏臺灣各界向心。

很顯然地，自2008年5月20日後，從諸多脈絡例如每年定期二次江陳會談常軌化、制度化協商，不斷釋放一些善意或提出更多實惠政策中看出，胡錦濤其對兩岸關係之友善變化及樂觀期待。亦即胡錦濤非常瞭解簽署ECFA對於促進未來兩岸關係正常、穩定發展的重要性與迫切性；不過，仍以堅持「一中原則」為前提下，採取較溫和、軟化之手段作為對臺政策主軸。

2.追求建立中共歷史評價

1979年鄧小平南巡之後，推動中國大陸改革開放政策，不但建立其在中共歷史上的評價，而且亦奠定了其在國際政治上地位，所以胡錦濤接任第四代領導人之後，同樣有強烈追求歷史評價之思維。雖胡錦濤對臺政策在基本上仍未脫離「一個中國原則」方向，但在實際上卻隱含著對解決臺灣問題的「耐心」與「決心」。尤其在2008年已中斷許久的兩岸兩會協商順利進行後，不僅解決歷任國家主席都無法完成的「三通」，同時也意味著胡錦濤在2012年任期屆滿前，對於圓滿完成中國大陸對臺任務所存在的急迫感與使命感，不論是ECFA或「和平協議與軍事安全互信機制」，均是希望透過「協議」完成其歷史評價。

平心而論，從胡錦濤採取兩岸「和平發展」取代「和平統一」的政策之中，其實已意識到兩岸在短期內不太可能達到統一，更加難以在其任期內完成統一。但是，兩岸在短期內不能統一，並不代表無法建立胡錦濤在中國大陸歷史上特殊評價，例如將二、三十年無法完成的三通，在短短7年中完成；當然，如果需要在2012年之前交出更亮眼的貢獻，完成簽署ECFA對於兩岸而言，都是史無前例，在邏輯上一旦開創先例，之後其他「架構協議」將會有跡可尋，可以說是已提供兩岸作為之後協商「政治架構協議」之起點。

由此可見，在胡錦濤「先經後政、先易後難」對臺政策思維下，若能完成簽

署ECFA，在經濟意義上不但對兩岸經濟合作產生重要之影響，在政治意義上更是屬於一種政治「統合架構」，此乃胡錦濤在其任期欲追求的歷史評價。

3.凸顯兩岸關係最佳機遇

2000年之後，民進黨取代國民黨執政之後，兩岸關係陷入較緊張之局面，此一期間中國大陸多次表明反臺獨、反分裂立場，對臺政策在其全國人大所提出的「報告」中，與兩岸有關的論述均屬嚴峻、嚴厲批判。直至2008年5月之後，其報告內容開始出現較溫和之變化，充滿對兩岸和平發展之信心，不但恢復已中斷多年的對話，而且開啟已期盼許久的三通，使得兩岸關係除了經濟往來日益頻繁之外，文化交流更加活躍。尤其2008年9月全球金融風暴之後，中國大陸將兩岸共同合作解決金融危機，作為深化合作之基礎。

換句話說，在兩岸關係逐漸改善後，雖然中國大陸對臺不再疾言厲色，同時更將目前兩岸關係發展視為歷史機遇，所以簽署ECFA成為近年對臺工作之中最需要掌握的鑰匙。亦即簽署ECFA對於中國大陸而言，儘管在經濟層面上不易創造很高的效益，相對在兩岸政治層面上卻是象徵很高之意義，不論是中共國務院或國臺辦，均將這個議題作為對臺政策最重要之工作核心。

4.體現對臺人民善意時機

依據最近問卷調查顯示，由於臺灣內部已有五成以上的民眾，以及七成以上的上市、上櫃公司支持兩岸簽署ECFA，在這個背景下，即使簽署ECFA並未給中國大陸帶來多大的經濟利益，但是截至目前為止，中國大陸內部對於簽署兩岸ECFA，似乎沒有太大反彈聲浪。亦因如此，中國大陸當局願意在第五次兩會「江陳會談」中，積極與臺灣討論簽署ECFA有關的議題，一反過去對此議題所呈現遲延與保留的態度。

儘管兩岸關係在此之前受到達賴訪臺及美國對臺軍售事件影響之下，或許產生一些短期波折；不過，中國大陸對臺政策決策體系在本質上並未有所多大變化，尤其近來中共國務院或國臺辦對臺政策發言，開始重視拉攏臺灣民意動向，正呼應胡錦濤對臺政策一路走來「寄希望於臺灣人民」的期待。簡單地說，不論從臺灣內部民調的比重，或是對兩岸簽署ECFA重視的程度，都是提供中國大陸

當局改善臺灣人民對中國大陸印象的楔子,也是體現對臺人民善意大好時機。

(二)從經濟層面的角度論之

1.有效連結海西經濟特區

雖發展海西經濟特區規劃早於2004年提出,但直至2009年5月中國大陸國務院始才正式通過「關於支援福建省加快建設海峽經濟區的若干意見」,這份「若干意見」之內容洋洋灑灑,卻是賦予發展海西經濟特區最重要的政策基礎。若將其經濟政策中心思維加以觀察可以看出,在建設海西經濟特區政策方向上,仍是以「與臺灣經濟的資源整合、全面對接」為主軸,所以從產業、交通、人才到金融,無一不談吸引臺灣作法。亦即在兩岸經濟合作架構協議下,允許在對臺經貿、航運、旅遊、文化、教育等方面交流與合作中,採取更加靈活開放政策,俾以達到先行先試取得經驗。此外,中共國臺辦又於馬英九就職週年前夕,針對海西經濟特區宣布惠臺八大措施。

凡此諸多對臺政策方向,無論是其促進地方經濟發展策略需要,或隱含「閩臺對口」政治企圖,北京政府確實已將海西經濟特區定位為兩岸先行、先試的特區。無庸置疑,由於福建與臺灣相對中國大陸其他地方具有人緣、血緣、地緣、商緣等四緣之關係,在經濟合作上限制條件較少,姑且不論中國大陸宣布積極支持海西經濟特區發展時間,與臺灣宣布推動簽署ECFA之時間是否有所關聯。不過,值得觀察的是,中國大陸藉此凸顯海西在兩岸關係發展上所存在之政經策略地位,成為新的對臺工作平臺,尤其在兩岸三通基礎下,除了可以磁吸新的一波臺灣產業前往海西經濟特區投資之外,又可在藉此機會學習臺灣經驗加速海西經濟特區建設。

2.落實構築一中共同市場

溯及上述,1980年代中國大陸實施改革開放之後,在地理位置接近與語言文化共通條件下,磁吸許多臺商不斷西進前往投資,從早期的傳統產業至近期之科技產業。此一期間,為免臺灣經濟與產業過度傾斜與依賴中國大陸,雖曾經採取部分管理措施,但與中國大陸之投資貿易往來反而更加緊密、深化,不但成為臺灣最大出口市場,也是最多貿易順差來源。

由於中國大陸市場已成為臺灣布局全球市場不可或缺的基地，中國大陸藉此兩岸簽署ECFA，除了達到製造業產品關稅互免之外，其更重要的則是，服務業後續談判，包括批發、零售、觀光、旅遊、銀行、保險、運輸、醫療，乃至各種專業技師人員、經理人員互相開放，這意味著透過ECFA促進兩岸經濟往來、產業合作更加密切與關聯。亦即完成ECFA簽署之後，將有助於兩岸在經濟上直接跳進「共同市場」整合階段，成為名副其實「一中共同市場」，同時亦有利於在政治上間接進入「和平統一」試行階段，達到「一個中國」目標。

四、兩岸經濟合作機制待解決之問題

　　從上述兩岸政府對於簽署ECFA政策中可以看出，彼此所期待之目標的確存在一些差異。由於簽署ECFA已成為兩岸之共識，在完成簽署之同時，也是加強兩岸經濟交流之開始，更是深化兩岸產業合作之起點。茲將兩岸經濟合作機制諸多待解決之項目之中，可能涉及主權認知或法令修訂較迫切之問題，分別臚列說明如下：

（一）臺灣對外簽署FTA問題

　　就以現今世界經濟發展情形來說，由於杜哈回合貿易談判並無突破進展，雙邊主義已取代多邊主義成為區域經濟整合的重要模式。亦即在自由化、國際化貿易發展趨勢下，以依賴對外貿易帶動經濟成長的臺灣，未來若要避免遭到國際社會孤立，以及更進一步擴大參與國際貿易體系，其最佳因應之道就是加強與各國間建立合作夥伴關係，包括簽署各種經濟合作協議或自由貿易協定，藉以延伸生存發展空間。

　　不過，長期以來海峽兩岸關係的特殊，以及國際政治環境之現實，不論中國大陸所主張的「一個中國」原則，或是政治強權國家所倡議之「大國外交」政策影響，均是不易讓臺灣得以有機會透過「主權國家」或更具體的身分參與國際社會。此一論述，可以從今年6月1日中國大陸外交部發言人談話中看出其端倪。

亦即面對全球區域經濟整合潮流之下，中國大陸在積極與其他國家簽署FTA的同時，並不必然同意臺灣能與其他國家簽署FTA，此乃中國大陸始終認為臺灣加入區域經濟整合，必須採取類似港澳特別關係模式處理。

儘管依據WTO原則之下，臺灣有權本著會員國身分與其他會員國間洽簽FTA，中國大陸無權表態；但是，中國大陸為了避免我方順利與東協或各國洽簽FTA的同時，藉由經濟主體對等洽簽，進而形塑政治實質對等形象，將會進行阻擾各國與臺灣之簽署FTA。因此，如何在與中國大陸簽署的ECFA內容中，讓胡六點的第二點能夠落實其原貌，解決各自歧見，是未來推動兩岸合作機制之中最重要且優先處理之問題。

（二）兩岸投資保障協議問題

隨著海峽兩岸經濟往來日益密切，臺商登陸投資規模不斷擴大，以及陸資對臺投資逐漸增加，顯示彼此產業互相依存大幅升高；然而，在此同時臺商於中國大陸之投資因權益受損而投訴案件，卻是逐年增加。雖目前中國大陸業已制定投資保護相關法令，但投資保護相關法令似乎仍有諸多闕失，在實質上並未完整確保臺商投資權益，所以如何加強臺商登陸投資及陸資對臺投資保障，已成為兩岸經濟合作機制之中頗為迫切之問題。

不可否認，由於受到「一個中國」原則影響，中國大陸已將臺商視為「特殊性國內投資者」，加上中國大陸又將兩岸關係視為內政問題，簽署投資保障「協定」這種具有國際條約性質文件，勢必造成海峽兩岸對等事實。再者，在中國大陸制定投資保護相關法令後，已掌握臺商投資活動之規範主導權，在某種程度上抑制我方所主張之簽署投資保障協定之需求性。不過，若從兩岸發展情勢論之，雖兩岸簽署投資保障「協定」仍有其困難，但簽署民間性質投資保障「協議」，並非絕不可為。

事實而言，中國大陸於1995年所提出之「江八點」之中，即已提及「贊成在互惠互利基礎上，商談並簽署保護臺商投資權益民間協議」。此外，同年5月於臺北舉行第4度「焦、唐會談」中，針對第2次「辜汪會談」進行第1次預備性磋商並商議第2次「辜汪會談」議題內容時，於會談中雙方所達成之8項共識，

其中之一就是「有關臺商投資權益保護協議問題」。唯因情勢變化，使得日後兩會會談中斷，此一議題方遭擱置。另一方面，中國大陸國務院對臺事務辦公室重要智囊清華大學臺灣研究所所長劉震濤，於2008年兩岸（國共）經貿論壇上指出：「兩岸應該透過兩會渠道簽訂『兩岸投資保障協議』，其協議內容應該體現出保障兩岸同胞的『雙向』特性」。

很顯然地，在面對兩岸貿易投資日益增加下，臺灣與中國大陸之簽署投資保障協議，例如避免雙重課稅、保障財產安全等相關範圍，是兩岸經濟合作機制極為迫切之問題。至於簽署雙邊投資保障協議對象，囿於中國大陸對「一個中國」原則之堅持，以及兩岸已有多次談判經驗和協商模式，仍以兩會會談、簽署為務實可行之途徑。是故，排除雙方歧見，推動簽署兩岸投資保障協議，已成為未來兩岸談判、協商之重要議題；然而，兩岸情勢瞬息萬變，是否如願順利簽署投資保障協議，亦在未定之天，在短期內若兩岸投資保障協議無法簽署時，更加需要有其他替代模式之規劃。

（三）兩岸租稅互免協議問題

兩岸簽署租稅協議是投資保障協議之外，另一重要亟待解決的問題。在兩會第四次江陳會談中，因課稅主權認定發生爭議而於臨門一腳時意外破局。不可否認，此乃兩岸關係特殊，並未簽訂租稅協定，所以採取「抵免」作法避免重複課稅，在理論上，個人所得稅及企業所得稅似不存在重複課稅問題；但是在實務上，兩岸缺乏稅務合作及交流機制，很難具體掌握雙方規定，不易判斷某項所得是否存在重複課稅。亦即臺灣方面因無法確實掌握大陸臺商所得實況及納稅情形而無法給予稅收抵免，相對中國大陸方面同樣因無法掌握臺商在臺所得實況及納稅情形而無法給予稅收抵免，以致可能產生重複課稅情形。

此外，許多臺商透過第三地（例如英屬維京群島等免稅天堂）投資大陸地區，並且利用轉讓定價安排，以高進低出之手法，將利潤保留在第三地。對此現象，如果兩岸國稅單位均都認定同一臺商企業利用移轉價格逃漏稅捐，予以調高應稅收入，因兩岸之間尚無租稅協定或爭議溝通機制，而可能發生重複課稅情形。此外，長期以來所存在之臺商臺灣接單、大陸生產，在臺灣要課營業稅，在

大陸要課加值稅,在稅賦負擔上的確很重。

在面對臺商赴陸投資規模大幅增加,以及陸資對臺投資可能迅速成長下,避免重複課稅是兩岸政府無法迴避的重要工作。儘管兩岸均都認同雙方必須簽署租稅協議,但是誠如前揭中國大陸堅持以一個中國原則為前提,此種在國際間屬於國與國之間的協議,如果中國大陸仍是主張參考大陸與香港簽訂的「中國內地與香港特別行政地區關於對所得避免雙重徵稅的安排」模式作為簽署兩岸租稅協議條件,臺灣方面絕不可能接受此種矮化主權安排。隨著兩岸簽署ECFA,未來兩岸在協商租稅協議問題時,有關租稅協議名稱及模式,必然為協商之最大爭議所在。是故,如何在平等、互利原則下,研擬兩岸皆可接受模式,例如分階段、多管道,由易至難逐步推動,是未來兩岸在經濟合作機制上待解決的問題之一。

(四)兩岸智財權益保障協議問題

大陸知識產權法律體系組成非常複雜,包括法律、行政法規、中央政府規範性文件、司法解釋、部委規章、地方政府規章、地方政府規範性文件及國際條約等,其制定部門包括全國人大、全國人大常委會、國務院、國務院各部委、地方政府、最高人民法院、最高人民檢察院等部門。在知識產權法律體系組成中,全國人大及其常委會所頒布的知識產權專法數量很少,僅有專利法、商標法及著作權法,其餘知識產權規定都由其他部門立法,其具體表現則為法規、規章等形式,而且在法律與規章之間,也無一個統一知識產權總則作為統攝。

就以大陸各地對臺商的保障來說,雖自1994年起北京、福建及廈門等地方,依據中央制定臺灣同胞投資保護相關規定,但除此之外,對知識產權的專利權、商標權及著作權方面,則未有針對臺商而訂定者,此乃臺商在經營上常常因對於知識產權法律不太瞭解,而引發一些糾紛。

由於大陸已成為世界最大的製造工廠,也是目前臺商對外投資最集中的地區。臺商在大陸經營上,除了必須具備大陸關於知識產權方面法制現況、行政管理與執法體系、侵犯知識產權行為與其應負法律責任知識之外,更應充分瞭解發生知識產權糾紛之中較常見之類型、發生原因,以及救濟方式。不過,最重要的仍是,如何透過兩岸協商,簽署知識產權互助協議,提升大陸知識產權保護環境

與水平，以維護臺商之權益，是未來兩岸在經濟合作機制上重要之議題。

至於未來簽署「兩岸智慧財產保護協議」方面，其內容必須包括：1.設置兩岸知識產權／智慧財產權糾紛申訴與處理專責機構；2.定期安排兩岸專利及商標審查業務人員進行互訪與交流；3.建立兩岸共同打擊假冒、仿冒及盜版機制與措施；4.建立兩岸專利快捷審查機制（Patent Prosecution Highway, PPH）；5.建立兩岸相互提供專家證人或鑑定資料機制；6.相互提供兩岸著名商標（馳名商標）名冊，並且建立保護機制；7.相互提供兩岸知名農特產品產地名稱（地理標示）保護措施；8.兩岸適度採用對方領域使用證據，共同制止商標惡意搶註；9.專案處理兩岸特殊爭議商標註冊等。

五、結語

「兩岸猿聲啼不住，輕舟已過萬重山」、「山窮水盡疑無路，柳暗花明又一村」，可以說是現今兩岸關係發展最貼切的寫照。兩岸分治已逾60年，儘管在法令或制度上有所差異，但是在因應全球化潮流來勢洶洶、區域化整合腳步加快的同時，尤其兩岸均都面對不同經濟型態升級與產業結構轉型之際，兩岸經濟沒有理由不加強交流，兩岸產業沒有理由不深化合作。

因此，簽署ECFA已成為兩岸在考量長期利益上必須的選擇；然而遺憾的是，此一以經濟面要素整合為主的協議，卻因過多政治面迷霧掩蓋，使得ECFA原貌更加模糊，如果正本清源將會發現，其對於兩岸關係發展是有利的，同時亦會帶來一些不利。整體來說，簽署ECFA對於兩岸而言，不但是分治以來兩岸關係正常穩定發展最重要的突破，而且是面對未來兩岸經濟交流合作最關鍵的挑戰，是機會同時是風險，彼此如何異中求同、形成共識，乃是各自所期待的焦點。

試析具有兩岸特色的「ECFA」

陳蘋

前言

兩岸經濟合作框架協議（即所謂的「ECFA」）的簽署勢在必行，它不僅涉及臺灣經濟發展的大戰略，也是建構兩岸經濟關係正常化與制度化的必由之路，對未來簽訂兩岸和平發展協定也有公權力部門對接商談的借鑑意義。

兩岸經濟合作框架協議的商簽，是一個複雜的過程。1月26日兩岸「兩會」於北京的第一次專家磋商，在「ECFA」的中文名稱上達成基本共識，奠定了重要的里程碑。此後，在中央領導人不斷承諾之下，「ECFA」的兩岸特色更加凸顯，對於「兩岸經濟規模的差異」，對於島內疑慮者，包括中小企業、中下階層民眾，特別是中南部農民的讓利或安撫，都將具體落實在談判桌上，為後續的「ECFA」實質協商，乃至於上半年完成簽訂打了一劑大局平穩的強心針。「ECFA」的兩岸特色，尤其是「兄弟讓利說」等立即引發熱議，本文就此作一些初淺分析，並提出一些值得思考的問題。

一、「ECFA」的兩岸特色

2月22日，馬英九借助出席大陸臺商春節聯誼活動之機，呼應胡總書記於春

節前夕到福建看望臺商時關於支持兩岸簽署經濟合作框架協議的明確承諾，強調「ECFA絕對有必要，而且動作要快」，在島內產生了激盪效應。除了《自由時報》、民視、三立電視臺等親綠的媒體與民進黨、臺聯黨外，島內絕大多數媒體和民眾都認同：「ECFA」是臺灣走出困境的唯一出路，是大陸對臺灣表達善意的最有力途徑，這一趨勢為兩岸簽署「ECFA」奠定了基礎。3月初在北京舉行的「兩會」，大陸領導人針對兩岸簽訂經濟合作框架協議的談話，尤其是3月14日溫總理對這一協議具有兩岸特色的理性詮釋，「兄弟讓利說」成為關注焦點，對臺灣的民心民意、社會輿論均產生影響。參見表1。

表1 「兩會」期間大陸領導人對「ECFA」的談話

日期	談話者	談話內容
3/4	海協會會長陳云林	對方對簽署前準備工作與作業時間的預期差不多，簽署時間應該就是5、6月之間。但是「ECFA」涉及的範圍很廣，所以作業層級一定會很高。
3/5	國務院總理溫家寶	其在政府工作報告中指出，通過簽訂兩岸經濟合作框架協議，促進互利共贏，建立具有兩岸特色的經濟合作機制。
3/5	國台辦主任王毅	以十六字解釋大陸讓利：平等互利、合情合理、釋放善意、好事辦好。
3/6	商務部長陳德銘	我們會非常關心台灣民眾和每個企業、每個農民的利益。
3/13	商務副部長江增偉	「ECFA」中文名稱兩岸已經取得共識，讓利細節由工作小組洽談中。
3/14	國務院總理溫家寶	溫總理在回答台灣記者的問題時指出：兩岸正在商簽的經濟合作框架協議是一個具綜合性的、具有兩岸特色的協議。我確實講過，要讓利。這種讓利給台灣，比如關稅減免可通過「早期收穫」實現。我知道商簽協議是一個複雜的過程，但是正因為我們是兄弟，「兄弟雖有小忿，不廢懿親」，問題總是可以解決的。

「ECFA」是臺灣一方先提出來的，主要是由於「10＋1」協議2010年元旦啟動，大陸與東盟之間的貨物貿易逐步實現零關稅，這一趨勢將使臺灣貨物對大陸出口陷入十分不利的境地，影響島內很多企業的生存與發展，也關係臺灣廣大民眾的切身利益和福祉，無論誰在臺灣執政都不能不認真面對這一現實問題。所以，馬英九當局希望兩岸之間盡快簽署解決問題的協議，保持和提高臺灣產品在大陸市場的競爭力，尤其是提出在簽署「ECFA」的同時，要求大陸方面作出

「早期收穫」的安排，即讓「10+1」運營後倍受衝擊的臺灣部分產品提前實現關稅減讓。大陸方面充分理解臺灣所面臨的問題，並呼應臺灣的要求開始「ECFA」及「早期收穫」的商談，「ECFA」也就凸顯其兩岸特色。溫總理就大陸對於兩岸經濟合作協議的立場概括為三原則：一是兩岸平等協商，二是謀求互利共贏，三是照顧彼此的關切。

「ECFA」的性質是一項經濟合作協議，打一開始雙方就很明確，目的是推進兩岸經濟交往的正常化、機制化與制度化，不可能有政治內容。「ECFA」是一個綜合性的框架協議，在這個總協議之下還會有各項細化的協商，即視兩岸經貿關係現實環境的變化與條件的成熟再逐步簽訂「補充協議」，是一個長期協商而持續修訂的過程。至於「兩岸特色」的提法，主要體現三個方面：第一，它源自並服從於WTO關於自由貿易協定的有關規定，但又嚴格區別於國與國之間的自由貿易協議，是一個中國主體之下四個關稅區之間經貿關係的一種協定。第二，兩岸的「ECFA」實際上不等於全面「自由貿易」，將來也不可能達到這樣境地，如對於多數大陸商品出口而言，臺灣市場規模有其侷限；對於大陸勞工入島部分將來的協議也不會有，因為這不止是政治上的「讓利」問題，還涉及島內的人口政策與敏感的社會議題。第三，區別於國際間通行的自由貿易協議，「ECFA」考慮到臺灣幅員小、資源少、生產成本高的特點，大陸方面承諾在商談過程中會關心臺灣中小企業和廣大基層民眾的利益，尤其是讓臺灣農民放心。

毋容置疑，「ECFA」能夠築起兩岸經貿更緊密合作的橋樑，臺灣整體經濟就能得到更好的發展，民眾就會從中獲利。從馬英九當局推動「ECFA」的經濟戰略意圖即可見端倪：一是藉由兩岸經貿正常化，強化臺灣與經濟增長強勁的中國大陸之連結，進而連結全球。二是填補臺灣經濟全球化的缺口，促進臺灣與跨國企業之策略聯盟，強化全球布局，因應全球化的競爭。從臺灣「陸委會」的民調（2009年4月19日）、電視媒體TVBS對民眾的兩次民調（2009年3月與10月）、以及《遠見》雜誌民調中心2009年12月民調的資料彙總來看，超過半數的民眾認為未來兩岸經貿需要更加密切的發展，有必要簽訂「ECFA」；有半數民眾認為民進黨若能與大陸密集交流，將有助於爭取臺灣的整體利益；有近半數民眾對馬當局能否保障臺灣民眾權益持有疑慮與不安。

二、「讓利」能讓兩岸經貿合作走的更遠

　　從國際實踐來看，迄今已有數百個經濟體在WTO架構下推動商簽了266個雙邊經濟合作協定。雖然，對等開放互惠互利原則是商簽雙邊經濟合作協議的國際慣例與共識，但各經濟體的動機與目的並不完全一致，只要能夠透過這一途徑實現各自尋求的利益，就能促進經濟合作協議的簽訂。經驗已經證明，與重要經濟夥伴發展自由貿易，是參與區域經濟一體化進程的有效途徑，「讓利」策略在區域經濟整合中發揮重要的作用，也是中國加入WTO精神的延續，並不稀奇。

　　譬如，在與香港、澳門協商更緊密經貿關係時，中國大陸採取了很多的讓利措施，香港與澳門得到巨大的實惠，順利渡過了國際金融危機。作為國際金融中心之一的香港，在這一波世界性金融海嘯肆虐中經濟受到嚴重衝擊，2009年5月9日，《「內地與香港關於建立更緊密經貿關係的安排」補充協議六》在香港簽署，大陸讓出一點，香港獲利匪淺，不僅有助於支持香港在金融服務、物流、旅遊等方面的發展，還進一步鞏固香港作為國際金融、航運、物流、高增值服務中心的地位。

　　再如，21世紀初，中國同東盟領導人審時度勢，高瞻遠矚地作出了建立「中國—東盟自由貿易區」的重大戰略決策；2010年，「10＋1自貿區」如期建成，成為惠及19億人口的自由貿易區。從2004年開始，中國透過對東盟部分國家單方面的「讓利」，即透過約600項農漁產品關稅減讓的「早期收穫」計劃，為東盟成員帶來了益處。在溫家寶總理的倡議下，「中國—東盟博覽會」每年在廣西南寧舉辦，從根本上解決了讓談判成果落地的問題，也為自貿區成員國之間加深經貿合作開闢了全新渠道，創造了重要的實現形式，並為雙方進一步深化金融、服務、投資、農業、訊息產業等領域的合作提供了制度化保障；2007年1月14日，中國和東盟正式簽署了《服務貿易協議》，中國將在WTO承諾的基礎上，在建築、環保、運輸、體育和商務等5個服務部門的26個分部門，向東盟國家做出新的市場開放承諾；2009年，中國與東盟簽署相關投資協議。經過十年時間的努力，中國用實際行動成功地消弭了原先東盟內部對中國崛起的疑慮，讓

雙方的經貿關係從起初的「經濟合作架構協定」逐步深化並促成2010年元月生效的世界上最大的自由貿易區，也讓各方都可以實現利益的最大化。

近30年來，大陸經濟社會改革開放發展過程有臺灣民眾的貢獻，尤其是臺灣工商界帶來了資金、技術與管理經驗，帶動了兩岸經貿的合作與產業的對接，在此過程中實現了互利雙贏。今後大陸經濟社會結構轉型同樣包含著臺灣同胞應有的貢獻，只有建立起具有兩岸特色的經濟合作機制，才能在區域經濟更興盛的趨勢下，以平等互惠實現更深入的交流與合作。5年前的首次「胡連會」確立了「五項共同願景」，建立兩岸經濟合作機制是重要內容之一，無疑，「ECFA」協商是一項「打基礎」的工程，雙方在這一方面是有共識的。

由於眾所周知的原因，兩岸經貿交流與合作長期處於單向、不對等、不平衡的局勢，即便在兩岸均加入WTO之後，也沒有根本改變這一態勢。迄今，臺灣仍禁止大陸2194種產品輸入（其中工業品1360種、農產品834種），占臺灣全部進口商品的20.3%；至於物流之外的兩岸投資、金流、人流等，雙邊更處於高度的不平等、不對稱與不平衡格局。儘管兩岸經濟體本身在規模上的不對稱性，雙方不太可能實現完全的對稱性局面，但正是在這樣高度不對稱、不平等、不平衡的談判起點上，雙方協商簽訂兩岸經濟合作協議，大陸必須讓利，否則無以為繼。兩岸的「ECFA」實際上不等於全面「自由貿易」，將來也不可能達到這樣境地，必須「具體問題、具體分析」，給常識面的思考一個空間。當前兩岸討論商簽的「ECFA」，主要包括以下內容：一是早期收穫清單（簽訂協議後即時減免關稅與開放的具體產品及行業類別等）；二是防衛措施、爭端解決機制、執行機構、修正與生效、終止條款等；三是將於未來再行具體討論的議題綱目或框架（現階段沒有內容，將來如無可行性，也就不必再談）。

隨著大陸經濟的快速發展，兩岸經貿交流與合作還有巨大的潛力和廣闊的空間，大陸方面願在力所能及的範圍內做點貢獻。事實已經證明，在國際金融危機衝擊下，2009年臺灣經濟出現罕見的衰退，大陸積極加大對臺的採購以及大陸遊客入島旅遊的快速發展，成為加快景氣復甦的重要動力之一，在這一過程中傾注了大陸各界願為臺灣經濟發展與臺灣民眾福祉盡一份力量、辦一點事實的心

願。從國臺辦主任王毅接受臺灣記者的專訪談話中可以看出大陸對商簽「ECFA」的基本態度：一是「早期收穫」中大陸要求降稅產品的金額與比例都少於臺灣；二是大陸選擇的降水產品降稅儘可能惠及臺灣中小企業與基層民眾；三是儘量不影響島內的弱勢產業；四是大陸不會要求擴大大陸農產品入島；五是大陸無意對臺灣勞務輸出。這是實事求是的做法，臺灣主流媒體也不得不承認這是充滿誠意的。

「ECFA」帶動下的兩岸經貿機制化與制度化，不僅會讓兩岸經濟整合更加緊密，而且交往更加規範、權益的保障也將更加完善，不僅有助於增進兩岸更多階層和群體的共同經濟利益，而且能增進雙方逐步累積互信，必將成為兩岸關係和平發展的重要支撐。當然，也會讓大陸的價值觀影響到臺灣，時間的延長會讓更多的臺灣民眾認識大陸，進而更加瞭解大陸，並從認識產生認同。因此，只要是有利於臺灣經濟提升競爭力和擴大發展空間、只要是有利於臺灣民眾的事情，大陸都會盡最大努力去做，並且一定努力做好。

對於大陸而言，若在每一件事情上都能實現雙方的共同發展、共同獲益當然最好；若暫時只能使一方獲得利益，那麼一榮俱榮，也是應該努力去做的。處理兩岸經貿關係算的是兩岸關係的大帳，我們要抓住機會，讓兩岸關係奠定一個全新的基礎。就制度化視角，中共十七大報告已經提出構建兩岸關係和平發展的目標，「ECFA」顯然是加快兩岸融合的助推劑，有助於營造臺灣海峽和平發展的環境，甚至對未來簽訂兩岸和平協定，也有公權力部門對接商談的借鑑意義。

三、臺灣對「ECFA」需求與矛盾

在「東盟＋1」的區域自由貿易區啟動後，臺灣若不積極加入，其競爭力下滑勢難避免。若能透過建立兩岸穩定的經貿合作架構，開啟雙邊良性互動機制，則可提供臺灣產業發展新契機，並能推動臺灣成為全球創新中心、亞太經貿樞紐、臺商營運總部等。就是在這一背景下，臺灣於2009年初提出「ECFA」議

題，目的是借此進一步占領大陸市場，也希望作為進入「東盟＋1」這個更大市場的敲門磚。對於「ECFA」，臺灣民眾心目中都有一本「利大於弊」的經濟小帳，即便是綠營的大部分學者和政治人物也很清楚，在經濟上臺灣別無選擇，簽訂「ECFA」已刻不容緩，因此成為島內民眾關注的大事之一。

　　事實上，在兩岸兩會就「ECFA」內容展開正式協商之前，島內民間業者已經先行，其中被列入早期收穫（減稅）清單的石化、紡織、機械、汽車產業的談判最受矚目。臺灣四大產業工會不僅積極促成「ECFA」，而且為了降低官方協商的阻力，早已展開內部協調，並從2009年初開始，由各公會的理事長與大陸相關的工會、協會密集溝通、取得共識。臺灣業者聲稱，他們都已經「喬」好了，交給當局參考，就等官方協商的結果。此外，臺灣高科技面板產業也希望納入早期收穫清單，還期望加速簽訂投資保障協議、知識產權保護協議等，以協助面板業者西進風險的控管。在2009年12月底第四次「陳江」會談時，海協會副會長鄭立中就公開表示，兩岸市場和生產規模差很多，「ECFA」絕不可能等量開放，似乎已經回應了臺灣業者的需求。

　　「讓利」政策是貫徹「給予臺灣人民實質利益」方針的體現。一方面表明大陸深刻瞭解島內弱勢群體的需求，釋解臺灣「三中族群」（指為數廣大的中小企業、中下階層和中南部農民）的疑慮，給予他們對「ECFA」支持的信心；另一方面表明大陸更有信心，向臺灣基層民眾表達直接讓利的訴求，今後這樣的方式將更多付諸實踐並收穫直接效果。大陸方面之所以能不斷釋出善意，強調可以做到讓利，其實道理很簡單，因為大陸同胞始終認為「兩岸同胞一家人，臺灣同胞是我們的兄弟」。

　　作為「以小事大」的臺灣，在「ECFA」議題上顯示出積極的主導性，就是希望讓臺灣「得到的多而給出的少」。為了強化對ECFA的宣傳，馬英九就提出「一幫、二不、三要」的口號：「一幫」即幫助人民做生意，提升臺灣競爭力；「二不」即不開放大陸勞工入島、不增加從大陸進口農產品（根據臺「農委會」報告：管制中的830項農產品不開放進口，已經開放的1415品項也不降稅）；「三要」即要關稅減免、要投資保障、要保護知識產權。從已經透露的訊息來

看，在「ECFA」協商的早期收穫項目中，臺灣希望在大陸市場有更多的「收穫」，卻處處設限不願開放己方市場，並以臺灣市場很小為由，來合理化其「要的多給的少」之目標，且宣稱大陸方面必須配合才足以證明「有善意」。

但我們注意到，臺灣希望在簽「ECFA」時多爭取一些利益，卻又對「讓利」懷著「既期待／又怕受傷害」的矛盾心態，輿論最直接的評述是「要讓利，不要兄弟」。尤其是經過島內反對勢力的意識形態操弄與杯葛，除了經濟上的有利或不利之外，「ECFA」是否深化臺灣經濟對大陸之依賴，進而使臺灣政策方向受制於大陸，或實質上促進兩岸政治統一，也就成為島內一般民眾心中的「問號」，徒增「ECFA」在島內的「政治爭議」。

權衡大局，「ECFA」已經勢在必簽。臺灣已對「ECFA」定調為對等互利而非讓利，執政的國民黨與馬英九加強了與中小企業以及中南部基層民眾尤其是農民的溝通說明，職能部門也提出了具體明確的協助配套方案，以及相關的保障機制，希望降低島內對「ECFA」的疑慮。但由於島內選舉不斷，一切都是政治，公共政策難有理性的辯論空間，面對綠營勢力以「糟糕經濟學」為前提對「ECFA」的政治否定，考驗的是馬英九團隊化解矛盾的執政能力。

四、幾點思考

第一，大陸方面必須注重把「好事辦實，實事辦好」。

從實踐來看，「對等開放、互惠互利」原則是自主自願商簽雙邊經濟合作協議的國際慣例與共識，但談判就是「GIVE AND TAKE（給與拿）」的妥協過程。對於「ECFA」商談的原則，大陸方面已一再表明立場：平等協商、互利共贏、照顧彼此關切。事實上這也是兩岸「兩會」成功簽署12項協議所取得的有益經驗。大陸方面不斷釋出善意的對臺政策，面向的是全臺灣的2300萬民眾，這就要求對臺灣民眾的承諾一定要實事求是，說到做到，克服困難，把好事辦實，把實事辦好。但我們也要考慮下述問題：1.大陸惠臺政策受制於客觀原因，未盡然

能讓臺灣中下層人民完全受益。兩岸簽訂的諸多協議使臺灣經濟整體受益，但有些效益在短期內難以展示，或一般民眾感受不深。「ECFA」簽署後，大陸方面必須考慮後續解決問題的辦法，讓島內更多的中小企業、基層民眾，特別是南部農民或居民積極參與到兩岸共同的事業中來，拓展生涯的規劃空間，創造出實實在在的「實質利益」。也就是説，讓利的成果要惠及更多的臺灣基層民眾。2.「讓利説」發酵後，可能島內要求「讓利」的層面會越來越多，不僅是經濟層面，甚至還會在文化、教育、制度等層面提出更高的要求。就此，一方面大陸應對「讓利」的政策進行宣傳與解釋，避免曲解或別有用心的負面解讀；另一方面應防止臺灣方面向大陸需索無厭，即便滿足了，又因反面的操作，而削弱了臺灣民眾對大陸善意的感受，且一旦未能有所滿足，還可能立即被操弄成為軒然大波。

　　第二，臺灣方面馬英九當局必須增強化解矛盾的能力。

　　臺灣經濟所面臨的問題，是其本身經濟結構深層次的問題，要從根本上擺脫困境，更多的應該由臺灣社會內部去解決。島內智者以事實說明，沒有「ECFA」臺灣經濟不會有明天，但不容否認的是，「ECFA」只是臺灣鞏固市場的短中期手段，絕非靈丹妙藥。何況，根據WTO規定，2013年臺灣必須面對2200多項大陸產品的全面開放。臺灣方面必須認清，經濟全球化與區域經濟一體化是無可阻擋的趨勢，透過「ECFA」，臺灣將成為區域整合的參與者，可從以下三個面向思考：1.建立兩岸分工新模式，追求臺灣經濟的「增量」與「流量」。借助「ECFA」，首先將臺灣建設成為兩岸技術商品化的研發、設計、物流、訓練、服務與管理中心；其次是隨著金流、物流、客流的增加，大力提升創新服務水平，從文化創意、觀光旅遊到醫療照護等提升臺灣的地位。2.開拓大陸內需市場。「ECFA」不僅對臺灣的高科技產業與傳統產業有利，中小型服務業亦可參與開拓大陸內需市場，有利於形成兩岸新的供應鏈。3.找準臺灣的定位。面向全球，臺灣的最佳位置在大陸與世界中間，透過「ECFA」，有助於臺灣找回失落的十年，讓臺灣的經濟很快地能夠更上一層樓，讓臺灣的明天更美好。

　　當然，天下的事往往利害參半，面對「ECFA」確實有贏家也有輸者，可能

對島內弱勢產業、勞工造成衝擊。臺灣經濟基本面與結構面問題的解決，大陸市場只能是助力而非主力，針對「ECFA」，馬英九當局必須訂定確實的配套措施，做好受衝擊產業與弱勢群體的輔導與幫扶，同時應加強宣傳與解釋工作。也就是說，必須更多地按照經濟規律辦事，應避免既誤導臺灣民眾，又讓民進黨找到攻擊的理由。臺灣已經承諾照顧受到衝擊的產業及弱勢群體。如臺灣「經濟部」編列新臺幣950億元預算計劃，以10年為期，輔導受到「ECFA」衝擊的產業升級轉型，其中約一半是用於保護勞工的政策。就長期而言，臺灣廠商仍需持續進行產業的創新升級，透過大陸政策市場的保障來槓桿資源、發展品牌、營運全球，才足以持續臺灣的競爭優勢，爭取臺灣可大可久的利益。

雖然，從李登輝到陳水扁掌權的這段時間裡，臺灣百般設法實施管制策略，以延緩臺灣經濟對大陸市場的依賴，結果證明其成效有限。臺灣對大陸的貿易依存度從1990年代已開始逐步上升，且大陸取代美國成為臺灣出口的最大市場，這一趨勢難以逆轉。若不能因勢利導，透過商簽「ECFA」，舒解臺灣經貿發展的安全壓力，走出以意識形態左右事實的決策失真，未來必然惡化臺灣的生存條件。目前，島內主流民意希望透過「ECFA」的「雙英辯論」，能夠為關乎臺灣經濟民生的公共政策跨出理性思辨的一步，將公共政策的性質還原，共同增進民眾的知識、啟發民眾的智慧。但就目前的現實來看，「臺獨」理念作祟已經矇蔽民進黨的理性判斷能力，幾乎「逢中必反」，對兩岸間任何的交流或合作都持反對態度，甚至還將「ECFA」提升為涉及複雜的政治認同和社會文化衝擊等深具爭議的「意識形態議題」，諸如「將導致臺灣經濟進一步對大陸依賴，進而使當局政策方向受制於大陸，實質上進一步促進兩岸政治統一」；「臺灣外交空間或對外企洽簽FTA仍難以突破中國因素的制約」等，均成為民進黨反對ECFA的理由。對於國民黨馬英九而言，其挑戰還在於如何提升話語權，把推動ECFA的道理和好處向臺灣人民講清楚，表現出當權者擇善固執的魄力，並強化老百姓對他們的信任和連結，以喚起臺灣人民心中更好的願景，讓臺灣民眾達到更高境界的「心服」。

第三，穩握兩岸關係和平發展的關鍵是爭取臺灣民心。

從大背景來看，目前尚不希望兩岸統一的臺灣民眾有一種很強的防禦心理。似乎大陸發展愈快，綜合實力愈強，臺灣民眾愈是感動壓力與顧慮，尤其是臺灣與大陸相比越來越處於劣勢時，島內民眾心理上表現出一種失落感，並內縮為「臺灣主體意識」的增強。雖然「ECFA」僅僅是經濟議題，但島內民眾擔心掉入大陸設定的議題框架，兩岸關係將因經濟上的「量變」轉為政治上不可挽回的「質變」。因此，民進黨猛烈攻擊馬英九將與大陸簽署「ECFA」等政策，確實收到一些效果，並仍準備將「ECFA」作為其對抗國民黨的政治操作槓桿，即便是兩岸順利簽署「ECFA」之後，民進黨還是會把逐條內容拿出來操弄，把國民黨馬英九貼上「賣臺」的標籤，甚至被當作選舉造勢的工具，要求全面「公投」等等。

兩岸關係看似千頭萬緒，但其核心問題還是島內仍有相當的民眾對「中國」存在疏離、陌生，甚至反感、厭惡的情緒，因此影響了他們對大陸的瞭解，甚至是拒絕面對，這正是影響兩岸關係的「深層次問題」。推動兩岸關係和平發展之關鍵，在於爭取臺灣民心，爭取民心之道，需從「義」與「利」兩方面著手。但臺灣部分民眾對於兩岸關係和平發展現狀的茫然失措，一時還難以調適，兩岸在價值、理念和生活形態上的鴻溝，完全不是「讓利」所能消弭。從現實來看，臺灣對於兩岸政治議題目前還是迴避的，使「兩岸牌」在馬當局施政中的效用在遞減，兩岸關係發展中的互信問題已更加凸顯，牽涉到兩岸主權、政治、利益分配等領域，若單純地強調經濟議題，在政治上達不成共識，「ECFA」的繼續深化將面臨困難，這就需要我們醞釀、積聚新的動能。

兩岸的交流與合作，不應只是利益通，更關鍵的是感情通、心靈通，這就要求我們思考：兩岸的交流需要從「利益共同體」向「命運共同體」轉型，應以逆向思維認真研究臺灣民眾的疑慮與反感；做臺灣民眾工作的重心應該向下沉、向南移，確實瞭解臺灣的民之所思、民之所欲；要用一些更貼近臺灣民眾需要的、更實際的東西來感動和影響他們，在兩岸經濟合作創建機制化、制度化發展的進程中，探索出雙方建設共同家園的相處方式。

第四，在「海區西」創建「ECFA」的先行先試基地。

相較於內地省份，過去福建因臺灣而貧窮。海西區大戰略就是希望在兩岸和平發展的新形勢下，整合區域資源，使福建能在未來兩岸產業分工與合作中凸顯其特徵性，尤其在機制與制度創建上釋放能量，並帶動未來福建因臺灣而富裕。

　　在兩岸簽署「ECFA」之後，閩臺區域整合與發展，必須展現全新的思維。其先行先試的政策惠及閩臺兩地，主要體現在三個方面：一是在先行先試中推動兩岸聯手拚經濟、促發展；二是在先行先試中建設兩岸往來的大通道、大樞紐，形成一個北承長三角、南接珠三角、西聯內陸腹地、東出臺灣海峽的人流、物流、資金流、訊息流的立體網路；三是在先行先試中增強中華文化的創造力與凝聚力。今年5月初，福建省長黃小晶率團訪臺時，透過面對面地告訴臺灣同胞，海西先行先試政策，絕對不是一句口號，而是實實在在的行動，「不可行的就改，可行的就繼續往前推！」也就是說，未來海西將更進一步規劃，以務實、宏觀、效率來加快推動先行先試。

　　在海峽兩岸進入互利共贏、合作共生的新的發展階段，如何落實創建閩臺產業分工合作長效機制，讓福建對臺的潛在優勢變成戰略優勢，迎接兩岸關係與經濟整合新形勢所帶來的機遇與挑戰，關鍵就在於規劃設計、確定行動路線圖，尤其要注重發揮機制與制度創新的能量與作用。

ECFA與兩岸經濟合作方式及途徑的選擇

盛九元

一、東亞區域經濟一體化與兩岸經濟合作趨勢

改革開放30年,中國大陸同東亞國家／地區的貿易投資往來非常密切,保持了良好的互動關係,共同支撐起東亞經濟繁榮發展的局面,共同分享東亞區域經濟合作的成果,共同應對來自經濟全球化和區域一體化迅猛發展的挑戰。對於中國大陸而言,在更高層次上進一步加強同東亞的互動合作、進一步推動東亞區域經濟合作的機制化建設,成為中國新一輪對外開放的戰略選擇,其不僅能夠有效解決自由貿易區的市場規模問題,還可以形成緊密的國際分工關係,促使產業結構升級轉化,經濟獲得更為持續健康的發展,尤為重要的是能夠形成與歐盟、北美自由貿易區真正抗衡的整體實力,更加有利於周邊環境的和諧與穩定。現階段,大陸經濟面臨著經濟發展增長方式轉變與結構調整的關鍵時期,而兩岸經濟合作有助於推進整體大中華地區經濟協作的形成與有效合作。

在推進區域合作的實踐中,中國一東盟自由貿易區已被視為典範,充分體現出在政治互信基礎上的經濟一體化的實際效應。從協商進程看,2002年11月中國一東盟完成簽署全面的框架協議,2003年7月1日框架協議正式生效。2004年11月,雙方簽署自由貿易區貨物貿易框架（包括早期收穫計劃）,並於2007年前提前對11類商品（橡膠、木業、汽車、紡織、農業、電子商務、漁業、保健產品、航空、電子、旅遊業）實行免關稅。2007年1月,雙方完成簽署自由貿易

區的服務貿易框架協議，並於當年7月1日起執行第一階段服務貿易自由化。2009年8月，雙方簽署「東盟與中國投資協議」，完成自由貿易區談判的全部過程。2010年1月1日與東盟6個原創國（印尼、馬來西亞、泰國、新加坡、菲律賓、汶萊）全面實施自由貿易區計劃，93%的產品實行零關稅。2015年將與東盟4個新成員（越南、柬埔寨、寮國、緬甸）全面實施自由貿易區計劃。由這一進程可以看出，中國—東盟自由貿易區是在互補互利互諒的基礎上，依據經濟發展規模、水平的實際情況，分階段、按步驟協調推進的過程。對於雙方的經濟發展均產生直接有益的影響。據統計，在中國—東盟自由貿易區協議生效後，即產生明顯的效果。2010年1月份，雙邊貿易額達到215億美元（出口106億，52%；進口109億，120%），較09年同期增長80%（同期對歐26%，對美19%），東盟超越日本成為大陸第三大貿易夥伴。其中上海關區進出口47億美元，62%，高於平均增幅31%。隨著第二階段服務貿易開放及第一階段投資開放協議的實施，預期中國—東盟將出現新的突破性的增長。

　　由於東亞地區占臺灣出口比重的60%以上（其中對大陸及港澳的出口占臺灣出口的40%），因此，中國—東盟自由貿易區的建設必將對臺灣經濟發展產生直接的影響，從近期來看，主要是對臺灣的傳統製造業出口產生衝擊（大陸與東盟將實現平均稅率為0.1%左右的零關稅。而臺灣則需要面對7%—11%的平均關稅，尤其是在紡織、機械、化工方面，涉及產品約700多項）；而從中期看，臺灣將由於貿易轉移效應顯性化而出現產業加速外移的效應；長期而言，更是導致臺灣經濟的邊緣化（被排斥於區域經濟一體化的協商進程之外）。由此分析，兩岸盡快協商簽署ECFA已成為臺灣擺脫當前經濟困境、參與區域一體化進程和實現經濟持續穩定增長的主要途徑，勢在必行。

　　中國—東盟自由貿易區的建設對兩岸經濟合作的模式提出了新的要求，即需要對兩岸的要素進行優化配置，實現合理、雙向、有序的要素流動機制，從而有效提升整體經濟的競爭力，以更好地適應區域經濟一體化的調整。與此相應，在大陸投資的臺商需要順勢而為，充分利用自身在技術、管理、行銷等方面的優勢，結合大陸經濟結構調整與兩岸合作模式的變化，以「調結構（產業轉型、產能轉移、產品轉向）、促民生（轉向內需、重點發展服務型經濟）」為重點，順

大陸的「工業化（供給）、城市化（消費）」進程而為，從而實現「保增長」（保持在大陸持續增長的態勢）的目標。臺灣屬於淺碟型經濟，對外依賴度高，因此中國——東盟自由貿易區的建立會對臺灣形成直接的影響（貿易區內的平均工業關稅會從9.8%降為零（0.1%）），而臺灣則要承受平均9%—12%的關稅，這對一般製造業而言是難以獲利的。在當前臺灣囿於各種因素尚無法直接參與貿易區的情勢下，透過與大陸簽署經濟合作協議不失為一種有效的解決途徑。由此，在《天下》2010年2月份所做的調查中，臺灣88%的CEO表示支持兩岸簽署ECFA，60%則表示會強化與大陸的經濟合作。正是基於上述原因，兩岸在有關ECFA的協商過程，很快達成相應的共識，並在基本原則上達成一致，現階段，雙方尚需要解決的關鍵問題是早期收穫項目的具體安排。臺灣方面提出需要減稅和開放市場准入的項目包括紡織、機械、化工、金融服務（銀行）等，約1000項，涉及細目多；其中也包含有部分需要調整和協商的成分，如尼龍紗項目，目前這類產品臺灣已經不再生產，而以進口為主，因此，具體的清單尚待進一步的完善。由此分析，雙方針對有關早期收穫清單可能還需要進一步簡化、細化，並透過協商以其他方式達成相應的目標。更重要的是，依據兩岸達成的共識，在具體協商進程中，可以參照CEPA的協商模式，即先確定基調，減少分歧（避免爭議），並在此基礎上進一步充實具體內容。同時，需要指出的是，在當前的國際經濟合作大背景下（WTO規範與區域經濟合作的作用日益凸顯），兩岸進行協商協議的基本原則應當是「平等協商、互補互利、循序漸進、產生實效」。只要依循這一原則，就會儘可能減少臺灣民眾的疑慮，並使協議能夠盡快對雙方各自的經濟發展與產業合作產生直接的助益。

　　長期以來，在兩岸關係發展過程中，經濟交往始終是最活躍的因素，也是推動兩岸關係發展主要動力來源。自2008年5月以來，臺灣島內局勢出現重大調整，兩岸關係發展呈現出良性互動的格局：依循「先經後政、先易後難、循序漸進」的原則，在「九二共識」的基礎上，兩岸兩會的事務性協商得以恢復，並相繼達成12項協議與1項共識，實現兩岸「直航」與陸資赴臺，推動了兩岸經濟合作與民間交流進入新的發展階段，隨著兩岸關係格局的調整，尤其是MOU的簽署（ECFA也進入協商簽署階段），兩岸經濟合作發格局也面臨新的調整。在這

種情勢下，大陸民眾很自然地形成對於兩岸盡快進行政治性對話與協商的期待，希望兩岸關係能夠在經濟與政治關係接續深化的共同推動下得以更健康、穩定、有序的發展。

但也必須看到，在兩岸交流日益密切的情勢下，現階段兩岸之間深層次、結構性的矛盾仍然存在，「一個中國」原則在島內尚未形成普遍的認同，從而導致在政治對話難以在短期內開展，更遑論形成制度化的政治對話與協商機制。由此分析，現階段，經濟、文化與社會等方面的交流仍將是推動兩岸關係和平發展的主要動力源。

二、ECFA是推動兩岸經濟合作基本途徑

從東亞區域經濟整合的整體態勢看，隨著中國—東盟自由貿易區建設進程的加快，相關國家和地區要求參與的呼聲日益高漲；而全球金融危機的爆發，更使得東亞各經濟有切膚之痛，從而在區域貨幣合作、市場開放與加強經濟協調方面的機制化建設得以有效推進。從目前情況看，儘管經濟復甦態勢明顯，全球經濟仍存在著較大的波動，不確定性因素短期內難以化解。根據IMF預測，2010年全球經濟增速為3%，發達經濟體僅為1.3%，新興經濟體為5—6%，這種狀況將持續至少兩年。這就使得亞太地區各經濟體現在的強勁復甦勢頭存在著反覆的可能，臺灣經濟由於對外依賴高，更是面臨較大的不確定性。在這種情勢下，作為臺灣經濟發展穩定器與助推器的兩岸經貿合作機制化建設，尤其需要加快推進。事實上，中國—東盟自由貿易區的建設已經對兩岸經濟合作的模式提出了新的要求，即需要對兩岸的要素進行優化配置，實現合理、雙向、有序的要素流動機制，從而有效提升整體經濟的競爭力，以更好地適應區域經濟一體化的調整。與此相應，在大陸投資的臺商需要順勢而為，充分利用自身在技術、管理、行銷等方面的優勢，結合大陸經濟結構調整與兩岸合作模式的變化，以「調結構（產業轉型、產能轉移、產品轉向）、促民生（轉向內需、重點發展服務型經濟）」為

重點，順大陸的「工業化（供給）、城市化（消費）」進程而為，從而實現「保增長」（保持在大陸持續增長的態勢）的目標。因此，盡快推動簽署ECFA不僅對於加快兩岸經濟合作的機制化建設、推動臺灣經濟發展具有重要作用，而且也有利於更好的實踐兩岸關係「和平發展」的理論，為兩岸關係持續、健康、穩定的發展和實現臺海和平、造福兩岸民眾奠定堅實的物質基礎。

以ECFA為例，儘管ECFA對臺灣經濟發展的積極意義已經由臺灣各界大規模的宣導而日益明晰，但民眾的疑慮仍在。由於ECFA在島內仍存在著較多的爭議，尤其是綠營勢力以進行「公投」為訴求，不斷鼓動與凝聚反ECFA的力量，從而對ECFA的實際運行產生一定的阻礙。從綠營的基本論述來看，主要涉及三方面的內容：一是擔心對臺灣主體性的影響（包括避免臺灣的「港澳化」和符合WTO的規範），二是擔心對臺灣傳統製造業和農業的衝擊（包括避免引進大陸勞工問題），三是擔心臺灣的國際經濟活動空間拓展的限制（與其他WTO成員協商簽署FTA）。事實上，ECFA作為單純的經濟合作協議，其本身的設計不僅希望能夠有效避免引發兩岸間的政治爭議，而且更是希望透過協議能夠有效解決當前臺灣經濟發展所面臨的困境，探討兩岸經濟合作機制與東亞區域經濟合作相銜接的問題，實現兩岸的優勢互補，共同提升兩岸經濟的國際競爭力，增進民眾福祉。這是兩岸協商簽署ECFA的基本原則和大方向，其原則是互補互利，方式是循序漸進，途經是彼此尊重、相互協商，其目標是實現共同繁榮，這是符合兩岸民眾根本利益和兩岸經濟合作現實的，既有效反映出兩岸在經濟發展水平、規模上的差異，也有效顧及臺灣民眾的關切（「讓利說」與目前「不開放大陸勞工赴臺、不開發大陸農產品入臺」承諾），然而，即便如此，由於兩岸關係的特殊性與敏感性，使得ECFA這類經濟議題業難以順利推進。當然，針對臺灣部分民眾對ECFA存在的疑慮，還是需要予以關注，一方面臺灣需要透過積極的宣導，使民眾對ECFA有更加清楚的認知，進而減少疑慮，而另一方面是透過ECFA的實踐，使民眾充分感知ECFA隊臺灣經濟和民眾福祉的增進效果，使民眾從ECFA中獲得實利，這就需要注意以下三方面的問題：一是密切關注ECFA簽署後的實際推進進程與效果，使其效應切實惠及多個領域，能夠為全民所享有（儘管針對不同產業、區域、階層難免會有所差異），從而避免為泛綠勢力所利用，使ECFA問題

出現政治性的干擾與反覆（如「公投」等），這就需要在積極推進ECFA的同時，輔之以其他相應的配套措施，以產生更加直接的效應；二是切實落實相關的協商進展與兩岸經濟發展的實際需求，避免產生政策脫節，從而影響ECFA實際效益的發揮，尤其是切實解決好臺灣經濟發展與東亞區域經濟整合相銜接的問題，減緩臺灣經濟界對邊緣化的疑慮；三是認真細緻的做好產業損害評估與完善補償機制問題，對兩岸受到損害的產業予以積極的關注，從而使ECFA的正面效應大於負面效應，也使得ECFA獲得更多的臺灣民眾的支持與理解。

從目前情況分析，兩岸經濟合作雖已逐步進入「民間、單向、間接」的方式向「直接、雙向、機制化」的階段，尤其是ECFA的簽署更使兩岸經濟合作向正常化、規範化、制度化方向發展，但從實際情況看，其中尚存在不少需要解決的問題，主要包括以下四方面：（1）作為WTO的兩個成員方，兩岸需要解決貿易結構的不均衡問題與相互開放的不對稱問題（並非單純的兩岸巨額貿易逆差問題），實現真正的雙向經濟互動；（2）在考慮彼此關切與均衡雙方實際經濟規模、市場容量的基礎上，尋求適應實際發展需要的兩岸經濟合作的模式，推動兩岸經濟發展目標的實現（透過產業和項目合作、擬定共同標準、共同進行研發等）；（3）透過機制化合作的實踐，解決區域經濟整合進程加快過程中臺灣參與國際經濟合作的問題，以進一步發揮ECFA的實際效應，切實落實「對人民有益」的承諾；（4）需要進一步強化兩岸金融與貨幣合作問題，以更好地應對國際經濟與金融環境不穩定的狀況，避免經濟的動盪與劇烈波動。

經過兩階段的協商，兩岸對於簽署兩岸經濟合作框架（架構）協議已初步達成共識與處理原則（包括早期收穫清單），並規劃進一步就貨物貿易的開放開展協商，從而為簽署ECFA奠定基礎。與此同時，從兩岸經貿合作的實踐看，透過進行一系列有成效的溝通與協商，兩岸已經建立起一些具有特色和創造性的合作模式，克服了部分現有的障礙，為兩岸經濟合作問題的解決提供了有效的途徑，如市場開放、准入門檻的調整、產業搭橋、區域產業合作、「點對點」合作等，不僅顯示出兩岸經濟合作的巨大潛力與活力，而且也顯示兩岸尋求合作方式的彈性與靈活性。

經濟合作的實踐證明，透過完善兩岸經濟合作機制還可以在一定程度上為化解兩岸關係發展方面的相關矛盾奠定基礎，如：（1）透過兩岸經貿法律合作框架的建構為兩岸關係的規範與發展提供實踐；（2）透過兩岸經貿爭端解決機制的完善為建立兩岸政治對話與協商機制及處理兩岸之間的相關政治問題累積經驗；（3）透過兩岸在國際經濟組織合作中的行為規範為解決臺灣的國際活動空間尋求合適的解決途徑。

從更深層次看，兩岸現階段存在的諸多問題與兩岸民眾之間缺乏交流與溝通的現實情況有密切的關係，而在和平發展的總體框架下，透過經濟合作方式與途徑的選擇可以為兩岸的社會文化融合提供更堅實的基礎，具體的路徑包括：（1）可以借鑑經濟合作架構的建立，有效規範與推進兩岸交流交往的制度化進程；（2）透過市場與投資開放，推進兩岸民眾交流交往的擴大與從業選擇的多元化，尤其是使臺灣青年人擇業的選擇面將更加寬廣，深化兩岸民眾之間的溝通與交流；（3）隨著兩岸企業共同合作赴海外投資發展實踐的深化，也有助於推進兩岸在國際合作中的成效推廣等。上述均顯示，兩岸經濟合作框架（架構）協議的協商簽署對於推動兩岸經濟共同發展、維護臺海和平、加深兩岸民眾交往並為兩岸關係的和平發展提供具體的實踐、奠定更加堅實的基礎。

當然，由於兩岸關係的發展尚囿於諸多因素的制約，尤其是在對「一中」原則認知上存在的分歧，導致兩岸之間結構性的矛盾短期內難以化解，因此，充分利用深化與發展兩岸經濟合作及與東亞區域經濟合作相銜接的有利時機，積極解決兩岸關係發展中面臨的障礙也不失為當前情勢下的有效選擇，具體而言，可以透過下述的途徑入手：

1.透過兩岸直接雙向經濟往來所形成的新的經濟交流格局，進一步推進兩岸經濟關係的深化，具體的推進方式可以包括以下方面：

（1）透過進一步放寬陸資入臺的領域和範圍，及其對兩岸關係的正面影響，有助於兩岸相互的瞭解和探索解決相關爭端的有效方式；

（2）採取積極有效的措施推進兩岸金融合作與資本市場的相互開放，有助於兩岸共同抵禦國際金融危機的衝擊和影響以及兩岸經濟合作的深化；

（3）透過現階段正在積極實施的共同制定產業技術標準、產業搭橋計劃與兩岸教育交流與人才交流計劃，尤其是共同研發的實踐，從而使兩岸在共同制定技術標準與製程標準方面占據較有利的地位，使兩岸能夠互蒙其利；

（4）利用ECFA的早期收穫計劃及其延伸，尤其是ECFA階段性協商進程的開展，有效解決臺灣與東亞區域經濟合作相銜接的問題。

2.在國際金融危機的衝擊下，全球經濟復甦步履蹣跚；在這一情勢下，有效拓展內需市場、轉變經濟增長方式成為大陸經濟發展的基本趨勢。在這一過程中，兩岸經濟合作的空間將進一步擴大，而大陸十二五發展規劃與新的區域發展戰略重點的擴展，使兩岸經濟合作的領域、區域與產業重點也相應出現調整。這些領域可以包括以下方面：

（1）大陸區域經濟發展重點是確立與調整，包括海西區（兩岸經貿）、成渝經濟區（西部開發）、浦東綜合改革配套試點（體制改革與國際金融中心建設）、濱海新區配套試點（環渤海經濟區）等，使兩岸經濟合作的面向與重點也可以進行更有針對性的調整與互動；

（2）在更多的先行先試條件下，進行區域間的合作（如北臺灣與長江三角洲、海西區與臺灣等）有利於兩岸經濟合作領域與模式的擴展與延伸，並根據不同產業的發展需求進行相應的調整，從而形塑新的合作亮點；

（3）在區域合作的基礎上，透過兩岸協商進行經濟發展規劃的溝通與協調，有助於兩岸經濟優勢更有效的整合以及經濟結構的優化，在條件許可的情況下，也可以考慮設立兩岸合作協調委員會的方式推動合作的開展，從而為兩岸合作的深化與機制化的合作構建奠定基礎。

3.東亞區域經濟合作的深化、發展與調整，也在很大程度上對現有的兩岸合作格局將產生直接的影響，尤其是東亞經濟合作格局調整的路徑選擇與兩岸應對（兩岸四地經濟合作），有助於兩岸建構起經濟合作的規範和臺灣參與國際經濟組織語與活動空間的拓展。

三、兩岸經濟合作面臨的問題與障礙及解決途徑

在開展兩岸經濟合作與建構和平發展總體框架的過程中，也必須認識到，臺灣部分民眾對兩岸經濟合作深化（ECFA）與兩岸關係發展仍抱持疑慮，從而對兩岸經濟合作的發展形成一定的阻力，這主要體現在三方面：一是在當前島內政局變化與藍綠對抗的情勢下，兩岸合作範圍與領域限制的消除與經濟關係正常化進程與時程難免受到較大的影響；二是兩岸需要建立起各種方式、各領域的對話與協商機制以因應多樣化的協商與合作，包括經濟合作的正常化與制度化；三是區域經濟合作的指向性問題，包括妥善處理好有關ECFA的分階段推進、臺灣與其他經濟協商簽署ITFA或FTA等。

針對上述問題，建議從以下方面入手，透過適當的模式構建與方式選擇，從而有效推動兩岸經濟合作的深化以及兩岸和平發展架構的建立：

1.尋求合適的時機與方式，循序推動兩岸各種方式、多種渠道的政治性對話與協商的啟動與兩岸互信機制的建立，尤其是建立兩岸關係應急事件處理機制，包括臺灣方面提出的軍事互信機制；

2.透過區域性合作試點、產業選擇與框架的建立（海西區、浦東新區、濱海新區、成渝區等），從而為兩岸合作的深化提供新的選擇途徑與規範；

3.借助產業搭橋計劃與兩岸項目（可以考慮選擇以新興產業、大項目合作為切入點）合作相銜接，透過共同利益機制的形成為兩岸合作提供新的動力；

4.以陸資入臺及其在島內的發展效應（與臺灣經濟發展的關係、社會影響與可持續性問題）為坐標，注重解決在雙向交流中產生的摩擦與衝突，並進而形成與完善爭端解決機制與規範；

5.積極推進資本市場的擴大開放及金融與貨幣合作，強化抵禦金融風險的效應，並以此為基礎進一步深化兩岸經濟合作，形成更有效的整合機制；

6.在條件許可的情況下，開展兩岸宏觀經濟政策溝通與協調（包括協商機制

與組織機制的建設），尤其是將十二五規劃與臺灣經建計劃有效實現銜接，並進而推動兩岸經濟合作共同機構（兩岸經濟合作與協調委員會）的形成與運作，為兩岸關係的深化與發展奠定基礎。

ECFA簽訂後對兩岸經貿關係之影響初探

徐東海

壹、前言

馬英九在2008年三月初大選電視辯論會上，首先提到兩岸可簽定「綜合經濟合作協議」（Comprehensive Economic Cooperation Agreement，簡稱CECA），後來臺灣將CECA修改為ECFA（「兩岸經濟合作協議」），在定位上，「兩岸經濟合作協議」可視為建立未來兩岸經濟整合的「框架協議」，若真正實現，未來兩岸除了可以確定在一定時程（五或十年）內，逐步取消所有貨物貿易的關稅與非關稅壁壘、逐步服務貿易自由化、建立開放和競爭的投資機制，便利和促進兩岸投資、建立爭端解決機制外，甚至可以透過協商，逐漸形成允許貨物之自由流通，及採取共同對外關稅及貿易政策，並允許其他生產要素（如人員、資金、勞務、商品）自由流動之共同市場。

本文目的在探討兩岸簽訂CECA後對兩岸經貿關係之影響。首先探討馬英九政府就任後推動務實、開放、穩健的兩岸經貿政策，使兩岸經貿關係走向正常化、制度化發展，進而希望能建立兩岸關係機制化—簽署兩岸經濟合作協議（ECFA），其次，分析臺灣對ECFA的規劃與目前協商進度，最後探討ECFA對兩岸經貿關係可能之影響。

貳、馬英九政府的兩岸經貿政策

　　馬英九政府在2008年3月就任後,對兩岸經貿政策的看法是,兩岸應維持和平與合作的關係,故兩岸經貿應走務實、開放、穩健的路線,「先易後難」、「先經濟後政治」,讓臺灣能善用大陸的利基(niche),重新找回臺灣的經濟活力。逐步實現兩岸經貿關係的正常化、制度化發展,進而建立兩岸經貿關係的機制化－兩岸簽署兩岸經濟合作協議(ECFA)。

　　馬英九政府在政策上,主張兩岸要由「自由貿易區」為起點,進一步邁向「兩岸共同市場」。然而兩岸共同市場的建立是個長遠的目標,絕非一蹴可幾,經過兩岸兩會第一次至第四次江陳會,提出推動下列兩岸經貿合作的具體項目(表一):

　　1.雙向直航:建構以臺灣為中心的「雙黃金航圈」,亦即以儘速推動兩岸直航為基礎,連結東北亞與東南亞,使得臺灣成為雙核心區域交會的中心點,致力協助本國企業以臺灣做為「全球運籌中心」,也使在臺的外商可以把臺灣當作亞太地區的營運總部。

　　2.開放大陸觀光客來臺:預計每天開放三千人,每年一百萬人,四年內增至三百萬人,振興臺灣的觀光業並增進兩岸人民的相互瞭解,未來並逐漸增加開放觀光之人數。

　　3.開放陸資來臺投資:建立兩岸資金雙嚮往來,允許大陸企業來臺投資,活絡臺灣經濟。同時,允許人民幣掛牌買賣,建立有特色的區域金融中心。

　　4.開放臺商回臺上市:放寬上市門檻以及申請者限制,爭取國際間尚未公開上市的優良臺商來臺上市。

　　5.鬆綁40%之投資上限:對於臺商赴大陸投資,應以「全球布局」為考量,「原則開放,例外管制」,俾臺商能掌握商機,壯大企業實力。

　　6.建立兩岸產業共同標準:召開兩岸產業合作論壇,讓臺灣的應用科技、資

金及管理能與大陸的基礎科技及市場相結合,建立兩岸產業共同標準,合作邁向世界。

7.兩岸簽訂兩岸經濟合作協議(ECFA):兩岸儘速簽訂兩岸簽署經濟合作架構協議(ECFA)以增進兩岸經貿關係由正常化到制度化,進而走向機制化。此外,針對兩岸間商業活動,兩岸當局都應積極提供相關商業資訊,以服務全球商投資經營及管理各方面需要。

8.開放臺灣金融業登陸:儘速簽署兩岸金融監理備忘錄,儘早開放臺灣金融業赴大陸布點,一方面提供大陸臺商融資管道,另一方面擴大臺灣金融業的營業版圖。

9.簽署農業合作協議,建立有秩序的交流合作:建立兩岸間有秩序的農業技術交流合作,共同進軍國際農產品交易市場,並將臺灣優質水果出賣至大陸。

10.建立食品安全與合作打擊犯罪機制:2008年三鹿毒奶粉事件發生後,對兩岸經貿關係產生嚴重的負面影響。為有效解決此類事件,兩岸同意在兩岸兩會的框架下簽署「海峽兩岸食品安全協議」,建立兩岸專家交流與互訪機制,召開食品安全研討會,共同推動兩岸食品貿易發展,提升兩岸食品安全管理水準。兩岸展開交流後,兩岸不少通緝犯跑至對岸躲藏,為消彌兩岸成為犯罪者的天堂,將彼此通緝犯引渡回境內,兩岸簽署「合作打擊犯罪機制」。

11.兩岸漁業合作:該協議生效後,兩岸將各自指定對口單位,處理大陸漁工引進、漁工管理等問題,對臺灣船主更有保障。

12.兩岸農產品檢疫檢驗:該協議將有助於解決臺灣面臨的兩岸檢疫檢驗問題,以確保境內農業生產安全及保障消費者健康,並順暢我方農產品出口中國大陸。

13.兩岸標準計量協議:協議內容包括標準、計量、檢驗、驗證認證及消費品安全等5大項目,涉及的範圍都是標準及檢驗等跟技術性貿易障礙有關的事務。協議有助於,一提升臺灣產業競爭力;二是加強進口消費品安全管理,保護臺灣消費者的權益。

表一　馬英九政府上任後推動的兩岸經貿政策

1.	直航	7月1日前落實週末包機；年底前每日包機，2009年7月包機改班機。
2.	開放觀光	初期每天3000人，第2年每天5000人，第3年每天7000人，第4年每天1萬人
3.	放寬台商投資限制	通案解除企業赴大陸投資40％上限，上調到60％，配套措施讓企業根留台灣
4.	兩岸貿易	支援台灣農產品出口大陸，限制大陸農產品進口
5.	陸資來台	開放陸資來台，開放房地產等多項產業
7.	人員往來	不開放大陸勞工赴台
6.	金融往來	簽署兩岸金融監理備忘錄，開放新台幣與人民幣兌換，開放台資銀行登陸設分行、子行和參股大陸銀行，開放大陸銀行來台辦事處等基金型態的外國機構投資人免出具無陸資聲明書、開放香港交易所掛牌企業來台第二上市（櫃）；開放赴大陸投資證券期貨業、放寬基金投資陸股及香港紅籌股、H股的限制；開放台港股票指數型基金（ETF）相互掛牌等。
8.	空運	落實貨運包機
9.	通郵	兩岸郵件直接往來
10.	經濟合作	兩岸簽署經濟合作協議（ECFA）
11.	食品安全	兩岸簽署食品安全協議
12.	合作打擊犯罪	兩岸簽署合作打擊犯罪協議
13.	漁業合作	兩岸漁船漁員勞務合作協議
14.	農產品檢疫檢驗	兩岸農產品檢疫檢驗合作協議
15.	標準計量協議	兩岸標準計量檢驗認證合作協議

資料來源：作者自行整理

　　2008年上半年，兩岸經貿關係仍然延續近年來平穩發展態勢，兩岸貿易保持較快增長，臺商對大陸投資持續增加。不過，自2008年下半年開始，受國際金融危機與經濟不景氣衝擊，兩岸經貿關係發展受到影響，兩岸貿易由較快增長，出現反轉變為負增長。依經濟部國貿局統計，2009年兩岸貿易總額（含香港）為1093.2億美元，年增長-17.5％；其中，大陸對臺出口256.2億美元，較上年同期增長-22.1％；大陸從臺進口836.9億美元，較上年同期增長-15.9％。臺灣對大陸（包括香港）市場的依存度也相應下降，依臺灣國貿局統計，從去年的

21.9%降為21.2%。

臺商對大陸投資持續維持投資項目減少與投資金額低增長或負增長態勢。依臺灣經濟部投審會統計，2009年臺商對大陸投資項目249個，較上年同期減少48%，金額60.5億美元，年增長-38%，增長速度較前幾年有較大幅度下降。這顯示兩岸經貿政策鬆綁後，受到全球金融風暴和經濟不景氣的影響，臺商對大陸投資顯著下降，但2010年1—5月投資項目和金額較上年同期相較大幅增加187%和239.9%。

參、ECFA的規劃與協商進度

一、ECFA的規劃

ECFA在定位上，臺灣政府部門強調ECFA不採取港澳模式，所以既非大陸與港澳所簽的CEPA，也不是一般的自由貿易協定，而是屬於兩岸特殊性質的經濟合作協議，不違背世界貿易組織的精神，同時只規範兩岸經濟合作事項，不涉及統獨及政治問題。

臺灣政府部門選擇架構協議的理由，包含如下：

1.不是一步到位FTA，僅先定架構及目標，具體內容日後再協商，化解一般FTA立即開放壓力。

2.雙方一旦簽署，可望解決我被邊緣化之問題。

3.開放項目及時間表明確，使我經營環境具可測性，有助吸引外資。

4.「早期收穫」搭配調適期，可滿足迫切需要之項目，兼顧我短中長期經濟發展需要。

5.提供臺灣凝聚共識與政策調整之時間與彈性。

從經濟部說帖中總結，臺灣簽定ECFA的主要目的有三：

1.推動（兩岸經貿關係）正常化；兩岸雖都是WTO成員，但彼此經貿往來仍有許多限制。

2.避免（我在區域經濟整合體系中被）邊緣化；目前全世界有230餘個自由貿易協定，彼此間互免關稅，若我無法參與，將面臨被邊緣化的威脅，在重要市場失去競爭力。

3.促進（我經貿投資）國際化：兩岸洽簽架構協議，使兩岸經貿關係具可預測性，有利臺商全球布局，並吸引外商來臺，使臺灣成為亞太營運樞紐。

臺灣政府部門在衡諸兩岸經濟相對規模與臺灣產業發展後，主張「多步到位」是臺灣現階段的最佳策略。在兩岸經貿限制尚未完全鬆綁之前，採取一步到位的FTA模式，可能對臺灣內部產業的衝擊較大，顯非臺灣的最佳選擇；若採取堆積木策略，就個別議題逐一協商，又因其他WTO會員可主張「最惠國待遇原則」而使得臺灣無法獨享雙邊關稅減讓的優惠待遇；而以未來貿易自由化與經濟合作為目標所簽署的架構協定，由於採取階段式、多步到位之方式，不僅提供簽署方凝聚共識與政策調整空間的彈性，且符合GATT第二十四條規定，因此所簽署有關市場進入的優惠措施，具有排除其他WTO會員適用的效果。況且若能在架構協議中納入早期收穫條款，部分產業更能提早享受FTA創造之利益，因此架構協議是目前推動兩岸經貿自由與合作關係的較佳策略。

目前臺灣政府部門在依據「東協一中國大陸全面經濟合作架構協定」研擬兩岸經濟合作架構協議（ECFA）時可以就名稱、貨品貿易、服務貿易、投資、其他經濟合作領域、行政與制度安排等六大部分來作為談判的一基礎。

這六部分，除第一部分協議名稱外，第二部分是貨品貿易，包括：

1.「早期收穫計畫」：列出雙方早期降稅貨品項目及降稅時程。

有關早期收穫計畫的涵蓋內容，依據以往的經驗均集中於商品貿易部分，然依循WTO的規範亦無明顯禁止納入非商品貿易部分，故臺灣與中國大陸洽談早期收穫計畫時，可不必拘泥於商品貿易的範圍，可視需要將服務貿易納入考量，形成具兩岸特色的早期收穫計畫。

2.「市場進入」：

（1）同意未來就貨品貿易市場進入進行談判，並訂定未來談判時程。

（2）貨品分為一般類與敏感類，並依敏感程度高低訂定不同之降稅時程。

（3）考慮兩岸貨品貿易正常化問題及保留項目。

（4）其他：原產地規則、貿易救濟措施、非關稅措施（技術性貿易障礙措施、食品安全衛生與動植物防疫檢疫措施）。

3.服務貿易：

（1）同意未來就服務貿易市場進入進行談判，以及未來談判時程，並考慮兩岸服務貿易正常化問題及不開放項目。

（2）不排除訂定服務貿易之早期收穫計畫。

4.投資：

（1）透過談判以逐步實現投資機制自由化。

（2）加強投資領域合作，便利投資並提高投資規章和法規的透明度。

（3）建立投資保護機制。

5.其他經濟合作領域：智慧財產權保護、爭端解決機制、關務合作、電子商務、貿易便捷化、避免雙重課稅等。

6.行政與制度安排：協議生效、執行與管理。

另外，在考量兩岸經貿關係之特殊性與市場規模大小後，就談判策略上，兩岸經貿解除管制不應被視為是推動兩岸經貿自由化與加強合作關係的一個絕對先決條件。而且ECFA本身即是一種分階段到位的架構，因此經貿限制的逐步鬆綁與ECFA應可並行不悖，同步推動。亦即逐步解除我對中國大陸經貿往來的限制，應不影響在ECFA架構下先行推動進一步自由化的規劃。

二、ECFA協商進度

截至2010年六月中旬為止，兩岸針對ECFA已進行三次協商，如果一切順

利，6月下旬將舉行ECFA第四次正式協商，同時舉行第五次江陳會的預備性磋商，兩岸高層仍希望6月底前簽署ECFA，如果稍晚一些，7月初應會簽署ECFA。

在六月中旬結束的ECFA第三次正式協商，雙方就協議文本基本達成共識，協議文本除序言外，尚包括總則、貿易與投資、經濟合作、早期收穫、其他等5章共16條組成，其內容涵蓋兩岸間主要的經濟活動。（表二）

表二　ECFA協議文本（未定稿）

序言	表達兩岸透過ECFA推動經貿合作關係制度化的長期願景及基本
第一章總則	三項經濟合作的願景，一是「加強與增進兩岸間的經濟、貿易與投資合作」，二是「促進雙方貨品貿易與服務業貿易的進一步自由化，逐步建立公平、透明、便利的投資條件及機制」。三是「擴大經濟合作領域，建立合作機制」。
第二章貿易與投資	針對貨物貿易、服務貿易、投資等制定雙方進一步協商的原則與項目。

序言	表達兩岸透過ECFA推動經貿合作關係制度化的長期願景及基本
第三章經濟合作	明列了四項主要的經濟合作目標，一是逐步減少兩岸關稅與非關稅障礙，二是逐步消除或減少服務貿易的限制性措施，三是提供投資保護，促進雙向投資，四、促進貿易投資便捷化和產業交流與合作。其中明列與多項經濟合作的項目，包括智慧財產權保護、金融業合作、雙邊經貿團體互設辦事機構、海關與電子商務合作。
第四章早期收穫	包括貨物貿易早期收穫與服務貿易早期收穫相關條款。
第五章其他	包括了爭端解決、機構安排、生效、終止等條款。

資料來源：作者自行整理

另有五項附件，包括「貨品貿易早期收穫清單」、「服務業貿易早期收穫清單」、「適用於貨品貿易早期收穫的臨時原產地規則」、「防衛機制」、「適用於服務業貿易早期收穫部門及開放措施的服務提供者定義」。

臺灣經濟部長公布最新兩岸早收清單，臺灣早收清單有500項、金額超過120億美元；大陸為250項、金額約30億美元。我方與陸方項目為2比1，金額為4比1，無論項目及金額均符合雙方比例原則。（表三）

表三　ECFA部分早收清單

項目	台灣部分	大陸部分
工具機	提出30項，多數取得，其餘持續爭取	不對台灣生產的數位控制工具機降稅
化學品原料	已開放他國進口的項目，開放陸貨進口	部分項目可輸入台灣
紡織、機械	相互開放部分項目	相互開放部分項目
石化	相互開放部分項目後續爭取聚丙烯（pp）、聚氯乙烯（pvc）、聚乙烯（PE）輸陸降稅	相互開放部分項目
汽車	零組件輸往大陸，後續爭取整車輸出降稅	不開放台製整車輸入
農產品	僅開放台灣農產品輸往大陸，約十五項目以上。	不開放大陸農產品輸往台灣
其他貨品貿易	自行車及零組件、鋼鐵、袋包箱、衣服、內衣、襪子等產品輸陸	
服務類	金融業、電腦服務業、貨運承攬、獨資設立醫院、民用航空器維修可進入大陸	開放部分金融業赴台投資
總計	500項，金額超過120億美元	250項，金額約30億美元

資料來源：作者自行整理

　　臺灣方面提列早收清單的三項原則為：臺灣產品的競爭力足夠、保護臺灣17項弱勢產業、主要競爭對手已享受出口至中國的低關稅待遇等。臺灣早收清單項目，主要可分為四大類，第一類為化學品、石化原料、塑膠原料及製品、橡膠原料、紡織纖維、布、紡織化學品；第二類為鋼鐵、鋁、銅製品、機械及其零組件、工具機及其零組件、汽車零組件、自行車及其零組件、運動器材；第三類為部分電子產品及材料、光學產品；第四類則為若干農產品。目前早收清單尚未完全定案，還有若干細項還在討論，臺灣方面將秉持上述原則持續與陸方協商。至於這次來不及納入早收清單的項目，未來還有第二次的早收清單談判。

　　臺灣方面也提出，兩岸在洽簽ECFA後，將在海基、海協平臺下設立一個由兩岸談判代表組成的「兩岸經濟合作委員會」，一同處理因ECFA而來的後續協商、解釋與溝通，並強調該委員會的架構就是TIFA（Trade and Investment Framework Agreement，即臺美貿易暨投資架構協定）的「兩岸版」。未來「兩岸經濟合作委員會」完成之協議，將由兩會簽署或由兩會指定之代表簽署，相關協議並將依兩岸條例第5條的相關規定送立法院備查或審議，沒有所謂密室協商、暗渡陳倉的問題。

　　在這次協商雙方也同意在文本放入「生效條款」，也就是要求ECFA須經國

會審議通過後，才會生效，並且訂有「終止條款」。據報載，協議所定的終止條款，明定了期限，即一方通知另一方終止後，另一方如不同意要求協商，應於30天內提出，如果雙方協商始終沒有結果，則在通知之日起算，屆滿180天協議就自然終止。其中通知中止必須以書面通知，而被告知一方要求協商，對方不得拒絕。

在這次協商兩岸在臨時原產地認定及貿易救濟兩附件協商，建立初步共識。在臨時原產地認定，原則採從嚴認定；但防衛措施援引，從寬認定，至少維持WTO救濟適用門檻。臨時原產地的認定，主要是避免他國搭兩岸ECFA早收清單便車，因此，雙方原則上同意在產地的認定標準從嚴。WTO對產地認定標準，未有一致認定標準，但一般規範是實質轉型後的附加價值至少達35%，做為原產地認定。

至於在防衛措施方面，由於防衛條款是兩面刃，從嚴有人擔心大陸產品衝擊臺灣，但同時也不利我產品銷大陸，因為從嚴恐將動輒被大陸控反傾銷；再加上兩岸簽署ECFA是互惠互利協議，因此，雙方在啟動防衛措施的救濟標準的共識，至少不了高於WTO的規定。

肆、簽署ECFA對兩岸經貿可能影響

ECFA屬於綜合性的經濟合作協議，其包含層面非常廣，從進出口到總體經濟、從製造業到服務業、從投資到就業等等，幾乎都會受到影響。

依中華經濟研究院所做的研究顯示，如果東協加三（即東協加上中日韓三國）成立，而臺灣不能與中國大陸簽署ECFA，則臺灣經濟成長率會下降約1.65%。

反過來說，如果兩岸之間簽署了ECFA，臺灣的產品可以免稅進入中國大陸，因此出口會增加，而且在大陸市場上也足與其他國家的產品相競爭，而不用擔心臺灣產品被邊緣化的問題。依「中經院」所做的估計結果顯示，兩岸如果簽

署了ECFA,將會使臺灣的經濟成長增加1.65%到1.72%之間。而如果臺灣再與東協加三都簽署FTA,則臺灣的經濟成長率可以更增加到3.26%左右。(表四)

表四　兩岸簽署ECFA對臺灣經濟之影響單位：%,億美元

項目	%,億美元	有利產業	億美元	不利產業	億美元
實質GDP(%)	1.15–1.72	機械	83–85	電子與電機	–76
總出口量(%)	4.87–4.99	化學塑膠	87–92	其他運輸工具	–2～4
總進口量(%)	6.96–7.07	紡織	28–31	木材製品	–1
貿易條件(%)	1.4	鋼鐵	21		
社會福利(億美元)	77.1–77.7	石油與煤製品	19		
貿易餘額(億美元)	17.6–17.8				

資料來源：中華經濟研究院(2009)

其實不但是臺灣的經濟因而受惠,中國大陸的總體經濟一樣會得到好處。中國大陸商務部所做的研究顯示,兩岸如果簽署ECFA,中國大陸的經濟成長率可以增加約0.36%到0.40%之間；而如果中國大陸再把東協加三的效果放進去,則ECFA產生的效果會上升到0.67%到0.70%之間。(表五)

表五　兩岸經濟合作協定對大陸經濟影響

指標	方案1	方案2	方案3	方案4
GDP(%)	0.63	0.63	0.67	0.67
福利(百萬美元)	9007.5	9038.5	9277.93	9282.69
貿易餘額(百萬美元)	6145.75	6117.5	5900.32	5897
貿易條件(%)	0.69	0.68	0.63	0.63

資料來源：商務部、外經貿大學、南開大學(2009)

一、簽署ECFA將對臺商投資大陸產生下列可能影響

首先,臺灣放寬已臺商投資領域和投資上限。第一,兩岸簽署金融備忘錄,允許銀行赴大陸投資,將帶動金融業(包括證券、保險)新一波登陸的熱潮,增加臺商融資管道,這將會使兩岸產業分工從製造業,擴大到服務業,促使兩岸產

業分工更加深入；第二，臺商投資上限從40%上調至60%，據臺灣經濟部調查，截至2007年第三季止，島內上千家上市櫃公司中，受大陸投資上限40%影響最大的前五大行業，依序是玻璃、紙業、食品、橡膠及水泥業，主要都是傳統產業；最不受影響的則是內需型的觀光業、金融業及運輸業。也就是約有6%的臺灣上市上櫃公司，無法再增加對大陸投資金額。目前已逾限的有50家，逼近上限九成的則有74家。

第二，雙向直航節省人員和貨物來往時間和金錢，有助於臺商在大陸的投資布局。在空運方面，如果以桃園直飛上海估算，航空公司一年可以省下百分之45的燃油費，即一年至少省下約30億元。另據大陸海協會估算，若按每年兩岸四百五十萬人次往來，每人可節約一千元人民幣計算，就可省下五十億人民幣。

在海運方面，若不繞行日本石垣島，每艘船可二十七小時，平均節省成本百分之十五到三十，除了節省油費，在簽證費部份，每次可以省下30萬，如果以一年4000航次來算，一年就可省下12億元。當然兩岸三通，還會造成臺灣若干產業利益受損，政府應及早作好相應配套措施。

第三，馬英九政府推動愛臺12項建設，加上臺灣投資環境持續改善，以及大陸投資環境受到實施新勞動合約、人民幣升值、提高企業所得稅率（內外資企業稅率均為25%）和加工貿易轉型（取消高耗能、高汙染、高資源產業的出口退稅）等因素影響，導致臺商倒閉風險增多。臺商多以轉移到第三地投資避險（如越南），或回臺投資，甚至結束在大陸的投資。

大陸臺商面對外部環境的變化，也積極調整經營策略，尋找新的出路。

第一是臺商向內陸與中西部轉型趨明顯。沿海地區生產成本上升，經營壓力增大，加快向內陸、中西部及北部轉移。

第二大陸內陸省份或地區加大吸引臺資的力度，臺資企業的這次轉移從過去個別企業行為發展為集體性的轉移趨勢。

第三不少以傳統產業為主的臺商開始積極向第三產業發展，實現多元化經營，同時積極拓展內銷渠道。

第四臺商回流步伐加快。臺灣政府部門從臺商表明返臺意願開始就提供單一窗口、協助籌資、找尋土地、補充性外勞、補助技術研發和租稅優惠，希望六管齊下讓臺商谷臺投資。

政府協助臺商籌資，包括臺商回臺第一上市（IPO）或第二上市（TDR），迄今包括康師傅在內已有19家臺商成功發行TDR。

在外勞聘僱部分，外勞核配比率8月底、9月初將實施新制，外勞核配比率將從目前5%、18%、20%三級制改為10%、15%、20%、25%、35%五級制。在總量管制下，外勞聘僱比率上限提高，可讓企業更合理分配外勞。外勞薪資與基本工資「調適」方面，因外勞薪資（基本工資）內含仲介費和膳宿費，勞委會規劃透過推動外勞「直接聘僱」省下仲介費，並調高外勞膳宿費，以減輕僱主負擔。

經濟部將從協助臺商取得土地，目前立即或短期內可提供臺商的包括各工業區、科學園區、自由貿易港區和加工出口區，其中彰濱工業區和臺南科技園區面積較大，彰濱工業區有200多公頃土地，臺南科技園區有100多公頃土地。此外，臺灣營所稅從25%降到17%，租稅環境的改善，能替臺灣帶來長期的發展。

由於臺灣人力成本較高，政府希望臺商回臺是以高階製程或研發創新為主，預料兩岸簽署經濟合作架構協議（ECFA）後，臺商返臺投資意願會增強，預料下半年工業區會有明顯買氣。

林祖嘉教授的一項研究顯示，加入自由貿易區或是與其他國家簽署自由貿易協議，的確會產生顯著的吸引外資流入的效果。他選擇加入歐盟的27個國家（加入的時間不全然相同）、加入北美自由貿易區的3個國家、中國與東協簽署的自由貿易協議的11個國家，以及中國與香港或澳門簽署更緊密經貿夥伴關係等等，然後分別計算這些國家在加入或簽署自由貿易協議之前3年的外資流入，以及加入之後3年的外資流入。結果發現，這40幾個國家在加入後3年的平均外資流入比加入之前3年的外資流入要淨增加122.5%。臺灣與大陸簽署ECFA後，臺灣成為外資進入中國大陸平臺誘因增加，對於臺灣發展成為營運中心也會有很大的幫助。

二、兩岸若能簽署ECFA對未來兩岸貿易發展,能產生下列可能影響

第一是製造業投資帶動的貿易漸減。臺商為降低運輸成本及原料的需求,已逐漸帶動中上游工廠一起在當地投資,將會促使採購在地化,減少對貿易的需求。

第二是臺灣對大陸順差成長趨緩。截到2010年1月止,尚有2142項農、工產品限制大陸產器進口,占所有進口貨品10867種的20%,若臺灣實現加入WTO開放市場的承諾,逐漸開放更多大陸產品進口;加上大陸回銷臺灣產品中有部分為零組件和低階電子產品,大陸產品的單價會提高,使大陸出口臺灣金額逐年增加,在上述趨勢下,臺灣對大陸出口成長減緩和大陸對臺灣出口成長增加情況下,將使臺灣對大陸貿易順差將逐年趨緩。

第三是兩岸貿易競爭性增加、互補性下降。在大陸經濟逐漸發展成熟之後,兩岸經濟的互補性逐年降低,競爭性逐年增加。例如筆記型電腦的代工方面,臺灣已經完全被大陸取代。

三、兩岸若能簽署ECFA對未來陸資來臺的影響

從臺灣開放大陸資金來臺投資,據統計從2009年7月至2010年5月核准陸資來臺投資件數為52件,核准投資金額計7713.7萬。就產業別分析,前3名分別為電腦、電子產品及光學製品製造業3458萬6千美元(44.84%)、資訊及通訊傳播業2832萬7千美元(36.72%)及批發及零售業779萬8千美元(10.11%)

陸資來臺成效看似有限,但與臺灣當初的評估有很大的差距。主要是政府雖從積極面評估及規劃開放陸資來臺投資相關的政策,唯陸資來臺投資涉及個別企業投資策略、規劃與執行(一般企業對外投資考察與規劃期間約6至12個月),亦涉及兩岸雙方政策與法令的接軌(大陸企業對外投資,也需要經過大陸相關部門的核准,約1至3個月),需要一段時間的磨合,開放陸資來臺的效果也才能逐步發揮。

伍、結論

區域經濟整合的風潮在全球各地風起雲湧，亞太地區也不例外。過去由於非經濟因素的干擾，臺灣參與區域性貿易組織的推動過程並不順利。臺灣馬英九政府就任以來兩岸關係逐漸改善，若兩岸能短期內順利簽署（ECFA），預期將有助於臺灣參與亞太地區自由貿易協定的洽簽，將可大幅提升臺灣對外貿易、投資以及整體經濟的發展潛力。

　　從兩岸經貿關係發展分析，兩岸三地成立自由貿易區之後，對兩岸三地的進出口、實質GDP及社會福利均有正面貢獻，臺灣與大陸之間的進出口量及社會福利將大幅成長，其中對臺灣經濟的效益又大於對大陸經濟的效益。

　　兩岸若能簽署經濟合作架構協議對未來兩岸投資、貿易發展，均將產生正面影響，臺商投資大陸與臺灣的意願與能力都會加強，對兩岸經濟產生增長作用；對兩岸貿易長久以來失衡現象，會有一定程度的導正，同時兩岸產品在國際市場的相互競爭也會加強。

論ECFA框架下兩岸經貿爭端解決機制的構建

彭莉

2008年馬英九先生提出未來兩岸簽署綜合性經濟合作協議之後,胡錦濤總書記在同年12月發表了《告臺灣同胞書》三十週年座談會上的講話,正式回應了馬英九先生的主張,提出「兩岸可以為此簽訂綜合性經濟合作協議,建立具有兩岸特色的經濟合作機制」。兩岸經濟性合作框架協議(下稱ECFA)是在兩岸經濟整合過程中建立起來的有關貨物貿易、服務貿易、投資便利化等議題的綜合性規範,涉及到一系列協議的簽訂,進而也將衍生出諸多的法律問題。本文擬就ECFA框架下兩岸經貿爭端解決機制構建問題進行探討。

一、ECFA框架下構建兩岸經貿爭端解決機制的必要性

爭端解決機制是主要為解決國際或區域性爭端而設置,包括了爭端解決機構、解決規則、方法等在內的一整套法律制度。近年來,隨著海峽兩岸關係逐漸緩和,雙方簽訂經濟合作框架協議已指日可待,ECFA框架下建構兩岸經貿爭端解決機制的重要性也日益顯現。

(一)現有經貿爭端解決方式與兩岸爭端解決機制的構建

長期以來,受制於政治因素,大陸與臺灣一直無法在官方層面開展正常的經貿交流與合作,在經貿爭端解決問題上亦是如此。海峽兩岸經貿爭端的形式主要有三種:第一、個人與個人的爭端;第二、個人與官方的爭端;第三、官方與官方的爭端。入世前兩岸經貿糾紛主要是企業層次的問題,未涉及兩岸官方層面的

交涉，糾紛處理主要透過當事人協商、仲裁機構仲裁與法院訴訟等方式處理。入世後兩岸經貿糾紛出現新的變化，除企業層次的一般經貿糾紛外，官方層面的經貿糾紛、貿易爭端與知識產權的保護等變得日益突出，雙方採取了「民間協商與以WTO作為平臺處理的雙重模式」處理經貿爭端，但「兩岸的貿易爭端解決機制仍未完全建立」。隨著ECFA的簽訂，兩岸經貿爭端的樣態將更加複雜，為此，應盡快建立起以規則為導向的爭端解決程序，將爭訟交付給相對專門、固定的機構解決，以確保兩岸經貿關係在合法化、常規化的軌道上運行。

（二）經濟交流互信的增強與兩岸爭端解決機制的構建

2005年連戰和宋楚瑜訪問大陸以後，兩岸互信開始逐步建立。但是，由於臺灣政局和臺海局勢的複雜性，兩岸互信出現波折的可能性非常大。臺灣方面長期以來一直擔心對大陸經濟過度依賴而導致所謂的「安全」問題，在爭端解決方式上，雖然就純經濟層面來說，一旦進入DSU程序爭端不能圓滿解決，以實力為取向的交叉報復規則對臺灣並不一定有利，但仍有部分人士基於政治因素提出運用DSU程序爭端，因此，雙方對於是否能夠在經濟層面解決爭端均存有疑慮。兩岸爭端機制的建立正是基於「沒有救濟就沒有權利」的法學哲理，為雙方互信奠定基礎基，使得雙方權利的實現不僅透過實體上權利義務的規定達成，更體現為權利受到侵害時的專門救濟措施，體現為有公正獨立的救濟部門運用固定與中立的程序來保障權利的實現。可以說，爭端救濟程序的建構，是從程序角度來穩固雙方建立在相對薄弱的互信基礎之上的實體承諾，保障經濟協議的實體規定在受到侵害時能夠得到合理的解決，實現實體權利與救濟程序的雙重保障，進而造成夯實兩岸互信基礎的作用。

（三）內地與港澳CEPA爭端條款與兩岸爭端解決機制的構建

2003年內地先後與香港、澳門簽訂了關於建立更緊密經貿關係安排協議（下稱CEPA）。CEPA對爭端解決機制規定相當簡潔，僅在第19條第5款規定「雙方將本著友好合作的精神，協商解決《安排》在解釋或執行過程中出現的問題。委員會採取協商一致的方式作出決定」，而未對解決可能發生的爭端所應適用的程序、法律、所作決定的效力以及工作機構等內容進行明確規定。從委員會

的職能來看，其主要的存在價值並非解決爭端，而是負責監督、指導CEPA的執行。CEPA實行之後，有學者提出，內地與港澳之間的爭端並不是很多，CEPA中「爭議解決制度的缺位」並非是CEPA的缺陷或立法上的失誤，而是富有創造性的制度設計和價值選擇上的必然。那麼，是否可以由此導出兩岸之間也可以採類似規定？答案應該是否定的。內地與港澳之間的經貿爭端之所以沒有大量出現有其特定原因的。首先，CEPA明文規定內地與港澳之間互不採取反傾銷、反補貼的措施，即使是可能引起爭端的保障措施也是只針對「列入附件1中的原產於另一方的某項產品」，這就從源頭遏制了相當大一部分經貿爭端的產生。兩岸間的情況與此有較大不同。雖然由於貿易政策上的不同導向及市場規模上的差距，兩岸貿易發展長期處於不平衡狀態，大陸對臺貿易逆差不斷增長，ECFA如取消貿易救濟措施對臺灣實際上有利，但臺灣方面認為，大陸是全球反傾銷調查之首要目標，臺灣一旦放棄對大陸採取反傾銷措施，恐將淪為大陸廉價產品傾銷之市場，對臺灣本地傳統製造業將造成嚴重衝擊，故聲明將會繼續援用WTO反傾銷協定、補貼及平衡措施協定、防衛協定等貿易救濟措施，並增設雙邊防衛機制條款，以維護臺灣產業利益。對此，大陸商務部臺港澳司司長唐煒表示：「雙方可以洽談簽訂特別防衛條款」。據此，兩岸關於設置貿易救濟條款問題似乎已達成部分的共識；二是內地與港澳之間就可能出現爭端的領域採用了即時簽訂補充協議的方式，以儘量避免爭端的出現。雖然兩岸也可以借鑑即時簽訂補充協議的做法避免爭端出現，但協商的速度是趕不上爭議發生的速度，並且內地與港澳之間在未規定的領域還是有爭端發生的可能性，更何況兩岸之間的爭端領域會更廣泛、更複雜；三是港澳與中央政府是明確的地方與中央的關係，雙方的爭端可以方便地透過協商或是相關行政措施得以解決，而對於大陸與臺灣而言，兩者間還存在著較大的政治分歧，要呈現出諸如大陸與港澳式的良性互動，多少顯得為時過早。此外，對CEPA中「爭議解決制度的缺位」持肯定說亦只是一方之見，也有一種觀點認為，「沒有爭端解決規則的CEPA是不完整的」，「應當對CEPA下兩地間解決爭端的規則進行補充，以適應經濟合作的發展」。

　　解決爭端機制不僅具有維持經貿秩序的職能，還有經貿論壇的作用，能夠及時反饋經濟基礎對上層建築的要求，促進創設和改進制度規定，豐富和發展法制

對經濟的反應，為此，兩岸應以積極的態度促成爭端解決機制的建立，無論一何種方式體現，經貿爭端解決機制的構建都應當是一種具體而詳實的制度設計。

二、兩岸經貿爭端解決機制適用的主體及客體範圍

兩岸經貿爭端解決機制的構建，首先要明確的是該機制適用於何種對象，針對何種事項，為此主體與客體問題必須先行探討。

（一）主體範圍限定

從廣義上來理解，經貿爭端包括了微觀主體也就是爭端雙方是一般民事自然人、法人、非政府組織的爭端，而狹義的爭端解決機制僅指當事雙方官方之間、一方為自然人和法人與另一方官方之間的爭端。參照上述情況，兩岸經貿爭端主體也包含了上述幾種型態，但是否將三類主體的爭端都納入機制的調整範圍當之中，則必須進行詳實的考察，否則將影響整個機制的設計方向和架構。

1.現有經貿爭端解決機制的主體範圍限定

根據傳統國際法原理，私人不是國際法上的主體，沒有法定的訴權。無論是WTO還是區域經濟組織爭端解決模式大多都將成員公民之間的爭端排除在適用範圍外。

政府間的爭端是所有爭端機制必然要調整的對象。例如WTO是約束政府行為的，WTO的成員是指國家及單獨關稅區，只有成員的政府方能參與爭端解決。WTO《關於爭端解決規則與程序的諒解》第1條「範圍和適用」第1款規定「……本諒解的規則和程序還應適用於各成員間有關它們在《建立世界貿易組織協定》規定和本諒解規定下的權利和義務的磋商和爭端解決……」，明確規定其適用對象為適用於「成員」。再如中國與東盟關於經濟合作的《爭端解決機制協議》規定：「任何影響《框架協議》履行的成員方任何級別的政府措施所引起的爭端都可以透過該機制來妥善解決」，主體範圍限定為「政府措施」。南亞和東

南亞經濟合作組織貿易談判委員會會議也就建立「經貿爭端解決機制」達成一致，決定成立三方高級仲裁委員會，以解決國家間的經貿爭端。其他諸如EU、NAFTA等區域性的爭端解決機制中，同樣將政府間的爭端作為爭端受理的主體。

對於私人與政府的爭端，現有的經貿爭端解決機制大多數沒有納入。傳統理論認為，主權國家壟斷訴權，私人不能享有訴權，即使另一方非私人也不能受理。但是晚近鑒於個人在國際貿易活動的地位逐漸上升，此政策也呈現鬆動跡象。目前有關私人參與國家間爭端解決的法律機制主要有以下三個：第一是歐盟人權保護機制。EU的《貿易壁壘規則》規定任何認為已遭受對歐盟產生影響的貿易壁壘損害的自然人、法人或企業協會都可向歐委會提出申訴，歐委會有權決定是否接受申訴。依據這一原則，在一定情況下，由於成員沒有履行《歐洲共同體條約》義務而給本國個人造成損失的，個人可以向歐洲法院對成員國提起訴訟。這在第41／74號案（凡‧黛案）、第C-6／90和C-9／90號合案中均得到體現；第二是解決國家與他國國民間投資爭端機制，即ICSID機制。ICSID機制主要就是調整當事國一方國民與另一成員國之間的投資糾紛，同時排除私人之間、成員國之間的爭端；第三是北美自由貿易協定（NAFTA）第11章確立的爭端解決機制。NAFTA認為，個人訴政府爭端可以成為爭端解決機制的適用範圍，但以爭端已用盡當地司法和行政途徑，經過私人（包括自然人和法人）向其本國政府申請為提交爭端解決機制的前提，且侷限在第11章投資協定範圍內，當投資者與東道國政府發生爭端時，投資者可以在該協定下的爭端解決機制與東道國政府解決爭端，即投資者可以成為投資爭端解決的主體。

由此可見，現有爭端解決制度大都以政府間的爭端為主體，排斥私人間爭端，而只有在部分領域開放私人對政府的爭端訴訟。

2.兩岸經貿爭端解決機制的主體適用範圍

海峽兩岸同屬一個中國，兩岸經貿爭端解決機制與其他區域組織爭端解決機制有著質的區別，但現有國際上通行的慣例有借鑑意義，在確定主體範圍亦是如此。

首先，兩岸爭端解決機制應謹慎納入私人間訴權。一方面，現階段兩岸私人

爭端的當地救濟制度雖然仍有進一步完善的空間，但是基本可以滿足解決私人爭端的需要。實體方面，隨著兩岸加入WTO之後對各自相關政策的大幅調整，兩岸經貿立法上的差距與分歧不斷縮小，這就為私人爭端的順利解決提供了實體保障。程序方面，大陸對於一方或雙方涉及臺籍人士的案件向來高度重視，一般交由中級人民法院審理，部分地方還設置了臺商法庭以確保涉臺案件裁決或判決的公正性。此外，隨著2009年4月《海峽兩岸共同打擊犯罪及司法互助協議》的簽訂及司法領域合作的進一步開展，兩岸司法協助也將邁入正常軌道。另一方面，私人的好訟傾向在一定程度上會激化爭端。如果將所有糾紛均納入爭端解決機制之中，將可能造成濫訴情形，從而導致爭端解決機制淪落為一個不受控制的民事訴訟系統，削弱雙方官方層面對貿易進程的關注度和控制力。最後，一般而言，私人不易受政治壓力的左右，如允許其行使訴權，可使許多成員之間的一些貿易糾紛非政治化，但是由於兩岸之間政治的敏感性，不僅不會削弱政治的影響力，反而可能被人為操作而無限放大。

其次，兩岸爭端解決機制可以有限地受理私人與另一方官方層面的爭端。兩岸間的爭端，私人與官方的糾紛並非不存在，為了防止將這一部分排斥而削弱兩岸爭端解決機制的實用性，兩岸爭端解決機制可以有限地受理私人與另一方官方層面的爭端。在投資爭端領域可以允許私人的直接訴權，即私人在用盡當地救濟之後直接將爭端訴諸兩岸機制，對此後文將有詳細分析，在此不再贅述。

最後，在將兩岸官方層面的爭端作為主體的同時，應注意將地方政府包含在內。兩岸經濟一體化的進程中包含著次級一體化問題，兩岸之間未來的經濟框架，不僅有總體性的規定，各地也會有一系列的配套措施頒布，尤其是大陸地域遼闊，地方立法機構具有相對獨立的立法權，長期以來，各省市為吸引臺資紛紛頒布了眾多地方涉臺法規，臺商部分權益往往據此產生，爭端的出現也不可避免。由於地方涉臺法規是結合當地特色而制定的，並非都能上升至中央層級，如果將這些地方層級的糾紛排除在外，將會導致相關紛爭不能獲得良性處理。

（二）客體範圍限定

除主體範圍外，客體範圍是構建兩岸經貿爭端機制必須先行考慮的另一問

題。

1.國際現存經貿爭端解決機制關於客體範圍的限定

WTO《關於爭端解決與程序的諒解》第1條「範圍與適用」中規定「本諒解的規則和程序應適用於按照本諒解附錄1所列各項協定體（諒解中稱『適用協定』）的磋商和爭端解決規定所提出的爭端。本諒解的規則和程序還應適用於各成員間有關它們在《建立世界貿易組織協定》規定和本諒解規定下的權利和義務的磋商和爭端解決，此類磋商和爭端解決可單獨進行，也可與任何其他適用協定結合進行」。從以上兩個規定可以看出，DSU涉及的客體範圍很廣，不僅包括貨物貿易、服務貿易、與貿易有關的知識產權，還包括多邊貨物貿易協定中的與貿易有關的投資，保證了DSU相對較高的適用性。

《歐共體條約》是EU運作的主要依據。《歐共體條約》中涉及高度一體化國家聯盟，且是現今經濟一體化最高的區域性組織，除包括了一般區域性組織的涵蓋範圍外，還涉及關稅、農業、牧業、漁業、貨幣、資金流動，金融、內部市場，外貿等一系列方面，可以說歐盟爭端解決機制「不僅解決歐盟經濟一體化過程中的爭端，也維護和促進了歐共體的經濟一體化」。

北美自由貿易協定受案範圍也比傳統的爭端解決機制更為廣泛，不但包括傳統的貨物貿易，而且包括非傳統的爭端，如金融服務、與貿易有關的知識產權、勞工問題、環境問題等。而在投資領域，其定義也擴大到了證券和房地產。NAFTA對不同的爭端規定了不同的解決機制，從NAFTA的爭端設置機制可以清楚看出其爭端機制的客體範圍。

中國與東盟協議規定任何根據《框架協議》及其附件和未來文件而引起的爭端都可以根據該協議來解決，不僅涵蓋了協議裡的所有領域，而且將「未來文件」不確定的領域也適用此機制，因而該協議規定的爭端解決範圍同樣廣泛。

2.兩岸經貿爭端解決機制的客體範圍

兩岸在經貿領域開展更廣更深的合作與交流已經是不可逆轉的趨勢。雖然在ECFA涵蓋的內容不可能面面俱到，而可能是一個分層次、分階段的發展過程，

但ECFA顯然並不僅僅涉及貨物貿易，而廣泛涉及服務貿易、投資、知識產權保護及產業合作等領域。為了充分發揮兩岸經貿爭端解決機制的功能，也為了保證兩岸各個領域的經貿爭端都能得到合法妥善的解決，從訴訟經濟的角度考慮，似無需為每一類型的經貿爭端制定一個爭端解決途徑，而應當讓這些領域一併納入同一機制中來。此外，可以考慮借鑑東盟模式，將「未來文件」不確定的領域也納入爭端解決機制之中。

必須要特別指出的是，國際社會在投資方面並沒有像貨物貿易那樣形成一致的意見，因此WTO僅就與貿易有關的投資問題進行了規範。按TRIMs協議，與國民待遇原則不符的TRIMs主要有以下幾種：當地成分要求、貿易平衡要求、貿易平衡要求、進口用匯限制、國內銷售要求，也就是說，只有以上原因引發的投資爭端才能訴諸DSU，而不涵蓋所有的投資爭端。但是在區域性經濟組織中，投資爭端除了適用ICSID的規定外，大都被納入經貿爭端解決機制之中。兩岸經濟一體化的實現，投資便利化當為其中重要一環，隨著在兩岸經濟合作進程的推進，以及臺灣方面「大陸地區人民來臺投資許可辦法」、「大陸地區之營利事業在臺設立分公司或辦事處許可辦法」的逐步完善，兩岸單向與不對稱的投資格局將一定程度上得到改變，為此，如果將這一部分爭端排除在外，讓受損害的一方僅能透過當地救濟的原則來進行訴訟，就又回到原來的老路，爭端解決機制變成了一種備而不用的擺設了。再者，一旦兩岸投資爭端不能合理解決，由於臺灣不是ICSID成員，不能適用其規定，部分投資糾紛只能就此擱置甚至引發矛盾。最後，兩岸之間的投資關係不像國際間的投資爭端有著眾多的利益交叉，雙方能透過自己內部多種渠道進行溝通，因此，沒有必要將投資爭端排除在外或是像WTO那樣只對與貿易有關的投資爭端才予以適用。

三、兩岸經貿爭端解決機制運行模式的選擇

在探討兩岸經貿爭端解決機制的主客體適用範圍之後，我們要進一步研究爭

端解決機制運行模式的選擇問題。由於政治經濟環境的不同，世界各主要區域性經濟組織一般均不直接適用WTO的爭端解決機制，各自爭端解決模式的設置也不完全相同。兩岸爭端解決機制的建構，不僅僅要關注相關國際慣例的最新發展，同時還受雙方政治、經濟、法制狀況，以及兩岸關係現狀及未來走向的影響，因此，必須在參考現有主要爭端解決機制運行模式的基礎上，結合雙方多年來的成功實踐，開創兩岸爭端解決機制的新思維。

（一）可供兩岸參考的經貿爭端解決機制運行模式

WTO爭端解決機制DSU是在GATT的基礎上完善起來的。DSU的基本程序如下：（1）磋商。當一成員認為另一成員違反或不符合WTO規則，從而使自己遭受損害時，可要求對方進行磋商，磋商是啟動DSU的必經階段；（2）專家組。如果磋商失敗或超過期限，起訴方可以要求任命專家組。DSU採用「反向協商一致」原則，即只有當全體的專家都否定的時候才能拒絕爭端的提出，專家組的報告通常應在6個月內提交爭端各方，在緊急案件中，包括與易腐貨物有關的案件，期限縮短3個月；（3）上訴。任何一方就專家組做出的裁決均可提出上訴，上訴可以確認、修改或推翻專家組的法律調查結果和結論；（4）裁決的執行。經貿爭端解決機構負責裁決的實施，裁決一旦做出，雙方必須遵守，如不能遵守，必須進行相應的給付、賠償和終止義務，如果都不採取的話，可以啟動「交叉報復」。上述程序的設計使WTO爭端解決機制的法律效力大大增強。

EU爭端解決模式側重採用了國際爭端解決模式中的法律手段。EU根據歐共體高度經濟政治一體化的特點設計了具有最強法律效力的司法方式——設置歐洲法院，以《歐共體條約》作為爭端解決機制建立以及運作過程中的依據。與此同時，EU對爭端的解決一定程度上也結合了政治與行政手段，政治方法主要體現為各成員的國家元首和政府首腦間的政治協商，行政方法主要透過歐盟委員會的行政手段促使爭端解決。EU爭端解決機制中法律、政治及行政這三種爭端解決方法是互為聯繫、互為補充的。

NAFTA的爭端解決程序結合了WTO和EU兩種制度的優點，爭端解決機制的建立既沒有超越於成員之上，也沒有嚴格的法律等級，但注重以規則為導向，使

得其區域一體化法律制度具有很強的效力。NAFTA對不同爭端設置了不同的解決程序，加之可選擇適用WTO的DSU，共達9種之多，除投資爭端主要採取仲裁的方式，磋商是每一個機制啟動的必要程序。NAFTA的設計者並不想將其爭端解決機制設計成以司法性為主，他們更熱衷於政治與法律因素混合的爭端解決機制，有人將北美自由貿易區爭端解決機制稱為「實用主義與法治主義的混血兒」，其設計緊扣自由貿易區的宗旨和目標。

ASEAN的爭端解決主要是利用各個國家之間的承諾，注重國家之間的磋商和調解，強調成員之間就各種互相關心的問題進行積極廣泛的協商。東盟爭端解決機制也採取仲裁方式，但是沒有強制的法律效力，缺乏有力的執行機制，可以說，東盟國家之間的合作，很大程度上依靠各成員國的配合和對義務的自覺履行。

（二）兩岸的特殊性對現有模式的排斥與選擇

1.協商為主——兩岸經貿爭端解決的基本原則

為了保證兩岸經貿爭端的有效性，兩岸的爭端機制應當具有規則取向，這種規則取向不僅僅表現在爭端解決方式應當把原有的一些效果較好的民間方式納入到體制當中來，使其具有法律上的合法性與權威性，另一方面還表現在應當加強爭端機制的法律效力，使其不僅具有廣泛的適用性，確保最後裁決對雙方都構成相應的拘束力。但是，在強調規則取向的時候，我們也要注意到兩岸同屬於中華文化的法律體系，無論法律制度如何不同，還是堅持和為貴的「非訟」思想，尤其是現有的一些民間解決方式，既簡便又有效，為爭端解決營造了不同於司法方式的和諧互信環境。它們是經過兩岸20多年經貿交流而累積下來的智慧結晶，不管成體系還是不成體系，都有利於兩岸爭端的和平解決，因而應當繼續發揮其應有的作用。同時，這些「軟性」方式已被實踐證明其存在的合理性，在發揮原有方式的基礎上應當創造出一些新的民間方式抑或是政治方式，來擴展兩岸爭端解決的途徑。所以我們可以要求爭端方必須走完磋商、調解和調停等民間或是政治途徑後，才允許進入仲裁程序，從而分流部分爭端進入仲裁程序，一定程度上降低準司法手段的使用率，實現兩岸爭端的「軟著陸」。

2.兩岸經貿爭端解決機制的運行方式選擇

第一，排斥專屬管轄，可選擇排除性管轄

DSU僅對在多邊體制上對自身的管轄權做出了規定，而沒有對區域合作協議內部的爭端做出相應規定。現存的區域性爭端解決機制對於自身爭端解決機制與DSU的管轄權衝突的處理大致可分為專屬管轄、選擇管轄及排除性的選擇管轄等類型。

兩岸經貿爭端解決方式建議使用排他性管轄，一來由於排除管轄已為現有RTA爭端解決機制所廣泛運用，成為協調RTA與WTO爭端解決機制管轄權衝突的首選；二來假使採用專屬管轄的方式，爭端解決將可能變成一個封閉型的機制，對於兩岸來說，其不確定性是值得顧慮的地方，一旦一方逃避或是破壞此種機制，如果沒有其他的機制進行救濟，則可能對另一方造成損害。當然，適用排他性管轄並不是意味著雙方可以任意選擇，而是允許進行有條件的排除性管轄，兩岸爭端解決機制協議中可以規定：本機制適用於各締約方間就其「協議」項下的權利和義務爭端的避免和解決；一旦適用本機制，自然排除其他模式的適用。如此既保持了機制管轄權的相對開放性，也保證了兩岸爭端解決機制適用的優先性。

第二，排斥強制司法模式，可選擇準司法性的仲裁方式

由於經濟、社會、法制環境的差異，尤其是短時間內政治分歧尚難以消除，兩岸要像EU那樣建立一個跨越雙方的超司法體系，目前還存在較大困難。此外，司法方式涉及到財產保全、證據確認、法律適用、判決執行等諸多問題，其複雜與冗長的程序往往讓當事方心生畏懼。因此，兩岸之間應避免採用EU那樣的司法審判方式來解決兩岸的糾紛。但是，兩岸間可考慮選擇適用準司法程序，其中仲裁被認為是在經貿爭端解決方面最好的手段。兩岸之間採用仲裁方式解決爭端，一方面可以避免因強制司法性方式所可能產生的易於激發矛盾等副作用，另一方面也可以享受仲裁所帶來的方便快捷，成本較低，保密性強等好處，進而有利兩岸的經貿爭端的順利解決和兩岸經貿關係的良性發展。

第三，排斥「交叉報復」手段，可選擇賠償等補救措施

現有諸多經貿爭端解決模式，大都認同在敗訴方未能切實履行義務時，勝訴方可以採取交叉報復的措施。但是對於兩岸來說，如果引入交叉報復的形式，不僅不利於爭端的解決，而且可能進一步激化矛盾，尤其是當民粹主義高漲之時，往往會被利用而引起政治連鎖效應。另一方面，現代企業在經營範圍上不再侷限於單一領域，如果啟動交叉報復，尤其是涉及到不同產業的替代報復，則可能導致的結果是，一方某企業就某個特定領域政策提出異議，但是在爭端不能解決，雙方採取跨領域的交叉報復時，另一領域的政策也可能被波及，則該企業就將遭到雙重制裁，這樣對於兩岸的企業來說，百害無一利。雖然兩岸之間排斥採取交叉報復的措施，但是為了加強解決方式的強制性和執行力，可以採用其他的懲罰替代措施，加強解決方式的多樣性，增強裁決的約束力，比如減讓，補償等執行方式，一則此種方法相對溫和，不會造成強烈的反彈；二則也有相應的救濟效果，可以抵消因為沒有適用交叉報復所帶來的裁決執行力相對弱化的缺陷。

第四，排斥複雜冗長程序，可選擇縮短相應時限

無論是WTO還是其他區域性組織的爭端解決機制都是多邊貿易體制下的產物，其宗旨即在於協調各成員的利益，因而不得不在多個國家或地區的要求中尋找多方利益矛盾的平衡點，為此其在時限的設置上也相對較長，例如按DSU規定，WTO爭端解決機制自投訴時起至DSB作出決定時超過14個月，但在實際審理案子時往往要持續2—3年才能解決。兩岸同文同種，在一個國家內不同法域的經貿交流合作應比國際範圍更加強調便捷。兩岸經貿爭端的解決機制應摒棄審限過長、效率低下的程序設計，在諸如調查時間、送達期限等問題的設置上，均可以相對縮短期限。

四、兩岸經貿爭端解決機制的具體設置

海峽兩岸在政治制度、法律制度和社會制度存在明顯差異的前提下，要構建一套為雙方共同認可的爭端解決程序，以促進經貿關係的發展，就必須擱置政治

上的歧見，放下不同的意識形態的束縛，遵循相互尊重、平等互利、公正效率等原則，將機制設置的重心僅僅圍繞在經貿領域展開。

（一）建立常設的指導委員會作為爭端解決的平臺

現有相對成熟的爭端解決機制一般都設有相對應的常設機構，例如DSU有常設委員會，EU有歐盟委員會，NAFTA有自由貿易委員會等等。對於海峽兩岸而言，為了保證爭端解決機制的良好運作，同樣必須設置一個常設機構作為爭端解決的平臺。由於兩岸海基會、海協會已經身兼多職，未來在ECFA的簽訂甚至爭端機制的構建中可能造成「立法」的作用，加之爭端解決機制是一個涉及到經濟、法律領域的專業機構，同時又是一個執行的機構，因而似可以借鑑香港與內地CEPA聯合指導委員會的形式，在兩岸之間設立爭端解決的聯合指導委員會（以下簡稱「委員會」）。與CEPA不同的是，兩岸間的委員會應當為常設的機構，同時擴大其權力，並在下面設置專門的工作小組。

1.委員會為常設的機構：作為未來兩會之外的兩岸溝通渠道，委員會由兩部分的人員組成，一部分是非常任委員，包括兩地政要和商界人士，由雙方官方指派，擔任常務委員的商界人士必須在兩地具有重要的影響，可由大陸和臺灣從直接涉及ECFA內容的行業協會和商會推薦；另一部分為常駐委員，常駐委員為固定委員，真正參與爭端解決的全過程。為了保證機構的常設性，還應當有常駐的機構工作人員，保障機構的日常運作。

2.委員會擁有較大的權限。委員會可以對兩岸之間爭端的預防和解決提供指導性的意見；在兩岸爭端提交仲裁小組的時候，委員會可以隨時進行調解或是透過其他方式促使兩岸協商和解；此外，借鑑WTO總理事會和NAFTA的自由貿易委員會的職權範圍，賦予委員會設立仲裁小組的權力，對裁決與建議進行監督並予以執行。

3.委員會下設專門工作小組。委員會身負多重任務，應下設工作小組為執行機構。例如根據ECFA成立貨物貿易促進工作組、服務貿易促進工作組、投資促進工作組等等，各專門委員會還有相應的專家和技術人員，應當盡一切可能，促成兩岸間經貿爭端當事人進行協商，以求迅速、快捷的解決爭端。

（二）兩岸經貿爭端預防機制的設置

兩岸在致力於爭端解決機制啟動的模式設置的同時，也應當關注兩岸貿易摩擦的產生源頭——貿易政策的制定，建立一個對雙方的貿易政策進行經濟性監督的機構。該機構同樣隸屬於委員會，主要實現下面兩個職能：

1.政策知會功能

由於兩岸官方層面交往始終不暢，即使在經濟政策層面的交流和溝通也顯得非常有限，因此，建立這樣一個機構，在於為兩岸架設一個經濟交流的橋樑，透過經濟性的監督，瞭解雙方在官方層面多大程度上遵守ECFA規則和紀律，促進各自履行義務；其次是透過更多地瞭解各自的貿易政策和實踐，增強貿易政策及做法的透明度而使雙方貿易體制更加順利地運作。知會內容包括：任何新的反傾銷或反補貼立法的細節、影響貿易的新的技術標準、影響服務貿易的規章的變化、農產品義務的實施以及涉及與貿易有關的知識產權協議的法規與規章等。對於已經互相知會的政策，發現另一方的貿易政策有可能會引起雙方的貿易摩擦甚至經貿爭端，另一方應當本著合理建議的原則提請另一方對此項政策做更慎重的考慮，以方便另一方在其立法、行政範圍內對相關政策作出修正。

2.法律諮詢職能

預防機制的建立不僅是作為雙方政策知會的平臺，也可以作為雙方在法律問題上的諮詢機構。該機構必須要收納一些在兩岸法律，經濟，貿易或是政府行政問題上具有相當權威的專家人士，對相關問題做出解答。此外，應當將兩岸已經知會的貿易政策或是法律、法規，透過網路或是備忘錄的形式定期發布，使之公之於眾，讓兩岸的個人和企業能夠共享政策層面溝通的便利。

（三）兩岸經貿爭端解決機制具體規則與程

1.協商

如前所述，協商應作為兩岸經貿爭端解決的主要方式，並且是強制前置程序，爭端雙方只有在經過了協商無效果之後才能提起專家仲裁。協商的啟動可以借鑑有關港澳「安排」第9條的規定：「如因《安排》的實施造成乙方對列入附

件……造成嚴重損失或是嚴重損害威脅，該方可在以書面形式通知對方後臨時性地終止該項產品的進口優惠，並應盡快應對方的要求，根據《安排》第19條的規定開始磋商，以達成協議」。

　　協商不受一定形式或是程序的限制，而力求在最大的程度上以最及時、快捷的方式解決問題，因此可以利用現有成功實踐了的經濟爭端解決平臺。在兩岸經貿爭端產生後，針對地方政府的爭端，可以採用直接協商的形式，例如借鑑廣東省人民政府關於泛珠三角經濟合作區「9＋2」模式，在內地九省政府與港澳之間就共同排除合作中可能出現的障礙進行對話。對兩岸官方層面的爭端，雙方應當本著化解矛盾的態度進行有效溝通。官方層面的磋商，可以利用原有的行業協會，或是透過兩會平臺進行友好、理性的協商，也可以另外開闢一條道路——即兩岸官方層面代表在爭端解決機制平臺上的諮商。

　　2.調解

　　不同於DSU為選擇程序，在兩岸爭端機制中調解應設計為必經程序，即爭端雙方自行協商之後仍然不能取得共識，則必須經由委員會的介入，進入調解程序。委員會本著中立性和公正性原則擔負著調解的責任。調解程序可以在任何時候開始，也可以在任何時候結束。一般由委員會依其職權開展調解，一旦調解被終止，投訴方即可請求提起仲裁。

　　3.仲裁

　　當雙方在經過協商以及調解程序之後仍然不能就兩岸爭端達成一致的解決方案，根據「反向協商一致」原則，只要當事一方將爭端提請專家仲裁小組，即可進入仲裁程序。由於兩岸之間經貿關係的複雜性，應當由雙方就經貿、法律領域的專家聯合組成專家名單，以供當事方挑選對爭端領域有研究的仲裁專家。這些專家在遵循「入世」承諾書及保持與WTO規則相一致的前提下，結合實際情況處理糾紛。

<h1 style="text-align:center">五、結語</h1>

隨著海峽兩岸關係逐漸緩和，雙方建立經濟合作框架協議的條件已成熟，ECFA框架下建構兩岸經貿爭端解決機制的重要性也日顯凸出。在借鑑現有的爭端解決機制的基礎上，結合兩岸關係的特殊性，未來兩岸經貿爭端解決機制應當是一個以調整一方主體為官方經貿爭端為主的機制，其調整的範圍包括貨物貿易爭端、服務貿易爭端、投資爭端、知識產權爭端等各領域，以及「未來文件」不確定的領域，ADR在解決兩岸經貿爭端中應廣泛採用。為此，協商和調解應設置為強制前置程序，專家仲裁小組則作為準司法手段有利於爭端規則導向的實現。

由兩岸經濟合作協議談兩岸金融合作遠景

許振明

第一節　經濟全球化及自由化之趨勢

　　1980年代中期以來，國際經濟往自由化及全球化的趨勢加速推動。一方面美國及前蘇聯的和解，促成冷戰的結束。另一方面亞洲各貨幣在美國紐約廣場協議後，匯率不斷升值；同時關稅也不停的調降。1990年代北美、歐盟、亞太經貿區域加速整合，世界貿易組織（WTO）終於1995年正式成立。中國大陸及臺灣則在1986年左右先後申請加入GATT（WTO的前身），並分別於2001年底及2002年初正式成為WTO會員。這些都顯示經濟自由化的加速推進已成為世界經濟的主導力量，且兩岸追求經濟自由化及全球化的方向一致。

　　與此同時，資訊通訊科技的快速發展，網際網路（Internet）之無遠弗屆，影響力遠遠超過前幾次的工業革命，世界經濟已進入資訊暨通訊化的時代。

　　經濟自由化的潮流及資、通訊革命的發展交互運作及影響，全球之人員、物資、資金、資訊突破各國疆界，快速流通與整合，無疆界的地球村逐步形成。各國生產、貿易、企業經營、生活形態及社會組織均出現結構性的轉變。形成彼此產業相互依賴，同步性強，分工愈趨多元的局面。經濟體與經濟體、企業與企業之間，必須強化專業分工，緊密協調合作，才能追求多贏。在此經濟共生共榮的背景之下，正可提供各國長期和平合作的基礎。

　　1995年WTO成立後，世界貿易自由化的範圍已由製造業逐步擴及農業、服

務業貿易，及相關的投資活動；各國關稅稅率也大幅消減。1996年至2009年世界貿易量成長率年平均可達7.27%，遠較1980年代的4.2%高。在區域整合方面，雖然歐、美兩大經濟體曾在上一世紀末獨領風騷，不過近年來中國大陸與東南亞國協（ASEAN）結盟，與上述經濟體鼎足並立，力量不可忽視。而兩岸經貿近20年來的互動，亦正適切反應出全球經貿分工與整合的關係，雖然過去兩岸沒有簽署經貿協定，但由於經貿、產業結構互補性高，實際的整合成效十分顯著，已形成一種明顯的分工體系，中國大陸亦已成為臺灣最大的貿易夥伴。

第二節　大陸經貿暨金融影響力與日俱增

　　中國大陸改革開放以來，經濟持續快速增長，自2007年起，大陸的國內生產毛額已超過德國，成為僅次於美、日的第三大經濟體。大陸過去30年經濟快速之成長與發展，帶動力量來自於對外貿易的迅速擴張，其亦帶動東亞地區貿易活動的繁榮。2000年至2009年間，中國大陸對外貿易額由4743億美元增至24300億美元，年平均成長率約為22.19%，占東亞11個經濟體（中國大陸、日本、韓國、臺灣、香港、新加坡、泰國、馬來西亞、印尼、菲律賓及越南）對全球貿易的比重由15.1%提高至31.6%；而中國大陸對上述東亞10個經濟體之貿易額於同期亦由2479億美元增至11048億美元，年平均成長率約為20.5%，占東亞11個經濟體區域內貿易比重由15.6%提高至27.1%。也就是說，中國大陸與日本、韓國、臺灣及東南亞各經濟體之經貿關係逐年迅速提升，使得整個東亞地區對中國大陸的依存程度不斷加深。而中國大陸近年來快速的經濟成長和對東亞各國的大量進口，在某種程度上，直接間接地活絡了整個東亞的經濟，其中當然也有助於臺灣經濟成長。

　　伴隨著大陸經濟的高速發展，金融業相應地迅速發展，並累積了豐富的發展經驗和良好的基礎，整體實力和抗風險能力不斷增強，金融市場規模逐年增長，市場參與主體規模也進一步擴大。以銀行業而言，相較2005年底銀行業金融機

構總資產人民幣37.5兆元，2009年底已達78.8兆元，4年多來成長超過一倍。2009年14家上市銀行實現利潤人民幣4348億元，同比增長16.45%。

　　工、中、建、交等四大國有上市銀行2009年在金融海嘯帶來的巨大壓力下，業績依然表現不錯。其中工行以人民幣1294億元的淨利潤繼續占據榜首，同比增長16.4%；建行淨利潤為1068億元，同比增長15.32%；中行淨利潤為808億元，同比增長27.20%；交行淨利潤為301億元，同比增長5.59%。2009年，在適度寬鬆的貨幣政策之下，各大銀行貸款業務均快速擴張，年報資料顯示2009年工、中、建、交四家銀行貸款增幅分別為25.3%、49%、27%、38.44%。主要商業銀行不良貸款率為1.8%；資本充足率達到標準的銀行從2003年底的8家增加到204家，達標銀行資產占全部商業銀行總資產的比例由0.6%上升到99.9%。2009年全球一千大銀行排名，大陸四大國有銀行已在世界25大之列。此外，證券業經過十餘年的發展，亦從無到有，從小到大，證券市場之建設成效顯著。根據大陸證監會的資料顯示，上市公司從1991年的14家增加到2009年的1718家；2009年底股票市價總值達到人民幣381897億元，已超過2009年GDP總量335353億元，投資者開戶數1139億萬戶。證券市場的快速發展，促使企業直接融資能力提高，人民理財種類增多，使大陸直接金融比重較低的局面有所改變，證券市場在國民經濟中的地位逐步提升，作用日益凸顯。而保險業，無論人身及財產保險之保費收入亦逐年穩步成長。

中國五大銀行之資產及成長率單位：人民幣百萬元

銀行名稱	2008 年總資產	2009 年總資產	總資產成長率
中國工商銀行	9757146	11785053	20.78%
中國建設銀行	7555452	9623355	27.37%
中國銀行	6951680	8748177	25.84%
中國農業銀行	7014351	8600000	22.61%
交通銀行	2682947	3309137	23.34%

資料來源：Bankscope

　　以上經貿與金融的數據非常清楚地說明，在過去20～30年間，大陸在經貿及金融方面的實力非常迅速地擴張。2008年底金融海嘯發生後，歐美國家飽受

經濟衰退與金融市場混亂的困擾，大陸雖亦遭受波及，然經濟實力仍舊堅強，目前其經濟產出占全世界之比例已超過13%，且外匯存底亦超過2.4兆美元。由於大陸外匯準備金額龐大，使得在金融海嘯發生後，人民幣匯率相對美元穩定，致使人民幣於國際貨幣市場的影響力不容小覷，亦引發諸多人民幣國際化的討論。

第三節 兩岸經濟合作架構協議（ECFA）的簽署與兩岸金融合作

中國大陸金融市場快速成長，對於臺灣金融業者之機會為何呢？此值得探討。首先，大陸正努力發展上海在2020年成為國際金融中心，市場開放程度逐漸提高。其次，大陸銀行的市場與資產規模，均遠大於臺灣，通路價值亦高，臺灣銀行業者可透過策略聯盟機會，增加獲利來源。第三，大陸銀行業淨利差遠大於臺灣，但服務效率和風險管理能力較弱，臺灣銀行業者可善用服務效率和徵授信能力之優勢，爭取客戶。

2009年4月第三次江陳會談簽訂了「海峽兩岸金融合作協議」，隨後於2009年11月兩岸金融監理機關亦完成簽署銀行、證券及保險金融監理合作備忘錄（MOU），並於2010年1月正式生效。MOU的簽署可說是初步完成兩岸金融市場開放的前置作業。

後續則需面對實質層面的市場准入的問題。換言之，兩岸金融交流與合作之深化仍有賴後續兩岸經濟合作架構協議（ECFA）及相關協議的進一步協商談判。臺灣經由兩岸ECFA的談判簽署，一方面考慮經濟規模前提下，達到實質對等；另一方面考慮營造兩岸金融業者良性競爭環境，使兩岸金融交流合作順利進行。

同時，臺灣金融機構在大陸市場面臨以下挑戰：第一，臺灣比其他國家之銀行晚進入大陸市場，已流失之商機必須加倍努力才能迎頭趕上，但目前大陸採行緊縮貨幣政策，又面臨資產價格泡沫化問題，應注意避免搶到邊際客戶增加風

險。第二,辦事處升格為分行延宕多年,人民幣業務落後於他國外資銀行,影響獲利。第三,須審慎選擇進入當地市場之策略:分行、子行、參股各有不同策略價值,大陸經濟區塊也各有特色,臺資銀行應先瞭解本身核心競爭力,選擇有效之進入市場策略,積極布局。採分行型態,就要經營批發性業務,不應期待亦能發展零售性業務;應以企業金融、外匯和現金管理業務為主,並優先服務臺商及其供應鏈廠商。採子行型態者,可擴及消費金融及財富管理業務。採合資銀行型態者,應先確定可參與經營、策略合作之程度與商機。參股時也應特別注意在資產價格泡沫化時期,銀行資產與客戶特性所隱藏之風險,審慎出價及設計符合策略需求之合約。第四,大陸徵授信制度落後,又面臨資產價格泡沫化,臺商營運也面臨查稅等各種不確定性之風險,應掌握臺商產銷模式、金流與合法擔保品,加速發展徵授信機制,有效控管風險。第五,大陸銀行因有人民幣利差保障,因此外幣貸款利率競爭力甚高。最後,臺灣銀行業者獲利太差,想在大陸市場參與併購,當前最重要之挑戰,就是改善獲利能力,方可在資本市場取得併購所需之資本。

在證券期貨業之因應策略:第一,臺灣應積極爭取大陸開放臺灣證券商可全資全照進入大陸市場,對合資證券商之持股比率亦可超過五成。第二,開放證券業者相互設點、QDII基金相互投資對方市場、經營模式相互交流、協助臺資企業在兩地資本市場募資、促進券商收入多元及跨業行銷、導入新金融商品、共同發展電子交易業務及前中後臺之交易系統。第三,在期貨業方面,鄭州和大連交易所僅推出商品期貨;滬深300股票指數期貨合約2010年4月16日在中國金融期貨交易所正式上市,臺灣可爭取大陸開放市場,併合作發展金融期貨商品。另外,亦可促成期貨商品相互掛牌。第四,海外投資商品的相互合作:臺灣自2000年後便逐漸開放海外投資,目前投信公司投資國際之海外基金占整體投信資產規模的20%左右,2006年又實施境外基金總代理,經過這幾年的發展,境外基金數量已遠勝境內基金,足證明臺灣基金業者海外投資經驗豐富。中國大陸之基金公司若要投資海外,僅能以境內合格投資人(QDII)基金進行投資,目前中國大陸僅有約10檔QDII商品,而且績效均相當有限。因此,預期未來兩岸在海外投資業務上應有相當大的合作發展空間。第五,雙方證券交易所、期貨交易所可透過合

編指數、ETF相互掛牌與交易所策略聯盟等方式,合作發展市場。

　　保險業為金融業中最早進入大陸市場者,而保險公司登陸必須採合資方式,且合資保險公司外資持股比率不得超過五成之限制,應爭取放寬,以免造成增資之不確定性。並協議大陸對臺灣保險業登陸放寬532條款之限制(目前壽險業僅7家符合,產險業總資產均未達規定門檻)。

　　在互認金融證照方面,雙方訓練機構亦可規劃推動兩岸證照互認機制;對持有專業證照之專業人士,原則上彼此承認專業科目考試及格證書,僅需加考當地法規即可承認其執業資格。

　　由於大陸之經濟規模與重要性逐年提升,目前已是全球第三大的經濟體,具備雄厚之外匯儲備水準,並與亞洲區域內的經貿互動關係日益緊密,臺灣若不積極加入亞太區域經貿整合,勢必逐漸被邊緣化。因此,更快速的自由化,並積極融入國際經濟分工之中,扮演不可或缺的角色,應為臺灣未來努力的方向。而ECFA對臺灣而言,絕對是未來長遠經濟發展的關鍵一步。

　　2008年6月30日開始,臺灣開放金融機構辦理人民幣現鈔買賣業務。2009年9月24日臺灣中央銀行總裁彭淮南宣布,臺灣17家銀行在香港的19家分行向金管會提出申請核准,並與香港中國銀行簽訂協定後,即可承做人民幣業務,包括存款、匯款、跨行人民幣結算業務。根據中央銀行統計,開放人民幣在臺兌換實施以來,自2008年6月底到2010年2月底,臺灣金融機構總計買賣人民幣現鈔達145.3億元,其中44家金融機構、共計3112家總分支機構辦理人民幣現鈔買賣業務,總金額累計64.8億人民幣;另外,一般民間的157家合法收兌處,總交易金額超過80.5億人民幣,交易數量驚人。地下流通或民間自行交易的「影子市場」,保守估計也有相同規模,加上本地金控業的外匯交易室人民幣NDF業務爆紅,人民幣在臺的交易熱度,已超過深圳等跨境貿易人民幣結算試點。

　　兩岸當前的金融市場准入條件並不一致,根據大陸外資銀行管理條例之規定,外資銀行需先設辦事處滿2年後才能升格分行,分行設立達3年且連續2年獲利才得承作人民幣業務,此即所謂的「等待期」;而單一外資參股單一陸銀上限為20%,全體外資參股陸銀上限為25%。在證券業規定方面,大陸規定外資參股

上限為33%；若是投資基金，則單一外資持股比例不得超過20%，全體外資不得超過25%。在保險業規定方面，進入大陸市場的保險公司需符合申請前1年最低資產50億美元、成立需30年以上及在中國境內設立代表機構2年以上的「532」門檻。

據報導，2010年6月13日ECFA兩岸第三次協商，在金融業方面，雙方監理機關已有共識，在銀行業准入部分，雙方監理官已有共識，臺灣銀行業者申設分行前，需設立辦事處的等待期由現行2年縮為1年；至於承作人民幣業務的限制，則從原本的「3年分行、2年獲利」，縮短為「2年分行、1年獲利」。在保險業部分，「532」門檻將放寬解釋，資產總額計算產險和壽險集團總公司可以併計，經營保險業務30年也擴大解釋，將併購而來也可計算。在證券業部分，臺灣爭取能有「全資全照」，唯大陸可能僅會對於臺灣投信業者申請境外合格投資人（QFII）部分予以放寬。按大陸現行規定，申請QFII者管理資產規模需達50億美元，且獲准等待期漫長，QDII境外投資顧問近一年管理資產需達100億美元以上，臺灣幾乎沒有任何一家公司符合。至於在提高金融服務業持股比例議題上，現階段大陸主管單位仍相當堅持，可能不再早收清單之列。

ECFA關於金融服務業

業別	大陸現行規定	台灣爭取	雙方已達共識
銀行業	設立辦事處滿2年才能設立分行	取消限制	縮短為1年
	分行設立3年,且連續2年獲利,才能承作人民幣業務	取消限制	縮短為2年分行、1年獲利
	單一外資參股大陸銀行比重不能超過20%	提高比重	
	外資子行10億人民幣的資本額,只能開設6家分行;需要增加營運資金才能增設分行	放寬限制	
	申設分行,母行總資產須達200億美元;申設獨資銀行或入股大陸銀行,母行總資產須達100億美元	調降門檻	
	子行限制貸存比為75%	提高比重	
	同業拆款上限為營運資金的2倍	放寬限制	
保險業	「532」門檻:申請前1年最低資產50億美元、成立需30年以上	從寬解釋	資產總額計算產險和壽險集團總公司可以併計,經營保險業務30年也擴大解釋,將併購而來也可計算
	外資持股比重最高50%	提高比重	
	合資對象僅限1家	放寬限制	
	外資不能承作強制車險	取消限制	

業別	大陸現行規定	台灣爭取	雙方已達共識
證券業	參股證券公司比重最高三分之一	取消限制	
	不能設立獨資券商	取消限制	
	不能承作A股業務	取消限制	
期貨與投信業	僅開放香港仲介機構設立合資期貨經紀公司,且股權比重僅限49%	對台開放	
	投信業管理資產規模需達50億美元,才能申請QFII資格	調降門檻	

資料來源:本研究整理

　　如何因應兩岸經貿往來不斷擴大的需要,儘量減少政治性及政策性障礙,有效化解兩岸金融市場分割僵局,加速兩岸金融交流與合作,則為MOU簽訂後,在ECFA協商中須積極協商推動的方面。雙方金融主管機關及金融業者應認真思考如何運用現有金融資源,發揮相輔相成的效能,並擴大互惠範圍,密切合作,以降低金融不穩定的情形發生,並加速提升雙方在國際上的競爭力,共創雙贏的局面。

更進一步，未來雙方應建立貨幣清算機制甚至換匯機制，全面開放以人民幣及新臺幣為兩岸貿易計價單位並擴大直接通匯、搭建聯合徵信資訊分享平臺、加強兩岸金融人員訓練及金融專業證照相互認證等，以利降低金融往來成本。並加強雙方中央銀行經常帳與資本帳資金往來資訊之統計與合作，必要時亦可共同對抗金融危機。

第四節　經濟全球化趨勢下的國際資金移動與外人直接投資

在經濟全球化的趨勢下，金融的全球化與金融市場的整合。國際資金的移動，透過短期資金在金融市場的投資及透過長期資金移動使企業對外直接投資達成。外人直接在中國大陸投資及臺商在大陸投資，就短期國際資金移動而言，大陸嚴格的外匯管制，導致資金的移動受到限制，造成資金移動地下化的情況嚴重。未來中國大陸開放短期資金的移動，勢必會影響到匯率的變動。由臺灣的經驗顯示，資本的開放、外匯管制的鬆綁，都必需伴隨匯率機制的調整。尤其是1997年與1998年的亞洲金融風暴經驗顯示，國際資金完全移動與固定匯率制度的並存，常引來投機資金炒作外匯市場及金融市場，影響金融市場及匯率的穩定。

本人在1989年的一篇文章指出，一國若外匯管制放寬，及推動貿易自由化，因而開放進口商品的輸入，則匯率機制的選擇應朝浮動的匯率制度來調整。

根據IMF資料，1980年以來，開發中國家外來的「外人直接投資」（Inward FDIs）已躍升超過幾十倍。長期的外人直接投資提供開發中國家許多效益。例如：公部門的基礎建設大增。然而，長期的外人直接投資也會擴張投資所在國的資本存量。

1990年代以後外人直接投資在東亞相當活躍。臺灣、南韓、香港、新加坡和日本是主要外人直接投資供給經濟體，而中國大陸和東南亞各經濟體是主要的外人直接投資需求經濟體。1997—1998的亞洲金融風暴改變了外人直接投資的

流向,由外人直接投資在中國大陸和東南亞各經濟體之間的分布可明顯看出。舉例而言,過去十年臺灣流到中國大陸的投資持續上升,但1997年以後相對於東南亞金融危機受創經濟體,外人直接投資流到中國大陸的比重穩定增加。雖然在東亞區域經濟整合的後面有許多動力,例如科技、偏好、公共政策,但民間企業似乎扮演了主要角色。

海峽兩岸間之經貿往來可溯自1987年,臺灣政府開放民眾赴大陸探親,開啟兩岸經貿交流的非正式大門。即至1992年臺灣施行「臺灣與大陸人民關係條例」,正式將兩岸經貿交流活動合法化,從此兩岸間的經貿往來漸趨緊密。兩岸間之貿易逐年成長,使得大陸及香港地區成為臺灣對外出口貿易之第一大地區。而臺商至大陸投資亦持續成長,亦成為臺灣對外投資之第一大地區。

至2010年4月底止,臺灣對大陸之直接投資金額為868.04億美元,以占對外投資金額而言,累計約占70%左右。如果與1992年以前相比,可說有天壤之別,因為1992年以前,臺灣政府禁止臺灣民眾至大陸投資。即使在2003年初兩岸爆發嚴重的SARS疫情擴散的危機,嚴重影響兩岸經貿活動,仍然不減臺商赴大陸投資的趨勢。此外,表二與表三亦顯示,2009年臺灣產品出口至大陸為542.48億美元,位居臺灣出口的首位,而臺灣由大陸進口產品金額為244.22億美元,位居臺灣進口來源的第二位;中國大陸已是臺灣最大之貿易夥伴。1987年至2009年間,兩岸貿易總額從15億美元增加為786.7億美元,成長達52倍,為最大順差來源。兩岸貿易額占對外貿易總額比重從1987年的1.7%上升到2009年的20.81%。臺灣對大陸出口以原料及零組件供外銷加工為主,拓展大陸內銷市場之能力相對落後日本及韓國。臺商在大陸的生產方式持續在地化,採用當地生產的材料及零組件之比例持續上升,漸漸減少對臺灣的進口依賴。

由兩岸間經貿往來之熱絡,顯示大陸近年來之快速成長確實對臺灣經濟有所助益。然而,無可諱言者,中國大陸經濟發展並非全然對臺灣經濟有正面效果,免不了有負面影響,例如:結構性調整使得臺灣產業外移,造成結構性失業人口增加。因此,兩岸經貿往來是促成兩岸成為長期性夥伴?亦是成為競爭對手?這是臺灣民眾關切主題。若兩岸經貿往來確實會促成夥伴關係,則諸多經濟措施之

開放將會加速施行。否則，常不免形成政治議題而影響兩岸關係之發展。

從經貿分工的角度而言，兩岸之間雖然存在著競爭，但有更大的互補性。臺灣具有優良的管理及技術人才，更具有雄厚的高科技研發商業化基礎，而大陸有廣大的廉價勞動力，亦有巨大的內部市場。雙方在同文同種的優勢下，加速和深化彼此之經貿互動與合作，對兩岸在世界市場競爭力之提升必有幫助。近一年來，大陸各省加強來臺採購，已對臺灣產品出口及經濟復甦有著正面貢獻。未來，兩岸仍應持續強化產業分工，臺灣在順利完成產業轉型及升級下，相信應可再創另一經濟發展高峰。

第五節　兩岸快速經貿成長帶來了金融合作商機

一、兩岸資金流動

大陸於2001年底加入WTO以後，外資不斷流入。2002年外人投資至大陸的金額高達527億美元，居全球第一位。2003年雖然遭受SARS的影響，外人投資至大陸仍然居世界第一位，金額達535億美元。1990年代以來，兩岸間的資金移動呈現出大陸享有金融帳及資本帳的順差，臺灣則享有經常帳及貿易帳的順差。臺商至大陸投資生產，創造兩岸貿易快速成長，不但擴大兩岸資金移動，而且亦加速兩岸對外貿易成長，累積巨額外匯存底。大陸吸收大量臺灣的投資資金，但臺灣對大陸享有貿易順差並擴大對歐美貿易的順差。兩岸經貿往來呈現互蒙其利共創雙贏局面。臺商在大陸的投資排名由早期的第2位降為2003年的第6位，次於香港、日本、美國、韓國和維京群島。但維京群島之眾多對大陸投資案均出自臺商之手。事實上，臺商在大陸的投資仍然應為第2位。造成臺商資金移至第三地之主因，為兩岸政府對資金移動的管制政策。政策管制徒然增加臺商投資之交易成本，無助於阻止資金的移動。

值得注意的是，隨著臺灣於2009年採取降低遺贈稅稅率及兩岸關係和諧，使得臺商滯留海外資金回流臺灣，形成資金過剩現象，如何導引過剩資金至生產

事業已是當前重要課題。

大陸加入WTO後，臺商的投資地點已有向上海周邊擴散的趨勢，江蘇省之臺商投資比例已超越廣東省。臺商在大陸投資的產業以電子業為主幹。近年來已擴展至高科技領域。大陸加入WTO後，臺商的投資由外銷導向轉為內銷導向，服務業的投資案明顯增加。尤其是兩岸政府於2008年5月後兩會恢復協商，使得臺商在金融、航運、通路、會計師、律師等領域的投資限制逐漸開放。

二、臺商銀行融資與股市融資

1990年代開始，臺灣政府開放臺商至大陸投資，因此兩岸貿易及資金往來大幅上升，使得兩岸在經貿關係上的密切程度不亞於任何自由貿易區域（FTA）之區內貿易投資關係。雖然貿易及投資密切，但金融外匯往來仍然缺乏積極性，無法更進一步帶動雙方經貿往來。

要解決臺商在大陸的融資問題，其順序應為先使臺商能向銀行取得融資，進而在大陸股票市場上市。因此，臺灣銀行業者前往大陸設立分行本來就有必要。況且對於廠商財務報表的準確性與資訊交流能有效掌握，銀行亦可降低發生逾期放款的風險。所以臺灣的銀行若未能登陸，就無法就近提供臺商服務，掌握貸款客戶的最新資訊，不利臺商在大陸的發展。

臺灣銀行業者直接通匯的開放及允許臺灣銀行業者與大陸地區銀行直接往來，能大幅節省廠商通匯的時間與成本。而開放臺灣銀行業者在大陸設立據點以便對臺商放款，不但提供臺商多元的資金調度管道，亦增加廠商資金匯回臺灣的意願。因此，隨著兩岸經濟合作協議（ECFA）之簽定，若能將金融業登陸納入早期收割項目內，則將增加臺商之融資管道。

然而，為了降低臺灣銀行業者在大陸之營運成本，並提升銀行效率，大陸當局應當早日容許銀行經營人民幣業務，以因應兩岸之間愈來愈緊密的經貿關係。

三、兩岸金融及外匯政策合作

自1990年初，臺灣開放民營銀行設立，並且追求金融自由化、國際化，希望建立區域金融中心。區域金融中心的前提為以東亞區域為主要腹地，尤其是服

務在中國大陸的臺商為主要考量之一。隨著1997年至1998年亞洲金融風暴出現，臺灣企業財務受影響，拖累銀行的經營，使得銀行的不良資產逐漸增加。

雖然兩岸的經貿往來在1990年代快速成長，尤其臺商在大陸的投資於1993年以後，隨著臺灣開放的政策而快速成長，但是進入21世紀，兩岸關係惡化，使得銀行無法順利到大陸市場發展。於是出現臺灣內部銀行過多，導致惡性競爭的局面。

為瞭解決銀行經營的困境，民進黨政府主張的以金融機構合併重整為主要策略之金融改革。然而臺灣銀行業面臨的困境並非光靠金融整併即可解決。基本上，銀行存貸市場及金融市場的規模若無法擴大，銀行欲恢復1990年代初的榮景，相當不易。

臺灣的銀行彼此之間激烈競爭，原因在於市場侷限於臺灣本土市場，而未能擴及兩岸市場。這是非常可惜的事情。政府的政策要求金融業者要以國際布局為主要策略，但是金融業要進入國際市場談何容易。以銀行業這種高風險的行業而言，在國際競爭激烈的環境下，生存實屬不易。

臺灣的銀行業雖然經過多次金融困境，但是卻學習到許多處理金融問題的經驗與對策。尤其是臺灣的銀行業不是由中國大陸輾轉來臺復業，就是日據時代留下來的銀行，具有相當水準的商業銀行經營經驗，這是中國大陸的銀行無法比擬的。有此利基何以臺灣的銀行業不能登陸在大陸發展呢？

就目前中國大陸金融現況觀察，以公營銀行為主的銀行，其經營效率主要在於政策保護，對於大陸經濟發展之效果不明顯。反而隨著經濟的快速成長，大陸的銀行業才是受惠者。此外，大陸雖然由外國、臺灣、香港吸取了一些金融法規及制度變革的經驗，並於近年來多方派員至香港、新加坡及歐美培訓金融人才，然而有效地運用金融技術及金融管理人才仍不足因應快速之經濟成長及結構轉型。引進臺灣的金融發展經驗，協助大陸訓練培養金融人才，為臺灣金融業及金融監理當局的利基。

2002年本人研究發現，大陸在2001年加入WTO前，金融深化的結果並未對於大陸經濟成長有明顯的正效果，其理由為大陸金融發展速度相較於經濟成長的

速度偏低，實證資料顯示中國大陸的教育、人力資本及國營事業對經濟成長的貢獻不明顯。此外，大陸對於國際收支帳的金融帳管制，匯率機制仍然維持人民幣小幅浮動釘住美元制度，與1980年代初期新臺幣之中心匯率制度相同。

相較之下臺灣擁有較為進步的管理技術及金融改革、金融自由化及外匯自由化，與處理金融問題之經驗，可供大陸參考。為兩岸金融安定與經貿往來發展起見，大陸方面放寬設立銀行的資本額限制，讓臺灣的銀行業能順利登陸，兩岸並且共同合作金融檢查，由臺灣提供經驗，建立監督機制。一方面可幫助臺商取得融資，另一方面也可以改善大陸金融問題，有助於兩岸及亞太地區的安定。

第六節　臺灣金控公司設立經營對大陸的啟示：子銀行績效比較

臺灣設立金控公司對本土銀行業的影響頗大，金控下的子銀行及非金控的銀行經營績效表現，可以概述如下。我們發現金控子銀行不論是在資產、放款及貼現或者存款占有率的平均表現均較非金控銀行佳。以資產占有率而言，2007、2008與2009年金控子銀行平均的市場占有率為4.14%、4.20%與4.15%，而非金控銀行則為1.62%、1.72%與1.74%。

金控子銀行不論是在淨值占資產比率、逾放比率或者稅前純益占平均淨值比率（淨值報酬率）等方面，其平均表現均較非金控銀行佳。就逾放比率而言，2007、2008與2009年金控子銀行平均的逾放比率為1.68%、1.50%與1.03%，而非金控銀行則為4.38%、3.32%與2.06%，顯然臺灣金融業降低經營風險已有成效。就淨值報酬率而言，金控子銀行有一家連續三年呈負值；非金控子銀行則有3家連續三年呈負值。

關於大陸最近積極思考規劃籌設金融控股公司，開放讓企業集團開辦金融控股公司，使金融控股公司可以服務企業，尤其是資金直接融通企業曾引起多方討論。基本上，若允許金融控股公司可以扮演投融資的角色，或創業投資的角色，

這樣的想法類似1997年亞洲金融風暴發生之前日本及韓國所謂的中心或核心銀行對企業集團融資的關係。

眾所周知，在亞洲金融風暴發生之前，日本、韓國的銀行體制存在企業集團掌控銀行經營的嚴重弊病，銀行欠缺良好的公司治理，存在嚴重的關係人交易，使得銀行的資金大量挪用至企業集團關係人，造成日後銀行大量產生呆帳與逾期放款。亞洲金融風暴以後，日、韓兩國的銀行體制產生重大變革，發展出美國式的金融控股公司模式。臺灣的銀行、證券及保險業亦追隨日、韓的模式，開放金融控股公司的設立。臺灣的金融控股公司模式是採取子銀行、子證券公司及子保險公司的控股公司模式，而非採取歐洲式的綜合銀行業務（universal banking）經營模式，即使是金融控股公司設置創投公司（venture capital）也是採取子公司的模式成立來經營。因此，雖然大部分臺灣的金融控股公司由企業集團入主，但臺灣的金融主管機關對於金融控股公司的內部公司治理極為注意，金融控股公司法規的限制極為嚴密，以避免出現人謀不臧的關係人交易情況。有關於金融控股公司的股權結構及金融防火牆的規定，對於離職政府高官的聘用及金融資訊的流通都有嚴格的限制。也因為臺灣對於金融控股公司之嚴格監理，及要求其做好內部控管與風險管理，因此在這一波2008年國際金融風暴發生後，才能倖免於難。臺灣的金融控股公司經營模式經驗值得進一步觀察研究做為大陸、港澳以及其他各國的參考。

第七節　發展產業供應鏈融資，強化兩岸中小企業及農村金融合作，促進經濟及社會穩定發展

一、產業供應鏈融資

供應鏈金融是解決企業不易取得貸款的一種方法。在歐美地區供應鏈金融已發展多年且被廣泛地運用，臺灣自1994年引進應收帳款承購業務（Factoring）以來，相當多銀行及金融機構便陸續投入此一業務之承作，至今此業務已發展的相

當成熟。2001年臺灣經濟部推動連結金流資訊之C計畫，成功協助連結銀行、中心廠及供應商間的訊息，以電子化供應鏈上之交易訊息為基礎，做到全球收付款、多行帳戶整合、線上融資等；其中特別值得一提的是融資部分，以交易資訊（免擔保品）進行線上（即時）融資方式是C計畫獨創之作業模式。融資項目包括訂單前融資、訂單融資、驗收單融資、發票融資、應收帳款融資，供應商可在任何階段向銀行業者申請融資，即時彌補資金缺口。藉由C計畫解決銀行與企業供應商間資訊不完全的情況，進而提升銀行貸款意願及效率，使中小企業除傳統貸款外，多了一種方便取得資金的管道。

近年來，中國大陸多家銀行亦陸續推出供應鏈金融，目前工、中、建、交等四大國有銀行、民生銀行、招商銀行、深圳銀行、光大銀行、浦發銀行等都已涉足此一業務。各銀行依據自身客群結構發展不同的解決方案，如：中國工商銀行針對沃爾瑪（Wal-Mart）每年在中國大陸之採購，金額約達200億美元，推出的「沃爾瑪供應商融資解決方案」，提供沃爾瑪在中國大陸約上萬家上游供應商供應鏈貸款。工商銀行藉由對沃爾瑪及供應商間之物流、金流進行管理，為沃爾瑪供應商提供從採購、生產到銷售的全流程融資支援，解決了沃爾瑪在中國大陸中小企業供應商的融資困局。中國銀行亦於2010年5月在廈門成立了供應鏈融資中心，為廈門乃至福建省的供應鏈企業提供融資解決方案。該中心配合客戶從下訂單、製造、裝運、收款的各個貿易環節，推出了應付帳款融資、應收帳款融資和貨押融資等三大類別的供應鏈融資商品，協助企業順利取得營運資金。

臺商無論至世界任何地方發展，向來具有群聚習性。往往中心大廠的設址，能帶動周邊供應商跟隨。對銀行而言，針對臺商發展供應鏈融資，可以說是能快速爭取客戶，提供現金管理等加值服務，又能兼顧貸放風險的最好策略。此外，大陸中小企業長期以來也存在融資難題，供應鏈金融能使銀行更清楚地獲取供應鏈間的物流資訊，對提升貸款意願及效率有極大的幫助。因此，兩岸銀行業者應積極發展產業供應鏈融資業務，相信無論對中小企業融資或銀行實質收益皆有正面效益。

二、中小企業金融與農村金融

中小企業及農民不易取得資金是世界各國普遍存在的現象，中國大陸亦不例外。在中小企業融資方面，由於中小企業與銀行間存在資訊不對稱問題，又缺乏可供抵押的資產，且大陸之信用擔保體系尚不完善；因此，儘管大陸當局要求國有銀行發放大量的貸款來幫助經濟擺脫低迷局面，然而，無論大型國有商業銀行、股份制商業銀行或城市商業銀行為了防範風險及考量中小企業貸款筆數多，每一筆貸款額度小，貸款成本高等因素，貸款仍主要流入大型國營企業與城市的大型企業，民營中小企業貸款依然不易。同時，臺商中小企業在中國大陸之融資需求亦得不到充分地滿足。

在農村金融方面，如同中小企業金融一般，以大銀行為主的金融體系，亦不能為小農提供充分的金融服務，會間接抑制農村發展。因此，發展適合農業生產特性的金融機制，如：小額信貸、農村銀行、農村保險等，尤其重要。大陸當局近年來積極引導境內外銀行資本、產業資本和民間資本到農村地區投資、收購及新設銀行業金融機構，冀以促進農村發展。明確的政策宣示下，不同功能、不同層次及不同性質的農村金融機構迅速設立。截至2009年6月底，中國大陸已有118家新型農村金融機構開業，包含村鎮銀行100家，貸款公司7家，農村資金互助社11家。從地域分布來看，中西部地區84家，東部地區34家。從經營情況來看，已開業機構實收資本人民幣47.33億元，存款餘額131億元，貸款餘額98億元，累計發放農戶貸款55億元，累計發放中小企業貸款82億元，且多數機構已實現盈利，其中2009年累計盈利4074萬元。從發起設立機構看，100家村鎮銀行中，有80家由地方中小銀行發起設立；14家由國家開發銀行、國有銀行和全國性股份制銀行發起設立；6家由外資銀行發起設立。其中，中資銀行多由一家銀行發起、多家公司聯合設立，外資銀行則均為獨資設立。顯示中國大陸的村鎮銀行已初步形成資本構成多元、民間資本過半的局面。

無論在中小企業或農村金融方面，臺灣銀行業者、信用合作社及農漁會信用部等均已累積多年經驗，徵授信，以及中小企業與小農輔導技術純熟。而且臺灣銀行業與臺商在臺母公司已建立長期往來關係，對個別企業的信用情況較為瞭解。臺灣金融機構在進入中國大陸後，透過銀行間的交流合作，參股城市商業銀行、農村商業銀行，成立村鎮銀行，或與當地銀行策略聯盟等方式，對於兩岸企

業，尤其是不易取得資金的中小企業及小農，將有很大的幫助，更將有助於兩岸之經濟發展與社會安定。

此外，兩岸亦可在徵信及信用保證機制等方面合作。臺灣「金融聯合徵信中心」已成立運作數十年，在徵信資訊及技術已趨完備，並於2004年獲得世界銀行（World Bank）對全世界信用報告機構調查評比，在「公共信用報告機構」所屬之68個經濟體中，綜合評分名列第一名。在信用保證方面，臺灣亦已建構完成以商業銀行機構為主，配合信用保證基金強化企業信用之融資體系。信用保證基金之設立宗旨係在發揮信用補強功能，對具有發展潛力但欠缺擔保品之中小企業提供信用保證，以降低銀行貸放風險，提高銀行對中小企業提供融資的意願。中國大陸在徵信及信用保證制度方面雖在持續地建置與強化中，但尚未完善，仍然是片面局部的，普及性不足，這對銀行辦理放款業務將造成很大的阻礙。因此，大陸可參考臺灣「金融聯合徵信中心」及「中小企業信用保證基金」的成功經驗，設立類似的輔助性金融機構，以降低銀行放款風險，全面性解決中小企業融資的問題。

而臺灣在新興產業創立過程中，為解決高科技產業具有的高風險、高報酬特徵，運用創投公司提供資金給被投資公司，並視需要參與其經營管理工作，提供人員、財務、行銷等協助，如此被投資公司可說受益良多，而創投公司也藉此獲得投資效益的保障。因而兩岸在產業合作方面，未來也可朝向開放臺灣創投公司至大陸輔助臺商及大陸高科技企業創業，使其有足夠的資金進行高風險、高報酬之事業。

第八節　結論與建議

為鼓勵與推動兩岸金融的合作，以及追求兩岸金融安定與經貿往來發展，我們提出六點建議以供參考：

（一）利用臺灣經驗協助大陸金融改革及金融發展

運用臺灣豐富的金融人才，協助大陸銀行及其他金融機構增進管理技術，訓練金融保險人才。

（二）臺灣金融機構登陸服務臺商及促進兩岸金融直航

及早讓臺灣的銀行業前往大陸設立分行，讓臺灣的銀行業能及早辦理人民幣存匯業務。透過合資的方式與中國大陸的金融機構合作，便利服務臺商在大陸的發展。

（三）建立兩岸貨幣自由的流通管道

建立兩岸央行貨幣清算制度，人民幣先在臺灣之境外金融中心（OBU）掛牌，並規劃五年內在本國銀行外匯指定銀行掛牌。而新臺幣能在大陸特區掛牌，以因應兩岸之間愈來愈緊密的經貿關係，維持臺灣企業的競爭力。

（四）修正臺商投資保護條例

為了保障臺商的財產安全，希望中國大陸當局可以修正臺商投資保護條例。

（五）發展產業供應鏈融資，提昇企業融資效率

建構產業供應鏈融資平臺，解決銀行與企業供應商間資訊不完全的問題，以提升銀行放款意願，有效化解中小企業融資難題。

（六）強化兩岸中小企業及農村金融合作，促進經濟及社會穩定發展

臺灣銀行業者、信用合作社及農漁會信用部等已累積多年經驗，透過兩岸銀行間的交流合作、策略聯盟、參股、成立村鎮銀行，等方式，對於兩岸企業，尤其是不易取得資金的中小企業及小農，將具正面效益，更將有助於兩岸之經濟發展與社會安定。

表一　臺商在大陸投資概況

類別 年別	經濟部核准核備資料				大陸對外宣布資料		
	數量（件）	金額（億美元）	平均投資規模（萬美元）	占我對外總投資比重（%）	項目數（個）	協議金額（億美元）	實際金額（億美元）
1991	237	1.74	73.48	9.52	3884	35.37	11.05
1992	264	2.47	93.56	21.78	6430	55.43	10.50
1993	新申請 1262	11.40	90.33	40.71	10948	99.65	31.39
	補辦許可 8067	20.28	—	—			
1994	934	9.62	103.02	37.31	6247	53.95	33.91
1995	490	10.93	223.00	44.61	4778	57.77	31.62
1996	383	12.29	320.95	36.21	3184	51.41	34.75
1997	新申請 728	16.15	221.78	35.82	3014	28.14	32.89
	補辦許可 7997	27.20	—	—			
1998	新申請 641	15.19	236.97	31.55	2970	29.82	29.15
	補辦許可 643	5.15	—	—			
1999	488	12.53	256.72	27.71	2499	33.74	25.99
2000	840	26.07	310.36	33.93	3108	40.42	22.96
2001	1186	27.84	234.74	38.80	4214	69.14	29.79
2002	新申請 1490	38.59	258.99	53.38	4853	67.41	39.71
	補辦許可 3950	28.64	—	—			
2003	新申請 1837	45.95	250.08	53.66	4495	85.58	33.77
	補辦許可 8268	31.04	—	—	—	—	—

類別\年別	經濟部核准核備資料				大陸對外宣布資料		
	數量（件）	金額（億美元）	平均投資規模（萬美元）	占我對外總投資比重（％）	項目數（個）	協議金額（億美元）	實際金額（億美元）
2004	2004	69.40	346.31	67.24	4002	93.06	31.17
2005	1297	60.07	463.15	71.05	3907	103.58	21.52
2006	1090	76.42	701.10	63.91	3752	—	21.36
2007	996	99.71	1001.10	60.65	3299	—	17.70
2008	643	106.91	1662.68	70.53	2506	—	19.00
2009	590	71.43	1210.68	70.38	2555	—	18.80
2010（1-4月）	143	35.89	2509.79	81.00	—	—	—
合計	38074	868.04	227.99	—	—	—	—

資料來源：經濟部投資審議委員會及中國大陸商務部，本研究整理。

表二　2009年臺灣進出口貿易名次表

單位：美元

中文名稱	貿易總額（含復運資料）			出口＋復出			進口＋復進		
	名次	金額	比重（％）	名次	金額	比重（％）	名次	金額	比重（％）
全球國/地區別		378038242624	100		203670817997	100		174367424627	100
中國大陸	1	78670764058	20.81	1	54248101236	26.635	2	24422662822	14.006
日本	2	50721322521	13.417	4	14501968520	7.12	1	36219354001	20.772
美國	3	41706191946	11.032	3	23552548066	11.564	3	18153643880	10.411
香港	4	30567422281	8.086	2	29444915862	14.457	27	1122506419	0.644
韓國	5	17809142927	4.711	6	7302461280	3.585	4	10506681647	6.026
新加坡	6	13422758976	3.551	5	8613599392	4.229	9	4809159584	2.758
德國	7	10368563627	2.743	8	4695828634	2.306	7	5672734993	3.253
沙烏地阿拉伯	8	9332049961	2.469	26	674150201	0.331	5	8657899760	4.965
馬來西亞	9	8612606353	2.278	11	4059995637	1.993	11	4552610716	2.611
印尼	10	8409810940	2.225	13	3226178014	1.584	8	5183632926	2.973

資料來源：國際貿易局貿易統計系統（http://cus93.trade.gov.tw/fsci/）。

表三　2010年1—2月臺灣進出口貿易名次表

單位：美元

中文名稱	貿易總額（含復運資料）			出口＋復出			進口＋復進		
	名次	金額	比重(%)	名次	金額	比重(%)	名次	金額	比重(%)
全球國/地區別		73475455849	100		38427109032	100		35048346817	100
中國大陸	1	15605401472	21.239	1	10896862538	28.357	2	4708538934	13.434
日本	2	9968295108	13.567	4	2662538727	6.929	1	7305756381	20.845
美國	3	7773078201	10.579	3	4105818442	10.685	3	3667259759	10.463
香港	4	5522173939	7.516	2	5258767567	13.685	24	263406372	0.752
韓國	5	3630174676	4.941	6	1484093615	3.862	4	2146081061	6.123
新加坡	6	2741766370	3.732	5	1654438202	4.305	6	1087328168	3.102
沙烏地阿拉伯	7	1978957544	2.693	31	105066808	0.273	5	1873890736	5.347
德國	8	1952777832	2.658	10	902059095	2.347	8	1050718737	2.998
馬來西亞	9	1873386441	2.55	11	837318618	2.179	9	1036067823	2.956
澳大利亞	10	1592995200	2.168	14	522278115	1.359	7	1070717085	3.055

資料來源：同表二。

表四　金控子銀行市場占有率

單位：%

項目 銀行名稱	資產總額			放款及貼現			存款		
	2007	2008	2009	2007	2008	2009	2007	2008	2009
台灣銀行	10.93	11.82	11.98	10.75	10.75	11.00	11.67	12.95	12.79
台北富邦銀行	4.05	4.26	4.42	3.70	4.08	4.46	3.86	4.25	4.38
第一商業銀行	6.16	6.61	6.13	6.03	6.29	5.92	5.96	6.08	6.09
華南商業銀行	5.76	5.69	5.66	5.94	6.10	5.97	6.14	6.09	6.06
兆豐國際商銀	6.91	6.96	7.02	6.72	7.08	6.82	5.73	5.73	5.87
國泰世華商銀	4.56	4.57	4.82	4.27	4.38	4.33	4.88	4.78	5.20
元大商業銀行	1.22	1.20	1.17	1.35	1.28	1.27	1.24	1.29	1.21
永豐商業銀行	3.54	3.33	3.28	3.40	3.42	3.51	3.75	3.49	3.29
玉山商業銀行	3.06	3.09	2.98	2.89	2.88	2.96	2.88	2.98	3.13
台新國際商銀	3.21	2.90	2.68	3.15	2.82	2.68	3.15	2.78	2.62
日盛國際商銀	0.85	0.77	0.60	0.94	0.76	0.68	0.96	0.86	0.63
中國信託商銀	5.27	5.37	5.25	4.49	4.55	4.54	5.10	4.94	4.93
台灣新光銀行	1.37	1.37	1.35	1.56	1.52	1.53	1.54	1.57	1.50
中華開發工銀	1.07	0.85	0.79	0.48	0.43	0.35	0.13	0.13	0.12
平均值	4.14	4.20	4.15	3.98	4.02	4.00	4.07	4.14	4.13

資料來源：中央銀行出版的本國銀行營運績效季報。註：臺新金控擁有彰化商銀22.55%股份及過半數董事席位，唯本表選擇收錄金控母公司具有絕對控制權之子銀行。

表五　金控子銀行市場占有率

單位：％

項目 銀行名稱	資產總額 2007	2008	2009	放款及貼現 2007	2008	2009	存款 2007	2008	2009
中國輸出入銀行	0.27	0.29	0.28	0.40	0.42	0.44	NA	NA	NA
高雄銀行	0.56	0.62	0.59	0.63	0.74	0.75	0.60	0.70	0.63
台灣土地銀行	6.78	6.98	6.76	8.09	8.41	8.51	7.23	7.25	6.87
合庫商業銀行	8.64	8.52	8.28	9.74	9.94	9.69	8.92	8.71	8.28
彰化商業銀行	4.70	4.78	4.75	5.14	5.33	5.47	4.82	4.90	4.86
花旗(台灣)銀行	1.00	0.77	2.29	0.76	0.38	0.71	0.97	0.68	2.38
上海商業銀行	2.13	2.17	2.12	1.61	1.78	1.88	1.98	2.06	1.95
聯邦商業銀行	1.29	1.24	1.11	1.16	0.98	0.92	1.25	1.22	1.09
遠東國際商銀	1.28	1.22	1.21	1.26	1.15	1.15	1.23	1.24	1.23
萬泰商業銀行	0.73	0.55	0.44	0.67	0.53	0.40	0.62	0.54	0.41
大眾商業銀行	1.11	1.11	1.21	1.22	1.20	1.26	1.05	1.07	1.16
安泰商業銀行	1.02	0.95	0.97	1.04	0.99	1.00	0.91	0.89	0.91
慶豐商業銀行	0.35	0.25	0.15	0.34	0.23	0.10	0.33	0.23	0.18
陽信商業銀行	0.87	0.81	0.72	0.98	0.91	0.87	0.98	0.92	0.80
板信商業銀行	0.61	0.57	0.52	0.73	0.67	0.63	0.68	0.63	0.57
台灣中小企銀	3.99	3.97	3.82	4.71	4.82	4.92	4.05	4.08	3.87
渣打國際商銀	1.72	2.17	1.97	1.61	1.69	1.68	1.80	2.26	1.89
台中商業銀行	0.93	0.97	0.99	1.09	1.10	1.18	1.13	1.14	1.11
京城商業銀行	0.61	0.51	0.52	0.74	0.57	0.51	0.70	0.59	0.54
華泰商業銀行	0.37	0.37	0.34	0.48	0.44	0.44	0.41	0.40	0.38
三信商業銀行	0.37	0.36	0.35	0.45	0.43	0.41	0.44	0.43	0.40
台灣工業銀行	0.41	0.42	0.39	0.33	0.36	0.32	0.25	0.27	0.26
全國農業金庫	1.56	1.49	1.95	0.24	0.46	0.60	1.85	1.68	2.24
大台北商銀	0.15	0.14	0.13	0.14	0.15	0.14	0.17	0.16	0.14
中華商業銀行	0.32	NA	NA	0.40	NA	NA	0.27	NA	NA
寶華商業銀行	0.29	NA	NA	0.39	NA	NA	0.38	NA	NA
平均值	1.62	1.72	1.74	1.71	1.82	1.83	1.72	1.83	1.83

資料來源：同表四。

ECFA與兩岸金融合作雙贏

鄧利娟

長期以來與兩岸貿易與投資迅速發展呈鮮明對比的是，兩岸金融交流合作嚴重滯後，兩岸金融往來明顯不對稱。在兩岸關係步入和平發展軌道的背景下，2009年兩岸先後簽訂《兩岸金融合作協議》及兩岸金融監督管理合作諒解備忘錄（MOU），正式啟動了兩岸金融交流合作正常化的進程。2010年6月29日，將對兩岸金融交流合作產生更加深刻影響的兩岸經濟合作框架協議（ECFA）正式簽訂。本文擬在分析當前兩岸金融市場相互開放現狀的基礎上，說明兩岸簽訂ECFA對兩岸金融合作的意義；進而闡明如何在ECFA下實現兩岸金融互利雙贏；最後提出實現兩岸金融互利雙贏的現實路徑。

一、兩岸金融市場相互開放的現狀

21世紀初，兩岸先後加入世界貿易組織（WTO），當時兩岸雖未進行協商，但也沒相互運用「互不適用」原則。因此，從理論上講，兩岸相互開放金融市場，互設金融機構已不存在障礙。因為作為WTO的正式成員，大陸與臺灣都應遵守WTO規範，相互減少甚至消除貿易與投資的障礙，根據入世時的承諾向彼此開放市場。但由於兩岸關係的特殊性，實際情況較為複雜，直到2009年兩岸簽署金融MOU後，金融機構市場准入問題才真正有所突破，而且兩岸開放的情況仍有很大差異。

（一）大陸金融市場對臺開放的現狀

大陸在2001年加入WTO後，認真履行入世承諾，在5年的入世過渡期內，逐步放寬外資金融機構市場准入與業務範圍的限制。以銀行業為例，至2006年12月，隨著大陸公布《外資銀行管理條例》，大陸開始全面履行加入WTO時關於對外開放銀行業的承諾，銀行業從此走上全面開放的道路。換言之，外資銀行已能夠在大陸承諾的基礎上享有「國民待遇」，大陸取消了外資銀行經營人民幣業務的地域限制和對象限制等。

　　對於臺灣的金融機構在大陸設立分支機構，《外資銀行管理條例》第72條規定，「比照適用本條例。國務院另有規定的，依照其規定。」而從實際情況來看，除了1995年和1997年兩家以外資名義在寧波和上海設立的臺資銀行外，根據臺灣「金管會」統計資料，截至2010年3月底止，臺灣的銀行已在大陸設立9家代表處及1家其他分支機構；臺灣的財產保險業與人身保險業分別在大陸設立9家與7家辦事處。至於證券業，早自1997年起臺資證券公司就開始在大陸設立代表處，目前有14家臺資證券公司在大陸設立了25個代表處。此外，臺灣保險業在大陸市場已有3家合資公司與2家獨資公司營業。隨著2010年1月兩岸金融MOU生效與3月臺灣修改兩岸金融相關法規，臺灣銀行業及證券期貨相關事業已可直接投資大陸或設立營運據點，比照外資金融機構經營相關業務。

表1　臺灣金融業在大陸設立分支機構現狀

業別	家數
銀行	1.台資銀行2家（協和銀行、華一銀行）；2.代表處9家；3.其他分支機構1家
保險	1.財產保險業9家辦事處；2.人身保險業7家辦事處；3.合資公司3家與獨資公司2家
證券	14家台資證券公司在中國設立代表處25家

資料來源：作者整理統計。

（二）臺灣金融市場對大陸開放的現狀

　　2002年臺灣入世時，對服務貿易市場開放的承諾分水平承諾（指總體方面）與個別行業承諾兩種。在水平承諾上，臺灣承諾投資方面，除個別行業另有規定外，個別或全體外國投資人投資臺灣上市公司股票取消持股比例限制；人員進出及停留方面，允許商業訪客入臺停留90天；土地及其權利取得方面，允許

外國人購置或租用土地。在個別行業承諾方面,臺灣對包括金融業在內的12大類服務業共約100項行業或業務的開放,提出了程度不等的承諾。事實上,為了爭取加入WTO,臺灣自1990年代起就已主動實行金融業各項自由化措施,至入世時金融業在市場進入及國民待遇兩方面已能符合WTO的規範,使外國銀行在臺分行與臺灣本地銀行得以平等競爭。不過,臺灣對大陸則是採取例外的做法,沒有按入世的承諾向大陸開放金融市場。

2002年1月,臺灣頒布《加入WTO兩岸經貿政策調整執行計劃》,預定將大陸資金對臺投資從原來的「完全禁止」按臺灣「入會服務業特定承諾表」的行業範圍調整為「分階段開放」。2003年10月,臺灣修訂「兩岸人民關係條例」相關法規,使大陸金融機構赴臺投資也有了所謂法源依據。但此後,除了對大陸入臺投資不動產略有放寬外,臺灣相關主管部門遲遲不頒布配套法規,致使開放大陸投資的政策無從落實。

2009年6月,臺灣公布《大陸地區人民來臺投資許可辦法》與《大陸地區之營利事業來臺設立分公司或辦事處許可辦法》等法規,允許大陸資金有限度地赴臺投資。但金融服務業仍屬「暫不開放的服務業」。2010年3月,配合兩岸金融MOU生效,臺灣「金管會」公布「兩岸金融三法」的修正條文,其主要內容除了以較低門檻規範臺灣銀行業、保險業、證券期貨業赴大陸投資外,就是開放大陸相關金融業者赴臺投資,但其條件相較於外資卻嚴苛得多。以銀行業為例,按規定,大陸銀行可以赴臺設辦事處、分行、子行及參股臺灣銀行業,但設立辦事處條件為:須全球排名前一千名、在經濟合作發展組織(OECD)國家經營業務兩年以上、無重大違規等。大陸銀行在臺設辦事處滿2年後,才能申請設立分行,而且設立分行的條件更加嚴格(參見表2)。至於大陸資本參股臺灣銀行的開放則要另定時間。而對於外資來臺設立分支機構,臺灣並無上述相應的限制規定。配合「金管會」頒布上述十分有限的對大陸開放政策,臺灣「經濟部」於2010年5月20日修正公布《大陸地區人民來臺投資業別項目》,將大陸銀行、保險及證券業赴臺投資納入正面表列,大陸金融業從此正式可以申請赴臺設立辦事處等。

表2　臺灣銀行業對大陸開放的相關規定

中國銀行業務投資台灣的途徑	中國銀行業務投資台灣的門檻
可設立辦事處、分行、參股（分行、參股擇其一） 辦事處：設立辦事處一處為限 分行：設立分行一家為限。 參股：大陸銀行參股臺灣單一金融機構最高持股5%；中國銀行累計參股同一台灣金融機構最高10%	辦事處：申請前三年無重大違規；申請前一年在全世界銀行資本或資產排名前一千；已在OECD會員國設立分支機構並經營業務兩年以上。 分行：申請前五年無重大違規；申請前一年在全世界銀行資本或資產排名前兩百名；在臺灣設立代表處兩年以上且無違規（另有約定按約定處理）；已在OECD會員國設立分支機構並經營業務五年以上。 參股：申請前五年無重大違規；申請前一年在全世界銀行資本或資產排名前兩百名；已在OECD會員國設立分支機構並經營業務五年以上。

資料來源：臺灣「金管會」：《臺灣與大陸地區金融業務往來及投資許可管理辦法》，http://www.fsc.gov.tw/Layout/main__ch/index.aspx?frame=1

　　綜上所述，現階段兩岸金融市場雙向開放終於邁出了重要的步伐，但總體而言，這一進展艱難緩慢，並呈明顯不對稱狀態。很顯然，兩岸金融下一步的互動面臨著兩個不同層次的課題。其一，臺灣至今還沒有按入世承諾向大陸開放金融市場，仍對大陸採取嚴重歧視政策。換言之，臺灣早已對外資開放的政策，大陸業者至今不能同等適用。這意味著兩岸金融往來迄今尚未實現正常化。其二，大陸雖然早就按入世承諾向臺灣開放金融市場，但由於兩岸關係的因素，臺灣業者事實上難以充分享受公平競爭待遇。舉例而言，兩岸遲至2009年才簽署金融MOU，而臺灣所謂「兩岸金融三法」更遲至2010年才修改頒布，較早赴大陸市場的臺灣7家銀行的代表處雖因此可以升格為分行，但這些分行還要滿足「開業3年以上、且2年連續盈利」的要求才能經營人民幣業務。相較於早就進入大陸金融市場布局經營的外資銀行，臺灣銀行事實上處於劣勢競爭地位。這意味著兩岸金融合作不僅需要正常化，還需要更緊密化安排，使雙方業者能享受比外資更加優惠的待遇，即所謂「超WTO待遇」。

二、ECFA及其對兩岸金融合作的意義

隨著2008年臺灣島內政局發生重大改變，兩岸關係，特別是兩岸經貿關係加快改善與發展，兩岸恢復了制度性協商，兩岸直接「三通」基本現實，大陸居民赴臺旅遊與大陸對臺投資政策實施，兩岸金融合作步伐加快，兩岸經貿關係正常化進程明顯加快。為了適應兩岸經貿關係發展的新形勢，同時也為了應對全球區域經濟整合加速推進的潮流，盡快簽訂兩岸ECFA，建立有特色的兩岸經濟合作機制，使兩岸經濟往來制度化與規範化，便成為當前兩岸最緊迫與最重要的議題之一。而金融服務業正是ECFA的重要議題，ECFA的簽訂勢必對兩岸金融合作產生重大影響。

（一）兩岸ECFA的基本內涵

鑒於經濟全球化發展的趨勢及其面臨的各種現實條件的約束與制約，WTO允許成員間作為最惠國待遇原則的例外簽訂區域貿易協議（RTA, Regional Trade Agreement），簽約成員間透過相互取消關稅及限制商務的法規，發展各成員間更緊密的經濟關係，使得區域內進行的貿易較區域外貿易的自由化程度高，以加強自由貿易。GATT第24條及有關GATT第24條解釋諒解書中關於最惠國待遇原則在關稅同盟與自由貿易區的例外安排中，對RTA的基本規範為，區內須促進貿易，對區外不增加貿易障礙；對內絕大部分貿易產品（一般為90%產品）應取消關稅及消除限制性的商業法規；對外不得提高關稅及商業法規不得更具限制性；合理期間內（一般為10年應消除貿易障礙）應取消貿易障礙。GATS第5條中關於促進服務貿易自由化方面規定，允許成員間簽訂服務貿易協議，該協議應包含大多數的服務業部門，在協議生效時或合理期間內，消除現有的歧視性措施與禁止新的或更多的歧視性措施。

兩岸簽訂的ECFA在性質上即屬於符合上述WTO規範的RTA。基於兩岸經貿關係的實際情況，兩岸採取的是大陸與東盟經濟整合過程所實施的「框架協議」＋「早期收穫」模式。所謂「框架協議」，其內涵是規範雙方經濟合作的法律基礎與基本框架，達成雙方合作的宗旨、目標、綱要等，而具體合作內容，則由雙方經後續協商進一步簽訂個別協議，如貨物貿易協議、服務業貿易協議等來逐步達成。換言之，就是以漸進的方式推動雙方的經濟整合。而在「框架協議」下搭

配「早期收穫」安排,是指對雙方最急迫且有共識的商品與服務業,先進行關稅減免與市場開放,以提早實現優惠利益。

2010年6月,兩岸「海協會」與「海基會」簽訂的ECFA的內容,主要包括文本和五個附件,附件分別是貨物貿易早期收穫計劃、服務業早期收穫計劃、關於實施貨物貿易早期收穫計劃的臨時原產地規則、關於適用於貨物貿易早期收穫產品的雙方保障措施、關於實施服務業早期收穫計劃的提供服務者定義。而文本內容除了序言及總則外,主要包括以下幾部分:

其一,對貨物貿易、服務貿易與投資的規範:主要是針對今後需要繼續推動的個別協議,如貨物貿易協議、服務業貿易協議、投資協議等,訂出協商範圍與主要事項,推動的基本時間表。

其二,對「早期收穫」的規範:規定雙方可以在現階段提早享有降稅與服務業開放利益的項目,以及相關配套措施。

其三,對經濟合作的規範:主要包括金融合作、海關合作、知識產權保護等領域。

其四,其他方面的規範:主要規定落實ECFA內容的相關配套安排,如機構安排、爭端解決機制、例外條款等。

在服務業早期收穫計劃中,大陸向臺灣開放11項,包括8項非金融業與3項金融業,金融業包括銀行、保險與證券期貨業;而臺灣向大陸開放9個項目,其中只1項為金融業,即銀行業的開放。兩岸金融業相互開放的具體內容為,大陸向臺灣金融業提供一系列早收待遇,其中部分已經是「超WTO待遇」,使臺灣可享受比WTO成員更優惠的待遇(參見表3),而臺灣僅向大陸提供1項早收待遇,不僅開放項目少,開放的幅度也僅較「兩岸金融三法」中相關規定略微放寬(即大陸的銀行業經許可在臺灣設立代表人辦事處且滿1年後,可申請設立分行)。

表3 大陸方面金融服務部門的開放承諾

部門名稱	具體承諾
保險及其相關服務	允許臺灣保險公司經過整合或戰略合併組成的集團,參照外資保險公司市場准入條件(「532」申請進入大陸市場。)
銀行及其他金融服務(不包括證券期貨和保險)	1. 臺灣的銀行在大陸申請設立獨資銀行或分行,提出申請前應在大陸已經設立代表處1年以上; 2. 臺灣的銀行在大陸的營業性機構申請經營人民幣業務:提出申請前在大陸開業2年以上且提出申請前1年盈利; 3. 申請經營在大陸的台資企業人民幣業務:提出申請前在大陸開業1年以上且提出申請前1年盈利; 4. 臺灣的銀行在大陸設立的營業性機構可建立小企業金融服務專營機構; 5. 為臺灣的銀行申請在大陸中西部、東北部地區開設分行設立綠色通道; 6. 主管部門審查臺灣的銀行在大陸分行的有關盈利性資格時,採取多家分行整體考核的方式。
證券、期貨及相關服務	1. 對符合條件的台資金融機構在大陸申請合格境外機構投資者資格給予適當便利; 2. 儘快將臺灣證券交易所、期貨交易所列入大陸允許合格境內機構投資者投資金融衍生產品的交易所名單; 3. 簡化臺灣證券從業人員在大陸申請從業人員資格和取得執業資格的相關程式。

資料來源:兩岸ECFA附件四,商務部網站:
http://tga.mofcom.gov.cn/aarticle/e/201006/20100606995238.html

(二)ECFA的兩岸特色

ECFA固然在性質上屬於國際間通行的RTA,但由於兩岸政治關係與經濟關係的特殊性,使其必然帶有自身明顯的特色,而這一特色將深刻地影響今後包括兩岸金融合作在內的兩岸經濟合作。

1.簽訂協議的雙方主體定位彈性務實。

大陸與臺灣同屬一個國家,兩岸同胞是一家人,但目前兩岸的政治關係仍然是「國家尚未統一的特殊情況下的政治關係」,雙方的看法存在較大分歧。基於這一政治現實,兩岸簽訂ECFA的主體定位就有別於一般的區域經濟合作協議。國際上的RTA大多係國家與國家之間的協議,兩岸同屬一國,明顯不能適用。而另一方面,兩岸ECFA又不適宜直接比照大陸與港澳間的CEPA,因為CEPA是港澳回歸祖國、大陸與港澳的政治關係確定之後,在「一國兩制」基礎上,大陸作為國家主體與單獨關稅區香港、澳門之間簽訂的綜合性自由貿易協議。從兩岸現實出發,兩岸應以目前雙方已有的「九二共識」為基礎,務實、彈性地解決兩岸間

的定位問題。兩岸以「海協會」與「海基會」的框架簽訂ECFA，就較好地體現了這一精神。

2.ECFA不單純追求經濟利益。

現階段兩岸關係發展的主題是和平發展，這已是兩岸的共識，也是國際社會的普遍期待。兩岸簽訂ECFA，建立兩岸經濟合作機制，是加強兩岸經濟交流合作的客觀需要，也是構建兩岸關係和平發展框架的重要內涵。因此，作為經濟協議的兩岸ECFA，除了與其他區域經濟協議一樣，追求雙方經濟利益互利雙贏外，還應積極發揮促進兩岸和平發展的作用。在此背景下，兩岸ECFA特別關注兩岸民眾的實際利益尤其是臺灣民眾的利益，儘量減緩因ECFA實施所帶來的利益分配格局的改變對兩岸相關弱勢產業、弱勢群體造成的衝擊。

3.ECFA同時推進兩岸經濟關係的正常化與更緊密化的安排。

現階段兩岸經濟關係的特殊性突出表現在兩岸經濟關係尚未實現全面正常化。迄今為止，臺灣沒有遵循WTO規範，按入世時承諾對同是WTO成員的大陸消除貿易與投資障礙及開放市場，無論是在貨物貿易方面，還是在服務貿易及投資方面，臺灣對大陸都還存在諸多的限制。這一特殊性使兩岸ECFA與一般區域經濟協議主要致力於超WTO待遇安排、促進雙方經濟更緊密化不同，它要同時推進兩岸經濟關係的正常化與更緊密化的安排，以達到兩岸經濟互利雙贏的目的。不過，基於現階段兩岸政經互動的格局，不論是正常化還是更緊密化安排，比較務實有效的做法應是「循序漸進、逐步進行」。

（三）ECFA對兩岸金融合作的意義

如前所述，現階段兩岸金融合作與兩岸整體經濟合作一樣，迫切需要推進正常化與更緊密化安排以實現兩岸金融的互利雙贏，而兩岸ECFA的簽訂將為其提供難得的歷史性機遇。從較長期而言，ECFA文本中對兩岸服務業貿易協議的協商範圍、主要事項及推動的時間等規範，以及之後兩岸服務業貿易協議的實際協商簽訂，將對兩岸金融合作的深化發展產生全面而深刻的影響。而從較短期而言，金融業開放議題已經納入「早期收穫」安排，兩岸金融業者因此可以提早享受到市場開放的優惠利益，兩岸金融交流合作步伐將會進一步加快。不過，由於

兩岸金融服務業早期收穫清單明顯不對稱，現階段兩岸金融往來的不平衡性將更加被強化。值得一提的是，由於ECFA是以漸進的方式推動雙方的經濟、金融整合，其效應也將是在兩岸協商、實踐的過程中逐漸顯現。

三、ECFA下兩岸金融合作雙贏的思路

要使兩岸ECFA真正達到促進兩岸金融合作深化發展、實現兩岸金融合作雙贏的目標，探討ECFA後續金融協商所應遵循的原則就至關重要。由於雙方的利益與立場有所不同，只有根據兩岸金融現狀，綜合考慮雙方實際需求，才能有效突破目前兩岸金融合作面臨的瓶頸。總體而言，兩岸金融合作與兩岸整體經濟合作一樣，在本質上是互利互惠的經濟行為，兩岸金融往來與合作只有遵循市場經濟原則及規律，才可能持續健康地向前發展。因此，兩岸金融協商的首要原則應是平等互利，主要體現為符合WTO規範原則、雙向互惠原則等。而同時，基於兩岸關係的特殊性，兩岸金融協商還應充分反映兩岸特色，採取適度「讓利」原則、循序漸進原則等。

（一）符合WTO規範原則

如前所述，兩岸早已都是WTO成員，WTO下兩岸經濟交往與合作自然應遵守WTO的法律原則和有關規定，特別是應嚴格遵守「最惠國待遇原則」和「國民待遇原則」。大陸自2006年12月結束5年過渡期後，全面履行入世時關於對外開放金融業的承諾，包括臺灣在內的境外金融機構已能在大陸承諾的基礎上享有「國民待遇」。而臺灣方面則是在進入市場及「國民待遇」方面對大陸金融業採取差別歧視，至今不按入世承諾向大陸開放金融市場，從而造成兩岸金融往來明顯不對稱狀態，嚴重制約了兩岸金融互補性優勢的充分發揮。因此，在ECFA後續金融協商時臺灣有義務遵守WTO規則，改變其長期以來的對大陸經貿政策思維及做法，按照對WTO的承諾開放市場，給予大陸「最惠國待遇」和「國民待遇」，以體現WTO的公平互惠原則。

然而，在近來兩岸金融實際互動中，臺灣金融主管部門及主流輿論卻有一種模糊事實的論述，認為臺灣是以發達地區身分加入WTO的，其對金融市場開放的承諾標準高於大陸，如果雙方根據入世時的承諾向彼此開放市場，就會形成實質不公平。因此，兩岸金融「應依據『加權對等』或『實質對等』的原則進行協商，才能創造互利雙贏的結果」。換言之，大陸金融業進入臺灣市場不能比照外資權益，而要面對差別很大的歧視性待遇。但眾所周知，WTO成員的入會身分是以其經濟發展程度來確定的，以WTO為代表的國際經濟社會的通常做法是，發達經濟體應較發展中經濟體率先履行經貿活動自由化與更加開放市場的義務，因此，所謂兩岸按入世承諾向彼此開放市場會形成實質不公平的說法是站不住腳的，真正的不公平正是臺灣不履行WTO成員義務向大陸開放市場。事實上，臺灣在對外資開放金融市場時，並無發達國家及地區與發展中國家及地區之區分，僅僅是歧視性對待大陸。

（二）雙向互惠原則

長期以來，兩岸金融往來嚴重受制於政策因素而呈現「單向、不平衡」的扭曲發展。扭轉這種局面，促進互利雙贏，是當前推動兩岸金融關係正常化的重要任務。因此，ECFA後續金融協商要體現「雙向互惠」原則，而不應過於強調大陸對臺灣的「單向優惠」，從而造成兩岸金融往來不對稱狀態持續擴大化。基於兩岸金融往來的現狀，目前兩岸推動金融往來「雙向互惠」的內涵應首先是，臺灣方面遵守WTO的基本法律原則與有關規定，公平地向大陸開放金融市場，進而兩岸相互提供比WTO協議要求更優惠的條件，使兩岸金融合作更緊密化。

但是，臺灣金融主管部門與島內媒體輿論卻明顯存在著過度期待大陸單向「讓利」的心態。他們一方面希望臺灣仍然可以不按WTO規範，繼續維持對大陸金融業進入臺灣市場的歧視性限制，「兩岸金融三法」設置的高門檻就是其中典型表現；而另一方面則希望大陸超越WTO入會承諾，向臺灣提供比外資更加優惠的條件，讓其享受「超WTO待遇」。很顯然，這種心態不符合「平等互利」原則，無法體現合作雙贏的精神。

臺灣方面之所以對兩岸金融開放採取不對稱的立場，其主要理由之一是，兩

岸「金融機構的家數、資產規模,均有極大的差距,所以兩岸金融市場開放相互進入的條件,必須有衡平性的考量。」這種論述的邏輯表面上似有一定道理,其實則不然。兩個經濟體之間的經濟金融往來主要取決於互利互惠,兩岸金融規模的差距並不能成為臺灣特別限制大陸的正當理由。事實上,在臺灣金融市場對外開放中,並沒有對金融規模更大的美國、日本等做出特別的限制。

(三)適度「讓利」原則

如前所述,ECFA兩岸特色之一是不單純追求經濟利益,這就要求ECFA後續金融協商,在堅持上述平等互利這一基本原則的基礎上,還應體現兩岸特色,而採取適度「讓利」原則便是體現兩岸特色的重要內容。

所謂「讓利」是指在兩岸互動中一方犧牲某些權利與利益而給另一方較多的好處。目前,大陸方面對兩岸ECFA是採取明確而具體的「讓利」立場,「讓利」的對象主要為臺灣中小企業、基層民眾特別是農民朋友,以保護相關弱勢產業及弱勢群體的利益。這在兩岸貨物貿易早期收穫計劃中已充分體現。在金融業方面,大陸也有適當「讓利」必要,一方面,如前所述,大陸雖然早就按入世承諾向臺灣開放金融市場,但由於兩岸關係的因素,臺灣業者事實上處於劣勢競爭地位,如果大陸能提供一定超過外資的優惠待遇,將有助臺灣業者彌補部分流失的機會。另一方面,大陸廣大臺資企業具有強大而急迫的融資需求,倘若臺灣金融業能夠儘早進入大陸市場為其提供服務,對兩岸將是互利雙贏的。

然而,總體上在金融業方面大陸能對臺灣「讓利」的空間應是比較有限的。其中最主要的原因是,臺灣的金融業並非屬於需要保護的弱勢產業,事實上,其發展水平與競爭力總體上還高於大陸的金融業。臺灣「金管會」指出「以銀行業為例,臺灣的銀行在外匯業務、消費金融、衍生性金融商品、財富管理等業務,不但較大陸地區銀行具有競爭力,在金融創新能力及服務效率也高於大陸地區銀行,加上島內銀行業已經是一個高度競爭的市場,所以開放大陸地區銀行來臺設立據點,對本地銀行業者的衝擊應屬有限。」因此,在ECFA後續金融協商中,臺灣不應對大陸的「讓利」過度期待,而應更多地考慮改變兩岸不對稱開放的局面。此外,迄今為止,兩岸金融往來呈明顯不對稱格局,臺灣仍對大陸設有種種

限制，這也極大制約了大陸對臺灣「讓利」的空間。

總之，大陸在ECFA後續金融協商中，合情合理的做法是堅持在平等互利的基礎上對臺灣適度「讓利」。這種適度「讓利」可以表現在整體兩岸金融合作上的適當優惠，也可以體現為在特定區域給予臺灣特別優惠。

（四）循序漸進原則

具有兩岸特色的ECFA後續金融協商，除了應當堅持適度「讓利」原則外，還應堅持「循序漸進」原則。關於這一點兩岸已有較高的共識，目前需要進一步探討的是這一原則的具體內涵。

其一，循序漸進推進兩岸金融往來的正常化與更緊密化。如前所述，一般區域經濟協議主要是進行超WTO待遇安排，促進雙方經濟的更緊密化，而由於兩岸關係的特殊性使ECFA要同時推進兩岸經濟關係的正常化與更緊密化的安排。但在此過程中，兩岸經濟關係的正常化顯然更加迫切，特別是臺灣金融業發展較早、對外開放程度較高，更有條件加快步伐按照WTO入會承諾向大陸開放市場。

其二，循序漸進推進兩岸金融往來的正常化。儘管兩岸金融合作正常化十分必要與緊迫，市場條件也已具備，但基於現階段臺灣島內政治現實及兩岸之間互信尚不充分，仍難以一步到位。臺灣方面應積極作為，創造條件，採取逐步推進、漸進加快的方式，務實有效地促進兩岸金融往來的正常化。

其三，循序漸進推進兩岸金融往來的更緊密化。兩岸金融合作更緊密化安排在理論上應是兩岸相互提供比WTO協議要求更優惠的條件，但實際上主要是大陸提供臺灣金融業者在大陸市場享受比外資更加優惠的待遇。由於大陸金融業發展相對較晚，對外開放程度相對較低，這一安排做到「循序漸進」尤其重要。特別是大陸地域廣闊，各地區發展水平不均衡，差異性很大，再加上金融業本身的敏感性與風險性問題，短期內在大陸全面實施兩岸金融開放政策，事實上較為困難。比較穩妥的方式應是，採取「局部先行」策略，選擇地緣關係密切、已有較好對臺關係基礎的區域，進行兩岸金融開放政策安排的先行先試，在累積經驗、條件成熟後再逐步擴大到大陸各地。

四、現階段兩岸金融合作雙贏的路徑

基於上述兩岸金融合作的思路與原則，推動互利雙贏的兩岸金融交流合作的深化發展可以依循以下現實路徑。

（一）雙向開放，加快改變兩岸金融不對稱格局

大陸方面已按入世承諾向臺灣開放金融市場，兩岸金融雙向開放的焦點在臺灣方面。合情合理而又符合現實情況的做法應是，臺灣在ECFA下分兩個步驟漸進向大陸開放金融市場：

第一步：比照大陸已向臺灣開放的程度，逐步對等地向大陸開放。如前所述，自2006年12月起，大陸全面履行加入WTO時關於對外開放銀行業的承諾，外資銀行可在大陸承諾的銀行服務範圍內、並滿足大陸承諾中保留的資格條件的基礎上，享有國民待遇。大陸承諾的銀行服務範圍是：接收公眾存款和其他應付公眾資金；所有類型的貸款，包括消費信貸、抵押信貸、商業交易的代理和融資；金融租賃；所有支付和匯劃服務，包括信用卡、賒帳卡和貸記卡、旅行支票和銀行匯票（包括進出口結算）；擔保和承諾；自行或代客外匯交易。而大陸承諾中保留的資格條件主要是：外資在華設立金融機構的總資產要求、從事本幣業務的資格要求等。

臺灣可以比照上述服務範圍及資格條件的規範，逐步對等向大陸開放。

第二步：按照入世承諾，逐步公平地向大陸開放。前文提及，臺灣入世時對其金融服務業方面的開放承諾已提前逐步落實了，而臺灣入世近10年的實踐證明，金融業對外開放的負面影響十分有限。因此，臺灣應當放棄對大陸特別限制的做法，按照入世承諾逐步公平地向大陸開放金融市場（參見表4）。

表4　臺灣入世金融業市場准入的部分承諾

(1) 允許設立：商業銀行、外國銀行分行、銀行國際金融業務分行、外匯經商、信用卡機構及票券金融公司；

(2) 設立銀行、票券金融公司以及外匯經紀商金融機構必須為股份有限公司；

(3) 商業銀行：除經許可者外，同一人持有同一銀行之股份，不得超過其已發行股份總數之5%，且同一關係人持股總數，不得超過其已發行股份總數之15%；

(4) 外國銀行分行：外國銀行符合業績條件，或其資產或資本在全球銀行中排名前五百名者，可在臺灣申設其第一家分行；

(5) 銀行國際金融業務分行：國際金融業務分行不得辦理外幣與新臺幣間之交易及匯兌業務，且不得辦理直接投資公司股票及不動產業務；國際金融業務分行之客戶限於非居住民及辦理外匯業務之銀行；

(6) 信託投資公司：禁止新設；

(7) 外匯經紀商：投資外匯經紀商受下列限制：單一島內或島外金融機構投資之股權限於10%；金融機構以外之單一島內或島外投資者之股權限於20%。外國貨幣經紀商投資不受上述限制。

資料來源：《臺灣、澎湖、金門及馬祖個別關稅領域服務業特定承諾表及最惠國待遇豁免表》，2001年11月7日，臺灣「國貿局」網站，2010年5月20日查閱。*業績條件要求指外國銀行於前三歷年度與臺灣銀行及主要企業往來總額在10億美元以上，且其中中長期授信總額需不少於1.8億美元。

（二）局部先行，帶動兩岸金融合作深化發展

在大陸方面，現階段推動兩岸金融合作深化發展，除了在ECFA早期收穫清單內對臺灣金融業提供適當優惠外，重點應是在特定區域給予臺灣金融業特別優惠，以「局部先行」的策略逐步滿足臺灣金融業的需求。

從現實條件看，以福建為主體的海峽西岸經濟區是這一特定區域的最有利選擇。福建在兩岸經濟交流合作中具有獨特的地緣優勢，多年來包括金融合作在內的閩臺經貿合作的發展一向具有「先行先試」顯著特徵，福建在兩岸經濟整合中明顯地發揮了橋樑與紐帶作用。換言之，福建及海西區所擁有的基礎與條件使其在ECFA中所能扮演的角色能夠類似廣東及珠三角地區在CEPA中所扮演的角色。正是基於這樣的背景，2009年5月國務院發布了《關於支持福建省加快建設海峽西岸經濟區的若干意見》。該意見明確規定，在兩岸ECFA下（原稱兩岸綜合性經濟合作框架），允許福建在對臺交流與合作中，「採取更加靈活開放的政策，先行先試，取得經驗」。具體而言，福建對臺金融交流合作的先行先試，可以比照CEPA中相關待遇，在市場准入與業務經營方面採取更加開放的政策。

1.銀行業

（1）進一步放寬臺資銀行在福建設立分支機構的條件。採取個案審批辦法，同意臺灣銀行業不必設立代表處，而直接設立營業性機構；參考CEPA中相關待遇，把臺灣銀行業准入的總資產要求降至60億美元等。

（2）鼓勵臺資金融機構參股福建金融機構。對於臺資金融機構進入福建參股地方銀行，作為戰略投資參股，其單一及全體比例不受限於20%和25%的規定。同時，支持符合條件的企業、個人投資者，參股投資廈門銀行業機構。

（3）對進入福建的臺資銀行，給予放寬業務經營權限，不受從事人民幣業務資格條件的限制，可直接辦理人民幣業務，同時，也可以辦理新臺幣業務。

（4）對在閩設立的臺資銀行、臺資銀行分行、合資銀行及財務分公司等金融機構，其企業所得稅實行優惠政策。

（5）優先支持福建的商業銀行到臺灣設立分支機構。

2.保險業

在兩岸金融服務業早期收穫清單中，大陸已在外資保險業市場准入條件「532」規定方面對臺灣提供一定程度優惠，對福建引進臺資保險公司應進一步加大優惠幅度，如放寬臺資壽險業持股比例，允許其高於50%；並放寬福建臺資壽險業合作對象的限制等。

3.證券業

（1）給予有關臺灣證券業准入的優惠政策，對臺灣證券投資不限合資形式，或提高持股比例，不限制33%；

（2）在業務經營方面，開放臺資證券商的經紀、承銷、自營業務範圍，可從事A股經紀及B股自營。

（三）合作共建兩岸區域性金融服務中心

積極推進落實上述閩臺金融交流合作先行先試的措施，不僅會造成局部先行，累積經驗，進而帶動整體兩岸金融合作深化發展的作用，還將隨著兩岸金融

產業的集聚，促進兩岸區域性金融服務中心的形成與發展，為兩岸金融合作雙贏創造一個更廣闊的平臺與載體。事實上，國務院支持海西發展意見中已經提出建立兩岸區域性金融服務中心的目標，2010年6月國務院進一步確定「廈門發揮在體制機制創新方面的試驗區作用，擴大金融改革試點，建立兩岸區域性金融服務中心，先行試驗一些金融領域重大改革措施」。在此背景下，大陸方面還應在廈門及海西區循序推動兩岸金融合作其他領域更加開放的措施，如，擴大兩岸貨幣雙向兌換範圍；建立兩岸貨幣清算機制；開展兩岸跨境貿易人民幣計價結算；推動對臺離岸金融業務；設立兩岸合資的產業投資、創業投資和其他各類投資基金；設立區域性股權櫃臺交易市場（OTC），促進多層次資本市場發展；鼓勵與支持各類兩岸金融中介服務機構的設立，等等。

兩岸經濟合作協議與臺灣經濟發展

王瑋琦

壹、前言

美國學者Richard K.Betts表示，東亞有許多不滿正在惡化，比起冷戰時期，更有可能製造衝突，蓋冷戰時的兩極化，有助於壓抑地方爭議的升高。雖然，中共陸上邊界糾紛問題目前暫時緩和；但是，仍存在危險因子。自九〇年代起，中共國力的發展對亞太區域安全之影響，普遍受到世人的關注；因此，中國相關研究也成為重視之焦點。美國學者Hans J.Morgenthau認為從權力平衡理論的角度，任何一個國家的領導人均戮力追求其國家的優越地位，藉以立足於國際舞臺；所以，其在國際上的作為，是在維護、增加或者是顯示其權力。中共自改革開放以降，歷年來平均國內生產毛額年成長率達到百分之十，中國大陸已經成為全球第一外匯存底大國、第三貿易大國與第四大經濟體，近年來眾多外國研究機構預測中國大陸未來極能超過日本、趕過美國，成為世界最大的經濟體，故中共未來超日趕美成為世界第一等強國應是指日可待的。伴隨中共國力日漸壯大，在兩岸交流互動過程中，對臺政策之信心與靈活度也與日俱增。所以，臺海情勢發展向來是備受注目之焦點。

在陳水扁主政期間臺海兩岸安全情勢詭譎不定，時有山雨欲來風滿樓之勢，往往被世人認為在21世紀是極有可能爆發戰爭的地區之一。臺灣在歷經二次政黨輪替後，馬英九領導的政府強調要與對岸保持和平對話，「擱置爭議」成為兩

岸重新協商的基礎；此外，胡錦濤主席在十七會議中，倡議兩岸政黨談判，協商結束敵對狀態，達成「和平協議」。而且，當前馬英九提出「不統、不獨、不武」，有助於雙方關係之改善。

儘管臺灣與中國大陸關係逐漸和緩，兩岸貿易往來日趨緊密，馬英九於今年五月七日接受《華盛頓郵報》專訪時，對兩岸現狀表示，臺灣不預期在短期內獲國際承認；外交上的孤立臺灣可應付，經濟上的孤立卻足以致命。馬英九指出，由於各國相互簽訂自由貿易協定（FTA），貿易更為自由，相對於臺灣在主要外銷市場占有率則在下降，但ECFA洽簽後，無論是外人的資金或是臺灣人的海外資金，在兩岸關係改善增強投資動機下，進入臺灣的誘因將會增加，一旦大形勢改變過來，經濟會日積月累地成長，故ECFA是臺灣最重要的經濟合作協議。

當前馬政府重點是針對兩岸貿易、旅遊和政府間合作保持進展。因此，馬政府已經與大陸簽訂十二項協議，包含MOU、直航和放寬陸客來臺旅遊限制等，預計今年來臺觀光的陸客可突破一百萬人次。是故，洽簽兩岸經濟合作協議（ECFA）是政府戮力以赴的重大目標。美國前總統甘迺迪（John F.Kennedy, 1917-1963）曾在其總統就職演說中強調：「不要問你的國家能為你做什麼；而要問你能為你的國家做什麼。」（Ask not what your country can do for you；ask what you can do for your country）。職是之故，吾等在兩岸關係之十字路口上，深思未來兩岸關係之發展。緬懷過去、展望未來，希望提供兩岸政策之決策階層宏觀之觀察與微觀之探討，冀望對未來兩岸關係有更正面、積極之作用。

貳、臺灣經濟發展的問題

臺灣是一淺碟型經濟結構，內需市場狹小、自然資源較少、科技基礎薄弱，能維持適度的增長，靠的是市場的開拓。臺灣經濟發展的問題，如下所示：

一、內需市場狹小：臺灣經濟發展對外貿易依存度在1980年代高達95.6%，出口依存度也達47.89%。至1995年依存度雖降至81.6%，但出口貿易依存度仍

有42.36%。

二、科技基礎薄弱：臺灣產業升級雖有一定的成效，但關鍵技術對外依賴性較高，如積體電路晶片產量已躍居世界前列，然電路設計這一關鍵技術仍需依靠發達國家，工業技術自主開發能力不強的基本格局未改變。

三、財政狀況不佳：1970年代臺灣實現了收支盈餘，但90年代中期以後，由於採取擴張性財政政策，出現赤字。

2000年民進黨執政後，由於國際經濟的不景氣，財政收支赤字更形惡化，依據行政院主計處的統計，每年財政赤字約在2500億新臺幣。2005年底政府舉債已達3.7萬億新臺幣，2009年底債務總額占GNP的比重將逼近公共債務法的上限40%，達到39.1%，如果加上地方政府的債務即隱藏性債務，專家估計應占GNP的60%—70%左右。在股市方面，近幾年來一直維持在4000—7000點左右，由於股市低迷不振，全臺股民財富縮水1／3甚至1／2左右。2000年以來，政府採取了一系列的金融改革措施，但實際效果大打折扣。2006年政府接管臺東企銀、花蓮企銀、中華商銀，2007年金融、電信產業、有線電視市場，外資爭相收購，臺灣在全球化的趨勢下，2008年的金融海嘯風暴加速經濟與社會板塊大變動，M型社會儼然成型。政府面對的是如何以有限的資源解決金融風暴。總體來看，財政和金融方面的實質改善還有長遠的路要走。

四、政治的不穩定：自政黨輪替以來，臺灣的政局有二大特質。

（一）藍綠二元的政治勢力對立，造成不穩定的「雙峰社會」，所謂的北藍南綠的特殊政治環境，藍綠內部仍有深淺之分，2000年以來整個社會就陷入極端化、對立化的政治氛圍之中，中間選民只是沉默的一群。

（二）找不到共識的政治議題：

1.憲改是民進黨凝聚綠營基本盤的選舉策略；藍營則以維持現狀為訴求。藍營的「不統、不獨、不武」與綠營的「公投」、「正名」與「臺獨」，形同二條平行線，找不到交集點。

2.兩岸政策，兩岸議題是朝野競逐的主戰場之一，民進黨政治上推動「法理

臺獨」與「文化臺獨」；經貿上，則在「積極管理」的前提上「有效開放」，國民黨的馬英九則堅持「中華民國」與「九二共識」，反對「臺獨」，提議發署「兩岸經濟協議架構」，主張「五不、五要」，贊成兩岸直航，並以「連胡會」五項願景作為兩岸關係發展的路線。

21世紀世界經濟全球化是一個大趨勢，隨之而起的是經濟區域集團化。原因可從兩方面看，第一，全球資源短缺、生態失衡，僅靠世界自由市場配置資源，已證明有多種缺失，需要區域合作，共同協商解決問題。第二，面對占世界經濟總量1／4的美國與1／10的日本，其他國家只能以合作方式與之抗衡。

1990年代歐盟多數國家的政府對企業是持著嚴格的微觀管制，又有著健全的社會福利計畫，相對公平的所得分配及高稅收，凡此，影響了經濟上的國際競爭力，於是在全球工業國家組織各占一席的德、法、英、義捐棄前嫌，接受文化差異，克服重重經濟困難，改變幾百年傳統，達成統一貨幣，試圖建立歐洲共同市場推動技術和產業結構的變化。各個國家也採取一系列的政策措施，推動企業購併重組，發展高新技術，改革分配、福利制度等等，適應激烈的世界經濟競爭。此外，東南亞國協、北美經濟合作組織、拉丁美洲經濟體系，東非經濟共同體、西非經濟共同體相繼成立，目前，在世界貿易組織成員間簽署區域經濟協定的已超過200個，其中130多個是在1995年以後簽訂的。區域經濟的形成已是世界的大趨勢。

臺灣在2002年1月加入世貿組織（WTO），但世貿組織的杜哈回合談判已經陷入僵局。臺灣也是會員之一的亞太經濟合作會議（APEC）計畫實施的APEC自由貿易區也宣告失敗，目前雙邊自由貿易協定蔚為風潮，而臺灣卻常被排除在外，與臺灣簽訂雙邊自由貿易協定FTA的三個國家，都來自邦交國：巴拿馬、尼加拉瓜與瓜地馬拉，臺灣對名稱的堅持，曾扼殺了2002年與新加坡簽訂FTA的機會，也嚇退了其他東南亞國協（ASEAN）國家。1992年東南亞國協簽署的《東協經濟合作協定》，14年來影響日益明顯；2007年1月14日中國在菲律賓舉行的高峰會議，達成中國大陸與東南亞國協成員國之間的服務交易自由化，而臺灣被排除在外，雖然2006年臺灣仍是世界第16大貿易體。

2002年陳水扁主持「大溪會議」，以「深耕臺灣、布局全球」的經濟戰略來因應國際上雙邊自由貿易協定（FTA）的風潮，期望與美國、日本簽署貿易協定（FTA）作為「反邊緣化」和「去中國化」戰略的切入點，然美國布希政府與日本安進三首相都無意激怒中國，中國政府承認，除非美國率先簽訂，否則未來不會達成任何重大的雙邊貿易協定。以區域經濟發展的角度來看，中國大陸挾擁有龐大全球外匯儲備的優勢，與東協十加三（中國、日本、韓國）合作，即有可能造就「亞元」的誕生，為繼美元、歐元、日圓、英鎊的世界第五大貨幣，臺灣如何因應此種趨勢，不被孤立，是最大的課題。

從2000年至2007年，臺灣吸引的淨國際投資為負1074億美元。這不僅是臺灣資金大舉淨流出，也是伴隨著臺灣人才、技術與消費力的嚴重外流，結構性地侵蝕臺灣的國際競爭力，造成臺灣永久性與持續性的傷害。臺灣是一個海洋經濟體，臺灣必須融入國際經濟體系，必須運用臺灣在亞太經濟體系的優勢地位永續發展臺灣的經濟。然而，中國阻撓臺灣參加東亞經濟整合協定，使得臺灣無法利用東亞經濟整合的契機，反而要面對歧視的競爭壓力，更凸顯臺灣的市場狹隘，讓臺灣在吸引國際投資上陷入劣勢。

當前馬政府政策就是壯大臺灣，透過產業創新條例將臺灣打造成為亞太創新中心、亞太經貿樞紐，促成兩岸經濟協議讓臺灣貿易更為順暢，增加外商投資，減少失業，整體布局的思考，是臺海和平，降低戰爭可能性，確保臺灣安全。

參、簽兩岸經濟合作協議之重要性

臺灣在國際經貿市場最大的競爭對手南韓，於2009年與全球最大經濟區「歐洲聯盟」已完成自由貿易協定（FTA）的簽定，2010年「東協加一」正式運作；南韓陸續與他國簽訂FTA，日本強力倡議東亞共同體（東亞自由貿易區），凡此，著眼於經貿戰略需求考量，是其因應經濟難題主要策略之一，唯同樣的與日、韓同為貿易競爭對手的臺灣則倍感壓力；因此，面對日益嚴峻之國際經貿環

境挑戰，我方須秉持「危機極小化、機會極大化」之作為，積極融入各大區域經貿組織，始能化危機為轉機，再創經濟競爭力。

兩岸互補合作是由臺灣提供應用經驗，結合大陸製造能力和市場，將強化雙方競爭力。兩岸若能結合雙方優勢，國際競爭力將具優勢。

馬先生於2009年11月表示，兩岸經貿交流頻繁，為因應雙重課稅、關稅減讓以及可能的投資爭端，兩岸應簽署「ECFA」，在完整的架構下，維持交易秩序。馬執政以來，兩岸三地情況的發展，使得一些理念逐漸有實現的可能，馬政府非常重要的政策就是改善臺灣對外及兩岸的關係，讓臺灣有更好的發展機會。ECFA兩岸「經濟合作架構協議」，全名是Economic Co-operation Framework Agreement；與2003年中國和香港、澳門簽訂的CEPA「更緊密經貿關係安排」類似；然而，ECFA是專屬於兩岸一些經濟的互相開放，只適用於兩岸，可讓相關業者，進一步享受到獨家優惠，居有利的位置，卻又不違反WTO的精神。

2009年底江丙坤指出，過去三次江陳會談已基本解決大三通的通郵與通航問題，第四次江陳會談將聚焦在深化通商相關議題。除簽署兩岸金融監理備忘錄（MOU），針對ECFA將積極展開對話，並希望儘早簽署。MOU，是Memorandum of Understanding，中文翻成「備忘錄」，雙方對於彼此該做什麼事有相互的認知，是一種表達意向的基礎文件，我方金管會過去和三十九個國家簽訂MOU；兩岸簽署之MOU，只是意向表示；是一種原則性的宣示，包括：資訊交流、資訊保密、金融檢查、持續聯繫等合作事項。

由此顯見，馬政府採取加強與大陸經貿關係，作為臺灣融入區域經濟的重要策略。因為當大陸經濟崛起，亞洲成為國際經濟重要區域，臺灣要如何參與連結整個亞洲區域經濟，不致被邊緣化，不但是一個重大經濟議題，更直接關乎臺灣的生存與發展。

為強化臺灣國際競爭力，馬政府的「立足臺灣、兩岸分工、布局全球」的經濟發展政策，是以大陸世界工廠之優勢與廣大新興市場之能量，成為臺灣在經營國際空間上，從過去的阻力逐步成為助力。

以2008年為例，大陸出口至臺灣的貨品達新臺幣九千多億元，占進口總額

百分之十三,是臺灣第二大進口方,這些貨品共課徵新臺幣一百四十億元的稅收,占全部關稅收入的百分之十七;至於臺灣出口至大陸的貨品達到新臺幣二兆多元,而臺灣廠商繳給大陸的關稅是新臺幣一千多億元。

若兩岸簽訂ECFA,石化、紡織、機械等產品列入關稅減讓的早期收穫項目,臺灣雖然會減少三十八點八億元的關稅收入,但出口商卻相對不用支付共四百一十九億元的關稅給大陸,一來一往「少付為賺」的原則下,等於臺灣賺了三百九十億元,這讓臺灣出口商的降稅利益相對提高,也相對減輕關稅負擔,更能提昇出口的競爭力。

民進黨主席蔡英文把ECFA當作全面的自由貿易協定,並據此認為十年內要全面開放大陸產品零關稅進口,陸委會主委賴幸媛直指此為錯誤說法。賴幸媛將ECFA,定義為「具備世界貿易組織(WTO)精神下的特殊經濟協議」,認為ECFA是一個「小而必要的協議」,並不是大而全面的自由貿易協定(FTA),是具備WTO精神的兩岸特殊經濟協議;

從全球各國已簽署的兩百七十二個自由貿易協定而言,WTO並未規定會員在簽完FTA後,一定要在十年內完全開放市場,有些國家在簽FTA後十年內,連百分之五十的程度都沒有達到開放。所以賴幸媛強調,蔡英文的說法是不實的訊息,未來ECFA出現時,臺灣絕不可能全面開放大陸產品進口,這是馬政府談判的大原則。簡言之,ECFA就是要爭取中國大陸給臺灣產品免關稅待遇。免關稅讓臺灣產品更具價格競爭力,出口增加,則產業蓬勃發展,人民生活就會更好。

在全球自由化受阻後,如能掌握區域自由化或雙邊自由化,就能占有一席之地。近年來臺灣的出口全球排名日趨下滑,內部因素是政府產業政策、技術發展等政策的緩不濟急,外部因素則是臺灣近年難以參與區域經濟整合,貿易條件日趨惡化。2010年起東協加一已開始運作,全球的雙邊FTA簽訂也是快速展開,如果臺灣不能突破此困境,則臺灣以外貿為主的經濟,可能將江河日下。

一、國際FTA現況

根據中國商務部的統計,至2009年全球有266個FTA運作中,2010年已簽與洽簽中的尚有21件,如3/12泰國與澳洲FTA簽定,4月韓國與歐盟簽定。東亞國

家近年積極推動簽署FTA，運作中的FTA已由2000年的3個至今增加至58個。韓國已簽署的FTA計有美、印度、歐盟、東協、智利、新加坡等國家，日本所簽署的計有東協、墨西哥、智利、澳洲、韓國、印度等國家，中國大陸所簽署的包括東協、智利、紐、澳、南非等國家關稅同盟等。

目前全球涵蓋人口達3億以上的前三大FTA，第一大為歐洲經濟暨貨幣同盟（EMU），人均所得為2萬美元以上；第二大為由美國、加拿大、墨西哥組成的北美自由貿易區（NAFTA），其中美、加兩國人均所得遠高於墨西哥；第三大為與臺灣地緣位置最為接近的東協自由貿易區（AFTA），由印尼、馬來西亞、泰國、新加坡、菲律賓、汶萊、越南、寮國、緬甸、柬埔寨等十國組成。根據中國商務部的研究，歐、美等主要經濟體在其他國家或區域簽定自由貿易協定主要考量有以下主要因素：

1.地理位置相近；

2.產品互補；

3.以自我為中心。

二、國際FTA的合作經驗利弊

茲以美、墨、東協與中國及香港、中國簽定之CEPA檢驗期間的利弊。

（一）美墨（NAFTA）

北美自由貿易區（NAFTA）又稱美加墨自由貿易區，於1992年8月簽定北美自由貿易協定後成立，1994月1日年正式生效運作。（NAFTA）主要優惠條件是區域內99%的貿易產品享有10年的免關稅貿易、消除區域內跨邊界服務的主要管制。對墨西哥的影響效益為：

1.墨西哥對美貿易順差逐年增加。

2.墨西哥在簽定NAFTA後，1995—2000年間失業率較簽訂前顯著降低，但科技泡沫即中國加入WTO後，失業率再呈現回昇態勢。

3.經濟成長與海外直接投資（FDI），簽定後黃金五年，1996—2000年墨西

哥平均經濟成長率達5.4%，優於同期間全球平均成長率3.76%（IMF統計），亦高於簽訂前的水準。海外對墨國的投資較1990—2000年期間踴躍。

（二）東協加中國

根據中國商務部的統計，2010年1月起『東協＋1』將使中國與六個東協成員國（印尼、馬來西亞、泰國、新加坡、菲律賓、汶萊）之間90%以上的產品實現零關稅，中國對東協的平均關稅已從9.8%降到0.1%，東協6個成員國對中國的平均關稅從12.8%降到0.6%。2015年中國與東協成員國越南、寮國、緬甸、柬埔寨之間的貿易自由化也將同樣的水平。

東協加一的效益：

1.根據中國商務部統計，中國與東協間雙邊貿易的往來數量由03年的782億美元大幅成長至08年的2311每元，其中中國從東協進口額由03年的473億美元大幅成長至08年的1170億美元，關稅減讓及區域貿易的合作增加，也促使東協出口至中國的競爭力加強，僅08年對東協進口的商品減免將近36億美元。

2.初期東協對中國的貿易順差加大，但貿易協議更廣泛的實施後，東協對中國的順差開始縮小，而中國進口東協產品增速，平均優於同期間中國對全球的進口增速。

3.東協加一開始到金融海嘯發生前，東協國家的GDP年增率普便高於03—07年間全球GDP平均增速4.65%，同期間東協六國FDI流入也呈現逐年增加的情形。根據中國商務部統計中國對東協的投資從2003年的2.3億美元成長到2008年的218億美元，將近9倍。

（三）香港——中國CEPA（更緊密經貿安排）

CEPA是中國與香港行政特區於03／6／29簽署，CEPA的主要內容及主要產業在服務業部門，以其進程看分為六部曲：

第一步為逐步開放中國各城市人民旅遊；

第二步為開放專業證照取得；

第三步為開放部分服務業人員交流；

第四步為逐步開放人民幣業務及保險業務；

第五步為逐步實施貨物零關稅；

第六步開放法律、金融、建築等業進入中國市場。

自2004年1月1日起，香港產品（涉及電子、食品、藥品、紡織品等），符合原產地規則進入中國時，可享受零關稅優惠。03年起至今，中國香港就CEPA以簽署六份補充協議，對香港擴大服務貿易市場准入的範圍及取消了許多限制；在投資部份，香港資金可更自由的進入大陸，如04—06年間香港增加服務業、製造業3億及48億港幣投資；中國方面則增加了92億港幣投資；就業機會，香港增3.6萬人就業機會，中國增加1.6萬人就業機會，CEPA使香港與中國經貿往來更加密切。

盱衡情勢，臺灣外貿環境更處劣勢。ECFA雖不一定可保證臺灣的外貿一帆風順，唯可讓臺灣突破被邊緣之困境。ECFA的簽署不完全確保臺灣與他國簽署FTA暢行無阻，但如果沒有ECFA臺灣可能面臨四面楚歌之窘境。再則中國（含香港）出口額占臺灣出口總數已超過40%，因此，與中國洽簽ECFA應是目前東亞區域整合過程中臺灣不可缺少的競爭環節。

根據中華經濟研究院的報告指出，若臺灣無法參加東亞區域整合，則可能對臺灣經濟有負面的衝擊，在GDP總量及貿易數量上將下滑，並將使臺灣的貿易順差及社會福利同時減少。倘若，臺灣再不能進入區域自由化或雙邊自由化的領域，臺灣等於在區域或雙邊經濟版圖中就被邊緣化，等於被迫鎖國；因此，面對全球多邊貿自由化的浪潮，須戮力突破區域經濟整合的困境。往昔，臺灣尋求與其他國家簽署FTA，唯進展有限；迄今僅與巴拿馬、瓜地馬拉、尼加拉瓜、宏都拉斯、薩爾瓦多等五個中美洲國家完成簽署。但這些國家原本就是邦交國，且對臺貿易額比例不及臺灣貿易總額的0.2%，而與其他國家，則履履受挫；揆厥所由，係其主要問題是中國的介入與反對。臺灣的主要貿易夥伴均不是邦交國，過去臺灣要洽簽FTA時，往往因顧忌中國的反對而裹足不前；例如，臺灣和非邦交國談FTA進度最好的是新加坡，是在臺灣的名稱問題上而拖延至今。

肆、兩岸經濟合作協議對兩岸關係之影響

一、簽兩岸經濟協議俾利兩岸經貿關係朝互利互補的方向發展

隨著全球化經濟的深化發展與中國大陸經濟力量的崛起，因此經濟制裁手段也開始成為對外交往與對付臺灣的重要工具，大陸所建立或參與的區域經濟組織，包括「東協加一」、「東協加三」等，都是臺灣至今無法參與的自由貿易協定，導致臺灣在區域經濟的邊緣化，削弱對外貿易競爭能力與整體經濟力量。另一方面，大陸經濟力量的壯大，臺北對北京在經濟貿易的依賴亦隨著加深，此一情況不僅有利於促進雙方政治發展，一旦必要時更能成為對臺獨的經濟威懾力量。

自2008年6月第一次江陳會登場正式宣告兩岸交流往來正常化以來。當前，在馬英九的兩岸政策下，臺海戰爭的可能性似乎極小，現今中共的政策是以和為貴；美國學者Shelley Rigger指出，陳水扁與民進黨走臺獨冒進路線是行不通的；馬英九改弦易張正進行一項實驗，是否能行尚不得而知，但帶來新的憧憬與想像空間。臺灣是出口導向的經濟體，與主要貿易夥伴洽簽自由貿易協定（FTA），是維持經濟命脈重要選擇，現今美國政府樂見兩岸加強經貿合作、改善關係，美國商會認為該協議對臺灣是利大於弊，且符合美國利益，美國政府與美國商會都公開表示支持。有關兩岸經濟合作架構協議（ECFA）的利弊得失，透過兩岸經濟協議，許多國際企業將會重新看到臺灣的地位與價值，針對臺灣內部對於兩岸經濟協議的疑慮，中國信託金控首席經濟顧問劉憶如表示「從貿易開放的角度來看，兩岸經濟協議是我們唯一的路，雖然它的確會有許多風險與困難，但過去我們都能一一克服，許多國際研究機構都看好臺灣的經濟成長率為亞洲四小龍之首，我們應該要有信心」。

執政的國民黨特別重視ECFA有關弊的部分，對若干產業的衝擊，祕書長金溥聰說「利弊都要說」。對可能受衝擊的產業將量身訂做因應措施，讓受影響者受到補助以求產業升級。例如，以高科技登陸管制為例，謹慎保守為原則，「早期收穫清單」是以受東協與中國大陸自由貿易區受直接影響的產業項目為主，之

後再按部就班,不會一步到位!」

臺灣農民擔心ECFA開放中國農產品來臺;陸委會副主委高長表示,目前大陸有八百卅幾項農產品禁止進口,2010年3月底與中國大陸協商時,雙方均達成共識不會開放;目前進口的一千四百多項農產品,不調降關稅;不涉及統獨及政治,為提升臺灣經濟競爭力,兩岸經濟協議是小而必要的經濟協議。

在全球化環境變遷下,兩岸關係已從昔日緊張對峙,邁入良性互動發展之時期;為兩岸長期和平與發展,臺灣方面必須採取新思維、掌握兩岸關係發展的脈動和契機,促使兩岸關係新局之開展。往昔兩岸經貿互動雖然密切,唯臺商大多以大陸為製造基地的布局,在臺灣政策的限制之下,臺商與在臺跨國企業難以充分發揮優勢;兩岸倘若能充分運用產業價值鏈之互補優勢,以臺灣產業的高生產效率、優越的管理、研發與商品化能力及完整供應鏈體系,搭配中國大陸充沛的人力資源與廣大消費市場,得以提高兩岸產業在全球市場中的競爭力,進而掌握主導制定國際標準的潛力,俾有效協助臺商「以大陸為市場」,積極與全球接軌;臺灣經濟部次長梁國新強調,希望在ECFA架構下,達到產業合作的戰略考量,即協助臺商把以往「以大陸為工廠」的發展方向,調整為「以大陸為市場」,與大陸進行品牌及通路的合作。以下將簽署ECFA對臺灣之效應構表如下:

表一　簽署ECFA對臺灣之效應一覽表

模擬情境	原始就業人數	情境一 維持農工管制現況已開放之農工產品自由化大陸貨品全面零關稅		情境二 維持農業部門管制且不降稅工業部門解除進口管制且自由化大陸貨品全面零關稅	
		變化率(%)	量化量(人)	變化率(%)	量化量(人)
合計	10100720	2.6	257286	2.6	263100
農業(1–32)	716218	1.7	12288	1.7	11951
製造業(33–112)	1890890	1.4	25961	1.5	28105
服務業(113–161)	7493612	2.9	219037	3.0	223044

說明:各產業就業人數由主計處2006年僱用表推估而得。

資料來源：中經院「兩岸經濟合作架構協議之影響評估」，引自李樑堅，「ECFA簽訂對產業造成之衝擊及影響」，載於98年度兩岸政策論壇（南部地區）計畫─ECFA產業會議論文集（高雄：義守大學），頁31。

馬英九指出，兩岸關係逐漸和緩，與日、美及歐盟等其他國家也恢復高層的互信，未來若與中國大陸簽署「經濟合作架構協議」（ECFA）後，在國際上，大陸的阻力會減少，其他各國也會比較願意與臺灣簽署經濟合作協定；如果能與中國大陸在ECFA有所突破，臺灣與其他主要貿易國簽訂FTA（自由貿易協定）的機會會較大，畢竟臺灣的出口占GDP的百分之六十四，如果這方面不能克服，對臺灣未來的貿易會有非常大的負面影響。

兩岸資金、人才、市場皆已具備，應合力在多領域上超越歐美，尤其兩岸正緊鑼密鼓在談ECFA，兩岸不僅要相互扶植，在全球經濟從衰退振興之際，雙方都要扮演重要角色。雙英辯論後，多數臺灣民眾支持簽署ECFA；對此，大陸國臺辦主任王毅在南京表示，「這是好事」；ECFA本身對兩岸皆是好事，雙方簽署該協議，是為了最大限度實踐兩岸優勢互補，創造互利雙贏。

臺灣有40%貿易逆差來自中國，簽訂ECFA也是市場選擇；既然，兩岸ECFA是臺灣打開國際經貿空間的關鍵，面對中國崛起，如何在ECFA架構下為臺灣未來的產業發展取得最大競爭優勢和利益，應是臺灣朝野共同努力的方向。

二、簽兩岸經濟協議可讓臺灣避免被「邊緣化」

由於，WTO杜哈回合的多邊貿易談判卻陷入膠著，毫無進展。隨著多邊貿易體系的式微，區域貿易結盟與雙邊貿易協定相繼而起。至今全球已經簽了二百七十二個FTA，2010年一月一日起東南亞國協與中國的「東協加一」自由貿易區上路，規模僅次於歐洲聯盟與北美自由貿易區。兩年後，日本與南韓還會加入，形成「東協加三」的格局。

全球貿易互動的改變，在政治因素阻礙下，外國不願意與臺灣簽署雙邊貿易協定，使得臺灣在全球自由化的競爭中相對處於劣勢，致使如今臺灣產品不論輸往東協、歐洲、美國、南美所須擔負的關稅，均較那些彼此簽署自由貿易協定的國家來得高。

東亞國家近年紛紛推動簽署FTA，韓國已簽署的FTA計有美、印度、歐盟、東協、智利、新加坡等，日本所簽署的計有東協、墨西哥、智利、澳洲、韓國、印度等，中國大陸所簽署的同樣也包括東協、智利、紐、澳、南非關稅同盟等。面對如此情勢，臺灣外貿環境更處劣勢。

在全球化的浪潮下，應該沒有經濟體會自願從全球自由化的舞臺中退卻，但是由於政治因素，有些經濟體卻被全球自由化所孤立。從二2000年到2008年，亞太地區簽了五六個自由貿易協定，只有兩個經濟體不在其中，一個是北韓，一個是臺灣。北韓是自願選擇鎖國，臺灣則是被迫鎖國。其原因是中國大陸的因素，這也是地緣經濟與地緣政治的必然。誠如，經濟部政務次長林聖忠表示，目前兩岸都是世界貿易組織（WTO）會員國，但在經貿上仍有眾多限制，基於中國大陸是臺灣目前最主要的出口對象，出口至大陸的產品平均要徵百分之九的關稅，如果不能和主要貿易對象簽訂自由貿易協定（FTA），臺灣產品出口價格勢必較高，無法與中國大陸內需產業競爭，再加上中國大陸與東協已大幅排除非關稅貿易障礙，臺灣產品的競爭力勢必較為弱勢。

誠如，臺灣經濟部政務次長林聖忠指出，臺灣與中國大陸簽署「兩岸經濟合作架構協議（ECFA）」有其必要，在全球貿易自由化趨勢下，簽署兩岸經濟協議除可降低關稅、減少非關稅貿易障礙外，並能避免臺灣在亞太經濟區域整合的過程中被「邊緣化」，進而吸引跨國企業來臺投資的意願，解決投資與勞工就業的基本問題。

三、兩岸完成經濟協議，有利臺灣未來與他國進行貿易談判

馬英九曾對外籍駐臺媒體說明，當臺灣與主要貿易夥伴洽簽FTA時，「對方建議我們先去跟中國簽，他們要先觀察中國的行動！」故兩岸簽署協議後，有助於我和他國簽署自由貿易協定。馬英九指出，他親自帶領自由貿易協定（FTA）小組，主導與各國洽簽FTA；基於兩岸關係趨於和緩，因此簽ECFA有助臺灣與其他國家簽署自由貿易協定，並能促進區域和平，同時呼籲中國大陸不要阻撓。中國國臺辦主任王毅表示，臺灣與其他國家簽署FTA，「對大家都有好處」。由此觀之，臺灣與其他國家積極推動自由貿易協定的簽定，中國表達正面態度，這

對臺灣未來與他國簽訂FTA的談判籌碼更為有利,並或可加強與其他國家的簽署進程。中國在兩岸關係的發展上,願意釋出更多善意,在「外交休兵」、臺灣獲邀出席世界衛生組織年會、兩岸加強交流及簽署ECFA之後,中國還能放手不再干擾臺灣對外簽署FTA的努力。

當前亞洲區域經濟整合,較成功的模式是「東協加N」的模式,也就是東協加一、加三或加六,其重點是東協為軸心。如果臺灣只和中國大陸簽ECFA,而無法和其他國家簽FTA,則無疑臺灣會被中國大陸經濟統合而邊緣化。然而,臺灣的被邊緣化,不利於亞洲地區的安全與穩定,也不符合美、日的國家利益。如只有中國與臺灣簽訂ECFA,對中國大陸無疑如虎添翼,而東協恐有淪為邊陲之虞,故東協為本身利益和亞洲整體的利益,也需要與臺灣簽FTA。

基於前述,兩岸ECFA應該可帶來其他國家和臺灣簽FTA。如果臺灣只能和中國大陸簽ECFA,其結果是美、日和東協應不會坐視ECFA後臺灣的被邊緣化,而會和臺灣簽FTA。

四、簽訂ECFA有助穩定兩岸關係,並符合美國利益

臺灣是出口導向的經濟體,與主要貿易夥伴洽簽自由貿易協定(FTA),是維持經濟命脈重要選擇,現今美國政府樂見兩岸加強經貿合作、改善關係,美國商會認為該協議對臺灣是利大於弊,且符合美國利益,美國政府與美國商會都公開表示支持。美國政府對兩岸簽署該協議一直抱持樂觀其成的態度,如美國在臺協會(AIT)臺北辦事處處長司徒文也曾表示,AIT歡迎臺海兩岸更緊密的經濟合作,如此才可便利商業合作、促進安全。因為美國知道,兩岸關係改善、兩岸經貿關係的拓展與制度化,有助亞太局勢的穩定。美國與大陸都是臺灣主要的貿易夥伴,臺灣會努力拓展與美國與大陸的貿易關係,因為臺灣與大陸改善經貿關係,將有助臺海穩定,符合美國利益。

美國在臺協會前任理事主席卜睿哲在出版的《臺灣的未來:如何解開兩岸的爭端》中文版序言強調,馬英九自2008年就職以來的作法,正是創造臺海穩定秩序的努力;他說,單是追求穩定,在民主的臺灣已經夠難,但如果能做到,穩定不僅符合兩岸雙方的利益,也符合美國的利益。

五、臺灣的弱勢產業與族群可能遭受的衝擊

依據中華經濟研究院的報告（其研究報告是假設貿易全面自由化、農工產品關稅全降下），受損產業為部份電機及電子產業、蔬菜及水果、運輸工具、木材製品、成衣、其他。

臺灣經濟部次長林聖忠指出，目前臺灣與中國大陸已進行數次兩岸經濟協議的正式協商，並探討臺灣「早期收穫清單」，確認中國大陸農產品進口項目不會增加，對臺灣傳統弱勢產業和大陸勞工來臺等問題，已有共識，即兩岸經濟協議不涉及勞工議題。

林聖忠強調，兩岸經濟協議是增進雙方的經貿與投資實質關係的開始，也是加入亞太區域經濟整合的第一步，為因應自由貿易帶來的衝擊，經濟部依個別產業特性及遭遇問題啟動十年九百五十億元的配套措施，分別進行「振興輔導」、「體質調整」、「損害救濟」等協助，臺灣加入世界貿易組織（WTO）時，針對農業編列了一千億元預算，期能將產業傷害降到最低。

ECFA決不是萬靈丹，哪些產業要開放、哪些要保護，都需要相當的磋商過程，簽了也不見得保證讓貿易突飛猛進，但在自由貿易區塊紛紛成形的時代，沒有它，可能會失去很多機會。因此，臺灣如果不能盡快尋求進入自由貿易集團的管道，很可能會在全球競爭中落入邊緣地位。

兩岸簽署ECFA固然有助貨品、資金、技術的流通，臺灣人民期望臺灣在改善兩岸關係後，能進一步加強國際化，而不是被吸納到中國經濟體系裡，逐漸失去自主性，離國際社會也愈來愈遠，增加人民的不安全感。如果政府能與其他國家簽署FTA，當然有助於開拓更多貿易商機，此外還可以產生平衡效果，一方面降低對中國市場的依賴，一方面也化解民眾的不安。

六、兩岸經濟協議不會損害臺灣主權

對於民進黨主席蔡英文以香港和大陸簽CEPA（大陸與香港更緊密經貿安排）有許多後遺症為例，馬英九回應說，ECFA不是CEPA，不會有任何「一個中國」、「一國兩制」、「和平統一」等政治語言，臺灣不是港澳；ECFA是單純

的經濟協議，與統獨無關。

　　面對在野黨、地下電臺與部分團體聲稱，簽訂ECFA臺灣會喪失主權，高長指出，過去和大陸簽訂十二項協議「有喪失主權嗎？」高長說，喪失主權說是恐嚇民眾、不負責任的說法；有人擔心和大陸簽訂ECFA，臺灣「會被大陸吃掉」，高長表示歐盟會員國使用一種貨幣歐元，相當於經濟上是同一國家，但政治上仍是各自存在的國家，沒有被吃掉的問題，臺灣和大陸經濟上合作經濟效益會提升，政治上沒有被吃掉的疑慮。

伍、兩岸經濟合作協議簽訂後臺灣應有之經貿戰略

　　現實主義的論點而言，任何國家為維護、增加或顯示本國的權力，必須有近、中、長程的國家戰略或計畫，俾資肆應未來國際局勢的發展。戰略是一個選擇的問題（problem of choice），如欲擬訂為明天設計的戰略（Strategy for Tomorrow），必須對未來作求全求善的選擇與判斷。美國學者柯林思（John M.Collins）指出，戰略係在所有環境之下，運用國家權力，透過威脅、武力、間接壓力、外交與其他手段控制對手，以達到國家安全利益和目標的藝術和科學。美國學者杭廷頓（Samuel P.Huntington）認為，國家戰略係一個國家對於生存及發展的競爭者，規劃設計國內及外交政策，以達成國家目標；任何成功的國家戰略規劃都必須結合經濟、政治和軍事等方面。另一學者Golbery C.Silva認為國家安全在政府的掌握與指導下，應至少包含四大戰略，即政治戰略（Political Strategy）、經濟戰略（Economic Strategy）、心理戰略（Psychological Strategy）與軍事戰略（Military Strategy）。兩岸經濟合作協議簽訂後臺灣應有如下之經貿戰略：

　　一、臺灣與他國FTA與兩岸ECFA，須同時進行相輔相成

　　對美國而言，臺灣擴大與大陸經貿，將使臺灣經濟更多元，有益區域和平、穩定、繁榮，所以符合美國的外交政策。因此美國應協助臺灣朝此方向努力，且

「第一步是與臺灣簽署自由貿易協定」，如此可號召其他國家做效。兩岸磋商EAFA，目的之一是讓臺灣能與東協各國簽訂協議，以確保臺灣在東協各國市場利益；但這點還要看兩岸關係如何。因此臺灣應爭取其他選項，特別是著眼於快速成長的經濟體如印度，印度科技可能不需要臺灣，但服務業能提供臺灣大量投資機會。像十五年前的大陸，印度可能有十年榮景，每年經濟成長率達12%、13%，對臺灣而言，機會無限。

臺灣企業與外商企業建議臺灣要簽訂經濟整合協定的優先對像是中國，其次才是美國、歐盟、東南亞與日本。換言之，臺灣如要藉由中國的市場，較易達到「臺灣全球化」之目標；「中國化」與「全球化」是相輔相成，而不是互斥與對立。

同時，臺灣要活用中國市場與生產資源，以提升臺灣在全球經濟競爭的優勢與促進臺灣經濟發展的全球化。但在策略上，臺灣應該交互利用美國與中國之政治槓桿，同時完成臺美與兩岸經濟整合協定，以維護臺灣的經濟自主性與克服中國障礙因素，進而再與主要經貿夥伴建構經濟整合體制。這樣才能極大化臺灣的區域經濟整合效益。

今年起東協加一已經開始進行，全球的雙邊FTA更是快速成長，當務之急，借鏡南韓的發展策略，加強與歐美日先進國家的經貿關係，積極洽簽FTA，以取得新的商品生產技術，以及品牌與行銷管道，同時增進我對外經貿關係。

經濟是臺灣發展的命脈，而國際化是臺灣經濟發展的最高指導原則。在全球化和區域經濟化下，和其他國家特別是東亞地區國家簽自由貿易協定（FTA），對臺灣有利。國民黨欲利用由中國而走向世界；民進黨則主張先由世界再走向中國。目前和臺灣已簽署的FTA僅中、南美洲巴拿馬、瓜地馬拉等五個國家，占臺灣對外貿易只有百分之0.18。所謂由世界走向中國的策略顯然受到極大限制，其關鍵在中國。2002年6月，中國外經貿部長表示：「凡是跟中國建交的國家，同臺灣展開經貿關係，一定要遵行一個中國的原則。這些國家如果跟臺灣簽訂自由貿易協定，必然會給他們帶來政治麻煩。」因此，兩岸簽署ECFA，能否使臺灣也能和其他國家簽FTA，是臺灣朝野爭辯的癥結所在，也是支持與反對ECFA主要

理由。事實上其他國家要不要和臺灣簽FTA，主控權在他方，不在臺灣。馬英九在4月的政策辯論會上宣布將親自加速推動臺灣洽簽FTA，並呼籲大陸「不要阻撓臺灣洽簽」。

施顏祥表示，在洽談兩岸經濟協議的同時，經濟部也與其他主要貿易對手國進行洽簽FTA工作。根據目前我方與很多國家接觸的經驗來看，各國都分別透露，只要兩岸情勢和緩，極有可能與臺灣完成FTA簽署。也就是說，如果兩岸完成簽署兩岸經濟協議，未來幾年內，一定會完成與其他國家簽署FTA。

二、臺灣須藉由ECFA以提昇臺商競爭力，以求布局全球

我方的競爭力在鄰近國家地區中，迄今仍在新加坡、日本及香港之後，其他國家則是窮追不捨，國際激烈的競爭環境，又處於十倍速的時代，進步緩慢者均會被進步快者超越淘汰，遑論後退或原地踏步者。華府智庫「傳統基金會」政策研究報告指出，臺灣經濟出路之一，在於擴大與中國大陸的合作，唯已晚十五年。於今之計，除兩岸間的ECFA外，臺灣也不妨放眼印度，同時美國也應與臺灣簽署自由貿易協定。

美國傳統基金會研究員Derek Scissors曾指出，1980年代，中國迫切需要臺商這樣的中介與世界接軌；兩岸經貿自由化若在十五年前就開始，臺灣獲益將十分巨大；如今兩岸更加開放當然值得追求，同時臺灣也需要其他改革，視野也應超越兩岸。因為，中國很快就成為全球第二大經濟體，甚至再一代，就成為全球最大經濟體；而且，中國成功走向全球化，將使臺商機會愈來愈少。

馬英九希望把臺灣打造成全球創新中心、區域的經貿樞紐，臺商的營運總部，及外資的區域總部，「全球創新中心已逐步落實，《產業創新條例》就是一個重要的步驟；但成為區域經貿樞紐，簽ECFA是重要一環！」。ECFA的簽署也並不保證臺灣從此與他國簽署FTA開了綠燈，但是沒有ECFA可能連開綠燈的開關都找不到。簡言之，ECFA只是臺灣經濟自我拯救的一個開始。

ECFA可使臺灣成為外商布局中國大陸的捷徑外，促進臺灣中小企業與日本等先進國家的商機，藉由技術合作或策略聯盟等方式，融合雙方優勢，提昇臺灣產業在中國大陸與印度等新興市場的競爭力，創造雙贏利基。

馬表示，過去十年外商來臺投資很少，薪資降低，失業率上升，必須簽訂ECFA，才能對大陸的外銷增加，亦可增加就業機會；馬親自領軍自由貿易小組，以拓展對其他國家的自由貿易協定（FTA），政府會強力推動，以此布局全球。

三、臺灣政府須補助輔導弱勢產業、協助產業升級

馬表示，兩岸經濟協議簽訂後，除了臺灣對大陸外銷以及就業機會將增加外，更重要的是在臺灣的外資均普遍表示，如果簽了後他們願意加碼，其他外商也將會來臺投資，屆時臺灣將成為亞太經貿樞紐，因為在臺灣投資有助於這些廠商將產品外銷到世界第二大的外銷市場中國大陸，這都可以幫助就業。據中華經濟研究院估計，如果全面實施之後，將會增加就業人口二十六萬人。馬並指出，如果未來有廉價商品進到臺灣，島內可能會有一些競爭力較不夠的產品受到影響；對此，勞委會已做了完整研究，約有十七項產業，八萬名勞工受到衝擊，這八萬名勞工不是失業，而是薪資或福利會受到影響；經濟部也編列了十年九百五十億元預算保護可能受到影響的勞工，其中勞委會就有三百六十五億元，希望把衝擊降到最小，因此，整體而言絕對是利大於弊，這也是政府拚經濟、拚就業很重要的一環。

馬指出，我們仍要努力增加外商在臺加碼投資，據調查，一千多家外商表示，如果未簽訂兩岸經濟協議，大概有百分之二十幾的外商將離開或者不會選擇加碼，但是一旦簽訂，會有百分之三十幾願意加碼，這也是改善臺灣情況重要的一步。李桐豪也說，貿易開放和自由化是臺灣在世界生存的機會，兩岸經濟協議更是基本要件。他並以臺灣加入WTO後的農業為例，政府過去三年每年都要花費一百二十億元幫助農民，民國一百年還要編更多相關預算，因為臺灣的產業結構已改變，不簽兩岸經濟協議，並不代表產業不會受到衝擊，問題癥結在於政府有無能力處理開放過程中受到傷害的產業。

馬積極推動ECFA，但稱ECFA的自由化程度及時程完全視兩岸談判而定；不一定要達到90%，也不必在十年內完成，有其他FTA為例。墨西哥的低自由化是北美自由貿易協定生效當年的數據，過渡期後墨西哥對美、加貿易高度自由化。

大陸與巴基斯坦亦然，雙方協議在第二階段使不低於90%的貿易自由化。日本將農業排除於自由化外，但與新加坡的雙邊農業貿易不及總貿易量的2%；以貿易量計，其自由化比例仍高於90%。

四、臺灣需要安內攘外的雙軌經濟戰略

2005年以來臺灣在多項競爭中已為韓國擊敗，21世紀不同於20世紀，大陸儼然成為亞洲地區的「大哥」（此為菲律賓總統艾若育的説法）。臺灣以降低關稅、移除貿易障礙因應，並無法改善臺灣被排除在東協之外的命運，多年來的堅持，可能很快為印度、巴西、韓國取代；在區域經濟的競爭中，運用與大陸文化差異不大，且同文同種的優勢，應有機會再度昂首。

目前，臺灣正處於又一次重要轉型期，本身亟待解決的問題有產業空洞化；及由工業化社會向後工業化社會轉變，服務業正面臨著拓展外需市場和強化國際競爭力的壓力。若從區域經濟角度看，又面臨在國際產業分工中的重新定位，以及如何避免在區域經濟發展中被邊緣化的問題。

若臺灣朝野有共識，願在低度的經濟成長狀況下，致力追求民眾快樂指數，如不丹，閉關鎖國無損人民的快樂，上述的現象，將不成為臺灣的經濟、社會問題；但若欲追求有若丹麥水平的快樂指數，則順應亞洲區域經濟發展的趨勢，是臺灣理性的選擇。因此，臺灣需要有以下的雙軌戰略。

（一）為避免產業空洞化和競爭力下降，成為亞洲區域經濟發展中的成員是必要的條件。2003年10月7日中國國務院總理溫家寶和日本首相小泉以及韓國總統盧武鉉在峇厘島舉行中日韓領導人第五次會談時，研擬建立中日韓自由貿易區問題；此外中國預定在2010年簽署中國－東協經濟合作框架協議。不可諱言的，任何經濟體都不能忽視中國的市場。在中國大陸積極的介入東北亞與東南亞的經濟行為之下，如何成為東亞區域自由貿易協定的成員，為當務之急，基於九二共識的原則，臺灣應有積極發揮協商的空間。

（二）善用兩岸經濟關係的特殊形式，即「官方授權、委託或默許、民間代理」式的制度安排，建立共同經濟圈。

1992年，兩岸在新加坡「辜汪會談」達成了所謂的「一中各自表述」原則，並各自成立了「海峽交流基金會」和「海峽兩岸交流協會」的民間社團，授權這兩個協會處理兩岸各項交流的相關事宜，如文書認證及溝通協商兩岸交流中的各種問題。這是一種官方以民間身分接觸的協商機制。1994年中國公布《臺商投資保障條例》，本可在此條例基礎上，兩岸為臺商建立投資保障協定，維護我臺商在中國投資的權益，對臺商根留臺灣或臺灣經濟穩定發展都有相當的貢獻。

　　目前仍在進行中的還有官方授權（或委託）及參與的民間專業團體協商機制。自2002年始，為協商春節兩岸客運包機事宜，兩岸專業團體航空協會在澳門舉行商談，其中兩岸有關政府官員以顧問身分參與商談，此模式稱為「澳門模式」，官方退居後臺，直接參與程度降低。

　　第三種是官方默許的民間行業性交流商談機制。自1990年始臺灣工業總會、電機電器行業公會等行業團體多次到中國與相關機構商談促進臺商大陸投資事宜；兩岸金融學會以召開了五屆金融合作論壇，討論兩岸金融合作的政策性和業務性問題。就以兩岸金融業的互動實例，足以證明此管道對兩岸經貿交流的作用是直得肯定的。

陸、結語

　　近十年來兩岸關係低迷，對峙到爆發決裂的邊緣，如何建構一個和平、穩定的關係，是未來兩岸領導必須面臨的重大且不可迴避的議題。為了避免臺海兩岸兵戎相見，爆發不可收拾的戰爭，及降低兩岸對峙的氣氛，溝通、談判取代對抗是可運用的途徑；藉由促進兩岸進一步交流、對談，共謀和平。

　　曾任臺灣行政院經濟建設委員會主委的陳添枝表示，兩岸經濟協議是臺灣走向世界的第一步，貿易開放對臺灣有利，但政府也必須建立相關風險管理能力與機制；儘管過去臺灣開創舉世稱項的經濟奇蹟，但面臨中國大陸崛起，美國、日

本都在改變以往的經營模式，臺灣不可能置身事外；尤其我方對大陸出口持續成長，但大陸市占率卻下滑，我方一定要改變。馬強調，經濟策略是要讓臺灣更國際化，不能只仰賴兩岸關係，正在進行的臺美貿易暨投資架構協定（TIFA），待技術性問題解決後就可重啟談判；不是要跟所有的國家都簽FTA，即使雙邊貿易關係密切，也要考慮產業結構。

我方與中國大陸簽署ECFA影響至關重要，在全球貿易自由化趨勢下，簽署兩岸經濟協議除可降低關稅、減少非關稅貿易障礙外，並避免臺灣在亞太經濟區域整合的過程中被邊緣化，進而吸引跨國企業來臺投資的意願，解決投資與勞工就業的基本問題；亦有助於雙方關係之改善。

兩岸關係自馬英九主政後，兩岸兩會聯繫及互動逐步恢復，隨後兩岸制度化協商與溝通管道的重新啟動正常運作，也重啟兩岸互信；當前，兩岸關係的改善已呈展現出和平與穩定繁榮之契機，並獲得國際間多數國家之肯定。事實上，第一次至第四次江陳會所簽署之協議，是兩岸在「九二共識」基礎上，擱置爭議，依循「先經濟、後政治，先易後難，循序漸進」的步驟和協商原則之運作模式的成果。這些協議都是馬英九競選期間之政見與主張之「優先協商議題」；對大陸而言，積極回應馬政府的主張，具有落實2006年3月20日「胡四點」有關「貫徹寄希望於臺灣人民的方針絕不改變」，以及「只要是對臺灣同胞有利的事情，都會盡最大努力去做，並且一定努力做好。」等最高指導方針的意涵。誠如，大陸海協會會長陳雲林也強調，兩岸過去兩年達成九項協議與一項共識，證明兩岸和平發展已是大勢所趨，無人可扭轉，目前兩岸協議能否為兩岸民眾帶來實質利益，已成為人民接受的唯一標準。

ECFA對臺灣農業的影響探析

趙玉榕

　　兩岸經濟合作框架協議的商談已取得顯著進展，在大部分問題上達成了共識，綜合利弊，簽訂這樣一個框架協議，給臺灣帶來的好處已經毋庸置疑，但同時，也不免會在一定時期內對某些產業和社會群體造成一些影響。其中農業是分歧最大的領域之一。那麼兩岸簽訂ECFA究竟會給臺灣農業帶來怎樣的影響？是利還是弊？客觀、理性看待這一問題，將有助於使協議雙方實現利益最大化和代價最小化。

一、島內各方對臺灣農業受ECFA影響的反應

　　商簽ECFA，標幟著兩岸關係率先在經貿關係上有了制度性突破，這將為日後兩岸關係的全面發展奠定了重要的基礎，更將大大推動兩岸各自經濟增長和兩岸關係的長遠和平發展。因此，商簽ECFA一直就是兩岸民眾普遍關注的重要問題，也始終得到了臺灣主流民意的歡迎和支持。簽訂這樣一個框架協議，不免會對兩岸各自的某些產業和社會群體，在一定時期內造成一些影響，由此引起部分臺灣民眾的擔心和憂慮，引發一些不同的意見和看法，ECFA與農業，即ECFA究竟將給臺灣農業帶來什麼樣的影響，眾說紛紜。同時由於民進黨對兩岸簽署ECFA持反對態度，使得ECFA這一互利雙贏的經濟合作議題蒙上了政治色彩，更使ECFA與臺灣農業的話題在島內不斷升溫。

　　第四次兩會領導人會談以來，受到兩岸民眾尤其是臺灣工商界人士普遍期盼

的「兩岸經濟合作框架協議」終於有了明確的推進時間表，兩岸兩會在北京就ECFA議題舉行了多次商談，考慮到ECFA可能衝擊臺灣農業和弱勢產業，大陸政府按照平等協商、互利雙贏和彼此照顧對方的三項原則，在商簽協議時充分考慮兩岸經濟規模和市場條件的不同，關心臺灣中小企業和廣大基層民眾的利益，儘量降低或避免對臺灣弱勢產業、中小企業、基層民眾的負面影響，提出五點保證：大陸降稅產品的金額與出口將少於或低於臺灣，降稅產品惠及臺灣中小企業和基層民眾，不影響臺灣弱勢產業，不要求大陸農產品輸往臺灣，無意對臺灣實施勞務出口。特別要照顧臺灣農民的利益，讓利給臺灣。體現大陸的一貫立場，充分表現了大陸的善意，同時也展現了大陸力促兩岸簽署ECFA，建立具有兩岸特色的經濟合作機制的誠意和決心。

臺灣島內各方在ECFA究竟將給臺灣農業帶來什麼影響問題的看法上有著明顯的分歧。

表示擔憂的一方認為：臺灣初級農產品成本高，沒有競爭優勢，一旦開放大陸農產品進口，臺灣本地的農產品市場將受到衝擊，進而影響臺灣農民的生存。儘管還有381項大陸的農產品被管制進入臺灣，但不保證原來已經開放的項目不會擴大進口，而且一旦簽署ECFA，之後的十年內也將有至少90%的商品要達到零關稅，低成本的大陸農產品會對島內市場造成衝擊，進而導致農村失業人口激增，對島內「三農」造成不利影響，並且將加大臺灣對大陸的依賴性。

持肯定意見的一方認為：ECFA對島內農產加工業者及農民而言，「並非世界末日」，認為ECFA會增加大陸農產品進口，嚴重打擊臺灣農業「實為謬誤之看法」，如果不簽ECFA，「臺灣未來一定會受到損害」，「大陸的農產品，短期間並不會大舉入侵，也不可能取代臺灣本土之農產品」，反之至少在ECFA簽訂之後的數年之內，臺灣農產品的外銷大陸都會有很大的空間，茶葉、蘭花、鳳梨等農特產品可望大幅減免關稅，為臺灣的出口農產品帶來穩定和龐大的市場空間，「對農民絕對有利」。加入ECFA對臺灣農業有挑戰，也是機遇，應該「做好準備來迎接機遇與挑戰」，農業受衝擊難以避免，關鍵要靠「政府」來化解，頒布對弱勢產業進行適當補助的配套政策，而不應該「劃地自限」，在全球一體

化的背景之下，臺灣農業的「最佳策略是升級而非單純的保護」。

　　ECFA是馬英九選舉時兩岸經濟合作的重要政見和政治承諾，不會因為有不同的聲音而放棄他的政治主張。針對民進黨和島內各階層對ECFA將給臺灣農業帶來何種影響的不同看法，當局分別作出了有針對性的反應。馬英九說，產銷失衡是當前臺灣農業發展瓶頸的關鍵所在，大陸與東盟簽定全面經濟合作架構協議後，今年起東南亞各國銷往大陸的農產品完全免關稅，臺灣如果不簽兩岸經濟協議，就必需要負擔百分之九的關稅，臺灣農產品將失去行銷大陸的競爭力；臺灣行政部門研擬了對ECFA協商的策略，並透過輿論加強宣導，尋求共識；「陸委會」主委賴幸媛稱簽ECFA時將會堅持「四保」，就是「保就業、保出口、保臺商、保傳產」，同時也會堅持「三不」，「不矮化主權、不開放大陸勞工、不擴大農產品進口」，許諾臺灣將繼續管制830項大陸農產品進口，即使未來與中國大陸協商兩岸經濟合作架構協議（ECFA）時，也「一定會把關」，不會再增加開放中國大陸農產品進口項目；臺灣農政部門聯合有關學術機構進行研討，並派員到各鄉鎮農會舉行ECFA宣講會，打消農民的顧慮。

　　ECFA是兩岸經濟合作框架協議，目的是促進兩岸經濟全面、深入合作。民進黨為反馬爭權，將ECFA炒作成了政治議題，煽動中南部農民反對ECFA，製造一些假議題，說簽署ECFA之後，「大陸的農產品會大舉進入臺灣，臺灣農產品賣不動了，農民沒有飯吃」，聲稱「若中國農產品開放，粗估稻作、雜糧、特用作物、蔬菜和果樹等五項產業將造成至少29萬農民失業，減少產值100億元」，並以此作為話題，在島內媒體、「立法院」等各種場合發聲，並策劃採用「公投」、遊行的手法，搞「街頭運動」，將簽署ECFA對臺灣農業的負面影響擴大化，造成臺灣農民對於ECFA的牴觸和抗議。

二、ECFA對臺灣農業的影響

　　臺灣的市場有限，農業的發展歷來是靠對外貿易來帶動的，從短期來看，可

能對臺灣島內農產品市場造成一些衝擊，在一定程度上將加劇兩岸農產品在國際市場上的競爭態勢，但從發展的眼光來看，臺灣可以從雙方市場的開放中獲取更大的好處，臺灣水果、蔬菜和水產品等出口的市場份額將進一步擴大，也是調整臺灣產業結構、有效提升臺灣的產業競爭力，實現可持續發展的良機。

(一) 負面影響

1.大陸農產品具有價格方面的優勢，可能對臺灣島內農產品市場造成衝擊。

兩岸農產品相對世界平均水平，均不具比較優勢，但是臺灣農產品相對大陸而言比較優勢更弱。近幾年臺灣從大陸進口的農產品數量和金額增長迅速，但目前進入臺灣市場的大陸農產品在臺灣進口農產品總值中所占的比重很小，只有5%，從產品結構來看，以植物性中藥材、水果及其製品、乳品、皮及其製品、羽毛等為主，這些基本都是臺灣不生產或產量較少，市場需求量較大的產品，因此對臺灣的市場不會造成不利影響。由於兩岸農產品生產成本存在明顯的差異，導致農產品價格懸殊，同一農產品大陸的價格要比臺灣低50%以上，個別產品甚至僅為臺灣的1／6。以2008年3月臺灣與福建部分農產品批發價格為例，每公斤稻米價格臺灣為34.13元新臺幣，福建為12.90元新臺幣，相差2.8倍；每公斤大白菜臺灣為8.6元新臺幣，福建為4.3元新臺幣，相差2倍；每公斤花生價格臺灣為50.33元新臺幣，福建為8.17元新臺幣，相差6.16倍。由兩岸農產品價格的差異所決定，如果兩岸全面開放市場，相對較為廉價的大陸農產品勢必會有更多的機會進入臺灣市場，臺灣的同類產品因為價格上不具優勢而在與大陸產品形成的競爭關係中處於劣勢。

2.兩岸農產品在產品和國際市場方面的趨同性，將可能對臺灣農產品的出口造成一定的不利影響。

兩岸出口的農產品無論在出口市場還是產品結構上都具有一定的相似度，從市場趨同度來看，中國大陸與臺灣各自農產品出口市場排名前10位的國家和地區中有6個是相同的，即日本、美國、香港、韓國、馬來西亞和越南（表1）。各自出口排名較前的產品，相似度也較高，例如鰻魚在大陸出口農產品中排名第二位，在臺灣排名第10位左右，從1992年到2006年，臺灣活鰻魚在日本市場的

占有率從88.85%下降至43.78%，中國大陸活鰻魚在日本市場的占有率則從11.01%上升至56.21%。尤其在農業生產自然條件與經濟文化方面與臺灣較相似的南方省市，與臺灣出口農產品的相似度更高，例如1997年至2003年福建和臺灣的14種主要出口農產品中有近50%的農產品是相同的。這充分表明兩岸農產品在國際市場上已經形成了明顯的競爭，兩岸農產品市場開放在一定程度上會加劇這一態勢。

表1　2009年大陸和臺灣排名前10位的農產品出口市場

排名	1	2	3	4	5	6	7	8	9	10
中國	日本	美國	香港	韓國	德國	馬來西亞	俄羅斯	印尼	越南	荷蘭
台灣	日本	香港	美國	中國	越南	泰國	韓國	馬來西亞	菲律賓	新加坡

資料來源：《2009年中國農產品出口分析報告》，商務部http://wms.mofcom.gov.cn；臺灣「行政院農業委員會」農產貿易統計查詢系統http://www.coa.gov.tw。

（二）正面影響

1.臺灣水果、蔬菜和水產品等出口的市場份額將進一步擴大。

臺灣經濟增長是靠外銷來拉動的，農業也不例外。近幾十年來由於農業發展碰到生產成本提高的瓶頸，產品的國際市場占有率下降，農產品對外貿易持續逆差。臺灣農業資源有限，內部市場狹小，農業生產和涉農企業大多是外銷導向型的，對外部市場反應較為敏感，因而穩定的市場供需和安全便捷的銷售通路顯得尤為重要。自從兩岸關係改善之後，臺灣農產品進入大陸市場迅速增加，2002年為4.33億美元，2009年擴增為11.54億美元，2009年大陸為臺灣第五大農產品進口地及第四大農產品出口地。兩岸農產品貿易快速發展除了大陸對臺灣的農產品進入大陸市場提供了一系列的優惠條件之外，更直接的原因還在於大陸消費市場龐大，且消費層次多元，具有不可低估的市場潛力。ECFA簽訂之後，臺灣能從中獲得最直接的好處是島內生產的農產品可以享受低稅或零關稅進入中國大陸市場，在滿足大陸不同層次消費者需求的同時，也將促進臺灣農產品價值的實現，臺灣也會從大陸增加原材料的進口，使臺灣農民和農業企業能夠從中獲益。臺灣的農產品雖然價格高，但因其品質上乘而在大陸市場乃至國際市場有市場競

爭力,這一優勢將因ECFA對其關稅的免除而獲得一定程度的提升。

  2.ECFA是調整臺灣產業結構、有效提升臺灣的產業競爭力,實現可持續發展的良機。ECFA的簽署之所以引起關注,是因為讓臺灣民眾直接感受到壓力的那些產業,都是本來就不具備競爭力的,即使兩岸不簽署ECFA,在全球化的大環境下,它們的發展空間照樣很小,很難生存。臺灣農業是臺灣的「夕陽產業」,相對於第二和第三產業,農業經濟的「不景氣」已經持續了多年,目前農業產值的比重不足1.6%,農產品出口在總出口中的比重也僅為1.65%。因此臺灣農業是否能夠持續發展,並不在於是否簽訂ECFA,而在於農業如何有效地升級和轉型,而ECFA對刺激產業更新將造成積極的作用。臺灣農業經濟在入世後不僅未發生明顯的衰退,而且還呈現出增長的總體態勢,就是一個很好的說明。加入世界貿易組織以後,臺灣適時地對農業發展方向進行了調整,並配合一系列的政策和措施,採取中、長期發展規劃與短期應急性措施相結合的方法,以建立新的產業秩序來應對貿易自由化潮流,「發揮農業生產科技、生活體驗、生態景觀內涵,建立具有特色和高度競爭力的產業」;按國際慣例給農業以既符合多邊紀律規則,又富有效率的保護與支持;放寬農地管理規定,提高農地資源利用率;推動農業生物技術園區建設,鼓勵企業投資高科技農業,強化農業高科技研發,重視科學研究成果的保護及商品化,促使臺灣農業轉型為「知識型產業」;調整農業生產結構,對傳統產業進行合理規劃,發展有潛力的精緻農業來提升農業的總體競爭力;制定進口救助和價格穩定措施等等。這些應對措施有效地促進了農業成功升級與轉型,減緩了WTO對農業的衝擊。從統計資料中可以看出,入世後農產品生產和出口實際所受到的影響,比入世前預期的要小,農業生產和貿易發展基本保持平穩。2008年與入世前的2001年相比,農業產值增加17.5%;農產品出口值增加27%,2007年農戶的年平均農業經營收入比入世前5年的平均水平增加了17.8%;農業經濟增長率下滑在2006年以後有明顯的減緩(表2)。由此可見,貿易自由化給農業帶來的並不必然是負面的影響。ECFA是兩岸農產品貿易關係逐步實現正常化的重要步驟,大陸具有競爭優勢的農產品進入臺灣市場,在對臺灣農產品市場形成競爭壓力的同時,也將刺激臺灣農業朝著以精緻化農業的發展方向,轉變經濟增長方式,發揮精緻農業、科技農業的優勢,提高產品品

質，實現新一輪的轉型和升級，與價格相對便宜的大陸農產品形成市場區隔，從而將保證臺灣農產品的競爭優勢。

表2　入世以來臺灣農業發展概況

	農業產值 (新台幣千元)	農產品出口值 (百萬美元)	農民所得 每戶 (新台幣元)	農民所得 農家/非農家(%)	農業增長率(%)
2001	352689979	3030.84	881298	77.56	-1.95
2002	350477906	3149.85	860771	75.50	4.74
2003	350884755	3243.42	873901	76.91	-0.06
2004	386444326	3554.25	893124	78.08	-4.09
2005	382726113	3582.33	872677	75.43	-8.07
2006	376993825	3298.67	941160	80.43	6.08
2007	388294769	3433.22	937053	79.31	-1.9
2008	414397566	3849.03			-1.45

資料來源：根據臺灣「行政院農業委員會」公布各統計數據彙總。

3.兩岸農產品具有品質和市場的區隔性，大陸農產品在短時間內不會占據臺灣市場或對臺灣產品的國際市場份額造成大的威脅。

農產品的國際競爭力是交易過程中表現出來的一種對市場的占有能力，主要由價格、質量和信譽三部分競爭力組成。中國自加入世貿組織以來市場逐漸開放，農產品貿易規模不斷擴大，貿易總額由2002年的304.3億美元發展到2008年的985.5億美元，中國已成為世界第四大農產品貿易國。由於受農業資源條件和勞動力轉移進程制約，中國農業小規模經營基本特徵難以在短期內改變，中國國內農業生產成本大幅提高，同時為了應對國外的技術壁壘，加大源頭的質量控制，也增加了農業成本，尤其是糧食作物、植物油、部分經濟作物的比較優勢進一步弱化，出口農產品的成本一直維持在較高的水平，而且受農業產業化水平、加工工藝、技術裝備、生產管理的制約，農產品出口加工程度低，缺少品牌產品，農產品的質量安全水平也還不盡人意，農產品出口的整體比較優勢在下降，2004年起從入世前長期的順差轉變為持續的逆差狀態，而且逆差額呈逐步擴大的趨勢。中國的農產品出口正面臨嚴峻的挑戰。

同時，大陸農產品目前尚不具備有足夠的競爭力和臺灣的高品質農產品在國際市場上角逐。與大陸農產品的比較優勢相符，大陸水產品及其製品、蔬菜水果及其製品、禽畜產品三大類勞動密集型農產品占農產品出口比重合計為60.2%，臺灣的農產品走的是高品質的路線，在農產品生產過程中品種優良，技術先進、管理科學，由此決定了臺灣農產品在國際市場上具有較強的競爭優勢，與中國大陸農產品具有市場區隔性。當前國際競爭不再是低水平的價格競爭，而是上升到價格、質量、服務與品牌的綜合競爭。中國農產品貿易存在的主要問題非短時期內可以得到解決，因此，大陸的農產品，短期間並不會大量進入臺灣市場，取代臺灣本土之農產品，臺灣農產品在國際市場上熱帶果蔬花卉、優質育種等高端農產品方面優勢突出，在國際市場上仍然具有相對的競爭優勢。

4.兩岸農產品生產結構與消費習性雖有一定的相似性，但在品種上不會形成相互競爭，存在互補雙贏的空間。大陸地域遼闊，南北跨度大，具有農產品種類多樣化的特點，臺灣農產品相對比較單一，但在品質上更勝一籌，因此兩岸在產品品種方面具有較強的互補性，不會完全重疊。近年兩岸農產品貿易的迅速發展就是一個極好的說明。兩岸農產品貿易開始於1979年的兩岸小額貿易，伴隨著兩岸關係的逐步緩和，兩岸農產品貿易關係緊密，臺灣開放大陸重要農業原料進口從1987年的27項發展到目前的1407項，特別是2005年大陸宣布對臺灣部分水果等農產品實行進口零關稅政策以來，兩岸農產品貿易量迅速增長，尤其是臺灣對大陸農產品出口大幅增加。臺灣有關統計資料顯示，2001年到2008年，兩岸農產品貿易額增長2.71倍，其中臺灣從大陸進口增長1.73倍，臺灣向大陸出口增長7.92倍。（表3）雖然兩岸農產品貿易臺灣呈現逆差，大陸呈現順差，但從臺灣向大陸出口增長速度明顯快於大陸對臺灣的出口增長中，可見，兩岸農產品貿易的不平衡正在逐漸改善之中。兩岸農產品貿易的發展充分說明了兩岸農產品的高互補性。從兩岸農產品貿易的產品構成來看，大陸對臺灣出口的農產品主要是加工層次較低的初級農產品，主要有木材及其製品、植物性中藥材、皮及其製品、水果及其製品和蔬菜及其製品；臺灣向大陸出口以具有競爭力的花卉及其種苗為主，水產品和熱帶水果。可見大陸在溫帶果蔬及其製品、大宗糧食作物等方面具有比較優勢，臺灣在花卉、熱帶果蔬及其製品方面具有比較優勢，兩岸農產

品具有很強的互補性，在品種上不會形成明顯的相互競爭，更多的是對臺灣農產品市場的補充和調劑，使臺灣消費者能夠享用到更加價廉物美、新穎多樣的農產品，豐富和擴展島內的消費市場。

表3　兩岸近年農產品貿易統計

單位：千美元；%

年度	進口		出口		貿易差額
	台灣從中國進口	與上年比較	台灣向中國出口	與上年比較	
2001	262764	—	48891	—	-213873
2002	367574	39.89	66396	35.80	-301178
2003	409060	11.29	175730	+164.67	-233330
2004	501375	22.57	291904	66.11	-209471
2005	567526	13.94	361063	23.69	-206463
2006	562834	-0.83	430265	19.17	-132569
2007	711812	26.47	430764	0.12	-281048
2008	717796	0.01	436464	0.01	-281332
2009	549460	-30.63	364052	-19.89	-235408

資料來源：根據臺灣「行政院農業委員會」農產貿易統計查詢系統數據統計。

三、全球貿易自由化下臺灣應有的認知

在全球範圍內開展農產品的貿易自由化，會使世界農產品資源得到合理配置和充分利用，從而擴大生產與交換，增加消費與福利，促進經濟整體水平的提高。當今世界，全球農產品貿易自由化已經成為不可逆轉的世界潮流。臺灣為推動外向型發展模式，經濟的發展和貿易制度的安排，均以適應國際市場的需求為轉移，正視兩岸農產品貿易自由化對於臺灣經濟發展所帶來的積極意義，是臺灣應有的認知。

（一）農產品貿易自由化是不可逆轉的世界潮流

開放農產品市場、降低保護程度，實現國際農產品貿易自由化，是農產品貿易的總趨勢。按照WTO農業協議所構建的國際農產品貿易自由化的基本框架，國

際農產品自由化的發展將呈現三種趨勢：雙邊農產品貿易自由化、區域農產品貿易自由化和全球農產品貿易自由化。目前兩岸並沒有最終完全開放市場的時間表，ECFA屬過渡協定，無強制性，在協議的過渡期內可分階段分步驟開放，但按WTO架構，通常在10年內，雙方必須完成約90%的商品服務免關稅。按此比率計算，目前臺灣10936項貿易貨品中，屆時至少將要有9842項免關稅，而目前已經開放的農工產品一共為8721項（其中工業貨品1384項，農業貨品1415項），缺口還有1121項，除非屆時再開放1121項工業貨品，才能保證農產品不再開放。如果按照工農貨品分別計算開放比率，那麼工業貨品和農業貨品還需要分別開放515項和606項。因此，換句話說，無論是那種計算方法，可能都無法完全保證農產品不再開放。對臺灣而言，有兩大客觀現實絕無可能改變：一是貿易自由化的趨勢非臺灣所能改變；二是中國大陸作為臺灣農業資金重要外移地和農產品的潛在重要市場的客觀事實也不會改變。如果多哈談判成功，臺灣將同時承受來自全球的開放壓力，屆時臺灣對其它國家和地區開放市場，對中國大陸也必然不可能例外。而且，臺灣若與美國簽FTA，美國農產品對臺灣農業的衝擊可能更難以令臺灣所接受。臺灣若能透過ECFA，作為一種平衡經貿關係的經驗總結，在未來面對其它FTA及更進一步全球化開放的衝擊的時候，才會有更佳的競爭力及適應力。

（二）臺灣限制大陸農產品進口是規避適用WTO協定，有失公平

兩岸在2001年先後加入WTO，由於兩岸關係特殊，臺灣認為大陸避免讓兩岸關係國際化，不會要求臺灣開放市場，開放大陸農產品進入臺灣市場會對臺灣農業造成較大的衝擊，出於對以上兩點的判斷，臺灣做出了暫不對大陸開放農產品市場的決定，對大陸規避適用WTO最惠國待遇的原則。目前兩岸在簽訂ECFA協商過程中對農產品貿易達成的協議，同樣具有不公平性。首先，大陸有競爭力的大宗農產品均未在臺灣的開放清單內。如大陸出口排名前20位的農產品中，有11種大宗農產品未列入臺灣開放清單，有玉米、雞肉、茶葉、大米、大蒜等；其次，臺灣目前禁止從大陸進口的農產品，卻早已向日本、美國等發達經濟體開放，例如臺灣進口前20種農產品中，就有10種產品未對大陸開放，如玉米、黃大豆、棉花、小麥、牛羊肉、羊毛、食糖、蘋果等。另外，實行關稅配額

管理的22種農產品，也未準從大陸進口。這一對中國大陸的特殊管制，明顯帶有歧視色彩，嚴格說來不符合WTO多邊互惠的精神，是有失公平的。有朝一日中國大陸要求這800多項農產品解禁，也是農產品貿易「正常化」的正常要求。簽署ECFA是兩岸經貿關係制度化的重要步驟，是排除彼此之間的貿易障礙的良好開端，從公平的角度講，兩岸間在貿易、投資以及人員往來等方面存在的不合理的限制，影響兩岸關係的正常發展，消除歧視性限制，體現WTO的公平原則，還有賴於透過ECFA加以實現。

（三）達成利益最大化和傷害最小化需要兩岸共同努力

兩岸經貿關係制度化進程的加快，為兩岸農業合作和資源整合提供了新的機遇。弱勢產業總會在激烈的競爭中遭受相對較大的衝擊，這是每個優勢與弱勢產業並存的經濟體都將面臨的問題。兩岸既要本著互相理解和寬容的態度，給弱勢產業一定的時間適應自由貿易的規則，同時也要遵循WTO協定的規則，逐漸消除歧視性的限制，使兩岸經貿關係循正常的軌道發展。兩岸農業交流與合作已進入快速發展時期，初步形成了寬領域、多層次、全方位的合作雙贏發展格局。為避免具有競爭優勢的農產品大量進入對臺灣農業造成衝擊，大陸政府已經表明了極大的善意，在臺灣農產品開放問題上做出適當妥協和讓步，未來在開放臺灣農產品進口、農業智慧財產權、動植物檢疫檢驗等方面做出對臺灣有利的安排。臺灣方面則不應該過分強調「Made in Taiwan」的狹隘思維模式，而應綜合考量，將兩岸農業優勢結合起來，共同開拓農產品貿易的國際市場，遵循貿易自由化原則，按照循序漸進、分階段推進的模式，逐步開放島內部分產業，對島內農業採取設立特別救助基金或從受益產業中拿取部分收益來補貼的方式予以救助。總之，當前全球化及亞洲經濟整合是大勢所趨，對兩岸是機會也是挑戰，兩岸應共同面對，透過兩岸共同努力，達成雙方利益最大化和傷害最小化。

四、結論

ECFA是貿易自由化和區域經濟一體化的必然趨勢，也是兩岸經濟整合的必要步驟，符合兩岸的長遠利益，也是臺灣農業持續發展的需要，對臺灣農業來說利大於弊。從長遠來看，臺灣對農產品實行的高保護政策，將使其無法邁開自由貿易的步伐，而在國際貿易中日益陷入不利的境地。隨著日本、美國、印度等主要貿易夥伴與有關國家簽訂的自由貿易協定以及大陸與東盟協議陸續生效，臺灣的出口農產品將喪失一定的市場份額。由此可見，如果臺灣不開放農產品市場，其結果必然是得小利而失大利。相反，如果臺灣加快邁向自由貿易的步伐，不僅將促進臺灣農業產業結構的調整，使其盡快融入到世界農產品市場的舞臺，對臺灣經濟的未來也有著積極的意義。簽署ECFA使兩岸經貿關係制度化向前邁進了一大步，兩岸彼此之間的貿易的障礙有望得以排除。目前兩岸間在貿易、投資以及人員往來等方面存在的不合理的限制，影響了兩岸關係的正常發展，消除歧視性限制，體現WTO的公平原則，還有賴於透過ECFA加以實現。總之，農產貿易自由化已是無可抗拒的時代潮流，貿易自由化對臺灣農業的發展而言，是危機也是轉機。在國際農產品貿易自由化的大趨勢下，不違背WTO的公平原則，認清國際大環境的變化，靈活調整產銷結構及經營策略，充分發揮農業的多功能價值，臺灣農業才能得到永續發展。我們期待兩岸雙方在關稅減免，貿易政策上互相讓利，加速兩岸農業貿易投資便利化進程，實現ECFA經濟效益最大化，讓兩岸的民眾真正得到實惠。

兩岸經濟合作模式與ECFA框架下的福建對臺合作——推動兩岸經濟合作制度化之探討

單玉麗

目前，兩岸經濟合作有眾多模式，但因受政治政策等因素影響，總體上仍停留在功能性合作階段。2008年以來，隨著兩岸關係發生積極重大變化，以大陸政府和國民黨當局主導的「兩岸經濟合作框架協議」（ECFA）即將簽訂，它是兩岸經濟合作從功能性向制度性轉變的重要標誌，對未來兩岸經濟合作模式和合作機制演進將產生重要影響。但同時它只是一個框架性協議，只是兩岸制度性合作的開端，要實現兩岸經濟合作制度化還有漫長的道路，在這一過程中需要不斷摸索，積累經驗，逐步推開。福建作為「兩岸人民交流合作先行先試區域」，應積極發揮作用，探索在ECFA框架下的兩岸次區域經濟合作模式，為兩岸經濟合作全面制度化作出貢獻。

一、兩岸經濟合作模式的演進

（一）經濟合作模式的概念

模式的本意是「法式」、「範式」，可供效仿的方式。區域經濟合作模式是指區域經濟合作主體之間以及與之密切相關的其他要素互相結合、互為因果的組織方式、工作內容和運行機制，不同經濟合作模式具有不同的運行機制。在這裡，「運行」是反映合作中各主體互相作用和功能發揮的動態變化過程；「機

制」是泛指合作運行過程中其系統運行諸要素之間互相聯繫的運作原理和工作準則。一般而言，區域經濟合作運行機制主要有三個層面：在區域合作的資源優化配置方面，主要有市場機制、管理機制、協商機制、倫理（誠信）機制；在區域合作主體功能發揮和整體優勢營造方面，主要有動力機制、整合機制、激勵機制和約束機制；在推動區域合作主體良性互動方面，主要有協作機制、競爭機制、開放機制和學習機制。

區域經濟合作模式是一個複雜的社會經濟組織系統，一方面各個合作主體的經濟基礎不同，目標定位有別，政策取向各異；另一方面也受到區域內社會生態、觀念意識、文化認同等差異影響，因此，區域經濟合作模式的構建及運行效果如何，不僅取決於合作主體經濟發展水平和功能發揮，而且需要社會廣泛的心理認同。

縱觀世界區域經濟合作發展的實踐，經濟合作模式主要有兩大類：一是功能性區域經濟合作模式；二是制度性區域經濟合作模式。前者一般是由民間自發的基於市場機制推動的以資源稟賦互補流動為特徵的經濟交流與合作，沒有政府之間協議或制度的保障；後者是以各個合作主體的政府為主導，透過簽訂一定合作協議和組織制度保障的區域經濟合作。功能性經濟合作是區域經濟合作的初級階段，由功能性經濟合作向制度性經濟合作演進是實現區域經濟一體化的必然趨勢和過程。

（二）兩岸經濟合作模式的演進

1970年代末，大陸一系列緩和兩岸關係的政策措施，揭開了兩岸經濟合作的序幕。30年來伴隨著兩岸投資和貿易的進展，經濟合作模式不斷完善，儘管目前兩岸經濟合作模式總體上還停留在功能性合作初級階段，但隨著兩岸關係的改善，經濟合作模式亦日趨多樣化。

1.貿易合作模式

貿易合作模式是建立在市場價值規律基礎上的商品交易活動。國際貿易形態（模式）一般分為兩種：一是產業間貿易，二是產業內貿易，兩岸貿易合作最初是從產業間貿易開始的。在兩岸經濟合作初期（1980年代中以前），兩岸關係

處於非正常狀態,商品交流的唯一形式是以「調劑餘缺」為目的的海上小額貿易,其特點是隱蔽式、小規模的民間自發行為,具有經營品種特、規模小、速度快、批次多、交易方式簡單等特點,逐步從以物易物發展到貨幣交易。1987年臺灣解除「戒嚴令」,開放兩岸民間往來,兩岸民間貿易化暗為明,以資源互補為特徵的產業間貿易經香港轉口而迅速發展,並在投資帶動下由產業間貿易向產業內貿易轉變,投資性貿易成為兩岸貿易的主渠道。1990年以後,由於臺商投資電子訊息產業迅速增加,投資性貿易大幅度增長,由此造成兩岸貿易發展的不平衡。到2006年兩岸僅電子電機設備及其零組件的貿易總額就達423.2億美元,其中臺灣對大陸出口357.76億美元,占84.5%,而臺灣從大陸進口僅占15.5%。這是兩岸貿易失衡的一個重要原因。另一個原因是政策因素。長期以來,臺灣對大陸一直採取「出鬆嚴進」的傾斜性政策,嚴格限制大陸商品進口。直至2008年臺灣名目關稅稅率為5.56%,實質關稅稅率僅0.98%,並有99.2%的商品免除進口許可證,市場開放的自由度很高,但對大陸農工產品進口限制高達2187項,限制比率達19.99%。這也是兩岸經濟合作制度化缺失所造成的獨特現象。

2.產業合作模式

國際間產業分工合作模式一般有三種,即垂直型產業合作模式、水平型產業合作模式和混合型產業合作模式。兩岸產業合作主要是以臺商對大陸的單向投資形式體現的。隨著臺商投資領域的不斷擴大,兩岸產業合作模式呈現了明顯的階段性特徵,形成從垂直分工向水平分工再到混合分工演進的態勢。1980年代初,兩岸產業發展水平落差較大,臺商投資以農業和勞動密集型加工業為主,產業合作以資源互補為導向,呈現垂直分工的狀態。農業合作分工主要是臺商自帶優良品種和技術到大陸租地種植,利用大陸廉價地租和勞動力,產品出口或在大陸內銷。工業投資主要是傳統加工業,基本模式是「兩頭在外」,產業的上游在臺灣母廠,中下游生產出貨在大陸,即所謂的「臺灣接單,大陸生產,產品外銷」,形成垂直分工關係。

1990年代以後,大陸製造業快速發展,兩岸產業技術水平差距縮小,產業

分工逐步從垂直分工走向水平分工。臺商農業投資延伸到農產品加工或進行土地成片開發，形成產供銷一體化的產業化生產體系，一些臺資企業外接國際市場，內聯基地和農戶，形成了「引進一個品種，建立一片基地，致富一方百姓」的產業發展模式。工業投資方面，由於臺灣產業結構調整加快，重點發展高科技產業，一部分技術密集度較低的製造業開始整體性向大陸轉移。與此同時，大陸的浦東開發及珠三角、長三角臺商投資區的崛起，也為臺商上、中、下游產業鏈配套投資提供了機遇、拓寬了合作空間，兩岸工業合作的水平分工規模進一步擴大。進入21世紀，臺灣投資環境惡化，島內產業加快外移，臺商投資進一步向關聯化、在地化、區域化方向發展，兩岸產業合作領域從第一、二產業向第三產業延伸，合作技術層次從資本、技術密集型向以電子訊息技術為主的高科技產業轉變，在大陸臺商集中區形成一批集管理、研發、製造、財務運作、市場營銷於一體的混合型分工模式。

3.園區型合作模式

園區型模式是大陸政府為推動兩岸經濟合作而設計的一種有效方式。為落實中央政府「同等優先，適當放寬」的對臺政策，為臺商投資創造良好環境，大陸中央政府有關部門及一些地方政府在特定地區設立不同級別或不同功能的兩岸經濟合作園區，形成兩岸經濟合作的一種獨特模式。這種模式的特點是：（1）單邊政府主導，經大陸中央政府或地方政府正式批准設立，受大陸法律保護；（2）園區土地面積較大，通常以鄉（鎮、區）為單位，一般不超過縣（市、區）的範圍，有明確的園區邊界；（3）由政府出資進行基礎設施建設（「三通一平」或「五通一平」），制定引進臺資的包括地租、稅收、投融資、項目審批等在內的優惠政策；（4）成立有別於園外的管理機構。

兩岸園區型合作始於1980年代末，具有代表性、運作效果明顯的有兩種類型：一是臺商投資區；二是臺灣農民創業園。臺商投資區是兩岸工業合作的平臺，如經國務院批准於1989年在福建廈門海滄、集美、杏林和福州馬尾設立的臺商投資區，總面積約70平方公里，每個投資區都設立獨立的管理委員會，實施租金、增值稅、消費稅減免和項目開發資助等優惠政策。經過20年建設，臺

商投資區已發展成為福建省重要的高科技產業基地。如廈門海滄臺商投資區至2006年集中臺資69家，形成電子、石化、機械三大主導產業，90%以上企業獲得很好的投資回報，得到胡錦濤總書記的充分肯定。此外，還有一種由臺資企業獨立興建和管理的臺商投資區，如山東煙臺的鴻富泰科技園區，投資1.14億美元，是臺灣鴻海精密企業集團在渤海灣的重要生產基地。

臺灣農民創業園是兩岸農業和農村經濟合作的成功模式。第一個國家級臺灣農民創業園於1997年在福建漳浦誕生，該園核心區面積1.5萬畝，設花卉、果樹、茶葉、農產品加工4個功能區和科技服務及創業孵化2個中心，總投資8100萬元，目前已有55家臺資企業入園。2006年10月，在博鰲舉辦的第二屆國共經貿論壇上，兩岸就支持臺灣農民創業園作為兩岸農業合作平臺達成共識，並建議新增若干國家級臺灣農民創業園。目前大陸已有福建漳浦、漳平、清流、仙遊，山東棲霞，四川新津、攀枝花，重慶北碚，安徽巢湖，江蘇無錫、江寧、淮安、淮陰，廣東珠海今灣，湖北武漢黃陂等15個國家級臺灣農民創業園。

園區型合作模式除上述兩種類型外，各地還設立了一批由地方政府主持、名稱各異、規模和運作方式相似的兩岸經濟合作基地、合作園區，如福建東山臺灣水產品加工基地、惠安綠谷臺商高科技產業基地、福州青口東南汽車製造基地等。有些基地由臺商承租後自主管理、自主招商、自負盈虧。

4.地區性合作模式

此類模式的性質和管理與園區型模式相似，都是由中央政府有關部門或地方政府批准設立，不同之處是其合作的地域面積大，範圍從一個市到一個省。兩岸農業合作方面，如1997年經國臺辦、農業部、商業部批准成立的海峽兩岸（福州）農業試驗區、海峽兩岸（漳州）農業合作試驗區。兩個試驗區都在福建省海峽辦領導下分別設立管委會，在審批辦證、通關驗收、投資領域、用地方式、產業扶持、稅收減免等方面為臺商提供優惠，建立試驗區項目聯合審批、口岸聯檢、統一收費、統一受理投訴等一條龍服務。在此基礎上，2005年國務院「兩部一辦」批准把兩個試驗區擴大到全省，建立海峽兩岸（福建）農業合作試驗區。

到目前為止，經國務院「兩部一辦」批准的兩岸地區性農業合作模式已遍及大陸各地，如黑龍江的哈爾濱、牡丹江、佳木斯、大慶，山東平渡，陝西楊凌，江蘇崑山、揚州，廣東佛山、湛江，上海郊區，廣西玉林及海南全省等。

在工業領域合作方面，地區性合作模式主要體現在珠三角、長三角等臺商投資集中地區，其典型代表是「東莞模式」和「崑山模式」。前者主要依託香港、深圳區位優勢，由臺商自發形成的以電子與電腦硬體為主的產業聚集區，以「兩頭在外」加工出口為特徵，地方政府引導與優惠政策的扶持作用並不顯著。「崑山模式」則是依託上海浦東開發和長三角崛起優勢，在地方政府強力主導下透過各項優惠政策吸引臺商投資合作開發形成的，重點發展以筆記本電腦為主的高科技電子產業。

5.服務平臺合作模式

此類模式是大陸政府或民間為臺商企業提供設備、資金、技術、訊息、培訓等服務的合作形式。按照功能不同可分為基礎條件服務平臺、研發公共服務平臺和創業公共服務平臺三大類。基礎條件服務平臺是透過共用、共享提供研發需要的軟體和硬體設備，為臺資企業降低研發成本和風險而建立的服務平臺。包括大型儀器、中試平臺、測試手段、技術手段、科技文獻、訊息等，平臺運作主要透過臺商投資區、臺灣農民創業園、基地、試驗區裡的科學研究條件保障機構，與高校、科學研究機構聯合設立的服務中心、科技文獻機構等體現的。

研發公共服務平臺以應用技術的產業化為目標，透過兩地科技人員的合作，研究開發產業發展急需的關鍵技術、共性技術和前瞻性技術，著力於科技成果商品化、產業化開發，加速產業升級換代。

創業公共服務平臺是由一系列包括人財物相互關聯的資源，經過整合而形成的集成保障服務。平臺形式體現在政府及高校、科學研究機構、各類社團組織為促進兩岸合作而提供的各種有型和無型的科技創業公共服務。此種模式通常透過互聯網完成，因而又稱「虛擬模式」，是訊息社會條件下兩岸經濟合作模式的創新。

服務平臺合作模式的代表者如：2005年由廈門市科技局與臺北縣電腦商業

同業公會聯合成立的「廈門—臺北科技產業聯盟」；2008年由國家科技部和福建省科技廳立項扶持建設的「閩臺科技型企業投融資服務平臺」；1990年福建省科學技術協會設立的「閩臺科技交流中心」；2004年福建省地震局與臺灣相關部門聯合籌組的「閩臺地震科技交流培訓中心」；以及由廈門市政府引導，產學研結合，市場化運作的「閩臺生物醫藥研發與產業化合作平臺」等。

6.對口合作模式

對口交流合作模式以兩岸相關單位對口鏈接為特徵，包括市對市、縣對縣、學校對學校、科學研究單位對科學研究單位等，這種模式通常是雙向的，並簽訂一定的協議。如福州保稅港口與臺灣基隆自由貿易港保稅區簽訂的《兩區對接協議》，就兩區對接達到資源共享，實現通關便利等作了明確規定。

兩岸經濟合作模式從貿易合作到產業合作，從園區合作到地區合作，從硬體模式到軟體模式的不斷創新、不斷發展，是兩岸經濟合作規模擴大和水平提升的體現，是兩岸企業共同努力的結果，它為兩岸功能性合作向制度性合作轉變打下了堅實的基礎。

需要指出的是：（1）鑒於兩岸經濟合作是一個複雜的組織系統，涉及多主體、多目標、多影響因素及多變的經營方式，其模式的界定比較困難，上述6種模式除貿易合作外，主要是結合實際情況以合作的對象、內容和載體為主要依據，如此界定可能有利於執行過程中更有針對性地考察、研究和推動；（2）從發展角度看，如此界定的經濟合作模式的演替，與兩岸經濟合作發展的階段基本相吻合，不同發展階段有不同的主體模式，從一個側面體現了兩岸經濟合作發展的客觀規律和發展趨勢；（3）任何模式都是相對的，不同模式常常是相互交叉存在的，如服務平臺模式存在於園區之中，而園區型模式又是地區型模式的組成部分，不同模式之間相對獨立，又互相依存、互相促進；（4）儘管一些模式是在大陸政府主導下形成的，但只是單邊的政府行為，單向的資源流動，沒有兩岸公權力協議的約束，因而，無論當前兩岸經濟合作規模有多大、模式有多少，都只能是功能性合作，離制度性合作還有一定距離。

二、影響兩岸經濟合作模式從功能性向制度性演進的因素

（一）政治因素

政治因素對兩岸經濟合作模式的影響是深刻的。1980年代末，臺灣解除「戒嚴令」，開放兩岸民間交往，兩岸經濟合作化暗為明。90年代初辜汪會談達成「兩岸一中」共識，經濟合作進入新階段，兩岸貿易從「小額貿易」模式發展為轉口貿易，兩岸產業合作從垂直分工轉向水平分工。1996年李登輝推行「戒急用忍」政策，兩岸經濟合作一度停滯。入世前後，在民間推動下，臺灣開放筆記型電腦、通訊產品和消費性電子三大類產品赴大陸投資，促使兩岸合作快速增長，合作模式日趨多樣化。嗣後，由於陳水扁拋出「一邊一國」論，加快推行「臺獨」路線，兩岸經濟合作再起波瀾。2005年國共達成「兩岸和平發展共同願景」，2008年臺灣政黨輪替、馬英九當局放寬對大陸的投資限制，促使兩岸經濟合作模式不斷創新。歷史證明，政策是兩岸經濟合作模式轉換的決定性因素，而政策因素的實質是政治因素，政治對立是阻礙兩岸經濟合作模式制度化的癥結。單純從經濟學意義上探討兩岸經濟合作問題而忽視兩岸政治因素的複雜性和特殊性，經濟合作問題的癥結終將難以求解。因此，兩岸經濟合作機制的建立首先要考慮兩岸政治關係的特殊性，這是因為，世界上各種經濟一體化的實踐表明，制度性一體化安排需要在國家或地區公權力主導下自上而下推動，需要有許多共同的法律、制度、政策等政治層面要素的保障。因此，從兩岸關係發展和臺灣島內政治生態來看，未來政治因素仍然是影響兩岸經濟合作制度化的要素。

（二）經濟因素

經濟因素對兩岸經濟合作模式轉換的影響主要表現在以下兩個方面：

其一，兩岸經貿合作不平衡、不穩定，限制了兩岸合作的深化。從兩岸資本流向看，1980～2009年臺商投資大陸實際金額累計達494.67億美元，由於臺灣嚴格禁止大陸資本進入臺灣，導致兩岸資本往來單向流動，投資效果嚴重失衡。如大陸臺資占大陸外資比重從10.68%下降到6%；而臺商投資大陸金額占臺灣對

外投資比重從9.52%上升到67.46%，最高年份達到71%，大陸成為臺灣最大的投資地（見表1）。

表1　臺商投資大陸情況

單位：億美元、%

年份	中國統計資料		台灣官方核准資料	
	實際到資	占中國外資比重	協議金額	占台灣對外投資比重
1980－1991	8.65	10.7	1.74	9.52
1992－1995	107.41	9.9	54.70	36.10
1996－2000	145.67	6.8	108.54	33.04
2001－2005	156.04	6.4	301.50	61.90
2006－2009	76.90	6.0	283.04*	67.46*
累計或平均	494.67	7.90	749.52	41.6

資料來源：根據《兩岸經貿統計月報》第151期及臺灣《2009年經濟年鑑》整理。*為2008年數據。

從兩岸貿易分析，1990—2009年兩岸貿易總額從40.4億美元上升到1062.3億美元，增加52倍，其中大陸自臺灣進口從32.8億美元上升到857.2億美元，增加26倍；大陸對臺灣出口從11.3億美元上升到205.1億美元，增加18倍。臺灣對大陸貿易順差從1990年的25億美元上升到2009年的652億美元，1980至2008年臺灣從兩岸貿易中淨得資本6191億美元。兩岸貿易不平衡的結果造成了兩岸貿易依存度的畸形發展。1990-2008年，臺灣對大陸的貿易依存度從4.23%上升到26.03%，其中進口依存度從1.4%上升到13.05%，出口依存度從6.54%上升到40.42%（見圖1）。

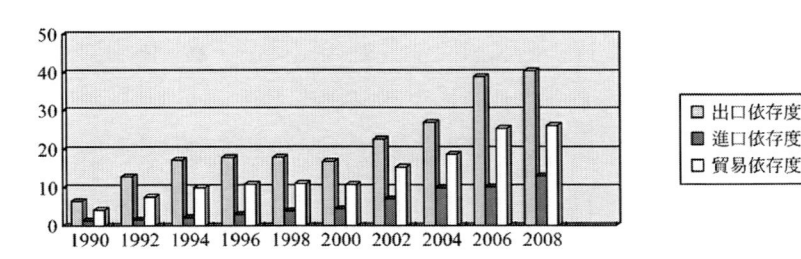

圖1　臺灣對大陸貿易依存度

兩岸投資與貿易的不對稱、不平衡狀態，有悖於現代市場經濟客觀規律的常理，有悖於互利雙贏的基本原則，不利於兩岸自然資源、資本、技術、人才等要素的合理流動和優勢互補，不利於兩岸經濟合作模式的發展和機制的建立。

第二，兩岸經濟發展水平不同和經濟總量懸殊造成了臺灣民眾的心理障礙和社會認同差異。改革開放30年來，大陸進入前所未有的快速發展軌道，國民經濟總量大幅度增加，外匯存底高居世界之首，在國際上的地位和影響也水漲船高，但總體上還處於工業化中期階段，而且人口眾多，人均水平較低，地區差別、城鄉差別較大。而臺灣已於1980年代末完成工業化和農業現代化，1990年代進入後工業化時期。根據中國現代化報告課題組研究，目前臺灣已基本實現第二次現代化，而大陸還處於第一次現代化過程中。2008年臺灣三次產業結構為1.69：25.04：73.27，人均GDP17040美元，城市居民人均收入8084美元，農民人均收入6085美元。同年，大陸人均GDP3315美元，城鎮居民收入2313美元，農民人均收入698美元，分別是臺灣的19.5%、28.6%和11.5%。從另一方面看，大陸的經濟總量和物質資源又是臺灣所無法比擬的。大陸經濟總量是臺灣的8.7倍，主要工農產品產量是臺灣的數十倍乃至幾百倍。顯然，兩岸經濟發展水平差異也將給兩岸民眾的社會認同和政治互信帶來負面影響。

（三）社會人文因素

人類社會史研究表明，一個地區如果長期與母國分離便很容易產生新的本土意識，隨著世代交替，這種本土意識將會上升為族群認同，並在一定條件下轉化為對政治乃至主權的訴求。臺灣400年來先後經歷了荷蘭、西班牙、鄭成功、清朝、日本和國民黨政府的統治，近代獨特而悲慘的歷史經歷造就了今日臺灣民眾的獨特心態，形成了強烈的「臺灣情結」「臺灣意識」。特別是日本50年的「皇民化」教育和國民黨50年的反共灌輸，加上李登輝、陳水扁近10年的「去中國化」，沉重的歷史經歷給臺灣民眾心理留下的傷痕不是一時可以撫平的。因此，儘管近30年來兩岸經濟合作、文化交流、人員往來不斷深化；大陸再三對臺灣釋出善意，作出讓步；兩岸經濟合作也給臺灣經濟帶來了顯而易見的好處，但這些努力迄今都還沒有能夠真正改變臺灣民眾固有的歷史遺留下來的社會心態

和文化認同。

實踐證明,在短期內,經濟上的實惠並不足以改變臺灣民眾政治上的立場,時至今日,在「統」「獨」問題上選擇「維持現狀」的臺灣民眾仍然高居6成以上。由此可見,社會文化對兩岸經濟合作的影響是深刻的。

三、在ECFA框架下建設海峽兩岸閩臺區域經濟合作先行區

著名經濟學家理查德.利普賽根據生產要素流動程度級別將區域經濟一體化分為6種等級,即:特惠關稅區、自由貿易區、關稅同盟、共同市場、經濟同盟、完全經濟一體化。10多年來,兩岸學者就兩岸經濟合作模式進行過許多研究,內容涉及「大中華經濟圈」、「中華經濟共同體」、「兩岸共同市場」、「兩岸自由貿易區」、「臺灣海峽經濟區」等,筆者也於1998年在《福建學刊》發表了「區域經濟整合與臺灣海峽經濟區構建」一文,然而限於種種原因,這些研究成果都未能付諸實踐。現在「兩岸經濟合作框架協議」(ECFA)即將簽訂,為兩岸合作模式制度化實踐提供了機遇。為了落實國務院《關於支持福建省加快建設海峽西岸經濟區的若干意見》(以下簡稱《意見》),促進兩岸經濟合作制度化,最近一段時間,在福建省委、省政府領導下,全省上下都在為建設兩岸經濟合作先行區出謀劃策。現綜合各方意見結合筆者思考,提出建設「海峽兩岸閩臺區域經濟合作先行區」(以下簡稱「閩臺區域經濟合作先行區」)的初步設想,供商榷。

(一)建設閩臺區域經濟合作先行區的意義

國務院支持福建省建設海峽西岸經濟區的《意見》指出,福建省要「從維護中華民族核心利益、促進統一的大局出發,牢牢把握兩岸關係和平發展的主題,著力推進兩岸交流合作,促進兩岸互利共贏」,建設「兩岸人民交流合作先行先試區域,發揮海峽西岸經濟區獨特的對臺優勢和工作基礎,努力構築兩岸交流合作的前沿平臺,實施先行先試政策,加強海峽西岸經濟區與臺灣的全面對接,推

動兩岸交流合作向更廣泛範圍、更大規模、更高層次邁進」。為了貫徹落實國務院《意見》，福建必須把握兩岸ECFA簽訂的機遇，把建設「兩岸人民交流合作先行先試區」擺在重要議程上。因為ECFA簽訂是30年來兩岸有識之士共同努力的成果，是基於兩岸公權力主導下的經濟合作制度化的開端，而不是終結。從ECFA到兩岸經濟合作制度化、一體化還有漫長的過程。基於制約兩岸關係正常化的政治、經濟、社會、文化等因素的複雜性，ECFA的實施、深化和發展不是一蹴而就的，需要從易到難、從點到面、從局部到整體逐步推進。根據理查德‧利普賽經濟一體化的經典理論，次區域經濟合作是比特惠關稅區更低一級的區域經濟一體化模式，相對於其他一體化模式容易，因此，在區域經濟合作理論指導下，利用閩臺特殊的區位優勢，以「閩臺區域經濟合作先行區」為試點，把已列入ECFA「早期收穫」清單但還需分期實施的項目，以及尚未列入「早期收穫」清單而需要「一定調適期」的項目和「敏感性」項目，率先在「先行區」試行，推動ECFA的全面實施。同時，探索建立具有區域特色的兩岸經濟合作新模式、新機制，尋找兩岸經濟全面合作制度化的切入點和突破口，為兩岸合作機制化積累經驗。

（二）構建「閩臺區域經濟合作先行區」的基本思路

建設「閩臺區域經濟合作先行區」的總體目標是：以探索建立兩岸經濟合作機制為方向，以閩臺區域經濟一體化為目標，以國務院支持海峽西岸經濟區建設《意見》為依據，透過先行先試，把「閩臺經濟合作先行區」建設成為兩岸ECFA的先行先試區、兩岸經濟合作的緊密區域、兩岸文化交流的重要基地、兩岸直接往來的綜合樞紐和推進和平統一的前沿基地。要實現這一目標，必須在科學發展觀指導下，從推動統一大局出發，把握兩岸關係和平發展主題，貫徹落實中央對臺方針和國務院的《意見》，充分發揮閩臺「五緣」優勢，堅持以人為本，科學發展；建立互信，擱置爭議，求同存異，共創雙贏；立足閩臺，面向全國；先行先試與協調發展相結合；政府主導與市場導向相結合等基本原則，把福建的先行先試納入ECFA框架，作為兩岸ECFA的先行試點，以加快閩臺經濟合作模式從功能性向制度性的方向發展，為兩岸建立經濟合作機制，實現構建兩岸共同市場目標積累經驗。

其次要依據先行先試區域的特殊的目標和任務，因地制宜，規劃設計多層次、點面結合的區域空間布局，重點建設以平潭島為平臺的共同規劃、共同建設、共同投資、共同管理、共同受益的「五共」試點區；以廈門港、福州港為主體的兩岸保稅港區和自由貿易港區；以福廈沿海高科技產業帶為主體的兩岸製造業合作先行區；以兩岸農（林）業合作試驗區和臺灣農民創業園為基地的現代合作先行區，以廈門為主體的兩岸金融服務中心和面向海內外的兩岸現代物流和交通樞紐。

第三，加強領導，創新機制。成立有國家相關部門和臺灣有識之士參加的「海峽兩岸閩臺區域經濟合作先行區」建設領導小組和辦事機構，做好先行區的領導和協調工作；成立包括臺灣和海外專家參加的專家智囊團，為規劃和實施管理提供智力支持；遵照國務院《意見》認真落實中央賦予海峽西岸經濟區建設的優惠政策，創新合作機制，重點建立閩臺協商機制、政策支持機制、臺商准入機制、經貿雙向交流機制、資本開發機制、民間交流機制、勞務合作機制、地方聯繫機制等。

構建兩岸經貿合作緊密區域研究

李非

在海峽兩岸關係出現和平發展和國務院支持海峽西岸經濟區建設政策頒布的新形勢下,如何進一步構建兩岸經貿合作的緊密區域,發揮大陸臨近臺灣區域的獨特對臺區位優勢,努力將其打造成兩岸經濟合作框架協議(ECFA)的先行先試區和對臺交流政策的綜合試驗區,構築兩岸交流合作的前沿平臺和對臺政策的試驗窗口,從而推動兩岸交流合作向更廣範圍、更大規模、更高層次邁進,不僅有利於促進區域經濟合作和經濟發展,而且有利於推進兩岸經濟整合以及兩岸關係和平發展。

一、構建兩岸經貿合作緊密區域的重要意義

(一)深入推進對臺先行先試的有效嘗試

當前,構建兩岸經貿合作緊密區域區面臨著難得的重大歷史機遇和前所未有的政策施展空間。隨著兩岸關係發生重大而積極的變化,兩岸「兩會」制度化商談取得重大成果,兩岸「三通」全面實現,經濟、文化以及其他各個領域的交流合作不斷取得新的成果,民間交流日益活躍,從而為構建兩岸經貿合作緊密區域,積極有效地開展和推進對臺先行先試提供了良好的外部環境和施展舞臺,但也對建設兩岸經貿合作緊密區域提出了新的更高標準和要求。在新的形勢下,充分發揮緊密區域在對臺交流中先行先試的作用,可以更好地服務兩岸關係和平發展的大局。因此,兩岸經貿合作緊密區域的政策定位應與「兩岸人民交流合作先

行先試區域、對外開放綜合通道、東南部沿海先進製造業基地、重要自然和文化旅遊中心」相銜接，與兩岸經濟合作框架協議相呼應，並且更加超前，更加具體，更加具有可操作性，尤其在對臺經貿、航運、旅遊、郵政、文化、教育等方面，實行更加靈活開放的政策。這是構建兩岸經貿合作緊密區域、深入推進對臺政策先行先試的有效嘗試。

（二）建立兩岸經濟合作機制的重要步驟

「兩會」恢復商談後，達成了一系列有關促進兩岸經濟合作的協議和共識，為兩岸經濟交流的正常化帶來了顯著的成果。在兩岸經濟關係基本實現正常化後，兩岸經濟合作的制度性安排就需要循序漸進地推動，逐步從功能性整合走向制度性整合。因此，2010年「兩會」協商的重點是推動簽署兩岸經濟合作框架協議（ECFA）。但是，兩岸制度性經濟合作不僅需要一個逐步推進的開放過程，更需要局部地區漸進試行。因為兩岸經濟合作機制的構建，除需要兩岸之間人流、物流、訊息流和資金流等生產要素的順暢流通，還需要兩岸就相關事項進行制度性協商，其間肯定會涉及到公權力部門和比較敏感的議題，短期內全面實現和一攬子地解決有相當難度，需要一個長期的、分階段實施的過程，因而應統籌安排，從點到面，從局部到整體，逐步推進。構建兩岸經貿合作的緊密區域，可在對臺經貿政策試行方面創造一個有利的「外殼」和平臺。沒有「先行先試」的區域合作試點，就不能解決兩岸經濟制度化安排的一攬子政策問題。可見，構建兩岸經貿合作的緊密區域，既為兩岸經濟合作提供新的平臺和載體，又為兩岸經濟關係發展提供新的動力和機遇。

（三）建設兩岸經貿合作緊密區域的戰略舉措

隨著中國大陸改革開放的不斷深入，以行政區劃為主體的經濟管理模式逐漸被打破，以經濟關係為紐帶的區域經濟協作日益得到加強。各地根據自身的資源條件、產業優勢和技術基礎，不斷加強相互之間的經濟聯繫，從而出現了多種形式的區域經濟合作。從珠江三角洲到長江三角洲，從環渤海經濟區到中部地區，從海峽西岸經濟區到北部灣地區，區域之間既出現相互合作的趨勢，又形成相互競爭的態勢。在國家1980年代「開放廣東沿海特區」、90年代「發展上海浦東

新區」、21世紀初期「開發天津濱海新區」的戰略步驟下,透過構建兩岸經貿合作的緊密區域,積極開展「兩岸區域經濟合作試點」,大力促進「海峽經濟區」的形成,完全符合深化沿海開放戰略和區域協調發展戰略的實際要求,是中國區域經濟發展的客觀需要。2009年5月,《國務院關於支持福建省加快建設海峽西岸經濟區的若干意見》正式頒布,預示著構建兩岸經貿合作的緊密區域已成為現實的可行性。

(四)擴大對臺交流合作的重要部署

建設兩岸經貿合作緊密區域,推動對臺政策先行先試,可提升至「推進和平統一大業的戰略部署」的高度來考慮。大陸臨近臺灣的區域在促進兩岸關係和平發展和統一大業中有著不可替代的獨特優勢和重要地位。2006、2010年春節胡錦濤總書記兩次視察福建時,要求「推進兩岸經濟技術交流合作取得新進展,促進兩岸直接通航出現新局面,把寄希望於臺灣人民的方針做到實處,推動兩岸共同弘揚中華文化的優秀傳統」。這些都表明構建兩岸經貿合作緊密區域的重要性和緊迫性。

二、兩岸經貿合作緊密區域的基本構想和功能定位

(一)兩岸經貿合作緊密區域的基本構想

擴大對臺經貿交流,建設兩岸經貿合作緊密區域,應按照建立兩岸人民交流合作先行區的要求,遵循科學的指導思想,確立明確的發展目標,落實循序的推進步驟,採取更加靈活開放的政策。

1.指導思想

突出科學發展,突出對臺優勢,緊緊抓住中國沿海地區經濟結構調整和新一輪跨越式發展的機遇,積極推進基礎設施建設,大力發展高新技術產業、新興服務業和高優農業三大現代產業體系,不斷拓展產業規模,優化產業結構和提升產

業素質，為加快構建兩岸經貿合作緊密區域和促進兩岸關係和平發展做出新的更大貢獻。

2.發展目標

建設兩岸經貿合作緊密區域的發展目標是建設「先行區」和「示範區」：對內加快建設科學發展的先行區和體制機制創新的試驗區，將其建設成重要的先進製造基地、港口物流基地、高優的現代農業基地和高級技術人才教育基地，初步形成適應科學發展的體制機制和具有國際競爭優勢的先進製造業、現代物流服務業和高優農業三輪驅動的現代化產業體系，建成文明和諧家園的先行區；對外以強化與臺灣的經濟融合為基點，以全面深化兩地經濟合作、促進兩岸經貿合作緊密區域經濟繁榮為主軸，進一步發揮對臺政策先行先試和龍頭帶動作用，成為兩岸交流合作的重要口岸和前沿平臺，與臺灣共同形成一個「通道順暢、產業循環、經濟一體、文化融合、制度趨同」的「兩岸共同家園」的「示範區」。

3.推進步驟

建設兩岸經貿合作緊密區域，推進對臺政策先行先試政策，應統籌安排，循序漸進，從點到面，從局部到整體，逐步開放，因而要做到短期的臨時安排與長期的戰略布局相結合，其發展規劃可分三個階段完成：

（1）啟動階段：進一步完善基礎設施建設，構建兩岸經貿合作緊密區域的基本框架和服務功能，為各類產業和社會事業發展創造良好的硬體環境，為建設兩岸經貿合作緊密區域奠定堅實的物質基礎。在對臺政策先行先試方面，全面推進兩岸經濟關係的正常化，進一步發揮原有民間形式的經濟交流機制，透過投資環境的改善，吸引更多的臺商到兩岸經貿合作緊密區域投資和發展，並在兩岸商簽經濟合作框架協議的進程中，頒布相關先行先試的政策措施，為兩岸在一定區域內商品、資金、人員等生產要素的自由流動做出某種優惠和便利性安排，為全面建立兩岸經濟合作機制創造有利條件。

（2）發展階段：從縱深方向全方位地拓展區域經濟合作的範圍和領域，深入推進兩地經濟關係從功能性整合走向制度性整合，加大對臺招商引資力度，大規模引進臺灣資金、技術和人才入區創業，初步形成「兩岸共同家園」的雛形，

促使產業分工和協作更加深入、產業集群迅速發展、對臺交流合作更加緊密、商業氛圍不斷繁榮。

（3）提高階段：在健全投資環境的基礎上，推動兩岸經貿合作緊密區域成為大陸沿海地區的先進製造基地、現代港口物流基地、對臺交流交往基地、高級技術人才教育基地、高優農業和海峽旅遊發展基地。在全面建立兩岸經濟合作框架的基礎上，促進兩岸在經濟上的不斷融合，最終形成「兩岸共同家園」，形成緊密相關、高度依存、共生共榮的經濟整體。

上述三個階段是一個循序漸進的發展過程，在條件成熟時，有些政策內容可以同時實施和落實，也可跳躍式發展。

（二）兩岸經貿合作緊密區域的功能定位

兩岸經貿合作緊密區域的功能定位，要緊緊圍繞建設「先行區」和「示範區」的發展目標，在深化改革和擴大開放上先行先試，奮力成為科學發展和體制創新的先行區；在對臺招商和擴大利用臺資上先行先試，全力構築兩岸產業對接的集中區；在對臺工作和擴大交流合作上先行先試，全力打造「兩岸共同家園」和「兩岸融合的示範區」。

1.在深化改革和擴大開放上先行先試，奮力成為科學發展和體制創新的先行區

圍繞建設兩岸經貿合作緊密區域的發展目標，全面改善投資環境，大力推進基礎設施建設，構建公共服務平臺，提高兩岸經貿合作緊密區域的改革開放水平。

（1）推進基礎設施建設，優化投資硬環境。以打造科技工業園區為目標，加快園區建設，完善道路、供水、供電等基礎設施和社會設施配套，為產業集聚發展提供功能更加完善的載體；進一步明確園區的發展規劃和功能定位，不斷完善園區的配套建設、管理和服務，促進企業向工業園區集聚，引導關聯企業聚集化發展，形成以龍頭骨幹企業為主導、中小企業為配套、物流配送為保障的各具特色的工業園區。

（2）構建公共服務平臺，優化投資軟環境。深化行政審批制度改革，創新行政審批方式，簡化和規範審批程序，提高行政效能和辦事效率，率先實行審批管理「零收費」制度，構建服務型政府。轉變政府職能，全面推進政事、政資、事企、政府與市場中介組織分開，強化政府經濟調節、市場監管、社會管理和公共服務的職責。增強服務意識，改善服務方式，創新服務手段，營造親商、安商、富商的良好氛圍，促進技術服務、標準檢測、網路訊息、培訓、現代物流等產業集群區公共服務平臺建設。

2.在擴大利用臺資上先行先試，全力構築兩岸產業對接的集中區

針對臺灣產業發展特點和對外轉移趨勢，加大對臺招商引資力度，著力推進與臺灣先進製造業、金融服務、旅遊會展、航運物流、商貿、文化創意等方面產業的對接，提升產業合作規模、層次和水平，打造兩岸產業對接集中區。

（1）加大對臺招商引資力度，擴大利用臺資規模。抓住國內外新一輪產業重組和生產要素轉移的契機，密切跟蹤臺灣產業發展動態，密切與臺灣相關行業協會、企業的聯繫，依託各類產業園區，突出「以臺引臺」，促進兩岸產業對接。以優化產業結構和增強競爭力為核心，以重大項目、高科技、高附加值項目、生財項目為重點，著力引進一批高質量的產業鏈龍頭項目和配套項目。

（2）完善科技發展機制，有效提高利用臺資水平。注重引進先進技術、管理經驗和智力資源，加大多元化科技投入，提升企業技術進步和技術創新能力，為高新技術產業發展提供支撐。加強對產業技術創新服務平臺建設的指導，並在資金、技術、人才等方面給予必要的支持，切實增強服務功能。

（3）走新型工業化道路，打造先進製造業基地。密切跟蹤臺灣先進製造業的發展趨勢，圍繞龍頭企業有針對性地展開產業集群招商，加速上、中、下游配套企業的引進與銜接，延伸產業鏈條，擴大集群規模，做大做精拳頭產品。大力實施品牌帶動，加大自主知識產權和自有品牌的培育力度，引導和推動技術、資本等資源向優勢品牌企業和產品集聚，不斷提升產業核心競爭力和整體發展水平。

（4）發展現代服務業，建設港口物流基地。把握臺灣服務業積極拓展大陸

市場的機遇，加強與臺灣服務業的合作，完善服務業發展規劃，吸引臺灣高端服務業項目落戶兩岸經貿合作緊密區域，在區內中心城市設立地區總部、配套基地、採購中心、物流中心、營運中心和研發中心，促進現代服務業和先進製造業有機融合，全面加快現代服務業發展，努力推動現代服務業上規模、成系統，不斷增強中心城市的綜合服務功能，提升城市生活品味和服務建設兩岸經貿合作緊密區域能力。

3.在擴大對臺交流合作上先行先試，全力打造「兩岸先行先試的示範區」

（1）兩岸ECFA特別試行區。ECFA的商簽和實施是一個複雜和冗長的過程，需要一系列談判和分步驟、分階段實施。在此過程中，兩岸經貿合作緊密區域可作為ECFA的特定先行先試區域，在談判前後和ECFA實施過程中，比照CEPA簽訂時廣東的一些做法，先行實施某些正在商談或將要商談的項目和條款，為ECFA的順利簽署和全面實施探索途徑，積累經驗。鑒於ECFA是兩岸之間關於經濟貿易合作與一體化發展的總體框架協定，雙方在此框架下還要分別進行兩岸貿易協定與投資協定的商簽，在此過程中，兩岸經貿合作緊密區域作為兩岸合作的一個特殊區域，可在某些領域進行先期探索和實施。如在設立兩岸金融合作試驗區以及臺灣服務業市場准入等方面爭取中央更多的政策支持，積極試行兩岸金融機構設置及信貸、匯兌、結算的開放，放寬匯率、稅率、利率限制。

（2）兩岸要素往來通行區。積極探討和大膽試行兩岸貿易和人員等要素往來便利化管理辦法，推動兩地海空客貨運直航更加便捷，使兩岸各種生產要素的流動更加順暢。如以平潭島建設開發為重點，促進經貿交流和各類要素的直接雙向流動，並在設立對臺綜合試驗區以及臺灣商品的市場准入等方面爭取中央更多的政策支持，在爭取赴金、赴臺旅遊，本地居民赴臺自由行，外地居民辦理赴臺旅遊簽注等方面率先取得突破。

（3）兩岸同胞融合示範區。進一步做好臺胞服務工作，對臺胞在本地置產置業、就學就業、居住生活等實行居民待遇，鼓勵常住臺胞融入社區生活，參與社區服務，依法支持在當地投資、工作、生活的臺商、臺灣專業人士和優秀人才加入群團組織。進一步提升與臺灣文化、教育、衛生、體育、民俗、宗教等方面

交流合作的層次和水平,做好臺灣人民工作,促進兩岸民間交流和情感融合,努力為推動兩岸關係和平發展做出新的貢獻。

三、兩岸經貿合作緊密區域的政策機制和具體措施

兩岸經貿合作緊密區域的政策機制,就是要在擴大對外開放、深化體制改革和加強對臺合作方面,積極探索新路徑,努力打造新模式,建立一整套適應科學發展、體制創新和兩岸融合的全新的政策機制。因此,如何充分利用兩岸經貿合作緊密區域的對臺特殊區位優勢、工作基礎和中央的政策支持,在進一步落實「同等優先、適當放寬」政策的基礎上,把先行先試工作融入ECFA的總體框架中,有步驟地讓一些帶有探索性的經濟貿易合作議題,在ECFA簽署之前或每次補充協議之前,比照早期收割條款的形式,在兩岸經貿合作緊密區域內先行先試,發揮「政策試驗」的功能,透過局部先行和試驗,探索建立具有區域特色的兩岸合作新模式和新機制,為推動兩岸經濟合作框架協議進程和促進兩岸經濟一體化做出新貢獻。

(一)提供便利的投資合作條件,健全投資開發建設機制

加強投資領域的合作,提供更加優惠和便利的投資環境,形成更加有利兩岸經貿合作緊密區域建設的投資機制。

1.財稅支持政策

(1)在國家產業布局和規劃上,優先安排國家重大項目在區內布點,對基礎設施建設給予一定的財政配套支持,採取如投資補貼、財政貼息、低息貸款等相關優惠措施,吸引各類資金參與建設;(2)對投資鼓勵類項目,享受15%所得稅優惠稅率,免徵設備進口環節增值稅;對投資電子、機械等重大項目,免徵設備關稅和進口環節增值稅;對臺商投資企業稅後利潤再投資,繼續實施退還再投資部分已繳納所得稅稅款40%的政策;(3)對於非臺商投資區範圍,比照臺商投資區執行過渡期稅收優惠政策,對原來享受15%優惠稅率的臺資企業,

2012年按25%稅率一次性過渡到位，之前繼續執行15%稅率；（4）區內自臺灣進口商品所徵關稅返還，成立有關產業發展基金，或爭取設立兩岸合資的「海峽投資基金」，拓展融資渠道。

2.土地審批政策

重新梳理土地收儲機制，賦予靈活的土地政策：（1）積極推動臺商投資區擴區，將更多地區納入臺商投資區範圍，形成一個更大範圍的臺商投資區，其建設用地指標由國土資源部單列解決、一次性下達、封閉運作，定期考核，可有效解決制約經濟發展的用地瓶頸問題，增強對接臺灣產業轉移的載體功能，從而為吸引臺灣大資本、大項目的落戶創造條件；（2）對臺商工業用地實施優惠價格政策，或採取5年稅收返還政策；（3）經批准，生產性臺資企業利用原工業廠房發展服務貿易類項目（不包括商業開發），免補繳土地出讓金；（4）進一步完善農村宅基地管理制度，健全農村宅基地和村莊整理所節約土地的復墾及利用的制度。

3.項目審批政策

積極爭取中央支持，將臺資項目核准和審批權限下放給地方，進一步簡化臺資項目審批內容：（1）由省級政府審批鼓勵類項目5億美元以下、限制類項目3億美元以下的臺資項目的合約、章程和變更以及相應的發證權；（2）涉及國家產業政策持股比例要求的，放寬為允許臺商控股；（3）對臺灣500大企業在區內投資的項目審批，在有關規劃、重大項目布局及項目審批、核准、備案等方面給予傾斜；（4）對於不需要國家宏觀調控的項目由地方主管部門自行審批，如涉及國家宏觀調控的項目，可採取個案審批，優先安排；（5）對於不需要國務院行業主管部門審批的行業，如房地產、管理諮詢、飯店餐飲和倉儲業務等，直接改為登記制，投資總額在5000萬美元以上的服務項目由區內相關部門上報商務部審批；而對需徵求國務院行業主管部門意見或先由行業主管部門立項的行業，如醫療、廣告、電信、建築、旅行社、物流服務等，下放給當地自行審批，並報國家備案；（6）臺資高新技術企業享受經濟特區高新技術企業相同政策，放寬臺資高新技術企業認定標準，將研發經費投入比例標準下調50%，將研發人

員比例從10%調整到5%。

4.臺商准入政策

（1）對臺商投資免予提供投資主體資格證明的公證和認證以及臺商資信證明，可視同內資，享受內資待遇，從事零售、餐飲、商業經紀與代理、旅館業、租賃服務業、娛樂服務業、訊息諮詢服務業等無需外資審批，實行登記制，並參照內資企業進行年檢；（2）放寬臺商投資的股比限制，允許臺商以獨資或控股的方式投資機電等產業，投資文化創意產業享受大陸同類企業相同政策；（3）參照CEPA模式，對港澳開放的一些行業、領域、範圍等，也逐步對臺商開放，除舉辦合資、合作和獨資經營企業外，鼓勵臺商申辦個體工商戶，申請登記的經營範圍，可參照國家允許港澳居民的經營範圍辦理，並鼓勵臺商購買企業股票、債券，承包、租賃、購買企業；（4）下放臺資進入兩岸經貿合作緊密區域的審批權限，開放基礎設施、市政公共事業和服務貿易投資領域，鼓勵臺商取得土地使用權，開發經營，參與基礎設施項目建設，並取得經營特許權等；（5）鼓勵臺灣投資者租賃農村集體土地，從事農業生產，對臺資農業企業享受農業產業化龍頭企業的優惠政策。

（二）實行開放的服務貿易政策，增強兩岸經貿合作緊密區域的綜合服務功能

努力推動兩岸經貿合作緊密區域的服務業發展，增強綜合服務功能。區內一些服務業領域，可優先向對方開放，放寬市場准入條件，相應降低市場准入門檻，或減少過渡期的期限，以吸引臺灣企業來區內設立地區總部、配套基地、採購中心、物流中心、營運中心和研發中心。

1.金融業開放政策

健全服務於兩岸經貿緊密合作區的金融市場體系、金融機構體系、金融業務創新體系、金融人力資源體系和金融法規政策體系，改善金融發展環境，深化對臺金融合作，打造兩岸區域性金融服務中心。一些帶有「試驗性」的政策，可在緊密區內試行操作，總結經驗後再推廣至其他地區。（1）對臺資銀行申請設立分行（或法人機構或入股商業銀行）前一年年末總資產要求降低至60億美元，

且無需先在內地設立代表機構；（2）進一步擴大兩岸貨幣雙向兌換範圍，推動互設兌換網點，增加兌換品種，提高兌換限額，擴大兌換對象，新臺幣掛牌兌換業務由個人擴展到企業，由現鈔延伸到現匯，試點銀行從中國銀行擴大到其他商業銀行；（3）允許對臺貿易直接採用人民幣結算，區內銀行與臺灣的銀行直接採用新臺幣結算兩岸通匯業務，無需兌換成美元間接計價通匯，區內銀行可以為臺商開展新臺幣貸款、貿易融資、擔保等業務；（4）臺灣同胞投資者經批准可以在區內設立風險投資公司、擔保公司、技術轉移中心和會計機構等中介機構，從事投資、技術培訓和諮詢服務等活動；（5）採取股份制形式，與臺灣共同合資建立農業合作社、農業信託或農村銀行；（6）對區內臺資企業給予金融支持，將其納入大陸中小企業信用擔保體系，臺商在生產和經營過程中所需的周轉資金及其他必要的借貸資金，在同等條件下享受銀行優先貸款的待遇；（7）積極推動對臺離岸金融業務，為臺資企業提供包括離岸存款質押在岸授信業務、離岸綜合授信額度、離岸貿易授信融資業務、離岸貸款業務和銀團貸款、債券融資等服務，並探索開展離岸再保險業務。

2.商務物流政策

降低臺灣經銷商、代理商以及物流、倉儲企業的准入門檻，為臺商提供更多的發展空間：（1）臺灣同胞投資者以及臺灣同胞投資企業，可以參與臺灣產品交易市場的經營活動，臺灣的公司、企業、其他經濟組織以及臺灣同胞投資企業，可以組織舉辦臺灣產品展覽、展銷活動，設立產品展位，允許臺灣服務提供者設立獨資、合資、合作企業，試點經營境外展覽業務；（2）授權當地審批、組織赴臺灣舉辦商品交易會，及在本地舉辦面向臺灣和海外的大型會展活動，對組織赴臺舉辦的商品展會，賦予組展單位面向全國各省（市、區）的招展權；（3）鼓勵臺商設立物流企業，利用臺灣資金、設備和技術參與物流設施的建設或經營，允許臺資物流企業註冊的貨代公司同時經營貨代和貨運業務。

3.其他服務業開放政策

積極承接和吸引臺灣各類服務企業前來投資設點，開辦分支機構或辦事處，放寬准入條件和進入範圍。（1）臺灣的科學研究機構、大專院校經批准可以設

立科學研究分支機構和科學研究示範基地，臺灣同胞投資者在企業內部設立研發中心，可按增設分支機構或增加經營範圍的形式予以核准登記；（2）取消臺資衛生保健機構投資總額限制，鼓勵臺灣的醫療機構合資、合作興辦醫院，允許臺灣服務提供者以獨資形式設立門診部門；（3）根據企業的生產需求（即勞動力市場的需求）培育應用型的技術人才，建立有關的中介服務機構，發展職業教育，引進臺灣優秀的職業教育資源和人才，為社會提供臺灣優秀職業教育和培訓機構的訊息諮詢，並允許臺灣投資者獨資開辦職業教育學校、職業技能培訓機構，條件成熟後再開放其他辦學類型，如2＋2的合作辦學模式（兩地各讀2年），學生取得本科學歷，兩岸互認。

（三）實行優惠的商品貿易政策，提供便利的貿易經營環境

在貿易領域擴大對外開放，進一步加強對臺合作，提供更加優惠和便利的貿易環境。具體合作政策包括：貿易優惠政策、貿易促進措施、商品檢驗檢疫、電子商務等方面。

1.貿易優惠政策

（1）對區內勞動密集型產品和高新技術產品出口率先實行全額退稅，逐步擴大全額退稅產品範圍，在三年內完全對本區所有出口商品全額退稅；（2）將對臺貿易人民幣結算試點擴大為國際貿易人民幣結算試點；（3）先行對兩岸貿易實行稅率優惠，對雙方商定的商品，只要符合原產地規則，可享受比規定更加優惠的低關稅，甚至是免稅或零關稅，可先行實施擴大臺灣農產品進口零關稅政策措施，將進口臺灣農業優良種苗的審批權下放給當地；（4）對互補性較強的商品項目適當減免關稅，試行部分工業品進口零關稅政策措施；（5）對臺資企業透過小額貿易進口自用機器零配件免徵關稅和進口環節稅。

2.貿易促進政策

實行更加開放的貿易政策，鼓勵兩岸經貿合作緊密區內的保稅區、經濟技術開發區、臺商投資區、加工出口區等，與臺灣的「加工出口區」、「科學園區」、「自由貿易港區」、「營運中心」等進行對接，賦予更加靈活、多樣變通的功能：（1）設置轉運發貨中心、發貨倉庫，放寬臺灣貿易商進入條件；

（2）有步驟地建立對臺貿易渠道和網路，鼓勵、促進臺資企業產品返銷臺灣，或利用臺灣、金門等地區進行簡單加工、包裝，以MADE IN TAIWAN出口至國際市場；（3）鼓勵加工貿易產業升級，探索企業轉型的路徑和模式，給予企業五年左右的自主調整期，實現角色轉移、園區轉移、增值轉移；（4）加強涉臺貿易市場建設和運作，繼續辦好對臺小額商品交易市場，提升配套服務水平，擴大經營規模，增強輻射影響力，簡化對臺小額貿易商品通關、船舶檢疫手續，放寬免稅入市的臺灣商品範圍，即產地限制、產品範圍限制，允許臺商生產所需的機電產品配件進入交易中心經營，取消一次性進口額度限制。

3.通關便利化政策

（1）支持兩地海關特殊監管區的緊密合作，就貨物通關合作事宜進行磋商，實現互通訊息、互認查驗結果、檢驗檢疫結果和審議價格；（2）透過全面推行網上審批、擴大授權、快速審核等措施，使合作緊密區域出口的產品檢驗檢疫審批等行政許可進入快車道，最大限度地減少審批程序；（3）對臺灣出口至區內的產品採取直通放行，即經產地相關機構檢驗檢疫合格後，直接簽發通關單，企業可憑通關單在報關地海關直接辦理通關手續，無須在口岸二次申報；（4）對符合條件的進口法定檢驗檢疫貨物，口岸機構受理報檢後簽發通關單，不實施檢驗檢疫，僅對貨物加施封識（包括電子鎖等），貨物直運至目的地，由目的地口岸機構核查封識後實施檢驗檢疫；（5）對臺灣農業種苗等生產要素，直接由當地檢驗檢疫部門檢疫通關即可引進。

總之，擴大對臺經貿交流，建設兩岸經貿合作緊密區域，就是要造就適應科學發展和體制創新的先行區、對臺經濟政策的試驗區和兩岸合作的示範區，以作為構建兩岸經濟合作框架協議和機制的政策導向與發展方向。

中國大陸區域試點機制與兩岸海西產業合作的重要意涵

劉孟俊　锺富國　歐宜佩

第一節　前言

　　自改革開放以來，中國大陸經濟體制採漸進式改革，在經濟發展層面已有顯著的成效。除了區域上採取「先行先試」外，在發展新興產業上，也有其探索產業熱度的「試點」模式。如2008年推動的「十城千輛」新能源汽車試點計畫，與2009年所推動的「十城萬盞」LED照明產業計畫，均以試點先行的方式，以實現新興科技產業化為目標。此外，為進一步創造兩岸產業合作商機、建立兩岸產業合作平臺，兩岸自2008年起開始推動「搭橋專案」政策，以促進兩岸產業交流合作。其目標在建立兩岸產業合作模式，營造更開放、友善的產業發展環境。其中，由於「試點」在推動兩岸產業合作上也是重要的一環，因此「搭橋專案」的規劃上，可對應著大陸漸進式改革區域試點機制，與海西就新興產業建立兩岸產業試點，調和兩岸制度體系相異，進一步落實兩岸合作商機。

　　在金融海嘯後，美國重回實體生產，發展新能源結合節能減碳，加上主導全球貿易規則制定，包括碳排放稅等，企圖回升美國實體經濟。「十二五」規劃期間，中國經濟發展方式轉變和結構調整，新興產業具有戰略地位。中國大陸正試圖由世界工廠轉型為世界市場，擴大發展服務業與高科技產業，調節擴大內需結合產業結構調整。意味著兩岸經貿關係總體的發展階段，從過去製造業交流為主，逐漸重心轉移為服務業與高科技產業合作。

金融危機後,世界各國積極推動新興產業,不僅對應全球節能減碳新趨勢的要求,同時中國大陸企圖擴大在戰略性新興產業的投資與技術開發,以搶占下一波科技競賽的制高點。在此全球新興產業的發展趨勢中,形成兩岸產業擴大合作的新契機,為此,兩岸產業與決策單位需有新的作法。具體而言,推動搭橋專案模式不單須要考量兩岸新興產業發展需要,亦須要內涵中國大陸產業試點機制,就選定若干適當區域進行應用服務實驗,以汲取整合科技與市場經驗,及早促進新興產業技術產業化的目標。藉由兩岸搭橋專案推動的新興產業試點先行,亦可進一步促成兩岸產業鏈的整合,並共同拓展全球市場。據此,兩岸產業合作在海西經濟地區的試點先行,更有其重要意涵性。

然而,中國大陸區域試點機制所扮演的角色,偏向於內部體制改革與重大政策,對於兩岸合作共同推動試點先行的分析卻較少。因此,本文側重於海西經濟區在兩岸新興產業合作試點可扮演的角色,以作為未來搭橋專案在深化兩岸產業合作的參考依據。具體而言,就兩岸搭橋專案來說,以推動一產業一平臺的合作模式外,同時亦需思考,對應中國大陸在區域試點機制,建制兩岸特有的區域合作試點機制。金融海嘯後,若以海西作為兩岸推動新興產業合作場域,應有其政策需要與價值。

在分析架構上,本文首先從制度創新的角度出發,解析在經濟特區與重大政策推動過程,區域試點機制存在的必要性,藉以說明先行先試的模式、意涵以及其所帶來之優勢。其次,在新興產業領域中,探索臺灣與海西經濟區內可行新興產業發展模式。最後則建議海西經濟區建置兩岸產業合作點機制的角色與相關政策作法。

第二節　中國大陸區域試點機制

一、經濟特區面臨轉型挑戰

從初期的經濟特區,先行先試的模式邁向近期的綜合配套改革試驗區,經濟

特區主要表現在經濟對外開放，通常情況下著重吸引外資，以增進當地稅收，從而帶動經濟成長。被比喻為新特區的「綜合配套改革試驗區」則注重社會經濟各個層面的體制改革和創新。先行先試模式轉化，意味著改革的特徵有多種層次的改變。首先，顯現在制度創新廣度不同，從初期的經濟發展為主，慢慢將制度創新涉及的層面擴及到社會經濟生活領域，包括文化生活、社會和諧等。其次，制度創新的著重點不同，初期的制度創新範疇較傾向於政策優惠引領，屬於一種外來型的發展模式。現階段發展的綜合配套改革試驗則更強調由內部因地制宜，符合中國大陸特色的創新模式。

目前中國大陸一共設立了八個國家級綜合配套改革試點區。上海浦東新區、天津濱海新區以及深圳市為目前僅有的全面型綜合配套改革試驗區，試驗區的試驗規模最大；成渝、武漢城市圈、長株潭城市群以及瀋陽經濟圈則被列為專題型的綜合配套改革試驗區，試驗的範疇較為集中。這從「全面型」與「專題型」綜改區的批准單位，分別為國務院與發改委。自2005年6月國務院批准上海浦東新區進行綜合配套改革試點以來，不少地方先後向國務院或發改委提出了開展綜合配套改革試點的申請。

雖然中央批准國家級綜合配套改革試驗區的腳步已逐漸放緩，但各省市仍舊以設立省級綜合配套改革試點的模式來推動改革試點，並以各地的地方特色，緊扣解決限制本地經濟社會發展的問題。例如河南省在開封市等八個城市推動「文化改革發展試驗區」，浙江省在民營經濟發達的溫州、臺州推動「民營經濟創新發展綜合配套改革試驗區」，雲南則是在昆明、紅河州推動「旅遊業綜合改革試驗區」。

二、重大政策試點與區域海外合作試點

除了以地區推動各項改革試驗的模式外，中國大陸在全面推行重大政策之前，也往往會在一些地方先行試點。中國大陸近年來重大政策試點改革方案，涵蓋面亦廣，如資源枯竭型城市經濟轉型、國家創新型城市、國家技術創新工程、深化流通體制改革、公立醫院改革、境外投資外匯管理改革、跨境貿易人民幣結算等。

另一項值得關注的是，目前中國大陸的區域海外合作試點，也成為新興模式。例如荷蘭為吸引更多自然科學領域優秀人才，在中國大陸啟動高端人才試點，吸引更多中國大陸高端科學研究人才，以緩解荷蘭國內的博士人才短缺現象。或是新加坡保健集團與福建省衛生廳簽署人才培訓協議，福建省將選派110名社區衛生服務中心工作者赴新加坡取經，學習最新的社區衛生服務經驗，並在廈門試點新加坡的社區衛生服務中心模式。另，韓國亦與中國交通運輸部簽署《陸海聯運汽車貨物運輸協定》，確定山東為對韓合作先行區。此外，臺灣亞洲創新文化集團獨資建設，投資總額為12億美元，投資建立87公頃的商業複合設施，名為「中國南京亞洲創新產創意產業園區」的主題園區，預計2011年完成（新華社2006年）。專案建成後將重點在數位動漫、影音娛樂、市場運作、媒體整合及人才培育5個方面，同時還將引進包括動漫策劃製作等相關數位內容的150家企業分批入駐。

2009年5月，國務院《關於支援福建省加快建設海峽西岸經濟區的若干意見》正式頒布，為平潭加快發展提供機會。國務院《意見》指出，「同意在現有海關特殊監管區域政策的基礎上，進一步探索在福建沿海有條件的島嶼設立兩岸合作的海關特殊監管區域，實施更加優惠的政策。」根據這一精神，福建在調研的基礎上，於2009年7月底正式設立福州（平潭）綜合實驗區，積極探索開展兩岸區域合作，建立兩岸更加緊密合作交流的區域平臺，建設平潭成探索兩岸合作新模式的示範區和海西科學發展先行區。

基本上中國大陸各項試點改革方案，主要都是因應內部的需求所制定的。然而，在政策改革日益困難與複雜，單純地引用海外經驗的可能難以借鏡。可以預見中國大陸與海外合作試點，動員海內外專家的能量，轉化外部經驗突破現有障礙的模式，可能將更加普遍。或者為對應中國內需市場的特殊條件，轉化海外技術產業化，尤其在新興產業合作領域，爭取與海外進行試點合作，有其必要。對兩岸而言，應可就區域試點模式推動產業合作，不僅合於中國大陸改革開放的模式經驗，更可縮減兩岸合作所需摸索過程，有效促成合作的效益。

第三節　後金融風暴兩岸戰略性新興產業合作契機

一、國際間新興產業涵蓋領域

預期後國際金融危機時代，2011年中國的醫藥品市場成長達到5000億元人民幣，規模僅次於美國，排行世界第2；中國的網路廣告市場2007－2011年的年平均成長率39.5%，2011年達到270億7000萬元人民幣規模（Fuji Sankei Business，2007）。中國Internet Shopping市場動向預測報告，2011年中國的線上購物使用者超過2億人，市場規模為5700億元人民幣（中國 iResearch，2009年）。又，2013年世界的OLED發光照明與光源市場將成長到45億美元規模；世界的「超材料」（meta-material）市場擴大到6億1760萬美元規模（美國BCC Research報告，2008年）。世界的抗老化（anti-ageing）產品與服務的市場規模由2008年的1622億美元，擴大到2745億美元（美國BCC Research報告，2009年）。中國全國工商聯環境服務業商會駱建華祕書長預測，2015年中國的綠能相關產業將達到GDP的10%，約5兆3000億元人民幣（Bloomberg.co.jp，2010／2／5）。國防科工委計畫，2015年中國的造船量達2400萬噸，全球市占率的35%，保持世界第一的噸位數（北京週報日本語版，2005／3／21）。預測2015年，世界的油電混合車與電動車，約50%使用鋰離子電池（朝日新聞，2009／11／1）。2009年英政府報告書預測，2015年包括減少溫室氣體對策的環保相關市場規模約達到4.3兆英磅（讀賣新聞東京版，2009／7／16）。以上對應著全球節能減碳的全球與大陸市場新趨勢要求，同時個別國家企圖擴大在戰略性新興產業的投資與技術開發，以搶占未來商機。

後國際金融危機時代，中國大陸推動經濟的「全面協調」與「可持續發展」，並強調「創新驅動」與「內生成長」的發展模式（溫家寶，2009）。「自主創新」為經濟結構調整和發展方式轉變的關鍵環節，發展戰略性新興產業為經濟轉型的重要作為。戰略性新興產業具有「產品要有穩定並有發展前景的市場需求」、「要有良好的經濟技術效益」、「要能帶動一批產業的興起」的特性。即戰略性新興產業須有產業帶動能力強、就業機會多、能耗低、汙染少等特

點,符合低碳經濟和循環經濟(Circular Economy)的發展方向,對提升產業產品附加價值,提高經濟成長的品質發揮重要作用。

在當前「後危機時代」,世界主要國家均致力於發展新興產業,但其內容與側重點卻有所差異(見表1)。大體而言,「綠色技術」與「低碳經濟」均是中國大陸與其他國家著重發展之處。因應全球能資源短缺與碳排放問題的挑戰,將電動汽車、節能環保、新能源與資訊網路列入。同時中國大陸為因應未來其他強國及前瞻性問題的挑戰,而將航空航太、生物醫藥、農業育種、海洋工程開發列入其中。就臺灣六大新興產業而言,著重轉化資通訊產業過度集中於硬體製造,導引ICT製造業進入許多應用與服務產業,創造ICT產業嶄新藍海市場與商機。但相異之處,中國大陸並未將服務業單獨列入其戰略產業,而美國、日本、韓國與臺灣等國相對著重醫療服務等高附加價值服務產業。

表1 中國大陸與主要國家/地區新興產業涵蓋領域

	新興產業涵蓋領域
中國大陸	戰略性新興產業七大領域:新能源、節能環保、新能源汽車、新材料、生物產業、新興資訊產業、先進設備製造業
台灣	六大新興產業:綠色能源(太陽光電、LED照明、電動車)、生物科技、醫療照護、觀光旅遊、文化創意與精緻農業
	四大新興智慧型產業:雲端運算、智慧電動車、智慧綠建築、發明專利產業化
	十大重點服務業:國際醫療、國際物流、音樂及數位內容、會展、美食國際化、都市更新、WiMAX、華文電子商務、教育、金融服務業
美國	新能源、幹細胞、航太航空、寬頻技術、節能環保、智慧地球、遠距醫療、生物科技等
日本	商業航太市場、資訊技術應用、新型汽車、低碳產業、醫療與護理、新能源(太陽能)等
英國	電動車、混合燃料車等
德國	電動汽車、鋰電池產業化生產
韓國	綠色技術、尖端產業融合、高附加價值服務等三大領域:太陽能電池、海洋生物燃料、IT系統、生物製藥與醫療、機械人應用、醫療服務等17項新興產業

資料來源:本研究整理,2010/06

二、中國大陸新興產業試點布局

顯然地,發展戰略性新興產業將或已成為中國大陸重要的政策項目,預期將陸續展開區域試點。《戰略性新興產業發展十二五規劃》其發展重點領域與產業區域布局等政策措施雖未正式公布,唯區域相關的試點工作已於2009年陸續展

開（見表2），或可據此判斷即將推動的新興產業的試點布局。綜合而言，由表2各個產業的試點地區來看，試點區域的選擇通常較偏向低度發展區域，藉以累積有啟示的發展經驗。

但就產業試點而言，目前中國大陸戰略新興產業的區域布局，仍偏向於經濟發達的區域；前瞻性領域，如資訊網路、航空航太、生物科技、海洋工程開發等，其重點發展區域亦偏向於經濟較發達或沿海的城市和地區。有少數資源型（太陽能、鋰電、風電等）、節能環保（低碳經濟、循環經濟等）、或材料型的產業，選擇在內陸地區進行試點。其中，關於福建地區所推動的新興試點產業有新能源產業的海上風電、新材料產業的LED、生物醫藥產業、以及海洋工程產業等。

表2　中國大陸戰略性新興產業試點區域（不完全統計）

產業	項目	試點或佈局區域
新能源	太陽能屋頂	陝西延安、新疆
	風電	風電：新疆、內蒙古、廣東、江蘇等 海上風電：江蘇、廣東、山東、福建（廈門）等
	鋰電	江西宜春（國家鋰電新能源高新技術產業化基地）
節能環保	生態經濟、低碳經濟	1. 黃河三角洲高效生態經濟區發展規劃 2. 爭取低碳經濟試點城市及地區：廣東、北京、上海、保定、合肥、南昌等
	循環經濟	1. 循環經濟試點城市：貴州六盤水與青海柴達木、內蒙古鄂爾多斯、四川攀枝花、新疆準噶爾五個西部城市 2. 區域循環經濟總體規劃：河南省、甘肅省、青海省
	智慧電網	山東、安徽等（第二批試點：江蘇、浙江、陝西、重慶、天津、湖北等）

產業	項目	試點或佈局區域
新能源汽車	「十城千輛」	1. 北京、上海、深圳、重慶、長春、杭州等13個城市（試點範圍將增至20個城市） 2. 私人購買新能源汽車補貼試點：上海、長春、深圳、杭州、合肥
	電動汽車充電站	上海、天津、西安等
新材料	LED：「十城萬盞」	北京、天津、深圳、鄭州、石家莊、保定、大連、西安、上海、廈門、福州等21城市
	特種功能材料、高性能複合材料等	新材料國家高技術產業基地：寧波、大連、洛陽、金昌、廣州、寶雞、連雲港
新興資訊產業	物聯網：「感知中國」	江蘇無錫（物聯網示範基地）、上海、四川、浙江、山東等；「感知北京」、「感知杭州」
	三網融合	上海、深圳、杭州、哈爾濱、武漢、長沙等
生物產業	生物醫藥、先進醫療設備製造	1. 泰州醫藥高新技術產業開發區（江蘇） 2. 北京《推動北京生物醫藥產業跨越發展的金融激勵試點方案》 3. 永春（福建生物醫藥產業發展試點縣）
	生物農業	北京為重點發展區域
先進設備製造業	海洋工程、海洋化工、海洋新能源、生物產業、環保產業等	山東半島藍色經濟區（全國海洋經濟發展試點）
	海洋工程設備	大連、天津、青島、上海、廈門、深圳等地布局
	航天航空	西安（中國民航唯一的通用航空試點園區）、天津

資料來源：本研究整理，2010／06

三、兩岸新興產業合作的重要意涵

著眼於未來的產業效益相當可觀，兩岸也在各領域具獨特優勢，相信兩岸產業合作將可創造共同的利益。兩岸（以及臺灣與海西）重點合作的產業項目，需要從雙方整體產業的未來發展，以及對臺灣的影響加以考量。具體而言，臺灣為因應未來節能減碳、人口老化、創意經濟興起等世界趨勢，目前主打六大新興產業，涵蓋綠色能源、生物技術、醫療照護、觀光、文化創意與精緻農業等。在綠能領域，未來5年內，臺灣政府將於風力、太陽光電、LED照明光電、生質燃料、氫能與燃料電池、能源資通訊、電動車輛等產業及科技研究經費投入374億元臺幣。整體綠色能源產業預估2015年產值可以提高至1兆1580億元臺幣，達兆元產值規模，可望帶動民間2000億元臺幣以上的相關投資。

從臺灣相對優勢的電子科技產業領域來看，太陽能、電動車與物聯網，將是

兩岸戰略性新興產業合作開發新商機的最佳布局。尤其新能源產業預期會成為重點，臺灣可在太陽能電池等新能源設備供應扮演重要角色。資訊網路產業中涉及的物聯網，中國大陸所掌握的RFID、感測器、MEMS等關鍵技術成熟度尚顯不足，進而限制物聯網的發展推廣。據判斷，臺灣可在感知層面上的技術突破和示範應用做出貢獻。

就電動汽車而言，中國大陸已成為全球最大車輛市場並最積極進軍電動車輛。在《戰略性新興產業發展規劃》發布後，將對新能源汽車產業上下游的支持更完備，包括上游的車載電池、電控系統等關鍵零組件，及下游的電動汽車充電站等基礎建設市場，在兩岸高度優勢互補下，商機不容錯失。

另外，中國大陸國家電網已在安徽、山東等多個省市啟動智慧電網試點工作，預期在2020年智慧電網總投資規模將近4兆元人民幣，未來在智慧電表、數位化變電站等商機可期。相對而言，經濟部能源局及臺灣電力公司目前正積極推動規劃「智慧型電表基礎建設」（Advanced Metering Infra-structure，AMI），將充分運用臺灣資通訊產業的優勢，開發核心元件帶動產業發展，並透過大規模建置與測試，可吸引臺灣廠商投入，拓展兩岸等海外龐大的智慧電網新商機（經建會，2010）。

最後在臺灣與海西重點合作的產業項目選擇層面，亦需要從兩岸整體產業的未來發展，以及對臺灣的影響加以考量。首先可以思考兩岸優先推動合作的產業項目，是兩岸政策共同支持推動之產業，如臺灣所推動的六大新興產業、四大新興智慧型產業、十大重點服務業，以及中國大陸所推動的新興戰略型產業、海西區重點發展產業（見表3）。綜合上述三個層面所推動的產業項目，大致上可將臺灣與海西的重點合作產業項目鎖定在綠色能源、節能環保、生物醫藥、國際物流、文化創意、金融服務等產業。特別是在新興產業的部分，其已蔚為全球重要發展產業，同時新興產業的發展也相較少在海西區展開，沒有既存利益者體系存在，能夠降低兩岸協商合作之阻礙，強化兩岸合作項目之成功機會。

表3　兩岸重點推動的產業項目

台灣	海西區
六大新興產業 　　觀光旅遊、醫療照護、生物科技、綠色能源、文化創意、精緻農業	十大與台灣對接產業 　　資訊、機械、石化、紡織製鞋、食品、冶金、建材、新興物流業、金融業
四大新興智慧型產業 　　雲端運算、智慧電動車、智慧綠建築和發明專利產業化	海西重點發展產業 　　先進製造業、電子資訊、海洋生物、低碳科技、文化創意（動漫產業與數位內容）。
十大重點服務業 　　國際醫療、國際物流、音樂及數位內容、會展、美食國際化、都市更新、WiMAX、華文電子商務、教育、金融服務業。	
共同目標 綠色能源、節能環保、生物醫藥產業、國際物流、文化創意、金融服務業	

資料來源：本研究整理

第四節　新興產業與建置海西兩岸產業合作試點機制

　　隨著三通與ECFA等兩岸經貿關係的改善，兩岸經濟將加強整合，可為雙方帶來發展的新契機。兩岸共同推動「搭橋專案」政策，促進產業交流合作。為有效促進實質效益與互信關係，建議可結合中國大陸區域試點機制，推動兩岸產業合作試點。目前，海西區已被定位為對臺先行先試的場域，善用賦予先行先試的政策空間，尋求雙方深化合作的運行模式，突破兩岸現有法令與限制，營造有利於未來兩岸產業合作的制度環境。海西區雖獲得對臺先行先試的政策支持，但仍充滿許多挑戰，其困難度甚至高於中國大陸其他試點任務。政策規劃除考量既有的區域改革障礙外，亦需考量到兩岸體制的差異，從中摸索適切的兩岸經濟合作機制。

　　為達到促進雙方互利與互惠的效益，首要須建構雙方互信的基礎，是推動兩岸合作所需正視的問題。迄至目前，在兩岸產業合作上，海西區能夠發揮的試點效益，仍於初步階段，兩岸共同推動「搭橋專案」應善用海西區的先行先試權，爭取兩岸產業合作的初步成果，與摸索出可行的兩岸經濟合作機制與經驗，可發揮促進建構雙方互信基礎的作用。

縱然在ECFA協議下，兩岸無論是製造業或服務業仍不可能達成雙向全面性開放，但可仍利用海峽兩岸產業分工來創造雙贏的局面。由於兩岸交通往來便捷，以及在ECFA簽署後兩岸經貿進一步整合下，臺灣與海西有機會形成一大型產業聚落。屆時，在中國大陸與東南亞投資的臺商勢必就兩岸產業分工重新布局。在臺灣與海西區在製造業的層面可進行產業的垂直整合，同時服務業亦可藉由海西區的試點，逐步拓展到中國大陸的市場。

目前，中國大陸特別賦予海西經濟區「對臺先試先行」的任務，或許可提供兩岸突破現有法令限制的契機，執行較具前瞻性的合作方案。對於臺灣與海西區產業合作項目的考量，建議可著重於推動新興產業的共同合作發展方案，不僅能順應全球潮流，同時可呼應中國大陸與海西近期所推動的發展熱點。另外，新興產業領域仍未在海西區形成產業聚落，兩岸合作在協商與規劃上有較大的自主空間。如在兩岸產業標準、無線城市等領域，在對臺先行先試的特別權允許下，有可能突破中國大陸政策或法規限制。若結合兩岸智庫與產業界力量，協助海西規劃出具創造性的合作模式，爭取中國官方承諾具體支持發展項目，將可促使臺灣的新產品、新技術、新商業模式在海西經濟區展示；海西經濟區亦可對接上述新產品、新技術與新商業模式。

具體來說，在製造業的合作，可考慮中國大陸未全面性開放的高度敏感產品，在海西區利用「先行先試」來推動。目前中國和東協的FTA裡，列出高度敏感性產品，如部份農產品與汽車產品等。這些產品有一部份將來兩岸簽訂商品貿易協定時，未必會對臺關稅減讓開放的項目。因此兩岸可就此在海西區爭取先行合作試點。另外包括關於產業標準的產業（如無線城市、物聯網、WiMAX）與生物科技產業（如中藥草與學名藥），也可以藉由在海西區的先行先試政策，爭取大陸開放臺商在當地的發展機會。

由於兩岸經濟規模相差懸殊，對於合作所應優先推動的產業項目，還需要考慮到對臺灣投資與就業環境的影響。對於臺商回臺或陸資來臺投資有所助益之產業類別，如觀光產業以及兩岸產業互補型產業（電子產業垂直整合），則應以政策鼓勵與海西的產業對接；但若是產能外移產業，如石化業，則不應加以鼓勵，

以免戕害臺灣產業環境未來的發展。

　　最後，在推動中國大陸產業合作之際，臺灣官方多未正視地方與國有企業在產業合作的作用，偏向臺北—北京的對話，忽略中國大陸地方的能量與實力，以及國有企業在新興產業如新能源產業，具有絕對的實力。進而未理解中國大陸中央和地方在同樣的政策上，目標與價值取向有一定差異，區域試點更有「bottom-up」的特性。因而未能深刻掌握海西經濟區「對臺先試先行」的重要意涵，搭橋專案設計亦疏忽與中國大陸地方合作的模式。在ECFA與後金融海嘯時代來到，推動兩岸搭橋專案需有新的作法，新興產業與區域合作試點是為重要元素，而海西經濟區應可就此加以著墨。

海西發展戰略與兩岸經貿合作

宋淑玉

兩年多來,兩岸關係步入和平發展軌道,迎來了大交流大合作大發展的新一波熱潮,也給兩岸經貿合作帶來了新的發展機遇。海西經濟區具有獨特的優勢,因而在兩岸經貿合作中可以發揮特殊的作用和作出特殊的貢獻。

一、兩岸經貿合作日趨緊密

(一)兩岸經貿的簡要回顧

隨著大陸開始改革開放,全國人大常委會在1979年元旦發表《告臺灣同胞書》,兩岸關係進入到對峙下的交流交往階段。《告臺灣同胞書》不僅對兩岸的政治關係提出了新的構想,而且直接促成了兩岸經貿交流的啟動。《告臺灣同胞書》提出「我們希望雙方盡快實現通航通郵,以利雙方同胞直接接觸,互通訊息,探訪親友,旅遊參觀,進行學術文化體育工藝觀摩」。這是大陸首次提出了「三通」的思想。由於臺灣堅持與中共「不接觸、不談判、不妥協」的「三不政策」,兩岸的經貿交往僅限於一些小額的海上貿易和一些主要經香港轉口的間接貿易。在1981年國慶節前夕「葉九條」提出「我們建議雙方共同為通郵、通商、通航、探親、旅遊以及開展學術、文化、體育交流提供方便,達成有關協議」、「歡迎臺灣工商界人士回大陸投資,興辦各種經濟事業,保證其合法利益和利潤」的「三通」主張後,在大陸的積極推動下,1985年的7月間,臺灣將「三不政策」改為「不鼓勵、不接觸、不干涉」,有條件的放寬從大陸進口貨物

的限制，放鬆中小企業向大陸投資，這促進了兩岸經貿關係的進一步發展。

　　進入到90年代以後，隨著兩岸開放格局的擴大，臺商赴大陸的投資活動開始呈現「井噴」趨勢。1993年4月27日至29日，第一次「辜汪會談」達成的共同協議中，「雙方均認為應加強兩岸經濟交流，互補互利。雙方同意就臺商在大陸投資權益及相關問題、兩岸工商界人士互訪等問題，擇時擇地繼續進行商談」。1995年1月30日「八項主張」發表，大大增強了臺商投資大陸的信心，大規模投資活動明顯上升，兩岸經貿高速增長。在兩岸「直航」上也出現了兩岸民航運輸票證「一票到底」、海運「試點直航」重大成果。1999年12月，國務院發布《中華人民共和國臺灣同胞投資保護法實施細則》。與1994年3月實施的《中華人民共和國臺灣同胞投資保護法》一起，再加上80年代中期開始制定的鼓勵、支持、保護臺商投資的一系列各類法律法規法令一起，組成了保護臺灣同胞投資的法規體系，推動著兩岸經貿的進一步發展。

　　2000年3月後，雖然兩岸關係面臨「極端臺獨」勢力的威脅而僵局依舊，但兩岸經貿交往仍有所突破。在兩岸貿易繼續增加、臺商投資大陸不減的同時，先後有「小三通」、「春節包機」等「直航」成果。特別是2005年4月國共兩黨簽署「五項共同願景」，大陸在次年4月提出了兩岸關係和平發展思想和理論，並且在此前後先後頒布了數十項惠臺政策，在有效抵制「臺獨」勢力干擾和破壞兩岸交流的同時，推動兩岸經貿交流繼續前進。

　　2008年，是兩岸關係出現重大轉折的一年。2008年3月22日，國民黨候選人馬英九當選臺灣新任領導人，這為兩岸關係和平發展提供了新的契機。而且由於國際金融危機席捲全球，造成臺灣經濟嚴重衰退，經濟問題成為馬英九上臺執政後面臨的最大問題，也是馬英九未來連任的最大挑戰。與此相對應，大陸經濟在此次金融危機中表現出了極大的活力。在這一背景下，兩岸經貿關係迎來了新的發展機遇。經過兩岸的共同努力，兩會先後簽署了12項協議和達成2個共識，兩岸「三通」構想基本實現，兩岸關係邁出了歷史性的一步。同時，完成兩岸經濟關係正常化和經濟合作制度化被提上議事日程。兩岸經貿站在新的歷史起點上，迎來新的歷史機遇。

（二）兩岸經貿依存度的改變

儘管兩岸社會制度、經濟結構和運行等方面存在很大差異，大陸始終堅持不以政治分歧影響和干擾兩岸經貿交流與合作的方針，積極推動兩岸經貿發展。由於臺灣長期對兩岸經貿採取限制性政策，兩岸經貿呈現出單向、民間、不對稱相互依賴的基本格局。但是，30餘年的經貿合作加深了海峽兩岸經濟相互依賴、相互促進的關係，使海峽兩岸經濟一體化趨勢日益明顯。可以說，大陸與臺灣的經濟聯繫從來沒有像現在這樣密切。儘管目前兩岸已成相互倚重的經濟夥伴，但兩岸經濟的互補性仍未完全發揮出來。隨著國際經濟環境特別是東亞經濟環境的變動以及兩岸經貿的深入發展，兩岸已經自發形成的這種功能性一體化向制度性一體化進展成為大勢所趨。

一是兩岸貿易依存度的變化。過去30年內，伴隨著臺商對大陸的投資及兩岸產業分工與合作格局的形成與發展，兩岸貿易規模不斷擴大，兩岸貿易在雙邊經濟中的地位也不斷提升，兩經濟體已互為重要的貿易夥伴。大陸自1992年起便取代美國成為臺灣第一大貿易順差來源地、最大的貿易夥伴、最大的出口市場。兩岸貿易特別是大陸對臺灣的貿易逆差，已成為支撐臺灣經濟持續增長的重要支柱。

30餘年來，兩岸累計貿易額達到9636.2億美元，其中大陸對臺灣出口1723.5億美元，臺灣對大陸出口7913.2億美元，臺灣順差累計達6189.7億美元。從1978年到2009年，從臺灣方面來看，對大陸的進口依存度由0.42%上升至11.7%，對大陸的出口依存度由零上升至42%，臺灣對大陸外貿依存度由0.19%上升至28%。從大陸方面來看，對臺灣的進口依存度由零上升至8.5%，對臺灣的出口依存度由0.47%上升至1.7%，大陸對臺灣的外貿依存度由0.22%上升至4.8%。當然，大陸對臺灣的外貿依存度，近幾年來不升反降，特別是2009年降幅要大一些，這是近幾年來大陸經濟發展好於臺灣的結果。也是受國際金融危機的影響，2009年間兩岸貿易下降17.8%，臺灣外貿下降達20%。大陸外貿雖說下降13.9%，但是經濟基本面不受影響。因此，大陸對臺灣的外貿依存度有所下降，更是說明兩岸經濟互補性的重要，臺灣方面的需求要大於大陸。由此可見，

兩岸「經濟兩化」，有助於在發展兩岸經貿的同時，有利於兩岸經濟互補性的增加。

二是海峽兩岸投資依存度的變化。由於臺灣長期以來對大陸資金入島採取十分嚴格的限制措施，大陸資金基本沒有投資，兩岸投資關係主要表現為資金從臺灣到大陸的單向流動。臺商對大陸投資表現出的特點是，項目數量減少但單個項目規模不斷增加，投資產業行業和區域更加集中。據統計，臺商對大陸投資金額占臺對外投資總額的比重在1991年即高達9.5%，雖然臺灣對中國大陸的年投資規模波動較大，但總體上呈不斷上升之勢。截至2009年底，臺商投資大陸項目已達80061個，到位臺資495.4億美元。大陸已成為臺灣最大的對外投資目的地，臺商對大陸投資依賴的程度在不斷發展。兩岸在經貿、投資方面所共同表現出來的依存度的變化，既由兩岸經濟體總體發展狀況決定，也是臺灣長期以來在兩岸經貿上的限制政策的影響而形成的。

二、兩岸經貿合作前景

兩岸經濟關係是一種以市場原則為取向、以雙方經濟利益需要為動力的經濟聯繫。在經濟全球化和區域經濟一體化的壓力下，兩岸建立穩定的經貿合作機制，逐步推進經濟一體化已是大勢所趨。

2008年底，胡錦濤總書記指出：「建立更加緊密的兩岸經濟合作機制進程，有利於臺灣經濟提升競爭力和擴大發展空間，有利於兩岸經濟共同發展，有利於探討兩岸經濟共同發展同亞太區域經濟合作機制相銜接的可行途徑。」2009年初，溫家寶總理在第十一屆全國人大第二次會議《政府工作報告》中主張，推動簽訂綜合性經濟合作協議，逐步建立具有兩岸特色的經濟合作機制，在會後記者會上，溫總理指出，兩岸經濟合作機制應包括「三個適應」：要適應兩岸關係發展的情況；要適應兩岸經貿交流的需求；要適應兩級貿易的特點。這樣的合作機制才將會體現出胡總書記所指出的「三個有利於」。

由此展望兩岸經貿關係發展深化的前景，可以預見：在產業合作方面，產業結合度加深，將進一步實現兩岸產業的互補與共贏。眾所周知，兩岸存在產業梯度和比較優勢互補性，臺灣相對於大陸在資本、技術、密集型產業上具有一定的優勢，而大陸相對於臺灣在勞動密集型製造業方面具有較強的優勢；大陸相對臺灣具有豐富的資源要素。未來隨著兩岸經貿制度化協商的進展，資本、技術、勞動要素的流動將會促進兩岸優勢的發揮和商品國際競爭力的提升，形成兩岸間的聯合發展優勢。對臺灣而言，能透過兩岸生產要素的流動，減少陷於島內經濟發展的制約，推動臺灣產業結構優化調整。對大陸而言，可以不斷提升經濟增長質量，從而促使產業結構高級化。

　　在兩岸投資方面，投資水平將會不斷提高，投資格局將會逐步過渡到雙向、正常化。大陸對臺投資具有很大的發展潛力，而目前大陸赴臺投資集中於服務領域，主要從事批發、零售，或透過分公司、辦事處從事業務聯絡和市場拓展業務。多年來陸資入島卻步伐緩慢，主要原因是臺灣的政策限制，其開放的投資項目並非多數大陸業者的興趣點所在。未來隨著臺灣方面開放投資領域，更多的大陸企業將會直接赴臺投資，投資水平必將不斷提高。同時，由於兩岸在國際投資領域的供需關係及地位消長近年來已發生根本變化，臺灣經濟體在投資領域對大陸的投資依賴關係不僅不會弱化，反而會以新的表現形式繼續增強。此外，大陸赴臺遊客人數有望增長，兩岸金融合作將逐步增強、人才交流將日益頻繁。總之，兩岸經濟命運共同體正在逐步形成。

三、海西發展在兩岸經貿合作中的優勢

　　雖然兩岸經濟合作前景廣闊，但不可否認的是，兩岸由於種種歷史與現實原因，在一定程度上還存在著不安全感和懷疑猜忌，這需要兩岸在逐漸磨合與耐心合作中累積互信。而在兩岸經濟合作方面，海峽西岸經濟區則具有明顯優勢，在過去的幾年裡，海峽西岸經濟區被視為是兩岸共創雙贏的最佳試點。

首先是地理區位優勢。海峽西岸經濟區位於臺灣海峽西岸，與臺灣一水相隔，它以福建為主體，涵蓋臺灣海峽西岸，包括浙江南部、廣東北部和江西部分地區，是一個自然集聚的區域經濟綜合體。從國家宏觀區域經濟發展來看，海西區北接長三角，南連珠三角，西臨正日益崛起的中部經濟區，是中國幾大經濟區的連接點。

　　以福建為主體的海西區，與臺灣地緣相近、血緣相親、文緣相承、商緣相連、法緣相循，具有對臺交往的獨特優勢。這種特殊的「五緣」關係是兩岸人民交流合作的天然紐帶和原動力，「五緣」之中首要的是地緣相近，正是由於地緣相近這一得天獨厚的優勢才衍生出其他四緣，使海西成為對臺交流的前沿平臺。近年來隨著兩岸關係進入和平發展階段，2009年兩岸大「三通」基本實現，節省兩岸貿易、人員往來及訊息交流的時間和資金成本，從而可以提升兩岸經貿往來的營運效率，推動兩岸「一日生活圈」的形成。在這一點上，福建的地理區位優勢更加明顯地凸現出來，海西經濟區在兩岸合作中是「近水樓臺先得月」，占得先機，透過區域內的資源整合，拓展腹地，向南北兩翼發展，推動與長三角、珠三角的延伸和對接，使中國沿海地區從北到南形成一條完整的區域經濟一體化鏈條，為全方位開展兩岸交流合作創造了契機。

　　其次是生態自然資源優勢。海西區背山面海，區域內山、海資源豐富。僅福建省的山地與丘陵就占總面積的80%以上，粵東、贛東、浙南地區也主要以山地為主。加之氣候溫和，降雨豐沛，海西區的森林覆蓋率高達60%以上，生態環境良好。區域內野生植物、野生動物種類豐富，水系多且水質良，主要城市空氣質量基本達到環境功能區標準。同時，多山多水的海西區還擁有豐富的水能資源、礦產資源。特別是福建擁有全國第一的深水岸線的資源，海岸線漫長、海域廣闊，擁有廈門灣、福州灣、興化灣、湄州灣、沙埕港、三都澳等眾多天然港灣。沿海地區還蘊藏著潮汐能、太陽能、風能等各種可再生資源。

　　靠山吃山，靠海吃海。以上這些資源優勢將不斷地轉化為產業優勢、經濟優勢、產品優勢。從經濟發展條件及兩岸經貿合作來看，一方面農業是海西持久發揮對臺合作的優勢產業之一，良好的生態環境為臺灣農業科技和精細農業向大陸

轉移提供了優越的自然條件。目前,臺灣現代農業水平居世界前列,未來海西可與臺灣攜手共建海峽區域現代農業。另一方面,海西區內岸線利用的潛力非常大,岸線、港口資源是促進經濟發展非常重要的條件。從中國沿海已經發展起來的經濟區的經驗可知,將來透過港口和城市發展的聯動、港口和產業區域的緊密聯動,可以預見海西區的經濟發展將乘風破浪,直濟滄海。

第三是同宗同源的閩臺文化。福建與臺灣具有一脈相承的文化淵源,同根同源的閩臺區域特色文化對加快海西經濟區建設起著重要的推動作用。其中媽祖文化對兩岸影響深遠。從媽祖信仰在臺灣的發展史來看,臺灣民眾中信仰媽祖的人越來越多,代代相傳,相沿承襲。目前,臺灣媽祖信仰者有1600多萬,占臺灣總人口70%以上。占臺灣總人口70%以上。媽祖信徒堅信,從湄洲祖廟分靈到臺灣各地的媽祖宮廟,不論建廟早晚,不論規模大小,其根源在湄洲,他們視到湄洲祖廟親自接續香火作為最大願望,如同伊斯蘭教徒朝拜麥加一樣神聖。即便不能成行,也要變通為往臺開基廟進香,以便尋根朔源。可以説,臺灣崇拜媽祖不單是祈福消災,而且還有更深一層涉及尋根懷祖的意味。1990年代中期以後,每年都有10萬以上香客從臺灣到湄洲朝拜媽祖祖廟,同時並觀光、旅遊、渡假,甚至投資興業。可見,媽祖信仰一直以來成為橫跨臺灣海峽,促進兩岸交流合作的一條堅韌的精神紐帶。

客家文化也是聯繫臺灣海峽兩岸人民的重要紐帶。在海峽西岸,客家人主要聚居於粵閩贛三省。閩西是8000多萬海內外客家人公認的客家民系形成的中心區域和重要祖籍地,也是臺灣客屬同胞的主要祖籍地。臺灣客家人有460萬,約占總人口1／5。兩岸客家人共祖同根、聲息相通。多年來,憑藉兩岸各種交流平臺,兩岸客家文化交流不斷深化,來海西投資的許多臺商都是祖籍客家。

第四是中央政策優勢。2009年5月,國務院頒布了《關於支持福建省加快建設海峽西岸經濟區的若干意見》,這是第一次專門針對海西建設的正式文件,標幟著海峽西岸經濟區已經從地方決策上升為中央決策,意味著中央是從全國的戰略高度來謀劃海西的整體發展,也意味著海西的建設乘上了中央政策優勢的東風。在《若干意見》中,國務院為海西發展的戰略定位首要便是:兩岸人民交流

合作的先行先試區域。實際上，福建作為最早改革開放的兩個省份之一，已在「先行先試」方面積累了豐富的成功經驗。在改革開放起步階段，福建便實行「特殊政策，靈活措施」，廈門經濟特區、經濟技術開發區、閩南三角經濟開放區、臺商投資區等分層次開放依次頒布、示範全國。在深化與拓展階段，福建又推出企業產權制度改革、財政分稅體制改革、發展外向型經濟、「山海協作聯動發展」戰略捆綁實施等。之後，又提出了構建山海協作、對內聯接、對外開放「三條戰略通道」，市場經濟體系建設全面展開。2004年，福建發揮對臺優勢，確立了建設海峽西岸經濟區發展戰略，率先零關稅進口臺灣水果、拓展「小三通」、設立廈門保稅港區等。可以說，正是堅持「先行先試」、持續「先行先試」，才使福建在30年的改革開放過程中一步步發展起來。

　　中央在文件中明確支持海峽西岸經濟區發展「先行先試」，這一政策優勢是其他地方不可比擬的，後發優勢必將在這一政策利好刺激下迅速轉化成經濟發展的新動力。今後海西建設要充分用好用足中央「先行先試」的政策優勢，把中央政策轉化為各種更為具體務實的支持措施。要敢於「先行先試」，當前兩岸關係朝著積極方向發展，但仍然存在不確定因素。福建可借此政策優勢探索作為建立兩岸共同市場的試驗區、示範點。同時也要注意「先行先試」需科學謀劃，按客觀規律辦事，在總結一點、一地「先行先試」成敗的基礎上，再逐步調整兩岸共同市場的試點範圍，實現由經濟整合到制度協調和政治整合，最終形成兩岸共同市場。這種「先行先試」探索出來的不論是經驗還是教訓，對兩岸的交流合作都是極其寶貴的。

四、海西發展戰略的意義

　　加快海峽西岸經濟區建設，是中央在新形勢下做出的具有歷史意義的戰略決策：

　　一是有利於進一步完善全國經濟戰略布局，發揮東部沿海地區的整體帶動輻

射作用。加快建設海西，是國家實施「穩定發展香港，加快發展上海，東部帶動中西部發展」的重要步驟之一。透過政策支持海西經濟區建設，有利於推進海西經濟區與長三角、珠三角的區域協作，逐步形成從環渤海灣到珠三角沿海一線的發展布局，促進全國區域經濟整體布局的完善，為促進中部崛起、西部開發提供一條快捷順暢的對外開放戰略通道。

二是有利於抓住當前海峽兩岸和平發展的有利時機，加強兩岸經濟合作，促進共同發展。海峽兩岸有較強的互補性和進行產業對接的需求。目前，臺灣已成為福建第一大進口市場，第四大貿易夥伴。因此，建設海西經濟區不僅是方便兩岸人民生活的需要，也是兩岸經濟發展的需要。把海西經濟區建設發展起來，就完全有可能進一步激活兩岸的經濟發展，將海峽兩岸提升為一個新的經濟增長極。

三是為構建具有兩岸特色的經濟合作機制奠定基礎。馬英九執政以來，積極表達希望與大陸簽署兩岸「經濟合作架構協議」（ECFA）的意願，儘管遭到臺灣在野陣營大力攻擊，但馬英九基於臺灣整體利益以及兩岸合作前景的考量，對經合協議的立場十分堅定。兩岸共同推動洽簽ECFA，兩岸的制度性整合已是大勢所趨。加快海西建設可以為構建具有兩岸特色的經濟合作機制打下一定基礎，提供一些資鑒，促進兩岸經濟制度化的盡快實現，從而為兩岸經貿迎來大發展的新時代。

四是有利於海峽兩岸共同攜手，提升國際競爭力。加快海峽西岸經濟區建設，能夠促進海峽兩岸的經濟整合，實現兩岸經濟一體化，促進「海峽經濟區」崛起，以便更好地參與世界範圍的區域經濟整合，讓兩岸人民同享交流合作的成果，並充分發揮中國作為地區性大國的主導作用，最終實現中華民族的偉大復興。

五是有利於推動開創兩岸和平發展的新局面。透過發展海西這一兩岸人民交流合作的先行先試示範區域，可以讓兩岸人民密切聯繫，增進感情，讓兩岸經濟進一步互動發展、互利雙贏，可以逐步提高臺灣同胞對大陸的向心力和認同感，有利於促進中國統一大業的實現。

只有兩岸攜手共同努力，累積互信，積極推動兩岸在實現經濟關係正常化、建立具有兩岸特色的經濟合作機制上取得實實在在的進展，才能讓兩岸實現互利雙贏，持續為兩岸關係和平發展奠定更紮實的物質基礎、提供更為強大的經濟動力。

影響「海峽西岸經濟區」發展成功的因素

田君美　蔡吉源

一、前言

　　本文從臺灣政府在經濟發展中扮演的角色,及中國政府實施成功的區域發展策略經驗,探討影響「海峽西岸經濟區」發展成功的因素。一個經濟發展成功的案例,要有適當的政府政策,良好的地理區位、完善的基礎設施、充沛的資金、技術、人才外,更重要的是要有「市場」。臺灣及珠江三角洲是以國際市場為主,長江三角洲則以中國國內及國際市場兼得。未來,「海峽西岸經濟區」的市場在哪裡?它是否能形成區域內外生產與市場的良性循環,是「海峽西岸經濟區」發展成功的關鍵因素。

二、臺灣經濟發展與政府角色

　　一般而言,國家與經濟發展間的關係有兩種觀點:一、國家干預會影響市場運作,妨礙價格功能,導致生產、交易或分配的效率降低;二、國家干預可調整市場失靈,有助市場機制,提高資源配置的效率,從而提高經濟產出水準。長期以來,經濟學者強調尊重市場機制、避免國家干預。然而,自1960年代以後,一般認為,東亞國家之所以快速發展,主要原因在於國家制定發展政策,引導經

濟發展之故。

所謂「發展型國家」的主要內涵是：國家以經濟發展為取向，政府有效地介入市場，並透過政策作為來引導私營部門，以國家力量來主導特定產業的發展，也就是透過官僚體系的強力干預，來協助國家經濟發展，國家在推動工業化的作為中，是傾向領導市場而非追隨市場，市場受到政府管制，而表現出「統禦市場」（Governed Market）的特徵。

早期臺灣經濟發展的成效，政府扮演十分重要的角色，亦被視為是國家引導（state-led）經濟發展的成功例證。國民黨在1950年之後，利用美國經援，引入技術官僚，在經濟的決策及實際運作上，透過剝削農業剩餘，進行工業化所需的原始資本積累，並採取出口導向政策，與世界經濟體系連結，進而發展出具有比較利益的產業結構。

歸納早期臺灣經濟的發展經驗是，由政府選擇具有影響力的策略性工業作為扶持重點，介入關鍵性工業，協助技術引進以提高生產，引導企業進入國際市場競爭等。臺灣經濟發展模式是以比較利益法則為基礎，政府運用產業政策，協助幼稚產業，並建立出口導向策略，政府在整個經濟發展中扮演重要的角色，學界以「發展型國家」稱之。這種產業結構與政府策略，反應在貿易政策上，就是一方面扶持大企業進行進口替代策略；另外，一方面協助中小企業展開出口擴張的策略。政府對於前者採取積極介入與政策支持，對於後者則以市場導向與個別輔導的方式提供幫助。同時，也藉助跨國企業所提供的資金與技術，加上本身勞動要素的優勢，成為全球主要代工生產的基地，成功發展出機械、鋼鐵、石化等資本相對密集型產業。

在1990年代前後，隨著臺灣產業結構的調整，資訊產業、電信與金融等服務業，逐漸成為臺灣的新興產業，此一類產業以滿足全球市場或區域市場需求為目標。當面臨全球化下資本流動，與其他國家的競資行為（capital-seeking）時，遂使臺灣廠商在應對市場轉變時，出現海外投資的選項，並開始前往中國投資。

三、中國成功的區域發展策略和政策

　　1980年代初，中國開始在少數沿海城市建構對外開放基地。1980年8月，在深圳、珠海、汕頭、廈門試辦經濟特區，這是以市場調節為主的區域性外向型經濟特區。1984年5月，進一步開放14個沿海港口城市；1985年2月，又把長江三角洲、珠江三角洲，閩南的廈、漳、泉三角地區，以及膠東半島、遼東半島列為經濟開放地區；1988年4月，興辦海南經濟特區。進入90年代，更採行對外開放的「四沿戰略」，包括：沿海、沿邊、沿江、沿路，形成全方位的對外開放。

　　到了20世紀末，沿海發展已經大有成果。乃於2000年，正式啟動「西部大開發」。2003年又提出「振興東北老工業基地」，要讓東北工業區重新活化；2006年4月，「中部崛起」的戰略形成；2009年9月，國務院通過《促進中部地區崛起規劃》，在2015年前，國家將集中政策、資源、資金力促「中部崛起」。

　　從中國開放的脈絡來看，以沿海、西部、東北、中部四大板塊，輪流發展為主軸。從2009年3月至2010年2月，短短1年間，國務院已公布14個區域規劃文件，推出的規模及力道都相當大，包括海南國際旅遊島建設、皖江城市帶承接產業轉移示範區、廣西經濟發展，海峽西岸經濟區和多項發展規劃等。

　　回顧改革開放以來，中國實施區域經濟非均衡發展模式，把財政、稅收、信貸、投資等一系列優惠政策，向珠江三角洲、長江三角洲傾斜，令資金、技術、人力資本等生產要素在這些區域迅速聚集。長江三角洲和珠江三角洲都位於中國東部的沿海地區，東臨太平洋，雖然只占整個中國面積的1.5%，但生產總值超過三分之一，進出口貿易額超過60%。兩個區域發展條件、特色優勢各不相同，在全國經濟發展具有舉足輕重的地位。從總體上看，1990年代，珠江三角洲的經濟發展比長江三角洲快，但1990年代後，特別是進入21世紀以來，珠江三角洲的經濟發展則明顯慢於長江三角洲，主要是長江三角洲的市場條件及投資環境，比珠江三角洲更有利於吸引企業投資。

珠江三角洲毗鄰香港和澳門，具有較強的對外開放意識和傳統，可以承接港澳產業轉移，外向型經濟發達，是中國內地與國際市場連接的橋樑。1980年代後期，珠江三角洲大力引進國外先進的技術、設備和管理方法，開始形成以家用電器為主的產業群聚，進而發展汽車、電子資訊、化學原料及化學製品等製造業，這些產業帶動對外貿易，大大地提高該區域的貿易水平，在發展過程中倚重國際市場甚深。

珠江三角洲製造業形成產業群聚的特色是以廣州、深圳為核心，以中部都市區、珠江東岸、珠江西岸都市區為基礎的產業地理布局，是全國最大的高新技術產業帶和世界級電子、電器產品製造基地，以三來一補和代工生產為主，屬於外資企業主導型發展模式，靠出口拉動經濟，珠江三角洲的對外貿易高於長江三角洲。

長江三角洲位處背靠廣闊的中國內地市場，既可透過長江溯江西進，又可透過京杭大運河、太湖平原和裏下河平原暢通北上，其經濟活動具有大範圍的空間擴散特徵。長江三角洲的主要優勢產業為紡織業、化學纖維製造業、通用設備製造業、文教用品製造業、金屬製品業、通信設備、電腦及其他電子設備製造業。這些產業的全國市場占有率都已經超過30%。長江三角洲在經濟發展過程中，主要依靠投資拉動經濟，其擴散作用強於集聚作用。

兩個三角洲的經濟發展方式都是大力創造良好投資環境，吸引外商投資。珠江三角洲是外資特別是港澳臺資最早進入的地區。外資進入不僅帶來資金，更重要的是帶來新的技術經營理念、經營機制、管理方式及市場，這對兩個三角洲乃至全中國都產生很強的示範作用。長江三角洲隨著國際製造業轉移，與國際市場聯繫緊密。珠江三角洲主要依靠出口拉動經濟，而長江三角洲主要依靠投資拉動經濟。兩個三角洲獨特的發展優勢，均能在一定的程度上吸引外商投資，而資本投入是推動經濟增長不可或缺的要素。雖然珠江三角洲吸引外商投資的起步較早，但進入21世紀以來，長江三角洲的投資環境，在總體上比珠江三角洲更具有吸引力。更重要的是，兩個三角洲生產出來的產品都有廣大的國際及國內市場支撐。

從珠江三角洲、長江三角洲的發展經驗來看,中國政府的區域政策主要是,從國家整體區域經濟發展的角度,支持各地區自我發展能力的培育,充分發揮地方內在的比較優勢,配合各項立法,以杜絕利益集團的介入,提高地方競爭能力,並鼓勵地區間的合作,從而達到地區間和諧發展。有效的區域政策,既需要各地區間之有效合作,又需要政府各有關部門的密切配合,同時還需要各類社會團體、非政府組織和私營企業等積極參與。此外,中央政府必須創建相對公平的區域競爭平臺,在統一稅制的前提下,建立地區間發展條件大體一致的競爭環境,建立明確的地區財政支出平衡機制,保證公共服務水平的均衡化。著重在宏觀調控及財政資金的合理的空間轉移支付上。至於轉移資金之具體使用則留給地方政府去決策,以提高政策實施的效率,發展地方特色經濟。

四、中國設置「海峽西岸經濟區」之緣起

長期以來,中國國務院每次公布新的區域經濟政策,都吸引資金湧向該區域,當地政府會開始招商引資,讓追隨新經濟區尋找投資點的產業、基礎建設業、地主和房地產開發商,活絡當地的經濟。一般而言,企業的盤算是,跟隨官方區域經濟政策的腳步,尋找受惠產業是一條投資的捷徑,首先享受稅負減免,減少支出,接著就是交通便利後,降低物流成本,房地產大漲之資本利得。

2004年1月,福建省提出「建設對外開放、協調發展、全面繁榮的海峽西岸經濟區」(海峽西岸經濟區)的戰略構想。福建之所以推動「海峽西岸經濟區」建設,一方面是為發展自身的經濟,連結南北兩大經濟區域,以提升綜合競爭力;一方面則是希望藉以發揮對臺優勢,積極促進閩臺的經濟整合。對中央當局而言,加強兩岸經濟方面之交流及合作,具有實現拉攏臺灣的意義。海峽西岸經濟區之構想,無論是從經濟面,抑是政治面,日後成功與否,對兩岸經濟發展都會產生相當的影響。

六年後,即2009年5月14日,由國務院發布《關於支援福建省加快建設海峽

西岸經濟區的若干意見》，從七個方面、共計32條措施，闡述加快推進海峽西岸經濟區建設的國家決策。為海峽西岸經濟區賦予：兩岸人民交流合作先行先試區域、服務周邊地區發展新的對外開放綜合通道、東部沿海地區先進製造業的重要基地、重要的自然和文化旅遊中心的角色。海西戰略從地方決策上升為中央決策，從區域戰略上升為國家戰略。採取一系列積極措施，貫徹《意見》提出的「要實施先行先試政策，加強海峽西岸經濟區與臺灣經濟的全面對接」的要求，有計劃、分階段地推進海峽經濟區建設。

海峽西岸經濟區的空間概念是：東與臺灣一水相隔，北承長江三角洲，南接珠江三角洲；以福建為主體，涵蓋浙江、廣東、江西等相鄰地區。福建省與廣東省屬於東南沿海地區，具有毗鄰沿海之外貿優勢，可創造區域經濟合作之有利條件。外向型經濟模式是以開拓國際市場為重點的經濟發展戰略模式。其基本特點是，積極參與國際分工，把重點放在生產出口產品上，以發展國際市場為目標，旨在透過國際經濟往來，促進該區的經濟發展。這是中國繼長江三角洲、珠江三角洲、環渤海、北部灣等經濟區之後，海峽西岸經濟區成為近兩年中共對臺政策「先試先行」重點區。

鑑於香港與深圳、廣州等地的合作經驗，先從鄰近小範圍的合作開始，逐步擴大雙方合作的試點，透過地區性的合作，由香港帶動深圳、廣州的發展，形成區域性的經濟發展。港深經濟融合的成功經驗，讓中央期待能夠將之複製到臺灣與福建的合作。2009年，由福建9市及毗鄰的浙江、廣東、江西等11市所形成的海峽西岸經濟區之GDP總值約為24585億元人民幣。有專家據此推算，海峽西岸經濟區經濟若按年均增長13%計算，大約在2015年可以趕上臺灣。

五、中國「海峽西岸經濟區」之發展現況

福建省物產富饒，海域遼闊，海岸線長達3324公里，水產品資源豐富。地下礦藏有煤、鐵、銅、鉛、鋁、錳、鈦、鋅等數十種，可作為化工原料的硫鐵

礦、磷礦、化工用石灰岩、無煙煤、海鹽等均有相當大的儲量。此外，建築材料用的非金屬礦資源非常豐富，高嶺土、石英砂、花岡岩、重晶石、葉臘石、螢石等礦產儲量均居中國大陸前列。

唯福建省的產業發展較晚，1990年代初，才在湄洲灣南岸一個漁村上建起一座加工能力250萬噸的煉油廠，是當時福建最大的企業，完整的工業布局一直沒有形成。海峽西岸經濟區展開後，福建集中資金優勢，由北而南，分別在湄洲灣、漳州灣、三都澳，相繼建成啟動三個超千萬噸級的石化項目。與此同時，兩座百萬千瓦級核電清潔能源項目相繼開工，緩解一直飽受缺煤少油，能源匱乏的問題。

福建省與臺灣一水相連，鄰近香港、澳門，面對東南亞，與港澳的經貿合作與交流十分密切；福建沿海港口眾多，對外交通十分方便。二十世紀後，沿海航運以福州、廈門為兩大中心，形成南北沿海航線。福建省最重要的海港有福州馬尾港、廈門港和湄州灣。

交通設施對區域發展非常重要。國務院特別提出要加強海西地區現代化基礎設施建設，鐵道部投資1000多億修建溫福、福廈等數條大鐵路；交通部在福建進行多條高速公路、港口建設項目。一個以海、空港口為樞紐，以鐵路海運為主通道，以公路為網路，以內河為輔助的綜合運輸體系，正在海西地區加速編織中。2010年4月26日，福州至廈門的高速鐵路正式開通運營，兩大城市之間的火車運行時間由以前的11個小時縮短為1個半小時。未來這條高速鐵路將延伸到廣東、江西的一些城市，隨著交通網路建成，不僅壓縮時空距離，更有助於海峽西岸經濟區一體化的發展。

改革開放後，臺商最早到福建投資辦廠，目前已有10多萬臺胞常年在福建工作。根據統計，2009年福建實際利用臺資25.3億美元，累計超過160億美元，累計批准臺資項目9850餘項；對臺貿易額70億美元，累計超過660億美元。2010年第一季，福建利用臺資項目99項，比2009年同期增加34項；閩臺貿易額23.49億美元，增長101.3%。福州、廈門的臺商投資區將擴區，新增的泉州、漳州兩個臺商投資區正在建設。

近一年來，福建省全力推進與臺灣產業的雙向對接。兩岸產業對接涉及資訊、機械、石化、紡織、食品、冶金、建材和高新技術等八大行業，並允許除國家禁止之外的各類臺商投資項目。廈門灣、閩江口、湄洲灣、東山灣等沿海一線的產業對接集中區，以及石化、光電、汽車、裝備製造等專業園區建設相繼啟動。福建致力於「建設東部沿海地區先進製造業的重要基地」，做大總量，調整結構，臨海石化產業、清潔能源基地、光電產業基地相繼崛起。

根據相關報導：臺灣鼎元光電科技計畫與福建省電子資訊產業集團、福州市政府共同出資4億美元，投資LED外延片生產基地項目；臺灣英業達集團與冠捷科技在港合資設立的英冠達控股公司，將在福清融僑經濟技術開發區投資4500萬美元，開發並生產電腦資訊產品；臺灣富創建設也計畫投資3000萬美元，在長樂興建海峽娛樂渡假中心。臺灣聯強國際集團，計畫投資「福建省5C科技總部暨現代化運籌中心」設海峽西岸經濟區物流中心；潤泰集團計畫在福州東部新城投資1億美元，建設以超市、商貿為主的大潤發商業購物中心；富士康集團旗下賽博數碼廣場，也計畫投資1億美元在福州建海西通路總部。

在臺商登陸之際，福建企業也紛紛登陸臺灣，兩岸經貿往來日益熱絡。目前已獲准在臺灣設立的福建企業達到8家。2010年7月28日，福建新大陸電腦股份有限公司，投資收購臺灣帝普科技公司股權申請透過商務部核准，獲得商務部頒發的《企業境外投資證書》，成為大陸首家經過正式核准的赴臺投資企業。

為促進海西經濟區產業的創新能力，2010年5月，中國科學院決定與福建官方在福州聯合成立「海西研究院」，研究人員編制將達到2000人。報導指出，創建海西研究院有3大目標：1.是透過原始創新和集體創新，透過工程化研發和成果轉移轉化，透過知識創新、技術創新和區域創新的有機融合，催生更多具有自主知識產權的科技成果，引領海西戰略性新興產業的培育和發展；2.是改造和提升傳統產業，育成高新技術企業，增強自主創新能力；3.是建設符合海峽西岸經濟區實際的科技與經濟結合的體制機制。

海峽西岸經濟區除致力於產業發展外，對於促進兩岸金融合作發展是其主要特色。2009年11月16日，兩岸簽署金融監理合作備忘錄，這一年來，以福建為

主體的海峽西岸經濟區，正發展成為兩岸金融合作試驗區。臺灣富邦金控、統一證券、臺灣人壽等，已在福建設立分支機構或成立合資公司。新臺幣兌換試點範圍也由局部擴大到福建全省。在臺灣銀行機構入股海峽西岸經濟區銀行、引入臺資保險公司、籌設臺灣證券機構辦事處，以及籌辦兩岸資金組成的產業基金等方面，海峽西岸經濟區均扮演先行先試的角色。目前，臺灣國泰世華、大眾銀行、中華開發金控等金融機構，都與福建海峽銀行進行接洽，商談有關投資的事宜。福建海峽銀行也與近10家駐臺外資銀行及臺灣本土銀行，建立起業務合作關係，廈門銀行與臺北富邦銀行等已展開業務合作。

此外，2010年5月，中國國家發展和改革委員會核准設立「海峽產業投資基金」。該基金是福建與臺灣金融業在銀行、保險等合作後，又一新的金融領域合作方式。「海峽產業投資基金」是由臺灣富邦金控、福建省投資開發集團有限責任公司、中國國家開發投資公司，共同出資在福建設立，為兩岸經貿合作、產業發展和臺商投資企業服務。該基金管理公司註冊登記後，未來可以私募方式向工商企業、投資機構、銀行、社保基金、保險公司等機構投資者募集資金，屬區域綜合性投資基金，預計總規模為人民幣200億元，其中首期規模50億元。基金主要投資海峽西岸經濟區重要基礎設施建設、有良好發展前景的未上市企業、閩臺產業合作項目和臺商投資企業。由此顯示，中國「海峽西岸經濟區」之發展正致力於交通基礎設施之建立、積極吸引臺資進行各項製造業之投資、創造兩岸金融合作的利基、營造技術創新科學研究發展之有利條件，以利「海峽西岸經濟區」之快速發展。

六、影響「海峽西岸經濟區」發展成功的因素

雖然，以福建為主體的海峽西岸經濟區各方面的發展有目共睹；然而，當前中國的經濟發展，是區域與區域之間的角逐，海峽西岸經濟區在中國眾多經濟區域當中，要想比別的區域更具吸引臺商的優勢，還必須在交通設施、政府效率、

優惠政策等各方面具有特殊優勢，才能脫穎而出，達到量、質並重引資的目標。

福建是早期臺商赴大陸投資的重點區域，但經過20多年的變化，臺商重心早已移向珠江三角洲和長江三角洲；從中國整體經濟發展趨勢來看，推動海西經濟區兩岸合作，略有時不我予之感。因自1987年臺灣開放赴大陸探親交流以來，20多年間臺灣大量資金不斷流向中國，致使臺灣技術創新弛緩，產業升級有限，未來臺灣若不能有所突破，臺灣恐將無力再大量提供資本、技術及市場給中國矣！同時，目前海西經濟區發展程度，遠遠落後於珠江三角洲、長江三角洲，甚至渤海灣、華北等發展快速的地區，加上市場規模及腹地相對較小，若臺灣將兩岸合作重心只放在海峽西岸經濟區，可能將受到某種程度的侷限性。

根據上述區域經濟發展的經驗來看，當一個地區擁有政府政策傾斜的支持時，必然對其總體經濟實力、產業、金融、對外貿易、基礎建設、科技與創新、社會、環境、教育等各方面的發展，產生相當深遠的影響。因此，為擴大海西經濟區的影響力，在政策規畫上，海峽西岸經濟區除對福建省內外的產業布局優化和提升基本經濟體質競爭力外，還應發揮其連結南北兩大經濟區域之樞紐、國際中轉和輻射中部的區位優勢。

從臺灣政府在經濟發展中扮演的角色，及中國政府實施成功的區域發展策略經驗來看，影響「海峽西岸經濟區」發展成功的因素，除要有適當的政府政策介入、良好的地理區位、完善的基礎設施、充沛的資金、技術、人才之外，更重要的是要有廣大的市場。臺灣及珠江三角洲以國際市場為主，長江三角洲則以國內及國際市場兼得。未來，海西經濟區的競爭力及其衍生的市場在哪裡？是否能形成區內外生產與市場良性的自我循環，是海西經濟區發展成功的重要關鍵因素。

總之，要藉由閩臺經貿合作以提升海西經濟區的競爭力，就必須考量到目前及未來臺灣經濟是否能持續發展，及海峽兩岸間政治是否能良性互動而定。

海西區先行先試戰略與兩岸ECFA連接問題探討

唐永紅

引言

　　自《國務院支持福建加快建設海峽西岸經濟區若干意見》於2009年5月正式頒布以來，海峽西岸經濟區（簡稱海西）對臺先行先試戰略與兩岸經濟合作框架協議（ECFA）的關係引起海峽兩岸有關專家學者特別是臺灣各界的高度關注。臺灣一些人士擔心大陸此舉是否意味著以兩岸區域層面的合作來放慢兩岸整體層面的合作步伐，甚至替代兩岸整體層面的合作，從而有礙臺灣全球化戰略的推進與利益最大化目標的實現。大陸方面一些人士則提出，兩岸ECFA以制度安排方式推進兩岸整體層面的經濟交流合作，包括兩岸經貿關係正常化、兩岸經貿活動自由化，不僅必將壓縮海西對臺經貿交流合作先行先試的內容與政策空間，而且使得海西先行先試戰略已無存在的必要。

　　筆者認為，在兩岸決策訊息不對稱且兩岸互信脆弱情況下，臺灣方面產生的上述擔心是可以理解的，而上述大陸方面一些人士的觀點顯然是對區域經貿自由化與一體化的長期性缺乏足夠的認知。這表明有必要釐清從區域層面推進兩岸合作與從整體層面推進兩岸合作的辯證關係。事實上，釐清這種關係，不僅對凝聚兩岸共識、順利推進兩岸經濟合作是必要的，而且對海西用好用活中央賦予的先行先試權力與政策、繼續發揮在兩岸經濟交流合作中的先行先試作用至關重要。本文基於從區域層面推進兩岸經濟合作與從整體層面推進兩岸經濟合作的辯證關

係，闡明海西先行先試戰略與兩岸ECFA連接的意義與必要性，進而探討海西先行先試戰略與兩岸ECFA連接的思路與原則、內容與政策及其運作平臺。

一、兩岸經濟合作需要從整體層面與區域層面同時推進

區域經濟一體化理論與實踐表明，區域經貿活動自由化與經濟一體化不僅是一個從自由貿易區到關稅同盟再到共同市場進而經濟聯盟以致完全的一體化這樣漫長的動態發展過程（因此，兩岸ECFA的具體內容也將隨著兩岸經貿自由化與一體化進程的循序推進而動態調整），而且從自由貿易區到關稅同盟再到共同市場進而經濟聯盟等各種程度與形式的合作與一體化，相應需要各成員方在經濟發展基礎層面與經貿政策可協調性層面具備一定的條件（唐永紅，2010a）。

當前，兩岸經濟體確有制度性合作以推進兩岸經貿自由化與一體化的內在動力與外在壓力，並在經濟相互依存性、經濟市場規模、經濟技術發展水平、經貿政策可協調性等方面已具備進行一定程度自由化與一體化安排所必需的一些基本經濟條件，以實現預期的經濟效應（唐永紅，2007a、2010a）。但與此同時，兩岸經濟體在經濟結構、發展水平、開放程度與關稅作用等各個層面的差異較大，這必將對兩岸整體層面的自由化與一體化的步伐形成相當程度的制約（唐永紅，2007a、2010a）。

事實上，從適宜的自由化與一體化形式應引致儘量小的不對稱性衝擊標準看，並非自由化與一體化的各種程度與形式都適宜於當前的兩岸經濟狀態。

首先，當前兩岸經濟體不僅在體制與機制層面存在一定的差異，而且處於不同的發展階段水平上（大陸經濟體總體上處於工業化的中期階段，且發展不平衡，部分地區尚處於初期階段，而臺灣經濟體已基本完成工業化，並已邁向後工業化階段），因此，近期內兩岸經濟體在財政、貨幣、收入分配、區域開發等宏觀政策層面基本上難以趨同。

其次，兩岸經濟體當前的對外開放程度特別是各行業的國際競爭力與對外開

放程度存在較大差異，兩岸經濟體當前的對外關稅水平特別是各行業當前的對外關稅水平存在較大差距，關稅工具因而在當前對兩岸經濟體的重要性特別是對各行業的重要性也明顯不同，因此，共同的關稅與經貿政策必然帶給兩岸經濟體嚴重的不對稱性衝擊。

綜上可見，關稅同盟及其以上的自由化與一體化形態對兩岸經濟體來說只能是未來的願景目標，而不能作為當前甚至近期的現實選擇。即便是自由化與一體化程度較低的兩岸自由貿易區形態，也只能根據兩岸經濟體各行業的當前競爭力與關稅水平的現實差異，循序漸進、分步到位地加以推進。

因此，兩岸經貿活動自由化與經濟一體化將是一個循序漸進的漫長過程，並需要有一個彼此磨合與相互適應的過程，以便加快自由化與一體化的步伐。在這一過程中，需要探索切實可行的途徑，利用有效的措施，逐步化解兩岸經濟交流、合作與一體化過程中可能產生的各種不利衝擊、摩擦與矛盾（在存在明顯差異的經濟體間實行共同的經濟政策必然產生明顯的不對稱性衝擊，這種明顯的不對稱性衝擊反過來會阻礙共同政策的推行），增強兩岸的互信與共識，從而在確保成本與風險最小化的同時促進兩岸經貿活動自由化與經濟一體化快速並穩健發展。

一個可行途徑與方式，就是在兩岸整體層面進行一定程度的自由化與一體化的同時，在有條件的兩岸次區域層面先行先試較高程度的自由化與一體化，為將來兩岸在整體層面推進這種較高程度的自由化與一體化探索經驗，累積互信，並構築必要的經濟、社會和政治基礎與動力。

例如，在兩岸整體層面推行自由貿易的同時，可在海西與臺灣部分地區之間先行先試資本甚至勞動力等生產要素的自由流動與配置，構建類似共同市場的次區域經濟合作與一體化形態，以便在將風險和代價降低到可控制和可接受的範圍的同時，為將來在兩岸整體層面的共同市場的構建探索經驗，奠定基礎。

二、海西先行先試戰略與兩岸ECFA連接的意義與作用

海西先行先試戰略與兩岸ECFA連接，就是要推進兩岸ECFA下海西對臺先行先試，特別是在對臺經貿活動自由化方面先行先試，從而實現兩岸區域合作與兩岸整體合作並行推進。這不僅有其必要性，而且具有重要的現實意義與作用（唐永紅，2010b）。

其一，有助於兩岸經貿活動自由化與經濟一體化的快速穩健推進。

如上所述，ECFA下海西先行先試經貿活動自由化政策，區域合作與整體合作在不同程度的自由化與一體化位階上並行推進，一方面有助於將自由化與一體化的衝擊與代價降低到可承受的程度，將自由化與一體化的風險降低到可控的範圍內，另一方面可透過區域合作實踐的先行先試來探索經驗、奠定基礎、累積動力，從有助於兩岸經貿活動自由化與經濟一體化的既快速又穩健的推進。

其二，有助於大陸將推進兩岸經貿活動自由化帶給大陸在地產業的不利影響降到可以承受的程度。

目前，臺灣已是發達經濟體，大陸還是發展中經濟體。因此，還是發展中經濟體的大陸與已是發達經濟體的臺灣進行雙邊對等經貿活動自由化安排，必然面臨相對較大的不利衝擊。區域合作與整體合作並行推進，讓海西先行先試經貿活動自由化政策，顯然有助於大陸將推進兩岸經貿活動自由化帶給大陸在地產業的不利影響降到可以承受的程度。

其三，有助於海西充分發揮在兩岸經濟交流合作中的先行先試作用，拓展對臺經貿關係，並有助於海西自身發展。

如果只是在兩岸整體層面推進ECFA，而不賦予海西在ECFA下的先行先試權力與政策，那麼海西一方面將難以充分發揮其對臺優勢與先行先試作用，另一方面將不得不與大陸其他地區站在同一政策起跑線上與臺灣發展經貿關係。在這種情況下，由於海西本身在經濟規模與腹地、產業集群與配套、基礎設施、內外通道等方面相對於珠三角、長三角等地區已經不具競爭優勢，結果海西在對臺招商引資與發展對臺經貿關係方面的成效可能不彰，進而海西自身發展也將難如人意。

相反，區域合作與整體合作並行推進，讓ECFA下海西先行先試經貿活動自由化政策，這一方面為海西進一步拓展對臺交流合作提供了更大的政策空間，有助於充分利用兩地之間的地緣政治、地緣經濟、地緣文化關係與優勢，做好先行先試的工作；另一方面也將使得海西較之於其他地區擁有更加開放的特殊政策優勢，從而進一步增強海西對臺灣的吸引力，有助於海西對臺招商引資與發展對臺經貿關係。

其四，有助於在衝擊可承受的條件下充分照顧臺灣方面的利益。

臺灣與業界多數都希望透過商簽ECFA及其補充協議，不僅在大陸獨享「超WTO待遇」，而且在兩岸經貿開放談判上「多拿少給」。但大陸方面出於改善兩岸經貿關係中的不對稱性（這種不對稱性一定程度上是因為臺灣至今未能遵循WTO最惠國待遇原則所致）、促進兩岸經濟合作、協助大陸在地企業拓展臺灣市場的需要，在兩岸整體層面的合作中更願意堅持對等開放互惠互利的原則（大陸堅持這一原則是合情合理的，因為這一原則乃是雙邊經濟關係安排的國際慣例，更何況發達經濟體應較發展中經濟體率先履行經貿活動自由化與更加開放市場的義務也是以WTO為代表的國際經濟社會之共識）。這顯然對臺灣是利弊參半，因為對臺灣敏感產業可能會產生衝擊。而在區域合作中則可避免這種尷尬。大陸可以在海西單方面向臺灣業界作出更大程度更多領域的開放與准入安排（侷限於特定區域的這種開放程度帶來的衝擊是可承受的），臺灣業界則可運用海西對特定產業如金融業的較低門檻、額外優惠等政策，縱使無法實現後發先至，至少可以追回一部分過去因臺灣禁足西進而流失的機會，並可以透過在海西的先行布局立足，為下一步進入大陸其他地區探索經驗，創造機會。當然，臺灣方面也可考慮類似做法，在適宜的地區建設經貿特區，在經貿特區率先向大陸作出更大程度更多領域的開放與准入安排。

三、海西先行先試戰略與兩岸ECFA連接之授權與體現

鑑於兩岸經濟合作有必要從兩岸整體層面與兩岸區域層面同時推進，海西對臺先行先試具有如上所述的重要意義，《國務院支持福建加快建設海峽西岸經濟區若干意見》明確提出賦予海西在兩岸經濟合作框架下對臺先行先試政策。這實際上為兩岸ECFA下海西進一步對臺先行先試做了原則性的政策授權。

根據《國務院支持福建加快建設海峽西岸經濟區若干意見》，國務院賦予海西對臺經貿交流合作的先行先試權力與特殊政策包括：

「在兩岸綜合性經濟合作框架下，按照建立兩岸人民交流合作先行區的要求，允許在對臺經貿、航運、旅遊、郵政、文化、教育等方面交流與合作中，採取更加靈活開放的政策，先行先試，取得經驗。」

「在兩岸建立長期、穩定的經貿合作機制過程中，允許海峽西岸經濟區在促進兩岸貿易投資便利化、臺灣服務業市場准入等方面先行試驗，適當增加對臺合作的用地指標。」

「按照同等優先、適當放寬的原則，鼓勵承接臺灣產業轉移，允許國家禁止之外、不涉及國家安全的各類臺商投資項目在海峽西岸經濟區落地，加快臺商投資項目審批。」

「積極推動建立兩岸金融業監管合作機制，在此機制下，優先批准臺資銀行、保險、證券等金融機構在福建設立分支機構或參股福建金融企業，支持設立兩岸合資的海峽投資基金，進一步擴大兩岸貨幣雙向兌換範圍，逐步建立兩岸貨幣清算機制。」

四、海西先行先試戰略與兩岸ECFA連接的思路與原則

顯然，上述先行先試權力與政策實際上為兩岸ECFA下海西對臺先行先試做了授權，體現了海西對臺先行先試戰略與兩岸ECFA的連接。當然，這裡對海西對臺先行先試的授權以及如何先行先試的要求僅僅是原則性的，具體內容應根據

ECFA在兩岸整體層面推進的經貿活動自由化進程而定。

由於當前兩岸經濟體在經濟結構、發展水平、開放程度與關稅作用等方面存在較大的差距與差異等因素，兩岸經貿活動自由化與經濟一體化是一個循序漸進的長期過程。兩岸將會先後商簽ECFA的若干補充協議。因此，兩岸ECFA與海西先行先試的具體內容及其連接，也將隨著兩岸經貿活動自由化與兩岸經濟一體化的深化發展而動態變化和適時調整。

基本的思路與原則是，特定的自由化與一體化的內容在兩岸整體層面尚不具備條件推進的，或需要在特定區域試驗探索經驗的，可以讓海西先行先試。也就是說，兩岸ECFA明天要做和才能做的自由化措施可以今天就在海西先行先試。如此，即能達成ECFA下海西先行先試、海西先行先試戰略與兩岸ECFA連接、兩岸區域合作與兩岸整體合作並行推進的意義與作用。

實踐中，在ECFA推進兩岸整體層面的經貿活動自由化與經濟一體化的進程中，可根據當時的兩岸經濟條件與兩岸經濟關係發展需要，透過構建起ECFA下海西對臺經貿活動自由化先行先試的運作平臺（唐永紅，2007b），在兩岸貨物貿易自由化、兩岸服務貿易自由化、兩岸投資自由化便利化等方面，先行先試某些正在商談或將要商談的自由化與一體化內容，為兩岸整體層面的經貿活動自由化與經濟一體化的推進探索經驗、積累共識、奠定基礎。

五、海西先行先試戰略與兩岸ECFA連接的內容與政策

基於兩岸經濟體當前的條件，受制於當前兩岸經濟體發展的較大差異性以及各自內部的各區域各行業發展的非均衡性，兩岸經貿活動自由化方面，現階段總體上主要適合推進部分產品（包括貨物與服務）跨關境流動層面上的自由化與便利化；而要素特別是勞動力跨關境自由流動顯然尚不具備條件，但可以推進要素在管束下流動的便利化和在局部區域流動的自由化。事實上，兩岸商簽的第一階段ECFA除了推進兩岸經貿關係正常化之外，在兩岸經貿活動自由化層面（即所

謂「早期收穫」部分）主要是部分行業貨物的減免關稅進口、部分服務貿易的自由化以及兩岸經貿交流合作的便利化安排。基於上述思路與原則，特別是基於經貿活動自由化的循序漸進需要，以及當前兩岸商簽的ECFA的內容，可以對ECFA下海西對臺先行先試的內容與政策做如下框架性建議。

（一）兩岸貨物自由貿易先行先試

可在海西有條件的特定區域如廈門島、平潭島建立自由貿易區，以便先行先試兩岸貨物自由貿易。這些可先行先試自由貿易的貨物包括：ECFA早期收穫條款規定的減免關稅或實施零關稅的產品與項目、尚未列入ECFA早期收穫條款的雙方敏感類產品與項目。

另一方面，作為對價，大陸方面也可要求臺灣方面在其經貿特區率先減免關稅進口原產地在大陸的貨物，或要求臺灣方面率先減免關稅進口原產地在海西（福建）的貨物。

（二）兩岸服務貿易自由化先行先試

可參照內地與香港CEPA及其各項補充協議的相關規定，對臺商來海西從事服務業方面（包括金融業與非金融業服務業），較之於ECFA，採取更進一步放寬准入領域、降低准入條件、取消股權限制、簡化報批程序等政策措施。也可一步到位賦予臺商以國民待遇，視臺商為內資企業，準予其在海西從事服務業。

另一方面，作為對價，大陸方面也可要求臺灣方面率先對大陸注冊的服務行業企業進入臺灣經貿特區服務行業，或者率先對海西（福建）注冊的服務行業企業進入島內服務行業，相應放寬准入領域、降低准入條件、取消股權限制、簡化報批程序。

（三）兩岸投資自由化便利化先行先試

可在海西率先對臺商投資開放《外商投資產業指導目錄》中的一些限制性行業，並降低臺商投資進入門檻，讓其享受部分「超WTO待遇」。實踐中，對臺商投資的准入行業與門檻，可參照CEPA對港澳投資准入的行業與門檻。涉及國家產業政策持股比例要求的，可放寬持股比例要求，並允許臺資控股；對臺灣500

大企業在海西內投資的項目審批，在有關規劃、重大項目布局及項目審批、核准、備案等方面可給予政策傾斜。

另一方面，作為對價，大陸方面也可要求臺灣方面率先放寬臺商投資海西（福建）的限制，以及率先放寬海西（福建）企業投資臺灣或陸資投資臺灣經貿特區的限制，以達到深化閩臺乃至兩岸產業合作的目的。

六、建設海西先行先試戰略與兩岸ECFA連接的運作平臺

投資自由化、金融自由化不需要封關運作管理，但貿易自由化需要封關運作管理。為便於海西在兩岸貿易自由化方面的先行先試與有效管理，得在海西的適當區域建立「貿易自由化先行先試區」。從便於封關運作管理角度看，廈門島、平潭島可以作為自由貿易區先行先試貿易自由化。從區位與服務區域條件、港口與物流條件、成本—效益條件等角度看，廈門島應是貿易自由化先行先試的最佳區位選擇（唐永紅，鄧利娟，2005）。因此，建議當前可把廈門經濟特區轉型成為包含「廈門自由港」（廈門島）的「廈門自由經濟區」，並尋求跨關境發展，與金門島共建「廈金自由經濟區」；與此同時，推進平潭綜合實驗區建設，向「平潭自由港」邁進。

其一，廈門經濟特區應在其現有保稅區、出口加工區、保稅物流園區、保稅港區的條件與經驗基礎上，把具有區位與服務區域條件、港口與物流條件、成本—效益條件的廈門島建設成為類似香港的「廈門自由港」。即把廈門島建設成為一個遵循WTO無歧視原則的、境內關外的，集自由投資、自由貿易、自由金融（含離岸金融、兩岸金融）、研發服務、經營服務、倉儲展會、物流分撥、過境轉運、國際旅遊（含兩岸旅遊）等多項功能於一身的以現代服務業為主的綜合型自由經濟區。此外，平潭綜合實驗區在條件成熟時也可建設成為類似的「平潭自由港」。

其二，廈門經濟特區其他區域（島外區域）以及海西其他區域因不便於封關

管理,不宜作為自由貿易區,但可以作為自由投資、自由金融等自由經濟區,主要從事先進製造業的生產。如此,這些區域可作為「廈門自由港」及「平潭自由港」的腹地與服務區域,與「廈門自由港」及「平潭自由港」進行合理的專業化分工合作,協調發展。

其三,「廈門自由港」應尋求跨關境發展,在條件成熟時與金門島合作結成開放性的多功能綜合型「廈金自由經濟區」,作為兩岸經濟制度性一體化的先行先試區。首先,廈門島與金門島可結成「廈金關稅同盟」,以整合併充分發揮廈金兩地的海港、空港優勢以及其它經濟發展資源與條件,使之成為海峽兩岸的國際貿易中心、物流分撥中心和高新技術生產研發中心,成為海峽兩岸與國際物流鏈的重要環節。進而,條件成熟時進一步推進「廈金關稅同盟」邁向「廈金共同市場」,率先實現廈金之間勞動力等生產要素的自由流動與優化配置。

為構建海西對臺先行先試的上述運作平臺,並為其發展提供條件,需要中央相應賦予特殊政策予以支持:

一是明確地把廈門島建設成為一個集自由投資、自由貿易、自由金融(含離岸金融)、研發服務、經營服務、倉儲展會、物流分撥、過境轉運、國際旅遊等多項功能於一身的以現代服務業為主的綜合型的「廈門自由港」,並採行「境內關外」的國際慣例做法,即對「廈門自由港」採取「一線放開、二線管住、區內自由」的海關監管模式。在條件成熟時還可建設類似的「平潭自由港」。

二是賦予「廈門自由經濟區」進而在條件成熟時賦予海西以特殊政策,實行經貿活動自由化與便利化政策措施,包括經營活動自由(投資自由、雇工自由、經營自由等)、商品流通自由、貨物運輸自由、人員進出自由、對外貿易自由(僅限於「廈門自由港」及「平潭自由港」)、金融活動自由(貨幣兌換自由、資金流動自由、資金經營自由)等等。

如此,不僅有助於構建起ECFA下海西對臺經貿活動自由化先行先試的運作平臺,而且有助於推進廈門經濟特區、平潭綜合實驗區成為高新技術生產研發基地、對臺交流合作基地、航運物流中心、金融商貿中心、旅遊會展中心和文化教育中心,也有助於廈門經濟特區、平潭綜合實驗區成為海西中心城市,與海西其

他區域分工合作與協調發展。

結論

本文基於從區域層面推進兩岸經濟合作與從整體層面推進兩岸經濟合作的辯證關係，闡明海西先行先試戰略與兩岸ECFA連接的意義與必要性，進而探討海西先行先試戰略與兩岸ECFA連接的思路與原則、內容與政策及其運作平臺。

研究表明，兩岸ECFA下海西對臺進一步先行先試，特別是推進海西對臺經貿活動自由化的內容與兩岸ECFA關於兩岸經貿活動自由化的內容的連接，不僅有其必要性，而且具有重要的現實意義與作用。這不僅有助於大陸將推進自由化帶給大陸在地產業的不利影響降到可以承受的程度，有助於兩岸經貿活動自由化的快速穩健推進，而且是貫徹落實《國務院支持福建加快建設海峽西岸經濟區若干意見》並用好用活中央賦予的先行先試權力與政策的重大舉措，有助於新形勢下海西繼續並充分發揮在兩岸經濟交流合作中的先行先試作用，並有助於海西對臺經貿關係的拓展及其自身建設與發展，也有助於在衝擊可承受條件下充分照顧臺灣方面的利益。

事實上，《國務院支持福建加快建設海峽西岸經濟區若干意見》已在原則上為兩岸ECFA下海西進一步對臺先行先試做了政策授權。基本的思路與原則是，特定的自由化與一體化的內容在兩岸整體層面尚不具備條件推進的，或需要在特定區域試驗探索經驗的，可以在海西先行先試。實踐中，在推進兩岸整體層面的經貿活動自由化與經濟一體化的進程中，可根據當時的兩岸經濟條件與兩岸經濟關係發展需要，透過構建起ECFA下海西對臺經貿活動自由化先行先試的運作平臺，在兩岸貨物貿易自由化、兩岸服務貿易自由化、兩岸投資自由化便利化等方面，先行先試某些正在商談或將要商談的自由化與一體化內容。

南臺灣與海西區合作發展創造兩岸互信和諧新契機

汪明生

壹、前言

　　觀察大陸整體乃至珠三角、長三角、環渤海區及海峽西岸經濟區等的發展，無論是在軟、硬體的規劃構想，抑或是積極作為方面，均已不斷朝向迎接新世紀經濟潮流，並與全球脈動接軌的目標努力邁進，勢將逐漸呈現蓬勃遠景與豐碩成果。而西岸經濟區的發展，就推展進程與實質效益而論，皆與臺灣各地的互動合作存有極高的必要性與重要性。筆者來自南臺灣且長期居住於高雄，對於南部地區的民情文化及社會意識具有較深刻體認，後續的論述將以南臺灣觀點為主，以與海西區展開兩岸合作的「兩岸合作發展創新園區」為例，研析有利於開展閩臺地區合作的初步建議，俾使拋磚引玉，有利雙贏。

貳、兩岸發展交流現況

　　受限於主權爭議，過去兩岸間的交流合作始終以私領域的經貿而主，其它社會、文化、地區城市與民間團體等交流合作顯然較少。隨著三十年來的各自發展與不同體制，迄今其實已各自形成不同的優勢與侷限，而隱然存在著經貿以外新一輪的互補與借鏡關係：大陸的行政效率較高，對於相關發展的各項政策一般均

能全面有效地大力支持。以土地及稅收等政策工具為例，固然偶有社會條件不一下的人治色彩，但為求績效而在中央與地方間幾乎可以全面授權；臺灣則較為不同，近年來在推動產業轉型升級與區域經濟整合發展方面，經由不斷地積極努力亦開始展現相當成效，例如六大新興產業發展計畫、服務業服務創新旗艦計畫、與智慧生活科技區域整合計畫等，而在地方招商的企圖心與積極性上亦有大幅進展，以臺灣近期發展地方特色產業群聚企業與高新技術科學研究單位合作創新為例，可謂政府既有政策的重大突破。然而在深入檢視之下，兩岸迄今在經濟發展以及地區合作的主要限制因素，似乎乃在於不僅是主權爭議以外的非經濟層面，例如深層的公共領域課題事務的管理體制與經驗績效，以及以一般民眾與三中階層為主的社會互信。

參、南臺灣公共領域發展現況

　　臺灣南部由於長期以來的產業結構以初級與次級產業為主，而社會結構則以農、漁業就業人口及藍領勞工為主，致使一般民眾普遍具有較深切的傳統意識，往往內視保守而突破創新不足，容易讓政治人物操弄，形成政治籌碼。以高雄市為例，由較明顯的政治變遷與公共領域參與視之，自數十年來的國民黨執政至1998年的政黨輪替以來，地方各界一般較少或未能主動公開觸及兩岸發展與交流議題，以致於如2009年地方首長在兩岸交流開發的趨勢潮流下竟仍操作涉及藏獨與疆獨的族群議題。另一方面，臺灣北部政府高層的重大政策則除選舉期間的考量外，也較少主動納入較多的南部觀點，及深入關心南部的長遠發展課題。再加上因選舉政治中一再強調的「民主化」與「本土化」，造成南部民眾較深化的在地主體意識，並時常出現草莽激情干預理性思維的現象，擴散所及，更造成南部與北部間在經濟、社會、政治、政府與政策及管理等多方面的明顯差距：北部地區一般較呈現多元開放與批判制衡，民意機構、傳播媒體、民間團體與學界學者等所共同支撐形塑的輿論監督與公民意識，因此常較能兼顧平衡民主與發展；而南部地區則在一般民眾較少自主意識與息事寧人的傳統觀點下，往往不願

公開表達個人之不同觀點，故對於地方發展與對外開放等政策議題，自然長期漠視、缺少討論，當然也就流於形式化的民主與長期發展的滯後。相較於戒嚴時期與國民黨執政時代，威權意識、菁英領導與中央規劃下所形成的重北輕南，民主開放與政黨輪替後的臺灣南部，則似乎仍然受限於中央與地方政府財政資源不足、對外開放的意識準備欠缺與產業轉型規劃失誤所形成的政策僵固。以高雄市為例，近年來多以包裝式的城市美化與曇花一現的慶典活動短線操作，產業發展規劃浮誇不實，導致看不到真正大力有效的建設帶動與產業進駐。因此，在歷經數十年來的青壯菁英及中產白領優勢人口持續出多於進，未能累積聚集、扎根深厚存量的情況下，臺灣的南部似已成為其本身整體在經濟以致全面發展，以及兩岸主權意識與合作僵局能否有效突破的關鍵地區。

　　以如此的地方發展與兩岸交流現況欲創造社會和諧新契機，則多年來以北京高層的政策宣示與理性訴求為主的努力方式似已有所不足。較為有效的作法，應當包括擴大打開三中階層（臺灣中南部、中小企業與中低收入戶）廣面持續的雙向交流，一方面讓臺灣除臺商以外將近五成（尤其是南部基層）未曾到過大陸的民眾得以更方便地親眼目睹、親身體會大陸各地在經濟發展與地方建設上的突飛猛進與具體成效，另一方面並應讓更多的大陸同胞實地瞭解臺灣（尤其是中南部）各地的風土特色、民情文化及開放社會，則應已是近年來以及今後長遠兩岸互動發展中的重要作為。最近兩岸各地積極辦理各項論壇與批次採購所獲致的項目合作與開放承諾，應是極具意義的進展突破。然而，因受限於主權意識及政策環境，如此有效的民間社會交流則似乎仍然重北輕南、不足以紓解乃至突破前述之臺灣南部基層的民意結構困境，為求「釜底抽薪、多管齊下」，則更具開拓性、創新性的政策作為似乎已是大勢已趨、呼之欲出了。

肆、大陸發展、兩岸交流與海西經濟區規劃

　　大陸方面在經過三十年來的改革開放，在「珠三角」、「長三角」、「環渤

海」乃至其他沿海城市地區的基礎建設、高新產業發展以及外資引入等方面一日千里，似乎將臺灣自1970年代以來以產業發展布局與對外貿易帶動，形成舉世矚目經濟奇蹟的經驗模式大幅吸收濃縮，甚至有後來居上之勢。以海峽西岸經濟區為例，主要的建設係源自1978年推行的「經濟改革」路線及「門戶開放」政策，此後系列性的相關措施連番接踵推出，致經濟成長大幅加速。自1980年至2009年，每年GNP的平均成長率高達12%以上，而過去落實「區域經濟自治」的主要政策目標，即為設立沿海經濟特區以帶動外資投入，為實施市場經濟奠定基礎。然單就經濟效益方面而言，西岸經濟區在經營項目選擇、企業營運管理、基礎硬體設施、政府行政程序及各種攤派負擔等方面，則似乎仍然存有精進改善的空間，俾使展現對於外資更大的吸引力。此外，如何以區域發展之思維統整產業布局，進而與「長三角」、「珠三角」、「環渤海」相較，以及突破主權爭議因素與港、澳、臺共同建構整合成為完整的產業結構體與綿密且有效率的經濟網，則亦成為長遠策略發展必須積極思考布局的課題。

此外，海西經濟區除了扮演著大陸新一輪的經濟發展要角外，以其所具備的獨特時空條件與人文基礎則更應深化成為處理兩岸各項共同事務的全方位平臺。此方面顯示過去兩岸以經濟發展合作為主的建設思維已必須進而朝向社會、文教、與地方政府政策及管理等公共領域的方向發展，尤其是在與地緣及文化實為相近的南臺灣的互動交流方面。然而筆者亦觀察到大陸在經過十餘年來的高速發展後所形成的一些附帶現象，例如目前各地區部門雖在物質條件上已經明顯充實，但在精神貫注的層面上與十餘年前相較則已產生明顯落差；以兩岸交流而言，早期的任事者通常具備肩負著改善與融合兩岸關係的使命感，普遍戮力而為、積極任事，然而目前的兩岸交流工作，則往往照章辦事、流於形式。究其原因則一方面似乎大陸已逐漸主動掌握許多本身發展與對外開放的機會，難免積極分身於眼前的大小繁雜事務，另一方面亦可能係相關部門已意識到此類的民間交流活動，似不易立竿見影、短期見效所致。

鑑於大陸的資源條件大幅改善具備，而臺灣（尤其是南部）在持續菁英出走與內視封閉的思維意識下，似乎當前突破兩岸困境僵局的努力，已不能僅期待臺灣而必須較多地寄望於大陸了。其中的關鍵重點，當在於自臺商引進成功的經濟

發展與企業管理經驗之後,大陸方面應繼之以深入瞭解掌握臺灣十餘年來在選舉政治與多元社會下的經濟發展以及全面轉型的歷程,例如臺灣發展經驗中所長期凝聚的服務產業與行政效能,乃至一般民眾的市場意識與法治素養,以及長期努力維繫的傳統文化與稍具基礎的民主政治等,皆應係為迄今兩岸對照下相對仍具領先優勢的部份。以筆者管見,兩岸的發展大勢已進入新的關鍵時刻:大陸所已經具備掌握的各項有形資源條件(如經濟、科技與工商管理及政府效能等)如能進一步重視納入、充分結合前述臺灣之各項人文軟體與文化價值優勢,以及以兩岸區域合作之整體經濟發展戰略思維進行產業發展規劃,則一方面可加速縮短兩岸共同的發展與現代化進程,且在充分尊重肯定臺灣多元民主社會的存在價值下,當更有利於兩岸彼此間的隔閡減少與逐漸融合。反之,則若大陸自恃於目前已具優勢領先的硬體條件與政府效能,而未見體會其後深層根本的人性主體與人本思想,無視忽略乃至不顧臺灣民眾的自主意識與民主需求,甚至直接加以優勢發展下的強勢作為,則可能親痛仇快、分則兩害。

伍、兼顧公私管理的兩岸地區發展合作構想

基於上述的兩岸各自與彼此共同情勢分析,筆者於2002年曾經提出一福建「高優勢合創產業園區」設置計畫,計畫的主要內容係在檢視探討南臺灣高雄市縣所面臨的各項發展課題,以及與福建乃至海西經濟區可合作發展的策略規劃。

在當前2010年兩岸較為和諧融洽的政治氛圍中,筆者認為應把握這難得良好的機遇,加強力道儘速實現由臺灣自主規劃管理,大陸全力協助辦理的「兩岸合作發展創新園區」。以福建良好發展投資環境及臺灣南部核心產業為規劃主軸,如先進製造業、海洋科技產業、農業科技產業與研發服務業等,作為兩岸地區合作發展規劃的主軸項目,並以合辦高等教育、經貿物流及金融設施為輔助項目,嘗試就一定時空範圍內規劃配置可供福建與臺灣南部之地區核心產業於進行大陸地區全面投資發展前,得以先行進入從事生產準備、設備技術引進與正常服

務營運之「合創園區」，作為臺商未來與大陸內陸地區進一步合作的基地跳板。茲將「合創園區」的規劃重點說明如下：

一、設置地點

以海西區面積幅員風土氣候、人文社會等較為合適之相近地區（如平潭島），作為初步合作規劃設置的地點。未來可按雙方實際需求與執行狀況，加以推展至其他適合發展的海西區城市。

二、初期對象與引進產業種類

以兼顧平衡臺灣三中階層課題（如高雄地區）為本計畫之主要目的對象，規劃進駐之核心產業項目，包括先進製造業、海洋科技產業、農業科技產業與研發服務業等，其他高等教育、經貿物流及金融項目為輔。

三、管理單位與期間

「兩岸合創園區」之管理單位與管理期間規劃如下：

1.第一階段

自「兩岸合創園區」動工興建完成後起算五十年內，由臺灣管理單位為主，全權負責區內管理暨營運事宜，大陸當地政府則以全力協助立場，配合促成「兩岸合創園區」之順利啟動發展。

2.第二階段

自「兩岸合創園區」營運滿五十年後，由臺灣管理單位移交大陸當地地方政府續行管理營運。

四、廠商定位

臺灣進駐「兩岸合創園區」之產業廠商不受前項五十年的時間限制，得視其自身對大陸投資環境的熟稔程度與營運狀況，選擇留在「兩岸經濟共榮園區」內營運，抑或提前進入內陸各個地區進行擴大合作投資。

五、管理法令

「兩岸合創園區」第一階段之申請、進駐、行政與稅賦等事項，由臺灣管理單位策頒遂行。第二階段則由大陸地方政府視當時狀況，以助益臺灣產業發展之立場予以檢討維持或修訂。

六、商議事項

臺灣產業於「兩岸合創園區」所適用之優惠法令，可於第一階段時由雙方權責單位共同研擬，其中可結合臺灣促進產業升級等相關方案，與大陸現行之「經濟特區」或「保稅區」政策規定予以商議規範，吸引臺商投資發展意願。

「兩岸合創園區」計畫在促進兩岸經濟合作發展的主要優勢如下：

1.經由區域合作共同形成完整產業價值鏈

輔導兩岸地區合作與產業發展應當突破超越當前的混沌情勢與困境僵局，將海西與臺灣南部的核心產業經由「兩岸合創園區」的合作方式，布局建構全面縱深內陸地區全面完整的產業價值鏈，進而共同提昇兩岸地區之國際競爭力。

2.資源有效分享以加快產業與地區發展

福建海西區有優越紮實的政策環境與工業基礎，臺灣則有長期的科學研究創新研發能量。兩岸共同創設「兩岸合創園區」之發展方向，將促使資源有效分享，並達到產業與地區發展的重大政策目標。

3.以合作創設「兩岸合創園區」模式，共享經濟開發利基

「兩岸合創園區」計畫在臺灣方面可因此解決公共部門效率不高與ECFA簽訂後改善仍然有限的南部產業發展問題，在大陸方面則能與臺灣製造業以外的服務產業與三中階層擴大合作，並於第一階段到期後，賡續長期經營，同享營運成果。

此「兩岸合創園區」除了具有協助促進兩岸經濟發展交流合作的考量外，對於兩岸地方發展等公共領域政策與管理的意涵層面更可一併檢視。回顧三十年前，鄧小平對於兩岸問題的重要主張為「和平統一」與「一國兩制」，由大陸觀點視之，此主張迄今看來仍為高瞻遠矚、極為正確的大戰略；然由臺灣觀點視

之,則一方面對「統一」及「一國」的主張不易接受,而「兩制」的構想中所考慮兩岸得以在不同體制與各自管理下,可能產生的安全機制與由此而形成的良性競爭,則就更不是臺灣一般民眾在兩岸隔海分治五十年,及臺灣十餘年來在選舉政治議題炒作下,因明顯資訊不足與觀點受制,而不可能一窺全貌乃至真正瞭解的。故此「兩岸合創園區」計畫的深層涵義,即在於因應掌握縱使目前臺商臺屬已然布局大陸,乃至逐漸落地生根,然而一方面受限於產業結構(仍以製造業為主)與產業環境,進一步的吸引臺商臺屬已因而效果有限;另一方面則因目前的兩岸僵局若無法有效突破,則兩岸發展亦可能如同臺灣內部對許多重大公共政策往往產生的信者互信、不信者互不信的意識型態與兩極對立。加以迄今縱有十餘年來的兩岸交流,但真正來過大陸的民眾比例大約僅有三分之一,換言之,對於未曾來過大陸的三分之二的臺灣民眾,如何以具體事實乃至親身體驗的方式充分說明大陸改革開放以及配套發展作為的務實與彈性,以及兩岸未來完整全面交流合作的發展遠景,因而旨在嘗試謀求以具體實踐的方式,逐步檢視修正以至有所突破前述之兩岸各自與彼此共同之發展困境與僵局,並在兼顧公私領域事務課題的經營管理方面,進行兩岸間的切磋比較與合作競爭。另言之,該計畫所隱含的主要意義應即為在大陸的土地上小規模地試行兩岸間的「一國兩治」,以致逐步修正檢視乃至在條件成熟具備下可能建構完整的「一國兩制」,其基本精神是讓臺灣人能在大陸的土地上,在遵照服從大陸的憲法法律以及其他相關規定政策的前提下,先行實施涵蓋公私領域的行政自治,進行自我管理。此「兩岸合創園區」計畫若能嘗試突破、順利推展,則本身即具有以下三點劃時代的政策意義:

1.兩岸發展政策的具體試行與修正推進

如能讓臺灣人民能夠在大陸的土地上,在一個中國的前提下嘗試實施自身的行政治理,當可初步驗證「一國兩治」的可行性。若「兩岸合創園區」計畫施行順利且成效良好,則此具體事實的充分呈現當可讓臺灣民眾(尤其是南部基層未來過大陸者),真正瞭解大陸發展政策的彈性包容與誠意務實。反之,則推動中所遭遇的各項困難與問題,當可在局部試行摸索克服後,作為其他地區臺商管理乃至未來如果真正實施兩岸間「一國兩制」政策的修正補充。

2.對於兩岸各自及彼此共同發展與現代化的示範效果

由於「兩岸合創園區」合作發展計畫的涵蓋面與代表性，已可相當具體而微地包括臺灣的經濟、社會、政治、政府、政策與管理，乃至教育文化與價值傳承等寬廣層面及深刻內涵，在導向發展與現代化的中軸大道上，當更可產生兩岸各自與彼此共同的試點示範效果。概言之，就如同自1980年代開始，臺商臺胞將臺灣的經濟發展與企業管理成功經驗，經由理性自利橫跨兩岸的投資布局帶進大陸，協助促進完善了大陸的市場經濟體制與發展成效。「兩岸合創園區」的構想與意義，則係當兩岸皆已加入WTO及與全球接軌，並簽訂ECFA下，再加上臺灣多元開放社會下對於公共領域經營管理的體制調整與意識重塑的發展經驗，此方面或亦當可對於目前強調政府治理、科學發展與和諧社會的大陸現況有所參考裨益。

3.兼顧民主與發展的條件界定與逐步充實

「經濟發展往往導致民主政治，然而民主政治往往不利經濟發展」的各國發展經驗顯示，若要兼顧發展與民主，則需逐步充實現代公民意識，並需建構以白領中產人口為其必要條件的公民社會。臺灣的民主政治固然仍有待完善成熟，然其寶貴經驗與基本重點顯示，則應為在實行民主體制前，逐步培養充實民眾在各個層面公共領域事務課題的效率及公平處理經驗。鑒於兩岸的同文同種與相似民情，環視全球與大陸在文化意識與發展經驗方面最為相近的即是臺灣，其成功的經濟發展經驗可直接全盤移植大陸，而有待補強的民主經驗則更應在大陸仍處於政治改革紙上談兵、躊躇難進的現況下，作為檢驗真理的實踐教材而有參考意義。隨著兩岸的共榮發展，彼此間所堅持主張的方向重點，將應已可逐漸超越主權方面的統獨意識問題，在有利雙邊共同發展的大戰略前提之下，兩岸合作的真正主軸應在於充分切磋交換彼此的成功果實與挫折經驗而予以實踐中的截長補短、逐漸融合。如此觀點是否可行有效則端視有識之士的驗查明鑑，此乃「兩岸合創園區」構想的根本長遠政策目的。

陸、結語

近來兩岸的互動合作頻繁，如由海峽西岸經濟區的發展規劃視之，則因臺灣南部的基層民眾大部分來自於福建，而在過去十餘年來的兩岸交流多集中於臺灣北部的情形下，今後賡續加強如福建等地區與臺灣南部交流的努力當可平衡過去十餘年來的不足。所以以福建為首的海峽西岸經濟區宜在獨到之天時、地利與人和的條件下，制定務實有效的兩岸發展與區域合作政策，以逐漸抒解突破臺灣南部公共領域民情意識的內視保守，以及大陸經濟科技突飛猛進而人文體制有待加強的現況侷限。除了擴大展開全面持續的民間交流外，本文中建議的「兩岸合創園區」計畫的方向構想或許可以扮演積極突破的正面參考角色。

海西「兩岸經貿合作緊密區域」建設相關問題研究

石正方

自2004年福建省政府提出「海西」概念到2009年5月國務院發布《關於支持福建省加快建設海峽西岸經濟區的若干意見》，海峽西岸經濟區經歷了五年的醞釀起步期，實現了由地方決策到國家區域發展戰略的提升，也由此進入全面啟動推進的重要發展機遇期，需要在短時間內迅速形成可持續發展的動力機制，培育起區域核心競爭力。而海西區域歷史基礎薄弱、自發展能力不足，協同發展的局面尚未形成，又面臨其他區域的嚴峻挑戰，解決這些矛盾需要充分發掘稟賦優勢，大量爭取外援性投入和政策性投入。於此，推進海西「兩岸經貿合作緊密區域」建設凸顯其重要性和策略性。關於海西「兩岸經貿合作緊密區域」建設方面，已有學者從建設「兩岸經貿交流先行區」的角度進行研究，本文則主要從科學統籌海西對臺經貿合作「載體功能區」建設的角度切入，側重對海西兩岸經貿合作緊密區域建設理念、原則和策略取向的探討。

一、新時期海西建設面臨機遇和挑戰

如果說本世紀頭20年是福建省全面推進海峽西岸經濟區建設的關鍵時期，那麼，現階段則是這關鍵期中的關鍵。一方面，兩岸「大三通」的實現和ECFA的簽署，促進了兩岸經貿正常化、機制化進程，為福建充分發揮對臺五緣優勢和先行先試的政策優勢提供了條件，五年的醞釀起步期為海西的加速發展奠定了物質基礎；另一方面，「十二五」時期國家經濟結構調整及區域發展戰略的全面轉

型（向多點式、網路式開發轉型）對海西建設提出了更高要求，而區域協同發展不發育也使得海西建設難以達成高效率。

1.兩岸經濟合作利好形勢及中央政府先行先試的政策支持，賦予海西重大發展機遇

目前兩岸關係進入和平發展的新階段，「大三通」的實現和兩岸經濟合作框架協議（ECFA）的簽署，促進了兩岸經貿合作正常化、制度化進程，在此背景下，獲得中央政府對臺交流先行先試的政策支持的海峽西岸經濟區，可謂發展機遇空前。

其一，「三通」瓶頸消除，為福建充分、有效地發揮五緣優勢，奠定了基礎。海西的立意根本之一在於「海東」——海峽東岸，閩臺交流合作是海西發展的重要動力。「大三通」前，由於兩岸貿易往來絕大部分需要繞經港澳等第三地，致使福建在對臺經貿往來中處於「形近實遠」的尷尬境地，閩臺一衣帶水的地緣優勢不得發揮。「大三通」時代，兩岸經貿往來總體環境明顯改善，直航「三通」不僅凸顯福建對臺港航優勢，而且閩臺「一日生活圈」將推進閩臺經貿往來的深化發展，使得海西的對臺五緣優勢具備充分發揮的基礎。

其二，經過五年來海西建設的推進，以福建為主體的海西區域資源稟賦要素得以顯著提升，產業結構、地域結構等結構要素得以優化，對外聯繫通道得以改善，腹地縱深得以拓展，產業配套能力得以改觀，區域綜合實力得到加強，從而為海西在新時期對臺交流中進一步發揮先行先試的作用奠定了物質基礎。因此，在兩岸「三通」瓶頸得以突破、兩岸交流深化發展形勢需要的綜合背景下，國務院發布《支持福建省加快建設海峽西岸經濟區的若干意見》（下稱《意見》），賦予海西科學發展、對臺交流先行先試的政策空間，可謂恰逢其時，海西也因此獲得了空前的發展機遇。

第三，ECFA的簽署，在改善兩岸經濟合作制度性建設的同時，也為海西的先行先試預留了空間。ECFA的貨物貿易、服務貿易早期收穫利於降低兩岸經濟合作的交易成本，對於海西對臺貿易和產業合作無疑將具有促進作用，而兩岸在ECFA後續協商中較為敏感、一時難以達成共識的部分，可以在海西區域先行試

驗,待經驗成熟時再行簽署全面性協議,適行兩岸。從這個角度來看,ECFA為海西先行先試注入了新內涵。

總之,新時期無論從海西自身發展要求,還是從兩岸交流合作大局的需要、中央政府賦予的政策傾斜和所給予的厚望來看,都要求海西抓住發展機遇,在實踐對臺交流先行先試,為促進兩岸交流做出應有的貢獻的同時,實現快速發展。

2.國家經濟結構調整及區域發展戰略的全面轉型對海西建設提出更高要求

目前,中國經濟正值從工業化中期向後期過渡的關鍵時期,由於外部環境、體制改革、工業化、訊息化及城鎮化等因素的影響,經濟發展表現出諸多新特徵、新趨勢。哥本哈根會議表明,全球已經開始進入低碳經濟時代。「低碳經濟」將成為引領中國經濟結構調整乃至全球結構調整的重要驅動力。中國需要尋求低碳經濟的發展模式,也即在資源和環境約束下,「新型工業化」道路將成為必然選擇。新型工業化道路,就是一條訊息化、工業化、城鎮化相輔相成,依靠科技進步,廣泛運用最新科學技術,充分利用國內國際兩種資源兩個市場,既高速增長又不大量消耗資源和汙染環境,既提升結構又能擴大就業的速度與效益相結合的工業化道路。因此,「十二五」規劃建議把經濟結構轉型作為核心任務之一,倡導「堅持走中國特色新型工業化道路」,「發展結構優化、技術先進、清潔安全、附加值高、吸納就業能力強的現代產業體系」。

與此同時,國家區域開發戰略也開始發生轉折性變化。從近年來的政策調控來看,主要有一下幾個方面:一個是提出「主體功能區」劃分,即「根據資源環境承載能力、現有開發密度和發展潛力,統籌考慮未來中國人口分布、經濟布局、國土利用和城鎮化格局,將國土空間劃分為優化開發、重點開發、限制開發和禁止開發四類主體功能區,按照主體功能定位調整完善區域政策和績效評價,規範空間開發秩序,形成合理的空間開發結構」。實質上,主體功能區劃分的思想凸顯可持續發展、協調發展的科學發展觀。另一個是國家區域經濟發展戰略轉型。新中國成立以來,中國的區域經濟發展戰略經歷了均衡發展、非均衡發展、非均衡協調發展戰略三個階段,目前已開始向多元化網路開發階段轉型。主要體現近年來國家的區域發展戰略布局呈現「全面開花」態勢:從南到北、由東向

西、從沿海到內地，中國區域經濟已呈現多極發展、齊頭並進局面。中國新一輪的區域改革試驗也由此進入到一個深化的階段。僅就2009年國家就頒布了11個區域發展指導規劃，其中包括支持福建省加快建和海峽西岸經濟區的若干意見，凸顯了下一階段中國經濟發展對於區域協調、社會和諧的訴求。區域振興規劃不斷出爐，意味著前所未有的結構大調整和產業大整合，也意味著各地的資源稟賦與區位優勢正在得到市場化重估。在新的格局下，對所有參與者來說，或許都將是新的機會。當然也面臨新的挑戰：即國家區域支持政策的大「批發」下，如何凸顯本區域優勢和核心競爭力的問題。

在此背景下，海西建設面臨更高要求。換言之，上述經濟發展宏觀環境的演變及區域競爭加劇的形勢下，海西要實現其目標定位，一方面需要高起點、高層次定位經濟發展，一方面要充分發揮稟賦優勢，用足用好中央賦予的政策優勢，發展特色經濟，盡快形成帶動力強勁的地域增長極。

3.區域協同發展不發育致使海西建設難以達成高效率

區域經濟協同發展是競爭與差異互補基礎上的發展；是基於資源稟賦理論、勞動地域分工理論、比較優勢理論等區域分工理論的發展；是特色發展與整體效益最佳兼顧原則下的發展；是充分利用區域資源的高效率發展。協同發展具體體現在基於區域產業一體化的功能耦合，即區域內部諸板塊各依優勢，特色發展，協力共贏，達成區域整體效益最佳。從上述視角來看，海西區域協同發展局面尚未形成，主要是產業同構和內耗性競爭的現象比較明顯。僅就福、廈、泉三大中心城市區域而言，目前雖然在經濟特色方面已有所區隔，如福州以服務業高速發展、電子訊息及汽車與配件等現代工業集群發展為特色，廈門以電子訊息、機械冶金、石化三大產業為支柱，物流、金融保險等生產性服務業高速成長為特色，泉州以工業高速發展、傳統產業聚落明顯為特色（形成了紡織服裝、鞋業、建陶石材、工藝品、食品飲料等傳統優勢產業集群），但這些特色經濟的優勢尚不顯著。

城市經濟是建立在區位資源稟賦基礎上的，城市經濟是否具有鮮明的特色，標誌其對區位資源利用是否充分，在區域中的專業化分工職能是否突出。如臺灣

三大主要城市的經濟特色就比較突出，從而形成臺灣西海岸城市經濟協同一體的發展局面：臺北依賴高素質密集的人力資源，以服務業繁榮發展創建優質研發、營銷環境，引領臺灣後工業經濟發展，成為全臺經濟「總部」、樞紐和心臟；臺中以傳統產業質量提升和精緻農業發揮區域資源優勢，成為臺灣中部的經濟中心；高雄則以重工業為主導、充分發揮港口優勢，承擔臺灣重化工業基地的角色。而福建的三大主要城市經濟則比較缺乏特色，主導產業均為電子訊息、機械、石化，沒有形成主導產業的明顯差異。

福、廈、泉等海西中心城市經濟特色優勢不顯著，在很大程度上也反映在三大中心城市的對臺產業園區方面。如表1所示，這些園區也大多為電子訊息、機械、石化，雖在產業細分方面有所區隔，但總體來看產業同構現象明顯，表明海西中心城市區域的對臺經貿合作尚未形成各依優勢、各具特色、錯落有序、共同發展的格局。這種現象不能夠及時得以治理，必將使資源利用受到內耗性競爭的制約，致使海西建設難以達成高效率。

表1　福、廈、泉三大中心城市區對臺產業園區概況

	園區名稱	園區的主要產業	發展概況
廈門地區	海滄台商投資區	化工、電子、機械、生物醫藥	投資總額43.13億美元,合同利用台資33.25億美元,實際利用台資 26.33億美元
	集美(杏林)台商投資區	電子、機械、化工、輕紡	截至2007年底,全區共引進台資項目達615項,累計利用台資達20多億美元。
	火炬翔安產業園區	光電子、生物醫藥、精密機械	2007年底,共有274家企業落戶該區,其中登記註冊台資企業(含第三地轉投資)已經達到84家,註冊資金5億美元,計畫投資總額逾12.5億美元。世界知名光電企業友達光電、中華映管、金保利光電、廈華電子等相繼落戶
廈門地區	福清融僑經濟技術開發區	電子、玻璃、鋁業、塑膠、食品	主要以國家(福清)顯示器產業園為載體,利用冠捷、捷聯顯示器產量已居世界第一、產品市場占有率高、品牌知名度高等優勢,吸引內外資參與產業鏈擴展。2007年,全區顯示器產業鏈企業60家,實現產值371億元,約占融僑開發區總值的70.9%。
福州地區	福州保稅區	物流業	
	福州經濟技術開發區	電子、光機電儀一體化、生化製藥、機械冶金、建材、輕紡、食品	截至2008年5月份,台資企業已經達到224家,總投資達15.75億美元,占全區外商投資總額的26.12%,合同外資7.1億美元,占全區合同利用外資總額的23.03%。
	青口投資區	機械、輕工、建工	區內有總投資22690萬美元的東南(福建)汽車工業有限公司及總投資7億多美元的零部件上下游配套廠120家。汽車產業鏈不斷拉長,產業集群不斷壯大。
	馬尾科技園	電子資訊、生物醫藥、節能材料、環保設備	入駐企業超過100家,其中由跨國公司投資的企業有6家(中華映管、JVC、LG、NEG、EPSON、東北理光),被評為全國電子百強企業的新大陸。馬尾科技園已初步形成以中華映管為龍頭的電子資訊產業、生物醫藥和食品工業為輔的三大產業族群。

園區名稱	園區的主要產業	發展概況
泉州地區 — 泉州台商創業基地	輕工、電子、機械、高科技	台商創業基地（台創園）首期規模1500畝，2006年已全部完成招商，30餘家台資企業陸續入駐，項目總體規劃6000畝以上現代化工業園區，規劃年產值在100億以上
泉州地區 — 綠谷台商高科技產業基地	光伏電子、電子資訊、精密機械、高檔輕紡	現已引進台灣長照光伏、智擎科技、東曜健身等9個台資項目（其中研發中心2個），首期合同利用台資1.3億美元。
泉州地區 — 洛秀台商投資區	光電、新材料、裝備製造、物流、輕工	產業初步按「機電一體化產業」、「紡織服裝產業」、「石化後加工產業」進行布置，分三期建設。現已引進泉州和諧光電科技項目，該項目總投資達5.7億美元，擬建LED廠6座（其中設計延片、芯片、封裝廠個2座），主要生產具有同行業國際領先水平的LED系列產品，並將情程光電（LED）系列產品從外延片、芯片、封裝到應用的垂直產業鏈。項目建成投產後預計年產值達8億美元，可帶動下游產業年產200億人民幣。
泉州地區 — 台灣學者（泉州）創業園	電子資訊和通訊工程技術；光機電技術與數字化設備；功能陶瓷新材料	建設中

資料來源：根據相關訊息資料整理而成。

二、加快海西「兩岸經貿合作緊密區域」建設

　　目前的海西建設面臨重要發展機遇也面臨嚴峻的挑戰，其必由路徑是打造特色經濟，構建核心競爭力。就海西發展基礎來看，無論是產業創新能力還是地域協同能力都比較落後，遠未形成區域自組織自發展能力，更多的需要外源性投入和政策性投入。而就這兩方面而言，海西的獨特性在於對臺優勢，包括對臺地緣經濟優勢及對臺政策的先行先試——對臺優勢是海西建設的重要依託。

　　目前，臺灣已成為福建最大的貨物來源地和僅次於日本、美國的第三大貿易夥伴。截至2009年底，閩臺貿易總額達到669.56億美元，目前閩臺經貿依存度

已超過25%；福建對臺貿易層次逐漸提升，已實現由粗加工製成品向精加工製成品的轉變；截至2009年底，福建合約利用臺資210.33億美元，實際到資160.58億美元，占大陸實際利用臺資總額的1／5，居大陸各省（區、市）第三位。目前福建臺商投資已從初期的勞動密集型產業向技術、資金密集型產業發展，出現了行業整體性轉移、上中下游產業配套發展趨勢，以臺資為主參與投資發展的電子、石化、機械等行業，已成為福建的主導產業。目前，閩臺農業合作已有良好的基礎。據統計，截至2009年底，福建省累計批辦臺資農業項目2 177個，合約利用臺資27.9億美元，實際到資16億美元，農業利用臺資的數量和規模位居大陸第一。閩臺農業合作已從產業拓展到科教、經營管理、水土保持和漁工勞務合作，建成了一批臺灣農業創業園區和臺灣農產品集散中心，形成了寬領域、高層次的良好格局，走在全國前列。2004年，福建啟動福建居民赴金門、馬祖地區旅遊，加強了兩岸民眾的雙向旅遊交流。2008年，福建對臺旅遊取得重大突破，現已成為海峽兩岸旅遊交流合作的前沿平臺和重要區域，已成為臺胞的主要旅遊目的地。據福建省旅遊協會統計，截至2008年底，臺胞來閩旅遊人數突破1000萬人次，2009年福建全省共接待臺灣遊客123.4萬人次，占大陸接待臺胞總數的27%。至2009年底，閩臺「小三通」總客流量已達510萬人次，年平均增長率為80%以上。此外，閩臺兩地的金融合作、物流業合作也已獲得重大突破：閩臺金融合作——臺灣富邦銀行入股廈門商業銀行獲銀監會批准，成為首家投資大陸銀行業的臺灣銀行；臺灣人壽和廈門建發集團合資的君龍人壽保險有限公司正式開業，成為第一家總部設在福建的兩岸合資壽險公司；臺灣統一證券正式獲准在閩設立辦事處；閩臺合作的海峽西岸國際採購與區域物流配送中心也在規劃建設。

對臺經貿長足的發展基礎，加之中央政府賦予的對臺「先行先試」的政策傾斜，無疑是海西經濟區成長的重要動力。「海峽西岸」是與「海峽東岸」相對應的概念。建設海峽西岸經濟區，一方面是從全國區域經濟發展大趨勢著眼，積極參與區域經濟合作和競爭，構建福建及其周邊地區所處海峽西岸與珠三角、長三角區域的聯動發展格局；另一方面則是充分考慮了海峽東岸因素，包括利用福建「近臺快攻」優勢，打響「海峽牌」，大力提升本體經濟競爭力，以及促進海峽

西岸經濟區從依託大陸發展到立足「環海峽經濟區」，對臺灣形成輻射力、集聚力，為將來與海峽東岸共同構建「環海峽經濟區」創造條件。總之，海峽西岸經濟區建設旨在透過「承『珠』接『長』、連接中部」，尋求經濟區戰略崛起，站在全國區域經濟布局和經濟全球化的高度來推動福建的發展，使福建擁有一個更為廣闊的發展空間和腹地，進一步打造和提升海峽西岸的經濟活力。從這一角度分析，「海峽西岸經濟區」建設的關鍵在於進一步發揮對臺優勢，深化閩臺經濟合作，而推進海西「兩岸經貿合作緊密區域」建設，則是其中行之有效的關鍵環節。

《意見》把建設兩岸經貿合作緊密區域提高到發揮海西對臺優勢、構築對臺交流合作前沿平臺的高度，指出要提升臺商投資區和國家級經濟技術開發區的載體作用，形成以廈門灣、閩江口、湄洲灣等區域為主的產業對接集中區，發揮海峽兩岸農業合作實驗區、現代林業合作實驗區的窗口、示範和輻射作用，推動建立兩岸區域性金融服務中心、建立海峽兩岸旅遊合作機制、建設海峽西岸物流中心。實際上，諸如臺商投資區等既有實體區域或海西西岸物流中心等規劃中的概念性區域都屬於海西對臺經貿活動集中布局區域，是海西對臺經濟合作的載體，在對臺經貿交流中發揮著不同的功能，因而可稱之為「對臺經貿合作載體功能區」。顯然，這些「載體功能區」是海西對臺合作先行先試的主要依託。就地域分布來看，以廈泉漳所在的閩南地區、福州為核心的閩東北地區，以廈門灣、湄洲灣、閩江口地區最為密集。這些載體功能區是閩臺經濟交流高密度區域，其所承載的經濟活動涉及投資貿易諸領域，但其核心無疑是產業合作。這些「載體功能區」既是閩臺產業深度對接的載體，也是落實海西對臺先行先試的政策平臺，是打造海西特色經濟，培育海西核心競爭力的重要依託和海西建設兩岸經貿合作緊密區域的著力點。

三、海西「兩岸經貿合作緊密區域」建設的原則

推進海西「兩岸經貿合作緊密區域」建設，目的在於充分發揮海西對臺優勢，打造特色經濟，提升海西的區域競爭力，要實現上述目標，應堅持以下原則：

1. 以科學發展觀統籌海西對臺經貿合作

科學發展觀不僅關注經濟成長，更關注經濟發展，注重綠色GDP及GNP，關注民生福利和社會進步。以科學發展觀統籌海西對臺經貿合作，不僅注重其所帶來的經濟效益，更注重經濟效益後面的結構性調整。海西的發展應是高起點、高層次，即在承接海峽東岸產業轉移方面應是有選擇地接受，從長遠發展、可持續發展、培育海西核心競爭力等層面出發。在這方面，《意見》提出「按照同等優先、適當放寬的原則，以訊息、石化、機械、船舶、冶金等產業為重點，提升臺商投資區和國家級經濟技術開發區的載體作用，密切與臺灣相關行業協會、企業的聯繫，促進兩岸產業深度對接」，基本符合海西現階段工業化中期的產業發展。與此同時，海西還應著力促進在戰略性新興產業方面的對臺合作，如綠色能源、生計醫藥等產業。

2. 以協同發展理念協調海西區域發展

協同發展能夠達成區域資源利用的高效率，對於歷史基礎較為薄弱，資源稀缺性較大的海西而言更是至為關鍵。海西區域的協同發展內涵豐富，任重道遠，而當務之急則是推進福、廈、泉等中心城市經濟的協同發展，以盡快形成海峽西岸城市密集區聯動發展的格局，進而帶動海西區域全局的協同共進。在海西建設中貫徹協同發展理念，核心內容就是促進區域產業極其空間布局的協調性，在產業布局方面應考慮海西內部不同區塊的發展梯度，即在地域布局方面貫徹差別化競爭理念，避免產業雷同，應凸顯不同區塊的產業特色。

3. 以閩臺經濟深度對接構建區域核心競爭力

閩臺經濟全面、深度對接，是發揮海西對臺優勢、實現經濟起飛的基礎性依託。全面對接主要是拓寬閩臺產業合作範圍。目前，閩臺製造業對接已有相當基礎。近年來，福建製造業已逐漸形成機械、化工和電子訊息三大主導產業。這三大產業都是臺灣已發展至生命週期成熟期的產業，外移趨勢逐漸擴大。以此為契

機，臺商在福建投資的製造業合作層次不斷提升。未來在製造業深入對接，形成光電產業、軟體產業、石化產業基地的基礎上，應加強閩臺在醫藥、生物、新材料、新能源以及服務業（特別是生產性服務業，包括金融、物流）、農林漁業、創意產業等方面的合作。此外，合作領域要從陸域經濟向海洋經濟拓展，不斷培育新的產業合作增長點。

深度對接，主要是指提升閩臺產業合作的層次和優化合作模式，深化產業技術合作和臺資產業本土化配套。目前，臺資企業赴閩投資以獨資經營為主，配套產業的本土化發育不夠完善，這種模式不利於對臺產業技術吸收引進，不利於海西區域核心競爭力的形成。因此，未來海西對臺產業合作應創新模式，以政策傾斜引導臺資與本地企業建立協作網路，鼓勵互相參股，構建合作研發的激勵機制，推動臺資企業與本土企業集群網路的形成。

4.以對臺特色經濟打造海西品牌

特色經濟，是立足於福建稟賦資源和閩臺五緣優勢的經濟，如閩臺農林漁業合作，海洋經濟合作，基於地緣優勢和作為臺灣與大陸「中介地」角色的港口物流經濟，以及基於文化親緣關係的文化經濟（如閩臺文化創意產業，包括動漫、旅遊、醫療保健產業等）。特色經濟基於特色資源，以特色經濟開發打造海西品牌，可以充分發揮海西對臺優勢，是海西區域產業競爭力的重要源泉。

四、海西「兩岸經貿合作緊密區域」建設的對策取向

目前兩岸關係大局利好，全國區域競爭更形激烈，時不我待，海西建設必須快速、全面啟動，否則會喪失良好發展機遇。海西建設要充分利用對臺優勢，既要充分依靠既有的對臺經貿合作載體功能區發揮作用，不斷實現其功能完善和提升；又要加快推進對臺經貿新載體功能區的開拓建設。而在此進程中，必須充分貫徹協同發展理念，實踐特色發展、結構有序的發展，依賴多層次、多功能增長極帶動的共同發展。在具體對策取向上應著重以下幾方面：

1.充分發揮閩南地區的優勢和作用

廈泉漳所在的閩南地區，無論從歷史基礎和現實發展來看，都具有福建其它地區無可比擬的優勢。發揮閩南地區優勢主要在以下幾方面著力，即開放優勢（特區和僑鄉優勢）、經濟優勢（廈門的外向型經濟優勢、泉州的民營經濟優勢和漳州的現代農業優勢）、港口優勢以及人居環境優勢（廈門、泉州分別獲得「中國人居環境獎」、「國際花園城市」）。

除發揮上述四大優勢之外，更為重要的是要立足閩南地區在對臺經貿合作方面的優勢（廈門擁有全國較早成立的三大臺商投資區，業已形成了海滄精細化工、翔安光電產業園區等對臺產業對接的工業園區，是福建臺商投資最密集地區；漳州擁有最具特色的對臺農業合作實驗區，在對臺石化產業合作方面也頗有作為；泉州對臺產業合作也正在實現有傳統產業向科技、技術、服務、現代農業的轉變），以政策創新啟動其它社會經濟因素的聯動發展，建構多層次、多特色的對臺經貿緊密合作平臺，使之盡快形成發展合力，進而帶動海西其它地區的發展。

2.繼續完善、提升既有政策型「載體功能區」的功能

海西具有經濟特區、臺商投資區、兩岸農業合作實驗區、兩岸林業合作實驗區等政策型載體功能區。應加大力度充分發揮這些載體功能區在對臺經貿交流合作中的重要作用，最為關鍵的是建議中央給予優惠政策，增強這些載體功能區在海西建設中的政策創新功能，如在土地政策、財政稅收政策、物流政策等方面嘗試新的突破，使之成為海西對臺政策先行先試的試驗田和增長極。

3.設立新政策型「載體功能區」

除充分完善、發揮上述既有載體功能區作用外，還要積極謀求建設新的政策型對臺經貿合作載體功能區，實踐對臺合作的政策和機制創新。目前來看，主要是推動建設一系列的樞紐性載體功能平臺，以提升海西對臺合作的深度與廣度，如海峽兩岸區域性金融服務中心——主要是借重廈門在兩岸金融合作中的發展基礎，最大限度放寬政策限制，使廈門成為臺灣金融業轉移的集中目標地；海峽兩岸臺商營運中心——透過優惠政策，積極鼓勵現有臺商和新赴閩及其鄰界的海西

周邊地區投資的臺商將其營運總部、研發基地設在條件優越的廈門,以形成集聚效應,帶動其它區塊的快速發展;海峽兩岸物流集散中心——充分利用廈門灣和湄洲灣的港口集群優勢、積極將閩南地區打造成兩岸貨物往來的重要平臺;等等。

4.在推進平潭綜合實驗區建設的同時,推動閩南地區的對臺綜合實驗區建設

目前,為落實國務院《意見》,福建省已啟動福州(平潭)綜合實驗區建設。福州(平潭)綜合試驗區功能定位為海峽兩岸交流合作先行先試綜合試驗區、海峽西岸經濟區科學發展先行先試綜合試驗區、省會中心城市的重要組成部分。平潭實行「政區合一」運作機制,將設立海關特殊監管區域,在促進兩岸投資貿易便利化、臺灣服務業市場准入等方面實施更加優惠的政策;創辦兩岸產業合作園區、特色文化產業區和兩岸教育合作園區,創新投融資體制,形成多元開發格局。

實際上,平潭最為獨特之處在於其謀求兩岸「共同規劃、共同投資、共同建設、共同管理、共同受益」的合作機制創新,其對於兩岸跨域共同治理的探索意義重大。但由於現實基礎薄弱,平潭建設不易在短期內見效。海西較之周邊區域已是滯後發展的形勢,如不能在短時間內集中優勢資源盡快形成增長極,以帶動海西整體區域發展,則將錯失發展良機。因此,筆者認為,在開發平潭綜合實驗區的同時,不妨同時推進基礎雄厚的閩南地區的對臺綜合實驗區建設,可以借鑑學者們已提出的諸如閩客兩岸融合綜合實驗區、閩南兩岸融合綜合實驗區、廈金特別安排區、廈金特區等概念,其功能除了經濟整合之外,更可擴展到兩岸社會融合的深層次,藉以落實建設海西成為兩岸人民交流先行先試區域的綜合發展目標。甚至可以大膽突破,謀求設立閩南金三角地區為全國綜合配套改革實驗區,爭取中央政府的支持,在管理機制上突破現有行政壁壘,實行政區合一的管理機制。如是,廈泉漳城市聯盟發展就會落到實處,整個閩南地區會很快形成發展合力,進而以其強力帶動推進海西建設。

5.充分發揮「小三通」優勢,深化海峽兩岸旅遊合作,促進海峽旅遊區的形成與發展

「小三通」是福建對臺獨特優勢，海峽旅遊區是海西基於閩臺淵源關係的一種特別意義上的對臺經貿合作密集載體功能區。旅遊經濟是透過人員的流動實現的，因此是經濟交流也是社會融合的重要紐帶。海西建設中應充分發揮「小三通」的優勢，積極開發「小三通」沿線旅遊產品，透過政策創新（如啟動閩臺自由行、便捷閩臺居民旅遊出入境管理等）深化兩岸旅遊合作，促進海峽旅遊區的形成和發展。

6.推進海西中心城市協同發展

首先應根據歷史發展基礎、資源稟賦優勢及區域發展需要科學定位福、廈、泉三大中心城市職能，其次是合理規劃三大中心城市的產業發展方向，在此基礎上，以政策槓桿引導目標產業向目標區域集群。如閩臺汽車產業的對接應因勢利導，使之在福州地區（青口工業區）實現集群；文創、物流、金融等生產性服務業應鼓勵向廈門地區集中，以促進廈門總部經濟的發育形成等。如此，一方面有利於提升產業的規模效應與集群創新效應，一方面有利於培育特色經濟，實現各異優勢、協同發展的局面。於此，科學定位、合理規劃和運用政策工具凸顯重要性。

五、結論

「大三通」時代，海西迎來了良好的發展機遇，同時也面臨區域競爭的嚴峻挑戰。如何在短暫的機遇期內，構建發展動力機制，走上發展的快車道，需要發揮海西對臺稟賦優勢，高效率發揮先行先試的政策效應，迅速培育起帶動力強、發展後勁足的增長極。於此，「兩岸經貿合作緊密區域」建設凸顯其重要性，這些緊密區域既是兩岸產業對接的平臺，也是不同規模和層級的地域空間增長極，對於海西特色經濟的形成和核心競爭力的構建，具有重要意義。

在「兩岸經貿合作緊密區域」建設中應處理好集中投入與共同發展、基礎性投入與增長極培育、優先發展與協同發展等關係，進一步優化完善既有「對臺經

貿合作載體功能區」的功能；同時要建立創新型「對臺經貿合作載體功能區」，以配合落實海西對臺交流合作先行先試政策的需要；要充分發揮既有基礎良好的閩南地區的優勢。如此，才能在較短時間內快速累計發展能量，形成發展動力，迅速、全面啟動海西建設，形成各功能區錯落有致、協同發展、互動發展的良好局面，達成海西區域發展的高效率、高品質。

海峽西岸經濟區政府、科學研究院所和企業區域三螺旋合作

王勇

隨著知識經濟的發展，區域正由地理、政治和文化實體轉變為由企業、大學和政府部門網路組成的三螺旋創新空間，即區域空間由一系列政治組織、企業、大學和科學研究院所組成，它們一起合作改善區域創新條件，透過相互作用形成區域三螺旋。海峽西岸經濟區作為實現兩岸要素資源優化整合的先行先試區域，透過開展政府、科學研究院所和企業之間的區域三螺旋合作，逐步孕育形成區域特色產業集群，進而催化形成獨特的競爭性區域特質。

一、大學—企業—政府區域三螺旋空間運行過程

（一）三螺旋創新模式的內涵

三螺旋初始概念來源於古代的美索布達米亞平原，當時人們發明了一種三螺旋狀的提水螺旋，用來把水從低處提到高處，成為灌溉巴比倫公共農場和「空中花園」的農業水力系統創新的基礎。美國紐約州立大學亨利‧埃茨科威茲教授將三螺旋物理創新加以社會化引申提煉，提出三螺旋創新模式，即大學、產業、政府三方在創新過程中密切合作、相互作用，在保持自身的獨立身分和原有作用的同時都表現出另外兩方的某些能力。在三方相互聯繫和作用中，代表這三方的機構範圍的每個螺線都獲得更大的能力進一步相互作用和合作，支持在其他螺線裡

產生的創新,由此形成持續創新流而共同發展。與此同時,在以知識為基礎的社會中,大學、產業和政府三者之間的相互作用是改善區域創新條件的關鍵。產業、政府、大學都是三螺旋的重要成員,其中,產業作為進行生產的場所;政府作為合約關係的來源,並確保穩定的相互作用和交換;大學則作為新知識新技術的來源,是知識經濟的生產力要素。當這三個機構範圍都起其他機構範圍的作用同時而保留自身獨特身分時,每個機構的功能就得以放大。具體而言,大學將知識資本化作為學術目標,透過鼓勵起源於大學學術研究的新公司的形成,造成了產業的作用;公司為了提高技術層次而對員工開展培訓,並透過合作經營來分享知識,具有大學的某些特徵;政府充當公共風險投資者的同時仍繼續進行常規的工作。

（二）大學—產業—政府三螺旋

伴隨著知識成為新產品開發和形成未來產品開發基礎結構的更重要因素的同時,大學、產業和政府之間的合作不斷增加。創業行動不僅是產業領域形成公司的個體活動,不僅有個體的創業行動,還有組織的創業行動。創業者不僅是公司,也包括大學和政府組織。由大學、產業和政府相互作用形成的三螺旋已成為孵化器、科技園和風險投資公司等創設的平臺。而且,大學和其他知識生產機構性能的不斷加強成為基於智力資本以某種形式更新舊經濟或創造新經濟活動戰略的組成部分,其範圍從政府、大學與產業實驗室的研發活動擴展到現有產業的緘默知識的產生。而當知識的新交叉充滿現有產業和新舊知識的各種結合成為公司形成的基礎時,大學和其他知識生產機構將取代產業成為核心螺旋線。之後,政府與產業介入支持大學的發展,共同建立加速新知識生產的大學研究中心,由此,大學將從產業、政府獲得更多的資源以進一步增強其傳統的科學研究能力。

（三）區域三螺旋空間

由一系列政治組織、產業實體和大學機構共同合作改善區域創新條件,彼此相互作用而形成區域三螺旋。區域三螺旋相互作用主要發生於一系列知識空間、趨同空間和創新空間中,這三個空間彼此重疊和交叉（表1）。

表1　以知識為基礎的區域經濟發展三螺旋空間及其特點

三螺旋空間	特點
知識空間	聚焦於形成「區域創新環境」。在這個環境中，不同參與方通力合作，通過集中R&D活動和與R&D相關的活動，達到臨界質量，改善地方創新條件。
趨同空間	統一的區域發展思想與戰略在大學、政府和企業之間的「三螺旋」多重相互作用中產生
創新空間	努力實現在趨同空間所設定的目標。建立和（或）吸引各種公共與私人風險資本，資本、技術知識和商業知識的結合進行組織創新是在這一空間要實現的核心任務。

資料來源：Etzkowitz.Henry.2000.

　　其中，創新活動的初始階段通常由相關研發活動組成的知識空間而創造。知識空間以「臨界質量」的形式為區域發展提供建築材料。在地方區域裡，這種「臨界質量」的可達性是以知識為基礎的區域經濟發展的必要條件；趨同空間是把區域內具有不同組織背景與觀念的各種創新活動組織到一起的中立場所，體現為相關參與者在一起工作的過程，包括頭腦風暴、問題分析和計劃形成等活動。根據對本區域知識來源的分析，人們瞭解它們所具有的創新潛力。來自大學、產業和政府等方面的人們被組織在一起，進行調研與討論等活動，最終各方達成一致意見，形成促進經濟與社會發展的新思路與新戰略。透過創造趨同空間，將具有不同機構範圍背景的人們集中在一起，參與討論並產生創新項目、行動計劃或發展戰略，可以使知識空間由潛在轉變為現實的經濟與社會發展源泉。此外，讓這些有著不同背景的活動者共同參與戰略評論和計劃形成過程，可以使利用各種所需的資源實施計劃成為可能；創新空間作為填補資助創新活動的缺口，創造努力實現趨同空間所確定的戰略目標的新組織機制。在這三個空間相互作用形成區域三螺旋空間中，區域特色產業集群得以孕育形成（圖1）。

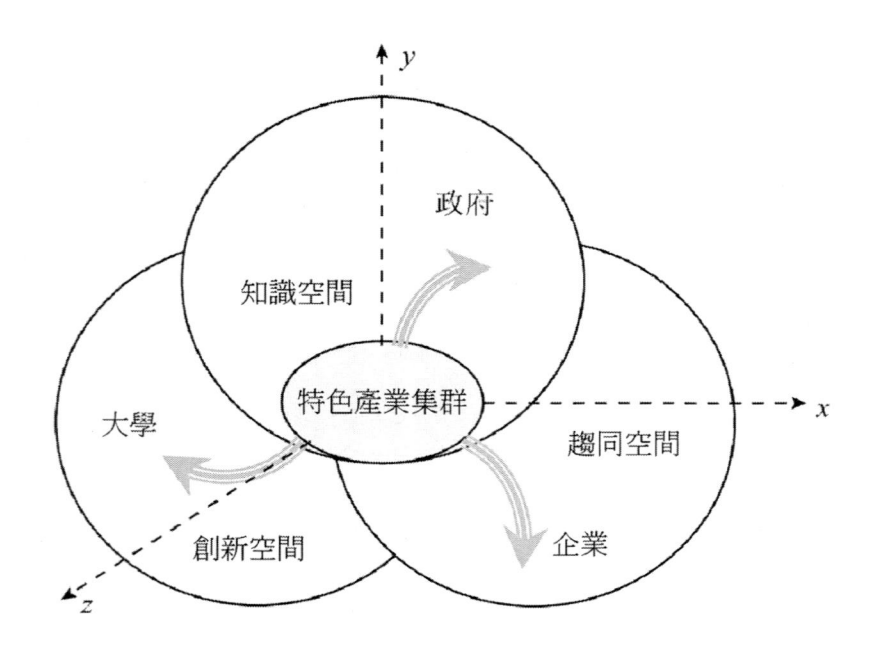

圖1 大學――企業――政府區域三螺旋空間運行及特色產業集群孕育模式　資料來源：作者自製

（四）孵化器推動區域三螺旋空間的創新孵化

孵化器源自從技術發明到創新過程系統化的公私興趣匯合，如尋求發展其創新想法的發明者和與其核心競爭力不直接相關的高新技術企業以及推動區域發展的大學等，在原有產業基礎上，透過大學孵化器的發展更系統地組織源自大學研究的高技術新企業的開發。現代大學企業孵化器將大學與區域發展戰略相結合，成為培育高技術新企業發展的支撐結構，以及作為致力於科學發明應用和大學研究商業化的金融支持的一系列複雜組織創新組成部分。主要有工業研究實驗室、技術轉移機構和風險投資企業。當前，各地區科學技術發展已日益嵌入到大學—企業—政府三螺旋相互作用關係之中，大學、政府和企業三個範圍的機構都在偏離其傳統作用而起混合作用，產生了諸如企業家型學者、學者型企業家以及政府企業式發展戰略等混合現象。而孵化器成為推動大學—企業—政府三者關係內在化的組織，推動這三方相互作用並為這些混合作用提供發展空間。在孵化器內的企業之間，孵化器與其他機構範圍之間的網路都擁有提高技術創新、組織創新和發明活動速率的潛力。

孵化器已進化為多功能和創業教育實體，具有研究和教學的雙重身分，是橫跨大學、企業和政府網路的組成部分。大學孵化器透過前向線性模式，即企業基於對大學研究的商業潛力的認識，和後向線性模式，即企業立足於大學對產業領域的研究興趣，以及該地區擁有公共支撐服務和更容易鄰近大學裡的設備、教職員工和學生等來創建高新技術企業。由此，創業型大學裡的孵化器透過孵化新的研究中心和企業增強了大學自身的科學研究實力。孵化器裡的企業和依託的大學裡的科學研究人員以及公共研究實驗室開展合作，導致新的研究項目和新的合作研究中心透過這些合作得以有效組織起來。

二、政府營造孕育特色產業集群的區域三螺旋支撐環境

當前，經濟全球化和區域經濟一體化迅速發展，以各種形式參與各個層次的區域合作，已經成為世界經濟發展的必然趨勢。1980年代以來，順應世界經濟區域化、集團化的發展趨勢及中國改革開放政策的實施，兩岸經貿關係發展迅猛，兩岸經濟的互補性和依存度不斷提高，海峽兩岸的經濟整合已成為大勢所趨。與此同時，海峽西岸經濟區在發揮對臺「五緣」優勢的基礎上已成為實現兩岸要素資源優化整合的先行先試區域（圖2）。由此，基於區域比較優勢而在海峽西岸經濟區開展政府、科學研究院所和企業區域三螺旋合作，有助於實現海峽西岸和海峽東岸資源的優化配置，培育區域競爭性企業，推動海峽西岸經濟區特色產業集群的孕育、形成、發展和成熟，進而提升海峽西岸經濟區區域競爭特質。

（一）「創新政府」為三螺旋企業的初期發展提供風險資本扶持

中小企業是海峽西岸經濟區技術創新的主體。由於當地中小企業普遍存在缺乏雄厚資金和技術基礎支持的制肘，從而企業R＆D投入相對不足。為此，地方政府可透過為其提供貸款保證、各種政府基金中介等，幫助解決當地中小企業開展技術創新的資金瓶頸，同時帶動海峽西岸經濟區風險投資市場的發展，促進企

業融資的多元化。為推動海峽西岸經濟區風險投資市場的發展,一方面,各級政府部門要為風險投資的發展提供寬鬆的宏觀環境。

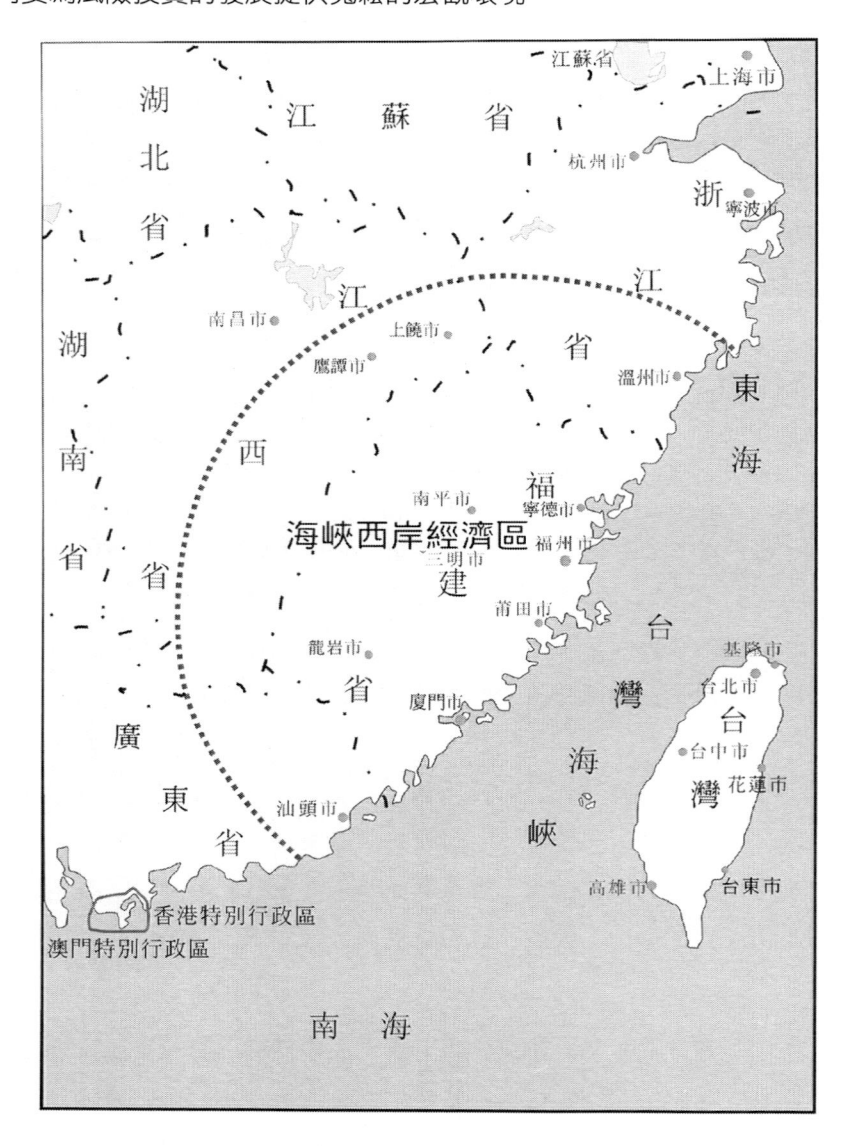

圖2 海峽西岸經濟區地理位置概況資料來源:作者以相關地圖為底圖自製

其中,在法律環境上,海峽西岸經濟區各級政府要盡快頒布有關的政策法規,將風險投資事業納入法律保障之下。同時不斷規範風險投資的投資行為,切

實保護創新者、創業及風險投資者的合法權益。在政策環境上，要制定有利於風險投資發展的財稅、金融、土地、人才、戶籍、企業登記等優惠政策。同時在產業政策上要完全放開投資限制，要「放大促小」，特別是要成立中小企業創業促進中心，賦予其應有的責、權、利，促進真正有創新能力的中小型高新企業超常規發展；另一方面，要創造能容納多元投資主體的通暢的資本進入渠道，加大政府對風險投資的投入力度。海峽西岸經濟區各級政府應盡快成立政策性風險投資種子基金，每年將一部分財政經費投入到種子基金。種子基金重點要建立起創新企業的孵化器功能，為創業企業提供資本支持與管理諮詢，側重進行風險投資的前期投入。海峽西岸經濟區各級地方政府根據地區發展高新技術的重點領域，確定相應的R＆D項目以納入地區預算中重點資助。對於預期有較大潛在市場價值的研究成果提供創辦資金，幫助其進行技術開發和推向市場。對可產生重大技術突破而風險大的R＆D項目，由各地區政府出面承擔風險，予以階段性資助。並且，向科學研究人員提供資助，鼓勵其從事與企業發展相關的R＆D工作。同時，改組純國有性質的各種投資公司，剝離不良資產，盤活存量，吸收民間資本參與，在此基礎上組建新的投資公司進而改組為風險投資基金；

　　第三方面，要打造足夠承載風險投資發展的堅實企業基礎，為臺灣風險投資進入創造條件。立足於發揮海峽西岸經濟區以福建省為主體中小企業多的優勢，加快建立產權明晰的現代企業制度，對現存的高科技企業實行以現代企業制度為目標模式的產權改造。透過創業企業和風險投資公司基於未來的合作共謀發展，用市場機制和市場原則來篩選高科技企業，最大限度地優化資本市場的資源配置，為臺灣風險投資進入創造條件；第四方面，應優化臺商風險投資的稅收政策，增加對風險投資者的優惠，對現行高新技術產業的優惠進行整合，加大建立統一的鼓勵風險投資發展的稅收政策。同時，要促進產業集聚，增強中心城市的經濟實力和輻射帶動力，綜合利用海峽西岸港口優勢和對臺合作交流優勢，吸引臺灣的風險投資，加快風險投資業的發展。

（二）政府明晰知識產權分配和建立合法技術轉移體系推動產學雙螺旋合作

　　海峽西岸經濟區以福建省為主體首先要透過立法為區域產學研合作提供法律

保障，從而有力的推動當地特色產業的快速集聚和迅猛發展。其次，透過和企業建立起高效的官產學合作體制，共同分擔R ＆ D投入資金，推動大學及研究機構與企業開展互惠的合作，加速科技成果的產業化。同時，海峽西岸經濟區各級地方政府要對本地區主要研究院所進行重組和整合，以發揮學科間的關聯效應和集聚效應，從而進一步提高區域研發競爭力，為海峽西岸經濟區特色產業集群的孕育或升級提供強有力的技術支持。此外，各地區政府還應透過提供一系列技術合作項目和區域開發項目招標和R ＆ D資金支持來催生地區產學研合作，由此，推動海峽西岸經濟區高新技術產業的發展及相關集群的孕育形成。與此同時，政府有關部門應積極支持企業進行技術創新，在相關技術標準制定方面，為企業提供扶持和幫助，並根據市場需要，鼓勵產業鏈條上的各個環節加大R ＆ D力度，進一步加快有關標準和規範的制定，為兩岸業界標準合作和技術創新提供良好的發展環境。當前，以福建省為主體的海峽西岸經濟區應與臺灣共同研究制定高精確度和高穩定性的計量標準，重點研究領域的技術標準，完善認證許可體系和技術性貿易措施體系，實現海峽兩岸規格的相通和共同的技術標準，從而實現海峽西岸經濟區科技成果的高效轉化。與此同時，海峽兩岸還應共同建立有效的知識產權保護制度以加強兩岸的科技產業合作。

（三）政府透過自上而下計劃體系調控孕育特色產業集群的三螺旋環境

海峽西岸經濟區各級地方政府首先要透過制定詳細的集群規劃來增強本地企業、大學和科學研究機構之間的聯繫，然後，根據當地優勢，透過為產業培育孵化器或發展平臺，為企業提供研發資金支持、完善基礎設施、建立諮詢和研究服務機構等，推動集群的快速發展。其次，海峽西岸經濟區各級地方政府應透過國家基金組織為企業提供投資、建立企業協會、優先支持產學研合作項目等措施，極大地推動集群內各要素的合作。其中，各種企業協會將增強集群內部各要素間的合作，使教育與企業需求相結合，促進研究成果的快速轉移，將為企業提供量身定做的服務。再者，地方政府和公共部門要保證政府政策訊息順利到達需要瞭解這些訊息的企業中，促進建立集群內企業的供應聯繫，幫助建立集群內部企業的學習鏈，加快知識在集群內擴散，促進整個集群的升級，做好集群內各種訊息收集和評價工作，儘量少干預企業事務，做好集群的外部宣傳工作，吸引外部投

資。此外，海峽西岸經濟區各級地方政府還應透過完善公共設施來為企業提供良好的進入環境，推動企業的迅速發展。與此同時，透過統一部署、規劃新興產業發展，以及進一步搭建產學研合作平臺和創設專業技術集群發展空間來系統地推進海峽西岸經濟區特色產業集群的孕育成型。

三、三螺旋競爭性企業主導特色產業集群的形成和發展

（一）三螺旋競爭性企業引領海峽西岸經濟區原創技術R＆D

三螺旋競爭性企業是地區工業技術尤其是高新技術的主要提供者，具備原創技術研發和工程化、商業化所高度依賴的堅實技術基礎，可為創造性科學研究提供巨額的R＆D資金投入，同時可以承擔相應的高研發風險。而且，由於R＆D的內部化，大型跨國企業既具備了強大的R＆D能力，擁有大量專職R＆D科學家與工程師，又使原創技術能在企業內部得以快速廣泛地傳播與應用，從而極大地增強了企業的競爭優勢。與此同時，三螺旋競爭性企業對於透過相互專業能力的結合來開發和創造新的交叉知識，以更新自身核心能力和創造新的核心能力的需求能推動大量相關企業在空間上集聚而結成「知識聯盟」。此外，競爭性企業是產業集群R＆D投入的主體，其R＆D資金實力雄厚，R＆D人員規模大。其R＆D機構遍布全球，可高效整合利用全球R＆D資源，保持其R＆D成果的國際領先。閩臺高科技企業透過股權參與和契約聯合結成資源共享、優勢互補、風險共擔的企業戰略合作聯盟。企業戰略聯盟透過共同R＆D、技術交換、供應合約、平衡投資、單項技術轉讓等使閩臺企業可以相互學習交流先進技術，提高企業的R＆D能力，增強企業的核心竟爭力，將有效地降低閩臺企業國際化經營風險，使閩臺中小企業能擺脫企業生產規模的限制，有效解決資金、技術、人才方面的制約因素，有助於閩臺企業拓展國內外市場渠道。

（二）三螺旋競爭性企業推動海峽西岸經濟區產學研合作的深入開展

三螺旋競爭性企業為了保持其在前沿技術領域的優勢地位，充分挖掘本地區

的研發資源為其提供技術支持,同時為了提高新技術研究成果產業轉化效率,提升產品競爭力,三螺旋競爭性企業進一步細化產業分工,吸引各生產環節的中小企業為其提供配套服務。位於福州馬尾經濟技術開發區的冠捷電子(福建)有限公司是目前中國第一大、全球第二大顯示器生產企業,與之配套的中華映管歷經兩次增資發展,目前已成為全球最大的顯示管生產企業,為所在地的馬尾開發區引來10多家外商投資的配套協作企業及數十家相關的臺灣電子廠商落戶,形成了比較完善的上下游產業鏈。與此同時,冠捷電子作為福清融僑電子基地的龍頭,不僅帶動了本基地配套產業發展,而且也帶動了全省計算機整機產業和一大批電子元器件產業的發展,其輻射效應吸引和帶動了更多的關聯廠商來閩投資。臺資企業不僅吸引臺灣的配套企業在福建聚集,而且透過自身的增資擴產和吸引一些外國企業,在福建形成產業鏈。其中,華映光電帶動了韓國LG蔭罩、日本JVC偏轉線圈、日本NEG玻殼等配套項目落戶馬尾開發區,形成以華映光電為龍頭的電子產業鏈,項目全部投產後,年產值將突破100億元,馬尾電子訊息基地也將由此成為全球最大的顯示管生產基地之一;以臺資企業為龍頭的東南汽車公司成為福建省機械行業產業集聚度最高、產業鏈最長的行業。東南汽車公司吸引了35家臺灣中華汽車公司的配套零部件中小企業跨海來到東南汽車周邊安家落戶,建設形成占地2900多畝、總投資達2.7億美元的東南汽車城。東南汽車公司與其配套廠家關係緊密,其零部件的供應除了發動機之外,80%都來自東南汽車城內的配套零部件中小企業,二者組成了汽車城內一個完整的產業供應鏈,形成了企業間垂直系列化或產業供應鏈關係。如今,以東南汽車為龍頭引導的下游產業蓬勃發展,在福建省形成了52家配套廠的產業聚集效應,累計實現投資超過30億元。該公司由東南汽車和110餘家多層次的零部件配套企業組成,其中,規模以上汽車零部件生產企業有47家,已形成年產包括轎車和輕型客車在內的汽車12萬輛以及主要零部件的生產能力。由此,以海峽西岸經濟區三螺旋競爭性企業技術創新和生產為主導勢必催生出區域緊密聯繫的產學研合作體系。閩臺高科技企業、科學研究機構和高校根據各自的優勢,建立產學研聯合科技創新體制,有效解決科技鏈與產業鏈脫節的狀況,促進科學研究成果迅速市場化。同時,擴大訊息傳遞密度與速度,降低單個企業的技術R＆D風險,促進原始性創

新、合作創新與集成創新，實現閩臺科技資源的優化配置，增強企業竟爭力。

（三）三螺旋競爭性企業帶動海峽西岸經濟區特色產業集群的發展

三螺旋競爭性企業具有產業技術水平高、管理水平先進、高素質人力資源豐富等優勢，因此，其他企業為吸收競爭性企業的技術溢出和管理經驗，或吸引其人才，一般將區位選擇在其周圍。此外，三螺旋競爭性企業產業鏈長，為其提供產品R＆D、零部件生產、營銷服務的上下游企業多，各企業也集聚在競爭性企業的研發中心周圍，形成產業集聚區。近年來，以臺資企業為骨幹的電子、機械、石化三大產業已成為福建的三大主導產業，聚集效應不斷顯現，產業鏈不斷延伸。電子行業以冠捷電子、廈華電子為龍頭，形成華映光電、韓國LG、日本NEC、JVD等一大批配套企業；機械行業以東南汽車、金龍汽車為龍頭，帶動臺灣近百家配套廠商落戶福建；石化能源行業的龍頭企業廈門翔鷺集團、華陽電業等多年躋身中國境外投資企業五百強行列。2007年以來，以臺塑、臺玻、友達光電、東元電機等為主體的臺灣石化、鋼鐵、機械等重化工產業和訊息、生物製藥、環保等新興產業及生產服務業、金融服務業的臺灣知名企業紛紛來閩投資，加速推動了閩臺的產業對接。目前，福州和廈門的海滄、杏林、集美四個臺商投資區業已成為兩岸產業對接的集中示範區和大陸臺資企業最為密集的區域。臺商平均投資規模已增至250萬美元以上，臺灣島內百大企業中已有35家落戶福建，如臺塑、大同、裕隆、統一、臺泥、六合、太平洋電線電纜等集團企業陸續到福建投資，華陽電業、冠捷電子、華映光電、東南汽車、金龍客車、燦坤電器、翔鷺化纖、正新橡膠、清祿鞋業、三豐鞋業等臺資企業已成為海峽西岸經濟區相關產業的龍頭企業。近年來，閩臺產業分工與合作正從垂直分工向水平分工拓展，形成東南汽車、華映光電、翔鷺化纖、華陽電業等產業關聯度強的大型臺資產業集群。基於此，福建已初步形成以華映、冠捷、友達光電等為主體的電子訊息產業集群，以東南汽車為典型的機械產業集群，以翔鷺石化、正新橡膠等為代表的石油化工產業集群。

四、創業型大學以推進區域三螺旋提升特色產業集群競爭力

（一）創業型大學吸引科學園集聚或搭建科學園推動海峽西岸經濟區官產學合作

創業型大學是大學—產業—政府之間形成的區域三螺旋發展的驅動力，它由四大支撐要素構成：學術帶頭人能形成和實施自己的戰略構想；具有透過授予專利、頒發許可和孵化等方式進行技術轉移的組織能力；在管理人員、廣大師生中普遍存在創業精神；能對包括大學建築物等物質財產和來源於研究的知識產權等大學資源進行合法控制。創業型大學典型特徵主要體現在：①知識資本化。②與產業和政府的相互依存性。③相對獨立性。④混合形成性。它只有形成研究中心、孵化器、科技園等混成組織形式才能實現與產業、政府相互依存而又保持自身獨立的地位。⑤自我反應性。創業型大學內部始終保持處於不斷的調整、變化和發展之中，以應對與產業和政府之間的關係變化。

目前，海峽西岸經濟區的大學不論公立或私立大學，都具有某些產業功能，與政府、產業互動形成典型的「官產學」三螺旋（The Triple Helix）互動。與此同時，大學又始終保持自己的獨特身分和特徵，可以是創新的組織者、主體和參與者，即創業型大學。創業型大學是官產學三螺旋模式的推進器，它透過為企業做諮詢和直接創建新企業等形式服務於產業，透過承接政府重大研究項目來為政府服務。創業型大學不僅可以在三螺旋空間中的知識空間形成中起作用，而且還會促成趨同空間和創新空間的形成，成為創新行為的組織者和主體。當前，海峽西岸經濟區的廈門大學、福州大學等高校已形成了較完善的產學研合作體系，其中，廈門大學產業孵化器、廈門軟體園、翔安火炬高新技術開發區等都分布於廈門大學或其分校區周邊。這些企業孵化器或科學園為園區的企業提供人才、培訓、研究和諮詢等服務。園區企業則賦予大學的教學和研究以極大的資金支持。與此同時，廈門大學還積極參與國際合作項目，使其研究成果始終保持較前沿的國際水平。

（二）創業型大學研究人員為海峽西岸經濟區企業提供R & D諮詢服務

當前，海峽西岸經濟區的創業型大學及其研究機構的研究人員，透過與當地企業簽訂科學研究諮詢訊息服務合約或直接轉聘到企業，為企業提供技術訊息服

務。這一方面為企業解決了關鍵技術瓶頸問題，另一方面也有助於引導該地區的創業型大學及研究機構從事企業所要求開發的技術攻關難題。而且，對於地區政府不提供融資支持的研究項目，主要由企業來給予創業型大學及研究機構以資金支持，這樣，企業就擁有了對這些研究成果及前期關聯成果的知情權。例如，臺資福建士興鋼鐵公司技術R ＆ D長期依賴臺灣母公司，無力進行新產品開發。透過與福州大學土木建築設計院進行合作，聯合開發出新型鋼架結構技術，有效解決了企業的技術難題，開發出了具有良好市場前景的產品，使企業獲得了巨大的收益。目前，海峽西岸經濟區的創業型大學和研究機構為企業提供的研究諮詢服務多為應用型研究，並且這種研究主要服務於企業的開發要求。與此同時，研究人員透過與企業開展研發諮詢項目合作，能產生更有價值的研究成果。此外，海峽西岸經濟區的創業型大學及研究機構下設的研究諮詢服務中心（R ＆ D）主要從事企業所要求的戰略性技術專利（Strategic know-how）研究，這些研究項目主要基於該技術開發的未來市場需求，產業發展路徑和關鍵性「背景訊息」。而企業在和研究諮詢服務中心開展研究合約洽談前，首先有對新技術開發的遠見，同時，充分考慮技術開發成本和風險的分擔對研究諮詢服務合作進展的影響。其次，預先設計好產品開發規劃藍圖。最後，對開發出技術所擁有的競爭性邊際效應充分定量分析。隨著研究諮詢服務的開展，企業對技術開發前景的判斷及對開發成本和風險的分析會主導研究機構的技術開發取向，但研究機構對技術開發市場需求的科學實證很大程度上會修正企業對技術開發的最初設想，從而進一步影響到其產品規劃藍圖。而企業對開發出技術所擁有的競爭性邊際效應的定量分析會驅動研究機構儘可能的發掘其擁有的關鍵性「背景訊息」，從而提高技術開發的實效（圖3）。創業型大學及研究機構的研究人員在向企業提供R ＆ D諮詢服務的同時很大程度上推動了創新成果的快速商業化，同時還使生產服務型企業發展成為海峽西岸經濟區區域創新生產體系中的不可或缺的重要環節和合作方。

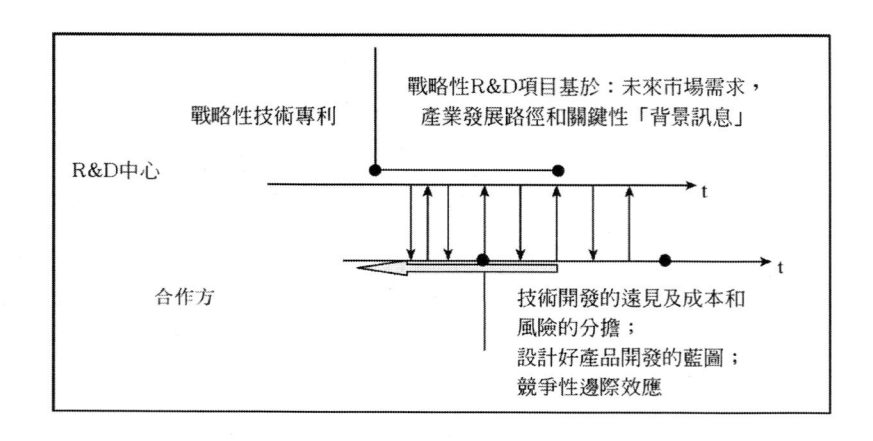

圖3　海峽西岸經濟區研發諮詢機構與企業之間的互動資料來源：作者自製

（三）創業型大學技術轉移推動海峽西岸經濟區三螺旋高科技創新型企業的形成

　　近年來，海峽西岸經濟區透過創業型大學及研究機構的技術轉移，逐步培育形成眾多三螺旋高新技術創新企業，主要體現為研究人員在直接創辦企業孵化器的同時，促進科技衍生型企業的形成，其成長過程與海峽西岸經濟區產學研合作的一般階段模式相適應（圖4）。總的來看，其技術轉移有兩類主要途徑：①非商業性質的技術轉移，主要包括透過人才培養實現的技術轉移，透過論文發表實現的技術轉移，以及透過非正式的社會網路實現的技術轉移；②商業性質的技術轉移，包括技術許可和衍生企業兩種方式。技術許可是將科學研究成果直接轉讓給現有企業進行商業化開發；衍生企業方式則是基於科學研究院所科技成果，透過創辦新企業直接對成果進行商業開發。研究人員創辦的企業孵化器是新生中小企業聚集的共享服務系統空間。它透過提供R＆D、生產、經營場地、通訊、網路與辦公等方面的共享設施，系統的培訓和諮詢，政策、融資、法律和市場推廣等方面的支持，降低創業企業的創業風險和創業成本，提高企業的成活率和成功率。當前，海峽西岸經濟區透過允許創業型大學及研究機構的研究人員、大學生設立企業孵化器來為新興企業提供設備、材料和項目開展前提等幫助，推動三螺旋高科技企業的最終形成。這類孵化器關注大學的科學研究成果，並且透過孵化器吸引更多的科學研究項目和高級研究人才。目前，廈門翔安火炬高新技術開發

區已初步形成「一區多園」規模，構成了一個孵化基地：留學人員創業園，三個綜合園區：火炬園、火炬（翔安）產業區、同集園，三個專業園區：軟體園、資訊光電園、北大生物園的發展格局，已成功培育出一大批技術創新水平高、產業化前景好的科技型中小企業，並培育出福建省第一家在海外主板上市的留學人員高新技術企業。

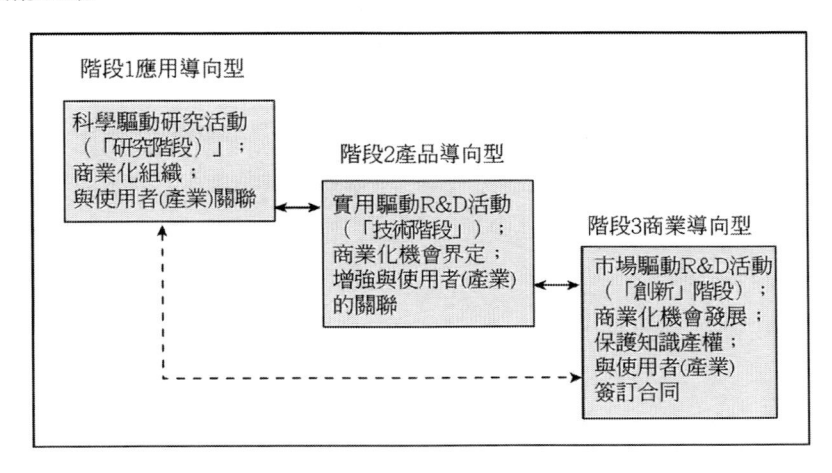

圖4　海峽西岸經濟區產學研合作一般階段模型資料來源：作者自製

五、小結

大學—企業—政府在空間運行過程中相互作用形成由一系列知識空間、趨同空間和創新空間組成的區域三螺旋空間，進而孕育形成區域特色產業集群。海峽西岸經濟區特色產業集群的孕育、形成、發展和成熟是由創新政府、三螺旋競爭性企業、創業型大學這三個區域主要發展推動要素互動而形成的區域三螺旋空間內培育的過程。其中，在特色產業集群萌芽孕育階段，主要由創新政府透過對中小企業初期發展提供風險資本扶持、明晰知識產權分配和合法技術轉移體系來推動產學研合作，以及制定鼓勵新興產業集群發展規劃等來營造完善的區域三螺旋支撐環境；隨著區域特色產業集群的漸趨成型和不斷發展，推動區域三螺旋運行

的主力由創新政府轉移到三螺旋競爭性企業，依託三螺旋競爭性企業對區域原創技術研發的引領，以及該企業對其產業鏈中的各生產環節的前向拉動和後向牽引作用而帶動一系列相關企業在其鄰近範圍集聚，形成集聚放大效應，從而有效的帶動特色產業集群的外延規模不斷擴大；當特色產業集群日益邁向成熟階段，產業競爭力提升的關鍵支撐要素流向知識、技術等無形資源，區域三螺旋的驅動力也順勢落腳至創業型大學。創業型大學和相關科學研究機構內的研究人員在為企業提供技術諮詢等配套服務，以及直接或間接開展技術轉移衍生科技創新型企業的基礎上，透過吸引科學園在其周圍集聚或主動創建科學園來推動官產學合約式合作。與此同時，在區域特色產業集群的驅動下，海峽西岸經濟區將逐步成長為擁有獨特「地方品質」的競爭性區域。

海西平潭綜合建言

謝明輝

一、前言

1.海西經濟區成立的背景原由

　　海峽西岸經濟區（簡稱「海西經濟區」或「海西」）為中國大陸福建省政府於2004年提出的海峽西岸經濟區戰略構想，並於2005年由中華人民共和國國務院發布正式成立。而海西經濟區主要發展省份為福建、浙江、江西、廣東，並以福州、廈門、泉州、溫州、汕頭之五大城市作為特區中心。

　　針對海西經濟區成立之主要原由，大陸在2009年5月14日發表之《國務院關於支持福建省加快建設海峽西岸經濟區的若干意見》一文中明確指出，海西經濟區北承長江三角洲、南接珠江三角洲，進而成為重要沿海經濟帶之發展區塊；除此之外，此區又以福建省作為發展中心，因此自地理環境至商業發展來說，皆與臺灣關係密切且相互連結，進而使得此區發展絕對具備增進兩岸交往關係之優勢。而中國政府更主張透過將海西經濟區法制化的作法，以官方力量使海西經濟區作為兩岸人民交流合作之先試先行之區域，並套入和平發展的概念，著力於推動兩岸交流的合作，致力於促進兩岸自經濟、區域、社會與文化等部份之發展，以期創造互利與共贏的局面。

2.海西經濟區成立平潭綜合實驗區之動機

福建省平潭縣（平潭島）是位於福建外海的島嶼群，主島面積271平方公里，距福州市70公里、距臺灣新竹港126公里，是大陸距離臺灣最近的區域，進而成為中國政府作為支持福建省加快建設海峽西岸經濟區的綜合實驗區。

作為福建省先行先試的重要載體，平潭島成為海西經濟區建設的重點實驗區。而中國之所以成立平潭綜合實驗區，主要在於探索兩岸交流合作先行先試的示範區以及海峽西岸經濟區科學發展的先行區。此區的發展目標，在於將平潭綜合實驗區構建成為具有較強競爭力的產業支撐體系，並期望透過積極承接臺灣產業轉移的作法，建設先進製造業基地，發展電子資訊、海洋生物、清潔能源等現代產業體系，並打造低碳經濟島，以構建生態園林城市為目標，形成低投入、低消耗、低排放和高效率的經濟發展方式，以全方面的方式建設現代化的生態海島城市。而目前平潭綜合實驗區近期將重點推進六大區域建設：產業發展區、國際旅遊發展區、商貿合作區、現代物流港區、科技文化產業區、城市發展區。

3.省長黃小晶於2010年5月5日來臺所發布的十項新措施及其背景

（1）十項新措施：

根據中評社報導，福建省長黃小晶在2010年5月5日於圓山飯店舉行之「兩岸合作與發展論壇」中發表「閩臺十項先行先試政策措施」（列項如下）：

第一，加快建設平潭綜合實驗區。第二，扶持臺灣農民創業園區發展。第三，加大對臺灣農產品採購和促銷力度。第四，為臺灣農民來閩創業提供優質服務。第五，放寬臺商投資領域。第六，優先保障閩臺合作建設項目合理用地。第七，鼓勵臺灣居民赴閩投資置業。第八，推進兩岸金融緊密合作。第九，做大福建居民赴臺旅遊規模。第十，提升閩臺小三通水平。

（2）背景：

大陸福建省省長黃小晶於5月5日率團訪臺，並在出席「兩岸合作與發展論壇」時表示，福建正推動加快海峽兩岸經濟區建設，期望在對臺交流的部份可以「先行先試」。而省長黃小晶宣布十項閩臺合作先行先試措施的意義，某種程度除了代表為海西經濟區兩岸合作加溫，另一方面則為站在閩臺交流的實際層面，

以把握、維持與推動兩岸和平關係發展的概念，闡明福建省將與臺灣在未來密切互動的打算。而媒體也推斷，中國可能是參考香港、深圳與廣州的區域經濟區的打造經驗，讓中國政府決定透過複製「港深經濟區」的成功經驗，透過建立海西經濟區，深化閩臺兩地的合作，已形成策略性的經濟區塊。

事實上，近一年多以來，大陸國臺辦在推動海西經濟兩岸合作的各種努力有目共睹。同時，其於福建平潭設置的「平潭綜合實驗區」，則是參照「共同規劃、共同開發、共同管理、共同經營、共同受益」的原則劃定特定區域，由臺灣投資人開發建設與自主管理。而這種「特中有特」的策略性作為，無疑反映出大陸中央及地方政府藉由海西經濟區推動兩岸合作的強烈企圖心。

二、平潭綜合實驗區的之SWOT分析

（一）S（strength：優勢）：

如前言所提，作為中國支持福建省加快建設「海西」經貿政策的平潭島綜合實驗區，為位於福建外海的島嶼群，是中國大陸距離臺灣最近的區域。而海西經濟區更是坐擁北承長江三角洲、南接珠江三角洲的黃金地理位置，並以福建省作為發展中心，進而成為與臺灣具備關係密切的重要沿海經濟帶之發展區塊。

然，根據平潭島具備的絕佳地理位置之優勢條件，其設立之平潭島綜合實驗區在開發建設規劃方面，預備於其物流園區設立四個5萬噸至15萬噸的深水泊位，以及「平潭—臺灣新竹」的客貨滾裝直航捷運碼頭。除此之外，福州馬尾保稅園區更是在平潭設置分區，以擴大轉口貿易。另一方面，教育文化區也期望能夠吸引臺灣高水準大專院校進行聯合辦學，並同時依託於閩臺文化資源，共同發展創意、動漫等文化產業，以創立兩岸特色之文化園區。而在民生消費方面，平潭島綜合實驗區也準備設立占地1.5平方公里的臺灣產品免稅區、提供兩岸合作發展的2萬畝特色高效農業區，以及優質的海灘資源，期望能夠獲得臺商青睞，進而獲得合作建設濱海旅遊區的機會。對此，廈門大學臺灣研究中心副主任李非

教授表示，啟動平潭島大開發有利於完善海峽西岸經濟區沿海發展布局，打造新的經濟增長點，並形成沿海一線持續拓展，縱深推進的開放開發格局。平潭島開發有利於構建服務和輻射周邊地區新的對外開放通道，促進海峽西岸經濟區整體協調發展；有利於在推進兩岸區域合作試點中率先示範，積累經驗。

（二）W（weakness：劣勢）：

「海西」主要以福建省作為主體，地緣接近廣東汕頭、江西贛州、浙江溫州的三大經濟區。不過，由於其經濟規模明顯遜於長江三角洲、珠江三角洲以及環渤海經濟區，再加上與大陸內銷市場腹地連結相對不便，因此始終無法成為頂尖經濟區。另一方面，由於福建過去長期負擔「對臺鬥爭前線」的角色，於是中國政府也避免在此設置大規模、高科技的經貿建設項目，以致於此地硬體建設、產業實力發展緩慢，進而使得在近10年來，臺商投資的主流力量不設置於此。然而，在歷經金融海嘯以後，臺灣更應該找尋更多合作的經濟夥伴來創造全新的商機與利基。而臺商遍布的珠三角、長三角以及環渤海三大經濟圈，其基礎均以穩固且雄厚，因此在未來海西經濟區若無特殊的優惠政策，很難再有大規模的臺商板塊移動。

（三）O（opportunity：機會）：

無論是海西經濟區亦或是平潭綜合實驗區的成立，除了有利於推動兩岸、福建、長江與珠江三角洲等地區的發展，並且也能連帶推動環渤海灣到珠江三角洲整個沿海一帶的發展布局。換句話說，透過此二特區的全方位發展，再輔以建立高速鐵路、高速公路、大型海港、機場作為發展骨幹，絕對具備「窗口」的示範作用，以拓展福建在未來的發展空間。尤其自2008年馬英九當選並執政後，兩岸和平發展順暢，因此在第五次江陳會簽訂ECFA後，和平協議的簽署機制便會啟動，而平潭作為京臺高速鐵路與臺灣對接的出口，除了會體現戰略地位的價值，更會為平潭綜合實驗區在未來帶來更大的發展機會。

然，圍繞「築巢引鳳」的發展目標，福州（平潭）綜合實驗區必須積極構建具有較強競爭力的產業支撐體系。透過積極承接臺灣產業轉移，建設先進製造業基地，發展電子資訊、海洋生物、清潔能源等現代產業體系，打造低碳經濟島。

加快建設兩岸旅遊合作實驗區，形成保稅物流加工貿易發展新優勢。以構建生態園林城市為目標，福州（平潭）綜合實驗區將加快改造更新防風固沙林體系，強化森林景觀配置，加強海洋和海岸帶環境保護，強化資源綜合利用，形成低投入、低消耗、低排放和高效率的經濟發展方式，建設現代化的生態海島城市。

（四）T（threat：威脅）：

廈門大學於5月5日首度發布由廈門大學經濟學院以及輔仁大學統計資訊系發起，並由廈門大學經濟學院計統係數據挖掘中心課題組與北京商智通資訊技術有限公司共同調查之本年度第一季度海峽西岸地區23城市（包含福建、浙江、江西、廣東4省）民眾金融、旅遊、消費信心指數。

根據指數顯示，海西地區民眾對經濟發展、生活滿意及就業機會改善的信心較足，經濟已步入復甦軌道，但房價和物價對消費者信心帶來明顯消極影響。調查顯示，海西金融、旅遊、消費信心總指數為106.95，處於樂觀範圍，對此廈門大學經濟學院計劃統計系系主任朱建平認為，此統計結果除了代表海峽西岸人民總體信心較足，更顯現出金融危機的負面影響已逐漸消除。另外，消費指數更是在三大指數中拔得頭籌，高達110.93，顯示海西消費者在經濟發展、家庭狀況、就業、耐用品及房地產消費、海西建設等方面均有較強的信心。在旅遊指數值方面則為107.55，代表海西消費者對海西旅遊的發展信心較強。不過，在金融投資指數部分則為90.43，顯示出較為悲觀的狀態，表明海西消費者尚未擺脫國際金融海嘯的負面影響，對金融市場的態度比較消極，大部分居民沒有投資金融產品的意願。而本次調查新增加了經濟景氣、就業信心、房地產購買信心、海西建設信心等內容。其中海西建設信心指數達到113.45，表明大部分民眾相信，大陸加快海西建設的政策會使當地經濟狀況相對以前有所改善。

根據上述統計數據來看，大致上來說即便海西一帶民眾對於此區發展具備信心，但是對於臺灣而言，是否能供臺灣在此區塊擷取最大的獲利以及能否吸引臺商前往，也許才是最值得評估的部份。然，當大陸極力強調兩岸可透過海西經濟區的建構而產生更大且更完整的互動時，還有兩個觀念必須釐清：首先，海西並非臺灣唯一的合作夥伴：臺灣經濟因屬多元化與多層次化樣態，是以對外經貿合

作，必採「多夥伴同步進行」模式，而不會是獨沽一味海西，讓長三角、珠三角、環渤海經濟圈，乃至美國、歐盟、日本，均繼續同時成為臺灣的經貿夥伴。但是，就近期廣受兩岸人民關注的ECFA簽定問題來說，海西的先試先行策略有可能因此取得先機、搶先一步。主因在於海西經濟圈的地理優勢較其他地區的經濟圈更占優勢，因此透過海西取得臺商第三次西進板塊移動的機會，並與臺灣密切結合在一起，便會使得海西蛻變成海峽經濟圈，且擴大GDP的規模並加速膨脹。

三、平潭綜合實驗區之遠景與規劃

（一）主要規劃方向

針對平潭綜合實驗區的未來規劃，福建省國土資源廳除了積極爭取國土資源部的政策支援，同時也確定將平潭列為國土資源部土地管理改革綜合試點，並對實驗區建設用地給予單列審批。另一方面，福建省交通運輸廳支援向交通運輸部爭取將京臺高速公路規劃延伸至平潭，以及開通閩臺支線機場建設等事項，對平潭實驗區內的對臺交通設施建設項目，將安排省級交通資金給予專項支援。然，在福建省海洋與漁業廳在項目用海、海洋漁業對臺交流合作等5方面頒布18個具體政策措施的部份，將重點支援平潭實驗區海洋漁業對臺交流合作，包括促進綜合實驗區對臺遠洋漁業合作，建立綜合實驗區對臺漁業合作平臺等。除此之外，一系列服務發展、加快建設的舉措也持續跟進：其中，福建省通信管理局頒布十大舉措，加快平潭實驗區資訊通信業發展，包括：支援實驗區建設城鄉一體化的高速寬頻、智慧化、全覆蓋的寬頻綜合資訊網路；積極開展通信業對臺交流合作；積極爭取政策支援，在實驗區內大力推進通信設施共建共用等。福建檢驗檢疫局頒布服務平潭開發開放的十大舉措，包括支援平潭投資項目建設、促進旅遊產業發展、支援擴大農業合作、實行通關單放行管理、支援平潭口岸建設等。福建省林業廳支援編制《福州（平潭）森林花園島綠地系統規劃》，對實驗區涉及

林業的建設項目優先給予支援，並確保建設項目徵占用林地定額指標，賦予平潭縣林業局與福州市林業局同等的代省林業廳審核建設項目徵占用林地的許可權等。福建省環保廳頒布支援平潭環評規劃、生態體系建設、產業結構升級、加強水源保護、環保設施建設、環境監管能力建設、對臺環保交流合作、建立審批「綠色通道」等環保工作的10條政策舉措。

（二）平潭綜合實驗區應當如何「築巢引鳳」？

1.政策：

隨著福州（平潭）綜合實驗區建設的全面啟動，平潭島成為海內外關注的焦點區域。在1月27日舉行的海峽西岸經濟區重點區域發展情況介紹會上，福建政府所報告之福州（平潭）綜合實驗區建設的有關情況：

（1）2015年前初步形成新興城市框架：

福州（平潭）綜合實驗區的發展定位為探索兩岸交流合作先行先試的示範區和海峽西岸經濟區科學發展的先行區。其中，福州（平潭）綜合實驗區將發展的近中期目標，設立於2010年至2015年，發展方向為：促進兩岸綜合互動通道；讓地區生產總值年均增速和城鄉居民收入超過全省平均水準；形成初步的產業體系和較強的產業競爭力；維持良好的生態環境品質；改善基礎設施；提高基本公共服務水準。

而中長期目標則設置為2016年至2020年，主要努力方向為：不斷深化兩岸經濟融合；探索兩岸合作新模式；以新興產業作為主導，以形成結構合理、協調發展、競爭力較強的現代產業體系；提高城市化水準明顯提高，並讓空間布局更加合理；提升基本公共服務水準；提高就業機會以及致力於健全社會保障體系；建設生態文明系統；率先建立有利於科學發展的機制體制；實現更高水準的小康社會。

（2）打造低碳經濟島構建生態海島城：

圍繞發展目標，福州（平潭）綜合實驗區將積極構建具有較強競爭力的產業支撐體系。透過積極承接臺灣產業轉移，建設先進製造業基地，發展電子資訊、

海洋生物、清潔能源等現代產業體系,打造低碳經濟島。加快建設兩岸旅遊合作實驗區,形成保稅物流加工貿易發展新優勢。在構建有利於科學發展的體制機制方面,福州(平潭)綜合實驗區將以科學創新為核心,建設開放型的區域創新體系,完善公共服務和社會保障,建設優質共用的社會服務體系,創造適宜自主創新、自主創業的綜合環境。以構建生態園林城市為目標,福州(平潭)綜合實驗區將加快改造更新防風固沙林體系,強化森林景觀配置,加強海洋和海岸帶環境保護,強化資源綜合利用,形成低投入、低消耗、低排放和高效率的經濟發展方式,建設現代化的生態海島城市。另一方面,綜合實驗區也將構建兩岸合作的海關特殊監管區域,創新通關制度和查驗監管模式,實行海關特殊監管區域的稅收政策、外匯管理政策,推進兩岸投資貿易和人員往來便利。

再者,在構建兩岸區域合作前沿平臺方面,福建省將加快中央支援海峽西岸經濟區建設的政策在平潭先行先試,開展兩岸區域合作綜合試驗,實行更加開放的產業政策,推進兩岸的產業深度對接和多種形式的民間交流合作,實現合作開發、共同受益。此外,福州(平潭)綜合實驗區還將構建兩岸直接往來新的便捷通道。推動交通發展先行,開闢兩岸海上客貨滾裝航線,開展海峽兩岸橋隧通道前期研究,建設開放通達的交通運輸體系,發展中轉貿易和國際航線,成為臺灣連接周邊地區、中西部省份的物流綜合通道。其所產生之效應,舉例來說,由綠營執政的臺南市,為因應海西的崛起,臺南縣長蘇煥智於2010年6月也不得不倡議加強建設臺南安平港,並擴大提升為綜合港功能與海西經濟區對接。換句話說,其引發之效益,除了能使大臺南密切與海西結合在一起,以提昇大臺南在海峽兩岸的競爭優勢外,更是大大削弱綠營在南臺灣的反對力量。

(3)重點建設六大區域:

1.產業發展區:位於海壇島北部中樓、蘆洋、平原,東部流水灣和西南部火燒港區域,突出兩岸產業對接,承接臺灣製造業轉移,堅持集約布局,主要發展特色無汙染節水型的電子資訊、海洋生物、清潔能源等新興產業。

2.國際旅遊發展區:以海壇島東南部海灣為主體,串連環島主要旅遊景點,整合島內旅遊資源,加快景點和配套設施建設,構建濱海休閒區、渡假酒店、免

稅商品貿易中心、海上絲綢之路水下文物博物館和海上運動基地等旅遊功能區，著力打造「海峽旅遊」品牌，建設世界級的國際休閒渡假旅遊重點區。

3.商貿合作區：在海壇島實行海關特殊監管區政策的基礎上，先期規劃在海壇島東部澳前區域，設立免稅商品貿易中心，促進商務辦公、資訊服務、服務外包和仲介服務等現代服務業發展。

4.現代物流港區：以海壇島流水灣為備選點，規劃建設深水碼頭和客貨滾裝碼頭，完善現代倉儲、配送、運輸等功能，促進國際貿易和現代物流業發展。

5.科技文化產業區：位於海壇島南部北厝、敖東區域，創辦科技文化產業園和兩岸教育合作園區，發展文化創意、文娛演藝、影視動漫、體育休閒等產業，建設海西重要的科技文化產業基地。

6.城市發展區：提升現有城區功能和層次的基礎上，以西部海壇海峽臨岸為主軸帶，沿幸福洋至火燒港圍墾區，規劃建設沿西海岸布局的濱海新城區，為島內人員提供具有一流水準的優質生活環境。

（4）金融投資面之相關討論：

隨著平潭綜合實驗區開發力度的加大，基礎設施建設速度的提升，各銀行機構也紛至沓來。年初，平潭綜合實驗區管委會與國家開發銀行福建省分行簽署了開發性金融合作紀要，國家開發銀行為實驗區開發建設提供首期200億元人民幣的金融授信，重點支持交通、城市基礎設施、產業園區基礎設施、生態環境改造等關係海峽西岸經濟區建設重點領域和民生領域的項目，支持平潭組建融資平臺，支持平潭專項融資規劃，以融資推動破解平潭開發建設的瓶頸問題和體制之制約因素。

此後，又有交通銀行、建設銀行、興業銀行等10家銀行向實驗區提供了總額近百億元的授信支持，相關授信可隨時使用。目前，這些銀行已開始對接實驗區土地儲備和基礎設施項目。隨著對接項目的增多，各銀行也開始著手布局在平潭的機構設施，其中，民生銀行福州分行已在平潭城區選址；海峽銀行平潭支行已成立，營業大樓將於近日裝修完畢，預計近期開業；興業銀行已確定在平潭開

立分行,其分行將享有與福州分行平級的待遇;建設銀行平潭支行已由省行直管,並擬升級其行政級別。可以預期,在平潭現有的36個銀行網點基礎之上,平潭將快速增加若干個新的銀行網點,平潭人民享受銀行全方位的金融服務指日可待。

(5)經費編列:

平潭島的投融資工作取得積極進展,已有近10家銀行累計向實驗區提供授信額度320多億元;實驗區成立後首次推出的4宗國有土地拍賣創下歷史新紀錄,最高價達1510萬元／畝。平潭島還投入2500萬元專項資金,用於構建宜居城市、打造生態園林島。

根據協議,興業銀行將針對實驗區千億元建設規劃,圍繞基礎設施建設項目,提供重點信貸支援。以「主辦行」模式,優先支援實驗區優質關鍵項目,重點包括平潭海峽大橋及其復橋、漁平高速公路等。在中長期發展上,持續加大實驗區土地收儲、路、橋、水、電、鐵路等基礎設施建設項目的信貸投放。此外,還將在實驗區開展融資業務模式創新和金融產品組合運用。另一方面,為更好地服務實驗區建設,興業銀行將新設福州(平潭)綜合實驗區分行,賦予較大的經營許可權,專門負責落實實驗區項目開發和信貸管理,密切跟蹤和服務實驗區各項經濟和社會事業發展。據瞭解,作為福建省唯一一家全國性銀行,近年來興業銀行集中全國化經營資源,加大對福建發展和海西建設的信貸投入,近3年累計在福建省內投放信貸資金超過4700億元。

事實上,目前平潭的整體規劃、基礎設施建設等各項工作正在穩步推進:福州(平潭)綜合實驗區發展規劃綱要、總體規劃、區域規劃等編制及評估論證工作正在加快推進;平潭海峽大橋和漁平高速公路(福清漁溪至平潭海峽大橋)正在加快建設,力爭今年底同步建成通車;總長98.761公里、總投資約50億元的環島路項目已動工建設;為保障平潭建設和發展的汙水處理、垃圾處理、自來水廠擴建等市政基礎設施改擴建項目已陸續動工建設。

(三)平潭綜合實驗區之瓶頸:

根據廈門大學臺灣研究院院長劉國深的意見來看,無論是海西還是平潭,兩

區在目前的發展都還需要時間。主因在於,平潭腹地面積太小,且又沒有工業基礎實力,因此大陸不能因為擁有了平潭,而忽略了原本發展良好且是在短期之內臺灣人願意前往的廈門、泉州及福州等地。換句話說,平潭並不如同大陸對外宣稱的那樣美好,正面臨的很嚴重的問題,也就是實際上的「硬體能力」並非如同大陸官方訊息那般完整與美好。然,即便以平潭作為兩岸結合的試驗點是很好的概念,但如何選擇未來的發展方向(社會文化、教育、醫療衛生、居住環境、聯外交通設施、基礎建設、產學結構、城市地造工程等面向)才是最關鍵的部份。如同上述,平潭現在最大的發展瓶頸,乃基礎建設不足,尚待大力改善,並且專供未來發展所需之油、水、電仍需擴大規模,以及未來支撐發展所需之產業尚未形成,因此急需引進,而城市發展的人口結構,無論質與量更需要全方位的調整。

四、解決平潭發展障礙之方法與路徑:

平潭對臺實驗區將在大陸中央的支持下,探索與臺灣民眾共同規劃、共同投資、共同建設、共同受益的路徑,希望把平潭開發成臺灣所習慣、樂於投資、創業、就業、生活的「一國兩制」特區。而以下為本人提供作為解決平潭發展障礙之方法與路徑,按項目分列說明如下:

(一)落實「先試先行、共建共管」的政策

平潭島作為大陸施行對臺「先試先行」的綜合實驗區,併作為最具吸引力的牛肉,對臺灣來說,主張「先試先行、共建共管」的政策,並建構對臺最具開放度的「自由港灣」,皆代表大陸對臺採取的政經策略中已呈現最大善意,而此作法更是可望替兩岸政經發展在未來帶來更多的合作契機。

(二)推動臺灣參與設計、規劃與開發

希望透過海西經濟區以及平潭綜合實驗區兩地的發展,吸引臺灣各方人才前來,並發揮臺灣人特有的「軟實力」才能,期望能為此特區賦予更多創意巧思、

文化元素之發展。另一方面，平潭島的開發規劃將朝國際旅遊、商貿、現代物流、科技文化等低碳排產業為主，因此希望結合臺灣企業進行異業聯盟，共同爭取全島獨家開發，或批下50或100平方公里土地，開發建設一個「臺灣城」。然根據《工商時報》的報導，臺灣目前確定參與此開發投資公司的土地開發業者包括日勝生、臺開；工程顧問公司除中鼎等三大外，還有亞新工程；營造業則有德昌營造。換句話說，平潭作為對臺先試先行的試點，本身就具備有高度政治使命，故採用臺灣的公司與人才參與設計、規劃與開發，才能符合與臺灣接軌的戰略需要。

（三）成立平潭發展委員會並廣納兩岸人才參與，擴大建言層面且落實執行

目前已成立「促進平潭開放開發顧問團」，主要目的在於期望透過此完整的組織系統與功能，建構吸引兩岸人才前來平潭發展的平臺，並投入平潭的整體規劃與發展計畫。而本人對此平臺之發展深表贊同，並期望擴大成為具有常設功能之「平潭發展開放開發委員會」，施行定期開會、開展與修正並重之固定組織，使之確實發揮完整的功能。

（四）加速京臺高速鐵路與公路興建，俟兩岸和平協議簽署完成後，使其能與臺灣接軌

大陸規劃京臺高鐵將透過福建平潭島與未來兩岸海底隧道直通臺灣。而目前平潭綜合實驗區已展開鐵路、公路兩用橋之前期工作。然此舉之目的在於，期望能使臺灣與大陸透過平潭直接接軌，並透過交通設施的建立創造互通便利、互利互惠的局面，與便捷兩岸人員往來政策和管理機制。雖此一計畫乃為大陸方面的構想，目前尚未得到臺灣的同意，但是伴隨著兩岸和平發展的進程加快，ECFA完成後，兩岸和平協議會使平潭成為兩岸對接的窗口，進而帶來無限機會。

（五）長樂機場首先開放臺灣同胞持臺灣身分證自由進出，作為先試先行的突破機場

建議長樂機場開放臺灣同胞持臺灣身分證自由進出，作為先試先行的突破機場，成為吸引臺灣民眾前往旅遊或生活的主要誘因。由於長樂機場不在平潭島，無法作封閉型管制，故如何建構管制的配套措施，是平潭島能開放臺灣身分證自

由進出的關鍵。

（六）實施與臺灣區域一體化的政策

允許臺灣金融業設點承攬人民幣與臺幣存放款業務，並允許臺幣可以在平潭綜合實驗區自由使用，進而擴大開放臺灣車籍與車輛自由進出平潭島，並賦予平潭自由港之功能，減免關稅等優惠政策。

（七）優先考慮臺灣選舉模式作為兩岸政治共建共管的試點平臺

兩岸分裂60年，彼此社會制度與生活方式皆差異甚大，不易融合，是故必須另闢一地作為兩岸不同社會制度與生活融合的試點，而平潭這個封閉型的島嶼，便是最佳的地點。因此建議，引進臺灣選舉模式，作為政治管理方式及選拔人才標準，有利於與臺灣接軌融合。

（八）中央資金與政策確保如期到位

有關海峽經濟區及其核心平潭綜合實驗區之發展的政策與資金，中央與省應積極配合到位，上下一心，如期進行，方能獲得各方的信心與信任，確保建構海西經濟區之大功告成。

五、結語

《中國時報》在6月8日的報導中，以「海西成敗平潭成關鍵試點」作為標題，並且在文章直接點名海西與平潭將成為未來福建地區向世人展現區域競爭力的決勝點。換句話說，大陸對此區的建設及推動已呈現完整的魄力。

平潭綜合實驗區位處閩江口，除了與福州隔海相望，平潭島更是作為大陸距離臺灣本島最近的島嶼，因此就其絕佳的地理位置以及大陸釋出的「先試先行，共建共管」之訊息而言，是有機會承接臺灣的產業移轉。因此臨近於臺灣的海西經濟區及其核心的平潭島綜合實驗區，在未來的規劃以及實行方面，相信對於兩岸經貿、政治、生活與文化等部份，更會全方位將海峽兩岸緊密的結合在一起，

使臺灣海峽成為實至名歸的黃金水道、亮晶晶的城市群將成為海峽兩岸閃閃發光的鑽石群。

最後,僅將2010年4月27日刊登於中國評論新聞社《考察海西有感》之詩句,作為結語與大家共享:「海西劫波六十年,一朝迎入九重天;東盼臺灣歸故里,共享繁華天地間。」

擴大宣傳力度推動「共建共管特區」平潭島之我見

練卜鳴

一、前言

　　福建平潭與臺灣一衣帶水，隔海相望，是大陸距離臺灣最近之地，與新竹的海上距離最近處只有六十八海浬，平潭也是福建第一大島，相當於五倍香港本島面積，兩倍廈門本島面積，區位優勢十分突出，據瞭解福建省委省政府有意將平潭島打造成類似香港「自由貿易港市」，尤其提出要與臺灣「共同規畫、共同投資、共同管理」的概念，這在兩岸往來歷程中，算是創舉，構想自然引起各界矚目。從大陸國務院關於海西區的「意見」中得知，福建省可以「在現有海關特殊監管區域政策的基礎上，進一步探索在福建沿海有條件的島嶼設立兩岸合作的海關特殊監管區域，實施更加優惠的政策」。另根據福建省委政策研究室一份研究報告，福建規畫未來將允許臺灣民眾免辦簽證，以臺灣身分證或駕照就可自由進出平潭島。也規畫開放商品免稅進出平潭島，允許臺商投資享受國民待遇；島內稅收制度也參考香港的低稅率政策，爭取比照中央給予西部的優惠，僅課徵15%的企業所得稅，企業間貨物交易不徵收增值稅與消費稅。這些對於平潭島的規畫深具創意也具有可操作性及前瞻性，上述措施未來即便有中央支持、基礎建設也逐步開展中，但平潭要從以農漁業為主，逐步蛻變為另一個香港，恐怕還有一段漫長的過程。雖然艱辛難度也相當大，也考驗福建領導團隊的膽識與魄力，但前景依然可期。

二、缺乏宣傳力度、鮮為人知的兩岸「共建共管特區」

　　從2009年9月福建省正式啟動平潭島大開發計劃，將之定位為對臺先行先試的綜合實驗區後，於是這個長期處於「休眠」狀態的島嶼被一聲驚雷震醒，風雲乍起。福建省的傳媒雖多次也大張旗鼓的報導宣傳，外界看到的是石破天驚的「兩岸共建共管試點特區」，看到了大陸對臺最具開放度的「自由港」前景。但這是大陸內部的宣傳，未來如何操作？大陸中央是否支持等都有待觀察，但一個好的規劃、宏偉願景，若僅有少數人知道瞭解，恐怕失去它的原意，其前景也堪虞，尤其標榜「共建共管試點特區」，筆者從媒體得知從去年迄今雖已有少數臺灣及海外人士前往平潭島考察，考察後也認為平潭島是個很有特色、很有潛力、很有希望的地方，但他們也都明確指出瞭解平潭的人不多，曾前往平潭考察的臺灣商業發展研究院副院長杜紫宸即對大陸媒體表示，臺灣瞭解平潭的人實在太少了，筆者多次花許多心思查閱臺灣的報章雜誌、網路新聞及臺灣官方、智庫、學術等單位近一年多的新聞或研究報告，僅看到臺灣中興、世曦、中鼎、亞新等四家公司組成策略聯盟共同向平潭綜合實驗區管委會提交規劃建議書，及福建師範大學與臺灣世新大學簽訂「合作舉辦福建海峽旅遊學院協議書」，未來將在平潭島設立旅遊學院，二則有關報導外，其它就再也沒有看到對平潭島特區的有關報導，對此筆者也感到十分疑惑，臺灣媒體常見大陸其它省區宣傳旅遊景區或招商的大幅廣告，也常有他們的臺灣合作夥伴上電視、廣播或撰文替該省宣傳，獨不見福建省在臺灣進行宣傳等工作。

三、政策建議

　　據瞭解福建省擬將平潭島規劃重點建設成六大區：一個是國際旅遊發展區、第二是兩岸貿易合作區、第三是大型物流園區、第四是城市建設的發展區、第五是文化產業的合作園區、第六是高新技術合作園區。據此有前往考察的臺灣人士

指出，平潭島是一個擁有豐富旅遊資源的美麗海島，今後應側重發展低碳產業和知識密集型經濟，大力推進高端濱海旅遊業開發，把平潭島建成一顆璀璨的「海峽明珠」，同時要利用平潭島對臺的先行先試優勢，積極探索兩岸合作新模式，將平潭島構建成兩岸直接往來「新的」便捷通道，構建成兩岸區域合作前沿平臺。綜前說明，也就是說福建省委、省政府期待透過平潭綜合實驗區作為先行先試的突破點，探索兩岸合作的新機制、新模式投石問路，也冀望為持續推動海峽西岸經濟區建設注入活水源泉，目的相當明確，目標就是對準臺灣，主要招商地區也在臺灣，對象也是臺灣的廠商及已在內地發展壯大的臺資企業，既然目標目的如此明確，也以「共同規畫、投資、管理」理唸作為推進劑，就不應猶抱琵琶半遮面，實應擴大宣傳力度，茲就筆者從事兩岸經貿、政經研究多年的觀察提出以下政策建議供酌參，說明如下：

1. 突顯平潭特色

筆者曾在福州外語外貿技術學院講學半年，講授旅遊專業，曾隨學生前往平潭旅遊，認識到平潭的特點就是海，一定要在「海」上做文章突顯它的特色，在平潭除了遊玩泮洋石帆、東海仙境仙人井、龍鳳頭海濱浴場和將軍山傳統景點外，還有許多豐富的旅遊線路和內容，其中的一大亮點就是「漁家樂」，出海捕撈、海上垂釣、踏浪、拾貝、傍晚海濱漫步、晚上海灘篝火，讓來自城市的遊客們體會到漁民質樸的生活。但這些特點臺灣多數人不清楚，臺灣的漁民只知平潭人很會抓魚，在對臺小額貿易開放之前，臺灣漁民常用臺產手錶、錄音機、電視等向平潭漁民換回鮮活的水產品。

2. 以「共同規畫、投資、管理」理念擴大宣傳

從諸多數據顯示，截至目前福建省依然是臺外商投資的最愛之一，引進外資的成效排名一直名列大陸省區五名內，加以晚近十多年來福建省投資環境、交通建設不斷優化及對臺區位、政策優勢等利多條件，但客觀分析福建省的整體發展卻不如預期，也有不少學者專家提出針砭之道，本文在此不再贅述，總結個人觀察認為福建省相較大陸其它省市區而言，在宣傳上稍嫌不足，也看不出有相關部門單位從事此工作，現就其它省市在臺作法簡要介紹如下：

（1）利用廣告、廣播、電視宣傳該省旅遊景區：在臺灣四大報及主要雜誌常看到介紹大陸其它省區旅遊景點的大幅廣告，也有不少旅行社接受某省旅遊局委託在臺利用上廣播、電視節目及利用臺灣旅展、節慶活動等方式宣傳該省，即借宣傳旅遊行招商宣傳投資環境、拜訪臺灣有實力的廠商為主。

（2）花錢積極參與籌辦各種學術研討會：早期大陸政府官員以學者專家名義與內地知名學府的學者教授前來臺灣參與會議順道參訪、拜會老朋友、廠商等，各憑本事管道非常多，但近年來則有不少政府單位、協會、學校和臺灣共同舉辦各式各樣的研討會，主題也琳瑯滿目，也藉機宣傳該省投資環境、交朋友等。

（3）聘請臺灣人士擔任該單位兼職或特邀顧問：臺灣人愛面子，也喜歡自抬身價，大陸有些省市即利用此特點聘臺灣人擔任顧問，條件當然是要這些人上廣播、電視及寫點文章替他們作宣傳。

以上作法可以仿效或加大力度，相信假以時日一定會有顯著效果，另具體提出以下建議如下：

（1）加強與臺灣設有大陸研究的系所的學校合作：臺灣有不少大學設有大陸研究、國家發展、國際企業與大陸經貿等系所，也開設不少與兩岸經貿的課程，但他們常苦無研究議題，閉門造車、冷飲熱吵，亟需注入新議題，因此建議福建省可提供此平臺、誘因供臺灣學梓參訪，進而將「平潭兩岸共建共管試點特區」作為論文題目等。

（2）共同撰寫「課題」：在臺灣可撰寫的地區性研究議題太少了，但臺灣又有這麼多的學術單位、研究單位、智庫，這些單位為求生存必須想盡各種辦法無中生有，因之建議大陸官方或協會、學術機構可與臺灣合作撰寫海西計劃或平潭島的研究報告。

（3）聘臺灣大學院校老師擔任兼職或特約顧問：臺灣知名學者、一流學府的老師對這些頭銜當然不屑一顧，但臺灣有一百六十四所大學院校，後段學校老師們擔心哪天因招生不足而失業，無不絞盡腦汁與廠商、內地高校互動，創造自身價值，因之可聘他們擔任顧問，條件是必須常在臺灣報章雜誌掛該單位之名發

表有關文章。

（4）仿效其它省區作法與臺灣某旅行社合作，大肆宣傳福建省的旅遊、投資環境，及共同規劃旅遊路線，福建省的旅遊不應該永遠停留在廈門鼓浪嶼、武夷山，在加上土樓而已，福建省有許多旅遊資源值得推薦給臺灣遊客，也可與臺灣有實力的財團共同開發新的旅遊景點。

（5）委託臺灣某公關公司或與臺灣人合作成立公關顧問公司，藉此公司之名參與臺灣的公益慈善、宗教、節慶等活動，深入臺灣各階層角落，宣傳海西及平潭綜合實驗區。

（6）出版介紹福建省的書籍：介紹北京、上海、廣州等地的書籍充斥臺灣書市，但與臺灣一水之隔，及具備「五緣」（即地緣、血緣、文緣、商緣、法緣）優勢的福建省，和臺灣一樣的閩南文化、客家文化和媽祖文化，卻少有介紹福建省的書籍。因之建議可以委託臺灣出版社出版發行或與臺灣學者共同撰寫合作出版與福建省有關的書籍。

四、結語

平潭島要變身為另一個香港，難度高，但並非不可能，前景也值得期待，但恐怕還要經歷一段相當漫長的過程。若擬藉「共同規劃、投資、管理平潭綜合實驗區」的概念，吸引臺灣人、在陸臺商前往投資落戶，並藉此推動海峽西岸經濟區的建設，前題一定要讓臺灣人知道「福建省已非昔日阿蒙」，福建省的投資環境、交通建設及諸多有利條件等是其它省區望塵莫及的，福建省的優勢一定要讓臺灣人知道，宣傳不能一直侷限在福建省內，宣傳一定要跨越臺灣海峽，且必須長期耕耘。雖然福建省的領導團隊有意將平潭建設成兩岸「共同家園」示範區，有利臺灣人民分享兩岸和平發展的成果。讓平潭的開發，既是平潭人的平潭，又是臺灣人的平潭；既是大陸管理的平潭，又是臺灣同胞管理和開發的平潭，其氣魄與胸襟值得肯定，相信也有許多臺灣人、華僑想貢獻一己之力及分享成果，但

知道此訊息的臺灣人少之又少，更不用說協助論證、提出可行性評估及宣傳。因此，爰建議大陸有關方面日後的首要工作就是加大宣傳力度，讓臺灣人知道福建省「平潭共建共管試點特區」的諸多有利措施。

註：本文曾送交《閩臺經濟文化交往促進會》參考，特此說明。

廈門對臺交流合作先行先試分析

周明偉

《告臺灣同胞書》的發表催生了廈門經濟特區，胡錦濤總書記關於兩岸關係和平發展的新論述催生了海峽西岸經濟區。在臺海形勢發生重大的積極變化和海峽兩岸共創兩岸和平發展新局面的新形勢下，探討廈門如何融入海西，在對臺交流合作中如何做好先行先試具有尤為重要的意義。

一、廈門發展對臺交流合作的獨特優勢

廈門是大陸最早批准設立的四個經濟特區之一。獨特的對臺區位優勢和人文環境優勢構成廈門經濟特區設立的前提條件。概括而言，廈門發展與臺灣關係的獨特優勢主要包括地理區位優勢、人文環境優勢以及基於兩者基礎之上的經濟特區等政策優勢三個方面。

（一）地理區位優勢

首先，廈門與臺灣一衣帶水，隔海相望，距高雄165海里，距臺中136海里，距澎湖102海里，是大陸距臺灣最近的城市，其地理位置優越且有良好的深水港灣，自古有「扼臺灣之要，為東南門戶」之稱。臺灣金門縣居廈門灣之中，最近處離廈門不到2000米，金廈相連，抬頭相望，是兩岸難以割捨的象徵之一。

其次，廈門與臺灣的氣候也十分接近，同屬亞熱帶海洋性氣候，溫和多雨，

夏無酷暑，冬無嚴寒。

　　第三，廈門海港是不凍不淤的深水良港，是國家主樞紐港和幹線港，深水岸線長達二十多公里。歷史上廈門是大陸與臺灣的交通要道。在臺灣正式歸屬清朝版圖的200多年歷史中，廈門是連接寶島與大陸的橋樑和紐帶。在1684年至1784年整整100年時間裡，廈門與臺灣的鹿耳門是兩岸僅有的一對對渡口岸。如今廈門也是對臺貨物貿易、人員往來的樞紐港。1996年，交通部、外經貿部（現商務部）指定廈門為兩岸直航試點口岸之一。2001年1月2日，廈門獲批與金門直接往來，突破了臺灣不允許臺灣本島船隻和非金門居民直航廈門的限制，廈金航線成了連接大陸與臺灣的又一條通道。到目前為止，廈金航線出入境旅客就已突破500萬人次。至2009年底，廈門港貨物年吞吐能力達到11096萬噸，集裝箱年吞吐能力達到586萬標箱（2007年數字）。在空港方面，廈門已經建成功能齊全、設施先進的現代化國際空港，年吞吐能力逾千萬人次。這種良好的港口條件為廈門進一步拓展對臺直航、擴大廈臺交流合作以及兩岸交流合作奠定了良好的基礎。

　　第四，廈門有著高品味的城市環境，依山傍海，2004年獲得聯合國人居獎，是全國花園城市、衛生城市、旅遊風景城市，是一個天然的旅遊、休閒渡假及居住勝地，在生活和創業的某些方面，其條件和環境甚至優於臺灣本島。

　　第五，廈門處於長江三角洲、珠江三角洲與臺灣海峽地帶「黃金三角」的中心，有得天獨厚的地理區位優勢。正因為這樣的獨特區位優勢，使得廈門成為大陸與臺灣往來的主要中轉站。

　　（二）人文環境優勢

　　自宋代以來廈門與臺灣同屬一個行政單位，大陸移民始從廈門移往臺灣。相近的地理位置，氣候條件與生活習性使廈門與臺灣人民保持著密切聯繫與往來，正如《臺灣府志》所載：「臺郡與廈門如鳥之兩翼，土俗謂廈即臺，臺即廈」。

　　廈門與臺灣有著共同的文化傳統、相似的人文環境，根在兩地血緣相親，表現在方言相通，習俗相同。臺灣同胞中有70%～80%來自廈門或其他閩南地區，兩地所特有的方言、習俗、宗教信仰相同，廈臺文化一脈相承。人文環境的相似

性容易讓臺商有「自己人」、「回到家」的情感認同，具有無可替代的人文環境優勢。廈門是臺胞主要的祖籍地之一，也是閩南地區的文化中心。閩南人和閩南文化主要是透過廈門進入臺灣並傳承扎根的，在臺灣廣為流傳的地方用語就是閩南方言，臺灣的民俗、歌曲、戲劇、民間信仰等都能在閩南文化中找到其淵源，臺灣的商業文化也都浸染著濃郁的閩南風格。廈臺之間這種淵源流長的親緣、血緣和文緣關係，是兩岸最割裂不開的情懷。

（三）經濟特區等政策優勢

廈門自1981年成立經濟特區以來，得到中央的大力支持，形成了包括經濟特區、臺商投資區、高新技術開發區、保稅港區在內的全方位、多層次的對外開放格局，成為國際資本的重要集聚地。在體制和管理上，廈門享有特殊政策，擁有特區稅收優惠待遇；廈門是國家保留的15個計劃單列市之一，享有省級經濟管理權限；廈門是全國首座擁有地方立法權的副省級城市；全國四個國家級臺商投資區中有三個在廈門，臺商投資區享受與經濟特區一樣的經濟權限。廈門是全國首批對臺試點直航口岸之一，並可與金門界海上直接往來。國家允許廈門對出入口的臺胞實行「落地簽注」的特殊政策，方便臺商往來廈門，還開放大陸居民從廈門經金門、澎湖往來大陸與臺灣本島，允許首批開放赴臺旅遊的大陸13個省市居民可以從廈門赴金門、澎湖旅遊，並經金門、澎湖赴臺灣本島旅遊，同年12月，大陸居民赴臺旅遊省市擴大到25個。特別是2009年5月14日國務院發布《關於支持福建省加快建設海峽西岸經濟區的若干意見》，更為以廈門為中心的海峽西岸經濟區建設帶來了難得的歷史機遇。這些政策優勢、體制優勢、先發優勢是其他地方所不可比擬的，為廈門發展對臺交流合作創造了優越的條件。在不到30年的時間裡，廈門從一個前沿小城一躍成為基礎設施良好，深具競爭力的現代化港口風景旅遊城市。

二、廈門在兩岸關係發展中發揮了獨特的作用

改革開放三十多年特別是廈門經濟特區創辦以來，廈門充分發揮對臺「五緣」（指的是閩臺之間地緣相近、血緣相親、文緣相承、商緣相連、法緣相循）優勢，大力拓展廈臺經貿合作和各項交流交往，為發展兩岸關係做出了積極貢獻，發揮了獨特的作用。

（一）廈門成為對臺工作重要的基地

把廈門建設成為對臺工作基地是廈門經濟特區的責任和使命。在小平同志「和平統一、一國兩制」方針指引下，廈門經濟特區應運而生。國務院1985年85號文件《關於廈門經濟特區實施方案的批覆》中明確指出：「廈門特區擴大到全島，逐步實行自由港某些政策，是為了發展中國東南地區的經濟，加強對臺工作，實現統一大業作出的重要戰略部署」。江澤民同志視察廈門時多次強調：「廈門經濟特區是海峽兩岸開展經濟文化交流的一個重要窗口」，「廈門優勢、特色應該體現在與臺灣的經濟合作和貿易上來，這個作用別的特區不能代替，這個作用隨著歷史前進會越來越顯示出來」。2006年初，胡錦濤總書記視察廈門時強調：「廈門是我國最早建立的四個經濟特區之一，完全有條件在對外開放中取得更大成績、發揮更大作用」。同時要求「推進兩岸經濟技術合作取得新進展；促進兩岸直接通航出現新局面；把寄希望於臺灣人民的方針落到實處；推動兩岸共同弘揚中華文化的優秀傳統」。2010年2月，胡錦濤總書記赴閩考察選擇在廈門過年，為加快推進海西建設及廈門科學發展提供了「強大的動力」。這些都充分體現了中央對廈門經濟特區的殷切期望。福建省委、省政府實施「海峽西岸經濟區」發展戰略以來，一直把廈門作為福建省經濟發展和對臺工作的龍頭，寄予厚望。

（二）廈門成為臺商投資最密集的地區之一

臺商投資廈門始於1983年，1988年以來臺商來廈投資發展迅速，國務院批准設立海滄、杏林、集美三個國家級臺商投資區後，先後有一批臺灣知名企業落戶區內，臺商在廈門投資更為活躍。特別是2005年以來，臺商在廈門投資勢頭強勁，越來越多臺商看好廈門，廈門仍是臺商投資最密集的地區之一。截至2008年12月，包含第三地轉投資，已批准臺商投資項目超過3500個，實際利用

臺資近70億美元。製造業方面，友達光電、華映光電、富士康、東元科技等一批臺資大項目相繼落戶廈門。目前，臺資工業企業產值占廈門全市工業總產值的40%左右，臺資企業出口額占全市出口貿易總額近一半。服務業方面，2008年4月，臺灣富邦金控透過其香港子公司間接入股廈門市商業銀行，成為第一家成功參股內地銀行的臺資銀行；2007年12月，由臺灣人壽與廈門建發集團合資成立的君龍人壽保險有限公司正式開業，這是首家總部設在廈門的保險法人機構，也是廈門金融業第一家具有臺資背景的法人機構；2009年3月，富邦證券獲准設立廈門代表處，2010年富邦財險公司獲批籌建；長庚醫院正式營業，思源科技等知名臺灣軟體企業落戶廈門軟體園。臺資企業經濟效益普遍較好，已成為廈門經濟特區最重要的經濟力量之一。

（三）廈門成為重要的對臺貿易口岸

廈門對臺貿易始於改革開放以後，在1980年代中後期得到發展。1996年，廈門對臺進出口額突破10億美元大關。隨著海峽兩岸加入世貿組織，市場進一步開放，兩岸貿易關係更趨密切，廈門對臺貿易也呈逐年上升趨勢。經二十多年發展，現在臺灣已成為廈門的第三大貿易夥伴、第一大進口來源地、第八大出口市場。據廈門海關統計，2007年廈臺貿易額30.5億美元，比增40.6%。2009年廈門對臺進出口42億美元，比增9.7%。廈門對臺貿易額在東南沿海城市中名列前茅。國臺辦授牌的廈門臺灣水果銷售集散中心已經成為大陸進口臺灣水果的主要集散口岸之一。2007年廈門進口臺灣水果922噸，是2006年的1.9倍。目前廈門口岸臺灣水果進口量占大陸50%以上，已成為大陸最大的臺灣水果進口口岸和集散中心。大嶝對臺小額商品交易市場，是經中央批准設立的全國第一家也是唯一的對臺貿易專業市場，免稅金額已經由1000元提升到3000元，發展態勢良好，已經成為廈門重要的旅遊特色購物點。每年一度的「4·8」廈門對臺進出口商品交易會已在廈門經濟特區連續舉辦十四屆，並由一個小規模的綜合性展覽會發展為海峽兩岸間規模最大、影響最廣的經貿交流平臺。

（四）廈門為促進兩岸全面「三通」先行先試

實現「三通」，一通百通。經過多年努力，廈門港已是對臺航運形式最豐

富、實踐時間最長的港口，經過多年探索和嘗試，創造性地發展了具有廈門特色的對臺航運模式。1997年4月19日，廈門輪船總公司的「盛達輪」集裝箱船，橫渡臺灣海峽直駛臺灣高雄港，這是兩岸隔絕48年後，海上貨輪直航臺灣的破冰之航。「廈門─高雄」航線開通以來，累計集裝箱吞吐量296萬標箱。2002年2月廈門貨物首航金門，實現了大陸對金門50年來第一次貨物直航。2006年實現了廈門航點春節客運包機和中秋客運包機，2007年實現了廈門航點端午客運包機，2008年7月4日又實現了廈門航點兩岸週末包機，成為對臺包機直航的四大航空港之一。自2001年實現了與金門直接往來，2008年8月31日廈金航線第二航道正式開通，目前每天有36個班次往來廈金兩地，累計運載旅客已超過500萬人次，2009年已接近120萬人次，廈金航線已成為兩岸人員往來的最便捷通道和重要窗口。隨著東渡廈金客運碼頭和五通海空聯運碼頭的先後啟用及擴容，廈門作為臺灣同胞進出大陸最重要口岸的作用將進一步凸顯。

（五）妥善處理涉臺事務和突發事件

由於廈門與臺灣在地理和人文方面的特殊關係，當兩岸進行事務性商談和處理有關涉臺事件的時候，廈門便成為最合適的地方。根據中央授權和要求，按照兩岸有關協定，廈門有效地配合了兩岸重大事務性商談，妥善處理了包括有違一個中國原則、突發死亡、尋找失蹤臺胞、臺輪海上遇險、勞資糾紛、重危病人處置、兩岸遣返交接、涉黑等大量敏感的涉臺問題，對緩和兩岸關係、促進兩岸交往穩健發展發揮了積極作用。三十多年來，中央有關部門多次在廈門與臺灣舉行官方或半官方接觸，處理重大涉臺事務，其中著名的《金門協議》就是在廈門簽訂的。廈門已成為處理大陸對臺事務的重要基地。

（六）多方面、多層次加強與臺灣的民間交流

80%臺灣同胞祖籍地在福建，廈門充分發揮與臺灣地緣相近、血緣相親、語言相通、習俗相同的優勢，因地制宜，透過海峽兩岸圖書交易會等諸多形式和載體堅持不懈地推動兩岸文化交流合作；以閩南文化為主軸，透過保生慈濟文化節等宗教民間信仰交流、歌仔戲等地方劇種交流、協助尋根謁祖等，大力拓展廈臺民間交流活動；加強廈臺青少年之間的聯絡，開展兩岸大學生「閩南文化研習」

夏令營、兩岸青少年夏令營、「海峽月‧中華情」中央電視臺中秋雙語晚會、閩南語歌曲創作大賽等多形式的交流活動；積極營造良好氛圍，鼓勵在廈臺胞融入社區生活；建立臺灣水果銷售集散中心，建立與臺灣中南部農民交流合作的新窗口；與中國國民黨臺中市黨部首開基層黨際相互交流；舉行海峽兩岸農業合作成果展覽暨項目推介會，促進民間交流的進一步發展。透過多方面、多層次推動兩岸、廈臺深入交流，使閩南文化成為了聯結海峽兩岸同胞親情的特殊紐帶和遏制「文化臺獨」的有力武器。

三、廈門面臨的新機遇思考

隨著兩岸關係呈現出新的格局與走向，如何認識新形勢下廈門對臺交流合作面臨的機遇與挑戰，應該如何應對，都值得探討。

（一）如何看待新形勢下廈門面臨的機遇和挑戰？我個人認為，總體而言，機遇大於挑戰。就外部而言，廈門因兩岸政策開放面臨來自更多競爭者的挑戰；就內部而言，我廈門面臨能不能抓住機遇（包括抓住機遇的能力、重點、措施等）的問題，但我認為只要積極應對，積極作為，廈門的機遇會更多，一方面廈門原有的優勢如廈金直航、臺灣農產品中轉、文化交流、人員交流等會因政策開放而得到增強，另一方面還會產生一些新的優勢，特別是隨著海運直航的開放，廈門地緣相近的地理優勢才真正發揮出來，才真正具備將對臺地理優勢轉化為經濟學意義上的競爭優勢的可能，才真正凸顯廈門與臺灣產業內分工的突出優勢，有利於廈門及其周邊城市在新一輪吸引臺商投資中占據地利優勢。隨著兩岸致力於構建和平發展框架，廈門將不再是商人眼裡有戰爭（因「臺獨」引起的）威脅的地方，這為吸引大型項目進駐創造了良好的外部條件。

兩岸商談採取先經濟後政治務實推動。隨著第五次陳江會的即將舉行和諸多積極成果的取得，兩岸關係呈現和平穩定發展，兩岸經濟合作進一步深化。廈門應利用臺海和平發展的大好形勢，抓住因兩岸關係緩和及廈臺交流便捷為廈門吸

引臺資創造的有利條件,充分挖掘兩岸通航新形勢下因「兩岸三地」模式演變為「直航」模式後廈門產生的對臺海運的新優勢,盡快規劃出與臺灣垂直整合的對接產業,在光電代工產業方面形成自己的獨特競爭優勢,迅速做大做強廈門光電產業。臺灣在大陸的三波投資分別帶來了擴大就業、做大GDP和帶動當地產業升級換代的積極效果,新一波臺商投資較有代表性的產業是以TFT-LCD、LED為主,廈門要抓住三通後的新機會,著力推進廈臺臨港工業對接,做好友達等光電龍頭企業的配套,加快廈門的產業升級。

同時,要吸引臺灣的現代服務業來廈投資,大部分在廈門投資的臺商服務業做得非常到位,提升了當地的服務觀念、服務水準,體現了以人為本,優化了當地的服務業生態。「三通」之後,兩岸間的商業活動空間將更為廣闊,臺灣的現代服務業,重點是港口物流業、金融業、商業、零售業和中介服務業等看重大陸快速發展的內需市場,將加速向大陸投資,廈門要加大力度宣傳其投資環境以及廈門的人文優勢對臺商產生的親近感,包括對兩地的語言、民俗、飲食、建築、氣候等相同或相近產生的對臺商在廈門發展服務業的吸引力,帶動臺灣的現代服務業來廈投資,並不失時機地加大力度引進臺灣各類專業人才。就廈門的資源稟賦而言,廈門發展製造業空間相對有限,廈門與臺灣製造業對接受到的制約較多,但廈門作為海西重要的中心城市,服務業發展空間相對較大,廈門要透過加強與臺灣服務業對接來強化其區域中心城市的地位與功能。

此外,要不失時機地推動廈門企業赴臺投資,第一步可率先赴金門投資,實現廈臺雙向投資的大發展。

在海運直航方面,兩岸開放更多港口直航,對廈門港有一定的影響。但廈門港具有其他港口不可替代的對臺直航優勢,在直航模式下,廈門的地緣優勢將完全發揮出來:一是廈門港是大陸距離臺灣最近的港口,距離高雄僅165海里,距離臺中港只有136海里,直航以後,廈門港將是直航臺灣航程最短、成本最低且具備相當發展規模的大陸港口;二是「十五」以來,廈門港全力推進「兩深」工程(即深水泊位、深水航道工程)建設,超大型船舶接待能力持續提高,最大靠泊能力達到15萬噸級,2008年集裝箱吞吐量有望突破500萬標箱,躋身世界20

強，成為區域性樞紐航運中心，綜合實力雄厚，具備良好的硬體優勢。三是透過對臺「試點直航」及廈金直航，廈門港與高雄港、金門港方面建立了訊息往來通道以及海上搜救、船舶通信、航班安排等溝通協調機制，積累了許多寶貴的對臺航運經驗，這些經驗優勢顯然是其他競爭港口在短期內所無法具備的。今後，廈門港將持續拓展港口服務功能，大力發展滾裝運輸和臺灣農副產品海上直航運輸業務，透過發展海鐵聯運等方式將臺灣—廈門—內陸的運輸渠道建設成低成本的便捷通道，完善港口的集疏運體系，使廈門港成為內陸地區對臺運輸的窗口。

（二）依託做大廈金直航稀缺資源，有計劃、系統地整合廈金，推動廈金兩地更快地朝一體化方向邁進。

廈金直航是兩岸航運的稀缺資源，在兩岸全面「三通」之前，廈金直航打造了兩岸往來的「黃金航線」，現在每天有36班次往返廈金兩地，做大做強廈金直航大有可為。讓我們以五通碼頭的廈金直航客運業務為例，來看看廈金直航的突出優勢：

一是五通碼頭距離金門水頭碼頭僅9.7海里，航程25分鐘，價格便宜，相對舒適。

二是五通碼頭距機場僅有7公里，由廈門國際航空港海岸開發有限公司經營，所有服務均與機場接軌，實行「一票到達」的海空聯運，具有突出的距離優勢和服務優勢。

三是經過五通碼頭的海空聯運套票具有明顯的價格優勢。

有了快捷、便利的廈金直航作依託，就可以在共同構築「廈金一小時生活圈」的基礎上有計劃、系統地整合廈金，推動廈金兩地更快地朝一體化方向邁進。金門是廈門大發展之門，應主動規劃從廈門環島路到小金門的廈金大橋，爭取開放兩岸居民持當地有效證件免辦證來往廈門和金門，建議兩門攜手，分工合作，朝著爭取成立「兩岸和平發展特區」或「兩岸特區」方向努力。

（三）抓住開放赴臺旅遊、平日航班和海運直航的契機，練好內功，更為努力地把廈門建設成為大陸最為重要的對臺旅遊口岸城市，假以時日，把廈門打造

成為沿臺灣海峽地區旅遊核心經濟圈的中心。2008年6月,臺灣取消所有對「小三通」身分的限制;10月起,金門對大陸遊客發給落地簽證或一年多次簽證。大陸方面同年9月宣布首批開放赴臺旅遊的13個省市居民可以赴金門、馬祖、澎湖旅遊,並經金門、馬祖、澎湖赴臺灣本島旅遊,這一舉措擴大了大陸居民赴金馬澎旅遊對象,把赴金馬澎旅遊線路延伸至臺灣本島,增闢了赴臺第二通道,具有相當重要的意義。上述舉措無疑對廈門構建兩岸旅遊雙向對接樞紐,把廈門建設成為設施完備、機制良好、運行高效的對臺旅遊口岸城市具有重要意義。隨著兩岸「大三通」的實現,閩臺旅遊迅速發展,廈門與臺灣旅遊交流合作進入擴大雙向階段。在打造「海峽旅遊」品牌的進程中,廈門優勢明顯,特別是廈門口岸「小三通」線路深得大陸遊客青睞。今年1-4月,經廈門口岸赴臺遊客達5.9萬人次,同比增加117%,其中,省外赴臺灣旅遊的遊客大幅增長,同比增長180.09%;經廈金臺海空聯運線路赴臺灣遊客,占經廈門口岸赴臺旅遊人數的90.04%。廈門的海上郵輪臺灣遊業務有絕對優勢,運作成本最低,要抓住機遇,創造條件,把廈門打造成為海峽兩岸郵輪觀光母港。這對促進廈門赴金、赴臺旅遊,促進廈門本地的旅遊和消費、向其他省市推介廈門都具有積極意義。為此,要積極爭取公安部同意在開展暫住人員赴臺旅遊試點工作基礎上,以旅遊證件就地製作、發放為重點對廈門口岸赴臺旅遊的政策支持,圍繞「海峽旅遊」主題,加快完善旅遊產品體系,加強旅遊區域協作發展海峽兩岸旅遊共同市場,創新對臺旅遊營銷方式,透過強化旅遊交通、公共服務、旅遊人才、旅遊管理機制優化對臺旅遊合作發展環境。

(四)要強化廈金直航,把這一稀缺資源做大做強,結合閩南文化,發揮廈門在對臺交流合作中的核心優勢。廈門要挖掘潛力,把這一兩岸人民交流的黃金水道做得更便捷,特別是要增強對臺灣中南部人民的吸引力,使之成為與南臺灣人民交流合作的重要載體和渠道。如果廈門進一步做大做強廈金直航,有意識、有針對性地吸引臺灣的中下層民眾利用這條黃金水道到大陸來,讓他們更多地瞭解廈門,瞭解海西,這樣就能增進他們對廈門、海西的認識。同時,要重視發揮這一兩岸人民交流的黃金水道的重要作用、以閩南文化為核心推動廈臺文化交流。更為努力拓展廈臺民間交流,更為努力發揮廈臺民間交流中的閩南文化優

勢，發揮廈門在對臺交流合作中的核心優勢。隨著兩岸關係步入和平發展的軌道及臺灣島內局勢的變化，廈門以閩南文化為載體加強對臺交流合作就顯得尤為有意義。廈門要進一步加強閩南文化的保護、傳承、宣傳，為臺灣同胞到大陸旅遊觀光、尋親訪祖創造更好地條件，提供更好地服務。

（五）抓住政策開放的契機，在強化廈門作為兩岸人員交流重要通道的基礎上，爭取成為開放兩岸人員雙向流動的試點城市，為兩岸人員交流作出廈門這個前沿平臺的應有貢獻。

（六）圍繞擴大載體平臺建設影響做文章。一是對廈門在對臺經貿、航運、旅遊、科技、文化等方面已經形成的載體平臺品牌，要不斷完善和拓展，繼續做大做強；二是要抓住兩岸同胞大交流，兩岸經貿大合作，兩岸關係大發展的有利時機，創造條件，爭取支持，新建一批融洽同胞感情、擴大共同利益的航運、文化、教育、體育、科技等新載體平臺，充分發揮廈門的「五緣」優勢，推進兩岸各項交流合作。

只要廈門冷靜、客觀地分析廈門發展與臺灣關係的新形勢，搶抓機遇，積極有效應對，在兩岸關係發生積極變化、面臨難得機遇的大背景下，廈門與臺灣關係的發展空間是廣闊的，前景是光明的。廈門與臺灣關係將更加密切，雙向交流將更為頻繁。可以相信，今後一個階段廈門與臺灣關係將呈速度較快、規模擴大、結構優化、效果明顯的發展態勢，廈門與臺灣經貿交流與合作將不斷拓展，產業對接、對臺貿易將保持持續快速發展的良好勢頭，廈門將成為兩岸人員交往的重要樞紐及兩岸交流的重要窗口，廈門將成為兩岸旅遊互動的橋頭堡及海峽旅遊合作區的中心城市，廈門將成為層次豐富、往來便利的兩岸直航重要口岸，廈門與臺灣文化、科技、教育、體育、衛生、學術、宗教等各個領域的交流將更為頻繁，廈門與金門一體化將逐步實現，廈門整個城市將不斷創新拓展進一步放大為兩岸間交流合作的一個大平臺。

四、廈門在海西建設中先行先試探討

廈門在海峽西岸建設兩岸人民交流合作的先行區中發揮先行先試的作用，必須強化使命意識、機遇意識、合力意識、平臺意識，也就是認清當前的形勢和廈門肩負的使命，搶抓機遇，形成合力，搭建平臺，積極落實中央惠臺政策，努力擴大對臺經貿、通航、旅遊、科技、文化、教育、體育和衛生等交流合作，著力先行先試，爭取更多作為，為推動兩岸和平發展，增進兩岸人民福祉，發揮更大的作用。

（一）廈門具備對臺先行先試的的基礎和條件

1.廈門為先行先試奠定了基礎，具備經驗優勢

廈門作為大陸對臺招商引資的窗口，在經濟特區創建之後隨即成為臺商在大陸投資的主要地點之一。1990年代以後隨著大陸市場經濟的蓬勃發展，廈門引進臺資快速增長，有力地推動了廈門對臺交流的全面開展。由於特定的歷史、人文和地理條件，廈門無容置疑地成為海峽兩岸交流合作的前沿，臺資企業的迅速發展和廈臺交流的日益頻繁為廈門不斷開創對臺交流交往新局面創下多個「第一」的記錄，成為大陸對臺政策先行先試的窗口。1989年5月，國務院首次批准海滄、杏林（3年後又增加集美）設立臺商投資區，享有與廈門島內經濟特區相同的政策待遇，從而使廈門成為臺商投資集中地之一；1994年8月，廈門率先實行臺胞「落地辦證」政策，兩年後又實行「落地簽注」政策，為臺胞進入大陸提供便捷條件；1994年廈門頒布了第一部地方涉臺法規《廈門市臺灣同胞投資保障條例》；1996年3月，兩岸之間經澳門「一機到底」航線開通，「廈門—澳門—臺灣」航線投入營運，正式開啟兩岸間「換班不換機」的空中變相直航；1997年4月，兩岸海上試點直航開通，廈門輪船總公司的「盛達輪」從廈門港首航直達高雄港，這是兩岸隔絕48年後，海上貨輪直航臺灣的破冰之航，為促進兩岸全面「三通」造成示範作用；1997年4月8—12日，首屆對臺商品交易會在廈門拉開帷幕，鷺島成為大陸對臺貿易的重要基地，前來參展的臺灣本土企業逐年增多，這一盛會已經召開了十二屆，在臺影響日益擴大；1998年中央批准廈門設立大嶝對臺小額商品交易市場，這是全國第一家對臺貿易專業市場；2001年1月2日，金門各界人士180人搭乘「太武」號客輪，由金門料羅灣碼頭直駛廈

門和平碼頭，實現大陸與臺澎金馬地區52年來的首次人員直航往來；2003年大陸臺商首次經廈門從廈金航線乘船回臺過年；2004年廈門獲辦5年期《臺胞證》；2005年4月11日臺灣經貿團首次突破限制，透過廈金直航參加在廈門舉行的第九屆「臺交會」等。這些「突破」以及所帶來的成就，充分說明廈門在對臺經貿交往與兩岸關係中的重要地位，為廈門在海峽西岸建設兩岸人民交流合作的先行區中發揮先行先試作用奠定了基礎。

2.廈門具備良好的物質基礎和宜居環境

改革開放三十多年來，廈門經濟社會快速發展，實實在在地打下對臺交流合作的物質基礎。這無疑為廈門在海峽西岸建設兩岸人民交流合作的先行區中發揮先行先試作用奠定了較好的物質基礎。把廈門建設得更加繁榮、更加美麗、更加溫馨，必將對臺胞形成更為強大的吸引力、召喚力和凝聚力。廈門充分認識建設海峽西岸經濟區的戰略意義，透過做強做大廈門經濟特區，不斷增強廈門經濟實力和競爭力，構築對臺交流合作基地雄厚的物質基礎。改革開放以來特別是近年來，廈門的經濟總量迅速增大，綜合競爭力顯著提高。2009年，廈門生產總值達1623億元，財政收入達451.4億元，財政收入占GDP的比重達27.8%，按常住人口計算，人均生產總值64413元（折合9429美元），居全國15個副省級城市前列。截至2008年12月31日，廈門市高新技術產業單位為1237家，實現總產值1822.24億元，占全市規模以上工業總產值的62.2%，占福建省高新技術產業總產值的40.9%。廈門在全國200個大中城市綜合競爭力排名中列第10位。經濟發達、文化繁榮、社會和諧、城市宜居的廈門經濟特區對臺灣同胞特別是金門同胞產生了震撼力和吸引力。

3.廈門迎來了難得的歷史機遇和有利條件

從海峽兩岸的局勢看，兩岸關係發展出現重大的積極變化，實現歷史性轉折，獲取突破性進展。海協會和海基會在「九二共識」的共同政治基礎上恢復商談並取得諸多實際成果，標幟著兩岸關係已步入和平發展的軌道，國務院適時發布《關於支持福建省加快建設海峽西岸經濟區的若干意見》，這為廈門在海峽西岸建設兩岸人民交流合作的先行區中發揮先行先試的作用提供了難得的歷史機

遇；同時，兩岸開放三通、放寬政策限制，廈門一金門一臺灣通道打通等等，這為進一步密切廈門與臺灣之間的各項交流合作創造了比較有利的條件，廈門作為對臺工作的前沿平臺和橋樑紐帶作用將更加凸顯。

（二）廈門先行先試的重點

基於此，廈門要緊緊把握兩岸關係發展出現的新機遇，完全可以在提升對臺經貿合作層次，拓寬兩岸人民往來通道，深化廈臺對口交流等方面大膽先行先試。

1.產業合作

廈門要緊緊抓住機遇，推進兩岸產業對接。廈門要爭取多吸引一些臺灣高科技企業和現代服務業到廈門投資。要營造更適宜臺灣產業生存發展的環境，繼續辦好臺商投資區，下力氣抓好工業集中區建設，為廈臺經貿合作提供有效載體，主動承接臺灣光電、電子訊息、精密機械、生物與新醫藥等產業轉移，爭取更多臺灣企業來廈門設立生產基地、營銷總部。服務業方面，抓好物流園區和營運中心建設，大力引進臺灣的物流、金融、旅遊、商貿、中介服務、教育衛生、文化創意等現代服務業。

2.貿易

一要辦好臺交會、投洽會、兩岸旅遊博覽交易會、兩岸農產品產銷論壇等重大涉臺經貿盛會，做足特色，做大影響，做響品牌，同時要推動赴臺舉辦各類商品展。二要在廈門至高雄試點直航成功運作多年的基礎上，盡快做大廈臺海上貨運直航，更好地滿足兩岸貿易的需求。三要加快建設海滄保稅港區，充分發揮其功能與作用，對接臺灣高雄、臺中等自由貿易港區，擴大兩岸貿易。四要以臺灣水果銷售集散中心為平臺，落實中央扶持政策，做大臺灣農產品進口規模，改擴建大嶝對臺小額商品交易市場，為臺灣商品進入大陸提供方便，吸引臺灣大型物流和商貿企業進入大嶝貿易市場經營兩岸貿易，鼓勵支持兩岸工商團體參與大嶝貿易市場商品交易區、綜合服務區、倉儲區的經營。

3.通航

做大做強廈金直航，提升廈金直航的規模和水平，開闢兩岸三通的新渠道。一是要加快廈門海空港的基礎設施建設；二是要創造條件爭取廈金陸路交通、供水供電、通信等方面取得突破；三是要科學配置廈金航線兩條航道的運力，壯大廈金直航；四是要逐步擴大對臺滾裝運輸。

4.科技、教育

一要加強廈臺高科技自主創新合作：注重對臺高科技產業的招商引資，擴大在光電、軟體、新材料、電子訊息、精密儀器、生物科技等領域的對臺交流與合作；以高新技術為導向，推動海滄、集美、杏林三個臺商投資區產業升級，提升臺商投資區高新技術的產業帶動和輻射作用；加快建設國家級對臺科技交流合作基地，進一步辦好臺灣學者創業園和臺灣科技企業育成中心，爭取更多臺資企業來廈建立研發中心；推進臺灣農業良種的引進繁殖，推進對臺花卉進出口市場、種苗研發中心、閩臺花卉產業高科技園等項目建設。二要加強廈臺教育合作交流：吸引臺灣青少年來廈就學，建立在廈就讀臺灣學生獎勵基金；繼續辦好重點學校的臺生班，安排好臺生和金門籍學生在廈入學，支持開辦長庚護理技術學院，爭取在廈門盡快開辦大陸第四所臺商子弟學校；辦好兩岸中小學（職業技術學校）校長論壇，拓展大中小學、職業技術學校等各級各類學校與臺灣的對口交流和校際協作；舉辦「相聚廈門‧兩岸青少年交流周」，爭取將其舉辦成為每年一屆的有影響力的大型青少年交流活動。

5.文化

廈門要認真謀劃廈臺閩南文化交流，包括文學、藝術、教育、體育、宗教、民俗、民間信仰等方面的交流，進一步加強廈門與臺灣特別是臺灣中南部的交流合作。一是要加大力度建設閩南文化生態保護區，採取有力措施，保護好、利用好臺胞信仰的祖祠寺廟、涉臺文物和涉臺非物質文化遺產，利用春節、元宵、端午、中秋等中華民族傳統節日，開展閩臺民俗交流，把春節廈金同放焰火、元宵同樂、中秋博餅等活動舉辦成兩岸文化大節；二是要繼續透過舉辦海峽兩岸民間文化藝術節、保生慈濟文化節、峽兩岸歌仔戲藝術節、海峽兩岸文化創意產業博覽交易會、海峽兩岸圖書交易會、兩岸中醫藥發展與合作論壇、兩岸青少年夏令

營、「世界金門日」，閩南文化論壇、閩南語歌曲比賽、閩南文化研習營、中秋焰火晚會等民間交流活動，海峽兩岸歌仔戲藝術節、閩南語歌曲大獎賽、兩岸（廈門與臺中）元宵主題燈會、保生慈濟文化節等文化活動，豐富閩南文化內涵，增強對臺灣中南部人民的吸引力；三是要進一步辦好廈門衛視、閩南之聲廣播和廈門網，推進廈門衛視在臺商投資比較集中的省市落地，爭取更多廈門媒體派記者入臺駐點，增強臺灣民眾對大陸的認同感和向心力；四是要辦好兩岸民眾廣泛參與的廈門國際馬拉松賽、兩岸龍舟賽、兩岸高校賽艇挑戰賽、廈金泳渡等體育活動，增進兩岸體育交流；五是要在舉辦兩岸圖書交易會和各種論壇，吸引臺灣文化團體來廈演出的同時，組織南音、歌仔戲、高甲戲、小白鷺、愛樂樂團等藝術團體赴臺演出，擴大閩南文化在臺灣特別是臺灣南部地區的影響力。

6. 平臺

廈門要成為兩岸交流交往的大平臺。要立足「五緣」，繼續研究、協調和促進對臺合作的各種會展、論壇、節慶、民俗、宗教、演出、書畫、賽事、交流活動等載體平臺建設，特別是要做大做強海峽論壇，做大載體平臺品牌，進一步放大「平臺」的外延，把整個城市打造成兩岸間的一個大平臺，這將有利於扎紮實實地構建對臺交流合作的前沿平臺。

7. 和諧

廈門要加強兩岸人才交流，充實惠及臺灣民眾的舉措，讓臺灣民眾在廈門能實實在在地分享到兩岸和平發展及廈門改革開放取得地成果，從法制層面加強臺灣同胞投資保障，加強廈門與臺灣司法交流和涉臺投訴協調，妥善處理涉臺事件，進一步密切廈金區域合作，創造條件讓臺灣同胞融入廈門社會。

在海峽西岸建設兩岸人民交流合作先行先試區域體現了科學發展觀的精神實質和構建和諧社會的內在要求。只有準確把握兩岸人民交流合作先行先試區域的內涵，充分認識在海峽西岸建設兩岸人民交流合作先行先試區域的重大的戰略和實踐意義，勤於研究，善於謀劃，敢於探索，勇於創新，依靠兩岸人民來積極推動，廈門才能在海峽西岸建設兩岸人民交流合作的先行先試區域中發揮好先行先試的作用，才能把海峽西岸的重要中心城市廈門建設成為兩岸合的紐帶、通的橋樑、連的通道、和的平臺。

從「新港臺互動關係」看兩岸區域經濟整合與發展之前景分析

簡澤源

第一節　前言

　　隨著馬英九政府上臺執政，兩岸關係已經出現重大的轉變，在2008年12月兩岸實現大三通、海協會會長陳雲林訪臺和大批內地旅客蜂擁往臺旅遊觀光購物、臺灣農產品大舉登陸，加上兩岸希望早日簽署ECFA（兩岸經濟合作框架協議）等等，顯示兩岸關係進入了大發展的新時期，促進港臺關係的新互動，不僅符合港臺兩地發展需要和利益，對兩岸加強溝通接觸，也將會發揮積極的推動作用。事實上，香港回歸中國大陸後，港臺關係的性質已發生了重大變化，成為兩岸關係的特殊組成部分。不可否認，在兩岸全面實施三通後，勢必形成新的經濟整合模式，使得香港作為兩岸中介城市的作用有所變化。但是，香港可憑著本身經濟的比較優勢（Comparative Advantages），在這大中華經濟圈中發揮重要的支援服務角色，特別是在港臺經貿合作與兩岸三地經貿互動方面，以及有利於拓展更多的商機及加強投資者的信心。

第二節　香港政府主動調整港臺關係

在2008年12月兩岸關係「破冰」之後，香港政府已經看到了兩岸關係發展的新局面和新需求，對港臺關係主動作出了調整和推進。在2008年10月發表的最新一份特首施政報告中，提出了多項新措施和建議，包括成立香港貿易發展局臺北辦事處，為港臺經貿合作提供更多協助和商機。同時，還建議本港工商界和臺灣工商界合組一個「港臺經貿合作委員會」，加強民間交流與聯繫，以及放寬臺灣民眾來港的入境安排，這些措施和建議，對推動港臺關係將會造成切實有效的作用。2009年3月25日香港政府政制及內地事務局長林瑞麟出席立法會財委會特別會議時表示，隨著兩岸關係改善，香港政府的涉臺政策要積極配合，而為了加強臺港官方交流，將會邀請臺中市長胡志強，於2009年4月15日來港，參加第一次香港臺灣城市交流論壇，就旅遊及商貿兩個議題進行交流。政制及內地事務局下個財政年度，將會撥款4.6億元，進行多項促進港臺交流的活動，當中400萬元會用作贊助兩地民間團體進行交流活動，當局亦會協助本港商界，早日成立臺灣商貿委員會。

香港和臺灣最新的互動關係如下：

一、2008底年香港貿易發展局在臺北成立了辦事處，香港旅遊發展局也計劃在臺灣成立辦事處。

二、香港民政事務局局長曾德成在2009年3月30日，由江蘇省無錫飛抵臺北桃園機場，準備出席世界佛教論壇的活動，他是首位香港特區政府主要官員訪臺。曾德成在機場對媒體表示，很高興來到臺灣，他預計港臺兩地關係將登上新的發展臺階，未來會有其他主管不同政策領域的香港特區政府高級官員到臺灣訪問。

三、2009年4月1日臺灣國民黨副主席、臺灣桃園縣縣長朱立倫訪港，並與香港特區行政長官曾蔭權會面。朱立倫訪港並與香港特區行政長官曾蔭權會面，雙方均同意在金融海嘯下，應該加強港臺官方在經貿、文化、教育等方面的交流，而朱立倫更在會面中，以國民黨副主席身分正式邀請曾蔭權訪臺。曾蔭權回應說，自己很希望在任期內可以重遊臺灣，又邀請桃園縣明年與香港合辦「港臺城市交流論壇」，朱亦回應會接受邀請。

四、首屆「香港臺灣城市交流論壇」在2009年4月15日在香港舉行，臺中市派出歷來最大的102人外訪代表團出席，與香港代表就經貿、旅遊和文化發展作交流。在會議舉行前，香港特區行政長官曾蔭權及政務司司長唐英年先後與第一次應特區政府正式邀請來港訪問的臺中市市長胡志強一行會面，大家均希望自此港臺關係能步入新臺階，又指港臺之間有很多的合作空間，包括經濟發展、金融、貿易、旅遊、教育等。香港商務及經濟發展局局長劉吳惠蘭在港臺城市交流論壇上正式宣布，香港將於2009年4月27日起，允許持臺胞證的臺灣居民，毋須按現行規定同時持有內地入出境簽注，即可以訪客身分來港，並可逗留不超過7天。臺中市長胡志強歡迎和肯定有關的新措施，指這比以前的規定簡化了許多，一定可以增加臺灣的旅客訪港時的便利性和人數，也希望香港到臺中去的旅客亦有所增加。

五、2009年5月7日臺灣交易所派出近30人代表團來港，就開發衍生產品市場取經。臺灣金管會與交易所在第三次「江陳會」，中臺達成兩岸金融合作協議後，臺灣火速落實發展藍圖，首先是加把勁爭取在港已上市與準備上市，在內地經營業務的臺灣企業回臺上市，其次便是發展衍生產品市場。臺灣證券交易所董事長薛琦表示，臺灣正努力吸引多達37家在港上市的臺企回歸臺灣上市。截至2008年6月，臺灣機構在港已設立了超過330間地區總部或辦事處。

六、2009年5月22日香港證監會日宣布，已與臺灣金管會就一份雙方早前所簽署的《諒解備忘錄》簽署並交換《附函》，以促進兩地市場的交易所買賣基金（ETF）跨境上市。根據《附函》的條款，在香港或臺灣交易所上市並分別由持有證監會或金管會牌照的資產管理公司管理的ETF，將會得到兩地監管機構的互相認可，讓這些ETF可以跨境上市及發售。這份《附函》將加強證監會與金管會之間的監管合作，特別是有關管理ETF所涉及的訊息共享及保密方面的安排。香港特區政府財政司司長曾俊華表示，香港政府十分重視香港和臺灣在金融服務業方面的合作，期望兩地的ETF可以盡快在對方的交易所上市，讓港臺兩地的市場參與者可以受惠於更多元化的市場。

七、2009年6月5-6日香港特區政制及內地事務局局長林瑞麟應臺灣陸委會

的邀請，以香港特區官員身分到臺北官式訪問，其間會與陸委會副主委傅棟成及臺北市副市長會面。是次邀請林瑞麟訪臺，主要是就成立臺港新的雙邊合作組織，加強雙方經貿、文化交流等各項議題進行商討、溝通。會議後宣布，臺灣將成立臺港經濟文化合作策進會下設經濟合作委員會，香港則會在香港貿易發展局之下組成香港-臺灣商貿合作委員會。兩個委員會作對口，就兩地關心的貿易、投資、旅遊及其他雙方合作的事宜作交流和討論。港臺政府的高層官員會積極參與兩個委員會的活動。林瑞麟今次訪臺的最大成果，就是港臺之間建立對口機構，標幟著港臺之間正式建立了溝通交流的機制、渠道和平臺，顯示港臺關係踏上新的臺階。這個新建的溝通平臺，既可讓官員參與其中進行實務性合作磋商，又有助迴避一些暫時難以解決的政治敏感問題，有利於港臺關係的平穩發展。香港在兩岸關係中具有特殊的地位和作用。當局應以超前的眼光去謀劃推動港臺關係，深化港臺的經貿關係，包括積極推動港臺自由貿易區的建立，盡快與臺灣簽訂「全面性避免雙重徵稅」安排，並爭取香港成為人民幣的兩岸清算中心等，爭取在促進兩岸和平發展中發揮更重要的作用。港臺經貿關係一向密切，但過去一直缺乏對口機構處理商貿事宜。林瑞麟今次訪臺的「破冰之旅」，令外界對港臺更高層次的官員交流充滿期待。

八、2009年6月20日中共中央駐香港聯絡辦公室副主任郭莉領軍的香港中國企業協會訪問團，應臺灣工業總會邀請來臺參訪。香港中國企業協會此次訪臺目的是瞭解臺灣投資環境與機會，多家重量級中資企業高管將隨同訪臺，包括中銀香港副總裁高迎欣、中國海外集團副董事長孔慶平等人。據悉，繼郭莉之後，香港中國企業協會總裁王遼平也將在下個月率領另一批香港中資企業來臺考察。王遼平去年底已率領一批香港中資企業法務主管訪臺，先行瞭解臺灣對外商投資的相關法律規範。香港中國企業協會密集訪臺，顯示未來臺灣正式開放陸資，在香港有多年投資、營運經驗的這批企業，極可能成為首批登臺的中資企業。由於香港這批大型中資企業不少都已在香港上市，必須接受香港監理機關監管，企業運作較為公開、透明。

九、2009年6月26日香港貿易發展局與高雄市政府經濟發展局簽署雙方首份經貿合作協議，協議涵蓋兩地資訊互換、人員互訪、就對方的經貿拓展活動提供

協助,以及提供商貿諮詢服務等,進一步加強雙方的合作交流,促進兩地企業經貿合作。

十、2009年6月26日臺北市長郝龍斌率團展開兩日訪港行程,他與行政長官曾蔭權會面時,提出多項合作計劃,包括赤立角國際機場與臺北松山機場直航,擴大香港在臺北的半官方經貿辦事處功能、加強兩地旅遊觀光及文化交流,他並邀請曾蔭權訪臺出席聽障奧運會。

十一、2010年3月5日香港政制及內地事務局局長林瑞麟和商務及經濟發展局局長劉吳惠蘭抵達臺中,展開為期3日的訪問。兩位局長此次訪問臺中,重點是促進香港和臺中的經貿、旅遊合作,共同拓展發展空間。

十二、2010年4月1日香港政府宣布成立「港臺經濟文化合作協進會」,由香港財政司司長曾俊華出任榮譽主席。「協進會」會長將由行政會議「非官守」成員李業廣擔任,榮譽主席曾俊華為香港特首曾蔭權之弟,將擔任常務副主席的林瑞麟為港府政制及內地事務局局長。港府多個政府部門和香港金融管理局、香港貿易發展局、香港旅遊發展局等單位的高層也將出任理事,該協進會層級之高十分少見,突顯港府對於當前臺港關係的高度重視。

十三、2010年4月2日臺灣陸委會宣布「臺港經濟文化合作策進會」正式成立,董事長由前財政部長林振國擔任。董監事將有約一半是由政府官員擔任,陸委會、經濟部、財政部與文建會等部會的次長級官員都將入列,與香港對口的「港臺經濟文化合作協進會」,成為臺港間的「兩會」,推動兩地的官方互動。

十四、2010年6月3日臺灣行政院大陸委員會主任委員賴幸媛赴香港訪問,成為陸委會成立以來,首位訪港的主委。香港當局相當重視賴幸媛的入出境,入境事務處及個別政府部門同時派遣官員全程陪同,期間入境處官員代為持證辦理通關手續,並引導走禮遇通道。賴幸媛這一趟「破冰之旅」,象徵意義不可小覷。賴幸媛是以正式官職訪港,享有一定程度的通關及接待禮遇,申請訪港的事由之一,是帶有官方色彩的「視察業務」。賴幸媛在香港表示,歡迎大陸國臺辦主任王毅訪問臺灣,她也期待自己能訪問大陸。

第三節 「新港臺互動關係」的經濟效益

一、2009年4月15日香港商務及經濟發展局局長劉吳惠蘭在港臺城市交流論壇上宣布，香港將於2009年4月27日起，允許持臺胞證的臺灣居民，毋須按現行規定同時持有內地入出境簽注，即可以訪客身分來港，並可逗留不超過7天。新措施不但可彌補兩岸直航對香港流失旅客的損失，並可增加留港過夜的臺灣旅客數目，令香港各個行業受惠，提升經濟效益。香港旅遊業界估計，新措施有助扭轉過往不足3成訪港臺灣旅客在港過夜的情況，令在港過夜的臺灣旅客比例增至5成，為香港帶來額外47萬留港旅客，並帶來23.5億元新的潛在商機。根據旅發局數字顯示，2008年訪港旅客高達2950萬人次，臺灣旅客占224萬人次，其中只有64.9萬留港超過一天，其餘71%都是經香港前往內地，而留港超過一天的臺灣客，人均消費達5000元，而不留港的平均消費則只有200元。

二、2009年4月15日香港財政司司長曾俊華在港臺城市交流論壇強調，香港希望在兩岸探討有關經濟合作架構協議的課題上有所貢獻。而港臺合作可向3個方向發展，包括臺資企業可以繼續利用香港的金融服務和現代化物流服務，形成澳港臺「三點一線」的運作路線，在港的臺資企業可以利用CEPA和服務業在廣東先行先試的措施，開拓廣東的市場，以及透過商界組織，包括成立港臺商貿合作委員會，香港與臺灣的商界可以共同在內地以至其他地方尋找商機。

第四節 香港與臺灣經貿往來的最新現況

一、貿易往來

目前臺灣與香港互為重要商品貿易夥伴，其中臺灣是香港第五大貿易夥伴、第三大出口市場、第八大轉口市場及第四大進口來源地，香港是臺灣第3大貿易夥伴。2009年港臺雙邊貿易達到2500億港元。值得注意的是，2004—2009年香

港與臺灣兩地的貿易總額均有增長，臺港兩地貿易近數年的增長，主要是「大陸因素」，特別是臺灣輸往香港的貨品中，大部份是經香港轉口（Re-export）及轉運（Transshipment）運往中國大陸的。港臺雙方目前也互為重要的旅遊客源和目的地。

二、投資往來

目前臺灣與香港是較重要的投資夥伴，香港是臺灣第3大外資來源地，臺灣是香港第10大投資來源地。在投資行業方面，香港對臺灣的投資，現時港商是臺灣第三大外資來源地，從事的投資行業，主要為與貿易、金融為主的服務業及製造業，當中從事貿易的港商，包括太古集團、怡和、英之傑等，製造業則包括震雄集團、南順集團等，而金融業則包括有匯豐銀行、東亞銀行等等。臺灣對香港投資主要有批發、零售及進出口貿易業；商用服務業；和金融及銀行業等服務業，其中金融及銀行業較為積極。目前臺資銀行在香港註冊的持牌銀行只有富邦銀行一家，在香港以外註冊的臺資持牌銀行有臺灣銀行、國泰世華商業銀行、彰化商業銀行、中國信託商業銀行、永豐銀行、遠東銀行、玉山商業銀行、豐隆銀行、第一商業銀行、華南商業銀行、臺灣土地銀行、兆豐國際商業銀行、臺北富邦商業銀行、臺新國際商業銀行、臺灣中小企業銀行；在香港註冊的接受存款公司有富邦財務（香港）有限公司，不少臺資證券及投資公司，也相繼來香港成立分行，安排臺灣投資者參與中國大陸及香港的投資活動。

三、金融往來

近幾年有不少「有根」及「無根」臺商積極來港上市籌資金額。根據作者不定期計算的結果顯示：

1.2006年10月31日在港上市的臺資企業有39家，總市值有3467.25億港元，約占香港當天股市總值113932.65億港元的3.04%。

2.在2007年8月31日，累計在港上市的臺資企業有46家，總市值有3779.28億港元，約占香港當天股市總值177461.00億港元的2.12%。

3.在2008年9月25日，累計在港上市的臺資企業有55家，總市值有2251.71

億港元,約占香港當天股市總值130777億港元的1.72%（見表一）。

表一 在港上市的臺資企業股票價值（2008年9月25日價格）

	公司名稱	股票代碼	股票市值（億港元）	註
1	自然美	157	33.30	
2	永恩國際	210	61.80	
3	湯臣	258	22.50	
4	勁美達	319	11.80	
5	康師傅控股	322	491.80	
6	唯冠國際	334	2.47	
7	新焦點汽車	360	5.42	
8	敏實集團	425	35.90	
9	凹凸科技	457	13.20	
10	佳邦環球	471	1.33	
11	聖馬丁國際	482	7.18	
12	瀚智集團	516	5.16	
13	順誠控股	531	34.60	
14	裕元集團	551	337.00	恒指成分股
15	富邦銀行	636	38.40	
16	瀚宇博德國際	667	10.80	
17	創信國際	676	10.10	

	公司名稱	股票代碼	股票市值（億港元）	註
18	冠捷科技	903	45.40	
19	林麥集團	915	2.29	
20	中芯國際	981	42.60	
21	福邦控股	1041	1.83	
22	美亞控股	1116	3.74	
23	天鷹電腦	1129	2.83	
24	台泥國際	1136	20.60	
25	瑩輝集團	1163	2.54	
26	信星集團	1170	5.07	
27	新灃集團	1223	4.41	
28	隆成集團	1225	3.62	
29	富士康國際	2038	251.30	恒指成分股
30	味丹國際	2317	7.00	
31	友佳國際	2398	5.04	
32	精熙	2788	10.60	
33	晶門科技	2878	4.57	
34	巨騰國際	3336	35.60	
35	乾隆科技	8015	0.98	
36	上彝國際	8226	0.55	
37	富陽控股	352	1.56	
38	真明麗	1868	14.60	
39	台一國際	1808	3.60	
40	峻凌國際	1997	10.20	
41	達創科技	722	21.70	
42	九興控股	1836	69.60	
43	宏通集團	931	2.38	
44	凱普松國際	469	1.71	
45	大洋集團控股	1991	6.24	
46	旺旺控股	151	356.90	
47	陽光能源	757	43.30	

	公司名稱	股票代碼	股票市值（億港元）	註
48	亞洲水泥	743	66.30	
49	寶勝國際	3813	33.90	
50	巨騰控股	3336	35.60	
51	鷹美控股	2368	5.99	
52	輝煌科技	8159	0.57	
53	東光集團	8150	0.68	
54	福方集團	885	2.69	
55	年代資訊影視	8043	0.86	
	上市台資總值		2251.71	
	香港股市總值		130777	
	台資上市公司占全港上市總值（%）		1.72%	

資料來源：作者根據香港交易所資料計算及整理得出。

值得一提的是，目前富士康國際（2038）及裕元集團（551）是香港恆生指數成分股成員，顯示部分在港上市的臺資企業有一定的份量。

第五節　「新港臺關係」與兩岸經濟發展之前景分析

　　目前香港與臺灣要積極發展經濟，加上香港及中國大陸是臺灣的重要經濟夥伴，在理論上與實證上而言，香港與臺灣應儘快積極推進臺港關係，原因是建立更積極的臺港經濟關係架構，對香港與臺灣未來經濟上甚為重要。經過多年的發展，目前香港已成為亞太區主要的國際金融中心，近年累計在港上市的臺資企業有55家，預期會有愈來愈多的臺商赴港上市籌集資金。事實上，最近有很多臺灣的公司主要透過合併後在香港上市，原因是大陸及臺灣的金融市場諸多限制，不及香港，至於到倫敦或紐約上市，因時差關係對他們來說不大方便。其次，香港基本上是一經濟城市，不是政治城市，而目前香港是亞太區主要的國際金融中心、貿易中心，金融、貿易、投資已是全球化，因此臺灣透過建立更積極的臺港經濟關係，加上香港經濟的比較優勢，臺灣可在香港身上增加更多的國際商業網路、資訊及商機。

此外，由於臺商在中國發展的業務不斷壯大，對於業務發展資金及收購兼併平臺之需求非常大，相對於返回臺灣上市集資，香港資本市場較為市場化及具彈性，所募集資金的用途亦不受限制，同時兼備進一步拓展中國業務所需之策略平臺，臺商利用了香港的融資優勢，不單可以為企業擴大資本和提升本身實力，並可藉此優化企業形象和加強競爭力，以加快與國際接軌，及增加與中國及外商企業合作的機會，對兩岸三地經濟交流與發展有積極推進之作用。

東亞區域經濟整合與臺灣參與的可行性問題探討

王建民

新世紀以來，東亞地區區域經濟合作發展迅速，並且呈現多種區域經濟整合模式。在東亞區域經濟合作中，臺灣作為東亞地區較為重要的經濟體之一，雖然積極爭取參與東亞區域經濟合作，但由於臺灣問題的特殊性與政治的敏感性，一直被排除在東亞區域經濟合作尤其是東亞經濟一體化進程之外，經濟發展出現所謂的邊緣化與邊垂化問題，也由此牽動海峽兩岸在東亞區域經濟合作中的互動問題與臺灣參與東亞區域經濟合作的適當性問題。

一、東亞區域經濟合作發展趨勢與特點

作為全球經濟增長最快的東亞地區，區域經濟合作尤其是區域經濟整合發展迅速，並出現一些新的趨勢與特點。

（一）多邊區域經濟整合模式

目前東亞地區多邊區域經濟整合發展最典型、最為順利的是東盟自由貿易區的建立。東盟自由貿易區是在東南亞國家聯盟（ASEAN，東盟）基礎上發展起來的，走了一條「先政治（安全）後經濟」的獨特區域經濟整合模式。

東盟成立之初是一個以維護區域安全為主的區域性政治性組織。直到十年之後的1977年，東盟國家召開第二次首腦會議，才確定將合作範圍擴大到區域經濟合作。1980年代中期後，全球經濟區域一體化的迅速發展，促成了東盟區域

經濟整合的發展。1992年1月,在新加坡舉行的第4次東盟首腦會議─東盟六國貿易部長會議上,簽署了《新加坡宣言》、《東盟加強經濟合作的框架協定》和《共同有效普惠關稅方案協定》(CEPT)等3個重要文件。同時,6個成員國貿易部長會議簽署了「東盟自由貿易區」(AFTA)協議。會議確定在未來15年內,即在2008年前實現東盟自由貿易區,承諾屆時進口關稅降低到5%以內。

東盟確定以《共同有效普惠關稅協定》作為實施自由貿易區計劃的主要工具,1993年1月1日起正式生效,並付諸實施。同時規定了自由貿易區實施的內容框架,包括七項區內關稅減讓與時間表。可以說,關稅減讓是東盟自由貿易區的最重要內容與途徑。東盟自由貿易區建立後,改變了過去以東亞、美國和西歐三大市場為主的貿易格局,區內貿易比重及與東亞地區的貿易比重大幅上升。

東盟自由貿易區或區域經濟一體化發展,經歷了從特惠貿易安排到自由貿易區的發展過程,成員也經歷了由少到多的增加過程,從初期的5國增加到目前的10國。在區內經濟整合上,從初期的貨物貿易逐步擴展到服務貿易、投資和其他經濟合作領域。2003年10月,東盟決定在2020年建立「東盟共同體」,以加速推進東盟區域一體化進程。2007年1月,第12次東盟首腦會議通過了《東盟提前在2015年建立共同體宿務聯合宣言》,決定將「東盟共同體」的時間從2020年提前至2015年。同年11月,東盟領導人正式簽署了《東盟憲章》,成為一個超國家的東盟憲法,成為東盟一個具有強約束力的區域經濟合作組織的法律架構。在這次會議上,東盟還通過了《東盟經濟共同體總藍圖宣言》,確定了東盟經濟共同體的發展目標、時間表和具體措施,從而為東盟經濟一體化向更層次即向政治整合邁進奠定了堅守的基礎。

(二)一個經濟體與多國經濟集團的區域經濟整合模式

東亞地區區域經濟合作發展的一個顯著特徵是,東亞地區主要經濟體與東亞地區最大的區域經濟集團東盟建構的區域經濟合作。東亞地區逐步出現三個「10+1」的區域經濟整合趨勢,分別為中國─東盟自由貿易區(10+1)、日本─東盟自由貿易區(10+1)與韓國─東南亞自由貿易區(10+1)的建設。其中,中國與東盟自由貿易區的建設發展較為快速與順利。

中國在加入WTO的進程中，市場將日益開放，並與國際逐步接軌。東盟國家對中國加入WTO後可能對東盟經濟發展產生不利影響表示了擔憂。在此背景下，朱鎔基總理從中國與東南亞地區經濟合作、共同發展的大局出發，首先提出雙方成立自由貿易區設想，很快在東盟內部引起積極反響。隨後，雙方成立了聯合專家小組，對其可行性、經濟效益及中國加入WTO的影響等問題進行研究。2001年11月，朱鎔基總理在汶萊首都斯里巴加出席第五次東盟與中國領導人會議，雙方一致同意在10年內建立中國—東盟自由貿易區，並就新世紀雙方重點合作領域達成共識。2002年11月，中國與東盟領導人在柬埔寨首都金邊簽署了《中國與東盟全面經濟合作框架協議》，標幟著中國—東盟建立自由貿易區（CAFTA）的進程正式啟動，中國與東盟經濟合作進入了一個新的歷史階段。

2003年10月，中國正式加入《東南亞友好合作條約》，確定與東盟建立戰略夥伴關係。

2004年9月4日，在中國—東盟經貿部長會議上，雙方在北京最終就貨物貿易協議達成一致，並就爭端解決機制達成共識。同年11月29-30日，在第二次中國—東盟領導人會議期間，中國與東盟10國簽署了中國—東盟自由貿易區《貨物貿易協議》和《爭端解決機制協議》。《貨物貿易協議》規定，從2005年7月1日起，雙方將按照商定的時間表全面啟動降稅進程，意味著中國—東盟自由貿易區建設正式啟動。根據中國與東盟各國確定的進程表，中國—東盟自由貿易區將於2010年建成，即用5年的時間實現這一目標。《爭端解決機制協議》就適用爭端的範圍、磋商程序、調解或調停、仲裁庭的設立、職能、組成和程序、仲裁的執行、補償和終止減讓等問題做出了相應規定。2007年，雙方又簽署了《服務貿易協議》，目前雙方正在就簽署投資協議進行磋商。

中國—東盟自由貿易區合作的基本內容包括：第一，貨物貿易的關稅減讓，分為正常類與敏感類。第二，早期收穫。針對不同行業與產品類別作了特別的「早期收穫」規定，部分動植物與農漁產品關稅減讓最遲在2004年初開始下調農產品關稅，並於2006年取消全部農產品關稅。第三，逐步取消非貿易關稅壁壘，簡化和協調關稅程序，但仍保留各自對非成員國的貿易保護政策。第四，建

立有效的貿易便捷化措施。第五，逐步實施涵蓋眾多部門的服務貿易自由化。第六，中國—東盟自由貿易區對東盟新成員國給予特殊和差別待遇及靈活性。第七，將中國與東盟經濟合作擴大到金融、旅遊、投資、農業、人力資源開發、中小企業、產業合作、知識產權、環境保護、林業及其產品、能源以及次區域開發等領域。此外，還包括了原產地原則、配額處稅率的處理、補貼、反補貼措施及反傾銷措施等規定。

中國—東盟自由貿易區在建立過程中，中國對東盟有關國家採取了一系列特別優惠政策。如2001年，中國宣布對寮國、柬埔寨和緬甸等國家提供特殊優惠關稅待遇，給予非WTO東盟成員國享受WTO最惠國關稅稅率；2003年10月1日起，中國與泰國將雙方的水果蔬菜關稅減至零等。

相對的，日本—東盟自由貿易區與韓國—東盟自由貿易區進度相對滯後。日本與東盟的《東盟—日本全面經濟夥伴關係協議》談判工作於2005年4月啟動，隨後東盟—韓國自由貿易區的談判也宣告啟動，儘管還沒有完善相關文件的簽署，但東亞地區一個主要經濟體與多國經濟集團（東盟）的合作成為一種新的發展趨勢。

（三）多個經濟體與一個經濟集團的東亞區域經濟整合模式

這一東亞區域經濟整合模式是中、日、韓三國與東盟正在積極建構的「中、日、韓—東盟自由貿易區」即東亞10＋3合作模式。

在歐共體的發展與北美自由貿易區的建立，東亞地區也開始討論東亞地區經濟整合或區域經濟一體化問題。1990年，馬來西亞總理馬哈蒂爾提出建立「東亞經濟集團」（後改稱為「東亞經濟論壇」，EACE）設想，其擬議中的參加成員與日後的10＋3框架成員基本一致。儘管當時在東亞地區經濟實力最強的日本態度積極，但在東亞地區經濟中頗具影響力的美國被排除在外，美國表示了反對態度，並對日本施力壓力，阻撓東亞經濟集團的發展。當時經濟實力還不夠強大也不夠國際化的中國態度則相對保守與冷靜。結果，這一東亞經濟集團的設想未能獲得共識，也未有進一步的討論與發展。

儘管如此，關於東亞區域經濟整合或東亞區域經濟一體化的討論一直沒有停

過止，而且在新的形勢下逐步出現了中國、日本、韓國與東盟合作建立中國、日本、韓國—東盟自由貿易區的建構問題，即東亞區域經濟一體問題。1991年1月，第三屆東盟非正式領導人會議在菲律賓馬尼拉召開，首次邀請中國、日本、韓國三國領導人與會，探討經濟合作、共同發展問題。會後發表了聯合宣言，稱為「10+3」聯合宣言。宣言中明確表示東盟10國與中、日、韓3國同意在六個經濟領域進行合作，重點包括訊息科技、電子商務、貿易、投資、科技轉移與技術合作等。東盟還設想與中國、日本、韓國等東亞三大經濟體研究建立東亞共同市場乃至區域貨幣計劃。馬尼拉會議開幕時，當時的菲律賓總統艾斯特拉達在致詞中曾表示，東盟推動貿易自由化的長期目標就是成立東亞共同市場、東亞貨幣及東盟共同體。

1995年底，在泰國舉行的東盟首腦會議上，東盟正式提出與中、日、韓三國首腦舉行會晤的建議，儘管日本企圖單獨與東盟舉行雙邊首腦會晤與合作而未予明確支持，但卻充分顯示東亞區域合作再次提上議程。特別是1997年東南亞金融危機的爆發，加速了東亞區域經濟整合的進程。同年12月15日，中、日、韓與東盟領導人（當時是9＋3，柬埔寨加入東盟後改為10＋3）非正式會議在馬來西亞首都吉隆坡舉行。會議的主要議題涉及21世紀的發展前景、亞洲金融危機問題與深化地區經濟聯繫等，並達成多項共識，東亞地區10＋3合作機制逐步形成。

目前10＋3區域合作的運作機制為東亞領導人會議。在2006年第8次東亞領導人會議上，中、日、韓三國領導人會議通過了《中日韓合作進展報告》和《中日韓三國行動戰略》，對未來各個領域的三方合作提出了指導方針。不過，由於東亞地區複雜的政治、文化與安全因素以及經濟上的競爭關係，10+3區域經濟合作仍處於「經濟論壇」階段，還未形成有效的或實質性的多邊區域經濟合作。

（四）東亞地區雙邊自由貿易區的整合模式

在區域經濟一體化浪潮化下，新世紀以來，東亞地區經濟區域合作邁入一個新的階段，其中，雙邊自由貿易區或類似的合作機制迅速發展。其中，以中國、日本、韓國與新加坡等推動雙邊自由貿易區的建立較為積極與活躍。

目前，中國已在全球範圍內推動雙邊自由貿易區（FTA）的發展，已經簽署或正在洽談的FTA近三十個。其中，在東亞地區，中國內地分別與中國香港、中國澳門簽署了更緊密的經貿關係安排（CEPA）。CEPA是區域經濟整合的一種創新與發展，在性質上類似FTA，合作內容包括了貨物貿易、服務貿易以及貿易投資便利化措施等，中國與新加坡於2006年10月正式展開雙邊自由貿易區（FTA）的談判，目前已接近簽署階段。同時，中國—韓國自由貿易區等也進入正式討論階段。

日本與新加坡也已正式簽署FTA，日本與泰國、菲律賓、馬亞西亞及韓國與新加坡等均展開自由貿易協定（區）的商談，但均尚未進入最後的簽署階段。

（五）東亞次區域經濟合作開發模式

在東亞地區，除了建立自由貿易區或類似的經濟一體化區域合作外，也有次區域經濟開發合作模式，主要包括大湄公河次區域合作與東北亞圖門江次區域合作開發等。

大湄公河次區域經濟合作始於1992年，成員包括中國、柬埔寨、寮國、緬甸、越南、泰國等六國。目標是加強相互間經濟聯繫，消除貧困，促進發展，合作形式是以項目為主導。大湄公河次區域經濟合作的發起者、調協人和主要籌資方則是亞洲開發銀行。目前大湄公河次區域經濟合作的動作機制為最高機構權力為領導人會議（每三年舉行一次）、部長級會議、高官會和工作組。祕書處職能由亞行行使。中國政府公布了《中國參與湄公河次區域合作國家報告》，並已啟動中國與東盟開發湄公河流域的全面合作。

大湄公河次區域經濟合作圍繞基礎設施建設、跨境貿易與投資、私營部門參與、人力資源開發、環境保護和自然資源可持續利用等五大戰略重點，共開展了包括交通、能源、電信、環境、農業、人力資源開發、旅遊、貿易便利化與投資等九大領域180個合作項目，動員總資金達100多億美元。經過十多年的推動與發展，大湄公河次區域合作已成為東亞地區區域合作頗具成效者之一。

東北亞地區區域經濟合作進展相對緩慢，目前主要為圖門江次區域合作開發。1995年中俄朝草簽了《關於建立圖門江地區協調委員會的協定》，12月中

俄韓朝蒙五國副外長又簽署了《關於建立東北亞和圖門江開發區協調委員會的協定》和《關於東北亞和圖門江開發區環境標準詳解備忘錄》。由於東北亞地區複雜的政治因素與經濟發展的巨大差異，影響了圖門江次區域合作開發的進程。

（六）跨東亞區域經濟合作模式

這一合作模式就是亞太經濟合作組織（APEC）。APEC是一個包括東亞主要經濟體在內的跨區域（跨洲）經濟合作組織。APEC的成員不是固定的，而是持續增加的。在目前18個成員中，東亞地區計11個成員，占了六成以上，分別為日本、中國、臺灣、香港、韓國、印度尼西亞、馬來西亞、新加坡、菲律賓、泰國、汶萊等，可見，APEC是東亞地區經濟合作的重要組織。

1980年代末期，全球範圍內經濟一體化發展尤其是歐洲經濟一體化與北美自由貿易區的初步建立與亞洲地區經濟的迅速發展，促進了亞太地區尋求經濟合作的動力。1989年1月，澳大利亞總理霍克建議召開亞太地區部長級會議，並提出所謂「漢城倡議」，即倡議加強亞太地區相互間的經濟合作，並得到美國、加大拿、日本與東盟等的積極響應。同年11月，亞太地區有關國家第一屆部長級會議在澳大利亞首都堪培拉舉行，標幟著亞太經合組織（APEC）的正式成立。

APEC成立後，經過多年的努力，逐步形成一套較為完善的組織體系與運作機制。組織機構與運作機制包括了五個層次，分別是APEC領導人非正式會議、APEC部長級會議、APEC高級官員會議、APEC委員會和工作組、APEC祕書處。

APEC不同於其他區域經濟整合，是一個論壇性質的國際經濟組織，運作機制是以磋商代替談判，以論壇承諾代替法律協定，堅持「相互尊重、協商一致、自願及開放的地區主義原則」，即具有高度開放性、非強制性、經濟合作的靈活性的特別，因此被稱為「軟運行機制」。儘管如此，APEC在促進成員之間貿易投資自由化與便利化方面仍取得可喜發展，各成員市場更趨開放，關稅水平明顯降低，非關稅壁壘逐步削減，服務貿易和投資環境大為改善。由於重點在於推動多邊自由貿易和投資、進行經濟技術合作，因此在性質上也屬於「類自由貿易區」形態。特別是經過多年的發展，APEC也提出了建立亞太自由貿易區（FTAAP）的設想，並獲得APEC成員的廣泛支持，儘管要實現這一目標仍面臨

很多障礙，但仍表明了亞太區域經濟整合發展的大趨勢。

APEC也是中國大陸與臺灣、香港共同參與的唯一與東亞區域經濟合作相關的經濟合作組織。

在整個東亞區域經濟合作中，除東盟自由貿易區及其他雙邊區域經濟合作外，中國幾乎不同程度地參與了其他東亞區域經濟合作，在整個東亞區域經濟合作進程中扮演著重要角色，發揮著越來越大的影響力。其重要原因在於，中國是東亞地區一個有影響力的大國，而且是經濟實力不斷發展壯大的大國，已成為全球第三大經濟體（GDP總量於2008年超過德國，目前僅次於美國與日本），全球第三大貿易國。特別是中國與東亞地區的經貿關係發展迅速，近年來，中國逐漸取代美國或日本成為這一地區主要國家或地區的最大出口市場，成為帶動東亞甚至世界經濟增長的火車頭。同時中國還逐漸成為東亞地區新興的對外資本輸出與投資者，在東亞地區的經濟影響力持續上升。另外，中國經濟日益開放，逐步與國際接軌，對區域經濟合作尤其是區域經濟整合採取了積極參與的態度，因此中國成為目前東亞地區參與區域經濟整合最積極、參與量最多的國家，也推動了整個東亞地區經濟整合的進程。

2008年國際金融危機爆發以來，國際經濟形勢出現新的重大變化，在給東亞區域經濟合作帶來挑戰的同時，也出現新的合作機遇。國際金融危機與全球性經濟衰退，迫切要求加快東亞區域經濟合作、金融合作，共同應對金融危機，實現共同繁榮與發展。

二、臺灣參與東亞區域經濟合作的戰略與策略

在東亞區域經濟合作尤其是經濟整合進程中，涉及到一個複雜而敏感的議題，即東亞地區重要經濟體臺灣的參與資格、身分、形式等問題以及海峽兩岸在區域經濟整合中的互動問題。一方面，臺灣作為這一地區重要的經濟體（在亞洲，其經濟規模僅次於中國大陸、日本與韓國，居第四位），希望參與東亞區域

經濟合作，同時希望以此擴大所謂的國際生存空間；另一方面，臺灣問題的敏感性與海峽兩岸關係的特殊性，又阻礙著臺灣的參與，從而形成一個複雜的矛盾。也就是說，東亞區域經濟整合中的涉臺問題越來越突出，為中國大陸處理臺灣參與東亞區域經濟整合帶來新的挑戰。

（一）臺灣在東亞區域經濟合作中的處境與面臨的困難

新世紀以來，東亞地區主要經濟體簽署雙邊與多邊自由貿易協定（FTA）或類似的區域經濟整合步伐加快，原本未建立任何雙邊或多邊自由貿易區的中國大陸、日本、韓國、中國香港地區等，近年來紛紛加快簽署或正在商談相關經濟合作協議。特別是目前，正式向世貿組織通報的自由貿易區等區域貿易安排估計350多個，尤其是絕大多數WTO成員參與了一個以上的自由貿易區或其他區域經濟安排。然而，作為WTO成員的臺灣（臺澎金馬單獨關稅區），作為東亞地區重要的經濟體，卻處境艱難，除與中南美洲邦交國簽署了四個自由貿易協定外，尚未參與東亞地區任何區域經濟整合。

在目前WTO所有成員中，在全球範圍內，大概只有蒙古與臺灣沒有參與區域經濟整合。在東亞地區雙邊或多邊自由貿易的區域經濟整合中，除朝鮮未加入WTO外，也只有臺灣未能與本地區任何一個經濟體簽署自由貿易協定或類似的區域安排。目前臺灣參與的唯一跨東亞地區經濟整合的國際經濟組織是APEC，而且是在中國與APEC協商下，對臺灣參與做出特殊安排（臺灣是以一個地區經濟體參與，並在參與問題上有特定的限制，與其他成員有較大差別）下實現的。

就大中華經濟區而言，中國大陸於2001年率先啟動中國—東盟自由貿易區的建立，隨後又與香港、澳門分別簽署更緊密經貿關係安排（CEPA），接著與有關國家或地區尋求雙邊或多邊自由貿易協定或自由貿易區的建立。到目前，中國大陸在全球範圍內已經簽署或正在商談的自由貿易區涉及近30個國家或地區，涵蓋了中國大陸外貿易總額的四分之一以上。

臺灣繼與巴拿馬、瓜地馬拉、尼加拉瓜簽署FTA之後，於2007年5月7日又與薩爾瓦多、洪都拉斯共同簽署「臺—薩、洪自由貿易協議」（FTA），總計與中美洲邦交國簽署了4個FTA。臺灣與這些國家簽署FTA，主要是政治考慮，而不是

經濟利益考慮。這些國家人口與經濟規模甚小，在臺灣對外貿易與經濟中的比重太低，對臺灣經濟發展的意義不大。臺灣也曾提出與新加坡、新西蘭，甚至美國、日本等簽署自由貿易協定，但卻因國際社會遵守的一個中國原則問題及在面臨其他重重障礙無法如願。在這種情況下，臺灣一直被排除在經濟區域化浪潮之外，形成臺灣經濟的邊緣化危機，臺灣經濟發展大幅放慢，近十年來臺灣經濟增長平均不到4.3%。

經濟邊緣化並不是與經濟中心化相對應的概念，而是與經濟區域化、經濟一體化或者區域濟整合相對應的一個概念。臺灣從來就不是區域經濟中心，未來也不可能成為區域經濟中心，因此本不會有所謂的經濟邊緣化問題，顯然目前討論臺灣經濟邊緣化問題不是要維護臺灣區域經濟中心問題，而是要討論臺灣在區域經濟整合或區域經濟一體化發展過程中的角色與地位問題，是如何發揮臺灣經濟的區位優勢，如何參與東亞區域經濟整合問題合。可見，臺灣經濟邊緣化的核心問題是，在全球經濟區域化尤其是東亞地區經濟整合過程中，因臺灣問題的複雜性與海峽兩岸的政治對立問題未解決，臺灣未能融入這一潮流或趨勢之中，而是被排除在區域經濟整合與經濟一體化之外，從而出現臺灣經濟發展的邊緣化與孤立化現象。

由此可見，臺灣參與東亞區域經濟合作或經濟整合的困難或關鍵在於政治問題，在於臺灣有無資格參與問題或者參與的身分問題，在於海峽兩岸之間的協商問題，在於臺灣參與是否會遵守一個中國的原則或者是否會造成「兩個中國」或「一中一臺」問題，歸根到底是一個政治問題，是臺灣參與國際社會的政治安排問題，而不是一個簡單的經濟問題。

2008年以來，隨著島內政局的變化，海峽兩岸關係出現積極發展態勢，和平發展成為海峽兩岸共同追求的目標，而且海峽兩岸開始了積極的接觸與協商，兩岸經濟交流與合作也進入一個新的發展時期。在此背景下，臺灣迫切希望在海峽兩岸簽署兩岸經濟合作框架協議（ECFA）之後，能夠順利參與東亞區域經濟整合，甚至加入中、日、韓－東盟自由貿易區，或與新加坡等國家簽署自由貿易協議，甚至在全球範圍內簽署雙邊自由貿易協定。因此，如何解決臺灣參與東亞

區域經濟合作問題或者如何處理海峽兩岸共同參與東亞區域經濟整合問題，成為新形勢下大陸面臨的新課題。

（二）臺灣參與東亞區域經濟合作的戰略考慮及主要策略

臺灣對於參與東亞區域經濟整合尤其是與有關國家簽署FTA，不只是單純的經濟整合或區域經濟合作考慮，還有更多的政治考慮，旨在擴大臺灣的國際生存空間。一方面透過參與東亞區域經濟整合，提升臺灣產業競爭力，避免經濟邊緣化危機與經濟的衰落。另一方面，透過參與東亞區域經濟整合，與有關國家簽署FTA等，達到拓展臺灣國際生存空間的目標，達到提升臺灣在國際社會的參與度，發揮政治影響力。

要強調的是，在臺灣參與區域經濟整合問題上，民進黨執政的政治考慮與國民黨執政的政治考慮是有較大差別的。民進黨執政時期，積極爭取參與東亞等區域經濟整合的政治利益考慮大於經濟利益考慮，雖然也有避免臺灣經濟邊緣化的考慮，但不是最重要考慮，其更重要的企圖是謀求實現臺灣獨立的政治大戰略，是尋求擴大國際活動空間，增強與有關國家的實質政治關係，同時抗拒海峽兩岸經濟整合，避免兩岸經濟一體化，防止兩岸經濟整合對兩岸政治統合或統一的影響。尤其是民進黨執政時積極爭取與美、日簽署自由貿易區（FTA）或共同建立美、日、臺自由貿易區，企圖將臺灣融入以美日為代表的西方經濟體系，以此拒絕融入正在迅速崛起的中國經濟體系。

國民黨執政後，積極爭取臺灣參與東亞區域經濟合作，雖然有所謂「擴大國際生存空間」的政治考慮，但更多的是經濟利益考慮，是希望避免臺灣經濟的邊緣化，提升臺灣經濟競爭力，兌現馬英九提出的經濟發展目標，而且不排斥臺灣與大陸經濟的整合，因此積極推動兩岸簽署兩岸經濟合作框架協議（ECFA）。馬英九當局在處理這一問題上是「先兩岸後國際」，即強調優先建立兩岸經濟制度化合作，然而以此作為臺灣打開與東亞等其他國家簽署FTA的通道，以實現臺灣與東南亞地區經濟合作，然後再擴大到與其他國家或地區簽署FTA。

臺灣最早提出與有關國家簽署FTA的設想，主要集中在東南亞地區，其中以新加坡為典型代表。90年代後期，執政的國民黨爭取與新加坡等簽署FTA，一度

有所進展。但由於中國大陸公開呼籲與中國建交的國家，應堅持一個中國原則，反對與中國建交的國家與臺灣簽訂FTA，影響到臺灣與東南亞國家簽署FTA的進展。民進黨執政後，仍然將與東南亞國家或東盟簽署FTA（2002年，陳水扁提出與東盟簽署FTA）作為重要的對外經貿戰略。不過，由於中國大陸與東盟率先推動建立中國—東盟自由貿易區（CAFTA），形成「10＋1」合作機制，東南亞地區與中國經濟關係發展迅速，加上中國大陸對東南亞國家與臺灣簽署FTA的明確立場，使得臺灣爭取與東盟或東南亞國家簽訂FTA的工作沒有任何進展。

馬英九在競選時，就臺灣參與東亞區域經濟合作曾提出「10＋3＋1」設想，即臺灣參加「中國、日本、韓國—東盟自由貿易區」合作機制，形成「10＋4」。馬英九當選及國民黨重新執政後，也積極推動與東南亞國家簽署FTA的工作。但考慮到兩岸關係發展的重要性，馬英九當局採取比較務實的策略，強調兩岸先簽署綜合性經濟合作協議（CECA），然而臺灣才便於與有關國家尤其是東南亞國家簽署FTA，而且認為將率先與新加坡簽署FTA，然後擴展到東亞其他國家，甚至參與10＋3經濟整合進程。臺灣海基會祕書長高孔廉表示，兩岸簽署CECA後，大陸應該允許臺灣先與新加坡簽署FTA，而且表示臺灣與新加坡就簽署FTA已有密切接觸與協商。

臺灣企業界與民間也有類似的主張。臺灣業界（臺灣工銀證券投資顧問）認為10＋3占臺灣對外出口市場的比重已超過65％，若在臺灣所生產製造的商品無法以相同條件進入10＋3，不但會降低臺灣外銷商品的競爭力，也勢必會降低未來島內投資。同時認為，兩岸簽署CECA後，不僅有助於降低兩岸貿易上的關稅障礙，更重要的是將有助於臺灣進入10＋3貿易體系，在增加臺灣競爭力的同時，也可減少產業外移，緩解產業空洞化疑慮。

目前海峽兩岸在積極推進簽署經濟合作協議的同時，如何處理兩岸達成協議後臺灣參與東亞區域經濟整合，是大陸面對的新挑戰，也是海峽兩岸關係發展面臨的重大議題。

三、臺灣參與東亞區域經濟整合與海峽兩岸經濟整合的關係

問題

解決臺灣參與東亞區域經濟合作問題，是臺灣參與國際社會的一個重要議題，不是臺灣單獨所能解決的，而是需要海峽兩岸共同協商解決的，尤其是如何處理兩岸經濟整合與臺灣參與東亞區域經濟整合的關係問題，是當前大陸面臨的一個重要挑戰。

這是一個非常複雜、難度甚高的問題。首先要回答臺灣是否可以參與東亞區域經濟整合問題。目前臺灣還沒有參與東亞區域經濟整合，而極力希望參與，其重要策略考慮是將兩岸簽署兩岸經濟合作框架協議（ECFA）作為前提，即認為兩岸簽署經濟合作框架協議後，臺灣就可以自動與東亞甚至全球範圍內的國家或經濟體簽署自由貿易協定等。也就是說，臺灣的策略是「先兩岸後東亞」，而且將兩者相聯繫。

從目前兩岸關係的互動態勢與未來方向觀察，臺灣參與東亞區域經濟整合是一種不可避免的趨勢，問題是兩岸如何就臺灣的參與問題進行協商，達成原則性的共識，以及如何處理臺灣參與東亞區域經濟整合與兩岸經濟整合的關係問題。

2008年12月31日，胡錦濤總書記在紀念全國人大發表《告臺灣同胞書》30週年座談會上的講話提出，「建立更緊密的兩岸經濟合作機制，有利於臺灣經濟提升競爭力和擴大發展空間，有利於兩岸經濟共同發展，有利於探討兩岸經濟共同發展同亞太區域經濟合作機制相銜接的可行途徑」，不僅表明了兩岸經濟共同發展與亞太區域經濟合作機制的關係問題，也指明了臺灣參與東亞區域經濟合作的政策方向。

顯然，大陸領導人對這一問題的思維，是要將兩岸經濟共同發展與臺灣參與東亞區域整合相聯繫、相銜接。如何銜接，則是我們需要回答的問題。為了避免將問題複雜化，為了避免出現嚴重的後遺症，比較理想的解決途徑是將臺灣參與東亞區域經濟整合與海峽兩岸經濟整合分開處理。臺灣方面不能錯誤地認為，只要海峽兩岸簽署了經濟合作框架協議，臺灣就可以自動與東亞地區或其他國家簽

署自由貿易協定，建立自由貿易區或參與多邊經濟整合。臺灣參與東亞區域經濟整合是一個臺灣參與國際社會或國際經濟組織的一個重大政治議題，需要海峽兩岸的共同協商解決，臺灣方面不能單獨決定與處理。

從上述分析看，東亞區域經濟整合或運作機制有不同模式，有多國經濟集團（東盟自由貿易區）的經濟整合，有雙邊自由貿易區的建立，有一國與多國組成的經濟集團的經濟整合（10＋1）、有多國與一個經濟集團的整合（10＋3），有次區域合作開發，還有包括東亞區域為主的跨區域經濟合作（APEC），因此在討論臺灣參與東亞區域經濟合作或整合時，是不能有統一標準的，而是應區別對待，個案處理。

在跨東亞區域經濟合作中，中國大陸與APEC已達成原則性共識，妥善解決了臺灣參與APEC問題，儘管在後來的運作中，臺灣曾經常借此平臺製造事端，影響兩岸在APEC的良性互動。這也是大陸未來在處理臺灣參與東亞區域經濟整合時應借鑑的經驗與教訓。不過，這一合作個案模式仍可以作為臺灣參與東亞區域經濟整合的參考。

對於臺灣與東亞地區有關國家簽署雙邊自由貿易協定問題，大陸過去一貫在一個中國原則下持反對意見。但在國民黨重新執政與兩岸關係形勢出現積極變化的情況下，臺灣企圖在兩岸簽署經濟合作框架協議後，與有關國家簽署FTA（自由貿易區），大陸是繼續反對、還是有條件允許？攸關國民黨執政的鞏固、兩岸關係政治互信強化與兩岸關係和平發展大局，是大陸必須面對的重大問題。若持續反對，則會影響兩岸關係和平發展氣氛，更不利於國民黨在臺灣的長期執政；若允許，可能就引發連鎖效應，臺灣將紛紛與世界範圍內許多國家或地區簽署FTA，可能引發一系列新的後遺症。面對如此兩難困境，大陸應權衡利弊，應有條件允許臺灣參與，而允許的條件為何？則是需要海峽兩岸認真協商與討論。對於臺灣參與多國經濟集團（東盟自由貿易區）的經濟合作，則應持續反對意見。因為東盟自由貿易區開始向東盟共同體發展，逐步從經濟領域擴大到政治、安全等領域，臺灣是不能夠參與的。對於臺灣企圖加入由中、日、韓與東盟構成的10＋3這一東亞區域經濟整合體系，目前並不具緊迫性，原則上堅持在解決了大

陸與臺、港、澳的區域經濟整合之後再討論。對於臺灣參與次區域經濟合作或地區開發（如大湄公河次區域合作）以及與東亞地區有關國家簽署雙邊FTA則應在兩岸協商基礎上可有條件允許臺灣參與。

總之，關於臺灣參與東亞區域經濟合作或整合，對不同類型或層級的區域經濟整合要採取不同標準與適應辦法，不能採取同一標準。最關鍵的是要堅持「兩岸同屬一個中國」這一基本原則與「靈活務實處理」原則，臺灣的參與，既不能造成「兩個中國」或「一中一臺」的局面，同時又可在兩岸關係的和平發展的框架下有效解決臺灣對外簽署FTA問題或參與東亞區域經濟合作問題。

構建浙臺兩地區域經濟合作模式初探——基於SWOT分析的策略選擇與模式研究

戴文標　張澤波

2008年5月以來，臺海局勢發生了重大的積極變化，兩岸關係面臨難得的歷史發展機遇。但兩岸長期累積的問題並非一朝一夕就可以解決，我們應該在「九二共識」的基礎上，秉持「建立互信、擱置爭議、求同存異、共創雙贏」的精神，先易後難，先經濟後政治，循序漸進，務實地解決兩岸同胞關心的問題。

當前，構建兩岸區域經濟合作機制，促使兩岸的經貿交流合作正常化和制度化，已經成為兩岸所共同關注的焦點和熱點。兩岸專家對於「兩岸經濟合作框架協議（ECFA）」的研究也已基本完成，研究結果表明，商簽這一協議對兩岸尤其是臺灣經濟發展的影響將是正面的和積極的。大陸方面為啟動商簽兩岸經濟合作框架協議的各項準備工作已大體就緒。加強兩岸經濟合作，促進兩岸經濟合作的制度化和正常化，已經成為兩岸關係發展的一種必然趨勢。浙江作為中國經濟發展的排頭兵，在這方面理應走在全國的前列。

一、浙江加強浙臺兩地的經濟合作的SWOT分析

臺灣與大陸一衣帶水，與浙江更是隔海相望，浙江與臺灣地緣相近、血緣相親、文緣相承、商緣相連，具有對臺交往的獨特優勢，浙臺兩地經貿合作具有很大的潛力和發展空間，當然也面臨著一定的機遇與挑戰。

383

（一）浙江加強浙臺兩地區域經濟合作的優勢

　　1.深厚的歷史文化淵源。從歷史上來看，浙江與臺灣有著深厚的歷史文化淵源。浙江是古越文明的發祥地，臺灣早期住民中，有著古越人的後裔。溫州洞頭縣流傳的民謠：「半屏山，半屏山，一半在大陸，一半在臺灣」更加說明了這一點。

　　2.良好的投資發展環境。在臺灣電機電子工業同業公會公布的《2008年中國大陸地區投資環境與風險調查》報告中，杭州被列為「臺商未來考慮布局的城市和地區」的前十名，而寧波則列在「從事高科技產業的臺商未來想要布局的城市」的前十名。此前，寧波、杭州、蕭山也曾多次被評為「極力推薦城市」。良好的投資發展環境，已經使得浙江成為廣大臺商投資興業的首選地之一。

　　3.特色塊狀經濟構築堅實的產業基礎。塊狀經濟是浙江的特色之一，目前，浙江已經基本形成了以蕭山紡織、鎮海化工、紹興縣紡織、永康五金、慈溪家電、蕭山機械汽配、樂清工業電器、鹿城服裝、諸暨五金、餘姚家電等為代表的特色塊狀經濟發展模式。產業基礎較為穩定，這使得浙江在承接臺灣產業轉移方面更具優勢。

　　4.豐富的生態旅遊資源。旅遊是兩岸人民相互交流、相互瞭解的最主要方式之一。浙江旅遊資源十分豐富。全省有重要地貌景觀800多處、水域景觀200多處、生物景觀100多處。人文景觀100多處，而且特色明顯，知名度高。另一方面，浙江的生態資源也在全國也名列前茅。浙江有1個國家級生態縣，43個國家級生態示範區，138個全國環境優美鄉鎮，2個國家級生態村，總數位居全國前列。浙江豐富的生態資源為其在發展休閒農業、精緻農業等方面提供了條件和基礎。

　　5.便捷的交通與充足的運力。浙江由於其獨特的區域位置，使其在交通運輸方面的優勢十分明顯。在空運方面，2009年8月31日兩岸直航航班定期化以後，杭州至臺灣的航班僅次於上海，成為大陸與臺灣的第二大通航熱點城市；在海運方面，浙江省也已有5個港口和2個港區參與兩岸海運直航。充足的運力為浙臺兩地及周邊地區的人員交流與物資運輸提供了保障，對於推動兩地的旅遊合作與

產業對接作用重大。

（二）浙江加強浙臺兩地區域經濟合作的劣勢

1.土地資源相對稀缺。浙江陸域面積10.18萬平方公里，僅為全國的1.06%。而且浙江地形複雜，山地和丘陵占70.4%，平原和盆地占23.2%，河流和湖泊占6.4%。山地和水域占據了浙江80%左右的國土面積，土地資源方面相對稀缺，工業用地不足，土地成本相對較高，不利於進一步的招商引資。

2.產業結構有待改善。塊狀經濟，作為「浙江模式」的重要特色之一，在浙江經濟連續多年的高速發展中起了重要的推動作用。但此次金融危機的衝擊也使其暴露了一系列的問題。這主要表現在：第一，整體價值鏈的低端化使其利潤空間與規避風險的空間十分狹小；第二，產業鏈斷裂，內部產業鏈畸形化；第三，塊狀經濟內企業間同質競爭嚴重等等。

（三）浙江加強浙臺兩地區域經濟合作的機遇

1.兩岸展現積極的合作願望。臺灣方面，2008年3月馬英九認為簽訂「綜合性經濟合作協議」（後又改稱為「兩岸經濟合作框架協議」，即ECFA）是避免臺灣經濟「邊緣化」的必須選擇；大陸方面，胡錦濤總書記2008年12月31日在參加紀念《告臺灣同胞書》發表30週年座談會時，也對此做出了善意的回應，指出要「實現兩岸經濟關係正常化，推動經濟合作制度化」，認為「兩岸可以為此簽訂綜合性經濟合作協議，建立具有兩岸特色的經濟合作機制」。

2.海西經濟區納入國家發展戰略。2009年5月4日，國務院通過了《關於支持福建省加快建設海峽西岸經濟區的若干意見》，明確提出海峽西岸經濟區為兩岸直接「三通」、攜手共禦金融危機的「先行先試」區。這標幟著建設海西區已列入中央的戰略決策。浙江的溫州、麗水、衢州、金華、臺州5個市被納入海峽西岸經濟區中。這是促進兩岸經貿發展的一個新的平臺，也是浙江加強與臺灣經濟合作的一個新的發展機遇。

（四）浙江加強浙臺兩地區域經濟合作的挑戰

1.利用臺資比重相對較低且有下降趨勢。橫向來看，與江蘇、福建等兄弟省

份相比，浙江在利用臺資方面還存在一定的差距。截至2008年6月底，江蘇省已經累計批准臺資項目19651個，合約利用臺資885.62億美元，實際利用臺資379.93億美元，臺資項目數和利用臺資額分別約占大陸的1／5和1／3，引進臺資項目數是浙江的4倍。縱向來看，由於國家西部大開發以及振興東北老工業基地戰略的實施和全球經濟環境變化的影響，全國範圍內臺商投資出現北移西進的趨勢。臺商在浙江的投資也出現了同比下降的趨勢。據浙江省臺辦系統統計，2008年1—6月份，共新批准臺資項目71個，總投資額8.13億美元，合約利用臺資5.48億美元，引進臺資項目數、總投資和合約投資與去年同期相比，分別下降53.39%、52.29%和35.53%。

2.對臺貿易總量較小。據統計，從2000到2007年，浙江對臺貿易進出口總額由12.96億美元增長到89.01億美元，增長了5.9倍。然而，浙江對臺貿易的總量仍然較小，2007年僅占浙江對外貿易總額的5.2%，全國對臺貿易總額的5.5%。2007年全國對臺貿易總額排名前五位的依次為廣東、江蘇、上海、浙江、福建；浙江居第4位，而且與前3位的差距較大，其僅為廣東的20%、江蘇的24%、上海的32%。這與浙江外貿大省、經濟強省以及地處對臺前沿的區位優勢極不相稱。

3.海西經濟區中非主體地位。海西經濟區主要是以福建為主體，而且浙江劃入海西經濟區的5個市均處於浙西南山地、丘陵地區，經濟相對並不發達，福建的優勢地位遠遠超過浙江。浙江要借此加強與臺灣的經濟合作，還需進一步加強對海西經濟區的融入。

二、浙臺兩地區域經濟合作及其模式分析

（一）兩岸經濟合作的主要模式

對於目前大陸與臺灣經濟合作的模式，兩岸的專家學者都有一定的研究與概括。北京聯合大學臺灣研究院孫兆慧，中國社會科學院臺灣研究所王建民等學者

曾對兩岸的經濟合作模式與機制進行了深入分析，他們認為目前兩岸經濟合作主要有以下十種模式：①「臺灣接單，大陸生產，海外銷售」的合作模式及其變異模式；②大陸「臺商經貿園區」合作模式；③以一家或數家臺灣大型企業投資帶動形成的上下游集聚一個地區的單一產業鏈合作模式；④臺資企業大規模聚集形成的「東莞模式」與「崑山模式」；⑤技術入股型的經濟合作模式；⑥跨國公司參與的兩岸經濟合作模式；⑦以企業兼併形式為主的經濟合作模式；⑧臺商以突破臺當局政策封鎖促成的兩岸經濟合作模式；⑨以香港為中介的兩岸間接或三邊合作模式；⑩透過國際離岸金融中心運作實現兩岸經濟合作模式。

臺灣政治大學東亞研究所魏艾教授認為，當前兩岸經貿互動模式主要呈現如下幾個特點：①兩岸高層以民間名義透過國際會議或赴大陸參訪方式，針對兩岸關切議題，交換意見；②透過國共經貿交流平臺就兩岸經貿問題，尤其是臺商所關切的問題提出解決方案；③臺灣方面就內外在政經形勢，逐步鬆綁對大陸經貿和投資管制的限制；④中國大陸片面提出優惠臺灣的政策；⑤海基會和海協會透過官方復委託的機制，建立準官方的正常溝通管道，並簽訂若干協議。他指出，這些溝通的平臺和解決問題的機制，是當前兩岸互動的主要模式。

上述專家學者對兩岸目前經濟合作模式的概括與整理，基本上涵蓋了兩岸目前經濟合作的主要形式與模式，當然也包涵了浙江與臺灣的經濟合作的基本模式。結合上文的SWOT分析，本文的論述將結合浙江的三次產業結構來對浙臺兩地的經濟合作模式進行分析。

（二）浙臺兩地區域經濟合作及其模式分析

1.浙臺兩地農業合作及其模式分析。浙臺兩地地緣相近，農業氣候類似，農業情況互補性強，農業合作空間廣闊。據統計，2008年浙江對臺進出口農產品貿易總額達1.14億美元；而且浙江目前已經累計引進臺資農業項目328個，實際到位資金1.6億美元，投資領域以農副產品加工為主，包括茶葉、蔬菜、水果、肉製品等農產品，投資形態主要是臺商獨資的形式。農產品貿易與農業投資時目前浙臺兩地農業合作的主要模式。雖然浙臺兩地的農業合作雖然已經取得了較好的成績，但從目前來看，形式還比較單一，仍處於比較初級的階段，兩地農業合

作應向更深層次邁進，合作的模式應更加多樣化。

　　2.浙臺兩地工業產業合作及其模式分析。浙江目前已經成為臺商在大陸投資集中、發展良好的地區。截至2008年年底，全省累計批准臺資企業6800多家，臺商在浙江合約投資累計達220億美元。浙臺兩地在工業合作模式方面，正處於不斷拓展和探索階段。按照孫兆慧，王建民的歸納概括，目前主要集中在以下幾種形式：①「臺灣接單，大陸生產，海外銷售」的合作模式。這是目前兩岸合作最基本的形式，也是浙臺兩地最主要的合作模式；②以一家臺灣大型企業投資帶動形成的上下游集聚一個地區的單一產業鏈合作模式；③跨國公司參與的兩岸經濟合作模式。臺資在浙江的發展，不僅使臺灣的成功實現傳統產業的向外轉移，同時也帶動了浙江經濟的發展。

　　3.浙臺兩地旅遊文化合作及其模式分析。目前浙江已經成為大陸與臺灣聯繫最為密切、人員交流往來的熱點地區。2009年10月28日，浙江省赴臺遊客突破10萬，成為大陸首個赴臺遊客超10萬人的省份，浙江赴臺遊人數占大陸居民赴臺旅遊總數的1／5強。而另一方面，今年1至9月，浙江全省共接待臺灣遊客約76.8萬人次，同比增長了11.2%。這都標幟著浙臺兩地互動旅遊步入了新的歷史階段。在兩岸旅遊業的合作模式方面，主要以兩地景區之間簽訂一對一的合作協議為主要形式。如2006年杭州靈隱寺與臺灣中臺禪寺結盟「同源禪寺」，2008年，臺灣南投縣與杭州市簽訂「杭州西湖與南投日月潭建立交流合作關係協議」等。

　　但同時我們也應看到，浙臺兩地在旅遊業之外的其他服務業的合作方面，還有很多的合作領域與發展空間，還有待於進一步的加強。

三、基於SWOT分析的策略選擇與模式建議

　　（一）以海西經濟區位新的切入點，積極搶占對臺合作的先機。

　　海西經濟區納入國家發展戰略以後，必將成為兩岸交流合作的主陣地，這是

浙江發展對臺關係的機遇；但浙江的在海西經濟區中的非主體性也使得浙江處於相對不利的地位。浙江應以此為新的切入點，積極融入海西經濟區；並借此為契機，搶占新一輪區域經濟發展先機和有利地位。

（二）依託良好的生態環境資源，深化浙臺兩地的農業合作。

我們知道，臺灣在發展精緻農業，高科技農業方面存在技術和管理經驗上的優勢。而浙江，尤其是麗水、衢州等地區，山清水秀、氣候溫和，十分適合高效生態農業的發展。因此，浙江與臺灣的農業合作不應僅僅停留在農產品貿易與加工這一簡單的合作模式上。在具體模式方面，可以考慮以下幾種模式：①建設臺灣農民創業園；②引進臺灣民宿，發展休閒農業；③加強聯合研發與種苗推廣等。

（三）針對性的承接臺灣產業轉移，促進浙江經濟轉型升級。

1980年代末，臺灣產業逐步開始向外轉移，起初主要以紡織、玩具等勞動密集型產業為主，90年代以來臺灣的產業轉移逐步向高科技產業過度，主要以電子訊息等產業為主。從前文的分析中我們可以看出，浙江具備良好的投資環境和產業基礎，具有承接臺灣產業轉移的優勢。因此，浙江應在原有工業經濟的基礎上，合理承接臺灣的高科技產業轉移，培育和發展高新技術企業，推動浙江經濟的轉型升級。在合作模式方面，應該逐步摒棄「臺灣接單，大陸生產，海外銷售」的傳統合作模式，積極鼓勵「以一家或數家臺灣大型企業、投資帶動形成的上下游集聚一個地區的單一產業鏈合作模式」與「技術入股型的經濟合作模式」。

（四）立足浙江優勢資源，加強第三產業的合作與交流。

兩岸實現「大三通」以後，浙臺兩地旅遊業的熱絡發展已經成為兩岸交流的一道亮麗的風景線，旅遊已經成為浙臺溝通的堅實橋樑。但是我們應看到，兩岸服務業的發展還有更多的合作領域，不應僅僅侷限在旅遊這一行業。

1.加強兩地直航港口合作，搭建兩地物流平臺。物流產業關係到兩岸發展的經濟命脈產業。目前，浙江省已經有5個港口和2個港區參與兩岸海運直航。加

強兩岸港口合作，搭建合適的物流平臺，對於整合兩岸經濟發展，加強各產業在兩岸的營運布局，提升兩岸整體的國際競爭力將有積極的促進與推動作用。

2.搭建兩地電子商務與訊息交流平臺，推動電子商務國際化發展。在互聯網飛速發展的今天，電子商務已經成為經濟發展的必然趨勢。兩岸「大三通」實現克服了兩岸電子商務合作與發展中存在的物流成本高、配送時間長等關鍵問題，兩地電子商務與訊息交流平臺的搭建已經具備條件。浙江應進一步加強浙臺兩地電子商務與訊息交流平臺的搭建，促進兩地電子訊息服務業的交流與合作。

3.加強兩地金融合作研究，搶占金融合作先機。2009年11月兩岸金融監理備忘錄（MOU）的簽署，成為兩岸的金融合作的一個新的轉折點，兩岸金融合作進入了新的發展時期。浙江應積極籌劃，加強金融合作研究，爭取在兩岸的金融合作中占得一席之地。

兩岸「三通」後粵臺經貿合作新發展

賴文鳳

一、廣東臺商投資的現狀與特點

　　1987年，臺灣開放民眾回大陸探親，取消戒嚴令，准許間接貿易，臺商到大陸的投資開始增加。1988年，《廣東統計年鑑》開始出現臺商在廣東投資的記錄。1992年，鄧小平發表南方講話，臺商對廣東的投資大幅增加，到1993年進入高峰期。1997年，金融風暴橫掃整個東南亞地區，東盟諸國投資環境惡化，臺商的「南向」計劃失利，投資重點進一步轉移到大陸。這一階段，臺商對廣東的投資轉向資本、技術密集型產業，包括臺灣統一、光寶、臺塑、臺達等數十家知名大企業及上市公司先後進入廣東。

　　目前，廣東已成為臺資最集中的省份之一。據廣東省臺辦統計，到2008年底，全省累計引進臺資企業22815家，合約利用臺資515.6億美元，實際利用臺資432.68億美元，解決了約600萬勞動力就業。臺資是廣東外來投資中僅次於香港的第二大資金來源，已經成為廣東經濟社會發展中的一股重要力量。

　　臺商在廣東的投資，主要呈現以下一些特點：

1.投資地域相對集中

　　在臺灣嚴令禁止直接投資、兩岸尚未實現「三通」前，香港是臺商到大陸投資主要中轉地之一，毗鄰香港的廣東珠江三角洲東部地區，尤其是深圳、東莞、

廣州、惠州、以及中山等地,成為臺商主要的集聚地區,這些地區約占臺商在廣東投資總額的90%。早期,臺資企業主要集中在毗鄰香港、交通便利的深圳、東莞等地,以「三來一補」方式進行,透過香港外銷。其後,由於深圳在政策傾斜方面轉向支持高附加值、高科技產業的發展,包括港澳和臺灣的大批「三來一補」企業遂遷移到交通同樣方便但成本卻便宜得多的東莞地區,形成所謂「東莞現象」。目前,東莞的臺資企業已達5249家,占廣東臺資企業的1／3,已成為廣東乃至全國臺商投資最密集的城市。

2.產業群聚明顯

臺商在大陸的投資,在地域趨向集中的同時,也形成產業群聚的特點。臺商在大陸早期的投資中,已呈現某些產業群聚的特點。到90年代中後期,臺灣IT產業,主要是電腦周邊產品製造業向大陸轉移,並逐漸聚集在深圳、東莞等地區時,產業群聚的特點更為明顯。當時,部分臺灣大企業和上市公司,如臺達、國巨、群光等相繼進入東莞或加大對東莞的投資,這些大企業在東莞落戶產生了強大的雪球效應,帶動了周邊和中下游企業向東莞聚集。如臺達電子在東莞石碣鎮投資設廠後,就吸引了超過100家協作企業聚集其周圍,形成了一個有明確分工和配套、互補的產業群體和產業鏈。

到90年代末,東莞已發展成為全球最大桌面電腦零配件的加工出口基地,從事電腦IT產業的臺資企業超過2000家,電腦IT產品年出口值達76億美元。IBM大中華區採購副總經理李祖藩認為,如果東莞通往深圳皇崗的公路被切斷,全球70%的電腦商都將受到影響。

3.以大企業為龍頭,以中小企業為主體

近年來,臺資大企業相繼進入珠三角,成為產業群體中的龍頭企業。據統計,目前投資額超過千萬美元的臺資企業有400多家,超億美元的臺資企業有28家,臺灣100強大企業中已40多家投資廣東。全球最大電腦廠商華通電腦投資有限公司,也投資3億美元在惠州生產電腦線路板。

不過,總體而言,廣東珠三角的臺資企業還是以中小企業為主體,平均每個項目的投入資金僅約184萬美元,比江蘇少了近1百萬美元,臺灣百大企業也比

江蘇少20多家。

4.逐漸從勞動密集型轉向資金、技術密集型

早期的臺資企業多以製衣、鞋類等勞動密集型項目為主。但近年來呈現向資金、技術密集型發展的趨勢：一是勞動密集型企業向資金技術密集型轉變，如東莞寶成集團的裕元鞋廠是家勞動密集型企業，現向高科技行業轉型。其自行規劃和投資建設的黃江工業園區以高新技術產業為主，已經有21個投資項目，其中「精成科技」的投資額達6.3億美元；二是高科技企業繼續增資擴廠。廣州光寶、裕隆、聯成、大眾電腦、技嘉等高新技術企業和保稅區的電腦城等大幅增資擴廠；三是近期引進資金技術密集型的臺資企業逐步增多。珠海去年新增的119家臺資企業超過四成是電子、軟體和生物工程等高新技術企業。臺資資金、技術密集型產業已在廣東初步形成了以廣州、深圳、東莞、惠州為中心的IT產業為主的高新技術產業帶。臺商投資企業的產業集聚力和輻射力不斷增強。

二、「三通」後，廣東對臺合作的主要問題

2008年12月15日，兩岸海運直航、空運直航、直接通郵全面啟動，兩岸「三通」將逐漸對廣東的臺資企業的投資環境產生長期的、根本性的變化，其影響將在未來逐漸顯現。

1.區域「替代效應」增強

「三通」之前，臺商的人、貨均需經香港中轉到大陸，廣東因毗鄰香港而具有無可替代的交通區位優勢，尤其是深圳、東莞、廣州及惠州等地，成為臺商的主要集聚地區，僅四市的臺資企業就占廣東臺資企業總數的67%。「三通」之後，此項優勢被嚴重削弱。現在除了貨運包機航點只開放上海、廣州外，客運包機航點則遍布東部與中部地區的18個省市；海運直航方面，開放港口有東部與中部地區的48個海港；河港開放的也有江蘇、安徽、江西、湖南等省區的15個河港。這使臺商投資選擇的範圍拓寬到整個東部及中部地區，包括長三角、環渤

海灣經濟圈、海峽西岸經濟區、成渝試驗區、廣西北部灣經濟區、武漢城市圈、長株潭城市群等。臺灣與大陸其它各省市交往更加方便快捷，交通費用大幅降低，整個華東、華北沿海地區的區位優勢凸顯，對廣東的替代效應增強。

　　2.臺商的「回流效應」呈現

　　「三通」後，由於粵臺兩地運輸成本的降低和往返時間的縮短，提高了臺商企業運籌效率，進而增加臺資企業回流臺灣的可能。臺灣為因應「三通」，積極吸引臺商回臺設立營運總部、研發基地、上市或擴大在臺投資。2009年3月臺灣發布「推動海外企業來臺掛牌一二三計劃」，並舉行「2009臺商投資臺灣高峰會」，積極爭取臺商回臺投資。臺灣還積極做好全球營運總部的基礎配套，並考慮在臺建立全球營運總部的營利事業所得稅稅率降至15%；海外分支機構匯回營收或股利不扣稅；高級專業人員所得稅稅率則自40%降至12%。臺企尤其是高科技企業的「回流效應」，使粵臺兩地的競爭加劇。

　　3.發展「路徑依賴」效應

　　先期的臺資企業相當部分屬於低附加值、資源和勞動密集型企業，隨著大陸沿海、沿邊的開放，資源環境約束力度的加大，臺商在珠三角享有的獨特優勢包括政策傾斜，資源配套及充足的低人力成本已經逐漸喪失，面臨地價上漲、勞動力緊張、環保壓力增大、能源和原材料成本持續上升等諸多問題，「三通」後，粵臺合作的先發優勢面臨的競爭更加激烈，成本競爭優勢將逐步喪失，廣東臺資企業處於一個舊的增長模式難以為繼，新的增長模式有待確立的時期。

　　三通後，臺資企業面臨：轉移或轉型的選擇。減少廣東臺資企業轉移的辦法就積極推動臺資企業在地升級轉型。目前廣東臺資企業轉型升級存在著一些亟待解決的問題：一是自主創新意識不足、能力不強。廣東臺資企業主要承擔加工裝配等「貼牌」生產任務，產品以出口為主，企業只賺取少量的加工費，並不參與市場開拓和產品開發，因而對技術開發和產業升級的壓力及動因都不足，一定程度上抑制了臺資企業的自主創新和自有品牌培育；二是人才匱乏。由於大多數臺資企業技術層次較低，企業缺少技術積累，而人才資源匱乏也正是廣東的短板。「高才難求、中才不愁、低才擠破頭」的狀況，造成產業轉型升級所需的技術人

才和高素質管理營銷人才嚴重缺乏；三是融資難。由於臺灣的限制，臺資金融機構無法「登陸」為臺資企業提供服務。兩岸訊息不對稱，徵信系統不完善，風險難於控制，使得臺資企業也難以獲得大陸金融資本的支持。

4.「政策效應」遞減，降低臺商「雙轉移」積極性

三通後，臺資企業的空間選擇範圍擴大。從廣東的角度出發，廣東積極推動臺資企業往廣東東西兩翼、粵北山區轉移，東西兩翼、粵北山區為承接珠三角港澳臺資企業的轉移，做了大量的基礎設施建設工作。但由於總體財政緊張，建設資金缺乏，各項基礎設施建設、服務觀念以及配套措施相對較弱。同時，這些地區具有規模效應的工業區較少，部分轉移地區的產業結構比較單一，缺乏相關的上下游企業和配套服務機構，產業集聚優勢不明顯，對臺資企業缺乏吸引力，影響了企業轉移的積極性。

5.配套不足，粵臺農業合作總體進展緩慢

農業比製造業合作受到的地理自然環境限制更大，農產品也有保鮮時間短的特點，「三通」後，臺灣與福建、江浙一帶空間距離縮短，農業合作發展迅速快過廣東。目前廣東佛山、湛江兩個海峽兩岸農業合作試驗區和珠海臺灣農民創業園建設雖然取得了初步成效。但也存在一些問題：一是園區未能形成產業規模，地方相關配套政策尚未完善，使園區建設總體進展緩慢；二是產品出口運費偏高，導致企業成本增加，臺資農業合作企業缺乏市場競爭力；三是企業融資難，由於農業投資回收時間長，資金緊缺，臺商無法以土地或物業向銀行進行抵押貸款，影響投資進度；四是收費標準不明確，試驗區內的農業企業用電目前仍按工業用電標準收取，不利於區內農業企業的發展。

三、「三通」後廣東對臺的政策與建議

「三通」後，廣東的對臺工作環境發生了深刻變化，但由於受金融危機的影響，廣東省政府採取緊急應對金融危機，「三通」效應受到一定模糊，廣東應該

採取的應對政策滯後；但「三通」的引起一系列宏觀經濟環境的轉變是客觀的事實，廣東要繼續保持其在臺商投資大陸中的戰略地位，鞏固其作為國際出口加工基地的地位，需重視解決以下幾個問題：

1.改變「重港澳，輕臺灣」的思想，積極實施「粵港澳臺一體化」戰略構想

「三通」後，廣東面臨著與長三角、環渤海灣經濟圈等區域的激烈競爭。目前兩岸正在加緊進行的《經濟合作框架協議》磋商，臺灣加入「10＋1」、「10＋3」指日可待，東亞將形成一個大自由貿易區，屆時，臺灣的地理位置與臺商的作用更為重要，這是廣東在與臺灣乃至東盟區域經濟合作中謀求更大發展的一次重大戰略機遇。廣東貫徹落實對臺資企業實行「同等優先，適度放寬」原則，重視臺資企業發展情況及存在問題，進一步完善有關的政策措施，抓住重點，突破難點，穩定和發展現有臺資企業，優化臺資企業區域布局，積極支持幫助臺資企業做大做強。充分發揮對臺工作大省的地方優勢，加快推進粵臺兩地「三通」全面開展，積極參與兩岸產業對接，深化合作層次。

改變「重港澳，輕臺灣」的思想，積極實施「粵港澳臺一體化」戰略構想。香港、澳門是廣東吸引臺商前來投資的重要因素之一，過去十多年來臺商都利用香港、澳門作為中介或橋樑進入廣東。內地與香港、澳門的「更緊密經貿關係安排」簽署後，廣東應抓住這一有利時機，積極推動粵港澳三地的經濟融合和經濟一體化，充分發揮珠三角作為「世界工廠」和香港服務業、臺灣高科技產業的優勢，完善粵港澳經貿合作交流機制，提升雙方在金融、物流、旅遊、中介商業服務、科技產業以及基建等各方面的合作水平，進一步消除各種貿易投資障礙，拓寬現有港資企業和臺資企業的發展空間，以減低臺商的交易成本，並充分發揮香港的功能和作用，以增強整個區域的國際競爭力，實現優勢互補，創造四贏局面。

2.抓住機遇，積極推動「三通」後的粵臺經貿新增長點

廣東是吸引臺資企業投資的先行區，「三通」後，粵臺兩地往來時間與費用的降低，使物流、人流、訊息流更加暢通，為粵臺經貿合作擴展了更大的空間，使粵臺兩地合作面臨新機遇。

（1）積極推進粵臺物流業發展壯大

貨運直航後減少了貨物中轉時繁瑣的通關、地面運輸程序，節省了運營成本和時間，催生了粵臺兩地物流業的興起。目前，廣東與臺灣的空港、海港已建立直接密切的聯繫，南航貨運推出了「即日達」、「次日達」的貨運產品。虎門港和基隆港的貨運直航合作事宜正在籌劃中。建議廣東認真研究兩地物流業的情況，積極推動粵臺兩地物流業以及與其相關服務業。粵臺兩地航班還有很大的增長空間。目前廣州到臺北的直航飛行時間，跟廣州到上海的飛行時間差不多。但目前南航廣州飛臺北只有4班，遠遠少於廣州飛上海的航班量。

（2）推動粵臺旅遊業的交流合作

「三通」使粵臺兩地之間的人員交流更加便捷。直航包機常態化後，由廣州直飛往返臺北，令兩地旅遊路線大大縮短，日程安排更方便，行程更豐富，價格也更便宜。目前，赴臺旅遊逐漸成為廣東旅遊業一大熱點。廣東應抓住「國民黨在廣東」的歷史古蹟的優勢，積極吸引臺灣遊客到廣東。

3.固本培元，構建粵臺產業合作新體系

（1）創新合作方式，推動傳統製造業轉型升級

借鑑臺灣完善企業創新機制，推動產業升級的經驗，以及利用臺灣企業的市場影響力，充分發揮兩地的優勢，創新合作機制，從區域競爭轉為區域競合。鼓勵兩地企事業單位聯合設立研發機構，對重點科技項目進行合作攻關與人才交流，促使傳統製造業向環保型、自主研發型、自有品牌型、管理科學型產業轉變和完善。同時，聯手開拓國際市場，透過更高層次上的對外開放和內部體制改革，帶動雙方的產業整合與產業創新，形成合理的國際產業分工與人才分工，提升雙方的國際產業競爭力。

（2）深化合作層次，積極吸引高科技產業和生產性服務業來粵投資

兩岸經貿關係正常化後，臺灣方面對高新技術產業投資大陸政策將逐漸放寬。而珠三角完善的製造業產業鏈，是吸引臺資的重要因素之一，所以臺灣最大的液晶面板生產商奇美最終選擇了到佛山南海投資。廣東應抓住機遇，深化粵臺

產業合作層次，加強產業轉移園區的基礎設施和政策、法制等軟硬環境的建設，努力提高公共服務水平，不斷完善原有的製造業基地和產業鏈條，進一步提高省內企業的產業配套能力，重點吸引臺灣大企業特別是高新技術企業及生產性服務業來粵投資。

（3）完善配套措施，推動粵臺農業合作

利用「三通」後的交通運輸資源優勢，降低企業運營成本，建議省有關部門與廣州白雲機場、湛江港等單位進行協商，制定海峽兩岸農業合作試驗區和臺灣農民創業園產品進出口運輸優惠措施；應提供優質的通關環境，在審批和海關、檢驗檢疫方面提供適當便利及提高效率。建議將瀕危植物出口證的審批權限下放省級相關部門，同時調整植物進出口的防疫檢疫准入條件，使處理程序既保障國家防疫檢疫工作，又有利於植物正常生長。對於國家禁止進口的棕櫚科植物，據順德臺農反映，循正常渠道不能進口，但透過別的途徑照樣可以進口，建議有關部門查明情況，制定相應的對策措施。在試驗區和創業園率先允許臺資金融機構進入，為臺商提供融資服務，並進行金融創新，擴大融資渠道；建議凡納入園區內的農業企業及農業生產項目應按照農業用電標準收費。

4.拓展融資渠道，積極協助臺資中小企業融資

（1）大力推動粵臺金融機構的合作

支持廣東商業銀行與臺灣銀行建立通匯或代理行關係；建議成立粵臺金融合作試驗區，在區內建立兩地貨幣清算中心，允許臺灣銀行入股廣東銀行建立合作行，或直接投資設立分支機構。

（2）政企合作成立擔保公司

東莞市政府與市臺資企業協會籌劃的按比例出資，合作成立臺資企業信用擔保公司的項目，是一個借助政府的公信力，建立銀行與臺資企業的互信關係，為臺資企業取得貸款的很好的創意，建議盡快實施取得經驗，並加以推廣。

（3）加快落實辦理臺資企業廠房房產證，使企業能夠以不動產抵押獲得貸款

廣東臺資企業買地建廠的情況普遍，許多企業擁有不動產。但由於行政審批手續繁瑣、辦證週期長，許多企業沒有及時辦理房產證，導致企業失去了以不動產抵押獲得貸款的有效的融資途徑。建議抓住目前時機，理順房產證辦理機制，對於一些沒有土地使用權而建了廠房的企業，應允許以地上物作資產評估，為臺資企業獲得抵押貸款爭取機會。

5.加大力度，切實為在粵臺商排憂解難

臺商希望解決的主要問題：一是放寬臺胞個體工商戶註冊審批限制，允許臺胞在大陸尤其是廣東範圍內註冊申請辦理個體工商戶。目前，廣東東莞長安鎮作為開展臺商申辦個體工商戶的試點，建議可以盡快向全省推廣；二是簡化臺胞證辦證手續，尤其在體檢環節上採取方便臺胞的措施，縮短被盜搶補辦證的時間；三是延長臺胞證簽注年限。目前，上海、福建等地可辦理5年期臺胞證簽注，而廣東只能辦理3年期臺胞證簽注，到期後，必須到香港或澳門的中國旅行社辦理換證，給臺胞造成不便。建議省公安廳積極向公安部反映，統一全國的臺胞證簽注年限，並允許在廣東換領新證；四是建議省市統籌，考慮在廣交會分配給臺資企業一些產品展位，積極推動臺資出口平臺建設，擴大內銷渠道。

6.加強粵臺專業人才交流

目前，常住廣東的臺胞有20多萬人。「三通」後，粵臺「一日生活圈」的形成，有利於粵臺兩地人員溝通、交流，形成粵臺兩地良好的生活與人際交往圈。建議廣東抓住機遇，大力引進臺灣技術型和管理型人才，吸引更多的臺灣技術人才和高素質管理營銷人才來粵就業。

7.拓寬交流渠道，加強與臺資企業溝通、協商

進一步鼓勵和支持臺商協會充分發揮溝通政府、服務臺商的橋樑紐帶作用。今年，廣東省政協聘請了10位各市臺商協會會長為特聘委員，為他們提供參政議政、反映臺商訴求的渠道，受到廣東臺商的好評。建議建立廣東省領導定期與臺商協會會長見面制度，並開通「直通車」，使臺協會長有暢通的渠道直接向省領導反映情況、意見和建議。

關於兩岸金融合作願景的思考

鐘焰

長期以來,作為兩岸經濟關係的重要組成部分,兩岸金融合作一直呈現單向的格局。臺灣金融業可以到大陸來設立代表處,但大陸的金融機構卻不能入臺設立代表處。隨著2008年馬英九的勝選,兩岸關係出現緩和,兩岸直接三通和陸資赴臺陸續開放,兩岸經濟關係逐步由單向開放向雙向開放轉變。兩岸金融合作也開始升溫,2009年4月26日,第三次「陳江會」正式簽署了一項有關兩岸開展金融合作的重要協議,對兩岸金融合作、交換資訊、保密業務、互設機構、檢查方式、業務交流、聯繫主體和爭議解決等12項內容達成原則性協議,雖然是一個框架性的協議,但是為兩岸金融合作從意向階段向實施階段轉化打下了重要基礎。而2009年11月16日兩岸MOU的達成則是落實兩岸金融合作協議的重要一環,兩岸MOU協議主要涉及兩岸金融監管機構在不包含客戶中長戶資料的資訊交換、資訊保密、金融檢查、持續聯繫以及危機處置等方面展開合作,兩岸的金融機構由此可以進入對方設立分行、子行及代表處,並有條件地開展相關金融業務經營,大陸基金也可以QDII的形式投資臺灣股市。在兩岸金融合作將出現全新格局的大背景下,加強兩岸金融合作既有緊迫性也有必要性。目前兩岸金融機構合作的範圍總體上還是有限的,落後於當前兩岸經濟合作整體進程,為了進一步促進兩岸金融合作的深化,對當前兩岸金融合作存在機遇和挑戰進行了認真分析思考,以求在兩岸金融合作加速進行的大背景下探索兩岸金融合作的新內涵,充分發揮兩岸金融合作對兩岸經濟合作的促進作用。

一、兩岸金融合作面臨重大發展機遇

（一）大陸有望形成臺資金融機構的集聚區

長期以來，臺灣金融業在大陸的發展一直處於代表處的初步階段。此次兩岸MOU協議的達成，使臺灣金融業在大陸開展實質性運營成為可能，而上海則有望成為臺資金融機構的集聚區。目前，在大陸共有九家臺灣銀行設立了代表處，其中有四家在上海（世華銀行、土地銀行、臺灣銀行、第一商業銀行上海代表處），一家在上海附近的崑山（彰化銀行），剩下二家在北京（中國信託商業銀行、合作金庫銀行），以及深圳（華南銀行），上述總計七家臺灣銀行代表處具備了升級為分行、子行的資格，上海及上海周邊就占據了50%。證券業方面，臺灣證券公司在大陸設立了17家代表處，其中14家在上海，保險業方面，臺灣設立了代表處12家，其中上海3家。除上述代表處外，上海還有1家臺資銀行（華一銀行）2家臺資保險公司（國泰人壽、國泰產險）以及臺資租賃公司（中租迪和）已運營多年，取得了很好的經營業績。臺灣金融機構看中在上海集聚經營，主要考量是三：一是上海是大陸最重要的外資金融機構集聚地，目前目前在上海的外資法人銀行總數達到17家，占全國的58.6%，資產總額為7370.93億元人民幣，占全國外資銀行資產總額的比重為58.84%。臺灣金融機構在上海設點經營，有助其與外資和陸資同業的合作。二是長三角是臺資企業分布最密集的地區之一，占了全大陸臺資企業總量的50%以上，臺灣金融業布局上海有助於其貼近服務臺商。三是上海已明確了建設國際金融中心的戰略目標，臺灣金融機構在上海落地有助於其搭上中國經濟金融發展的快車。因此大陸有望形成臺資金融機構集聚區。

（二）兩岸金融業務合作的範圍有望進一步拓展

隨著兩岸金融合作的不斷深入，兩岸金融業務的合作範圍有望進一步擴大。如上海作為大陸最重要的金融市場中心，有著完整的金融市場體系，這就使得兩岸金融機構在上海的業務合作有了充分發揮的空間。在貨幣市場方面，上海的平均貸款利率是全國最低的，上海可以成為臺灣金融機構在大陸經營時重要的融資中心。在證券市場方面，兩岸證券交易所之間一直有良好的業務交流關係，未來兩岸金融機構可以合作編制兩岸證券指數，發行ETF指數基金，在兩岸兩地掛牌

上市，滬市基金也可以QDII形式赴臺投資。在保險市場方面，兩岸之間已在人壽和財產險方面展開了卓有成效的合作，未來圍繞上海的國際航運中心和貿易中心建設，兩岸可針對專門的航運和貿易保險進行深度合作。當前兩岸金融機構可謂各有優勢，兩岸在金融市場、金融機構、金融業務等多方面都存在著巨大的合作空間，臺灣金融機構尤其擅長服務中小企業和消費金融方面，未來兩岸銀行可望結成策略聯盟，如兩岸銀行開展兩地資產相互鑒價、徵信平臺合作，大陸銀行可以作為人民幣貸款來源，臺灣銀行則是臺商客戶和大陸銀行間的中介橋樑，此外，兩岸金融機構也可在消費貸款和銀聯卡市場方面展開合作。

（三）兩岸金融戰略的調整為兩岸金融合作提供了巨大發展空間

近年來，兩岸為了加強自身的金融產業的競爭力，各自相繼提供了一系列的新的金融產業發展戰略，從而為兩岸金融合作提供了巨大發展空間。臺灣多次表示要把臺灣建成亞洲最重要的金融中心，提出臺灣要成為高科技產業與周邊產業的籌資中心和亞洲財富管理的中心。而大陸為了增強金融競爭力，也於2009年3月25日確定把上海建成國際金融中心和航運中心，上海未來將在金融市場體系、金融機構體系、金融產品和服務環境等方面著手建立一個與人民幣國際地位相適應的國際金融中心。臺灣金融戰略目標的實現離不開大陸的龐大市場的支持，而大陸也把加強兩岸金融合作作為建設上海國際金融中心的重要組成部分。兩岸的金融發展戰略有各自的優勢，也有各自的弱點，臺灣的弱點在於臺灣金融機構數量過多，規模過小，難以形成規模效應。優勢在於臺灣金融開放較早，金融自由化進程快於大陸，有較豐富的國際金融運作經驗。而大陸的金融優勢在於金融機構規模龐大，如工商銀行的資產規模已排名世界第一，弱點是金融機構始終在一個半封閉和受保護、半壟斷的市場環境中運行，國際化運作經營嚴重不足。兩岸金融的優勢是可以互補的，兩岸的弱點也可以相互幫助克服，兩岸金融政策、金融市場等多方面存在著巨大的戰略合作空間，發展兩岸金融的戰略合作將極大地增強兩岸金融產業的國際競爭力，有助於兩岸金融發展戰略目標的實現。

二、兩岸金融合作擁有廣闊空間和豐富內涵

（一）兩岸金融市場合作是兩岸金融合作的基礎平臺

金融市場是區域金融合作的基本載體，兩岸金融合作的基礎是兩岸金融市場的合作與互動，只有讓資本逐漸在兩岸金融市場上有足夠寬鬆的流通對接渠道，兩岸的金融要素才能進一步融合和優化配置。加強兩岸的金融市場合作主要包括以下幾個方面的內容：

1.兩岸的金融交易所共建交易平臺。臺北證交所和上海證交所可合編兩岸的ETF（交易型開放式指數基金）指數，並相互掛牌，為兩岸投資者提供新的投資產品，有利於兩岸企業分享資本市場利益。也可在兩岸證交所建立國際板後優先上市對方企業，供兩岸民眾投資。

2.建立對兩岸金融市場進行監管的合作機制。由於兩岸長期缺乏實質性合作，導致兩岸金融機構的分類、金融業務的稱呼及標準流程、金融統計等問題尚未一致，金融資訊也無法交流共享，這都將影響到兩岸金融監管合作的實施，因此未來要進一步協調兩岸的會計標準、金融法規和金融用語，推動兩岸的金融資訊交流和金融監管法規的對接協調，探索建立兩岸跨境金融風險監管處置機制。

3.建立兩岸貨幣兌換清算機制。隨著兩岸經濟交流日益密切，兩岸貨幣兌換的規模也越來越大，2008年6月到2009年4月底，臺灣金融機構總計買賣人民幣現鈔達65.4億元，這些現鈔主要透過香港匯豐銀行和美國銀行在全球各地收購而來，不僅要付出2%到2.5%的高成本（新臺幣和美元換匯成本只有0.1%到0.2%），而且貨源不穩定，每天島內銀行的人民幣現鈔缺口達到2000萬元。因此與兩岸開放金融交易合作相配套，需逐步建立兩岸的貨幣兌換清算機制，初期是指定兩岸的大型商業銀行建立現鈔兌換、供應與回流，中長期則應協商簽訂兩岸貨幣清算機制，推動兩岸貨幣的直接清算，提高兌換便捷度，降低兌換成本。

（二）兩岸金融機構是兩岸金融合作的實施主體

兩岸金融機構作為兩岸金融合作的實施主體，是推動兩岸金融合作向深層發

展的核心力量,為此,需從以下幾個方面推動兩岸金融機構的合作:

1.鼓勵兩岸金融機構在兩岸設立法人機構和分支機構,擴大服務範圍。隨著臺灣製造業大量轉移大陸,臺灣金融機構的服務市場日益縮小,截至2008年6月,臺灣島內共有386家銀行總行和4509家分支機構,過多的金融機構導致臺灣金融業競爭激烈,尤其是銀行業存貸利差縮小,獲利能力降低。他們迫切需要在大陸市場設立分支機構,貼近服務對象並開拓龐大的大陸金融市場。而隨著陸資入臺的臨近,大陸金融企業也希望進入臺灣設立分支機構,以便使自己的服務對象更加多元化。為此需要降低臺灣金融機構進入大陸的門檻以及營業資格的限制,鼓勵他們在大陸擴展營業網路,同時積極推動大陸金融機構赴臺設點。

2.推動兩岸金融機構的併購和交叉持股。臺灣和大陸的金融機構各有強項,大陸金融機構規模大,網點覆蓋廣,對本土市場企業熟悉。而臺灣金融機構有混業經營和國際經營的豐富經驗,雙方開展併購重組和交叉持股,可以進一步密切雙方金融機構合作,更快更好地進入和適應對方市場。如香港富邦銀行透過持股廈門城市商業銀行,取得了進入中國大陸金融市場的通行證,而上海透過間接持股香港上海銀行,加強了與香港上海銀行控股方臺灣上海商業儲蓄銀行的戰略聯繫。

3.加強兩岸金融機構人才培訓和交流。金融高端人才是金融機構最重要的財富,臺灣保險業曾於2000年前後派出一批資深幹部培訓上海的保險從業人員,從而使上海的保險業發展水平領先全國,大陸的《保險法》也師從於臺灣的相關法規,大陸招商銀行更是透過與臺灣同業的合作,使自己的信用卡業務在大陸處於領先水平。因此兩岸金融機構加強人才的培訓交流,不僅可以加強兩岸金融機構的專業經驗交流,更可以密切兩岸金融人才的聯繫,打下兩岸金融機構合作的基礎。

(三)兩岸金融業務合作為兩岸金融合作提供豐富內涵

金融業務合作是金融合作的重要內容,兩岸金融機構根據兩岸經濟合作的需要,圍繞服務於促進製造業升級和提升服務業水平的目的進行跨兩岸的金融業務合作,具體包括以下幾項內容:

1.開展中小企業融資業務合作。長期以來，儘管中小企業發展迅速，但大陸的產業政策和金融政策未對它們加以應有的關注。中小企業迫切需要透過銀行進行間接融資，而大陸的國有商業銀行一貫以大企業為主要服務對象，貸款抵押制度導致中小企業因缺乏抵押品而無法貸到足夠的發展基金，而臺灣在拓寬中小企業融資空間方面有著豐富的經驗。兩岸金融機構可以在建立政策性與商業性結合的專門面向中小企業的專業銀行，借鑑臺灣中小企業「信保基金」、「互保基金」、建立中小企業發展基金等方面進行合作，大陸還可透過創業板市場的退出機制，鼓勵臺灣創投基金對中小企業的投入，為中小企業發展提供金融支持。

2.共同參與農村金融制度改革。大陸農村地區一直存在中小經濟體的融資需求，農村金融市場發展的滯後使農民不僅不能得到完善的金融服務，還制約了農業現代化的發展進程。而臺灣的基層金融機構農漁會信用部歷史悠久，絕大多數在日踞時期就已存在，是臺基層民眾最樂於接觸往來的金融機構，儘管存在著許多問題，但在照顧經濟弱勢階層，解決農漁民的資金調劑等方面彌補了一般金融機構服務不足的問題。目前，大陸銀行正與外資銀行合作設立村鎮銀行有限公司，準備全面進軍龐大農村市場。未來兩岸可以在農村基層金融機構的創設和管理上進行合作，包括成立合資村鎮銀行公司。

3.進行中間業務與金融創新合作。臺灣金融市場狹小，但參與的金融機構數量多，競爭十分激烈，因此臺灣金融機構一直把發展在中間業務及金融創新作為加強競爭力的主要方面。臺灣2001年6月通過《金融控股公司法》後，允許金融機構轉型金控公司，下設子公司分別經營證券、信託和保險等多元化金融業務，臺灣金融機構透過混業經營模式為顧客提供了金融百貨服務方式，在中間業務和金融創新方面有較大進展，未來兩岸銀行可以在網上銀行、客戶融資、外匯業務、住宅與商業樓宇貸款等方面進行金融產品創新合作。

4.開展財富管理合作。兩岸多年來積累了大量的外匯資產，過去兩岸主要將外匯資產大量注入歐美市場，造成一定損失。未來兩岸要加強合作，擴大兩岸資本市場規模、增加資本市場產品，爭取使資金留在兩岸市場，進行更有效的運用。據不完全統計，僅珠三角區域臺商就有幾千億元資產存在境外的臺資、港資

和外資銀行，僅有很少一部分存在大陸銀行。未來臺資金融機構在大陸設立分支機構，兩岸金融機構加強財富管理業務合作，將就近滿足臺商的財富管理要求。

5.開展離岸金融業務合作。建設離岸金融中心是兩岸共同的金融戰略發展目標。未來兩岸可以透過協商對各自金融企業的跨境金融業務合作採取便利管理和優惠稅收政策，鼓勵兩岸企業合作開展離岸金融業務。如利用臺灣銀行對大陸臺商母公司資信瞭解，向其在大陸分支機構開立擔保信用證，再由臺灣銀行在大陸的分支機構轉開備用信用證給大陸銀行，由大陸銀行向臺資企業提供人民幣貸款。未來條件成熟時兩岸可合作建立離岸金融市場。

三、推動兩岸金融合作應考量的戰略因素

（一）推進兩岸金融合作應有經營規劃意識

兩岸金融合作是個相當複雜的過程，不是簽署一個MOU就能一勞永逸的。臺資金融機構一般規模較小，又較國際金融機構進入大陸市場滯後，因此，如何使臺資金融機構進入大陸市場後站得住腳，能獲得一定的市場份額，能在外資金融機構激烈競爭和中國大陸金融機構尚受一定政策保護的市場中生存下去，而不是臺商所謂的「看得見，吃不著的市場」，是關係兩岸金融合作能否順利開展的關鍵。這就需要我們要有經營規劃的意識，要採取系列性的政策，幫助臺資金融機構在大陸市場站穩腳跟，並迅速擴展適度的經營規模。如根據2002年1月大陸公布的《外資金融機構管理條例實施細則》規定外商獨資或臺資銀行要申請設立分行，才有資格升為分行，成立分行三年後，才可吸收人民幣業務，外商在大陸設立分行母行資本額須達200億美元以上。臺資銀行規模較小，進入大陸市場又晚，因此急需大陸有關部門降低臺資銀行進入大陸設立分行的門檻，同時縮短經營人民幣業務的時間和地域限制，並在外債經營額度上給予傾斜，或讓臺資金融機構優先在大陸證券市場上市融資，以利臺資銀行迅速擴大在大陸的經營規模。

（二）推進兩岸金融合作應與兩岸雙向投資進程互為促進

在第三次「陳江會」中,「兩會」在簽署兩岸金融合作協議的同時,也發表了關於陸資入臺的共識。陸資入臺是兩岸經濟關係由單向轉為雙向的重要一步,對於兩岸經濟關係持續深入的發展具有重大意義,但是陸資入臺也面臨著臺灣諸多政策的限制,臺當局對陸資入臺投資領域採取正面表列方式,而不是負面表列方式,這意味著陸資入臺進入的產業領域將會被有所限制,相當一部分產業,如晶圓與TFF-LDC液晶產業暫不開放,律師與會計師等涉及證照的服務業暫緩開放,同時陸資只能以參股或來臺設公司參與標案的方式參與公共建設。這意味著陸資入臺將是一個複雜而長期的過程。兩岸金融合作作為兩岸雙向經濟合作的重要組成部分,也必須秉持分階段推進的政策,以免欲速而不達。

(三)以兩岸金融合作促進兩岸經濟關係的全面發展

兩岸金融合作是兩岸經濟合作的重要組成部分,兩岸金融合作的推進將帶動兩岸經濟關係的全面發展。首先,兩岸金融合作將促進兩岸經濟合作框架協議的協商進程,因為臺資金融機構要在大陸市場扎根發展,需要大陸的優惠政策,而這種政策安排只有在兩岸經濟合作框架協議的範疇內進行才符合WTO的相關規定,因此,隨著兩岸金融合作的深入,兩岸經濟合作框架協議的協商也將變得十分迫切。第二,有助於兩岸經濟政策協調合作模式的形成。兩岸金融合作涉及兩岸金融法規對接、兩岸金融監管工作協調、兩岸金融業務合作等多方面內容,兩岸透過密切的金融政策協調互動,有助於兩岸進一步建立金融和貨幣政策的協調機制,以增強雙方抵禦跨境金融風險的能力。第三,兩岸可以利用金融及資本紐帶,增強兩岸大企業的重組併購力度,面向國際市場,打造國際產業競爭力。陸資入臺不是看重臺灣規模狹小而競爭激烈的島內市場,更多地是希望加強與臺灣大企業的戰略聯盟,利用臺灣企業遍布全球的營銷網路和臺灣市場與國際市場更緊密的聯繫,大陸企業以臺灣為前進基地,臺灣企業以大陸為依託,兩岸企業共同走向全球市場,而兩岸金融合作將為兩岸企業的全球合作提供廣泛的金融支持。

海西區構建對臺金融市場的機會與挑戰

李孟洲

壹、前言

海峽西岸經濟區（簡稱「海西」或「海西區」），乃是大陸促進對臺「大交流」的主力平臺，其政策優勢在於「先行先試」。以此角度來檢視海西對臺經貿交流領域中的各個類項，發現「金融往來」所具有的「先行先試」空間相對大，也較易收效。

此因金融交流在歷來兩岸經貿逐步發展過程中，是屬於「滯後」類項，至今大陸各省份的對臺金融交流，僅有少數「試點」性項目，其餘為大片空白。所以，海西區如能在這方面大力「先行先試」，一馬當先，則有望由此打出獨特的「亮點」，樹立傲視群倫的「標竿」。

然而，海西之發展對臺金融交流，機會與挑戰並存。主事者應選擇最有利的發展路徑，設定最妥適的發展目標，以「擴大機會，減少挑戰」。無論如何，海西似有機會建立一個具有區域特色與運作效益，且門類齊全的「對臺金融市場」。本論文即是以此為軸線，作系統化的論述。

貳、歷史回顧

福建省是海西區的主體。該省因地理上與臺灣僅一峽之隔,早已在對臺金融交流方面「開了風氣之先」。

海上交易的現鈔結算

早在1970年代,兩岸漁民就有了「海上交易」(走私),也連帶產生了「鈔券流通」現象。當時的交易內容,通常是臺方漁民出售電子品、時裝等,而向大陸漁民買進中藥材、白酒等商品。至於雙方支付手段,包括「以貨易貨」及「現鈔結算」兩種。後者主要以新臺幣、美元鈔券作為支付工具,由此衍生了兩岸雙方間「原始階段」的金融交流。

其中,新臺幣鈔券的經此流入福建沿海,更彰顯了福建領先群倫的「對臺金融特色」。換言之,福建當時幾乎是全大陸唯一「認得新臺幣」也「願意收取新臺幣」的地方。因此可說,新臺幣在福建的流通,使福建在對臺金融交流方面,提前「先行一步」。

如果要以歷史眼光,來檢視福建、海西發展對臺金融交流的條件,則新臺幣在當地流通的擴大與升級,是很具體明確的觀察線索。

繼「海上交易」發生之後,至1987年11月2日,臺灣開放居民赴大陸探親,福建各地也因此有了臺灣客流進出,並因此擴大了新臺幣鈔券在大陸的流通規模。主要的動能,來自廈門、泉州一帶的部份商號。他們對於上門惠顧的臺灣客商,願意收取新臺幣。如此使新臺幣的入閩之路,在原先的「海路」之外,又多了一條「陸路」。

銀行單向兌換

至於新臺幣在當地流通的「升級」,是指1980年代末,新臺幣之從民間「私下流通」提升到「銀行兌換」的層次。即中國銀行當時開辦了「新臺幣單向兌換」業務。雖然該項業務的承辦分行,不限於福建一地,大江南北都有,然福建的承辦單位特多,廈門市的中國銀行甚至另外委託其他銀行代辦,以擴大服務面。這使新臺幣在福建流通的格局顯著放大。唯那時的銀行單向收兌,主要目的是「服務臺胞」。因而銀行這方面只接受持臺胞證的客戶,且對客戶「只兌進新

臺幣而不兌出新臺幣」，嚴守「單向」原則，使其「市場意義」有所不足。

直至1998年，福建率先全大陸，開辦了新臺幣的「雙向兌換」業務，其市場色彩終於顯現出來。此雙向業務，初期由中國銀行廈門分行、福州分行辦理，至2003年擴大到該行漳洲、泉州、莆田三地的分行。

參、政策演進

早在1990年代，福建省當局就有了「率先發展對臺金融交流」的政策思維。上述的首開新臺幣雙向兌換，是此種政策思維之體現。除此之外，當時福建省當局並曾構思「允許臺商在福建投資設立銀行」、「開放新臺幣在保稅區內流通」等，但因受制於當時兩岸關係反覆不定，該等措施均未實現。

金融小三通

直至2001年，「小三通」開放，福建福州、廈門分別對應馬祖、金門開通海上客運航班，而閩臺金融交流也相應作了小幅開放，即臺灣制定「金門馬祖與大陸福建地區金融業務往來作業規定」，允許金門、馬祖的金融機構與福建的金融機構，間接辦理匯款及進出口外匯業務，但匯款貨幣限於人民幣和新臺幣以外的貨幣。這只是「金融小三通」，對閩臺金融交流發展的作用不顯著。如臺灣約略同時開放臺資銀行赴大陸設立辦事處，實行後並未有銀行到福建設處。

臺灣長期以來的兩岸經貿政策，一直未把閩臺經貿放在突出位置。其原因，一方面是福建過去的對外招商引資競爭力，未能拔得大陸頭籌。二方面，則是福建以往為對臺「鬥爭」的前線，臺灣對其有「戒心」。所以，過去福建與臺灣金融業雖有頗多的交流交往，相關專家學者也提出不少閩臺金融業務合作發展構想，但政策面一直未有突破性進展。

海西建設計劃

到2004年，情況有了較大的變化。即福建省當局於此時正式提出「海峽西

岸經濟區」建設計劃，以全方位的思維，全面改造海西地區的投資環境與社會建構。這項計劃，提升了福建發展對臺交流的動能及層次，也擴大了可能合作發展項目的廣度與深度。

雖然海西計劃初問世時，兩岸關係尚處於緊繃狀態，以致海西名號在臺灣「潛潛」了數年。但由於福建方面仍按計劃進行交通建設與產業改造，使海西逐步成為一個完整齊全的對臺交流「平臺」，為後續的兩岸關係發展創造了基礎條件。

以金融角度來看，正因為海西建成了如此的一個平臺，閩臺金融業始擁有「體系化」的合作發展建構。換言之，如無海西建設，則福建在兩岸經貿交流領域中，只是「臺商投資地之一」，而難以引進臺灣的高端服務業，如金融業。

肆、當前政策架構

2009年5月14日，中國國務院正式發布「關於支持福建省加快建設海峽西岸經濟區的若干意見」，是當前海西建設的首要政策方針。

中國國務院對海西的定位

該文件在對臺方面，把海西定位為「兩岸人民交流合作先行先試區域」。在此定位下，海西要發揮獨特的對臺優勢，構築兩岸交流合作的前沿平臺，實施先行先試政策，加強與臺灣經濟全面對接，推動兩岸交流合作向「更廣範圍、更大規模、更高層次」邁進。其中，「先行先試」之關鍵詞，為閩臺金融交流提供了相當大的發展空間。

該文件並表述了海西發展對臺金融交流的具體取向，即「推動對臺離岸金融業務，拓展臺灣金融資本進入海西的渠道和形式，建立兩岸區域性金融服務中心，推動金融合作邁出實質步伐」。此外，該文件也表明要「積極推動建立兩岸金融業監管合作機制，在此機制下，優先批准臺資銀行、保險、證券等金融機構

在福建設立分支機構或參股福建金融企業,支持設立兩岸合資的海峽投資基金,進一步擴大兩岸貨幣雙向兌換範圍,逐步建立兩岸貨幣清算機制」。

福建省的落實措施

其次,福建省當局接續訂定的「貫徹落實『國務院關於支持福建省加快建設海峽西岸經濟區的若干意見』的實施意見」之中,對閩臺金融交流事項,係在國務院該文件相關表述內容的基礎上,引申到了下列層面:

一、促進開展兩岸跨境貿易以人民幣計價結算試點。

二、推動兩岸銀行卡運用和結算。

三、加快海峽產權市場建設,探索引入臺灣上櫃和興櫃交易機制,推動設立兩岸股權櫃臺交易市場,打造閩臺企業對接的直通平臺。

四、推動閩臺銀行業機構、保險業機構、證券業機構雙向互設、相互參股,支持在閩企業上市融資,引進臺灣金融服務中介來閩設立機構。

廈門市的作法

而福建省內的經濟特區廈門市,更進一步爭取設立「兩岸金融合作試驗區」。根據「廈門市貫徹落實黨中央、國務院和省委、省政府加快建設海峽西岸經濟區決策部署的實施意見」,廈門市將透過該「兩岸金融合作試驗區」建設,吸引更多臺資銀行、保險、證券等金融機構在廈門設立分支機構或參股廈門金融企業,爭取設立兩岸合資的海峽投資基金,進一步推動和完善創業風險投資機制,拓展臺灣金融資本進入廈門的渠道和形式,進一步擴大兩岸貨幣雙向兌換範圍,推動廈臺互設兌換網點,增加兌換品種,提高兌換限額,擴大兌換對象。推動建立兩岸貨幣清算機制,爭取在廈設立業務清算行和支付清算系統城市處理中心。

廈門市該「實施意見」同時詳細規劃了「對臺離岸金融市場」的業務項目,計包括:

一、為臺資企業提供包括離岸存款質押在岸授信等業務。

二、離岸綜合授信額度業務。

三、離岸貿易授信融資業務。

四、離岸貸款業務。

五、銀團貸款。

六、債券融資。

七、離岸再保險。

臺灣因素與ECFA

以上所述，顯示了海西方面積極作相關政策布局的情況。但說到金融交流的政策層面，不能只看「單邊」，而必需從「雙邊」因素來考量，也就是必需衡量臺灣方面的互動情況。

2008年5月臺灣發生「政黨再輪替」，馬政府上臺，兩岸關係因而大幅轉好，雙方重新建立了定期性、制度化協商機制。這也使兩岸金融交流得以走出迷障，邁上坦途，而海西對臺金融交流之路，當然也因此豁然開朗。

其中最有代表性的政策文件，是2009年4月南京「第三次江陳會」上，所簽署的「海峽兩岸金融合作協議」。其明確訂定，兩岸雙方將進行三大項的金融合作，即「金融監督管理」、「貨幣清算機制等貨幣管理事務」、「金融機構准入及開展業務等」。除此之外，該協議還規定了雙方的資訊交換、保密義務、互設機構、檢查方式、業務交流、文書格式、聯繫主體、協議履行及變更、爭議解決等事項。總而觀之，該協議實為現階段兩岸金融交流合作的「根本大法」。

就此，臺灣相應調整政策，把對大陸的金融交流合作路徑，從原先的「間接」改為「直接」，並新制定了「兩岸銀行、證券期貨、保險往來及投資許可辦法」，簡稱「金融三法」，取代以往的「臺灣與中國大陸地區金融業務往來許可辦法」，接著受理了臺資金融業赴陸設分支機構或參股之申請。至於大陸當局方面，因已長期主張「兩岸直接雙向交流」，是以這方面的因應調整相對容易，亦已準備妥當。唯真正落實，尚待兩岸雙方簽署ECFA（兩岸經濟合作架構協

議），及其將金融業納入「早期收穫清單」之內。

兩岸金融交流合作的新局既開，海西這方面之政策亦隨之強化。如2009年8月10日，福建省當局在臺北宣布的「加強閩臺交流合作的十條政策措施」之中，正式指定「興業銀行」為該省首批赴臺投資企業之一。又如2010年5月，福建省省長黃小晶率團訪臺期間，宣布福建十項對臺「先試先行」措施，其中有一項是「推動閩臺金融緊密合作」，據此，福建省將優先批准臺灣的銀行、保險、證券等金融機構在福建設立分支機構、子公司，或參股當地金融企業。另將設立兩岸合作的海峽產業投資基金、建設兩岸區域性金融服務中心等。

伍、實踐成果

閩臺金融交流近年頗有突破性進展，已上升到「銀行相互設點」的較高層次。

富邦銀行模式

在臺資銀行前進福建設點方面，最具有代表性的實踐案例，是臺灣「富邦金控」透過其子行「香港富邦銀行」，入股廈門市商業銀行，投資金額3400萬美元，占股比例19.9%，並取得行長（總經理）派任權。這是臺資銀行首度參股大陸銀行，具有劃時代的意義。而該投資項目也包涵著下列的特色：

一、審查透過的時間點較前

該投資項目獲臺灣「金管會」正式審查透過的時間點，是2008年4月3日。在這個時間點上，「馬蕭」雖剛贏得大選，但政權尚未交接，「博鰲論壇」的「蕭胡會」也還沒登場。換言之，兩岸關係的大幅轉好，當時都還沒發生。而該富邦銀行投資項目得以「提前」透過，頗有意義。其中也反映出，兩岸金融交流乃為大勢所趨，金融業者已「有備而來」，晚做不如早做。

二、投資路徑屬於「間接」

該富邦銀行投資項目，係透過香港子行。其就臺灣而言，屬於「間接投資」。此為馬政府上任前，臺灣對兩岸金融交流所採取的主要模式。而馬政府上任後，已對兩岸經貿改採「直接雙向」模式，此後臺資金融業者之前進大陸，勢必改以直接投資為主流。但也不排除少數個案基於特殊考量，仍採間接投資，即由其海外子機構為主體，前往大陸投資。

三、享受到CEPA的優惠

臺灣富邦金控透過香港子行入股廈門商銀，是受惠於香港與大陸簽署的CEPA（更緊密經貿關係安排），因CEPA降低了香港銀行業赴大陸投資設點的門檻，從一般外銀的「總資產不少於200億美元」，降為「總資產達60億美元即可」。香港富邦銀行以港籍身分，和77.8億美元的總資產，取得入股大陸銀行的資格，也等於是採迂迴手段，打開了臺資銀行登陸參股投資的門徑，頗有巧思。但另方面，該投資項目也使陸港之CEPA，和兩岸經貿發生了實質關係。其對未來兩岸經濟合作生態可能會有影響。

該富邦銀行赴廈投資項目，正在成為一個「標竿性」的案例。因富邦銀行去那裡，並不以成為廈門商銀股東之一為足，而是有一套系統化、全方位的發展計劃。如其正在逐步推動廈門商銀廣受福建各地分行，2010年年初新開了省會福州之分行，是其中關鍵性的一大步。

海峽產業基金

富邦金控集團內之「富邦證券」，亦已在廈門成立代表處（辦事處）。除此之外，該集團更大的動作，是投資成立基金，並已於2010年5月獲福建省發改委核准。該基金即上述之「海峽產業投資基金」，規模為200億元人民幣，首期為50億元。主要出資者包括富邦金控、福建省投資開發集團有限公司、中國國家開發投資公司等。該基金成立的宗旨，在為兩岸經貿合作、產業發展、臺商投資企業服務。鎖定投資對象為海西重要基礎建設、擁有好前景的未上市企業、臺商投資企業等。另外，為了充實資金來源，該基金未來也將以「私募」方式，向工商企業、投資機構、銀行、社保基金、保險公司募資。這是兩岸金融合作的一種先進形式。

其他臺資機構

截至2010年5月底,臺資金融機構另已在海西投資設立了4個據點,分別是:統一證券廈門代表處、臺灣人壽公司與建發集團在廈門合資設立「君龍人壽保險公司」、國泰人壽公司設立福建分公司、國泰產物保險公司設立福州分公司。總的來看,臺資金融業之三主要業種,銀行、保險、證券,均已有進駐海西之實際案例。

興業銀行準備進駐臺灣

至於海西金融機構之進駐臺灣,進度相對較慢。截至2010年5月底,已有「興業銀行」申請設立駐臺分支機構,獲大陸銀監會批准。但當時因兩岸雙方尚在洽簽ECFA,臺灣對此項目暫不表態。

無論如何,興業銀行之前進臺灣,是福建赴臺金融交流合作之標竿。2010年5月初,福建省長所率訪問團在臺灣時,特別安排該銀行領導人作論壇之主題報告,顯有為該行「造勢」之作用。而興業銀行領導人的此次報告中,也強調了該行在閩臺金融交流領域中所擔當的關鍵角色,及該行與臺商間較深的業務關係。如其指出,興業銀行與華映、東南汽車、正新橡膠、燦坤、統一等大陸臺資企業,業務往來密切。除此之外,興業銀行有一項創舉,即為臺資企業發行了首支10億元人民幣的短期融資券。再者,興業銀行又是福建金融業前進臺灣的先鋒和主角,並且是福建省打造兩岸貨幣清算機制的主要智庫。

由於興業銀行的出線,海西金融機構的「登臺」設點營業,已有清晰的主軸。而這對保險、證券機構的赴臺,也已起了帶動作用。

總的來看,在2008年年中到2010年年中的兩年期間,福建對臺金融交流,「亮點」並不在於「機構入臺設點」,因這方面僅有申請案例,而尚未有實際完成設點之項目。此與臺方機構之接續進駐福建情況相較,實不成比例。

這期間福建對臺金融交流工作的成效,主要表現在福建本身的「交流平臺建設」之上。如新臺幣在閩「雙向兌換」業務擴大到全省、增加新臺幣雙向兌換承辦銀行(興業銀行)、建設海西區域性金融中心工作之進展、平潭島對臺金融交

流先行先試構想之提出等。

陸、機會與挑戰

隨著海西經濟區的進步與提升，福建對臺金融交流必定會有持續的發展。而其最大的發展機會點，在於運用閩臺間密切的地緣、商緣、人緣等優勢，建立一種「全方位」的金融交流關係，也就是建立一個完整的「閩臺金融市場」，或「海峽東西兩岸金融市場」。該市場可涵括「從公司業務到個人理財」、「從貨幣兌換到投資銀行業務」、「從產物保險到人壽保險」等方方面面的業種、業態。

但在朝此方向發展的過程中，福建也會面對下列的挑戰：

一、大陸其他地區的競爭

現階段大陸各經濟區都普遍有發展對臺經貿交流的計劃，有的甚至也把對臺金融交流列為發展重點，其中以長三角（蘇南與上海市）、環渤海（天津濱海新區）表現得最為積極。凡此皆對福建的對臺金融交流，帶來競爭壓力。

二、海西產業「質」與「量」的提升速度

任何金融中心或金融市場，都必需有強力的產業支撐，才能穩健、踏實發展。關於這方面的條件，福建基本上並不欠缺，也就是當地產業已具有一定的基礎。但為了大力支持閩臺金融市場的建設發展，當地有必要加速提升產業的「質」與「量」，不但儘快往先進、高附加價值提升，而且要儘速把產業規模做大。這是海西金融市場發展的「底盤」。

三、海西金融「外延」影響力的強弱

金融市場的發展力道，另有一個來源，就是市場活動之對外「幅射」、「延伸」。如海西金融市場能將影響力外延到西邊的江西、湖南等省份，及往北、往南分別能與上海、廣東金融市場的「勢力範圍」形成「跨區交集」，並進行常態

性的交流,則海西金融市場將是「主流圈」內的市場。反之,其影響力若僅止於海西之內,則該金融市場的發展就會有相當大的侷限。

柒、對策建議

面對上述三大挑戰,福建省當局可以考慮採取下列的作為,來達致突破性的成果,以建立一個「通達四海三江」的典型金融市場:

一、建立「兩岸兩幣」交易的中心市場

福建是全大陸與臺灣民間交流最繁盛的地方,也是新臺幣、人民幣互兌交易最容易做大的地方。福建應把握這個優勢,在「兩岸貨幣清算機制」建立的前提下,大力發展這兩幣的互兌交易市場,而且,不只是擴大交易量而已,還要形成「定價機制」,以成為這兩幣交易的「中心市場」,也就是其他地方市場同項交易的價格基準。

該「定價機制」是海西金融市場可以「先試先行」的項目。因目前新臺幣、人民幣兩幣互兌交易的行情,是透過美元「套算」出來,並未充分反映出民間對該兩幣的需求。如2010年上半年,儘管臺灣民眾有搶購人民幣的熱潮,甚至造成人民幣鈔券缺貨現象,但當時臺灣銀行業的人民幣買賣價卻是不漲反跌,此因當時人民幣對美元匯率不動,而新臺幣對美元則是升值,兩者透過美元套算的交易價,呈現了人民幣對新臺幣貶值。按供需法則,人民幣既被搶購,其應對新臺幣升值才正常。

所以,海西金融市場可由此切入,率先試行「兩幣自主定價」機制,直接按民間供需情況,訂定兩幣互兌價格,並彈性浮動。這將會是海西金融市場領先群倫的一大特色。

二、協助臺資金融機構加大業務的「深度」與「廣度」

進駐福建之臺資金融機構,都有「立足海西,走向全中國」的設想與願望。

對此，福建當局有必要為其爭取較大的發展空間，即千方百計加大其經營上的「深度」與「廣度」。在深度方面，主要是協助其儘量深入承辦福建當地居民的家計存貸、保險、理財等金融服務需求。在廣度方面，主要是協助臺資機構儘速赴省外或海西區外廣設分支機構，使其有機會發展成為全國性機構。

三、增加臺資企業股票上市家數

金融市場的重要像徵，是當地企業具有繁盛的「資本運營」活動。關於這方面，目前福建臺資企業尚有不足，主要在於，當地臺資企業股票上市A股、B股的家數仍屬稀少，使當地臺資的資本運營空間有相當侷限。為此，福建當局應向中央爭取，擴大當地臺資企業股票上市家數，使其成為大陸股票市場的重要組成部份。

四、打造大型企業

金融市場運作的有力基礎，是當地擁有一批在全國乃至全世界排名居於前列的大型企業。為此，福建當局有必要運用有效方法，促成當地企業的「大型化」，如鼓勵企業建立海內外「知名品牌」，或促使企業合併、強強聯合等，以使當地企業在全國乃至全世界的排名迅速上升。凡此皆能有力地促進海西金融市場之茁壯。

海峽西岸經濟區對臺金融合作的市場空間探析

李非　陳茜

一、引言

（一）研究背景與意義

2009年11月中旬，為落實第三次「陳江會」簽署的《海峽兩岸金融合作協議》，兩岸金融監管部門分別就銀行業、證券業和保險業協商簽署了監督管理合作諒解備忘錄（MOU）。2010年簽署的兩岸經濟合作協議進一步就兩岸金融業的市場准入進行磋商，可以預計兩岸貨幣清算機制、資本市場相互開放等議題將會逐步協商和解決。隨著兩岸金融業合作的障礙逐步清除，兩岸公權力部門積極尋求試點地區，率先開展兩岸金融合作，不僅可以增進兩岸之間的金融往來，而且可以及早發現兩岸金融合作中可能存在的一些問題，便於解決兩岸在未來金融合作談判時可能存在的爭端。

就金融機構而言，試點地區須滿足合作便利、政策支持以及資本盈利三大基本要件。海峽西岸經濟區與臺灣地緣相近、商緣相通、血緣相親、文緣相承，並且在兩岸現鈔兌換、通匯、金融機構設立等方面已擁有一定的合作基礎，符合合作便利的要求。2009年5月國務院公布《關於支持福建省加快建設海峽西岸經濟區的若干意見》，提出「推動對臺離岸金融業務，拓展臺灣金融資本進入海峽西岸經濟區的渠道和形式，建立兩岸區域性金融服務中心，推動金融合作邁出實質性步伐。」這意味著海峽西岸經濟區具備對臺金融合作的政策優勢。在前面兩大

要件基本滿足的基礎上,本文力圖透過探析金融合作的市場空間,證明海峽西岸經濟區滿足資本盈利的基本要求。

(二)研究內容的定位

海西區對臺金融合作的定位是分析市場空間的前提和基礎,其主要體現在四個範疇:

首先體現在合作模式上,臺灣實行金融自由化政策以後,金融機構運營績效迅速提高,金融機構數量顯著增加。然而,島內市場規模繼續擴展的空間有限,金融競爭日益激烈導致利潤空間不斷壓縮。因此,積極向外拓展市場空間,延伸金融體系的服務範圍,是臺灣金融業發展的內在需要。海峽西岸經濟區雖然擁有眾多臺商客戶,當地金融需求日益增長,但金融服務水平有限。基於兩地金融環境的差異,合作以臺資金融機構向海西投資為主。

其次體現在合作主體上,包括海西與臺灣兩地的銀行、證券公司、保險公司、信用擔保公司、期貨公司、風險創業基金以及其他各類金融中介服務機構,在滿足一定條件下還包括生產企業和政府部門。

再者體現在合作性質上,海西對臺金融合作是市場化條件下的合作,金融機構作為獨立的市場經濟主體,受資本逐利性的驅動,基於現實經濟條件決定合作的戰略布局和階段目標,以實現利潤最大化。

最後體現在範圍和對象上,海西對臺金融合作的服務範圍擬定於海峽西岸經濟區及能夠輻射到的大陸中西部地區,服務對象定位於海西中小企業與中端收入居民。

二、供需視角下海峽西岸經濟區對臺金融合作的市場空間

探析對臺金融合作在海峽西岸經濟區的市場空間,有必要對海西現有金融機構數量、服務水平、不同類型企業融資狀況以及民眾金融需求進行綜合考量。

（一）金融機構供給的相對不飽和度提供了市場空間

一個區域經濟發展水平與金融需求高度正相關，區域GDP指標能夠體現並衡量該區域金融需求的規模；同時，區域內各金融網點的數量在一定意義上刻畫了該區域金融供給結構與金融業競爭環境，是衡量金融供給的合理指標。在此前提下，為探析市場空間的大小，本文用參照區域與目標區域金融網點數量之比與兩地區GDP之比兩者的差額來度量區域內各類金融機構的相對不飽和度，數值上體現為剔除經濟發展水平因素之後參照區域對目標區域金融供給的「淨倍數」。金融供給「淨倍數」為零，表明在等量GDP上目標區域和參照區域具有相同水平金融供給，即目標區域不存在金融供給的相對不飽和；「淨倍數」為負，表明等量GDP上目標區域金融供給水平高於參照區域，即目標區域的金融供給相對過剩；反之，「淨倍數」為正，則表明目標區域金融供給水平相對參照區域較低，數值越大，目標區域的金融相對不飽和程度越高。

本文以海西區的主體福建為目標區域，經濟金融發展相對較快的江蘇、浙江、廣東、上海三省一市為參照區域，分別對福建與四個參照區域八種不同屬性和類型的金融機構（以銀行業為主）進行比較分析，得出福建不同類型金融機構的相對不飽和度。如圖1所示，福建境內國有銀行、股份制商業銀行、政策性銀行、農村金融合作機構、郵政儲蓄與四個區域比較，數值接近零，不存在供給的相對不飽和；然而，福建外資銀行、城市商業銀行和證券機構三者存在較高的相對不飽和度。其中，以國際化程度最高的上海市為參照區域，福建外資銀行和證券機構的相對不飽和度最高，淨倍數分別為3.98和10.4；以比鄰港澳的廣東省為參照區域，福建外資銀行和證券機構的淨倍數分別為1.62和7.92；以民營資本發達的江、浙兩省為參照區域，福建在城市商業銀行上有較高的相對不飽和度，淨倍數約為2.5。

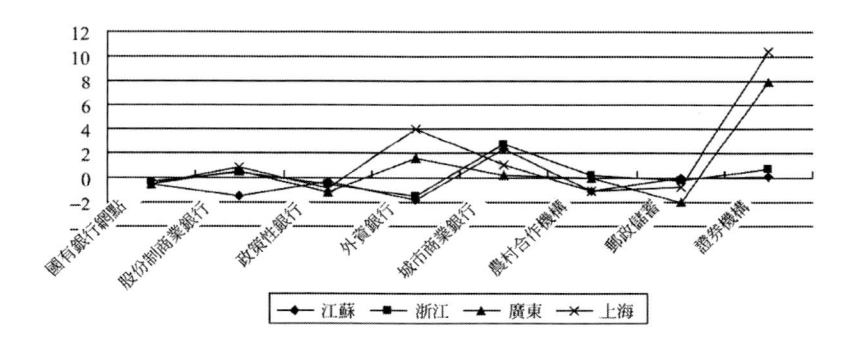

圖1 海西（福建）金融機構的相對不飽和度數據來源：2008年福建省、江蘇省、浙江省、廣東省、上海市金融運行報告整理所得指標計算（以江蘇省國有銀行網點為例）：福建國有銀行相對不飽和度＝江蘇省國有銀行網點數/福建國有銀行網點數－江蘇省GDP／福建GDP

比較分析的結果為海峽西岸經濟區對臺金融合作提供了兩個思路，臺資金融機構參照外資金融機構標準進入海西市場，填補當地外資銀行和證券機構的相對不足。在戰略上又可以採取業務聯盟、參股等方式與海西城市商業銀行、證券機構合作。

（二）銀行機構貸款利率的反差創造了市場商機

儘管兩岸金融體制不同，但銀行業都是金融產業中最為核心的部分，直接影響到兩岸貿易往來和授信融資。不僅如此，保險業和證券業一定程度上仰賴銀行的網路資源和訊息資源，信用擔保、評級等金融中介服務機構更是作為銀行業的配套企業而存在，無法離開銀行業獨立生存。因此，銀行業市場空間的大小，直接影響合作的廣度和深度。

貸款利率結構主導著銀行營運資金的收益，也反映貸款資金的流向，是衡量銀行業市場空間的關鍵指標。近年來，大陸銀行存貸利差平均可達3%以上，為臺灣島內存貸利差的3倍之多。就福建而言，如圖2所示，2008年國有商業銀行低於基準利率的貸款占52%，而城市商業銀行占34.9%，城鄉信用社僅為5.2%；貸款利率在基準利率1.3倍以內且高於基準利率的資金占比中，國有銀行低於城市商業銀行近10個百分點；貸款利率高於基準利率1.3倍的資金占比中，國有銀行只占1.4%，城市商業銀行占8.7%，城鄉信用社高達69.3%。

這種利率結構的反差根源於銀行機構貸款對象的差異。國有銀行憑藉雄厚的資金實力掌握區內國有以及其他性質的優質大型企業客戶。基於風險考慮，國有商業銀行信貸主要是向傳統的重點行業，特別是壟斷性行業集中，中小企業很難獲得貸款。相反，城市商業銀行和城鄉信用社在經過風險加權後，將有限的貸款資金以較高利率提供給區內的中小企業。除風險考慮之外，區內中小企業的龐大資金需求，是推高城市商業銀行與城鄉信用社（特別是後者）貸款利率的另一重要因素。

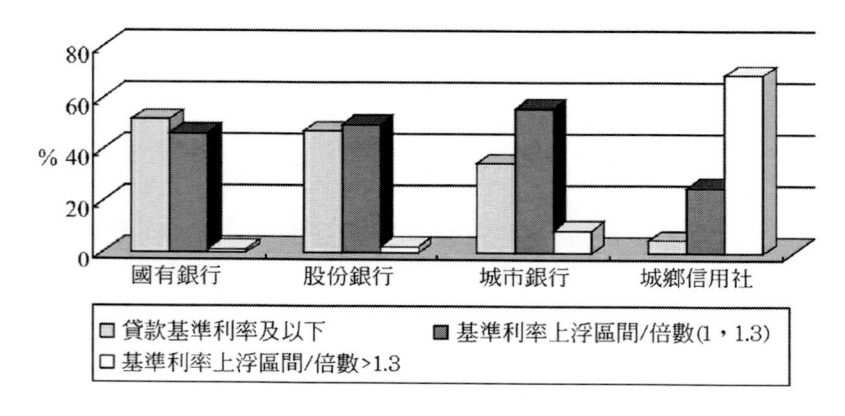

圖2　2008年海西（福建）各類銀行貸款利率的資金占比數據來源：《2008年福建省金融運行報告》

從對臺金融合作的視角來看，透過引入臺灣銀行業較為成熟的風險控制機制，海西對臺金融合作能夠將區內中小企業龐大的資金需求和較高的資金回報率（存貸利差可達4%甚至更高）轉化為可觀的市場空間。與此同時，銀行業的合作可以帶動保險、證券、產業基金、風險投資以及各類金融中介機構的合作，發揮不同機構間的協同效應，實現範圍經濟下的「一站式」服務。

（三）中小企業的資金不足擴大了市場需求

海西區中小企業的龐大資金需求推高了區內城市商業銀行，尤其是城鄉信用社的貸款利率，而這一資金需求的產生有其必然性，即源於海西區中小企業自身發展的特點：其一，區內大部分中小企業屬於勞動密集型企業，它們更多需要日常的周轉資金、短期資金，而非固定資本或中長期資金，然而，目前國有商業銀

行和股份制商業銀行對於100萬元以下的資金需求基本不予考慮；其二，利率水平並非制約海西中小企業的首要因素，重要的是能否申請到貸款和貸款投資運行後的整體利潤水平；其三，海西中小企業呈現出集群優勢和單體規模弱勢並存的現象，產業集群間存在顯著差異的同時，集群內企業卻高度同質；其四，在與大企業的關係上，競爭多於合作，使中小企業難以利用商業信用從產業鏈上的大企業融通資金；最後，海西區弱勢、同質的中小企業間存在顯著的模仿和「跟風」現象，使金融機構無法有效分散融資風險，抑制了金融機構貸款意願。

從規模上看，截止2008年，福建大型企業僅95家，中型企業1729家，小企業63614家，小企業占企業總數的97%；另外，區內還擁有15萬家個體戶；臺資企業的比例儘管低於8%，但80%為獨資、平均資產約6300萬元的中小型企業，主要集中於紡織業、礦物化學製品業以及機械設備製造業。國際經濟危機爆發後，區內中小企業整體景氣指數從2008年一季度122.5滑落到年末的101，其中小型企業從115.4滑落至90.3，港澳臺企業景氣指數也從130滑落至97.2。在受到整體盈利指數降至79.3的影響後，企業貸款拖欠指數滑落至97.2。利潤銳減、資金鏈面臨斷裂、技術改造和綜合成本上漲等因素讓原本融資窘迫的中小企業雪上加霜。

然而，中國出口信用保險公司福建分公司目前僅為250家企業提供信用保險服務，累計承保金額僅占福建一般貿易出口額的7%～8%；中小企業融資擔保機構184家，在保中小企業比例卻低於10%；在直接融資方面，上市的福建中小企業僅有12家，發行短期融資券的中小企業只有1家；2008年福建參加年審的91家典當行，累積實現典當總額僅為46.1億。當無法透過正規金融機構獲取融資服務時，部分中小企業轉而利用地下金融。根據近年民間借貸總量相當於正規金融機構貸款額4%至5%的保守比例測算，福建民間借貸資金達400億元。可見，海西對臺金融合作具有廣闊的市場空間。除中小企業融資之外，服務於中小企業的保險、產業投資基金、信用擔保、財務公司等亦可成為合作的重點內容。

（四）民眾金融需求的增長拓展了市場規模

除企業金融外，居民消費金融市場、保險市場、證券市場也亟待挖掘。

2008年,福建城鎮居民人均可支配收入近1.8萬元,為2001年的2.16倍,年均增長率達11.6%;農民人均收入為2001年的1.8倍,年均增長率達9%。城鎮、農村居民家庭恩格爾係數分別為40.6%和46.4%。根據聯合國糧農組織提出的標準,恩格爾係數在59%以上為貧困,50%～59%為溫飽,40%～50%為小康,30%～40%為富裕,低於30%為最富裕,可以看出區域整體已達到小康水平。可觀的收入水平和較快的增長率,是拓展居民金融市場的財力保證。

雖然海西區國有銀行分支行掌握了大量的優質客戶,但卻無權推出針對本區域特色的理財產品,研發設計、定價、風險管理等環節都在總行,更無法結合客戶的投資偏好和資金實力為客戶量身訂製金融產品;境內外資銀行的理財業務雖發展迅猛且成熟,但僅侷限於高端客戶。因此,金融合作的居民金融市場空間可定位於城市中層收入居民和部分農村居民,開發適用於投資金額適中、有一定抗風險能力的中層客戶理財產品;在保險方面,2008年,福建保險深度為2.7%,遠低於上海的5%,甚至低於中部若干省市;保險密度為806元,也低於其他沿海省市,與快速增長的收入水平不相稱;在證券方面,以深交所為例,近兩年福建個人和機構的開戶數約占大陸開戶總數的2.9%,而證券成交總額已占到4.5%;從排名情況看,證券成交總額在地區成交總額排名中位居第7位,而證券機構數量143家,僅名列第9位。占比的差異反映了海西平均每戶證券交易規模相對較大,排名的差異卻反映出區內證券機構數量的相對不足。因此,透過對臺保險、證券業的合作挖掘相應的居民市場空間是可行和必要的。

三、產業聯動視角下海峽西岸經濟區對臺金融合作的市場空間

產業生命週期理論表明,生產要素價格的相對變化會讓包括臺資企業在內的一大批沿海地區企業向中西部地區轉移。中西部為了加快推進工業化進程,實現經濟跨越式發展,產業承接也正由被動承接轉變為主動承接。與此同時,海峽西

岸經濟區為實現「東部沿海地區先進製造業的重要基地」這一戰略目標，將推動「騰籠換鳥」式的產業升級。從產業聯動視角看，區內產業轉移與升級為對臺金融合作市場空間的拓展提供了戰略性的方向。

（一）產業轉移下的對臺金融合作市場空間

產業轉移的本質是資本的遷徙和再投資。無論是存量轉移，即把福建現有的機構搬遷至新地區，還是增量轉移，即透過新建與併購等途徑，將投資建設的重點轉移到新的地區，如此資本流動過程為海西區對臺金融合作拓展市場空間提供了可行的方向，即跟隨轉移資本的流向為轉移企業提供所需的金融服務，並拓展中西部市場。

1.轉移企業的金融需求是市場空間存在的邏輯基礎

首先，產業轉移中的絕大多數企業受成本驅動，缺乏足夠的閒置資金進行大規模轉移性投資。其次，企業投資轉移初期，無合適的抵押資產，訊息不對稱導致中西部地區金融機構不敢貿然發放貸款。再者，轉移初期尚未形成規模較大的產業集群，且中西部往往缺乏配套企業，導致轉移企業各鏈條間難以形成有效的配合，進而無法形成有效的資金圈，加重了企業的資金困境。最後，部分轉移企業的經營模式將逐步由「店廠合一」變為「店廠分離」，轉出地與轉入地之間會產生大量新的關聯交易，逐步產生多元化的融資服務需求。

2.中西部不完善的金融環境是市場空間存在的客觀條件

首先，中西部地區的典型特徵是政府招商引資力度與金融機構支持力度的錯位。自2005年以來，國有商業銀行股份制改造明顯加快，資產質量效益指標已成為各行運作信貸資源的核心依據。同時，總行紛紛上收信貸審批權限，提高准入標準，收縮縣域機構網點，導致當地政府對金融機構的引導力日益削弱，從而導致招商引資所引進的轉移企業難以獲得當地金融機構的貸款。其次，中西部地區存在較嚴重的國有金融機構壟斷局面，股份制商業銀行、城市商業銀行、外資銀行數量較少。這種壟斷局面加劇了信貸資金向中心城市、重點行業和大企業集中，轉移企業難以獲得貸款。最後，大陸中小企業徵信體系尚未建成，而中西部地區絕大多數信用擔保公司融資能力有限，程序繁瑣、費用高昂、有效期限過

短,並且轉移企業的商標、技術等無形資產往往難以辦理抵押貸款。

3.海西產業發展趨勢是市場空間存在的現實基礎

考察區域內某類產業或特定產業的發展態勢,該產業的固定資產投入與人力資本投入的變化十分重要,二者的增加可以說明該產業在當地發展狀況良好,有意願投入更多資本和人力以擴大生產規模,反之則是產業發展趨緩,壓縮生產規模。尤其對於海西區為數眾多的勞動密集型和技術成熟型產業,固定資產和人力資本的投入相較於技術投入更能準確的刻畫產業的經營狀態和發展趨勢。

2006年以來福建固定資產投資年均增速約為30%。相比之下,規模以上工業企業固定資產淨值年均增速為16.4%,其中輕工業年均增速約為14.6%,港澳臺企業年均增速為13.3%,分別低於整體平均增速1.8和3.1個百分點。從就業人數看,區內製造業就業人數增幅不斷下降,2006年增長為30%,次年便降至13.5%,2008年為負增長。港澳臺企業體現更為明顯,近三年就業人數增幅均低於製造業整體增幅,2008年-5.2%。數據表明,無論是固定資產投資增幅,還是就業人數增幅,區內傳統輕工業,以加工製造為主的臺資企業在當地均已呈現一定程度的萎縮,側面證明了此類產業向中西部地區轉移以尋求綜合競爭優勢的趨勢。事實也正是如此,2009年初福建富鑫鋼鐵公司向安徽轉移投資年產200萬噸的特殊鋼項目,總投資額達30億元。貴人鳥、361度兩大知名運動休閒品牌將分別投資4.18億元、2億元在安徽建立服裝生產基地。

4.金融業跨區域融合是市場空間存在的技術保障

隨著區域經濟一體化不斷深入,大陸各省市正不斷打破行政區劃限制,實現資本、人員、技術在區域內的自由流動。在金融行業,跨區域融合將是金融發展的重要內容和方向。一體化發展勢頭最好的長三角地區,金融機構早已透過股權合作、戰略合作、事業部以及準金融控股集團等多種形式實現了金融機構的跨區域合作。在海峽西岸經濟區,2009年9月,已具有臺資背景的廈門市商業銀行更名為廈門銀行,計劃在未來3年發展成為規模增長較快的中型銀行,形成區域性的市場布局。2009年12月,福州商業銀行更名為海峽銀行,將透過增資擴股、網點擴張、引進戰略投資者、兩岸合作以及上市計劃等方式,實現地方性銀行向

區域性、全國性銀行發展。2010年1月，富邦財產有限公司將營運總部設在廈門，加快海西以及中西部地區布局。隨著海西政策優勢不斷集聚，對臺金融合作能夠實現跨省區，特別是海峽西岸經濟區與大陸中西部地區金融資本的融合，從而更好地為轉移企業提供金融服務。

（二）產業升級下的對臺金融合作市場空間

區域產業升級主要有兩種形式，創設新企業和現有企業技術轉型。外商投資一直以來都是海西技術引進的主要渠道，其中，承接的臺灣石化、機械、光電三大產業占據區內產業技術結構的核心位置。隨著對臺合作不斷深入、對外開放程度不斷提高，海峽西岸經濟區將承接國際、臺灣新一輪產業轉移，以加快區域產業升級。從對臺金融合作的視角看，與國有銀行、股份制銀行、外資銀行以及其他保險、證券機構已經建立金融服務關係的現有企業通常不會輕易發生轉向，金融合作想要爭取這部分客戶實屬不易，但對於新進入的企業則可以透過服務、產品的創新，特別是臺資金融機構對臺灣企業的天然親和力，發揮後發優勢，實現市場空間的拓展。

針對現有企業的技術轉型，無論是自主研發、購買新設備或其他形式，均需要配套的金融支持。2008年，福建科技經費籌集總額中，銀行貸款與企業自籌占86.3%，較之2000年的79.5%上升近7個百分點。相反，政府支出的比重下降，2008年僅占10%。不僅如此，技術改造將派生出大量如技術設備、進出口貨物等相關的保險需求。值得一提的是，中小企業的技術轉型步伐逐步加快。近年來，福建科技經費內部支出總額中，小型企業、軟體開發單位以及農業企業的支出占比達到30%。許多中小企業寄望透過產權流轉、私募股權等方式引入戰略投資者，實現技術流程、經營管理流程的轉型升級。鑒於島內金融機構在輔導、服務中小企業轉型升級，特別是技術產業化、市場化方面具有成熟的經驗，海西對臺金融合作可充分利用這一優勢，在區內現有產業轉型升級，特別是中小企業技術轉型的過程中拓展市場空間。

四、拓展海峽西岸經濟區對臺金融合作市場空間的主要路徑

海西對臺金融合作的主體是雙邊金融機構和參股金融機構的區內各級政府以及企業。依據不同主體之間的相互關係，應分別從金融機構之間合作、金融機構與政府合作、金融機構與企業合作這三個方面來分析具體的合作路徑。

（一）金融機構之間合作的路徑

隨著金融一體化進程的加快，外資金融機構參與大陸金融市場競爭的路徑日趨多樣。就海西對臺銀行業的首次合作，臺資當以參股或收購的方式，借助海西區城市商業銀行、城鄉信用社現有的資源，短時間內鋪開市場。對於區內城市商業銀行而言，引進臺資不僅能夠進行資本、技術、產品、經營和管理等方面的有效嫁接，而且打通了城市商業銀行與臺灣金融市場、臺資企業接軌的通道，增強了核心競爭力；對於城鄉信用社而言，參股或兼併可以改善經營管理體制，擴充資本金，特別是加大與區內眾多臺資農業企業的聯繫。中長期內，伴隨產業轉移的步伐，海西區銀行資本和中西部眾多城市商業銀行可透過鬆散的業務聯盟或緊密的股權聯盟，以「抱團出擊」的方式服務眾多轉移企業。

由於兩岸保險業合作無須以MOU簽訂為前提，保險業的合作已經展開。2007年，國泰人壽設立福建分公司，2009年末保監會批准富邦產險在廈門成立獨資產險公司。通常情況下，保險公司對於營業網點的依賴程度較小，因此，設立分公司、合資設立新公司、參股、獨資公司以及單純的業務合作等，均是海西對臺保險業挖掘本地市場和拓展中西部地區市場的可行路徑。在證券業合作方面，合資創設證券機構，利用兩岸資本市場相互開放的契機，爭取中央優惠政策，積極拓展兩岸個人和機構投資客戶，打造便於區內企業技術轉型的產權、股權交易平臺。不僅如此，臺資金融機構還可設立或參股財務公司、產業基金、保險中介、信用擔保、信用評級機構等。

（二）金融機構與企業合作的路徑

一方面，為拓展金融合作的市場，借鑑日本的主銀行制經驗，臺資金融機構應與海西區中小規模的股份制企業、私營企業和個體工商企業建立長期的合作夥伴關係，加強瞭解，互通有無，建立廣泛的訊息系統和網路服務。既要為其提供相應的資金支持、企業保險，更要提供財務、生產投資、證券投資、訊息諮詢等

服務,加強中間業務;另一方面,為擴大金融機構的規模,除爭取上市融資外,擴大社會法人入股,如金融機構吸收臺資大中型企業或集團、當地民營企業入股,雙方互相參股,特別是金融合作中的非銀行金融資本與產業資本的融合有助於向轉移企業提供更充分的金融服務。

(三)金融機構與政府合作的路徑

政府參與對臺金融合作的路徑主要有四個方面:

首先是經營管理的合作。在控股股東一般是地方政府的股權結構下,金融機構難以建立起有效的公司治理機制,而臺資參股能夠造成優化治理機制與改善管理的作用;另一方面,海西對臺金融合作拓展中西部市場空間面臨的最大問題將是經營地域的限制,從當前政策層面看,中國人民銀行和中國銀行業監督管理委員會均明確表示,允許達到一定條件的城市商業銀行跨區域經營。然而,良性轉化須以臺資金融機構與地方政府、各地政府之間有效溝通以及地方政府適度金融退出為前提。

其次是建構金融生態環境的合作。金融生態是指影響金融市場運行的外部環境和基礎條件,包括法律制度環境、公眾風險意識、中介服務體系、市場信用體系和行政管理體制等內容;廣義上還可能包括金融市場生成、運行和發展的經濟、社會、法治、文化、習俗等體制。生態環境的好壞直接影響金融合作的服務種類、規模、價格、質量、範圍等;或者說良好的金融生態環境有助於金融合作市場空間的充分挖掘和拓展。因此,建議由人民銀行福建分行牽頭設置區域系統性金融風險預警機制和處置方案;雙邊合資、獨資金融機構與公檢法構建金融案件預防協調機制,對金融詐騙、破壞金融秩序、挪用金融資產、洗錢、假幣犯罪等非法金融活動進行打擊。不僅如此,臺資金融機構應協助區內各級政府將分散在銀行、工商、稅務、海關、質監等部門的企業信用訊息進行整合,加快完善企業信用訊息系統,並整合公安、教育、計生、社保等部門的個人信用訊息,建立個人信用徵信體系。不僅如此,應配合金融管理當局健全金融機構市場退出機制,規範金融機構的破產行為,強化金融生態系統的「物競天擇」的進化競爭機制。

再次是人員往來的合作。政府應協助金融機構為赴海西就業、培訓的臺灣金融專業人才創造各種便利條件，如子女就學、就醫等；協助臺灣金融機構聯絡區內國有銀行、股份制商業銀行、外資銀行以及區內銀行業協會、臺商協會等，加強行業溝通與合作；支持雙方金融業舉辦金融培訓、論壇、研討會等多種交流機制，提供更豐富多樣的交流平臺。

最後是爭取中央政策支持的合作。儘管兩岸經濟合作協議涉及兩岸金融市場的相互開放，規範了兩岸金融合作的硬性框架，但中央對海峽西岸經濟區的支持力度決定了海西對臺金融合作的彈性空間。正因為海西所擁有的兩岸金融合作先行先試政策優勢的多寡直接影響金融合作的廣度和深度，透過金融機構與政府的合作，共同探討金融發展的政策機制，提出系統科學的金融發展規劃，以爭取中央更多的政策支持，從而解決或規避金融合作中面臨的政策約束。

海峽兩岸金融業合作的路徑選擇和前景分析

王鵬

　　海峽兩岸金融業合作是伴隨著兩岸經貿合作產生和發展的。兩岸經貿合作起源於兩地的比較利益和優勢互補，是經濟發展規律的必然，也是文化和情感推動使然。2008年底以來，兩岸實現了海運直航、空運直航、直接通郵的「大三通」，兩岸經貿合作愈加緊密。然而，相對於20多年來兩岸貿易與臺商對大陸投資的發展，兩岸金融業合作則嚴重滯後，遠不能適應兩岸經貿關係的發展。尤其是，近年來由美國次貸危機引發的全球金融危機的爆發，對兩岸經貿合作產生重大衝擊，嚴重影響了臺資企業在大陸的投資經營活動，兩岸金融業合作顯得更為迫切與需要。2009年第三次「陳江會」簽署了《海峽兩岸金融合作協議》，揭開了兩岸金融業制度化合作的序幕，為兩岸經濟合作注入了新的內容，有助於改變目前兩岸經貿合作過程中「金融領域滯後」與「大經貿小金融」的格局。在此背景下，如何進一步擴大和深化兩岸金融業合作，探討合作的路徑選擇，展望未來的合作前景，共同維護兩岸的經濟安全和穩定，成為亟待解決的問題。

一、海峽兩岸金融業合作的基本現狀

　　隨著海峽兩岸金融監管合作備忘錄（MOU）於2010年1月16日正式生效，兩岸金融監管機構將據此建立監管合作機制，有利於促進兩岸金融業的優勢互補和共同發展，優化大陸臺資企業的融資環境。目前，兩岸金融業合作已進入實質階段，主要體現在銀行業、證券業和保險業的合作上。

（一）銀行業合作

2001年海峽兩岸先後加入WTO以來，隨著大量臺資企業投資大陸，兩岸均頒布互設金融機構並開辦相關業務的政策。近年來，工商銀行、建設銀行、交通銀行、中國銀行等多家大陸銀行都表示將赴臺設立分支機構。這些大陸銀行在臺設立分支機構功能的定位是服務兩岸經濟活動，包括服務兩岸貿易和項目投資等，主要從事批發信貸和貿易融資業務。與此同時，島內銀行業界加快「西進」的姿態也相當積極。截止2009年底，共有12家臺資銀行在大陸設立了辦事處（見表1）。MOU生效後，7家在大陸設立辦事處滿2年的臺灣銀行將升格為分行，臺灣最大公股銀行——臺灣銀行也於2010年2月初在上海成立了辦事處，而中信金控、國泰金控、兆豐金控、遠東商銀等臺灣銀行業者也在積極與大陸銀行洽談合作事宜。

表1 臺灣金融機構在大陸設點情況

地點	銀行業	證券業	保險業
北京	合作金庫、中國信託、華信商業	元大京華、倍利國際、金鼎、京華山一、復華、寶來	國泰產險、國泰人壽、富邦產險、富邦人壽、新光人壽、台灣人壽、明台產險、友聯產險、中國人壽
上海	世華銀行、土地銀行、第一商業、華一銀行（合資）、商業儲蓄銀行	元大京華、倍利國際、金鼎、元富、群益、寶來、統一、建華、日盛、大華、太豐行、中信凱基、第一、富邦、台証	富邦產險、新光人壽、中央產物、國泰世紀產物、友聯產險、萬達保險、國泰人壽、明台產險
深圳	華南銀行	倍利國際、元富、亞洲環球、中信凱基、金鼎	
廣州		寶來	中央產物、國泰人壽
成都		金鼎	國泰人壽
昆山	彰化銀行		
蘇州	中國國際商業銀行		新光產物、國泰人壽
寧波	協和銀行（合格）		

資料來源：根據相關資料整理。

通匯是兩岸銀行業合作中最早遇到的問題。2001年11月16日，臺灣允許島內OBU（overseas banking unit，國際金融業務分行）及海外分支機構與大陸銀行

及其海外分支機構進行直接金融業務往來。2002年2月15日，臺灣批准島內DBU（domestic banking unit，臺灣外匯指定銀行）與大陸銀行直接通匯。2007年，為提升OBU與海外分支機構的國際競爭力，臺灣除了開放辦理大陸境內交易產生的外幣應收帳款收買業務，也將授信業務的對象擴大到外商企業在大陸地區的分支機構，以吸引臺商與外商利用OBU作為兩岸資金調度的中心。2008年12月25日，根據海協會和海基會簽署的《海峽兩岸郵政協議》，兩岸郵政開辦了信函、包裹、特快專遞和匯兌等業務。2009年2月26日，兩岸正式實現雙向郵電通匯。雙向通匯為兩岸提供了方便的匯款平臺，縮短了通匯時間，節省了中間環節的手續費，並且方便大陸臺資企業節稅與資金調度。

兩岸通匯不可避免要涉及到貨幣兌換問題。早在1988年，中國銀行廈門分行、福州分行與馬江支行即開始開辦新臺幣兌換人民幣外匯券業務。2003年8月臺灣首次開設人民幣相關業務，適用對象僅限於OBU客戶，即境外法人。2005年10月，臺灣「行政院」在金門、馬祖試辦人民幣兌換。2008年6月12日，臺灣開放人民幣在本島的兌換業務。2009年4月26日，海協會和海基會簽署《海峽兩岸金融合作協議》等三項協議，同意先由商業銀行等適當機構，透過適當方式辦理現鈔兌換、供應及回流業務，並在現鈔防偽技術等方面開展合作，逐步建立兩岸貨幣清算機制，加強兩岸貨幣管理合作。

（二）證券業合作

2008年國民黨重新執政後，兩岸關係迅速改善，尤其是海協會與海基會的恢復商談以及達成兩項重要經濟協議，為兩岸證券業合作帶來新的發展機遇。臺灣採取積極措施，逐步開放大陸境內合格機構投資者（QDII）投資臺股。除取消「外資機構」（含基金與非基金）申請投資臺股時必須出具「不含陸資聲明書」的規定外，2008年12月4日，臺灣「行政院」通過《大陸地區投資人來臺從事證券和期貨投資辦法》，開放大陸QDII來臺從事證券投資與期貨交易，並允許上市上櫃公司的大陸員工及來臺掛牌海外企業的大陸股東可認購併獲配有價證券；2009年4月30日，臺灣「金管會」公布《大陸地區投資人來臺從事證券投資及期貨交易管理辦法》，大陸QDII可投資臺灣上市公司股票、金融債券、公司債券、

基金與證券化商品等。同時，放寬大陸臺資企業返臺上市，日前中國旺旺控股公司正式在臺發行存托憑證（TDR），成為第一家臺資企業在臺上市公司，預計未來將會有更多的臺資企業在臺上市。

另一方面，臺灣擴大開放島內資金投資大陸資本市場，包括提高臺灣券商利用海外分行參股大陸證券公司的投資限額；開放創投業赴大陸投資，投資總金額以該創投企業實收資本額的20%為限，創投公司募資投資大陸額度以不超過募資總額的60%為限；放寬境外及島內基金投資大陸股市，將可投資陸股、港澳紅籌股、H股的基金範圍從公募基金擴大到私募基金，港澳紅籌股不設限，陸股投資上限為10%；擴大臺港資本市場交流以吸引陸資，包括開放臺港指數股票型基金（ETF）雙向掛牌，允許部分香港上市企業在臺籌資，開放香港交易所掛牌企業赴臺第二上市（或上櫃）及發行臺灣TDR等。

對於兩岸證券市場的合作，大陸金融界倡議開放企業在兩岸股市交叉持牌，實現「臺股直通車」和「陸股直通車」。為解決臺資企業在大陸投資與經營活動中的融資問題，大陸2001年底允許外資企業（包括臺資企業）在大陸發行A股並上市。2003年12月30日，第一家臺資企業浙江國祥製冷股份有限公司在上海A股成功上市。截至2009年底，大陸滬、深兩市有國祥製冷、漢鐘精機、晉億實業、深圳信隆等8家臺資企業成功上市。此外，統一集團、巨大集團、北京聯華食品等30多家較符合上市規則的臺灣企業已在排隊等待上市。

（三）保險業合作

1992年兩岸保險業首次在北京接觸以來，保險業即形成定期交流制度。隨著大陸保險業的對外開放及2002年臺灣公布「兩岸保險業務往來許可辦法」，兩岸保險業合作取得了較大進展。2004年，國泰人壽保險公司獲准與東方航空公司設立壽險公司，成為臺灣第一家在大陸設立的保險公司。此後，一些臺灣保險公司憑藉語言、文化與風俗習慣相同的優勢，陸續突破各種障礙進入大陸市場。目前，共有國泰產險、國泰人壽、富邦產險等10餘家臺資保險公司在大陸設立了辦事處（見表1）。除機構合作外，兩岸在保險人才、保險營銷、保險培訓等方面的合作也在不斷深入。同時，大陸對外資保險業的市場准入條件設置較

高，臺資保險公司進入大陸市場也受到中國保險監管管理部門「五三二」條件的限制（即公司資產總額達50億美元，成立時間30年以上和成立代表處2年以上），因此基本符合在大陸設立分公司或合資子公司的僅僅為臺灣國泰人壽、新光人壽和臺灣人壽這幾家臺資保險公司，而所有臺資非壽險公司均不符合該條件。

在業務操作上，相當一部分在大陸的臺資企業採用的是「經紀人」的臺灣保險模式，即聘用臺灣著名保險經紀公司為其設計各種企業保險方案並代表投保企業與大陸保險公司洽談承保條件；同時把這些大陸保險公司承保的業務的部份「回分」到臺灣保險市場，即透過特約臨分再保險的模式將臺資企業的部分保險業務分保到臺灣保險市場。這些保險經紀人通常是歐美國家的跨國保險經紀公司，在海峽兩岸均設有分支機構，在此充當了大陸和臺灣保險業務的中間橋樑，把大陸保險公司承保業務分入到臺灣保險市場。儘管「經紀人」模式也是國際保險市場和再保險市場經常採用的市場模式之一，但不利於兩岸保險公司在技術領域和市場開拓等方面的交流與配合。

二、海峽兩岸金融業合作存在的問題

海峽兩岸金融業合作雖然取得了較大進展，但原有的合作關係受到諸多因素的制約，在貨幣兌換、企業融資、通匯清算和金融監管等方面存在著急需解決的問題。

（一）貨幣無法自由兌換催生地下非法金融活動

多年來海峽兩岸經貿往來主要以美元作為支付與結算手段，間接形成人民幣與新臺幣的匯率，企業需要負擔兩次兌換手續費並承受匯率變化風險，或支出較高費用和時間透過香港、美國等第三地銀行進行周轉，不僅增加成本、降低效率，而且不利於兩岸金融市場的規範與穩定，也不利於兩岸經貿往來的正常發展。其結果導致了人民幣與新臺幣的兌換直接轉向了黑市，特別是絕大部分收入

的新臺幣透過黑市兌換,使地下錢莊成為境內新臺幣匯兌清算的主要途徑。同時,人民幣雙向兌換(目前兩岸直接通匯,只能在貿易和非貿易項下,不包括直接投資、有價證券投資或未經許可事項為目的的匯款,非商品與勞務匯款金額仍受限制)未取得突破性進展,和兩岸之間密切的經貿交流所產生的對金融業合作的龐大需求相比,目前的開放度仍然遠遠不夠。因此,兩岸之間長期存在著「地下金融管道」(即所謂的「地下匯款公司」),一般是由臺灣母公司將新臺幣匯到指定帳戶,然後在大陸臺商所在地取得人民幣,透過「一手交新臺幣,一手交人民幣」的方式完成通匯。這些地下金融活動缺乏有效的金融監管,不僅具有很高的交易風險,而且還會成為犯罪分子洗錢的通道,擾亂兩岸金融秩序與社會治安,更嚴重的後果則是貨幣當局難以把握金融宏觀形勢,有效實施貨幣政策,進而對兩岸經濟產生不利影響。

(二)訊息不對稱導致大陸臺資企業融資困難

儘管大陸融資環境在逐年改善,臺資企業的融資渠道也在不斷拓展,但由於兩岸訊息不對稱等原因,加上臺資企業自身存在的諸多問題,資金短缺仍然是大陸臺資企業普遍面臨的難題,融資障礙已成為制約臺資企業產業升級和增資擴產的瓶頸。為了保證貸款的安全和收益,降低逆向選擇和道德風險發生的機率,銀行放貸時需要支付一定的審查和監督費用,因此企業所要支出的成本就要超過貸款利率。由於多數臺資企業規模小,訊息透明度較差,內控制度不健全,銀行決定放貸前需要耗費大量時間來調查企業的財務和信用狀況,並要加強監督力度以防範訊息不對稱可能造成的道德風險,由此導致交易成本的增加。同時,銀行放貸成本與貸款額是不成比例的,無論貸款額是多少,銀行的審查和監督費用都大致相同;而臺資企業融資規模較小,放貸成本占貸款額的比重較高,貸款的平均成本也較高,因此貸款利率相應地要高於大企業。在大陸現實經濟條件下,由於臺資企業與銀行利益的不一致性,企業在追求自身利益最大化的同時,會有意或無意損害銀行的利益。尤其是對於中小臺資企業,因其信用擔保能力低,在貸款獲得上存在著強烈的道德風險;借入合約簽定後,為追求高額利潤,很可能轉而投資與高風險相伴的高收益項目,一旦投資失敗而陷入危機時,其損失就只能由銀行來承接,由此也決定了臺資企業很難從金融市場上獲得資金支持。

（三）清算機制尚未建立增加兩岸通匯成本

由於海峽兩岸尚未建立人民幣與新臺幣的清算機制，島內銀行有關人民幣現鈔的拋補與結算，幾乎都要透過香港匯豐和美國銀行等境外「第三者」，導致人民幣貨源不夠充足，無法完全保證人民幣在島內的正常供應。目前在大陸，中國銀行是唯一一家獲批可以辦理新臺幣兌入和部分兌出業務的大陸銀行，其新臺幣的消化渠道，主要依靠定期將兌入的新臺幣押送至境外賣出，不僅經營成本高，而且還容易因匯率波動而蒙受匯兌損失。同時，大陸對新臺幣的管理與外匯不同，僅將其視為表外記貨幣，不公開掛牌兌換，價格缺乏彈性。從通匯角度看，由於人民幣和新臺幣未建立清算機制，後端的匯款及清算作業仍須取道外資銀行，借用美元清算。雖然臺灣各商業銀行在香港的分行可以進行拆借，但兩岸金融管理部門必須對話協商人民幣從香港運到臺灣的具體事宜，還需經過香港的貨幣管理當局同意。另外，目前全國外幣統一清算系統還存在時間、地域範圍、會員範圍、業務範圍、清算幣種、操作方式等方面的技術障礙，兩岸金融管理部門之間難以開展貨幣互換（SWAP）業務、跨境貿易人民幣結算和貨幣回流等業務。

（四）兩岸金融監管體制不統一難以實現有效監管

海峽兩岸金融監管體制存在較大區別。大陸實行「一行三會」的單元多頭的分業監管體系，嚴格限制金融業務的範圍，金融市場發育不完全，市場開放時間較短，監管法律不夠完善，還未形成高效的監管體系。臺灣現行的金融業體系，已具備了一定的基礎，主要分為有組織的金融業體系及無組織的民間借貸兩大部分，並且不斷進行著調整與改進。其中，有組織的金融業體系由「財政部」及「中央銀行」共同管理，「財政部」主要負責金融行政的監督管理，「中央銀行」則完全致力於金融業務的監督管理（見圖1）。這種金融業體系的監管職責比較健全，金融市場發展也較為成熟，加上經歷多次市場的考驗，應對金融問題已擁有豐富的經驗。因此，兩岸金融業在市場化進程、金融制度規範和金融監管水平等方面均存在一定差距，面對兩岸間非法資本流動、假幣等共同問題，兩岸金融監管機構缺乏有效溝通，無法進行訊息共享並實現有效監管，可能產生「監

管真空」和「監管摩擦」等問題。此外，兩岸的金融行業相關標準沒有統一，缺乏同一框架下的金融監管法規，也給兩岸金融業合作帶來政策上的風險和操作上的不便。

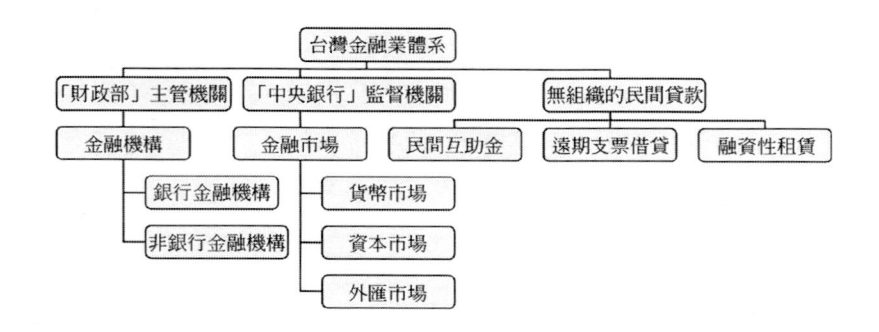

圖1 臺灣現行金融業體系資料來源：王鵬：《臺灣金融產業的變遷》，《海峽科技與產業》，2009年第1期，68頁。

三、海峽兩岸金融業合作的路徑選擇

在經濟全球化和區域經濟一體化深入發展，尤其是國際金融危機不斷擴散蔓延和對實體經濟的影響尚未消除的背景下，海峽兩岸金融業合作的滯後狀態應盡快加以改善，以共同抵禦潛在的經濟風險。當前，兩岸「大三通」的實現為兩岸金融業合作的進一步深化提供了可能，兩岸均應抓住歷史機遇，選擇正確的發展路徑作為突破口，制定符合兩岸現狀，又適應未來金融合作發展的制度框架，為兩岸經濟合作的平穩運行確立法律依據和制度保障。

（一）遵循WTO規則構築兩岸金融業合作的制度平臺

目前，海峽兩岸金融業合作存在一些制度瓶頸，一是兩岸客觀上存在政治爭議，在很大程度上為兩岸金融業合作交流設置了障礙；二是以往的兩岸金融業合作形成的是一種單向、不對等的格局，大陸開放度較大，臺灣則較多限制。在

《服務貿易總協定》中，金融服務貿易同貨物貿易一樣列入市場准入、國民待遇、最惠國待遇和透明度原則等條款。海峽兩岸先後加入WTO後，依照承諾大陸正不斷開放金融市場，放鬆對外資銀行的市場准入與業務範圍限制、對地域與客戶的限制、對外資銀行所有權和經營權的限制（包括對分支機構和許可證的限制）以及對金融租賃業務和汽車信貸業務的限制也逐漸被取消，臺灣則可以直接在WTO的架構下到大陸發展金融業務。同時，WTO有一套完整的爭端解決機制（DSU），當兩岸發生爭端時，當事各方不應採取單邊行動對抗，而要透過DSU尋求救濟並遵守其規則及其所做出的裁決，因此，在WTO的框架下可以拓展兩岸金融業合作的空間。海峽兩岸應該利用WTO作為官方協商平臺，在遵循WTO規則與「同等優先」的原則下，對兩岸金融業合作採取「民間主導」、「政府默許」等更加靈活、務實、變通的措施，儘量避免政府干預，充分實施市場規則，為目前兩岸金融業合作提供平臺，也為深化兩岸金融業合作奠定基礎。

（二）借鑑CEPA模式提供兩岸金融業合作的配套服務

《內地與香港關於建立更緊密經貿關係的安排》（CEPA）的簽署，降低了香港金融行業進入內地的門檻，為臺灣金融機構「間接」向大陸臺資企業提供金融支持創造了機會。根據2009年5月9日簽署的CEPA補充協議六，內地在原有CEPA及補充協議對香港開放服務貿易承諾的基礎上，採取措施進一步加強在金融領域的合作。其中，繼2008年中央支持服務業對港澳擴大開放在廣東先行先試，CEPA補充協議六繼續加大支持力度，在銀行、證券等8個領域採取了放寬市場准入條件（見表2）。在CEPA的推動下，香港金融機構將加速進駐內地，憑藉其先進的服務方式、管理水平和技術，為兩岸金融業合作提供良好的配套服務。臺灣金融機構可以透過併購港資金融機構或者直接在香港設立分支機構的方式，待滿足CEPA中香港公司的身分界定後，搭乘便車，採用「借殼」方式布局大陸市場，為臺資企業在大陸投資的貿易結算和資金進出業務提供便利服務。同時，兩岸金融業合作可參照CEPA模式，在不違背WTO的原則基礎上，制定雙方金融市場開放與合作、監管等全面的制度框架。在實際操作方面，建議首先透過民間組織協商，將協商結果交由兩岸當局各自確認，而後再逐步推進，或者由港澳臺三地金融管理部門展開商談，使臺灣可間接利用CEPA的待遇，形成實際上的兩

岸CEPA。

表2　CEPA補充協議六的政策措施

領域	政策措施
銀行	香港銀行在廣東省設立的外國銀行分行，可以參照內地相關申請設立支行的法規要求，提出在廣東省內設立異地(不同於分行所在城市)支行的申請。
	若香港銀行在內地設立的外商獨資銀行已在廣東省設立分行，則該分行可以參照內地相關申請設立支行的法規要求，提出在廣東省內設立異地(不同於分行所在城市)支行的申請。
證券	允許符合外資參股證券公司境外股東資質條件的香港證券公司與內地具備設立子公司條件的證券公司，在廣東省設立合資證券投資諮詢公司。合資證券投資諮詢公司作為內地證券公司的子公司，專門從事證券投資諮詢業務，香港證券公司持股比例最高可達到三分之一。
海運	允許香港服務提供者在內地設立獨資船務公司，為該香港服務提供者租用的中國船舶經營香港至廣東省二類港口之間的船舶運輸，提供包括攬貨、簽發提單、結算運費、簽訂服務合同等日常業務服務。
鐵路運輸	允許香港服務提供者在深圳市以獨資形式建設、運營和管理4號線專案。
會展	委託廣東省審批香港服務提供者在廣東省主辦展覽面積1000平方米以上的對外經濟技術展覽會。(「中國」字頭的展覽會由廣東省商務主管部門報商務部核准後審批。)
公用事業	在廣東省100萬人口以下城市中，取消對香港服務提供者建設、經營城市燃氣管網的股比限制。
電信	允許香港服務提供者在廣東省銷售只能在香港使用的固定/行動電話卡(不包括衛星移動電話卡)。(須符合內地與香港電信監管部門簽訂的關於在廣東省銷售香港電話卡備忘錄的規定)
法律	允許已在內地設立代表機構的香港律師事務所(行)，與成立時間滿1年或以上並至少有1名設立人具有5年(含5年)以上執業經驗的廣東省的內地律師事務所聯營。

資料來源：根據《內地向香港開放服務貿易的具體承諾的補充和修正六（2009）》整理。

（三）利用ECFA協商進一步推動兩岸金融業合作

「兩岸經濟合作架構協議」（ECFA）是在WTO允許的框架內，規範兩岸經濟活動，進行兩岸類似自由貿易區的經濟合作。大陸與臺灣都是WTO的成員，隨著國際經濟和經貿一體化發展，兩岸經濟成長和融合程度不斷提升，經貿聯繫日益緊密。兩岸當前的金融布局和貨幣匯兌措施，嚴重阻礙了兩岸經貿關係的自由往來。大陸迄今已批准了40家臺灣金融機構赴大陸開展業務，為大陸臺商提供融資、理財服務，而臺灣還未批准大陸金融機構的進入。兩岸金融業合作是兩岸

經貿關係的核心，加強兩岸金融業合作，不僅能推動並加快ECFA的簽署，並且也是ECFA中需要商討的重要議題。2010年3月16日，臺灣「金管會」發布的海峽兩岸金融、證券期貨、保險等3項業務往來及投資許可管理辦法規定，不論是臺灣金融業「登陸」還是大陸金融業來臺設點或參股都以1家為限，有關大陸銀行參股島內金融機構部分，將視ECFA協商情況另行訂定施行日期。因此，在ECFA協商中，兩岸金融業合作是不可不談的話題。海峽兩岸如要促使大陸對臺投資快速增長並以此引導兩岸經貿結構更趨平衡、穩定發展，就要借助ECFA協商加快大陸金融機構進入臺灣，提供兩岸金融業合作所需要的金融服務，改變兩岸經貿關係的不平衡格局，讓兩岸金融業合作不僅能適應兩岸經貿關係的現狀，更能推動兩岸經貿關係的發展。

四、海峽兩岸金融業合作的發展前景

目前海峽兩岸金融業合作仍存在諸多問題，其中既有政策性障礙，也與長期以來兩岸在貨幣清算、金融監管、金融法規及金融統計等技術方面缺乏協調有關。顯然，這種局面難以適應兩岸經貿往來不斷擴大的需要，同時也與經濟全球化和區域經濟一體化的時代背景格格不入。海峽兩岸金融業合作的未來發展，應該從當前存在的問題入手，採取有效措施進一步加以推動。

（一）完善人民幣與新臺幣的兌換與流通機制，擴大兩岸金融業合作業務

在海峽兩岸資金流動規模持續高速增長的壓力下，完善人民幣與新臺幣的兌換與流通機制尤其重要。可以參照港元、澳門元，適當定位新臺幣，公開辦理新臺幣兌換，增加新臺幣兌換業務經營網點，加大對新臺幣兌換業務的宣傳。在人民幣對新臺幣定價方面，允許新臺幣兌換銀行根據自身新臺幣頭寸情況，參照國際市場行情，根據國家公布的美元價，自行套算出人民幣兌新臺幣的買賣價，使新臺幣匯價隨行就市，更具市場彈性。在新臺幣的收兌價格方面，目前中國銀行收兌新臺幣的價格遠低於黑市價格，在利益的驅使下，除少量因政策需要必須透

過中國銀行兌換外，大部分新臺幣和人民幣之間的兌換則透過「地下金融管道」進行，嚴重擾亂了正常的金融秩序。建議中國銀行留存一定的備付現鈔，降低成本，適當提高新臺幣的收兌價格。

2009年《海峽兩岸金融合作協議》的簽署，標幟著兩岸金融業合作進入一個實質性階段。該協議共包括金融合作、交換資訊、保密義務、互設機構、檢查方式、業務交流等12大項內容，大陸金融機構進入臺灣島內開展業務，既擴大經營規模，又為臺灣市場提供更加有效廉價的金融服務；同時，臺灣金融機構進入大陸開展業務，將獲得大陸廣闊的市場空間，帶動業務的全面發展。海峽兩岸均要以此為契機，不斷擴大兩岸金融業合作的相關業務。可以將臺灣開辦人民幣兌換業務的地區由金馬擴大到全島，將大陸開辦新臺幣兌換業務的地區由福建省逐步擴大到整個大陸地區；允許臺灣保險公司在大陸直接經營壽險、產險等保險業務；進一步擴大兩岸證券業務開放等。

目前兩岸金融業合作急需對彼此的金融技術操作及管理知識的學習，因此，針對金融技術人才及專業師資的培訓，兩岸可定期開設培訓班，推動金融專業證照相互認證；或合作設立專門的管理機構，解決現階段兩岸金融專業證照無法互通、人才無法充分流動的問題。另一方面，大陸聯合徵信制度正蓬勃發展，相關的制度日趨完善且業務亦大幅擴充，而臺灣的聯徵制度建立已久，但基於客戶資料保密與外銀對臺商客戶風險管理等因素，均未同意提供聯合徵信中心的資料。面對這一訊息交流難題，兩岸可以共同出資設立一個聯徵訊息交流平臺，事先過濾敏感數據，互通徵信相關訊息。

（二）運用多種方式拓展融資渠道，最大限度滿足臺資企業融資需求

大陸臺資企業融資難的困境是借貸雙方訊息不對稱條件下多種因素綜合影響的結果，解決臺資企業融資障礙的途徑，需要各方面的共同努力。除了要繼續呼籲臺灣放寬政策限制，開放島內金融機構在大陸設立分行，建立兩岸資金的雙向交流通道，為臺資企業融資提供良好的政治生態環境以外，更應該從降低訊息成本、改善融資環境和提高臺資企業自身素質等方面入手，為大陸臺資企業融資提供便利。

完善的信用擔保體系可以緩解企業特別是中小企業融資難的問題。大陸各級政府要加強對臺資企業行為的監督，建立臺資企業風險控制系統和信用等級制度，避免訊息不對稱導致的市場失靈現象，減緩企業債務融資時的還本付息壓力。臺資企業之間則可以建立會員制的擔保機構，利用政策性保險產品及配套的融資服務，構建臺資企業會員間的信用擔保融資平臺，發揮互保、聯保的作用。同時，透過政府、企業、銀行共同出資的方式，組建以公司制為主要形式的信用擔保機構，讓信用保險介入銀企借貸行為，使臺資企業的部分信用風險按一定比例轉移到保險機構，從而有利於完善風險補償機制，降低銀行的貸款風險，減輕銀行的壓力，提高銀行的貸款積極性。

　　中小金融機構地方性較強，對大陸臺資企業的經營情況、項目前景和信譽狀況比較瞭解，相對於大的金融機構而言，具有訊息優勢和交易成本低的優勢，有助於解決銀企之間訊息不對稱問題。中小金融機構在為臺資企業提供金融支持時，一般可以不必經過抵押、擔保手續，在資信審查合格後即可在授信範圍內直接發放貸款，這對於擔保品不足的臺資企業來說，不失為一條重要的融資渠道。在利率政策上，應矯正有失公允的利率政策，降低對臺資企業的貸款利率，消除因所有制成分不同而產生的利率差異，對所有借貸者的同一種類、同一期限的貸款實行同一水準的利率。在貸款抵押上，應放寬臺資企業的融資抵押條件，允許臺資企業將外匯資金和應收帳款等作為抵押品，鼓勵中資銀行對臺資企業發放房產、機器設備的抵押性貸款。

　　（三）盡快建立兩岸貨幣清算機制，推進兩岸金融服務向縱深方向發展

　　兩岸貨幣清算機制是兩岸金融業合作順利開展的基礎和前提，在臺灣島內私下人民幣流通使用已漸成規模的情況下，盡快為臺灣銀行辦理人民幣業務提供清算渠道和回流機制，既有利於進一步密切大陸與臺灣的經貿關係，也有利於提升人民幣在兩岸經濟融合、互動中的影響力。自2010年1月海峽兩岸金融監管合作備忘錄（MOU）正式生效後，大陸合格境內投資人QDII投資比重由3%調高至10%，兩岸通匯將因人民幣直接兌換，免經香港銀行，而取得更便宜的成本價格。但兩岸貨幣清算機制的建立需要一個過程，初期可以採取「先易後難、先試

後行」的策略,透過建立兩岸金融業合作實驗區,把各種兩岸金融業合作的構想先在實驗區內試行,待成功後再全面推廣。

由於海峽兩岸商業銀行透過被授權簽訂清算協議不需要設立政治前提,只需要有清算能力的銀行簽約即可。在這方面,福建省具備得天獨厚的地緣相近、血緣相親、語言相通和習俗相似的優勢,可在福建省先行試點,參照港澳人民幣清算方案實施。臺灣方面可以考慮在金門、馬祖等地銀行設立清算機構試點,與人民銀行福州中心支行共同承擔兩岸貨幣清算工作。

在解決了人民幣與新臺幣的清算渠道之後,兩岸間的金融服務可向縱深推進。大陸銀行可為臺灣匯款人開立人民幣儲蓄存款帳戶,並按有關規定支付利息。臺灣居民可按照人民幣銀行結算帳戶的有關管理規定,在大陸銀行開立個人人民幣銀行結算帳戶,辦理現金存取和轉帳支付。對於人民幣兌換業務,清算行可作為中國外匯交易中心的會員,將收兌的人民幣透過交易中心向大陸商業銀行兌回美元;對於人民幣銀行卡業務,由清算行和大陸銀行卡聯合組織(即中國銀聯股份有限公司)辦理人民幣卡的清算事宜。允許兩岸銀行或其附屬機構發行的個人人民幣卡在大陸或臺灣用於消費性支付,或在自動取款機上提取現鈔。

(四)分階段建立兩岸金融監管合作體系,推動兩岸金融業開展實質性合作

由於金融風險具有國際傳染效應,而國家或地區金融監管又具有侷限性,各國或地區間的監管立法存在差異,傳統的金融監管對跨國(境)金融機構監管存在疏漏,因此有必要進行金融監管合作。海峽兩岸金融監管合作體系可以分階段建立。第一階段是促進學術人員、從業人員的互訪與交流。加強和促進金融學術研究機構與人員以及商業銀行、同行公會、從業人員的合作研究與交往,以此增進理解與信任,為擴大合作做好鋪墊。第二階段是促進兩岸民間機構訊息共享以協助監管。可以參考海協會與海基會信函往來的方式,亦可透過網路平臺的方式,創立兩岸金融監管訊息網,及時更新發布兩岸金融訊息,為兩岸金融監管合作提供強大的訊息平臺及強有力的市場監督力量。第三階段是依託香港進行間接金融監管合作。鑒於兩岸金融監管標準存在差異,透過香港金融管理局與臺灣金融監管局簽訂監管備忘,進行間接監管合作,透過第三方互相交換監管訊息。第

四階段是暫時依照國際慣例進行監管。依據國際清算銀行巴塞爾銀行監督管理委員會所發布的並表監管機制，或是WTO架構下的國際規範，建立兩岸金融監管聯繫協商及合作機制，包括訊息交流、實地檢查、訊息保護及持續協調合作事項，以協助有效達成金融監管的職責，維護兩岸金融穩定並促進金融良性發展。

在兩岸MOU正式生效後，兩岸金融業合作隨即面臨實質層面的市場准入問題。兩岸當前的金融市場准入條件並不一致，根據大陸外資銀行管理條例的規定，外資銀行需先設辦事處滿2年後才能升格為分行，分行設立達3年且連續2年獲利才能承作人民幣業務，即所謂的「等待期」。針對「等待期」的限制，兩岸金融管理部門有三種模式可循，一是在ECFA中將金融業排入「早期收穫」，使臺灣金融機構取得大陸的「超外資待遇」，在WTO的框架內，准許會員在不違背公平貿易及非歧視原則的精神下，透過區域貿易協議取得更優惠待遇。換言之，臺灣可以在未來即將洽簽的ECFA中，將金融業放入「早期收穫」安排，以規避「等待期」的規定。二是援引大陸外資銀行管理條例第72條規定，將臺灣金融機構進入大陸金融市場比照外資銀行，使兩岸金融業合作遵照外資銀行投資的相關規定。三是考慮在臺資企業聚集的海西經濟區、珠江三角洲、長江三角洲與天津濱海新區等地，以及臺北、高雄等臺灣金融活動中心，建立兩岸金融業合作試點區。透過實行特殊的金融政策，如降低金融機構設立門檻，推行人民幣與新臺幣直接計價結算等，給予臺資金融業者優惠待遇，提早承作人民幣業務。

總之，海峽兩岸金融業合作是經濟全球化和區域經濟一體化的必然要求，也是兩岸經貿關係發展的必然選擇。透過金融交流與合作，可以消除制約兩岸資金流動、人員往來的諸多障礙，為兩岸金融業務拓展新的發展空間，促進兩岸經濟在更深層次、更寬領域形成互補互利的格局，推動兩岸經濟合作向更高層次發展。隨著當前兩岸經貿關係的快速發展，進一步加強兩岸金融業合作顯得更為迫切。兩岸應在《海峽兩岸金融合作協議》的基礎上，著手制定金融業合作的制度框架，規劃未來的發展路徑，摒棄一切人為的障礙，為兩岸金融業乃至經貿領域的全面合作奠定堅實的基礎。

臺灣證券業在簽訂MOU後，進入大陸市場營運策略之研究

李樑堅　黃耀正

壹、研究背景與動機

　　臺灣金融業在第三次江陳會談提出由兩岸金融等代表協商簽訂兩岸金融監理備忘錄（Memorandum of Understanding，MOU），如在簽訂後，銀行、證券和保險業就可以獲准開放進入大陸市場經營，而證券業自1997年起，大陸就批准臺灣證券公司可經第三地設立辦事處，而至2009年12月止，臺灣券商在大陸已設立24家辦事處，2009年11月17日兩岸正式簽訂MOU後，對於兩岸證券業之投資也進入到一個新的局面。而且伴隨兩岸推動兩岸經濟合作架構協議ECFA的進行，大陸對外資金融機構市場進入門檻及業務經營上的限制，這些長期構成中國證券業者在大陸地區展業的障礙，也都將在未來透過ECFA的談判簽署進行檢討。

　　雖然臺灣證券業在大陸相關城市已設立辦事處，但卻都沒有實質業務上的投資及營業行為，僅可以蒐集當地投資人之特性及投資行為，尤其是開戶後續的買賣作業皆需要有一番認識，以避免錯過投資策略，造成投資風險。不過在簽訂兩岸金融合作備忘錄之後，大陸廣大市場則是每個證券商都想參與經營的商域所在，而且主張參股不限上市公司，在經紀、融資融券、自營業務等都希望彼此能互相開放，而期貨方面也應涵蓋在證券業範圍內。而未來透過金管會積極協商

ECFA，一旦完成協商後，如能進行互免關稅或優惠相互市場進入之開放條件，則有助解決臺灣面臨經營困境產業亟需排除關稅障礙之作法，且可代替臺灣金融服務業向中國大陸爭取進入世界貿易組織承諾的更優惠市場進入條件。

隨著全球化的發展以及兩岸金融關係日漸密切，兩岸金融在簽訂監理備忘錄之後，相互合作也迫在眉睫，而且兩岸金融市場也已依據世界貿易組織之規範向全世界開放，並且兩岸金融交流合作是以互利雙贏為目標，如何善用臺灣證券業的特性、優勢，著眼未來最具發展的大陸市場，臺灣應努力尋找適合進入中國大陸證券市場的方式及布局策略，以取得中國大陸證券市場龐大的商機。

本研究目的受限於兩岸政治局勢限制，臺灣證券業在大陸發展有其先天上的條件限制，且外國證券公司已經悄悄進入大陸市場布局，臺灣證券業者也應規劃營運策略，及評估進入可能面對的障礙及問題。故本研究之具體目的有三：

（一）分析臺灣證券業進入大陸市場之法令規範及不同模式之比較分析，也探討臺灣證券業布局大陸市場所面臨的發展機會與挑戰，以瞭解臺灣證券業進入大陸市場之發展優勢。

（二）參考國內外學者及文獻資料，藉由證券公司總經理、學者間的深度訪談及問卷調查方式，期盼能更深入分析在簽訂兩岸金融合作備忘錄之後，以建立臺灣證券業進入大陸市場布局模式及營運策略。

（三）檢討相關法令規範，以擬定臺灣證券業進入大陸市場之發展模式及其營運策略主軸，及分析所需面對的課題。

貳、文獻回顧

宋逢明（2009）指出證券業方面，臺灣正朝大型化和專業化方向發展整合，若允許大陸和臺灣股市相互投資，有利於增加兩岸投資組合的分散程度。大陸證券市場目前投機性較高，加強兩岸證券業合作，可以有力促進大陸股市健康

理性的發展。

邱曉嘉（2001）認為前進大陸乃時勢之所趨，若臺灣金融業者不能提早進入，將增加未來進入及日後業務拓展之困難；另一方面目前大陸金融業的發展相較臺灣落後，前進大陸將可開啟臺灣金融業更大的發展空間。

王正元（2002）以SWOT對臺灣證券商進行分析，認為擁有文化、業務經營與產品創新等優勢，以及資本額相較歐美大型投資銀行不足，且知名度較小之缺點，對於進入大陸市場應採漸進融入方式。

林祖嘉（2004）指出，由於臺灣證券業本身發展較慢，要赴海外與其他國際證券業者競爭並不容易；另一方面證券業者也不如銀行業者可提供臺商最直接的金融服務，因此臺灣證券業者赴海外投資的腳步要比銀行業者慢。

韋伯韜（2006）指出，中國兌現加入WTO承諾於2006年底全面開放金融市場，但兩岸金融交流卻嚴重滯後，不僅傷害兩岸經濟發展，亦影響臺灣金融產業前景。且大陸金融服務業正值轉軌之際，若能加強兩岸金融交流與合作，方能創造雙贏的局面。

鄭振龍（2009）認為，兩岸在證券市場結構、上市公司差異及市場開放度方面都有不同，臺灣在金控公司具有人才及經驗之優勢，中國券商則高度依賴傳統業務，經紀業務集中度偏低。也正因兩岸證券業各有優勢、互補空間，所以臺灣券商深盼登陸時可以更適度開放，不過由於中國證券業競爭激烈、市場自由化程度不如臺灣，在法令熟悉度及人才流失也具有風險，這些都是臺灣證券業在西進後可能面臨的挑戰。

王典娜（2009）認為金融證券業是關係一個國家國民經濟命脈的部分，所以對開放程度應該嚴格謹慎。一旦開放，不可避免的將加大金融風險，且國際情資帶來的投機風險和國際金融風險，都將形成被動性風險。

參、兩岸證券商發展現況

一、臺灣證券業者在大陸、香港發展狀況

在兩岸法規的限制下，臺灣證券商只能依循其他管道拓展大陸市場，至2009年12月，臺灣證券商經中國證監會批准許可的有24家辦事處，而其主要分布在上海市13家，北京、深圳各4家，以及廣州、成都和廈門各1家。臺灣證券商自1997年積極參與投入大陸證券市場至今已長達12年，但因大陸於2002年頒布的「外資參股證券公司設立規則」的規定，對於跨國從事證券業務並進行投資的政府間，一定要簽署兩岸金融合作備忘錄，使得24個辦事處至今仍只能做研究和資訊收集，藉以收集當地投資人之特性及投資行為，但卻都無法實質從事營業行為。

二、外資及大陸本地證券商發展狀況

根據大陸證券業協會截至2010年1月數據，證券會員包含106家證券商、60家基金管理公司、95家投資諮詢公司與3家資產管理公司和5家資產信用評估機構。經過十多年的發展以及近幾年的綜合治理，大陸證券商已進入快速發展時期。

吳光雄（2009）指出，大陸證券商前10名經紀交易量總額占整體市場42.7%，前10名承銷總額占整體市場67.18%，顯示前10大證券商已具規模，呈現大者互大之趨勢，而目前大陸券商仍著重於傳統的經紀業務，並以手續費為主要收入，自營投資收益為第二收入來源，承銷業務主要還是由大型國有證券商輔導上市，中小型地方證券商與外資證券商能承辦的案件相對較少。投資銀行業務收入占總收入比值相對少，顯示大陸證券商在理財服務、財務顧問等項目有很大的發展空間。

大陸證券市場乃由官方主導，並採取保護本土證券商政策，證券商的主要經營高層，多由官方派任或指定人選，同時也嚴格限制外國資金參與股權。隨著大陸資本市場基礎性制度改革的積極推進和市場的持續發展，證券商的財務狀況和治理水準顯著改善，境外金融類機構和其他投資者參股的意願也明顯增強。為適應大陸資本市場改革開放的新形勢，應積極穩妥地自主推進證券商對外開放。

三、臺灣證券業進入大陸市場之模式分析

藍慧敏（2006）提到，大陸在2006年12月全面開放外資金融業進入市場，但對證券業的開放依然受到限制。大陸除規定單一外資持股不得高於25%，所有外資合計不得超過33%。當國際大型證券機構以不違反目前大陸法令規定，輾轉取得在大陸合資證券商的控制權，並以合資方式進入外資證券商的仍在少數。如以風險控管的角度為考量，合資應為短期過渡時期的作法，利用合資經驗瞭解市場，建立關係與人脈的擴展，長期應以獨資為較適合之選擇模式。

而臺灣證券業進入大陸市場的模式又牽扯到政策法律開放的程度，如果法律政策持續鬆綁，李禧宜（2007）指出臺灣證券商現階段政策漸進式開放登入模式與優缺點之建議：

（一）設立代表處

由於受制於現行法令，僅限於收集商情或與臺商資訊交流及維繫雙方往來關係的中繼站。

1.優點：

（1）可作為中國市場與蒐集商情的前哨站。

（2）投入的成本和人力最低。

2.缺點：

（1）受兩岸政策干預的可能性高。

（2）市場版圖宣示效果大於實際營收，且升格成正式據點的不確定性高。

（二）與外資證券商合作

2001年12月28日中國大陸證券監理委員會頒布「證券公司管理辦法」，首次明文准許境外機構在大陸境內設立中外合營的證券公司。透過策略聯盟的方法，將有助於增加累積國際金融操作的經驗，擴大證券公司經營規模與業務發展，更重要是在兩岸政策鬆綁前，提前熟悉大陸市場的運作，待政策鬆綁後，能立即切入市場，搶得商機。

1.優點：

（1）合作夥伴資本雄厚，且具國際知名度，可提升臺灣證券商的地位。

（2）可學習國際金融操作經驗，並不限單一合作證券商。

2.缺點：

（1）境外證券商實資本與實力雄厚，合作門檻較高。

（2）雙方營運模式不同，意見容易分歧，且我方無法參與經營決策。

（3）外資券商在中國知名度不高，加上受中國對外資限制，分公司據點受限。

（4）人員不易控管，合作關係無法持久。

（三）與中資證券商策略聯盟或附條件的技術移轉，取得合作機會

許多外資在進入中國產業時，經常會先以技術合作的方式進來，只提供技術與人員，等到市場較為開放以後，再以合資的方式進行投資，等到市場足夠透明時，才會進行獨資。

1.優點：

（1）提前布局大陸，讓金融人才提前熟悉大陸證券市場的運作。

（2）利用經營選擇權，可視兩岸開放的情形決定以諮詢顧問收入或技術作價入股，無論開放與否，臺灣證券商均可得到利益。

（3）文化背景接近，雙方人員容易溝通，證券交易系統介面轉換容易。

2.缺點：

（1）技術作價的價值不易衡量，難以達成協議。

（2）中資券商恐在取得關鍵技術後，中途解約或違約。

（四）收購港、澳券商或持有證券商執照之港、澳銀行

由於港澳與中國簽有更緊密經貿關係安排（Closer Economic Partnership Arrangement, CEPA），因此購併港澳已持有證券商執照的銀行，也不失為前往

中國證券市場的跳板,憑藉著中國大陸和港澳監CEPA合作關係等優勢,未來也可望較同業先進一步做好進軍中國大陸證券市場的布局。

1.優點:

(1)運用CEPA的優惠待遇,提前在兩岸政策解禁前布局。

(2)利用香港的籌資市場優勢,建構臺商或陸資企業在港上市籌資平臺。

(3)香港為國際化的金融市場,可增加國際市場操作經驗。

(4)避開大陸政策干預的影響,且經營權易於掌控。

(5)若港澳、券商在大陸已有營業據點,更可提前進入大陸市場,兩岸三地的業務網路提前完成。

2.缺點:

香港為一全球知名競爭者彙集之國際自由市場,臺灣券商無競爭優勢。

(五)與港、澳券商合資成立證券子公司

與港、澳券商合資成立港、澳證券子公司,其主要目的與上者(四)相同,均利用港澳與中國所簽訂的CEPA「更緊密經貿關係安排」,成立港澳地區證券子公司後,立即開始營運,以儘早符合中國證券法規關於經營年限的規定。依此模式,在港澳取得營運超過10年的證券子公司的臺灣證券商,因港澳與大陸當局已簽有合作備忘錄,待臺灣法令開放,即符合參股大陸證券公司的規定,可直接投資中資證券商。

1.優點:

與(四)收購港、澳券商或持有證券商執照之港、澳銀行優點一同。

2.缺點:

(1)香港為一全球競爭者彙集之國際自由市場,臺灣券商無競爭優勢。

(2)由於為新設公司,針對CEPA的年限規定,新公司成立年限從新計算,無法享受直接收購現有港、澳券商或持有證券商執照之港、澳銀行的年限縮短的

效用,且無法享有在中國已有據點之先進者優勢。

(六)成立臺灣證券商之香港分公司

部分臺灣證券商因衡量現階段受制於中國證監會於1999年頒布的「外國證券類機構駐華代表機構管理辦法」,無法發揮實質營運功能,僅具研究與市場調查的功能,因此以香港作為進入中國證券市場的跳板,也由於香港資本市場較具彈性,又具有上市公司集資用途不受限制等優勢,因此臺灣券商在香港上市可預見更大的風潮。

1.優點:

(1)經營主權直屬臺灣券商,企業文化與經營理念有一致性。

(2)與(四)收購港、澳券商或持有證券商執照之港、澳銀行優點一同。

2.缺點:

(1)仍屬臺灣券商的分支,被定位為外資,無法享受CEPA優惠待遇。

(2)香港為一全球知名競爭者彙集之國際自由市場,臺灣券商無競爭優勢。

劉玉珍等(2009)研究對於兩岸法令進一步開放探討國內證券業進入大陸市場的不同模式,加以說明如下:

假設兩岸法律鬆綁的條件下,臺灣證券商可選擇以全資模式、股權合作模式、策略合作等模式進入大陸布局,以下分別探討影響選擇進入模式之因素。

(一)政策鬆綁

兩岸證券業過去開放政策法令不鬆綁下,臺灣證券商要以全資模式進入大陸市場的想法,短期內很難進行。臺灣政府提出「兩岸經濟合作架構協議」,建議大陸對臺灣全面開放金融市場,希望臺灣證券商能以全資全照模式登陸,更期盼未來能簽訂MOU,為臺灣與大陸之間搭起合作的橋樑基礎,階段性的政策逐漸開放。

(二)外部不確定性降低

對於臺灣證券商進入大陸市場而言，逐漸降低的國家風險與兩岸法令開放的改善，階段性的提出區域性產業經濟合作以利雙方交流，並增加未來以全資模式進入的可能性。

（三）個別公司的知識技術

知識技術外移為多國籍企業以全資模式進入大陸的主要原因，臺灣證券商擁有豐富經驗與管理知識上的優勢，在進入大陸市場之際會偏向採取全資模式，保護自我資源，提高合作議價能力，也奠定擴張市場的核心要素。

（四）品牌與聲譽

過去大陸證券商有挪用客戶交易結算資金與證券，占用股東資金的違規理財現象，證券監管制度的缺乏對於其品牌與商譽受到嚴重威脅。而臺灣證券商採取長期布局大陸市場態度之下，致力於自我品牌建立與商譽的維護，會偏向以全資為主要進入模式。

（五）負面的股權合資經驗

從過去的中外合資證券商案例來看，大陸尚未開放中外合資證券商從事A股經紀業務，在承銷案件上，政府機關的批准具有濃厚政治色彩，加上受到2008年金融海嘯的影響，中外合資證券商的過去表現不如預期，使得臺灣證券商對於合資模式失去信心，因此偏好以獨資方式進入市場。

（六）市場需求增加與潛力

龐大的投資需求為臺灣證券商登陸大陸市場的核心原因，大陸金融市場蓬勃發展，債券與創新金融商品的開發，提供擁有經驗優勢的臺灣證券商全資登陸的機會。

（七）雙方證券商背景因素

大陸大型的證券商，都存在政府持有多數股權之背景，而管理階層的權力掌控大，加上政府掌權以控制國內資金流動的可能性，對於開放外資證券業的進入採取較保守的態度。臺灣證券商在選擇進入模式應多重考量雙方組織架構，面對

大型證券商採取策略聯盟、股權合作模式,規模較小的證券商可採取掌有較高股權的進入模式。

(八)增加當地經驗

對於臺灣證券商而言,持有證券商專業知識與相關技能為進入大陸市場主要優勢。在注重企業與大陸政府關係的特有文化下,臺商以獨資進入可營運項目與收益來源可能因為無法取得相關管道而受限制,因此初期可以透過尋找合資夥伴瞭解當地市場,相互運用雙方優勢穩定布局,以建立當地品牌,進而採取全資模式。

肆、研究方法

本研究將針對欲赴大陸市場布局的證券業,以郵寄或電子郵件方式進行問卷調查分析,並挑選證券中高階主管、臺商及相關學者進行深入訪談,以增加本研究之準確性。如此可不受限於問卷調查制式模式,並可適時彈性修正訪談內容,期能更瞭解未來證券業登陸的布局發展策略與臺商的金融需求,進而從中尋找臺灣證券業在兩岸時空背景下之可行布局模式。相關研究方法列示如下:

一、問卷調查

問卷填答設計採用李克特量表(Likert scale),最早是由R.Lickert於1932年發展出來的,為加總順序量表的變化,以五點量表方式呈現,給予受測者指出同意的程度,分別給予非常同意(5分)、同意(4分)、無意見(3分)、不同意(2分)、非常不同意(1分)。

1.問捲發放對象:主要針對證券業中高階主管與證券從業人員。

2.訪談大綱:

(1)兩岸簽訂MOU後證券業赴大陸投資動機與看法。

（2）兩岸簽訂MOU後證券業登陸模式之探討。

（3）兩岸簽訂MOU後證券業未來之布局策略與營運型態探討（市場定位、目標客戶、價格策略、促銷策略、通路策略、參股或策略聯盟區域選擇考量因素、人力資源策略、公共關係策略）。

（4）填答人基本資料。

3.問卷目的：希望透過問卷調查瞭解證券業人士對登陸的看法及布局營運策略模式。

二、專家訪談

1.訪談對象：對兩岸證券業發展概況熟悉的證券業中高階主管及學者共2位。

2.訪談大綱：

（1）兩岸簽訂MOU後國內證券業進入大陸投資的型態

（2）兩岸簽訂MOU後國內證券業進入大陸投資的考量動機

（3）兩岸簽訂MOU後國內證券業進入大陸投資市場定位及區隔

（4）兩岸簽訂MOU後國內證券業進入大陸投資營運模式

3.訪談目的：盼能更瞭解臺灣證券業布局大陸之發展策略及深入瞭解證券業者的金融需求及其考量問題。

伍、結果與討論

一、問卷分析

本研究自2010年1月18日起開始寄發問卷，共計發放350份問卷。依據證券商業同業公會統計，截至2010年3月，臺灣共有70家券商。而已經在大陸或香港

地區進行布局的券商有18家，依序發放至總行及其分行，總計發放280份問卷。而其他目前尚無在大陸有實質布局模式的52家，則隨機發放至總行，共70份。截至2010年3月14日共回收樣本135份，總樣本回收38.6%，扣除填答不完整的11份問卷，有效樣本回收率35.4%。

經回收資料統計後得知，任職證券業工作年資10年以上者占67%，襄理階級以上者占74.1%。由此可知問卷調查的受訪者職務及工作年資均達到一定程度，應該具備相當的工作經驗，對於本次問卷調查之課題應具有相當的見解，故能凸顯本研究問卷調查的準確度。

（一）臺灣證券業進入大陸市場投資之相關課題看法分析整理：如表1.所示

由於兩岸政治因素迫使臺灣證券業失去與其他外資券商一同進入大陸證券市場的先機，所以藉由參股具互補性城市證券商，或與中資券商或外資券商進行策略聯盟，亦為進入大陸市場的可行進入模式。在大陸金融市場是否較臺灣競爭的認知上，則傾向不確定。倘若未來大陸發生金融風暴，由於兩岸緊密的經貿關係也可能重創臺灣金融安全，故證券業者應有適切的評估與因應。98年11月17日，兩岸已簽定MOU，未來臺灣證券商不論以何種形式進入大陸市場，結果都是值得我們期待的。而兩岸政府也應更積極的協商，讓兩岸金融合作更快速的上軌道。

表1　臺灣證券業進入大陸市場投資之相關課題看法

問項	非常同意(%)	同意(%)	無意見(%)	不同意(%)	非常不同意(%)	平均數	代表意義
1. 設立辦事處的規劃應轉為設立分公司	44	78	1	1	0	4.33	同意
2. 參股具互補性城市證券業有一定利基	22	96	4	2	0	4.11	同意
3. 與中資券商進行策略聯盟有一定利基	18	90	10	6	0	3.97	同意
4. 與大陸境內之外資券商進行策略聯盟有一定利基	17	79	8	20	0	3.75	同意
5. 政府應以擴大市場及經濟利益為主軸,加速進行兩岸金融監理內容之協商	42	78	4	0	0	4.31	同意
6. 兩岸金融合作可由民間組織協商	11	52	24	36	1	3.29	不確定
7. 兩岸應對等開放互設分行或金融機構	45	69	6	4	0	4.25	同意
8. 大陸金融市場較台灣競爭	22	55	14	32	1	3.52	同意
9. 大陸若發生金融風暴,將重創台灣金融安全	21	66	10	27	0	3.65	同意

（二）證券業進入大陸市場投資之考量因素分析整理：如表2.所示

證券業赴大陸最主要的投資動機主要是基於大陸市場龐大，且跟隨臺商客戶腳步，就近掌握西進客戶授信風險，而臺灣證券業近幾年也因積極拓展版圖，競爭相當激烈，因此欲尋求海外發展進入大陸市場拓展版圖。且大陸金融市場自2006年年底即全面對外開放，具有相當大的發展潛力。普遍受訪者認為臺灣證券業可以憑藉語言及文化優勢打入大陸市場，由於臺灣證券業的規模原本就不如歐美、或大陸的大型券商，所以在臺灣應該再進行整併壯大規模，以增強國際競爭力，並且未來進入大陸市場則可將在臺的成功經驗複製至大陸。

表2　證券業進入大陸市場投資之考量因素

問項	非常同意(%)	同意(%)	無意見(%)	不同意(%)	非常不同意(%)	平均數	代表意義
1. 跟隨台商客戶就近服務	29	84	6	5	0	4.10	同意
2. 掌握西進客戶投資風險	35	83	5	1	0	4.23	同意
3. 證券業競爭激烈尋求海外發展	23	70	25	6	0	3.89	同意
4. 大陸證券市場發展潛力大	67	56	1	0	0	4.53	非常同意
5. 在台經驗複製至大陸	23	86	5	9	1	3.98	同意
6. 可憑藉語言、文化優勢成功打入大陸市場	35	86	2	1	0	4.25	同意
7. 應再進行合併以壯大規模，增強國際競爭力	40	77	4	2	1	4.23	同意

（三）臺灣證券業營運策略與服務通路策略探討分析整理：如表3.所示

在價格策略上，應該對不同客戶採取差異化訂價方式，由於在大陸設置營業據點的費用成本很高，為了維持一致的服務水準，服務項目應該設有不同的門檻。在促銷策略上，運用廣告宣傳來增強商品知名度，以及利用辦法說會或參加企業商展來開拓市場和行員的銷售能力皆是要點所在，不過大陸幅員遼闊，證券業者應該審慎評估廣告所帶來的實際效益是否符合經濟效益。在人才資源策略上，首重人員管理重視誇國文化之調適，並且在人才培育上也應該同時兼具國際化及本土化。因擁有臺灣背景的券商可能比較不受大陸民眾青睞，尤其如上海等國際化都市，外資券商林立，大陸民眾可能會更喜歡外資券商。在公共關係策略上，應注重行員與顧客間的互動過程，發生突發狀況時，也應該在第一時間迅速公開處理相關問題，併作事後的補救措施，方可獲得消費者的青睞。且絕大多數受訪者也普遍認為良好的政商關係將有助於開拓市場。

由於在大陸設置營業據點的成本相當高，為彌補據點的不足，可以發展電子網路券商。而在選擇參股或與中資券商進行策略聯盟主要考量因素，依序為區域經濟表現、臺商企業家數及投資金額、外資券商分布情況及對臺貿易額。

表3　臺灣證券業營運策略與服務通路策略探討

問項	非常同意(%)	同意(%)	無意見(%)	不同意(%)	非常不同意(%)	平均數	代表意義
價格策略							
1. 針對不同客戶制訂差異化定價	33	79	3	8	1	4.09	同意
2. 採低價策略以便擴大市占率	7	38	17	60	2	2.90	不確定
3. 採高價策略台商仍會支援台灣券商	0	19	14	88	3	2.40	不確定
促銷策略							
1. 運用廣告宣傳增強商品介紹及打開知名度	42	80	2	0	0	4.32	同意
2. 利用辦法說會或參加企業商展開拓市場	31	90	3	0	0	4.23	同意
3. 行員銷售能力	21	89	12	2	0	4.04	同意
人力資源策略							
1. 培育本土化人才	38	80	4	2	0	4.24	同意
2. 培育國際化人才	61	60	2	1	0	4.46	同意
3. 人員管理重視跨國文化調適	67	53	3	1	0	4.50	非常同意
公共關係策略							
1. 良好政商關係有助拓展市場	36	73	11	4	0	4.14	同意
2. 應促進行員與顧客間的互動	60	63	0	1	0	4.47	同意
3. 發生突發狀況應迅速公開處理問題	64	53	5	2	0	4.44	同意
服務通路策略							
發展推動電子網路券商彌補據點不足	53	66	3	2	0	4.37	同意
建立綿密投資管道	32	82	10	0	0	4.18	同意
參股或策略聯盟區域選擇考量因素							
1. 台商企業家數及投資金額	49	68	6	1	0	4.33	同意
2. 區域經濟表現	66	55	3	0	0	4.51	非常同意
3. 外資券商在大陸服務分布情況	28	79	7	10	0	4.01	同意

二、訪談內容整理

受訪者許總經理指出，大陸到目前為止都沒開放到經紀業務這個區塊，這樣不論是設立分公司或合資、參股何種型式，都不能經營經紀業務，也都不能經營買賣A股，這樣對券商而言，可以從事的經營利潤都非常微薄。不過在法令還沒完全開放以前，參股經營或是合資管理，都還是個可行的策略。因為大陸證券商所收取的手續費大概比臺灣高2～3倍，證券市場交易量也比臺灣超出許多，如果能藉由參股經營或合資管理的方式分一杯羹，也算是目前不錯的方法。然而要

以何種模式進入大陸市場？還是得視大陸法令開放到什麼程度。

受訪者賈教授則認為，進入大陸市場的模式沒有一定的標準答案。不過與陸資大型的證券商合作，成立聯合投資倒是一個重點捷徑，因為陸資證券商在當地已有一定的服務經驗，文化風俗民情也比較瞭解，臺灣證券商可以從中省去一些文化差異上的麻煩。而如果與外資證券商合作，則可借重他們優秀的國際專業能力，服務的對象也將較偏頂尖的客戶，這樣可在國際市場打響臺灣的名號，亦可從中學習到與國際競爭的能力。所以不管是跟中資券商合作或是和外資券商作聯合投資策略聯盟，都是一個不錯的捷徑與方法。

受訪者都認為臺灣在經紀及承銷業務實力有一定的水準，不過承銷比的是證券商的資本財力，這樣能和陸資券商資金相對抗的在臺券商幾乎可說是沒有，所以倒可把服務的重點放在經紀與自營兩點，畢竟臺灣在經紀這方面有很強的競爭力。就服務客戶方面而言，臺灣券商會比外資券商強的多，畢竟人文同種懂人情，服務也會比較貼心。而證券網路業務也是相當值得注意的區塊，因為大陸人口數龐大，實在很難多方設點，所以推動網路業務是相當大的重點。如果到時法令開放進入設點，臺灣證券商去大陸發展則可借重外商來臺發展的經驗，先從大城市，再從二線城市，因為大城市排外性較低，從點到面漸漸發展，慢慢累積實力。

而兩位受訪者也強調ECFA一定要簽，不簽ECFA，臺灣就沒有與國際競爭的實力，所以這也是不得不的選擇。雖然在臺券商所期待的準國民待遇全資全照有困難點，但是臺灣券商在專業經驗上，都領先大陸券商，如果大陸法令能有所開放，臺灣券商絕對能有揮灑的空間。且大陸到現在都還沒有信用交易，未來這方面也一定會開放，只要法令一開放，到時臺灣券商亦能在知識技術層面上，占得先機。

陸、結論與建議

一、結論

　　兩岸金融MOU已於2010年的1月16日正式生效，兩岸金融業可望正式相互交流，金管會三月十六日也公布「兩岸金融業務往來及投資許可管理辦法」，證券商、證券投資信託事業、期貨商得在大陸地區設立辦事處及參股投資（維持原有開放架構），而且臺灣證券期貨業者赴陸參股投資，投資總金額占淨值比重已上限放寬到40%，但限制資本適足率不得低於200%，且淨值須達新臺幣70億元以上。

　　隨著兩岸金融協商持續進行，伴隨推動的兩岸經濟合作架構協議的ECFA似乎也勢在必行，不過大陸是否能夠給予臺灣同等的互惠，經濟部則主張多步到位的協商共識。而證券商公會也大力推動宣導ECFA，雖金融服務業未被列入ECFA第二次協商中，不過業者認為無礙於兩岸金融業開放大方向。但由於兩岸對ECFA早收清單及本文內容等多數待協商項目，尚未準備妥當，使得第三次協商被迫延後。不過行政院長吳敦義五月十九日在接受路透社專訪中提到，兩岸洽談ECFA的早收清單，應該會有300多項產品列在其中，不過還沒有確定哪些產業或產品上榜，不過ECFA的內容一定會以保障臺灣商業出發、兩岸公平交易為目的。而在當局積極促使下，期待臺灣證券商能以最快的速度拓展大陸市場版圖。

　　目前臺灣證券業在大陸市場依舊仍處於辦事處的階段，無法真正經營實際相關業務，其主要原因有三：一、兩岸金融合作還在協商討論中。二、大陸法令政策仍未完全鬆綁。三、證券業受臺灣法規限制。一旦兩岸金融協商成功，金融監理機制建立，臺灣證券業就可赴大陸市場計劃投資，其進入方法有：1.採獨資設立證券公司。2.與中資證券商或外資證券商進行策略聯盟或業務合作。3.入股具互補性的大陸城市證券商。

　　由本問卷調查結果得知，受訪者認為進入大陸市場還是應以全資全照設立分公司為主，臺灣證券商鎖定的目標是大陸A股的經紀業務部分，以及財富管理的市場。不過由於兩岸政治因素，迫使臺灣金融業失去與其他外資券商一起進入大陸市場的先機，故藉由參股具互補性城市證券商、與中資證券商或外資證券商進行策略聯盟亦為進入大陸市場的可行模式。

（一）經營策略

就臺灣證券業未來進入大陸市場的經營策略，分別從市場定位、服務對象、價格策略、促銷策略、人力資源策略、公共關係策略、服務通路等策略加以說明如下：

1. 市場定位

臺灣證券業在個人投資、企業投資、理財規劃的版圖上均享有利基。因為大陸人口數量眾多，公司企業亦不在少數，個人投資和企業投資都是重點所在，而理財規劃也有廣大的運用空間。雖然臺灣券商在經驗及技術層面都比大陸券商經驗豐富，不過整體而言，臺灣證券商的資源仍無法和歐美大型的外資券商相抗衡，因外資券商看重的往往並非傳統的證券業務，而是著眼在證券業務的創新金融操作經驗，因此必須發揮自己的特色，才能在大陸市場占有一席之地。

2. 服務對象

初期鎖定以臺商和華人為主，應先鞏固最容易掌握的臺商市場，其次再開拓在大陸的當地人民和企業，最後才是大陸境內之外資企業。因外資券商早已先進入大陸證券市場，其所提供的相關服務更甚於臺灣的證券業者。所以要在短期服務內獲得境外企業的認可，實際執行上會有相當程度的困難，不過大多數的臺灣證券商皆認為，在長期服務後能得到外資企業的認同感與贊同。

3. 價格策略

應該對不同客戶採取差異化的訂價方式，由於在大陸設置營業據點的成本很高，為了維持一定的服務水準，服務項目應該設有不同的門檻。而到底該採高價或是低價的策略，證券業者還是需應實際情況作商榷。

4. 促銷策略

運用廣告宣傳來增強商品知名度，以及利用辦法說會或參加企業商展來開拓市場和行員的銷售能力皆是要點所在，不過大陸幅員遼闊，證券業者應該審慎評估廣告所帶來的實際效益是否符合經濟效益。

5.人力資源策略

首重人員管理重視跨海峽文化之調適,並且在人才培育上也應該同時兼具國際化及本土化。因擁有臺灣背景的券商可能比較不受大陸民眾青睞,尤其如上海等國際化都市,外資證券商林立,大陸民眾可能會更喜歡外資證券商。

6.公共關係策略

應注重行員與顧客間的互動過程,發生突發狀況時,也應該在第一時間迅速公開處理相關問題,併作事後的補救措施,方可獲得消費者的青睞。且絕大多數受訪者也普遍認為良好的政商關係將有助於開拓市場。

7.服務通路策略

由於在大陸設置營業據點的費用成本相當高,為了彌補據點的不足,也推動並發展電子網路券商建立投資管道。而在選擇參股或與中資券商進行策略聯盟區域選擇因素時,主要考量依序為區域經濟表現、臺商企業家數及投資金額,其次是外資券商分布情況。

二、建議

對政府的建議

為鼓勵推動兩岸金融合作,對政府當局有以下兩點建議:

(一)放寬兩岸證券業投資限制

臺灣證券商因當局的「戒急用忍」原則,長期以來與大陸證券機構並無實體交流。並由於臺商在大陸發展規模不斷擴大,對於業務發展資金及收購兼併之需求迫切,而在臺證券商仍無在大陸市場占有一席之地,實為可惜。且近年來臺灣證券業競爭激烈,證券商營運情形也更加艱困,而大陸證券市場發展潛力龐大,無論如何都該隨客戶腳步拓展海外版圖。且臺灣也應適度開放中資證券商來臺設點的限制,兩岸證券業才能有實質交流。

(二)鼓勵兩岸證券技術人才交流與資訊平臺合作

臺灣證券商相對於中資證券商在技術實力上仍有競爭優勢,透過金融商品創

新、兩岸臺商商機交流、證券監理改革交流、與兩岸證券人才交流，不僅都能讓臺灣證券商更深入瞭解大陸證券市場，也可讓大陸證券業者感受到臺灣券商在專業人才培訓上與金融改革的成功經驗。且臺灣證券商在資訊平臺技術成熟，加上雙方在電腦介面與語言溝通上的優勢，透過技術合作，臺灣證券商的證券交易資訊平臺應會比外資券商的系統容易操作，也會比中資證券商自行開發的系統穩定、效率也較高。但經過了三年中外合資技術成長，大陸證券人才國際操作經驗進步加速，兩岸人才的交流將會是促進雙方證券體制成長與國際化的主要成長動力。

對臺灣證券商的建議

（一）評估自身條件選擇進入方式與發展策略

在配合法令規範下，臺灣證券商應審慎評估自身條件，選擇進入大陸市場的方式，也可借鏡外資券商在大陸的發展經驗，修正布局大陸市場的策略。如果臺灣證券商選擇以股權模式進入大陸市場，應對合作對象之市占率、業務關聯性、市場經驗、國家持股比例與據點數以及合資公司之外資持股比例全盤加以考量。選擇合作對象時也應以無形的經營理念為長期合作的主要考量；財務健全、可承作全面性證券相關業務與發展具前瞻性為另外考量因素。

（二）直接切入急需改革的課題

評估自身競爭優勢後，應同時分析所擁有的優勢是否是中國大陸證券市場所需要的。因大陸證券商最欠缺的是網路平臺架設技術與綜合治理能力，多年來網路證券交易技術牛步化的進展，一直無法有效承載股市鉅額交易量的積弊，也長期為中外投資者所垢病。而臺灣證券商多年來在綜合治理上的經驗，再加上大陸證券法規多師法臺灣，且兩岸文化與語言像近似，臺灣證券商應能給予中資證券商在綜合治理上必要的協助，如此一來應當能得到中國官方相當程度的認同，對臺灣證券商在大陸的發展也有極正面的幫助。

（三）快速實現金融商品、專業技術人才的本土化

臺灣證券商雖早在十三年前就在大陸設置代表處蒐集資訊與從事市場調查，

不過在真正進入大陸證券市場後,仍需花一段時間瞭解實際經營細節,另外還需耗費相當大的資源從事市場數據蒐集、金融產品設計、產品銷售網路機制與銷售人員的培育等等。這些臺灣證券商本土化的程度,將是影響未來在大陸市場發展是否順利的關鍵要素。

國際化程度與多角化策略對兩岸銀行經營績效之影響

張麗娟

1.前言

　　隨著世界潮流趨勢,各國提倡國際化與自由化,各經濟體的多國籍企業活動日益增加,金融業的國際金融業務也迅速擴張。為因應可能面臨的競爭衝擊,臺灣的金融機構必須擴大其營運規模,進一步尋求營運成長的空間,才能夠迎戰國際大型金融機構,所以為了臺灣金融體系長遠的將來,必須積極朝向國際化發展。

　　臺灣在經濟發展的初期,資本市場尚未開放,社會上的資金匱乏,加上嚴格的政策保護與管制而具有高度的進入障礙,所以大部分的金融機構仍為公營企業,金融穩定性也相對較高。根據財政部的統計資料顯示,管制時期的本土銀行家數只有僅僅24家,分行996家,外國銀行在臺分行共35家,平均資產報酬率高達20%。1886年後管制陸續解除,1991年開放新銀行的設置,並於2001年6月27日制定「金融控股公司法」,此後金融控股公司更是如雨後春筍般的成立。在經歷一波一波銀行購併或合併後,至2009年12月底,本土銀行共37家(金融控股公司占15家),分行3279家,外國銀行在臺分行共32家,平均資產報酬率達27%。

　　由於法令的解除與市場開放的政策,使金融機構面臨國外銀行來臺的威脅,在人才、技術、設備及內部資源都難以與其比擬的劣勢下,本土金融機構更需要

新的成長策略提升市場占有率及強化競爭力。國際化不但可以幫助銀行獲取地主國資源、運用母國之優勢掌握新市場、降低成本、取得規模經濟或綜效以及分散風險。

就臺灣銀行業國際化發展情形而言，至2009年12月底臺灣銀行海外分行及分支機構總共有249家，其分布區域以亞太地區151家為冠，北美地區82家次之，歐洲地區10家，中南美地區4家，西亞與非洲地區各1家，顯示臺灣之銀行經營，未來將面對更多國際因素的影響。另外在通過「金融控股公司法」後，跨業經營的障礙剔除，同時也使金融同業及非同業間的競爭激烈化，造成銀行獲利、市場占有率大幅下降以及利差的縮小和結構的轉變，促使臺灣的銀行業者必須重新審視整體的經營方式，尋求提升經營效率的對策，故，多角化的經營策略也成為金融機構擴張經營版圖的參考之一。

面對多變的金融環境下，國際化與多角化似乎都成為金融業必然的趨勢，然而，美國爆發信貸危機後，金融海嘯的衝擊席捲全世界，臺灣當然也無法置身於事外，尤其金融業更是深受其害，在透過國際化來擴張版圖的銀行產業中，其經營績效是否會隨著國際化程度的增加？或是因資本適足率提高導致績效下降？這都是銀行業者和制定法規的政府最為關切的議題。故探討「國際化」以及「多角化」對臺灣銀行經營績效之影響，成為本研究所要探討之重要課題。基於上述研究動機，本研究欲以臺灣本土一般商業銀行作為研究對象，藉由島外的文獻，探討臺灣銀行國際化與多角化策略的本質，並利用多元回歸分析法來檢視國際化與多角化對銀行績效影響之結果及原因，期望未來可成為提供銀行業者與金融機關擬定策略時之參考。

2.理論基礎與文獻探討

國際化的定義在各學者眼中皆有不同的看法，但都一致認同國際化是企業將其各種營運活動往國外發展的一種行為，如Hitt et al.認為只要是進行跨國界拓展

的營運活動，都可以稱為國際化。在國際化過程中，企業會因採用的策略或模式的不同而不斷地進行調整，故國際化方式也會因不同的策略產生不同的營運結果。

早期用來評估國際化的衡量指標包括：海外銷售額占總銷售額之比例、海外資產占總資產之比例、海外子公司數、海外收入占總收入之比例、海外總出口銷售額、海外投資件數；但是因為單一指標無法準確地衡量出企業的國際化程度，也沒有統一的衡量標準，因此有學者提出了多重指標的概念。Welch and Loustarinen提出外部構面和內部構面概念作為其衡量依據，但由於這兩構面的指標屬於概念性指標，在實務上較難以量化和應用，故Sullivan提出三個構面包含九項指標來衡量國際化的程度。三構面為績效屬性、結構屬性及態度屬性，而其中的九項指標則包括了海外銷售額占總銷售額之比例、研發支出密集度、廣告支出密集度、出口銷售額占總銷售額之比例、海外利潤占總利潤之比例、海外資產占總資產之比例、海外子公司數占總子公司數之比例、高階主管的國際化經驗、國際營運的心理距離分散程度。

Sullivan表示若要達到國際化實證上信度和有效度，應該使用多重衡量指標，例如Gomes et al.和林惠文就同時使用海外銷售額占總銷售額之比例、海外資產占總資產之比例和海外子公司數占總子公司數之比例三項指標作為國際化程度衡量之依據。國際性銀行指的是銀行業務的國際化現象和國際銀行業務的參與，或是在兩個國家以上開設分行據點的行為。銀行業之所以會採取國際化，主要是因為面臨中國國內市場占有率的下降、利差縮小、市場結構改變以及對外開放政策而產生的競爭壓力，希望藉由設立海外分支機構和海外據點、提供國際金融商品服務、培訓國際金融專業人才及積極參與國際金融活動來達成，此即為銀行之國際化策略。

多角化係指一家企業經營兩種以上的行業，但常因衡量的單位不同而有不同的定義。Rumelt,定義多角化為進入新的產品市場活動，即企業進入新行業、產業、產品線或產品市場，亦指多角化是企業的一種動態擴張。Ra-manujan and Varadarajan認為企業藉由內部事業發展或收購的過程去進入新的領域，並引起行

政結構、系統或其他管理程序的改變,就是所謂的企業多角化。Hill and Hoskisson也提出企業獲利可透過垂直整合、水平整合以及複合式多角化等不同的方向來實現不同的經濟效益。

在績效方面,大部分的學者將績效指標分成財務性指標和非財務性指標。財務性指標包含了總資產報酬率、股東權益報酬率和純益率等,也是最常被拿來使用的績效指標,因為財務性指標不僅能表達出企業營運的盈餘與收入,資料的蒐集也相對較容易。財務性指標雖然可以表現出企業的利潤,但也忽略了一些其他會影響企業經營績效之因素,例如資本適足率。當一家同時進行國際化和多角化的企業,為了增加營收或分散風險而採取多角化策略時,企業的國際化也可能會導致營運的風險增加,因此有些學者採用了非財務性的風險性的資產中資本適足率指標來衡量銀行績效。

銀行業上的經營績效衡量指標亦可採Thomas所提出的CAMEL標準,其標準分別為資本適足性、資產品質、經營品質、獲利性和流動性。Ramaswamy則認為財務性指標可以表現出價值鏈活動在海外的績效,應採以營運績效來衡量銀行之績效,透過成本的降低和核心競爭力的取得,使得企業產生競爭優勢,進而獲得良好的績效。

Grant收集了1968到1984年英國廠商的長期資料,發現國際化與廠商的獲利呈正向關係;Sambharya則是針對美國53家多國籍企業進行研究,發現國際化與廠商績效並沒有明確的關係;亦有學者研究得出國際化與廠商績效呈現非線性關係時,而且大部份為倒U型的關係。Contractoretal提出了國際化擴張的三階段理論,認為在國際化早期,國際化程度與績效為負向關係,中期為正向關係,到了晚期又出現負向的關係,兩者呈現謂的S型關係。多角化的研究同樣也無一致性的結論。Geringer et al.在考慮產品之範圍與相關性之下,證實了多角化策略與淨利潤對銷售比率有顯著的相關性。

Lang and Stulz在探討公司價值與多角化策略的關係時,發現公司並無法經由產品多角化的途徑來提高績效,反而造成公司的價值下降。黃仲生比較多角化應有理論價值與現有價值,研究結果也證實了進行多角化的行為確實會使公司價值

顯著下跌。在金融業方面，林惠文進一步探討國際化程度與相關多角化及非相關多角化策略對銀行財務績效影響，其結果顯示國際化程度和多角化策略對銀行財務績效之關係並不顯著。林琮節的研究也顯示出多角化策略有助於提升整體的營業收入，但是在獲利上則無顯著的影響，故提出多角化只是一項必然的趨勢，業務的多角化應該還是要回歸基本面的服務項目，否則將導致反效果。

3. 研究方法

本研究是探討臺灣商業銀行進行國際化與多角化策略對經營績效的影響，期望能從中客觀地審視及慎重考量臺灣對外投資的綜效結果；研究方法主要是採多元回歸方式進行分析國際化及多角化對績效進行檢定，並以t檢定來檢視是否具有顯著影響效果？

3.1 研究假說

在研究國際化與多角化議題上，學者普遍認為國際化策略應比不國際化更具競爭優勢。但隨者國際化程度愈高，交易成本增加，造成績效呈現U型曲線關係。而在多角化方面，多角化策略會比非多角化策略較有好的經營績效。銀行可以透過世界金融中心獲取更多的金融資訊和國際實務知識，並藉由資金調度和國際貿易融資需求，提高顧客的滿意度和忠誠度。因此，本文以銀行國際化經營的角度為基礎，建立下列假說：

H_1：銀行國際化程度對經營績效有正向影響。

H_2：銀行多角化策略對經營績效有正向影響。

國際化和多角化除了會影響經營績效之外，同時也會帶來資本適足率下降，而資本適足率也會影響到經營績效的好壞，故提出以下假說：

H_3：銀行國際化與資本適足率有正向關係。

H_4：銀行多角化與資本適足率有正向關係。

H₅：銀行國際化和多角化之策略與經營績效有負向關係。

3.2 資料來源與研究樣本

本研究主要探討臺灣商業銀行國際化程度、多角化與經營績效之關係，故將臺灣的工業銀行（如中華開發工業銀行及臺灣工業銀行等）以及臺灣銀行扣除，只保留島內一般商業銀行，同時也考量到財務資料的正確性與完整性，總共選取了31家本土商業銀行作為本研究之研究對象，研究期間從2003年到2008年共6年，而樣本之資料來源為臺灣經濟新報資料庫之合併報表財務資料庫、中國時報情報贏家之財經資料庫、中央銀行「本國銀行營運績效季報」、金融管理委員會銀行局「金融業務統計輯要」、「基本金融資料」、年報、行政院金融監督管理委員會銀行局網站等。

3.3 變數操作性定義

過去文獻對國際化的衡量因人而異，且各有其理論上的優點，但本文根據不同研究對象和產業特性之需求，考量銀行業國際化之特性與資料蒐集之完整性，在變數的操作性定義上，比較常被使用的海外銷售額占總銷售額之比例（Foreign Sales as a percentage of Total Sales，FSTS）、海外資產占總資產之比例（Foreign Assets as a percentage of Total Assets，FATA）作為自變數。

此二項指標的計算方式為外銷售額占總銷售額之比例等於國外分支機構之營收除以全行營收、海外資產占總資產之比例等於海外分支機構之資總資產除以全行總資產。

而另一項自變數為多角化，常用的有HI（Hirshman-Herfindahl Index）、Entropy Index及Rumelt等方法。銀行業的多角化是指提供各種不同金融商品相關業務比重的多寡，並非生產其他產業之產品數量，故本文選取HI指標作為本研究衡量多角化之指標。其公式如

$$H_d = 1 - I, \text{其中} I = \sum_{i=1}^{n}(P_i)^2$$

其中I為產業集中度，P_i為企業在第i項業務之營業收入占總營業收入的比

率；n為企業的產品橫跨的產業數目；H_d為多角化程度指標。當I愈接近1，表示企業之銷售較集中於某些部門，意即集中度高，多角化程度低；反之，若I愈低，則表示H_d越高，多角化程度越高。

在依變數部分則採用一般最常使用的總資產報酬率（Return on assets，ROA）來衡量，其計算方式為總資產報酬率等於本期稅後淨利除以總資產。資產報酬率在衡量銀行的營運使整體資產的報酬運用效率狀況，可表示銀行管理者的經營能力。總資產的決定常被視為財務政策及槓桿的指導原則，故當比率愈高，表資產之收益性愈強，獲利能力愈高。

風險指標則以CAMEL標準中的資本適足率（bank of international settlement ratio， BIS）來衡量，資本適足率是以銀行自有資本淨額除以其風險性資產總額而得的比率，主要是用來規範金融機構操作風險性資產時，以確保銀行經營的安全性及財務健全性。另外本研究亦將對銀行經營績效有相當影響程度的逾放比率作為自變數。至於控制變數的規模，Leung and Young和吳建良的研究結果皆發現規模和經營績效有正向效果，而Horst在分析國際化時，認為相對規模對企業國際化或經營績效有重大影響，另外Gort分析多角化策略與績效有關聯性時，也發現規模和績效有正向的關係，因此本文將銀行規模列為本研究之控制變數，採用Bettis的衡量方式，以符合常態性之假設，取企業資產總額的自然對數作為衡量企業規模標準。

3.4 模型建立

根據前述文獻探討以及本文提出的假設，建構出回歸模型，其中為避免模型產生內生性問題，故自變數部分皆採用前一年的資料，茲說明如下：

$$P_{it} = a + b_1 R_{it-1} + b_2 FATA_{it-1} + b_3 FSTS_{it-1} + b_4 PD_{it-1} + b_5 OLR_{it-1} + b_6 SIZE_{it-1} + \varepsilon_{it} \quad (1)$$

$$R_{it} = a + b_1 FATA_{it-1} + b_2 FSTS_{it-1} + b_3 PD_{it-1} + b_4 OLR_{it-1} + b_5 SIZE_{it-1} + \varepsilon_{it} \quad (2)$$

其中，FATA代表海外銷售額占總銷售額之比例，FSTS代表海外資產占總資產之比例，PD代表銀行多角化，SIZE代表銀行規模（虛擬變數），R代表資本適

足率，P代表經營績效，it代表樣本中第i家銀行的第t年資料，it-1代表樣本中第i家銀行的第t-1年資料。

4.實證結果

本研究將提出之兩組模型分別利用多元回歸分析法來探討銀行國際化程度與多角化策略對經營績效與資本適足率之影響。根據實證統計結果整理如表1至表5。

4.1 敘述統計分析

由表1可知總資產報酬率與資本適足率的最大值與最小值分別為正負值，由此數值可知現階段臺灣的銀行業經營的高度競爭及各個銀行的素質良莠不齊。逾放比率最大值與最小值為相差32.64；產品多角化最大值與最小值為相差高達83.96，可見在研究期間內，銀行的逾期放款比率與多角化程度差距甚大。國際化指標的最小值皆為0，表示目前銀行仍有以傳統一般收付業務為主要的經營模式。

表1　變數敘述統計分析結果表

敘述統計項目	資本適足率	總資產報酬率	產品多角化	逾放比率	國際化指標1 FSTS	國際化指標2 FATA
平均數	10.45357	-0.17936	49.8662	3.512473	3.10215	6.856117
最大值	29.81	1.96	99.47209	33.14	26.0371	37.192
最小值	-2.12	-20.39	15.50537	0.5	0	0
標準差	2.417226	1.946646	20.63326	4.009569	5.307686	7.724178

資料來源：本研究整理。

4.2 相關性分析

由表2的相關性分析表中可以看出，國際化指標與資本適足率、多角化、總資產報酬率皆呈現正向的關係，而多角化在1%顯著水準下，與國際化指標呈現

顯著正向關係，與逾放比率則呈現負向關係。至於規模只與總資產報酬率有正向關係，其餘皆不顯著。

表2 變數相關性分析結果表

	資本適足率	國際化指標1FATA	國際化指標2FSTS	逾放比率	產品多角化	總資產報酬率	規模
資本適足率	1						
國際化指標1FATA	0.181409**	1					
國際化指標2FSTS	0.029315*	0.762967	1				
逾放比率	-0.25465***	-0.22223***	-0.13001*	1			
產品多角化	0.111044	0.326491***	0.219256***	-0.21828***	1		
總資產報酬率	0.140405*	0.216588***	0.132497	-0.24259***	-0.05755	1	
規模	0.106016	0.586271	0.580696	-0.30872	-0.03722	0.3442***	1

資料來源：本研究整理。註：*表P＜0.1，**表P＜0.05，***表P＜0.01。

4.2 迴歸分析

根據表3可得知，國際化指標的海外總資產占總資產之比例對總資產報酬率呈正向但並不顯著，而海外銷售額占總銷售額之比例與總資產報酬率則為負向關係，表示H1並未得到支持。至於產品多角化與總資產報酬率有顯著的負向關係，因此本文之H2亦無法如原假設成立。

銀行規模變數對總資產報酬率有顯著正向關係，表示在經營績效方面，規模是一個很重要的控制變數。資本適足率是自有資本淨額除以其風險性資產總額，比率愈高表示銀行風險性資產愈高，代表風險愈低，而資本適足率與總資產報酬率有顯著正相關，本研究之假設H5成立。

表3 國際化與多角化策略對銀行經營績效之迴歸分析

變數	估計係數值	標準差	t檢定值
截距	-2.00556	0.816754	-2.45553**
資本適足率	0.266773	0.066394	4.018039***
國際化指標1：FATA	0.034062	0.03167	1.075529
國際化指標2：FSTS	-0.08303	0.048156	-1.72411*
產品多角化	-0.0213	0.007021	-3.03846***
逾放比率	-0.097113	0.03145	-3.08788***
規模	0.943581	0.320022	2.948489***

資料來源：本研究整理註：*表P＜0.1，**表P＜0.05，***表P＜0.01。

在表4國際化與多角化策略對風險之回歸分析中，國際化的兩項指標分別達到0.1和0.05的顯著水準，顯示國際化程度對風險有很大的影響，其中海外銷售額占總銷售額之比例對資本適足率成負向關係，故該結果支持本研究的H3假設。在多角化策略上，對資本適足率並無顯著關係，因此本研究之假設H4不成立。

表4　國際化與多角化策略對資本適足率之迴歸分析

變數	估計係數值	標準差	t檢定值
截距	10.34969	0.56033	18.4707***
國際化指標1：FATA	0.094476	0.04396	2.149145**
國際化指標2：FSTS	-0.12718	0.067222	-1.89199*
產品多角化	0.003213	0.009905	0.324414
逾放比率	-0.07747	0.045274	-1.7111*
規模	0.094268	0.445374	0.211659

資料來源：本研究整理。註：*表P＜0.1，**表P＜0.05，***表P＜0.01。

5.結論與建議

針對國際化程度與經營績效間之研究發現，在國際化程度與總資產報酬率的關係上並不顯著，這和Sambharya的研究一致，其中海外銷售額占總銷售額之比例與經營績效為負向關係，表示國際化程度愈深，銀行的經營績效愈低，其原因可能是受到2007年末全球金融海嘯的影響，因此國際化程度愈深的銀行就愈容

易受到金融海嘯的牽連。

在多角化策略與經營績效的影響中發現，兩者為顯著負向關係，代表銀行採取多角化策略，並不會幫助經營績效的提升，有可能是因為多角化策略雖然可以獲取多方面的利潤來源以降低風險，但卻忽略了進行多角化策略時，會帶來更多的風險性資產，例如授信與對中小企業的放款等等，因此，過低的資本適足率可能會抵消了整體的經營績效。

在國際化程度與資本適足率間的研究中，國際化程度對資本適足率有顯著的影響，而海外銷售額占總銷售額之比例對資本適足率呈負向關係，即與資本適足率是正向的關係，表示當銀行的國際化程度愈深，交易成本也會增加，所以風險性資產亦隨之而來，同時也會影響到銀行的績效，使得績效不增反減，在本研究中也證實了資本適足率和經營績效是顯著正相關的影響。在多角化策略上，和資本適足率並無顯著相關，是因為本研究之多角化的計算，主要是採取營業收入為主，和風險性資產並無直接的相關性而導致的結果。

在考慮國際化和多角化策略時，銀行規模的大小對經營績效有顯著的關係，表示臺灣的銀行在採取國際化和多角化策略時，規模大小是決定績效優劣的一項重要的控制變數；但與資本適足率的關係卻並不顯著。至於逾放比率，在經營績效和風險性資產上皆呈負向的顯著關係，則是因為逾放比率愈高，銀行的呆帳就愈多，風險性資產增加，資本適足率下降銀行風險就會升高，使得銀行的績效減少。

本研究顯示國際化與多角化並非完全能提升銀行的經營績效，除了關心是否能帶來獲利和提升市場占有率方面，應該要多加考量資本適足率中風險性資產所帶來的副作用，其結論應可供銀行業是否應積極於從事海外事業，以及相關當局和後續有興趣從事此方面研究者參考。

在國際化指標上只採用了海外銷售額占總銷售額之比率與海外總資產占總資產之比率兩項變數，建議後續研究者可以再加入其他變數，如海外分行數等；另外本研究僅以總資產報酬率作為績效指標，而績效指標還包括了其他非財務性指標，銀行的國際化程度與多角化未必只反映在財務指標上，進一步造成本研究結

果無法非常客觀呈現臺灣金融實際情況，故應考量不同因素，而使用不同的相關績效指標，後續者可以進一步繼續探討。

參考文獻

1.吳建良：《資本適足率與逾期放款率對銀行財務績效之影響》，《臺灣銀行季刊》，2000年第五十六卷第二期，1-27頁。

2.林惠文：《國際化與多角化策略對財務績效之影響—本國銀行業之比較分析》，《商管科技季刊》，2001，第二卷第四期，377-397頁。

3.林琮節：《多角化因素與金控因素於銀行之績效評估》，國立屏東科技大學企業管理研究所未出版碩士論文，2005年。

4.黃仲生：《多角化對公司價值影響之實證研究》，國立中山大學財務管理研究所未出版碩士論文，1996年。

5.Bettis R.A.and Mahajan, V., Risk/Return Performance of Diversified Firms, Management Science, 1985, 31, 785-789.

6.Contractor, Farok J., Sumit K Kundu, and Chin-Chun Hsu, A Three-Stage Theory of International Ex-pansion: The Link Between Multinatinality and Performance in the Service Sector, Journal of International Business Studies, 2003, 34 (1), 5-18.

7.Geringer, J. Michael, Paul W. Beamish, and Richard C. da Costa, Diversification Strategy and Internation-alization: Implications for MNE Performance, Strategic Management Journal, 1989, 10 (2), 109-19.

8.Gomes, Lenn and Kannan Ramaswamy, An Empirical Examination of the Form of the Relationship Between Multinationality and Performance, Journal of International Business Studies, 1999, 30 (1), 173-188.

9.Gort, M., Diversification and Integration in American Industry, NJ: Princeton University Press, 1962.

10.Grant, Robert M., Multinationality and Performance among British Manufacturing Companies, Journal of International Business Studies, 1987, 18 (3), 79-89.

11.Hill, C. W. L. and Hoskisson, R. E., Strategy and Structure in the Multiproduct Firm, Academy of Man-agement Review, 1987, 12 (2), 331-341.

12.Horst, Thomas E., Firm and Industry Determinants of the Decision to Invest Abroad, Review of Econom-ics and Statistics, 1972, 54 (8), 258-266.

13.Lang, L., and Stulz, R. M., Tobin's Q, Corporate Diversification, and Firm Performance, The Journal of Political Economy, 1994, 102 (6), 1240-1248.

14.Leung, M. K. and T. Young, China's Entry to the WTO: Managerial Implications for Foreign Banks, Man-agerial and Decision Economics, 2002, 23 (1), 1-8.

15.Ramanujam, R. and P. Varadarajan, Research on Corporate Diversification: A Synthesis, Strategic Man-agement Journal, 1989, 10 (6), 523-551.

16.Ramaswamy, Kannan, Multinationality, Configure, and Performance: A Study of Manes in the U. S. Drug and Pharmaceutical Industry, Journal of International Management, 1995, 1 (2), 231-253.

17.Rumelt, R. P., Strategy, Structure, and Economic Performance, Boston: Harvard Business School Press, 1974.

18.Sambharya, Rakesh B., The Combined Effect of International Diversification and Product Diversification Strategies on the Performance of US-Based Multinational Corporations, Management International Review, 1995, 35 (3), 197-218.

19.Sullivan, Daniel, Measuring the Degree of Internationalization of a Firm, Journal of International Business Studies, 1994, 25 (2), 325-42.

20.Thomas, Lioyd B. Jr., Money, Banking and Economic Activity, Third Edition, New Jersey: Prentice Hall, 1986.

21.Welch, Lawrence S. & Reijo Loustarinen, Internationalization: Evolution of a Concept, Journal of General Management, 1988, 14 (2), 34-55.

擴大臺閩區域旅遊合作發展之研究

蔡承旺

一、前言

　　隨著經濟全球化和全球整合的加快,觀光產業的競爭已經由單一產品的競爭發展為區域產品的競爭,加強區域合作,實現資源和市場共享,是當今旅遊發展的重要趨勢。區域旅遊合作就是打破行政區的劃分,使一定區域內的旅遊產品和旅遊市場能夠在更新更高的層次上聯合統一,加強合作,互通訊息,資源共享,優勢互補,應對競爭。目前,區域旅遊合作方興未艾,區域旅遊已經形成了一個蓬勃發展的局面。

　　中國大陸歷經三十年的改革開放後,讓GDP總產值從1978年的3600億人民幣,快速成長到2009年的30兆人民幣,這82倍的成長幅度,造就了2億多中國人民脫離貧困警戒區。在人均所得的不斷攀升下,除了基本食衣住行的需求外,休閒觀光旅遊和娛樂市場商機也快速崛起,旅遊需求儼然進入新一輪的黃金成長時期,世界旅遊及旅行理事會(WTTC)就曾指出:「中國將成為全世界從未有過的旅遊經濟大國。」

　　中國2009年經濟成長率達8.7%,成為僅次於美國、日本的全球第三大經濟體,人均所得達3300美元。改革開放最早的沿海深圳地區,在2009年的個人平均所得已達到13000美元,與臺灣相差已不多,也幾乎達到香港人均所得的一半左右。中國旅遊業在世界旅遊業發展中的作用越來越大,預估在2020年超過法

國、西班牙、美國,成為世界第一旅遊目的地,同時,十年後中國有希望成為世界第一旅遊大國。

中國隨著一個更加流動、更加自由的社會加速形成,旅行從非基本需求逐漸成為一種基本生活方式,在需求上常態化,在政策上制度化。目前中國境內旅遊市場已達15億人次,出境旅遊市場發展到4548萬人次,入境旅遊市場達到1.3億人次,全國旅遊總收入已突破1兆人民幣來看,中國已成為全球第四大入境旅遊國和亞洲最大的旅遊客源國。國民所得的提升,成為推升中國具備成為全球第一大旅遊國的潛力,而這個龐大的市場,成為旅遊業經營發展的絕佳機會。

從地理上、歷史上觀之,中國大陸東南沿海的福建、浙江、廣東等省份與臺灣都有密不可分的關係,其中尤以福建省與臺灣跨海峽距離最近,百年來,積累的移民人口最多,與臺灣關係也最為密切。本文有鑑於兩岸和平與發展的歷史契機,提出擴大臺閩地區觀光產業合作發展之若干策略思考,以促進整個地區的旅遊業全面協調和可行地持續發展。

二、臺灣觀光旅遊發展現況

臺灣主要客源國美國、日本、韓國處在此次金融風暴中心,經濟受損嚴重,失業率為十年來最高,2009年這些主要國家遊客赴臺旅遊大受影響。而中國大陸在金融危機爆發的背景下,出境旅遊依然保持兩位數增長,大陸遊客赴臺旅遊意願強烈,在一定程度上增強了臺灣旅遊消費與產業發展市場動力。大陸赴臺市場前景看好,大陸遊客將成為臺灣旅遊的主力。在兩岸積極交流的基礎上,有利於抓住歷史機遇,擴大加強旅遊產業,透過兩岸各界的共同努力,預計在未來大陸遊客赴臺旅遊市場進程將明顯加快。

而2010年1-4月來臺旅客累計175萬6036人次,與去(2009)年同期相較成長23.33%。主要客源市場人次及與去(2009)年同期比較之成長率分別為:日本35萬1927人次(-0.64%)、港澳23萬2403人次(-1.03%)、韓國7萬533人次

（16.19%）、中國大陸52萬5051人次（72.31%）、美國12萬8866人次（15.82%）、新加坡6萬3684人次（14.69%）、馬來西亞8萬3116人次（79.54%）、歐洲6萬9841人次（5.57%）、紐澳2萬4849人次（12.45%）。99年1—4月各主要客源市場，「觀光」目的旅客為101萬8104人次，成長36.73%，「業務」目的旅客為30萬4228人次，成長20.66%。由統計資料顯示：中國大陸已是臺灣觀光產業最大的客源市場。（詳見表1）

表1　2010年4月及2010年1-4月主要客源旅客來臺統計表

國/地區別	目的別	2010年4月 人數	2010年4月 成長率	2010年1月-4月 人數	2010年1月-4月 成長率
總計	總人次	506400	12.91%	1756036	23.33%
	觀光	316990	23.12%	1018104	36.73%
	業務	81763	24.52%	304228	20.66%
日本	總人次	79593	0.36%	351927	-0.64%
	觀光	48300	-7.67%	227843	-5.08%
	業務	22301	22.88%	85105	14.72%
港澳	總人次	70966	-19.35%	232403	-1.03%
	觀光	54426	-24.13%	162768	-7.19%
	業務	5575	17.72%	22636	15.07%
韓國	總人次	15789	18.77%	70533	16.19%
	觀光	6346	18.79%	32636	22.22%
	業務	5694	30.60%	20000	20.73%
中國大陸	總人次	180915	37.62%	525051	72.31%
	觀光	149261	88.29%	404029	151.45%
	業務	7615	32.48%	24546	33.37%
美國	總人次	34355	8.11%	128866	15.82%
	觀光	10739	6.40%	36069	18.85%
	業務	10820	21.71%	41207	19.82%
新加坡	總人次	19162	5.84%	63684	14.69%
	觀光	11615	12.21%	36950	19.18%
	業務	4058	35.86%	14498	25.10%
馬來西亞	總人次	24049	95.38%	83116	79.54%
	觀光	18132	117.46%	57359	113.07%
	業務	2327	24.77%	7633	17.32%

資料來源：交通部觀光局（2010）

三、臺閩旅遊合作是觀光發展的必然趨勢

（一）區域合作是樹立旅遊整體形象、吸引觀光客的必然選擇

區域合作是區域旅遊經濟發展的大趨勢，可以實現旅遊資源共享，優勢互補，共同開拓市場，避免惡性競爭，促進旅遊業的持續、協調發展。從需求角度來看，消費的對象越來越廣泛。旅遊是加強人們之間的聯繫和交往的重要途徑，是一項人人都能參與的社會活動。不論性別、職業、年齡，只要擁有足夠的閒暇時間和一定的可支配收入，旅遊活動就能得以進行。現在越來越多的跨區域、跨國界旅遊活動來看，旅遊活動的項目和形勢也在逐步豐富和多樣化：探索、考古、觀景、休閒娛樂、醫療保健等層出不窮，在範圍和規模上有不斷拓寬擴大的趨勢。從供給角度來看，資本的流動也是無疆域界線的。在旅遊消費體驗日益多樣化、旅遊訊息獲取渠道豐富的今天，單一類型的旅遊資源已經不能滿足旅遊者的需求，區域旅遊合作基礎上的多樣性旅遊產品才能構成持續的吸引力。一言以蔽之，區域旅遊合作是要達成人文的、自然的與市場的大聯合。

（二）臺閩歷史淵源深厚，觀光資源優勢互補、相得益彰

臺灣與福建關係密切、可從地緣關係、血緣根源、文化淵源、商業往來知悉。從地緣關係來看，福建與臺灣隔臺灣海峽而相望，是中國大陸距離最近的省份。從血緣根源來看，宋元以來，即有福建省老百姓移民至臺灣；1885年臺灣建省後，臺灣省府劉銘傳鼓勵移民積極開墾本島，福建人遂成為臺灣人口主體，占臺灣總人口的比例超過65%；另外有將近20%的客家人來自閩南及廣東。從文化淵源來看，閩南文化作為延續自中原的一種移民文化，原是指福建省南部，包括泉州、漳州、廈門三地以及龍岩的部分區域，以其特殊的地理環境為基礎，經晉、唐及五代時期中原河洛文化播傳至閩南，與當地閩越族文化碰撞、融合，在長期的歷史條件、文化背景及其社會經濟條件下逐漸形成的具有鮮明特色和豐富

內涵的閩南地域性文化，體現了中原文化、古越文化、海洋文化的神韻和精髓，是中華文化的重要組成部分。由於福建的移民、生根、繁衍，使臺灣文化深受閩南文化的影響。例如，在語言方面，閩南語仍為臺灣廣泛使用的通俗語言，有高達73%的人口比例使用臺灣閩南語。從民間信仰觀察，閩臺兩地人民同樣信奉媽祖、關公、王爺等神祇，且以信仰道教者居多。在戲曲風俗方面，臺灣的歌仔戲、跳鼓陣等傳統戲曲藝術，與福建原鄉戲曲藝術亦非常相似。因此臺閩旅遊資源中自然景觀與人文景觀交相輝映，相得益彰，豐富的旅遊資源提供了旅遊合作的平臺，旅遊資源的組合良好。如風景區就集湖光山色、文物古蹟、民間文化、民俗風情於一身，觀光資源特色明顯，民俗風情獨特，具有不可替代性，具備滿足多樣化需要條件，具有不可估量的旅遊開發價值。

（三）小三通為臺閩旅遊合作提供了便捷的通道

尤其自2001年開通的為金廈航線臺閩旅遊合作提供了便捷的通道，金廈直接往來航線以來，客運量統計如表2所示，金廈航線2009年全年運載運旅客1282萬人次，由統計表可見，金廈航線客運量逐年快速成長，2009年比2001年增長了60倍，截至2010年4月止共運載運旅客52129萬人次，真正成了黃金航線。

在福建沿海與金門、馬祖、澎湖直接往來中，金廈航線客運量占總客運量的80%以上，由此可見金廈客運航線的重要性。之所以如此，是因為對於觀光客而言，節約交通時間與節約成本費用是的重要的考量，金廈航線在兩岸往返中具有自身十分獨特的優勢：一是旅客經金廈航線至金門後轉飛臺北松山機場所需時間與廈門直飛臺北的時間相當。二是金廈航線已實現常態化運作，日航班達到28個航班，選擇性強，較「包機直航」手續更為簡便。三是金門有通達臺灣各大機場的航班，且航班密集。旅客出行十分方便，而廈門目前僅能與臺北松山機場實現直飛。四是經金廈航線往返兩岸費用可以大大地降低。以廈門至臺北松山為例，金門至廈門船票650元（新臺幣，下同），金門至臺北機票2020元，往返合計約5340元，而臺北松山直飛廈門的機票高達11000元，金廈航線具有明顯的成本優勢。

表2　金門地區歷年小三通人數統計表

單位：人次

年度	入境人數				出境人數				入出境人數合計
	台灣地區人民	大陸地區人民	外國人民	總人數	台灣地區人民	大陸地區人民	外國人民	總人數	
2001	9751	951	―	10702	9738	937	―	10675	21377
2002	25545	1039	―	26584	26151	946	―	27097	53681
2003	76369	2936	―	79305	78782	2016	―	80798	160103

年度	入境人數				出境人數				入出境人數合計
	台灣地區人民	大陸地區人民	外國人民	總人數	台灣地區人民	大陸地區人民	外國人民	總人數	
2004	192273	9865	―	202138	193937	9475	―	203412	405550
2005	244099	14132	―	258231	244504	15984	―	260488	518719
2006	273738	35399	―	309137	278060	35833	―	313893	623030
2007	313202	45509	―	358711	319502	46883	―	366385	725096
2008	443748	35392	2052	481192	453273	36314	2490	492077	973269
2009	533172	94095	10049	637316	537524	97220	10012	644756	1282072
2010（1-4月）	157315	60918	3655	221888	162115	62374	3695	228184	450072

資料來源：行政院大陸委員會（2010）

四、對擴大臺閩旅遊合作的幾點建議

加強臺閩旅遊合作已成為海峽兩岸旅遊界的共識，目前借助閩臺便捷的旅遊交通通道，進行進香、謁祖、旅遊觀光、經貿活動，以及日漸成熟的合作機制以及先試先行的政策優勢，臺閩觀光業界已共同培育出一個旅遊品牌——「海峽旅遊」，臺閩旅遊合作「海峽旅遊區」已漸具規模。但到目前為止，臺閩旅遊合作仍有很大的潛力，福建與臺灣兩地的旅遊交流與合作還有許多領域尚待開發，還需進一步完善，本文提出以下幾點建議：

（一）試行福建居民憑身分證赴臺「自由行」政策

在大陸《國務院關於支持福建省加快建設海峽西岸經濟區的若干意見》加入了培育「海峽旅遊」品牌後，這使得海峽旅遊的發展獲得前所未有的機遇。本文建議爭取兩岸當局對臺閩旅遊政策的新突破，試行福建居民憑身分證赴臺灣「自由行」政策；爭取福建－澎湖空中航線的航班不受大陸與臺灣空中航班總配額的限制；支持豪華郵輪公司開通經福建到臺灣的郵輪航線或開通福建－臺灣郵輪航線。對內要打破行政區劃和地域的界線，拆除旅遊市場壁壘，推進各種要素優化配置和合理流動，開拓市場，促進兩地旅遊業的全面發展。

（二）打造「海峽旅遊區」為精品品牌，提升旅遊品味

臺閩在觀光產業的合作方面有著得天獨厚的地緣優勢和旅遊資源優勢，透過旅遊路線安排、精選旅遊景點、延長旅遊路線，實現對兩地遊客的分流與共享，完善旅遊市場的客源結構。積極鼓勵臺閩旅遊投資和交流互動，打造臺閩旅遊精品。要求兩岸企業積極參與臺閩旅遊資源開發和基礎設施建設，提高旅遊業的產業化水平，提升海峽旅遊的品味和層次，增強旅遊業的競爭力。並要加強對海峽旅遊的宣傳促銷，積極利用各種媒體網路開展推介活動，不斷改進宣傳方式，提高宣傳效果，透過兩岸旅遊業的合作，使海峽旅遊成為獨具特色，在海內外具有影響力的旅遊品牌，成為區域旅遊合作的典範。

（三）共同策劃，聯合開拓客源市場

臺閩兩地進行區域旅遊合作，最直接的效果是產生資源整合效應，以豐富區域旅遊資源的種類和數量，滿足不同年齡、不同消費水平的人群；不僅有利於旅遊資源產品的深層次開發，提高旅遊產品的質量，延長遊客停留天數，增加旅遊收入對經濟成長的貢獻，也有利於打造觀光產業特色板塊，向市場充分展現海峽旅遊區的豐富性和多樣性，充分發揮市場的規模經濟，增強區域整體的實力和在國際旅遊市場的競爭能力，並為潛在觀光資源的開發提供市場定位的大方向。建議共同策劃並整合區域資源要素，加強臺閩互為客源地、互為中轉地、共同推出旅遊線路、共同進行市場行銷等方面的合作，加強兩地旅遊業人、財、物各要素的流動，加強兩地旅遊教育人員的交流，聯合培養旅遊人才，發揮區域整體優勢，實現互利共贏，推進的海峽旅遊區的永續發展。

（四）建立長期有效的危機處理機制

應從整體層面進一步完善臺閩兩地旅遊突發事件應急綜合體系和機制，整合政府、社會和行業資源，強化旅遊預警應急機制的系統性、敏感性和有效性；制定旅遊應急預算，加強旅遊保險體系的建設，提高旅遊系統應對突發事件的處置能力，實現旅遊安全機制常態化，保障遊客和人民生命財產安全，進而創新旅遊合作機制，推動旅遊進一步發展。完善旅遊規定，以互利互惠為基礎，以便利觀光客活動和促進旅遊要素自由流動為目標，加強政府輔導，鼓勵企業和社會各界參與，形成多層面、全方位的旅遊合作體系。

陸客來臺旅遊對臺灣經濟與社會影響探討

李明正　羅天人

一、2008年7月後陸客旅遊臺灣人數逐漸增加

2008年7月臺灣開放大陸居民赴臺旅遊，2008年12月兩岸海運直航、空運直航、直接通郵全面啟動，大三通時代來臨。其中空運直航對兩岸旅遊發展更有加溫之意義。截至2010年4月20日，赴臺旅遊人次累計已突破百萬大關，達100.212萬人次。此外，2010年1到4月，大陸居民赴臺旅遊人數突破40萬人次，比去年同期增加1倍。陸客占旅遊臺灣人數逐漸升溫，根據觀光局統計，2010年1-3月來臺旅客累計124萬9636人次，與2009年同期相較成長28.12%。主要客源市場人次及與2009年同期比較之成長率分別為：日本27萬2334人次（-0.93%）、港澳16萬1437人次（9.95%）、韓國5萬4744人次（15.46%）、中國大陸34萬4136人次（98.64%）、美國9萬4511人次（18.90%）、新加坡4萬4522人次（18.97%）、馬來西亞5萬9067人次（73.80%）、歐洲5萬1365人次（10.63%）、紐澳1萬8553人次（15.08%）。2010年1—3月各主要客源市場，「觀光」目的旅客為70萬1114人次，成長43.92%，「業務」目的旅客為22萬2465人次，成長19.30%（如表1所示）。

由上述可知，來臺客旅客之所以能夠出現成長，無可諱言，陸客已是關鍵。自2008年7月大陸旅遊首發團赴臺至今，旅客人數不斷成長，從2008年每日平均300人，2009到年每日平均1686人，2010年1至4月，每日平均已達3219人，成

長快速；今年第一季大陸觀光客人數首度超越了日本，成為來臺旅客人次的第一名。根據交通部觀光局計資料顯示，2010年1月至3月來臺旅客累計一24萬9636人次，較去（2009）年同期成長28.1%，其中，中國大陸旅客計三十四萬人次，較去年同期成長98.6%；單單3月來臺陸客就高達15萬人次，也因此使得3月單月來臺境外總旅次達到了51萬6000人次，創下歷史新高。

表1　2010年3月及2010年1-3月主要客源旅客來臺目的別成長率

國/地區別	目的別	2010年3月 人數	成長率	2010年1月-3月 人數	成長率
總計	總人次	516512	30.70%	1249636	28.12%
	觀光	303714	46.02%	701114	43.92%
	業務	91664	21.40%	222465	19.30%
日本	總人次	112231	6.53%	272334	-0.93%
	觀光	76518	3.85%	179543	-4.36%
	業務	24251	19.79%	62804	12.08%
港澳	總人次	61024	6.93%	161437	9.95%
	觀光	43131	3.03%	108342	4.54%
	業務	6957	21.37%	17061	14.23%
韓國	總人次	18603	28.67%	54744	15.46%
	觀光	7923	41.76%	26290	23.08%
	業務	6145	25.13%	14306	17.20%
中國大陸	總人次	149617	71.97%	344136	98.64%
	觀光	115379	152.26%	254768	212.95%
	業務	7166	32.65%	16931	33.77%

資料來源：「2010年3月觀光市場概況概要」，臺灣觀光局（2010／4／20），http://admin.taiwan.net.tw/bulletin/bulletin_show.asp?selno=2447

此外，中國大陸國家旅遊局局長邵琪偉在2010年5月宣布開放內蒙古、新疆、西藏等六個省分大陸居民來臺觀光，擴增大陸組團社，並研議開放大陸民眾來臺試點自由行，預定2010年來臺旅遊人次可望突破百萬，2011年還將擴大每日開放來臺陸客限額。從「數字預測」看來，在兩岸可能將在今年第四季啟動協商，擴增每天來臺陸客的限額。根據臺灣「交通部」觀光局統計，目前來臺陸客人數，一般觀光加上商務、考察，一天約有四千多人次，距離馬英九競選時承諾，陸客開放第二年，來臺陸客限額將放寬到五千人次，還有一段距離。但中國大陸從2010年7月18日起，又將開放第三批大陸居民赴臺旅遊的省市，屆時全大

陸三十一個省、市、自治區統統開放赴臺旅遊，即大陸所有省分居民都可來臺旅遊。未來開放中國所有省分居民來臺旅遊後，每日五千人次來臺人數亦是數步之遙而已。

二、兩岸互設旅遊機構，標示兩岸旅遊業邁入新曆程

兩岸相隔一甲子以來，2010年5月具官方背景的「臺灣海峽兩岸觀光旅遊協會」北京辦事處揭牌運作，接著對口的「大陸海峽兩岸旅遊交流協會臺北辦事處」也在臺北掛牌運作，象徵兩岸交流邁入新階段。臺旅會與海旅會雖為民間機構，但派駐人員具公務員身分，並且經兩岸官方授權，是兩岸開啟交流以來首次互設的準官方機構，具特殊象徵意義。

臺旅會北京辦事處成立後，首要工作是加強對大陸居民赴臺旅遊的服務，更深、更寬、更廣的發展兩岸旅遊交流。首任臺旅會北京辦事處主任楊瑞宗告訴媒體，辦事處將以推廣臺灣觀光旅遊資源為主要工作，向大陸民眾促銷臺灣的好山好水。除了上述之功能外，臺灣學者周繼祥認為兩岸互設設立旅遊機構有下列意涵：

首先，兩岸互設旅遊辦事處，實際上是雙方首度以互設機構方式，制度化處理兩岸事務。可說為今後兩岸其他方面的制度化互動發展，建立新了一個的模式。

其次，這是兩岸首度以民間名義，卻具備「準官方色彩」的互設機構。臺旅會董事包括我方的觀光局長賴瑟珍、兩位副局長謝謂君和吳朝彥等人；而大陸國家旅遊局局長邵琪瑋、副局長杜江到發言人祝善忠等人，均躋身於海旅會之中。

再次，這同時是兩岸首度由具有官方身分人員的正式駐派。據報載，大陸方面將派遣曾經擔任國家旅遊局司長、港澳辦公室主任，目前擔任海旅會副祕書長的范貴山擔任首任代表，而我方則是選派行政院第三組副組長楊瑞宗出任臺旅會駐北京辦事處主任。

綜上所述可知，兩岸互設旅遊辦事處的政治意義重大，但辦事處畢竟不能僅徒具形式，其對後續兩岸交流的實質影響，尤其值得期待。例如大陸遊客在臺灣的旅遊投訴，需向臺灣觀光局投訴。跟大陸一樣，臺灣旅客在大陸的旅遊投訴由國家旅遊局等行政部門受理，現階段既然雙方已互設的辦事處，一旦遊客出現事故和問題，雙方的辦事處都會提供協助，對於提升兩岸旅遊品質當然有重大之影響。

三、陸客來臺整體滿意度高、臺灣民眾亦多持正面看法

臺灣觀光局初步調查陸客來臺整體滿意度都維持在九成以上。而各地政府也對民眾針對陸客來臺議題做出調查。以臺北縣為例，臺北縣政府觀光旅遊局特別委託艾普羅民意調查公司自2008年7月4日政府開放陸客來臺觀光後至2009年6月進行一項「開放陸客來臺觀光週年」民意調查。調查結果顯示，開放陸客來臺一年，有43%的民眾給予陸客正面評價，其中4%受訪民眾表示陸客印象「很好」，39%表示「還好」，相對的，有25%民眾對陸客印象欠佳，其中18%的民眾對陸客印象不好，7%更有惡劣印象。各地區民眾對陸客印象也有明顯不同，整體而言，臺北縣市、桃園縣、嘉義縣與南投縣等，對陸客有好印象的比例均超過45%，高於其他地區。其中臺北縣則有50.3%受訪者表示對陸客印象好，22.6%表示不好，27.1%表示無意見。調查顯示57%受訪民眾覺得開放陸客來臺觀光，對兩岸關係和諧有幫助，其中15%認為有很大幫助，42%表示有幫助；相對的，合計有26%受訪者認為開放陸客來臺觀光，對兩岸關係有負面影響。整體而言，北部縣市受訪者認為對兩岸關係有正面貢獻比例，比其他地區來得高。北縣則有65.7%受訪者持肯定看法，18.8%受訪者持負面看法。

70%受訪者認為開放陸客來臺對臺灣整體觀光產業有正面助益，其中19%認為很有幫助，51%覺得有幫助；而14%民眾覺得沒有幫助，7%認為有負面作用。臺北縣受訪者78.3%認為有正面幫助，7.8%認為沒有幫助，5.6%認為反而有

害。有41%受訪者表示，開放陸客來臺可增加觀光收入，37%覺得沒有幫助，4%甚至覺得有負面影響。其中北縣有41.1%受訪者認為有幫助，35.9%認為沒有幫助，3.9%認為反而有害。各縣市中臺北市持正面態度的民調最高，達60.5%，其次是澎湖縣60%，臺東縣58.4%，花蓮縣53.4%。

　　此外，57%受訪者認為，陸客來臺觀光自身縣市旅遊品質並沒有變化，18%甚至覺得下滑，只有11%認為有上升。其中臺北縣受訪者認為旅遊品質沒有變化的比例為58%，覺得下滑的則有15%，12%認為旅遊品質有上升。而認為臺灣整體旅遊品質和以前差不多的則有40%，20%認為上升，27%感到下滑，其中臺北縣受訪者認為上升的比例為25%，下滑的為26.7%。58%受訪者認為開放陸資有助於臺灣觀光產業發展，其中12%認為很有幫助，46%覺得有幫助。相對的，18%認為沒有幫助，10%覺得反而有害。其中臺北縣受訪者中62.9%認為有幫助，16.0%認為沒有幫助，9.4%認為反而有害。

　　47%受訪者滿意陸客來臺觀光週年成果，其中6%非常滿意，41%民眾也表示滿意，26%受訪者不太滿意，9%更表示非常不滿意，合計共35%民眾給予負面評價。臺北縣受訪者中53.1%表示滿意，33.7%表示不滿意。針對政府今後對陸客來臺觀光的努力方向為何呢？調查結果顯示，51%受訪者認為應加強觀光資源之整合規劃與建設，48%的民眾覺得要加強輔導觀光產業之發展，41%的人希望提升陸客來臺觀光的服務品質，28%表示要加強宣傳來臺觀光的資訊。

　　綜合以上的調查結果顯示，民眾多半肯定開放陸客來臺觀光的政策，也認為開放陸客來臺觀光有助於兩岸關係和諧，但陸客來臺是否對各縣市觀光產業收入有幫助，則看法紛歧，持正面、負面看法的，各為41%，也有過半數、達57%的受訪者認為，各縣市的旅遊品質並未因陸客來臺而提升。因此，政府今後對加強觀光資源之整合規劃與建設，輔導觀光產業的發展，提升觀光業的服務品質，以及宣傳觀光資訊，仍應加強。

四、陸客來臺觀光產業對臺經濟貢獻良多

(一)和緩龐大的兩岸觀光逆差

長久以來，臺灣與大陸存在龐大的觀光逆差，這種長久失衡問題，更隨著臺灣赴大陸旅遊人口成長不斷擴大。根據中國國家旅遊局統計，2007年臺灣民眾赴大陸旅遊462萬餘人次，大陸來臺僅23萬人次；累計至2007年底，臺灣民眾到大陸人數已達4700萬人次，而大陸居民赴臺人數達163萬人次。到了2009年全年陸客來臺觀光人數達53萬餘人次，觀光局統計為60萬餘人次，但無論如何，卻遠遠無法與臺灣到大陸高達377萬人次的數據相比。臺灣每年赴大陸觀光消費高達1500億元，大陸賺取臺灣大量外匯，兩岸觀光巨額逆差由此可見。

積極爭取大陸觀光客來臺，當然有助於提振觀光產業，但對嚴重的觀光逆差能縮減多少，則尚待觀察。臺灣觀光局指出，統計去年1月至12月來臺旅客超過439萬人次，較前年成長14.3%，創歷史新高；其中以「觀光」為目的來臺旅客229萬八千餘人次，較前年成長29.4%，去年陸客來臺觀光的總人次是五53萬9106人次，較前年成長468.8%。但是無論大陸觀光客目前來臺人次是50多萬還是未來的100萬人次，如果和目前臺灣每年到大陸觀光高達400多萬人次的數據相比，明顯臺灣人民西進大陸數量遠遠多於陸客來臺觀光，大陸獲得的觀光商機仍遠大於臺灣。基此，大陸觀光客大量來臺觀光，有助臺灣和緩龐大的兩岸觀光逆差。

(二)帶動臺灣各行各業發展

現階段臺灣將「六大新興產業」（六大新興產業包括生物科技、觀光旅遊、綠色能源、醫療照護、精緻農業、文化創意）列為經濟發展重要方向後，臺灣的觀光產業的確出現了明顯成長，例如在全球金融風暴及H1.1疫情衝擊下，2009年亞太地區整體觀光旅遊人數呈負成長2%，但臺灣的旅客數卻逆勢成長了14.3%，成長率是亞太地區第一。觀光產業並帶動了食衣住行育樂六大產業超過五十萬人的就業機會。據估計，陸客至今已創造了約五百億元的商機。隨著大陸觀光客將持續增加，觀光產業的相關投資也熱絡起來。

根據臺灣旅行商業同業公會就算出，每天若開放3000名陸客來臺，一年等於109萬5千人，以一趟7天計，每天平均花費RMB1700元，將創造臺灣觀光產業

RMB150億元／年的商機，對整體經濟成長貢獻0.5個百分點。單是「陸客來臺觀光」的效益就勢必會迅速提升臺灣餐飲、旅遊、百貨……各相關行業，如此一來金融業配合服務業整體業績的提升，自然也會蓬勃而起。以史為鑒，2007年旅港人次有2800萬人，其中陸客旅港人次就高達1600萬人（占2007年的60%），這讓香港各行各業大發利市，這些人若有1／10甚至1／5赴臺旅遊，則臺灣該擔心的是，現有的觀光旅館與酒店基本不夠用。2010年年底之前，估計還會增加超過一千間的星級飯店房間，為大量的旅客運輸需要，遊覽車也正加速打造中，此外，餐館、各式各樣的旅遊販賣店也快速增設中。陸客來臺確實帶動臺灣部分各行業之發展。

五、兩岸政府應解決現階段旅遊問題，扭轉負面印象

兩岸交流目前存在的一些問題，例如增加兩岸直航的航點及航班、保障旅遊的品質等等，都需要兩岸協商、解決。在兩岸互設旅遊辦事處之後，預料解決上述問題的急迫性將逐一浮現。因此，儘管只是「小兩會」互設的旅遊辦事處，其功能也僅止於旅遊服務與宣傳，但雙方單位若能深入瞭解狀況、研究對策、分別向己方政府提出可行的政策建議，如此方能有效擴大推動兩岸交流。現階段個人認為下列事項應儘速解決：

（一）臺灣應建立可長可久之旅遊環境

觀光局統計，2009年來臺旅客總計439萬餘人次，而民眾出境人數高達846萬人次，顯見出境人數遠遠超過外人來臺人數，旅遊淨資金流出相當龐大，凸顯臺灣旅遊市場國際競爭力不足，國際觀光客源不足。今在大陸來臺觀光熱中，一方面臺灣應掌握這龐大的觀光市場，並持續行銷觀光魅力，乃是當前重要的觀光課題。由於大陸遊客到臺灣多數是八至九天的環島遊，但是這樣走馬觀花的旅遊方式太累，並且認識不到臺灣真正的美。

目前大批觀光客來臺灣後，不論是在都市還是在景點，幾乎沒什麼機會可參

與更多有文化特色的活動。臺灣有各式各樣的表演團體,戲劇、音樂、舞蹈,甚至享譽華人世界的流行音樂,表演能量十分充沛,卻又苦於表演機會其實相當有限;另一方面,一年400萬人次甚至將來有機會成長至八百萬人次的觀光客,如果晚上想看一些有特色的表演,豐富他們在臺灣觀光旅遊的經驗與美好回憶,可能會很失望,因為他們的選擇並不多,或者,直接一點說,除了臺北戲棚,旅臺觀光客簡直沒有其他的選擇。

臺灣要發展文化深度旅遊、想要藉著觀光讓更多來自世界各地的人認識多元精緻的臺灣文化的魅力的國家、城市該有的樣子嗎?臺灣的夜晚難道就只有夜市可以逛嗎?更不要講,其實多個知名夜市也因動線規畫不良、停車空間不足或攤位飲食衛生等問題,使得夜市對陸客也好、對日本客也好,都不見得能發揮真正的集客力。

增加觀光資源不是一蹴可幾,很多問題需要解決,但是陸客一年一百萬、一百五十萬的進來,讓很多人清楚看見了商機,民間也更願意加碼投資。在這個情況之下,政府更應該積極扮演火車頭的角色,帶動相關的建設與投資,有計畫地增加臺灣觀光魅力,將目前的環島走馬看花,進一步推廣為分區旅遊,避免淪於匆匆趕路。推動雙方業者合作,包裝出「北、中、南、東」的分區行程,納入包括:溫泉美食、保健旅遊及文化體驗等等主題,增加深度及趣味性。

(二)臺灣應遏止低價團破壞旅遊品質

大陸觀光客來臺旅遊一波接一波,旅館、遊覽車、餐飲業均受惠,但臺灣接待旅行社自相流血殺價,市場曾殺到出現「一天一人團費23美元」見骨低價,換算一天新臺幣不到八百元,要包含吃住交通,與交通部觀光局規範「一天團費不得少於60美元」形同具文。根據臺灣觀光局規定,接待陸客團每人每天團費不得低於60美元,但臺灣同業為搶生意,陸客團費從每人每天五55.45.35美元,一路殺到去年下半年出現30美元,甚至25美元、23美元見骨低價。觀光局雖然設立規範機制,若有檢舉人告發屬實可獲獎金五萬元,但因低價團約定均在檯面下交易,雙方表面合約仍簽定60美元,陸客低價團公開祕密仍持續運作。

其結果是臺灣五星級觀光飯店大嘆「做不到陸客團生意」,主因在每天團費

殺到30美元低價團成為目前市場主流，五星飯店只能接到團費60美元以上參訪團，業界憂慮「殺雞取卵將來沒雞可吃」後果。低價陸客團充斥，讓不少旅行社業者憂心，但卻難擋市場低價競爭操作，也為來臺觀光陸客抱屈。在一天每人團費30美元限制下，不少陸客花大錢卻來臺住三級旅館，吃一桌一千五百元團餐，只能去不必花錢買門票觀光景點，被安排到特定鑽石、茶葉、寶石店購物。陸客團經常出現「起的比雞早、吃的比豬差、趕的比馬急」低劣旅遊現象。如此下去，陸客臺灣旅遊品質堪慮，因此，政府應提出更積極之「質量並重」辦法，保障大陸旅客在臺的權益，並採取「事前審核，事中查核，事後考核機制」，加強品質控管，建制兩岸行政互助共同監管旅遊品質等等。給予包船、包機獎助等等。採稽查與獎勵並重，鼓勵業者提升品質，讓臺灣之深度與文化之旅成為可能。

（三）建立星級飯店與世界接軌

由於臺灣過去旅館分級都是以「梅花」識別標誌，但這套舊有的梅花制已不符合時代潮流，除區分等級的「梅花」識別系統與大多數國家採用的「星星」不同外，連分級的標準與項目也和國際觀光旅遊業界普遍認知的標準有落差。因此，最近臺灣觀光局決定推動星級旅館評鑑制度，IN-BOND的旅行社業者馬上紛紛表示認同，其中又以專門接待陸客的旅行社業者鼓掌最用力、也最大聲。

由於旅館的等級關係著團費成本與報價結構，臺灣舊有的旅館分級制度與目前國際標準脫節，甚至與大陸的星級制度也有認知上的差異，加上旅館飯店業者自說自話、自封星級，故常造成旅行社困擾，甚至因對旅館級數認定標準不同，因此衍生糾紛。因此，觀光局採用與國際接軌的星級評鑑制度後，可望導正陸客來臺觀光市場的商序，讓市場變得更透明與公平。類似的問題自然減少，不會造成陸客的負面印象。

（四）臺灣政府鼓勵陸客來臺，應同意權宜措施

OKboard是國際間通行的境管權宜措施，民航業者如確認旅客已取得入境許可，可通知旅客登機方的民航業者，讓旅客先登機，落地後再領取入境許可。因兩岸情勢，陸客入臺證件必須由接待社代辦，但因大陸幅員廣大，證件寄發耗

時，且寄丟風險不小，為方便及安全，旅遊業者早期遂大量利用OKboard方式讓陸客來臺。

但因民航業者擬加收OKboard手續費，移民署、民航局、觀光局及相關單位5月初召開會議對旅遊業者在機場管制區內代發陸客入臺證件未表示反對，旅遊業者原已訂6月1日起正式上路，但有媒體報導因內政部有不同意見，可能生變。根本解決之道是政府要想辦法讓陸客在大陸就能取得入臺證件，或者是同意以便利又安全的電子簽證取代目前的紙本入臺證件，不要一方面鼓勵業者接待陸客來臺觀光，一方面又汙名化業者、給業者扣帽子。兩岸觀光互動頻繁，業者透過來臺帶團的大陸領隊、導遊將陸客入臺證件帶回大陸，已將OKboard使用比例降到僅約2成左右，但還是有部分陸客不得不以OKboard方式來臺。

至於移民署有意將陸客入臺證件時間由現行1個月放寬成3個月，幫助不大。由於，陸客不習慣計畫旅遊，旅行計畫多在1個月前決定，加上陸客來臺必須要先找旅行社繳清所有費用後，才能展開審批及入臺證件申請等，除非出發前3個月就先繳清團費。但這可能嗎？臺灣政府若不同意旅遊業者在機場管制區內發入臺證給陸客，就要幫業者想辦法，或者由政府負責寄發並保證將入臺證件安全送抵來臺觀光陸客手上，甚至同意以電子簽證、到大陸開設能核發陸客入臺證件的辦公室等方式才是解決問題之道。

（五）大陸方面須解決之旅遊問題

1.大陸宜迅速建立國際旅遊市場慣例

陸客開放來臺觀光近兩年，因大陸組團社不願負責，陸客在臺旅遊風險問題至今仍未解決，造成「臺灣旅客在歐洲遇到冰島火山灰雲受困，旅客食宿安排由臺灣組團社負責，為什麼大陸團在臺因天候機場關閉受困，大陸組團社就可撒手不管！」的景象，隨著陸客來臺人數越來越多，因天候等滯留糾紛狀況將難以避免。

此原因在於大陸在1999年公布實施的〈中華人民共和國合約法〉中刪除了「旅遊合約」一章，至今在大陸的〈合約法〉中都沒有將旅遊合約作為有名合約加以規定。這導致實踐中對旅遊合約概念的認識存在分歧。分歧主要集中在旅遊

合約是否包括旅遊者在旅遊過程中直接與旅遊承辦人以外的其他民事主體簽訂的有關住宿、餐飲、運輸、保險等合約以及旅遊合約的主體一方是具有旅遊從業資格的旅行社，還是在實踐中的任何為旅遊者提供旅遊服務的旅遊承辦人，並無具體之規定。簡單的說，大陸無臺灣旅遊使用之〈定型化契約〉，清楚規範旅行業與旅行業之權利義務關係。造成一旦因天候等原因，無法搭機回國，無保類似滯留險的大陸旅客，將滯留機場無人問聞之窘狀。目前，在大陸未修改合約法之前，臺灣旅行業者除抱怨大陸組團社不採國際慣例外，對未來沒有幫陸客投保滯留險的大陸旅行社，列為拒絕往來戶外，臺灣旅行社也是莫可奈何了。

2.入臺證必須先申請

大陸觀光團曾二度發生沒有入臺證卻硬要闖關的情事，部分旅客在管制區內大吵大鬧不願上機，班機延誤兩個多小時後起飛，二十四名闖關旅客全部遣返北京。事實上，大陸觀光團沒完成申辦手續不該出團，沒有入臺證更不能上飛機，任何一個國家和地區都一樣，沒證件不能入境。部分大陸旅行社卻以為臺灣企盼陸客來臺，便以為如大旱望雲霓而錯估情勢，大鑽法律漏洞，以為只要人到了關境大門，臺灣就會給專案特准入境，致令「無辜」受騙旅客抵臺後，意欲蠻橫強行「入境」，爆發拉扯衝突。部分大陸旅行社作為不僅造成衝突，更讓「無辜」受騙旅客成為擾亂臺灣基礎秩序的代罪羔羊。

六、結語

觀光業向來有無煙囪工業之稱，只要觀光客來旅遊，就可以創造觀光產值。再加上觀光活動涵蓋餐飲、旅館、航空、運輸、旅行業等多項產業，因此振興觀光還有助於活絡關聯產業。就經濟效益而言，不僅創造觀光產值，也能增加消費，進一步提昇景氣，增加就業機會，因此觀光對經濟的貢獻不言而喻。而陸客大舉來臺以來，已為臺灣帶來可觀的商機與經濟利益，但是在亮麗的數字背後，仍然可能要注意旅遊可能之問題，不應該過度盲目樂觀，應做好各種準備才是正

辦。擴大陸客來臺旅遊，已是兩岸旅遊交流之重要共識，但如何能讓陸客滿意度能持續，例如臺灣的設施供給能量夠嗎？旅遊品質有保障嗎？有無兼顧其他國家旅客來臺和境內旅遊市場？臺灣努力方向，應該是讓臺灣成為世界各國遊客覺得臺灣是值得旅遊之勝地而不單靠陸客來衝業績，畢竟旅遊品質才是王道。大陸方面也應針對國際慣例優先處理旅遊合約等問題，否則大陸旅客在臺灣機場上演示威抗議，不僅損害大陸旅客權利，更重傷臺灣民眾對大陸人民觀感，徒增兩岸旅遊交流之困擾。

海峽兩岸次區域旅遊業合作研究——以桂臺旅遊合作為例

劉澈元

全球化和區域化背景下，加強區域合作是實現產業發展的重要途徑和手段。兩岸經濟合作以來，臺灣產業向大陸轉移和兩岸產業合作已形成了三次浪潮，雖然產業形態在不斷變換，但主要體現的是製造業內部的升級換代。近年來，隨著臺灣製造業在大陸的規模化、集聚化發展和大陸產業轉型升級速度的加快，服務業尤其是現代服務業合作逐漸成為兩岸產業合作的一個趨勢。旅遊業作為服務業中的一個重要產業（行業），理應且已經在兩岸產業合作中占據一定地位。考察2008年5月兩岸關係改善以來兩岸互動的情勢，可以認為，三通基本實現、直航不斷擴大、陸資陸客入島等舉措已經為兩岸旅遊業合作創造了良好的條件。2009年11月，國務院發布《關於加快發展旅遊業的意見》，旨在將旅遊業從潛在的戰略性產業發展成為國民經濟的支柱產業。而臺灣旅遊業歷經戰後50多年的發展，已成為其經濟中國際化程度較高的支柱產業。加之2008年已突破了大陸觀光客入島的政策限制，在很大程度上解決了臺灣旅遊業客源不足的發展瓶頸，從而實現了旅遊資源與客源市場的有效對接與整合。因此，透過合理的政策機制整合兩岸旅遊產業資源，發揮兩岸旅遊產業優勢，開展兩岸旅遊產業合作，不僅是大陸旅遊產業品質提升的需要，也是建立兩岸共同的國際化觀光旅遊發展認知，共同開拓國際旅遊市場的需要。

一、關於兩岸旅遊業合作方式的簡單討論：區域視角

兩岸旅遊業合作究竟應該採整體合作還是次區域合作的方式進行，是本研究首先應解決的一個問題。考察旅遊業國際合作的通行做法，一般都有一個規律，就是次區域旅遊合作先於整體合作。究其原因，一是旅遊業是資源導向型產業，而旅遊資源分布在區域間又具有不平衡性。這一特徵同時與旅遊基礎設施的完備程度相適應。一般來說，旅遊資源富集的區域，旅遊基礎設施投入都較大，建設程度較高，可以將該區域作為產業合作中具地域意義的增長極，先行開展合作。二是從合作的協調程度和合作成本方面看，整體合作協調難度大，成本較高，而次區域合作具有一定的靈活性，在政策協調方面較具可操作性，也較易發揮民間團體的作用。三是次區域合作帶有實驗性質，產業合作損益影響範圍具有一定彈性。成功的做法可以被確立為正式制度在更大範圍推廣，而不符合合作主體間交易進行的「政策」則可被「區域性消化」。因之，在旅遊業合作的起步階段，往往採用次區域合作的方式。

　　就兩岸產業合作現狀看，旅遊業合作尚處於起步階段。由於兩岸在政制體制、社會生態、文化特質、產業國際化程度等方面的差異，如果以兩岸整體作為合作主體，組建大範圍的旅遊合作可能還存在一定的難度，也會影響合作質量。而以臺灣整體與大陸旅遊條件較好的區域作為合作主體，建立次區域旅遊合作則不失為一種有效的合作途徑。因此，本文的研究對象——兩岸次區域旅遊業合作並非傳統意義上所特指的兩岸邊境地區的合作，而是指兩個經濟體之間一些區域與另一經濟體的產業合作或者兩個經濟體中某些區域間的產業合作。

二、代表性區域的選取及其解釋

　　就兩岸旅遊合作中大陸次區域的選取，由於地緣關係，此前的研究主要集中於狹義的海峽旅遊區構建，即海西與臺灣的旅遊合作。（鄧利娟黃智略2007）從兩岸旅遊合作尤其是大陸旅遊業發展趨勢看，臺灣與大陸東部單一區域的旅遊合作已不能滿足兩岸經濟一體化要求，應在大陸各經濟帶相應選取若干區域作為

與臺灣開展次區域旅遊合作的「增長極」。本研究選取桂林與臺灣旅遊合作作為兩岸旅遊合作的代表性區域。

對該區域的選擇主要基於以下幾個因素：

1.桂林的旅遊資源、旅遊基礎設施與發展歷程具有代表性。桂林是中國山水觀光旅遊的典型區域，「桂林山水」是中國遞給世界的「旅遊名片」。1973年，國務院將桂林列為中國首批24個對外開放的旅遊城市之一。三十多年來，桂林依託豐富的旅遊資源，率先構建旅遊基礎設施，完善旅遊市場秩序，創新旅遊產品設計，積極發展入境旅遊和國內國際區域旅遊合作，推動旅遊產業與區域經濟的良性互動，為中國旅遊業改革發展創造、積累了諸多有益的經驗和模式，促進了中國旅遊業的發展。據統計，2009年桂林共接待遊客1860.08萬人次，同比增長14.33%，實現旅遊收入126.92億元，同比增長26.59%，入境遊客129.03萬人次，雖然增幅僅為3.21%，但海外旅遊收入卻同比增長9%，尤其是借助於中國—東盟自由貿易區建設，桂林加大對東盟客源市場的營銷力度，使亞洲遊客增幅高達40%。至2008年底，已有150多位外國國家元首、政要到桂林考察旅遊。聯合國世界旅遊組織將桂林作為其在亞太地區和中國的「基地」和「橋頭堡」，2009年10月，世界旅遊組織在中國首個旅遊發展觀測點在桂林陽朔正式建成並投入使用。11月，第三屆聯合國世界旅遊組織／亞太旅遊協會旅遊趨勢與展望國際論壇在桂林成功舉辦。經過三十多年的發展，桂林旅遊業在引領中國旅遊發展方向的同時，也面臨著旅遊市場需求形勢變化和經濟一體化格局所帶來的旅遊全面綜合競爭的嚴峻形勢，處於進退消長的轉型階段。正因如此，桂林被視為中國旅遊業發展的「風向標」和「晴雨表」。

2.桂林旅遊業發展的多區域合作背景具有代表性。旅遊業的國際化是以國家經濟一體化戰略的實施和一體化關係的構築為後盾和前提的。在國家明確發展入境旅遊的政策引導下，應將一體化區域作為開拓入境旅遊的重點客源市場。桂林是中國大陸同時具有國內國際區域整合背景的代表性區域。就中國國內區域整合而言，桂林不僅是泛珠三角區域經濟合作、旅遊業合作的重要承擔者，可作為泛珠區域的後花園，主動接受珠三角的客源輻射，贏得發展動力，也是新一輪西部

大開發和西南「六省區市七方」經濟協作、南貴昆經濟帶（區）建設中以旅遊業作為支柱產業的代表性區域，可以借助國家政策支持，開拓上述區域旅遊市場。就國際區域合作而言，中國—東盟自由貿易區啟動、「兩廊一圈」、大湄公河次區域合作、「一軸兩翼」及泛北部灣區域合作等戰略的推進，都將產生極大的人流、物流、資金流、訊息流，從而成為桂林旅遊的新興市場。（方惠玲，2007）

　　3.桂臺旅遊合作已具有一定基礎。桂林與臺灣旅遊合作起步較早，臺商從1988年開始投資廣西桂林，旅遊業已成為桂臺經貿合作中發展最快、收效最理想、前景最廣闊的行業。（鐘振，2008）至2008年底，臺商在桂林投資興辦的旅遊企業有350多家，實際使用臺資8億多美元，其中80%為旅遊企業。樂滿地渡假世界是中國目前唯一一家獲得5A級景區的臺商獨資企業，桂林的8個國家級4A級景點中，臺資企業占有4個；7個3A級景點中，臺資企業占有3個。另據統計，從2000年至今，臺胞到廣西旅遊的數量保持兩位數的增長，僅2007年廣西接待臺灣遊客就達45.38萬人次，占廣西接待入境遊客總數的22%，而桂林是臺胞尤其鍾愛的旅遊目的地。以樂滿地渡假世界、愚自樂園、世外桃源景區為代表的臺資旅遊企業，憑藉高品味的規劃設計和先進的管理與服務，將「甲天下」的旅遊資源優勢，成功轉變成了發展優勢，已成為桂林乃至中國山水渡假的新興旅遊品牌和典範。（牙健紅，2008）此外，透過兩岸「兩會」協商，桂林已被列為兩岸第二批直航城市，桂林直飛臺灣航班已順利開通，也為桂林與臺灣開展旅遊合作提供了條件。

　　4.國家賦予桂林旅遊政策創新功能。就在國務院發布《關於加快發展旅遊業的意見》，提出將旅遊業提升為戰略性支柱產業之後不久，國務院於2009年12月發布《關於進一步促進廣西經濟社會發展的若干意見》，明確提出在桂林「建設國家旅遊綜合改革試驗區」。《意見》指出：「桂林要充分發揮旅遊資源優勢，打造國際旅遊勝地」；「建設桂林、南寧、北海、梧州旅遊目的地和遊客集散地，發展一批旅遊強縣和特色旅遊小城鎮。加強重點旅遊景點景區基礎設施建設」；「加快桂林機場改造，建成國家重要的旅遊機場」。結合國家對廣西建設國際經濟合作區域的戰略定位，不難發現，國家將依託桂林及其它與東盟毗鄰區

域的獨特區位優勢和旅遊資源優勢，在推動中國與東盟旅遊合作的同時，賦予桂林旅遊業發展先行先試的政策功能，推動桂林旅遊業由單一觀光型向多元複合型轉變；由粗放型向集約型轉變；由規模型向規模質量效益並重型轉變；由滿足遊客基本需求向滿足遊客多層次需求轉變；由旅遊目的地城市向旅遊目的地和旅遊集散地城市轉變。透過桂林國家旅遊綜合改革試驗區，探索旅遊業向戰略性支柱產業轉化和發展入境旅遊、開展國際旅遊合作的政策軌跡，使之在全國發揮引領示範作用。

三、兩岸經濟一體化條件下桂臺旅遊合作的階段與模式

兩岸關係改善以來經濟合作的歷程與結果表明，兩岸經濟一體化的條件已發生顯著變化，概言之，兩岸經貿關係已初步實現正常化，步入制度化軌道。在此形勢下，要素流動的障礙已基本破除，兩岸的要素要不要結合、該不該結合、能不能結合的問題已經解決。消除兩岸產業合作障礙在需要繼續推進的同時不再是產業合作政策的重點，而促進合作主體、合作產業內部結構優化、建立協調性產業合作政策或制度逐漸成為各自或雙方同時關注的重點。從要素整合的角度看，重要的就是要素的組合或配置即雙方的優勢資源如何結合的問題。換句話說，兩岸已進入一個依靠政策進而制度促進兩岸產業發展的要素整合階段特殊的階段，作為靜態的要素或者物化的要素流動已經實現，而動態的、無形的要素如政策、制度則處於缺失狀態。部門一體化或者行業一體化的政策協調就成為產業合作的關鍵。

1.桂臺旅遊合作的階段規劃

經典一體化理論認為，區域合作的演進主要體現在合作區域的政策協調程度，政策一體化是區域一體化的標誌。這一觀點對產業合作同樣適用，因為，產業合作既是區域合作的先行軍，也是區域合作的主要載體。從這一意義說，兩岸次區域旅遊合作的最終目標應是旅遊業一體化。這一終極目標的實現，需要若干

階段性目標作為支撐。根據桂林和臺灣旅遊業發展現狀及未來可能走向，本文認為，桂臺旅遊合作宜按照三個階段規劃，相應具有三個階段性目標。

（1）臺灣旅遊要素向桂林單向流動階段。臺灣旅遊資源豐富，旅遊業發展起步早，景點景區開發水準高，且較好地實現了自然風光與人文風貌的結合、旅遊產業與其它產業的融合。自1956年開始有計劃地發展以來，臺灣旅遊業依次經歷了外國人來臺觀光、民眾出島觀光和民眾島內觀光三個重點發展階段，目前已形成入境旅遊、出境旅遊和島內旅遊「三位一體」的旅遊發展格局。（張玉冰，2008）進入新世紀以來，雖然受民進黨當局緊縮性、封閉性大陸政策的影響，臺灣旅遊業呈現出入境客源嚴重不足、旅遊提振乏力的困境，但是，臺灣旅遊業整體素質尤其是旅遊設施、旅遊管理、旅遊服務、旅遊產品設計、旅遊目的地營銷、旅遊國際化程度等方面顯著優於大陸旅遊區域，在國際旅遊分工體系中處於比較高端的位階。2008年6月13日，兩岸「兩會」經協商正式簽署《海峽兩岸關於大陸居民赴臺灣旅遊協議》，並於同年7月18日正式開放大陸居民赴臺旅遊。據臺灣「陸委會」統計，截至2009年12月底，大陸旅客赴臺觀光共26488團、646783人次，已為臺灣觀光相關產業帶來超過11.3億美元的外匯收益與商機。陸客入臺有效緩解了臺灣旅遊業客源不足的困境，為臺灣旅遊業提振注入了新的元素。與大陸居民赴臺遊蔚然成風相對應的是，大陸已成為臺灣民眾最主要的出島旅遊目的地。目前，島內經營大陸遊線路的臺灣旅行業者日益增多，大批旅遊服務企業開始在大陸設點布局，試圖開拓大陸旅遊市場。據統計，臺灣約2000多家旅行社中，專業經營大陸旅遊線路的就有230多家，其餘大部分旅行社或多或少也經營有大陸旅遊業務。（曾志蘭，2007）

基於桂臺旅遊業在發展階段上的差異和臺灣旅遊企業的經營目標，該階段桂臺旅遊業合作的目標應是：加強客源合作，促進客源雙向流動的同時，吸引臺灣旅遊業要素向大陸單向流動，尤其要利用臺灣旅遊業資金過剩和旅遊企業外移的機會，吸引臺灣資金投資桂林旅遊業，加強旅遊基礎設施建設；與臺灣旅遊企業加強合作，提升桂林旅遊企業尤其是旅行社管理和服務品質，促進桂林旅遊業快速轉型。

（2）實現桂臺旅遊要素雙向流動，以共同旅遊目的地構建旅遊共同市場。透過第一階段的合作，桂臺兩地不僅會形成共同的旅遊發展認知，建立初步的合作互信，而且其要素流向也將發生顯著變化。隨著兩岸經濟一體化關係的推進，雙向商務旅遊、旅遊項目互動的開展將推動以桂林為代表的一批大陸旅遊城市、企業對臺灣進行旅遊投資，兩地旅遊業將初步形成「你中有我，我中有你」的融合格局。由於兩岸的特殊關係，臺灣為鞏固、擴大與東盟的經貿關係並擺脫邊緣化處境，必須進一步深化與大陸的制度性一體化關係，借助廣西的獨特區位優勢開拓東盟市場，並經中央政府允許或授權與東盟國家建立一體化關係。在桂臺擴大產業合作範圍，提升產業合作質量的策略選擇中，旅遊業合作是必然選擇。

旅遊合作的本質就是解決旅遊客體（旅遊資源）的不可移動性與旅遊主體（遊客）的選擇性之間的矛盾。（馬曉冬，2005）在旅遊業整體呈現供大於求的買方市場條件下，旅遊主體對旅遊目的地的選擇越來越趨向於旅遊產品組合而非分散的產品訊息。相應地，區域旅遊合作應將旅遊主體的排他性選擇轉化為組合性選擇。在東盟國家同為桂臺旅遊目標客源市場的情況下，桂臺兩地可作為共同旅遊目的地，構築旅遊共同市場。其中，以旅遊線路為主的旅遊產品設計與營銷、旅遊便利化措施整合是以共同旅遊目的地開拓境外客源市場的關鍵。在以旅遊線路為主的產品組合設計和營銷方面，桂林和臺灣應形成兩地產品的關聯性和差異性，既聯動發展又錯位發展。

（3）實現旅遊產業與區域經濟的良性耦合，構建政策高度協調的旅遊一體化區域。隨著合作的推進，在實現桂臺旅遊市場與旅遊資源共享和對接的基礎上，旅遊產業對兩地區域經濟的貢獻將逐步顯現，旅遊合作的目標將演變為旅遊產業與區域經濟的良性耦合，即兩地旅遊產業系統將發揮收入效應、創匯效應、就業效應、產業關聯效應、區域平衡效應等促進區域經濟發展，而區域經濟系統將透過遊客可支配收入增加、休閒時間增多、旅遊動機形成以及為旅遊產業提供資金、技術、形象、基礎等支持而推動旅遊產業系統的發展。（生延超，鐘志平，2009）二者耦合發展的功能體現在合作中區域經濟發展水平較低的一方尤其明顯。為此，桂臺兩地應在推進旅遊產業化過程中構建政策高度協調的旅遊一體化產業組織，一方面要為旅遊關聯產業搭建平臺，推進桂臺旅遊交通體系化、

旅遊服務一體化、旅遊訊息聯動化，促進形成高效的產業協同發展機制，另一方面，要透過構建政府與企業的雙層互動合作機制，對桂臺旅遊產業鏈進行有機整合，打造桂臺無障礙旅遊和無縫隙服務，實現桂臺旅遊政策的無差異化即旅遊一體化。

2.桂臺旅遊合作模式選擇

桂臺旅遊合作模式的選擇與合作階段的演進與桂臺旅遊業成長過程密切相關，必須根據合作主體的目標意願和合作發展的客觀需要選擇適宜的合作模式。因而，從不同角度進行的合作模式選擇更多體現為一個動態的過程。

（1）由單一重心模式走向多元重心模式。桂臺經濟合作起始階段，合作主體的目標呈現單一性。桂林希望透過合作獲得臺灣的資金、營銷手段、營銷渠道、旅行社管理經驗等要素支持，推進旅遊業轉型，而臺灣則藉合作拓展大陸市場。隨著合作的推進，雙方目標逐漸由單一化走向多元化，具複雜性的政策協調和旅遊產業與區域經濟的耦合占據了合作目標的主導地位。相應地，以客源市場多元化、合作內容多元化、輻射地域多元化、產業組織多元化為主要表現形式的多元重心模式將成為合作後期的主要模式。

（2）由互補合作模式走向共生合作模式。按照旅遊合作的原理和價值鏈理論，合作方式的選擇應因合作區域類型而異，處於不同發展階段的旅遊地合作，重點在突出雙方比較優勢，實現旅遊要素一體化經營和旅遊價值鏈的重構，透過優勢互補與整合作用產生倍增效應，提升合作區域尤其是弱勢區域的競爭優勢。處於相同發展階段的同質旅遊地應注重雙方價值鏈中強勢部分（核心優勢）的結合，透過集聚整合產生規模經濟和集群效應。（吳泓顧朝林2004）顯然，在合作的起始階段，臺灣旅遊業整體產業素質高於桂林，宜採用互補合作模式。透過合作，在逐步縮小與臺灣旅遊業整體差距的基礎上，合作將選擇共生合作的模式進行。

（3）由政府主導走向政府與企業、民間團體共同主導模式。一般來說，區域旅遊合作中的合作主體可分為兩大類，即企業和政府。（薛瑩，2003）此外，以旅遊行業組織為主的民間團體在特定階段也可扮演主體角色。如前所述，

兩岸次區域旅遊合作的主體一方是在經濟上正處於與國家主體構築制度性一體化關係、在政治上尚未與國家主體實現統一的單獨關稅區，另一方是國家賦予旅遊政策試驗功能的綜合改革區，其合作不僅具有經濟意義，也具有一定的政治意義。因此，旅遊合作必須靠政府的政策傾斜推動其穩步發展，而不可能是純粹的企業集團組織唱重頭戲。尤其是合作的起始階段，政府必須是合作中的第一主體，企業則是合作中的第二主體。（馬勇、盧桂芳，2006）隨著兩岸關係的不斷改善和經濟一體化的縱深推進，政府尤其是中央政府在兩岸次區域旅遊合作中的角色將逐步由主導走向宏觀協調，合作模式將演變成為「政府協調，企業主導，民間參與」。

四、以桂臺合作促進桂林國家旅遊綜合改革試驗區建設

桂林綜合旅遊改革試驗區建設，是國家為推進旅遊業轉型而採取的一項戰略舉措。桂臺旅遊合作既是其有機組成部分，也可以在合作中承擔旅遊業改革的政策試驗功能。根據桂林綜合旅遊改革試驗區建設要求，綜合旅遊學界研究成果，桂臺旅遊合作促進旅遊綜合改革試驗區建設可從以下幾個方面進行。

1.構建實驗示範體系

（1）在桂臺合作的不同階段，桂林應充分借鑑臺灣旅遊發展的經驗，引入臺灣旅遊要素，在推動旅遊產業轉型升級的基礎上，以產品國際化、營銷國際化、服務國際化、環境國際化、管理國際化為主要內容，構建旅遊國際化體系；（2）將桂臺旅遊合作與中國-東盟旅遊自貿區建設、中越國際旅遊合作區建設相結合，以多區域合作帶動和主導旅遊合作，構建多區域旅遊合作政策體系；（3）爭取國家支持，創新入境旅遊政策，在入境簽證、車輛互通、自由換匯、安全保障、訊息交流、購物退稅等方面採取便利與優惠措施，建立國內入境旅遊便利化示範體系；（4）桂臺作為共同旅遊目的地設計、營銷以旅遊線路為主的旅遊產品；大力發展融合山水風光、休閒渡假、文化娛樂、商貿購物等元素為一

體的複合式現代旅遊；區域與城市聯動，打造多圈層旅遊渡假帶；構建旅遊產品創新示範體系。（5）透過與臺灣旅遊培訓機構、研究機構的合作，建立健全旅遊人才培養體系；借助世界旅遊組織在陽朔設立的旅遊發展觀測點，開展旅遊產業研究，建立旅遊情報收集系統，為國內旅遊發展提供高端研究成果。

2.構建旅遊要素市場

旅遊要素市場的構建是旅遊業轉型的標誌。從旅遊業關聯效應發揮的角度看，旅遊要素市場的構建不僅僅體現在市場體系的建立，而應注重要素自由流動和合理配置、要素產業發展、要素空間分配等方面。基於此，桂臺旅遊合作促進要素市場構建的主要政策著力點在於：（1）建立綜合旅遊要素市場體系。改變過分注重資金要素的做法，從單純的招商引資轉向引資、引智、引制並舉，促進旅遊發展要素的全面配套，共同提升。注重文化要素市場的培育，推動文化要素與旅遊資源的融合。積極探索管理要素、技術要素、人才要素、訊息要素在旅遊產業發展中的要素分配機制。根據旅遊自然資源的不可移動特性，探索旅遊資源所有權和經營權分離的要素運作方式。完善旅遊土地市場運作制度，探索推行景區開發以項目帶土地的開發方式，形成景區開發、房地產開發以及文化開發和產品開發連動的複合型開發模式。桂臺合作成立旅遊投資擔保公司，利用投資擔保的槓桿效應，運作旅遊投資，完善旅遊資本市場。（2）分階段推進桂臺旅遊要素雙向自由流動，整合兩地旅遊要素，發展桂林旅遊要素產業。現階段的重點是實現桂林旅遊產業經營的大型旅遊企業集團化、中型旅遊企業連鎖化、小型旅遊企業專業化。隨著合作的深入，實現桂臺旅遊交通體系化、旅遊服務一體化、旅遊訊息聯動化。（馬曉冬，2005）（3）制定合理的旅遊產業政策，促進旅遊要素的空間合理分配。要著眼於旅遊核心區發展與次級旅遊中心的協調發展，引導臺灣旅遊要素在桂林中心城市與各縣區間形成符合產業發展的集聚——擴散機制，促進旅遊產業的區域協調發展。

3.旅遊發展功能創新

桂林是1973年經國務院批准的全國首批旅遊城市之一。與全國其他旅遊城市一樣，改革開放以來，桂林旅遊的功能已基本從服務於政治、外交轉向了服務

經濟，目前，旅遊業作為一個促進經濟發展的動力產業、深化開放的窗口產業的功能已經得到了充分發揮，需要進行以產業升級為主旨的轉型，將旅遊業提升為經濟體系中的戰略性支柱產業。實現旅遊業功能轉型不能侷限於旅遊業自身的發展，而應把重點放在產業協同發展和產業組織創新方面。當前，兩岸經濟正處於由功能性一體化向制度性一體化轉化過程中。兩岸經濟合作框架協議簽署後，對一體化經濟的運行尚需要進行長期的試驗和探索。如前所述，桂林將遵循吸引臺灣旅遊要素、構築桂臺旅遊共同市場、實現桂臺旅遊一體化的路徑推動桂臺旅遊合作。兩岸次區域旅遊業一體化的實現，不僅將促進合作主體產業的融合發展和旅遊業與區域經濟的協調互動，也將發揮區域經濟一體化的先行軍作用，為兩岸經濟一體化的運行提供有益經驗。同時，桂林也可透過桂臺旅遊合作探索旅遊發展推動社會綜合發展的旅遊功能實現途徑。該方面的重點：一在於透過桂臺旅遊合作，發展桂林旅遊基礎設施，創新旅遊產品，提高區域財政收入水平，以市場化和公共產品等多種方式滿足群眾旅遊和休閒健康需求，提高公民的生活質量和健康水平；二在於透過旅遊發展，促進區域內不同地區的經濟平衡發展，協調利益相關者之間的不同利益訴求，體現社會公平；三在於透過多區域旅遊合作，促進國家間、區域間的文化交流與融合。

4.建立旅遊生態環境保護補償機制

生態保護與產業發展之間的矛盾是桂林旅遊發展中長期存在的一個問題，尤其是灕江流域生態環境一直都承受著巨大的人口和產業壓力。保護灕江已成為桂林發展生態旅遊，實施可持續發展的一項重要而緊迫的課題。基於旅遊資源所具有的公共產品和產業要素雙重性質，應建立多元化的生態保護補償機制。生態保護補償機制的建立包括流域補償、政府公共財政補償、稅收政策補償、社會化補償、市場化補償等方面。上述機制的建立都需要國家立法保障。以桂臺旅遊合作中市場化生態補償機制的建立而言，可行的途徑包括：（1）建立健全生態補償投融資體制。按照「政府引導、市場推進、社會參與」的方式和「誰投資、誰受益」的原則，引導臺灣旅遊企業投資發展桂林生態旅遊業，以公共財政投入為保障，吸引臺灣資金投向桂林生態建設和環境保護。（2）建立以公共財政和臺（外）資為主體、社會資金廣泛參與的灕江流域多邊生態補償基金，促進灕江流

域生態產業發展。產業發展收益分配後，公共財政收益繼續用於擴大基金規模，鼓勵臺（外）資收益繼續參與基金建設。（3）面向桂臺旅遊合作，探索建設旅遊產業內資源使（取）用權、排汙權交易市場，推行流域和水資源使用權出讓、轉讓和租賃的交易機制，建立景點景區汙染物排放指標有償分配機制。（4）面向桂臺旅遊合作，建立生態環境破壞經濟賠償制度，賠償所得用於充實環境汙染整治專項資金。（5）借鑑臺灣愛河整治經驗，建立灕江保護的志願者制度，動員社會力量參與生態環境保護補償。

兩岸海運直航視角下的沿海港口競爭力

徐宗玲　曹琪萍

一、引言

　　兩岸海運直航是「三通」的內容之一。1979年全國人大常委會發表的《告臺灣同胞書》，提出了兩岸通郵、通商、通航。2008年11月4日海協會與海基會簽署了兩岸「海運直航」、「空運直航」、「通郵」及「食品安全」四項協議。2008年12月15日啟動客運直航，海運直航以及直接通郵常態化。「通郵、通商、通航」正式成行，直接「三通」終於實現，這是兩岸關係發展史上具有歷史意義的一件大事。

　　兩岸海運直航是兩岸之間貿易貨物的直航運輸，實現「船通貨通」。而在之前，採取的是「試點直航」或「彎靠」。「試點直航」的船舶採取「不通關不入境」方式，從事大陸輸往第三地或第三地輸往大陸的貨物轉運業務，即「船通貨不通」。「彎靠」指的是兩岸三地「彎靠」，因為要轉經第三地，被稱為「貨通船不通」。因此，兩岸直航也被稱為海運「截彎取直」。

　　據估計，兩岸貿易運輸的95%以上透過海運完成，兩岸年運量達7000多萬噸，貿易額超過1000億美元。兩岸實現海上直航後，運輸成本將明顯降低，物流效益將顯著提高，每年可減少運輸時間11萬小時，降低運輸成本1億多美元。運速的提高對兩岸的經貿非常有利。而且直航的實現增強地區發揮對臺區位優勢。例如：廣東省距離臺灣最近的一個口岸是汕頭，與臺灣相距僅185海里。過

去，汕頭對臺地理區位優勢無法發揮。汕頭、揭陽、潮州等地的貨物進出基本上都經過深圳繞道香港，增加運輸費用和運輸時間成本，降低了投資效益。據汕頭港務局提供的數據，汕頭至高雄的集裝箱繞道香港中轉比直航要增加2倍以上的路程，即增加海運航程大約370海里。每個標準箱的運輸成本增加300美元左右，在途時間延長3天以上。來往人員繞到香港，要多花3000元以上人民幣……。在這種情況下，與珠江三角洲比較，汕頭對臺原有的地理區位優勢反變成了「劣勢」。因此，直航提供了發揮對臺區位優勢的機遇。

《海運直航協議》明確了在大陸63個港口與臺灣11個港口之間直接開通免稅的海上貨運直航。臺灣列入直航的港口有6個港口和5個「小三通」港口；大陸批准的63個港口包括48個海港和15個河港。

兩岸海運直航航點

台灣13個港口

基隆(含台北)、高雄(含安平)、台中、花蓮、花蓮和平港、麥寮、布袋、金門料羅、水頭、馬祖福澳、白沙、澎湖馬公、蘇澳港。

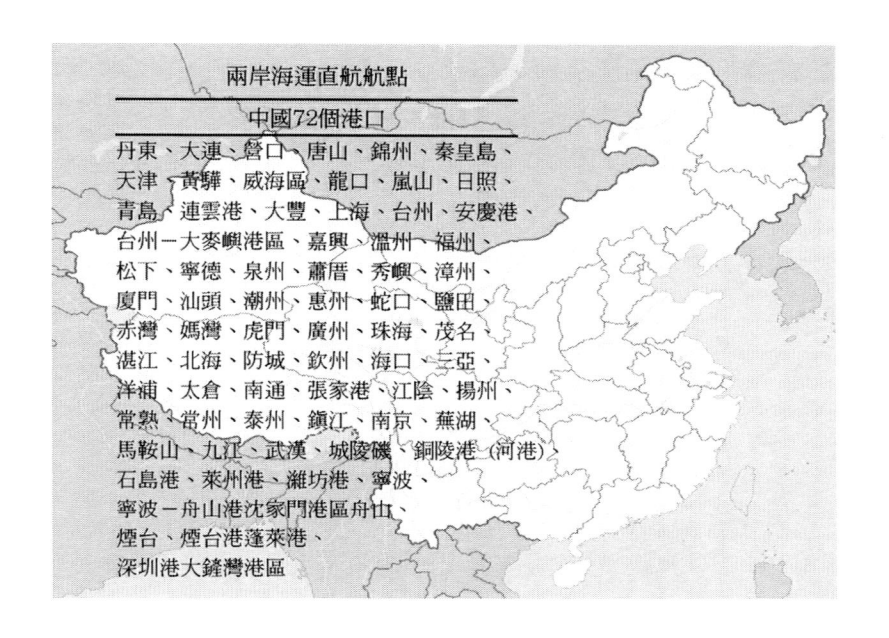

```
兩岸海運直航航點
中國72個港口
丹東、大連、營口、唐山、錦州、秦皇島、
天津、黃驊、威海區、龍口、嵐山、日照、
青島、連雲港、大豐、上海、台州、安慶港、
台州—大麥嶼港區、嘉興、溫州、福州、
松下、寧德、泉州、蕭厝、秀嶼、漳州、
廈門、汕頭、潮州、惠州、蛇口、鹽田、
赤灣、媽灣、虎門、廣州、珠海、茂名、
湛江、北海、防城、欽州、海口、三亞、
洋浦、太倉、南通、張家港、江陰、揚州、
常熟、常州、泰州、鎮江、南京、蕪湖、
馬鞍山、九江、武漢、城陵磯、銅陵港（河港）、
石島港、萊州港、濰坊港、寧波、
寧波—舟山港沈家門港區舟山、
煙台、煙台港蓬萊港、
深圳港大鏟灣港區
```

圖表1　《海運直航協議》確定的大陸與臺灣之間的直航港口

　　大陸的48個海港在把握機遇的同時，各自面臨來自其他港口的挑戰。例如福建與臺灣隔海相望，位於環太平洋經濟圈的中部，東瀕太平洋、南連珠三角、北接長三角，是南北海運的要衝和諸多國際黃金航線必經之路，協議簽訂後，福建不僅有8個一類港口列為兩岸海運直航口岸，而且在大陸63個海河港口中，與臺灣各主要港口的距離最近。因此，本文關注的問題是在兩岸海運直航背景下沿海港口的競爭力。

二、文獻綜述

　　陳雙喜、戴明華（2006）認為：港口競爭力是指港口企業在市場競爭過程中，透過自身要素的整合、優化以及與外部環境的交互作用，在占有市場、創造價值和維持可持續發展方面相對於其他港口所具有的比較能力和優勢。根據港口企業內、外部環境的特點，港口競爭力受到港口地理位置、腹地經濟實力、自然

條件、政策環境、通關環境、港口基礎設施、集疏運系統發達程度、運營條件、潛在的發展機遇和挑戰、港口收費、管理水平和服務水平等要素的影響。他們利用AHP層次分析方法，設立港口綜合競爭力指數為目標層，劃出4個準則層，包括港口腹地經濟、港口空間優勢、港口硬環境和港口軟環境，建立了指標層，包括港城發展程度、腹地經濟發展程度、對外貿易總額、港口區位優勢、港口建港條件、集疏運網路、港口處理能力、港口基礎設施、港口宏觀政策、港口經營管理以及港口使用費用共11個指標，並進而細分出22個子指標。透過構造比較判斷矩陣，確立了各指標相對總目標的權重，從而分析了東北亞主要港口的綜合競爭力。

康樹春、劉斌（2008）認為港口競爭力是港口企業在競爭的市場環境中為相關企業和行業提供質優價廉的服務能力和機會，從而達到港口企業價值的最大化。他們劃分了投資趨勢、吞吐量增長率、港口作業能力、港口財務狀況和港口自然條件5個層次來衡量港口競爭力，並設立了13個指標，包括外商直接投資額、港口投資額、港口集裝箱吞吐量增長率、港口貨物吞吐量增長率、港口航線、港口裝卸率、港口橋吊數、港口泊位數、港口靠泊艘次、港口總資產、港口總利潤、港口吃水和港口區位優勢，從中國60個港口中遴選出中國最具競爭力的25大港口，包括深圳港、上海港、廣州港、青島港、天津港等。

中國國際海運網和大連海事大學世界經濟研究所共同調研完成的《2006中國港口綜合競爭力指數排行榜報告》，採用的衡量指標分為投資趨勢、吞吐量增長率、港口作業能力、港口財務狀況、港口自然條件5個層次，5個層次所包含的指標分別為：外商直接投資額、港口投資額、港口集裝箱吞吐量增長率、港口貨物吞吐量增長率、港口航線、港口裝卸率、港口橋吊數、港口泊位數、港口靠泊艘次、港口總資產、港口總利潤、港口吃水和港口區位優勢，共計13個指標，利用統計學軟體排序，從中國60個港口中遴選出中國最具競爭力的10大港口。十大港口依次為：上海港、深圳港、青島港、廣州港、寧波港、天津港、廈門港、大連港、連雲港港和營口港。運用相同的方法和指標，中國國際海運網、大連海事大學世界經濟研究所以及中國港航研究院發表的《2008年中國港口綜合競爭力指數排行榜報告》公布的2008年中國港口綜合競爭力十大港口分別

為，寧波—舟山港、上海港、青島港、天津港、廣州港、深圳港、大連港、連雲港港、營口港、廈門港。從中可以看出，短短的兩年時間裡中國港口綜合競爭力排行發生了較大的變動。

圖表2　中國港口綜合競爭力指數排行榜變化比較

排名（2008年）	港口	排名（2006年）	港口
1	寧波－舟山港	1	上海港
2	上海港	2	深圳港
3	青島港	3	青島港
4	天津港	4	廣州港
5	廣州港	5	寧波港
6	深圳港	6	天津港
7	大連港	7	廈門港
8	連雲港港	8	大連港
9	營口港	9	連雲港港
10	廈門港	10	營口港

Dong-Wook Song & Ki-Taf Yeo（2004）採用層次分析法衡量港口競爭力，對180位專家的問捲進行了分析，提取出貨運量（Cargo Volume）、港口設施（Port Facility）、港口區位（Port Location）以及服務水平（Service Level）等4個重要的港口競爭力衡量指標，進而對70位專家問卷調查確定了權重，對中國港口評價的結果是：香港、上海和大連排列前三。

王常達（2006）利用因子分析的方法發現：港口生產規模是港口競爭力比較中最重要的因素；貨物吞吐量、外貿貨物吞吐量、固定資產投資能夠較好地反映港口的生產能力；泊位數、萬噸級泊位數、萬噸級泊位數占總泊位數比例則反映港口發展的容量和限度，代表了港口發展的潛力；集裝箱吞吐量、集裝箱吞吐量占貨物吞吐量比例反映了現代化水平，代表港口的技術條件；而發展速度則考察了短期的發展狀況。據此，他對中國沿海主要港口的多個指標進行統計分析，得出沿海港口競爭力排序是：上海，大連，深圳，天津，青島，寧波，廣州以及秦皇島。

本文關注的是在兩岸海運直航背景下沿海港口的競爭力狀況。在文獻綜述的基礎上，我們利用層次分析法，建立了沿海港口對臺直航競爭力評價的指標體

系，透過Expert Choice軟體確定了10個指標的權重，根據《中國港口年鑑2007年》的數據，選擇了大陸的14個沿海港口進行評價，即大連港，天津港，青島港，連雲港港，上海港，寧波港，溫州港，福州港，廈門港，汕頭港，深圳港，廣州港，湛江港以及海口港。採用模糊ISODATA法對以上港口進行系統聚類分析，在此基礎上形成沿海港口對臺直航的4級梯度區類。

三、競爭力評價指標體系與評價值

沿海港口對臺直航競爭力評價的指標體系需要客觀反映沿海港口競爭力的本質和複雜性。本文參照Dong-Wook Song & Ki-Tae Yeo（2004）和康樹春，劉斌（2008）構建的港口競爭力指標，針對沿海港口與臺直航的現實情況，在反覆討論的基礎上，最終確定了沿海港口與臺直航競爭力評價的指標體系（圖表2），各層元素的含義如圖表3所示。

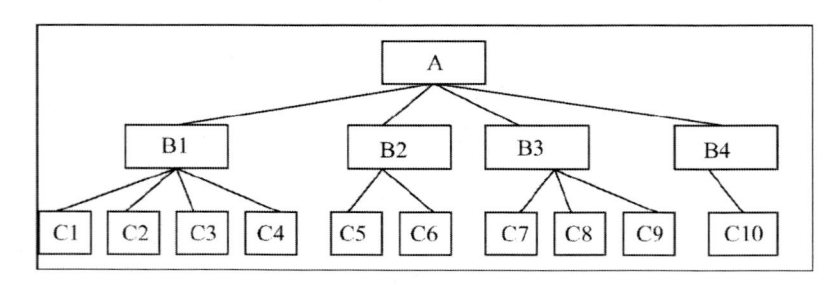

圖表3　沿海港口對臺直航競爭力評價的指標體系

圖表4　沿海港口對臺直航競爭力評價指標含義

A沿海港口與台直航競爭力	B1:港口吞吐量	C1:貨物吞吐量
		C2:貨物吞吐量增長率
		C3:集裝箱吞吐量
		C4:集裝箱吞吐量增長率
	B2:港口設備	C5:泊位總長
		C6:裝卸橋吊數
	B3:港口區位優勢	C7:港口所在城市GDP
		C8:港口所在城市進出口貿易總額
		C9:港口所在城市實際利用外資
	B4:對台優勢	C10:與高雄港的距離

對圖表3所示的層次結構按層次分析法（AHP）用1～9標度構造了4個比較判斷矩陣，對7位專家進行了問卷調查，利用Expert Choice軟體進行分析，得出了10個指標相對與目標層的權重值，並透過了一致性檢驗。

圖表5　沿海港口對臺直航競爭力評價的指標體系的權重

指標	C1	C2	C3	C4	C5	C6	C7	C8	C9	C10
權重	0.0663	0.0843	0.0535	0.0759	0.0607	0.0393	0.0708	0.1803	0.1139	0.255

設X_{ij}表示第i個樣本的第j個指標數據，共有m個樣本，每個樣本有n個指標，在評價計算之前首先對指標數據進行無量綱化，無量綱化後的指標為

$$X'_{ij} = \frac{x_{ij} - x_{j\min}}{x_{j\max} - x_{j\min}} \quad i = 1, 2, \cdots, m; j = 1, 2, \cdots, n$$

其中

$$x_{j\min} = \underset{1 \leq i \leq m}{Min} x_{ij}$$
$$x_{j\max} = \underset{1 \leq i \leq m}{Man} x_{ij} \quad j = 1, 2, \cdots, n$$

則各樣本多指標綜合評價值為

$$y_i = \sum_{j=1}^{n} w_j x'_{ij} \times 100 \quad i = 1, 2, \cdots, m$$

其中w_j為用Expert Choice軟體計算出的各個指標的權重值，乘以100是為了使所有樣本的綜合評價值介於0—100之間。

把每個港口作為一個樣本，根據《中國港口年鑑2007年》的數據，利用圖表5列出的指標權重值計算出的綜合評價值如圖表6所示。

圖表6 沿海港口對臺直航競爭力的評價值

港口	得分	港口	得分
上海港	82.55	青島港	32.11
深圳港	66.59	溫州港	28.00
廣州港	52.88	天津港	27.99
寧波港	45.20	湛江港	25.23
廈門港	41.43	大連港	24.83
福州港	37.77	連雲港港	23.25
汕頭港	33.32	海口港	0.88

四、沿海港口直航競爭力的聚類分析

評價值雖然給出了沿海港口對臺直航競爭力的指數，但是還需要考察各樣本在多指標空間的聚集性，從而進行梯度分區。目前常用的模糊聚類方法有基於模糊等價關係的傳遞閉包法、基於模糊相似關係的直接聚類和基於軟分類空間的ISODATA聚類分析法即迭代自組織分析方法。在前兩類聚類方法中，計算機實現的常用方法是傳遞閉包法，但這種方法有許多不足之處：傳遞閉包法存在「傳遞」偏差，有時候這種偏差的影響是不能忽視的；傳遞閉包法生成的模糊等價矩陣採用λ截積進行水平分類時，其λ值的選取完全是人為的，選擇不同的λ值可能產生不同的分類結果（錢夕元、邵志清，2004）。而模糊ISODATA聚類分析法可有效消除這些不足，它有以下4個優點：（1）可完成從兩類直至每個樣本為一類的系統聚類；（2）聚類結果具有客觀性，因為它與初始劃分矩陣無關；（3）對聚類樣本包含多個指標非常合適；（4）易於編寫計算程序（李新運、張海峰、余錦，1995）。

設共有m個樣本，每個樣本含有n個指標，預定類別數為s， x_{ij}代表無量綱化後的第i個樣本的第j個指標數據，則模糊ISODATA的迭代計算步驟為

Ⅰ 給定迭代誤差限e＞0（如e=0.0001），迭代次數初始值r=0，指數t≥1（如t=2）和初始劃分矩陣為$(u_{ki})_{s \times m}$，劃分矩陣應滿足

$$\sum_{k=1}^{s} u_{ki} = 1 \text{ 和 } \sum_{i=1}^{m} u_{ki} \phi 0$$

Ⅱ 計算聚類中心

$$v_{kj}^{(r)} = \frac{\sum_{i=1}^{m}(u_{ki})^t x_{ij}}{\sum_{i=1}^{m}(u_{ki})^t} \quad k=1,2,\cdots,s; j=1,2,\cdots,n$$

Ⅲ 計算第r+1次疊代的劃分矩陣

$$u_{ki}^{(r+1)} = \frac{1}{\sum_{l=1}^{s} [\sum_{j=1}^{n}(x_{ij}-v_{kj}^{(r)}) / \sum_{j=1}^{n}(x_{ij}-v_{lj}^{(r)})]^{\frac{2}{t-1}}}$$

Ⅳ 若 $\underset{ki}{Max}|u_{ki}^{r+1}-u_{ki}^{(r)}| \pi e$，則停止疊代，轉向Ⅴ；否則轉向Ⅱ，繼續疊代。

Ⅴ $v_{kj}^{(r+1)}$，$u_{ki}^{(r+1)}$就是欲求的各類別的聚類中心和劃分矩陣。若$u_{k_0 j} = \underset{k}{Max}{}^{u_{ki}}$，則第i樣本屬於第$k_0$類，$i = 1, 2, \cdots, m$。

利用ISODATA方法對14個沿海港口採用10個指標進行了從2類到10類的聚類計算，其中分為4類的聚類效果最佳（迭代次數=29次，分類係數F=0.9015，平均模糊熵H=0.0873），聚類分析結果見圖表7。

圖表7　沿海港口直航競爭力聚類分析結果

類別	項目	疊代結果
1	聚類中心	0.0234　0.054307　0.012382　0.042514　0.021551　0.01431　0.013885 0.030202　0.022508　0.20987
	樣本	上海港，深圳港
2	聚類中心	0.0137　0.054471　0.0062317　0.023218　0.012087　0.0060241　0.0086787 0.01673　0.019578　0.11554
	樣本	廣州港，寧波港，廈門港，福州港
3	聚類中心	0.0468　0.0658　0.049823　0.012497　0.056012　0.031696　0.0575 0.17496 0.087566　0.17405
	樣本	汕頭港，青島港，溫州港，天津港，湛江港，大連港，連雲港
4	聚類中心	0.0002　0.00023165　0.00013385　0.00012641　0.0000469　0.0013418 0.00082847　0.0000933　0.006487　0.0005641
	樣本	海口港

五、沿海港口直航競爭力的梯度區類

透過複合分析，根據評價值可以把14個港口分為4個梯度區類，各區所含樣本和聚類結果具有較好的一致性，這說明劃分結果真實地反映了沿海港口與臺直航競爭力的差異性。

第一類港口，包括上海港和深圳港，評價值均在65以上；第二類港口，包括廣州港，寧波港，廈門港以及福州港，評價值37—55之間；第三類港口，包括汕頭港，青島港，溫州港，天津港，湛江港，大連港以及連雲港，綜合評價值20—35之間；第四類港口，海口港，評價值低於1。

綜合評價值和梯度分析表明大陸沿海港口與臺直航競爭力存在著4級不同的梯度，而且不同梯度區域的競爭力差異比較明顯。

附錄　沿海港口與臺灣直航競爭力指標權重的問卷調查

您好，這份問卷是的目的是確定沿海港口與臺直航競爭力評價指標的權重。您所擁有的專業知識對於我們有極高的價值。非常感謝您的積極參與和支持！

沿海港口與臺直航競爭力評價的指標體系

A沿海港口與台直航競爭力	B1：港口吞吐量	C1：貨物吞吐量
		C2：貨物吞吐量增長率
		C3：集裝箱吞吐量
		C4：集裝箱吞吐量增長率
	B2：港口設備	C5：泊位總長
		C6：裝卸橋吊數
	B3：港口區位優勢	C7：港口所在城市GDP
		C8：港口所在城市進出口貿易總額
		C9：港口所在城市實際利用外資
	B4：對台優勢	C10與高雄港的距離

標度說明

標度	定義與說明
1	兩個元素對某個屬性具有同樣重要性
3	兩個元素比較，一元素比另一元素稍微重要
5	兩個元素比較，一元素比另一元素明顯重要
7	兩個元素比較，一元素比另一元素重要得多
9	兩個元素比較，一元素比另一元素極端重要
2, 4, 6, 8	表示需要在上述兩個標準之間折衷時的標度

即1表示兩個元素同樣重要，而數值越大（趨向9）則意味著某一元素比另一元素越加重要。

請您根據您的專業知識對不同的指標進行比較。請在括號中打鉤，並打鉤選中相應的權重數值。

問題1：請比較港口吞吐量和港口設備兩個因素，哪個因素更為重要？重要程度如何？

哪個因素更為重要？港口吞吐量（ ）抑或港口設備（ ）

重要程度如何？① ② ③ ④ ⑤ ⑥ ⑦ ⑧ ⑨

問題2：請比較港口吞吐量和港口區位優勢兩個因素，哪個因素更為重要？重要程度如何？

哪個因素更為重要？港口吞吐量（　）抑或港口區位優勢（　）

重要程度如何？① ② ③ ④ ⑤ ⑥ ⑦ ⑧ ⑨

問題3：請比較港口吞吐量和對臺優勢兩個因素，哪個因素更為重要？重要程度如何？

哪個因素更為重要？港口吞吐量（　）抑或對臺優勢（　）

重要程度如何？① ② ③ ④ ⑤ ⑥ ⑦ ⑧ ⑨

問題4：請比較港口設備和港口區位優勢兩個因素，哪個因素更為重要？重要程度如何？

哪個因素更為重要？港口設備（　）抑或港口區位優勢（　）

重要程度如何？① ② ③ ④ ⑤ ⑥ ⑦ ⑧ ⑨

問題5：請比較港口設備和對臺優勢兩個因素，哪個因素更為重要？重要程度如何？

哪個因素更為重要？港口設備（　）抑或對臺優勢（　）

重要程度如何？① ② ③ ④ ⑤ ⑥ ⑦ ⑧ ⑨

問題6：請比較港口區位優勢和對臺優勢兩個因素，哪個因素更為重要？重要程度如何？

哪個因素更為重要？港口區位優勢（　）抑或對臺優勢（　）

重要程度如何？① ② ③ ④ ⑤ ⑥ ⑦ ⑧ ⑨

問題7：請比較貨物吞吐量和貨物吞吐量增長率兩個因素，哪個因素更為重要？重要程度如何？

哪個因素更為重要？貨物吞吐量（　）抑或貨物吞吐量增長率（　）

重要程度如何？① ② ③ ④ ⑤ ⑥ ⑦ ⑧ ⑨

問題8：請比較貨物吞吐量和集裝箱吞吐量兩個因素，哪個因素更為重要？重要程度如何？

哪個因素更為重要？貨物吞吐量（ ）抑或集裝箱吞吐量（ ）

重要程度如何？① ② ③ ④ ⑤ ⑥ ⑦ ⑧ ⑨

問題9：請比較貨物吞吐量和集裝箱吞吐量增長率兩個因素，哪個因素更為重要？重要程度如何？

哪個因素更為重要？貨物吞吐量（ ）抑或集裝箱吞吐量增長率（ ）

重要程度如何？① ② ③ ④ ⑤ ⑥ ⑦ ⑧ ⑨

問題10：請比較貨物吞吐量增長率和集裝箱吞吐量兩個因素，哪個因素更為重要？重要程度如何？

哪個因素更為重要？貨物吞吐量增長率（ ）抑或集裝箱吞吐量（ ）

重要程度如何？① ② ③ ④ ⑤ ⑥ ⑦ ⑧ ⑨

問題11：請比較貨物吞吐量增長率和集裝箱吞吐量增長率兩個因素，哪個因素更為重要？重要程度如何？

哪個因素更為重要？貨物吞吐量增長率（ ）抑或集裝箱吞吐量增長率（ ）

重要程度如何？① ② ③ ④ ⑤ ⑥ ⑦ ⑧ ⑨

問題12：請比較集裝箱吞吐量和集裝箱吞吐量增長率兩個因素，哪個因素更為重要？重要程度如何？

哪個因素更為重要？集裝箱吞吐量（ ）抑或集裝箱吞吐量增長率（ ）

重要程度如何？① ② ③ ④ ⑤ ⑥ ⑦ ⑧ ⑨

問題13：請比較泊位總長和裝卸橋吊數兩個因素，哪個因素更為重要？重要程度如何？

哪個因素更為重要？泊位總長（　）抑或裝卸橋吊數（　）

重要程度如何？①　②　③　④　⑤　⑥　⑦　⑧　⑨

問題14：請比較港口所在城市GDP和港口所在城市進出口貿易總額兩個因素，哪個因素更為重要？重要程度如何？

哪個因素更為重要？港口所在城市GDP（　）抑或進出口貿易總額（　）

重要程度如何？①　②　③　④　⑤　⑥　⑦　⑧　⑨

問題15：請比較港口所在城市GDP和港口所在城市實際利用外資兩個因素，哪個因素更為重要？重要程度如何？

哪個因素更為重要？港口所在城市GDP（　）抑或實際利用外資（　）

重要程度如何？①　②　③　④　⑤　⑥　⑦　⑧　⑨

問題16：請比較港口所在城市進出口貿易總額和港口所在城市實際利用外資兩個因素，哪個因素更為重要？重要程度如何？

哪個因素更為重要？港口所在城市進出口貿易總額（　）抑或實際利用外資（　）

重要程度如何？①　②　③　④　⑤　⑥　⑦　⑧　⑨

臺灣高科技產業回顧與兩岸合作的前瞻思考

詹文男

一、前言

自1979年臺灣透過實施「科技發展方案」、1980年新竹科學工業園區啟用,全力推動高科技產業至今已逾30年。一路走來,在政府的指導方針及民間的企業活力帶動下,臺灣高科技產業交出了一張漂亮的成績單。不管是早期發展的積體電路產業及電腦及週邊產業,抑或後期的光電產業,臺灣都在世界市場上扮演著舉足輕重的角色。

究竟是怎樣的契機讓臺灣有機會在全球舞臺上發光?是怎樣的努力讓臺灣的廠商在高科技產業上扶搖而上?面對後金融海嘯時代的市場變化,二岸情勢的緩和,亞勢力的崛起,如何透過兩岸的攜手合作,拓展全球市場,共創雙贏,是本文探索的重點。

二、臺灣高科技產業回顧

(一)第一個十年——奠基與啟航(1981—1990)

1970年代的臺灣產業發展是以勞力密集的輕工業為主的產業結構,外銷主

力如紡織、玩具及雨傘等等品項,而這些輕工業也的確為臺灣產業的發展奠定了厚實的基礎。

不過由於國際能源價格長期上漲,世界經濟成長減緩,保護主義盛行,加上其他開發中國家與中國大陸積極發展勞力密集型的輕工業,臺灣過去創造經濟發展奇蹟的外在環境有了重大的改變,產業成長逐漸面臨瓶頸。為了維持1981—1990的十年經建計畫8%的成長目標,產業結構勢必有所調整。

而為了進行產業的提升與改造,政府決定全力推動高科技產業的發展,並同時進行許多措施,希望能夠為高科技產業的發展奠定良好的基礎。這些舉措包括:行政院院會透過實施「科技發展方案」,推動八大重點科技技術、建立新竹科學園區、提供產業租稅優惠、成立工研院與資策會協助產業發展、透過吸引海外人才及島內大學源源供應充沛且質優的人才,及推動科技專案的發展等等。也因為有了這些優良的基礎環境與競爭資源,臺灣廠商才能夠無後顧之憂的不斷勇往向前,並占領了許多重要的產業灘頭堡。

地利、人和及天時的掌握

從產業成長及組成的角度來看,臺灣高科技產業在第一個十年主要是以個人電腦及周邊產業開始領頭發展。產業之所以能夠順利啟航,除了前述提到的地利人和之外,天時的把握也是關鍵。1980年前後,臺灣廠商僅從事微處理機零組件及終端機的裝配,但產值仍低,出口也少。當時的出口的電子產品主力為電子遊樂器,外銷金額達2億美元。由於電子遊樂器技術原理與電動玩具相同,因此也被大量製造在國內銷售,而引發許多社會問題,導致政府下令嚴禁。

「生物自然會找尋其自己的出路」,1981年臺灣政府全面禁絕電動玩具之後,部分的電動玩具製造商,為不使工廠閒置與停頓,轉而投入技術原理亦相似的微電腦產業,研究開發當時個人電腦產品中居世界領導地位的APPLEII相容電腦產品。由於這些電動玩具廠商的加入,頓時使臺灣微電腦產業的陣容,由原先的十餘家,倍數增長為1983年的100餘家,成為當時極為熱門的產業之一。但也因產業太成功,引發了許多智財權的爭議,甚至引來跨海的訴訟。之後長達好幾年,臺灣一些廠商與APPLE之間的仿冒糾紛仍舊無法平息。

除了研製與蘋果二號相容機器的廠商之外，在此同時，臺灣有一些廠商則採取另一種策略致力於微電腦產品的開發與市場的開拓，其中最具代表性的廠商之一，即是以自有品牌為主的宏碁電腦。

1981年還發生了一件對臺灣個人電腦產業影響深遠的事件，那就是IBM發表了全世界第一部商用個人電腦5150。由於IBM的全球個人電腦採開放式架構，此開放式架構帶動了PC產業的發展，也直接讓臺灣廠商在技術障礙較低的狀況下，踏過PC生產製造的門檻，臺灣廠商得以有機會參與市場競爭，奠定日後成為全球電腦生產大國的基礎。

IBM 5150的原始設計包括了鍵盤、印表機、監視器、軟碟機與記憶體等電腦周邊的標準產品，更讓臺灣日後獲得了包括監視器、主機板、鍵盤、音效卡、滑鼠、掌上型掃描器、視訊卡等多十多項世界第一的產品。時至今日，無論何種廠牌，仍是沿用當初IBM所制定的基本規格及架構。

全球領先的生產製造能力

IBM相容PC不僅提供臺灣廠商新的機會，也讓一些廠商從Apple智財爭議的泥淖中有了轉進的方向。1983年臺灣開發出第一部IBM PC相容產品，自此臺灣電腦產業開始順利啟航。在營運模式方面，一部份廠商走自有品牌，如宏碁，而大部份的廠商則採取代工模式（OEM）接單生產。隨著國外市場需求大增，臺灣個人電腦產品出口值大幅成長，而其所搭配的週邊產業，如監視器、鍵盤、滑鼠、電源供應器等產品也跟著不斷成長。

由於過去的一些加工出口工業的基礎，臺灣原本就建立了良好的零組件工程設計及生產製造基礎能力。加上政府對資訊工業的支援，廠商得以無後顧之憂的全力衝刺。也隨著製造經驗的豐富與深化，以及在OEM委託客戶的全球市場水準的高品質要求下，建立了世界級的製造生產能力。

除了優異的生產製造能力之外，臺灣個人電腦產業的廠商也逐漸體認研發設計的重要，不斷的投入相關的資源，希望能從OEM的接單模式提升至ODM，在這十年產業發展過程中，在研發領域也有不錯的表現。

例如1986年全友公司宣布開發成功32位元80386微電腦開發系統MI-CR-32/80386，為全世界第一家宣布開發成功的廠商，顯示臺灣微電腦開發系統技術已屬世界領導地位。同年佳佳科技公司生產之16位元個人電腦ARC 286 Turbo，在美國大學一項電腦功能測試中，擊敗其他十二家世界名牌，被選為最佳AT級相容電腦。1989年宏碁電腦宣布推出與IBM PS/2 M80相容之MCA架構。在週邊產品方面，1986年全友發展出全球第一臺MS-200饋紙式黑白影像掃描器。1989年鴻友科技公司完成世界第一部128mm掌上型影像掃描器、世界第一部800dpi之掌上型影像掃描器。

而為了掌握筆記型電腦的商機，提昇產業技術水準，工研院電子所與電工器材公會於1990年發起「筆記本型電腦共同機種開發計劃」，有46家廠商參與該計劃。而這個計畫也是促成臺灣筆記型電腦產業在世界市場能夠不斷開疆闢土的重要關鍵之一。

第一個十年，臺灣高科技產業在個人電腦產業的帶動下，為後續的積體電路產業及光電產業從下游面打下良好的根基。根據資策會MIC的統計資料顯示，1980年臺灣以個人電腦產業為主的資訊硬體產業的產值不到1億美元，1990年產值已超過61億美元，十年之間約60幾倍的成長，臺灣已成為世界重要供應地，資訊硬體產值世界排名第8。

（二）第二個十年——成長與茁壯（1991—2000）

臺灣個人電腦及周邊產業在全球市場需求不斷擴增，國際大廠積極尋求低成本製造來源的挹注下持續成長。營運模式雖大部分仍以代工為主，但多已提升至ODM的層次。過去國際大廠來臺灣多是尋找製造夥伴，但這段時期來臺進行技術合作的廠商也逐漸增加。此段期間也由於國內生產成本逐漸提高，部份不具競爭力之產品開始移至東南亞國家及大陸生產。也由於海外生產日趨重要，跨國生產調配成為競爭關鍵。

全球運籌管理能耐的建立

此外，伴隨著與國際廠商合作關係愈趨緊密，臺灣高科技產業的核心競爭力也逐漸從優異的生產製造能力，擴增至供應鏈管理與全球運籌能力，舉例而言過

去產品出貨有所謂955的要求，亦即95%的訂單要在5天內送達客戶處，之後進展至982，98%的貨可以在2天內送達客戶要求的地點，甚至有些貨可以做到0024，亦即所有的貨可以在24小時內送達。

也因為建構了這樣有效率的全球運籌管理的能耐，而為臺灣廠商的營運形貌帶來一些轉變。首先，廠商的營運範圍從原本的研發、生產，擴大至全球採購、全球物料管理、跨組織MIS系統的建立，甚至還包括後勤服務系統的設立。而且與零組件供應商、報關代理公司、運輸公司、倉儲公司等策略夥伴的連結更加緊密，無形中也提高了競爭的門檻。

其次，全球運籌式生產體系促使生產廠商承擔的任務增加，也因此人才、設備、資金的投入亦提高，加上設立新據點時的資金需求、物流時間拉長增加庫存跌價風險與廠商利息負擔、跨國投資所產生的法令與文化差異潛伏經營風險……等挑戰，提升了臺灣廠商全球管理及風險對抗的能耐。

最後，也是最重要的是，隨著全球運籌式生產體系的布建，品牌廠商與製造商關係從單純的交易關係變成戰略夥伴關係，而形成新的產業移動障礙。而這也是臺灣個人電腦產業所以能長期領先而屹立不搖的因素之一。至2000年時，臺灣個人電腦及相關周邊產業等資訊硬體全球產值已達470億美元，其中本土境內產值達231億美元，排名世界第4。許多資訊產品（如主機板、筆記型電腦、監視器……）的製造數量占有率居世界第一。同時，也因為追求生產成本的降低及國際布局以服務品牌廠商，島內產值占全球產值的比例在2000年首度低於50%。

而就在臺灣個人電腦及周邊產業不停攻城掠地而躍升成為世界第三大資訊硬體產品生產地之時，臺灣另一項重要的高科技產業——半導體產業也開始嶄露頭角。

半導體產業的建立與發展

事實上，臺灣半導體產業很早就開始發展，1966年由後段的封裝製造切入。1974年在一場早餐會報中，時任RCA普林斯頓實驗室總監潘文淵提出了「積體電路發展草案」，說服了主要財經首長而確立了臺灣積體電路產業的發展方

向。

1976年工研院派出第一批菁英赴美國RCA取經並引進相關技術,為臺灣積體電路產業拉開序幕。1980年聯華電子成立,成為臺灣第一家IDM(Integrated Device Manufacturer)公司;1987年臺灣積體電路公司成立,為全球第一家專業晶圓代工廠。

到了1990年初期,眾多廠商競相設立六吋晶圓廠,島內積體電路產業才開始蓬勃發展起來。亦即晶圓製造廠的陸續成立,不僅帶動設計、封裝、測試等產業之成長,相關產業如晶圓材料、設備、化學品、光罩等也趁勢興起。

1996年全球半導體市場遭受不景氣衝擊,但由於臺灣業者具相當之競爭力,整體半導體產值反而獲有相當幅度的成長。尤其是半導體晶圓代工的領域,在臺積電與聯華電子的領軍下,占有全球六成以上的市場,進而引領半導體產業進入策略聯盟與專業分工的時代。

1997年中臺積電、聯電、華邦、茂矽、德碁、力晶、旺宏、南亞等IC大廠陸續宣布共新臺幣1兆6000億元以上之重大投資計畫,政府也宣布臺南科學園區計劃,當時雖然有不景氣的陰影,部分廠商的投資腳步有減緩之現象。但在1999年下半年景氣逐漸復甦下仍持續進行。這階段許多新廠商的加入,以及原有廠商的產能擴充、購併等行動,對臺灣半導體工業之進一步的發展也產生深遠的影響。

進一步分析,2000年時臺灣IC製造業共計16家,前十大廠商包括臺積電、聯電集團、華邦、茂矽、茂德、旺宏、世界先進、力晶、德基、南亞等。臺灣IC製造業可說是整個IC工業的核心,其發展直接影響上、下游相關產業。而隨著臺灣IC製造業的快速發展,大陸IC設計業、封裝廠、專業測試公司、矽晶圓材料業、光罩業等亦均有明顯快速的成長。

而在矽晶圓材料方面,1996年以前,臺灣IC製造業所需要之矽晶圓材料百分之百完全由國外進口,一年的進口金額達新臺幣60億元左右,進口來源以日本為首。1997年以後,中鋼與美國休斯電子材料公司合資的中德電子開始供應中國IC製造業所需之八吋矽晶圓材料,到了2000年臺灣矽晶圓材料的自給率已

達52%。而隨著中德電子及臺灣信越、臺灣小松產能逐漸擴大,大陸自給率大幅提昇,使得臺灣IC工業產業結構更趨於完整。

臺灣IC製造業的業務型態分為自有產品業務與代工業務兩類,並未經營自有品牌產品。由於臺灣廠商無法產製微處理器,再加上邏輯產品多樣少量之特性,因此占有全球半導體市場規模二成左右之記憶體產品,變成為臺灣IC製造業自有產品業務之最佳選擇。

不過,由於IC晶圓廠設備投資大,八吋廠的投資金額動輒十億美元以上,十二吋廠更高達三十億美元左右,龐大的投資金額以及有增無減的市場風險,使得全球主要整合元件製造商對於投資新建晶圓廠的腳步減緩,臺灣IC製造的產業也愈趨顯的重要。但也因缺乏技術及自有品牌,不僅每年需支付不少的權利金,在市場不景氣時,也面臨極大的風險。

在IC設計方面,其為半導體產業的最上游,主要靠自行研發或接受客戶委託推出新產品,以IC產品研發及行銷為主要工作。IC設計完成後,將生產交由專注製程技術研發的專業晶圓代工廠製造,因此IC設計業廠商不需在製程技術上費心,也無須負擔龐大的製造設備折舊費用。但為取得穩定的產能,IC設計廠商需與下游製造廠取得長期穩定的合作關係。由於臺灣晶圓代工、封裝和測試等下游產業的完整及就近支援,2000年臺灣IC設計業已成為僅次於美國的第二大生產地。前十大IC設計公司包括威盛、矽統、聯發、凌陽、揚智、盛群、矽成、瑞昱、聯詠、義隆等。

在IC封裝及測試產業方面,封裝業在臺灣本來即頗具規模。在1990年之前一直是臺灣IC工業最大的主力,直到1993年才被IC製造業所取代,臺灣IC封裝業臺灣除了外資封裝廠只單純承接母廠訂單外,2000年計有44家國資業者,前五大廠商分別為日月光、矽品、華泰、日月欣、超豐,市場占有率高達75%。產值亦居全球第一。在測試產業方面,2000年臺灣IC測試廠家則有37家,產值約為328億元,前五大IC測試業廠商分別為福雷、南茂、聯測、晶元、矽品等,合計占總產值之62%。

至2000年底,臺灣半導體產業在政府及廠商合作努力下,總產值已達新臺

幣7144億元，較1999年成長68.7%，其中IC設計產值為1152億元，次於美國居全球第四位，年成長率為55.3%；IC製造業為4686億元，次於美、日、韓，居全球第四位，但若以專業製造代工而言，則為世界第一；IC封裝業為978億元，年成長率48.4%；IC測試業為328億元，年成長率為77.3%。而就半導體工業的組成來觀察，以IC製造業占半導體產業產值最高，約66%；IC設計業次之，占16%；封測則占18%。

（三）第三個十年——飛躍與轉型（2001—2010）

臺灣高科技產業的發展，是從電腦及周邊產業開始萌芽，擴及至網路通訊產業，之後逐漸往上游半導體產業深根，最終成品的零組件自給率不斷提升。但在個人電腦市場逐漸往液晶顯示器及筆記型電腦發展的1990中期，液晶顯示面板成為左右競爭力的關鍵零組件，但當時的臺灣則缺乏這方面的產業實力。

臺灣平面顯示器產業發展歷程可以追溯到1976年敬業電子自美國休斯公司引進TN-LCD組裝技術。1985年日商臺灣愛普生設立STN-LCD後段組裝工廠，也建立了一些產業基礎。

產業發展史里程碑的建立

90年代中期雖然已經有元太及聯友等廠商開始進行生產，但技術仍缺乏市場競爭力。這樣的情境，一直到1997年金融危機爆發才開始出現轉機。日本大廠在金融危機衝擊下受傷不輕，已無資金進行擴廠，因此不得不選擇釋放技術與臺灣進行合作。當時的中華映管與日本三菱電機；達碁與日本IBM；廣輝與日本夏普；瀚宇彩晶與日本日立進行合作。在日本廠商技術支援及槓桿臺灣原有之優異製造及學習能力，臺灣液晶面板產業自此快速飛躍，並帶動上游配套零組件的大量投資。

臺灣這些液晶廠商加入戰局後，市場供需不平衡之狀況獲得一定程度的抒解，但競爭也愈趨激烈。2000年網際網路泡沫發生，電腦市場大幅衰退，過去支援產業發展的資本市場大不如前，臺灣液晶產業面臨嚴酷的考驗。為了提升市場競爭力，達碁與聯友在2001年3月宣布合併，一躍成為全球第三大液晶面板廠。另一家廠商奇美在同一年也購併了日本IBM的生產線，成為臺灣第二大液晶

面板廠，開始在世界市場嶄露頭角。

也由於液晶顯示產業的重要，2001年8月行政院第11次電子、資訊與電信策略會議（SRB）將平面顯示器列為策略性重點產業。其後並列於2002年行政院所提出的「挑戰2008：六年國家總體建設計畫」中之兩兆雙星計畫其中的一兆產業全力推動，目標是2006年時半導體、影像顯示產業都能達成一兆元之產值。

在「兩兆雙星」計畫之下，政府提出四大政策願景，做為影像顯示產業政策五年的發展目標，分別為「推動臺灣成為全球第一大TFT-LCD顯示器供應國」、「構建臺灣成為全世界最主要影像顯示產品研發及製造重鎮」、「2006年影像顯示產業產值達新臺幣一兆三千七百億元以上」、「未來五年民間投資金額達新臺幣三千五百億以上」。

在此願景下，政府積極提供業者相關服務，包括：以「促進產業升級條例」推動產業投資並提供租稅優惠；針對製造所需的水力、電力與土地協助排除投資障礙；整合島內智慧財產權資源協助解決專利權問題，整合各界研發資源發展新產品與技術；建立產、官、學、研相關顯示產業之推動組織，並結合各機構培育產業人才，擴大引進海外高科技人才；並建立上下游完整產業體系，發展臺灣平面顯示器產業聚落，以進一步提升整體競爭力。

2006年，以液晶面板研製為主的臺灣影像顯示產業產值達1.27兆臺幣，雖沒達成政府設定之1.37兆臺幣之目標，但其上下游產業之完整，直接僱用的臺灣員工超過四萬人，已成為臺灣僅次於半導體的重量級產業。不過，正如同友達李焜耀董事長所言：「臺灣的半導體產業發展已歷時二十多年，才達到兆元規模，液晶顯示產業卻只花了七年就達到相近的規模與足以匹敵的世界級影響力。如此之成就，不但是臺灣產業史上前所未見，也可能是世界產業史上的唯一。」

創新設計能力的提升

而在半導體產業方面，在兩兆雙星的政策推動下，也不斷傳出佳績。不僅產業鏈更加完整，產值亦逐年提高，除了製造代工仍獨領風騷之外，IC設計業更是有長足的進展，在手機晶片、液晶面板驅動IC的帶動下，成長迅速。根據統計，2007年半導體產業產值達1兆4千7百億臺幣。

2008雖因金融海嘯影響而衰退,但產值亦超過1.3兆,其中IC製造占49%,IC設計產值占27%。(2000年時IC設計產值僅占半導體產業產值的16%)。主要的IC設計廠商包括聯發科、聯詠、奇景光電、群聯電子及瑞昱半導體等。值得一提的是聯發科,其手機晶片在山寨手機風行的帶動下,營業額成長驚人。

2008年末的金融海嘯,半導體業亦無法置身事外。臺灣廠商多以裁員,減薪及無薪假來因應。渡過了2009年低潮之後,市場逐漸恢覆甦力道,廠商產能利用率逐漸提升,半導體廠商亦開始招聘新人。

在兩兆產業不斷的提升之際,臺灣個人電腦及周邊產業也開始產生一些變化。由於生產成本逐漸高漲,市場競爭又朝向低價化發展,迫使臺灣資訊硬體廠商將工廠往大陸遷移,臺灣成為多數廠商全球的營運總部及研發中心。廠商的核心競爭力從過去優異的製造、全球供應鏈管理,更進一步提升至創新/設計能力。許多廠商設計的資訊產品更是屢屢在國際設計大賽中獲獎。

在營運模式方面,由於組織發展的需要,許多廠商開始進行品牌與代工的分割。例如2000年宏碁進行企業改造,將集團分割為宏碁、明基及緯創三家公司。改造初期雖經歷陣痛,但也如浴火中的鳳凰,都有不錯的成績展現。

宏碁的個人電腦事業併購了Packard Bell及Gateway兩家電腦公司,向世界第一挺進;明基推出自有品牌BenQ,在發展過程中,為了迅速跨足手機市場,併購了西門子的手機部門,跌了一大跤,但也逐漸復原;緯創的代工事業亦在與許多國際領導公司的合作下迭有佳績。而華碩亦在2008年初將品牌與代工分割成為華碩與和碩。相對於影像顯示產業及半導體產業的重創,個人電腦及周邊產業相對受傷較輕,全球產值約達1100億美元。

三、後金融海嘯時代的市場變化

面對未來,除了記取過去失敗的教訓以及成功的經驗之外,更需要掌握全球市場變化的脈動以調整腳步,尤其金融海嘯後市場丕變,如何迎接挑戰是二岸高

科技產業現階段所必須面對的課題。根據分析，全球總體環境的變化中，以下是重要的議題：

（一）人口結構的改變

人口結構改變是市場改變的主要因素與動力。分析其中主要的變化包括：全球人口持續成長、高齡化社會的來臨、少子化的趨勢，以及移民向都市移動等。

以人口成長為例，雖然我們常聽到少子化可能帶來人口減少的問題，但仔細分析，這少子化的趨勢主要發生在已開發國家，新興國家的人口仍在持續成長。根據聯合國的統計資料顯示，2005年全球人口為65億，預計至2015年時全球人口將到達72億，這將帶來巨大的食衣住行育樂的基本市場需求；又如高齡化的社會的成型，帶來一些新的商機，如老人對健康管理的需要，疾病防治（生化、基因及仿生醫療）、抗老化市場（如整型、健康食品）、孤寂排遣（如即時通訊、機器寵物的需要）等；而老人安養亦是重要的議題，這包括遠距醫療、居家看護及生命產業（喪葬祭祀服務）的市場等。

（二）全球化的風潮

全球化是總體環境中另一個劇烈影響產業變化的關鍵因子。從產業發展的角度來看整個經濟活動的變化發現，全球化讓傳統國界對經濟分割和遮蔽作用逐漸弱化，也帶動了資金的快速移動，且有越來越多人才擺脫地域的限制，在世界各地遷徙移動。此外，研發也開始邁向全球化。各先進國家為了搶奪新興國家的高級人力，在過去幾年不斷的新興市場積極布局。此一同時，人才流向具發展性國家的現象也愈趨嚴重，工作機會多、報酬和生活條件好的國家，對跨國流動人才具有很強的吸引力，這是個無法避免的趨勢，也是個必須嚴肅面對的課題。

（三）網路化的世界

過去幾年大家多以為網際網路是個泡沫或不切實際的想像，但數字的變化提醒我們，網路已是個真實、而且已成熟為一個巨大的市場。以資訊電子產業為例，其商機包括網路基礎的建設與設備，這些設備的需求將帶動上下游產業的蓬勃發展。在基礎建設完善之後，即可提供相關的服務，這些服務都需要有認證、

結帳、保全、隱私權、著作權管理等機制，並需確保這些內容的可接近性，讓內容能進一步延伸到網路電子產品上，例如網際網路家電、網際網路汽車、網際網路住宅、網際網路辦公室、網際網路城市……，這是一個可以無限延伸的市場。根據日本總務省的調查指出，網路化所帶動之無所不在的市場商機在2010年可達7000億新臺幣的規模，而其所衍生出來的經濟效應，更超過1兆美元。

（四）跨領域技術的融合

所謂跨領域技術意指整合兩種或多種領域技術。根據研究，在未來的十年間，科技的創新將主要來自多領域技術整合的突破，而非單一技術本身。以近年在日本風行之數位相機防手震功能為例，防手震功能的關鍵要素有二：其一為泛用於交通工具之角（速）度感測用之陀螺儀；其二則是能將陀螺儀的應用細密而精準地整合進入數位相機的微機電技術。這樣的整合讓日本Panasonic從產業後進者之劣勢中，在數位相機領域異軍突起。

（五）環保與綠色製造的趨勢

雖然環保要求日趨嚴峻，但從正面思考，它也提供中國產品發展的新方向及新的區隔化基礎。以往臺灣資訊產品大多以價格取勝，所得利潤相對較低，綠色產品的興起除可提供廠商新的方向外，更可提昇產品的附加價值，擺脫價格競爭的惡性循環。尤其更可藉此提升產業及臺灣整體形象，臺灣一向以環保不力遭到國際社會的詬病，若能藉此產品的推展扭轉形象，不僅可提昇我資訊產業的世界地位，對於臺灣整體形象的改觀史將有莫大的助益。環境永續發展為不可抑遏之潮流，推動廢棄物資源化以促進資源有效運用為產業發展之重要環節，更是企業創造效益，塑造形象的基礎。因此如何使資源有效再生、循環使用於產業製造生產與消費使用，建立產業共生之生態體系，是各產業發展之重要關鍵。

（六）資源效能提升的需求

資源的爭奪自古為戰爭的終極原因，未來有可能成為衝突焦點的資源，分別為水、石油與糧食。以水資源為例，由於地球持續暖化造成氣候異常，過去不缺水的國家，也開始感受到水資源不再是廉價與理所當然的來源，復以水的價值也會因為應用的不同，產生極大的差異，人們將開始深入思考如何分配水源（農工

產業用水合理性的評估、水源管理），以達到人類發展的最大效益。也因為如此，水資源的養護（如清潔集水、水處理、水庫養護、汙染防治、水土保育、地下水／溫泉抽取限制……等）與高值化水產業（飲用、保養水加工分級……等）將興起，成為下一個十年的重點。而汙水回收處理與淨化技術的發展，亦為重要議題。

四、兩岸合作的前瞻思考

2009年2月18日，大陸國務院總理溫家寶主持召開國務院常務會議，審議並原則透過電子訊息產業調整振興規劃，主要三大重點任務包括：

1.完善產業體系，確保骨幹產業（關鍵產業）穩定增長，著重增強電腦產業競爭力，加快電子元器件（零組件）產品升級，推進視聽產業數位化轉型；2.立足自主創新，突破關鍵技術，著重建立自主可控的積體電路產業體系，突破新型顯示產業發展瓶頸，提高軟體產業自主發展能力；3.以應用帶動發展，大力推動業務創新和服務模式創新，強化資訊技術在經濟社會各領域的運用，著重在通信設備、資訊服務和資訊技術應用等領域培育新的增長點。

也揭諸了五項措施，包括1.落實內需帶動，拓展電子資訊產品應用和產業發展空間。2.加大投資，集中力量實施積體電路升級、新型顯示和彩電工業轉型、第三代移動通信產業新跨越、數位電視推廣、電腦提升和下一代網路應用、軟體及資訊服務培育六大工程，鼓勵引導社會資金投向電子資訊產業。3.強化自主創新能力建設。加快實施相關國家科技重大專項，支持優勢企業兼併重組，完善公共技術服務平臺。4.促進發展服務外包，支援企業「走出去」，建立研發、生產基地和行銷網路。5.加強政策扶持。加大鼓勵軟體和積體電路產業發展政策實施力度；落實數位電視產業政策，推進「三網融合」；調整高新技術企業認定目錄和標準；繼續保持電子資訊產品出口退稅力度，進一步發揮出口信貸和信用保險的支持作用。

而面向新的市場環境，臺灣行政院長亦宣示未來的施政重點在於提振民間投資；鼓勵民間參與「愛臺12建設」、投資三大都會區交通場站開發、觀光服務設施等；亦將積極落實產業再造：積極發展生物科技、觀光、綠色能源、健康照

護、精緻農業、文化創意等六大新興產業；推動WiMAX、雲端運算中心、電子商務、電子書、智慧型電動車、智慧化綠建築等新興資通訊產業發展；促進產業結構調整，促成產品多元化、品牌化及關鍵技術取得，並協助市場行銷。加強全球連結：推動洽簽「兩岸經濟合作架構協議（ECFA）」，並透過相關輔導與支援措施，協助相關產業轉型升級；推動兩岸搭橋計劃；強力拓展印度、俄羅斯、巴西、中東等新興市場商機等。

就二岸政策重點與產業發展來觀察，都希望能夠自主創新調結構，如何合作共創雙贏，應是可以思考的方向。建議可以在新興具市場潛力之領域，如電子書及資訊服務方面思考合作的策略：

電子書：

方向一，合作制定標準，拓展孔夫子商機。例如藉由華文學習風潮，制定華文學習市場的電子書（或電子書包）標準，將「中國製造」提昇至「中國標準」，開展兩岸產業進軍全球市場的新格局。

方向二，強化產業供應鏈體系，擴大內需市場，降低數位落差。例如結合兩岸關鍵零組件、材料、量產能力、銷售通路及政策，促進內容及服務的發展，並進一步降低數位落差。

方向三，共同投入先進材料技術發展，掌握次世代產品規格。例如共同發展如電子紙，可撓式面版等次世代技術，主導產品走勢，並藉此帶動如數位內容等周邊產業。

資訊服務：

方向一：建立兩岸資訊服務產業供應鏈體系，一起『走出去』。例如大陸在委外服務或軟體開發方面具成為全球服務外包中心的潛力，並擁有大量軟體工程與資訊管理人才，為軟體工廠之優選基地；臺灣具多年產業領域資訊應用與導入經驗，軟體及系統架構相對熟練，硬體研發與製造優勢可配合軟體及服務系統形成多元化解決方案。可以考慮合作建立解決方案應用試點，共同爭取國際離岸外包訂單，促使國際企業由印度轉向大中華區發包（如金融、醫療、資訊等）。

方向二：攜手透過軟體加值與資訊化的應用以調結構、擴內需及保增長。可以考慮透過二岸技術合作，以軟體加值（如嵌入式軟體、數位內容與服務）來提升硬體產品全球市場競爭力，擴大出口，擺脫微利的宿命。尤其臺灣在政府及產業資訊化應用、推廣及數位城市建置方面執行多年，經驗可提供各省市訊息化建設及推動產業訊息化之參考，加速產業結構的調整。此外，e/M/I-Taiwan之推動經驗，促使臺灣成為資通訊科技創新應用與服務模式之實驗場域，兩岸可透過試點合作加速創新服務商品化進程，以擴大內需，並拓展全球市場。

五、結語

過去資通訊產業市場標準制定、技術創新、整合應用，甚至產品發展皆以西方為主導，亞洲國家多扮演價值鏈中之生產製造之角色，不僅無法主導市場發展，附加價值亦偏低。而未來新興市場將蓬勃發展，區域化的整合應用將帶動新一波的技術創新，產生龐大的商機。臺灣擁有優異之技術研發、工程設計、快速商品化及全球整合運籌能力，大陸則具有基礎科學、工業體系完整及自然資源和人力資源豐富等優勢，加以內需市場龐大，建議雙方應以兩岸市場為基石，研擬二岸互利之市場戰略，共同進軍全球市場，以掌握商機，並共同達成二岸調整改造和優化產業結構的目標。

臺灣漁業經濟發展與展望

莊慶達

一、臺灣漁業的角色與貢獻

臺灣漁業發展因具有天然的優越條件,目前臺灣漁船遍布全球,漁業活動早已達世界級的規模,根據聯合國糧農組織(FAO)資料顯示,近十年臺灣漁產量都高居世界前二十名,其中遠洋漁業更高居世界第四位,同時產品外銷也居世界水產品貿易前十名。這些事實說明臺灣在漁業經營上有很高的競爭力。整體而言,臺灣的漁業經營可分為以下四大類:

遠洋漁業:指在臺灣200浬外的海域作業,主要作業漁法包括鮪延繩釣漁業、鰹鮪圍網漁業、拖網漁業、魷釣漁業、和秋刀魚火誘網漁業。

近海漁業:指在離岸12至200浬內經濟海域作業的漁船,主要作業漁法包括有中小型拖網、鯖鰺圍網、鮪延繩釣、鯛及雜魚延繩釣、火誘網、流刺網、一支釣等。

沿岸漁業:指在12浬以內海域作業的漁業,主要的作業漁法包括有定置網、刺網、魚苗捕撈、和娛樂漁業等。

養殖漁業:有淡水魚塭養殖、海水魚塭養殖及淺海養殖等三大類,總養殖面積約6萬公頃。主要淡水養殖魚類有鰻魚、吳郭魚、鯉魚、淡水大蝦、蜆等。海水養殖主要魚類有虱目魚、草蝦、斑節蝦、石斑魚等;淺海養殖主要有牡蠣、文

蛤和小型鮑魚等,箱網養殖方面的主要養殖類別為鯛類、石斑魚、海鱺等。

臺灣早期漁業發展強調快速增產,由1960年不到30萬公噸,增加到1990年的140萬公噸,年平均成長率5.3%。2002年加入世界貿易組織(WTO)後,開始重視品質提升與價格穩定,產量維持在130萬公噸上下。期間,遠洋漁業生產在1990年代產量約70萬—80萬公噸間變動,占臺灣漁業總產量60%以上。2004年之後,呈現明顯的減產趨勢。近海漁業,在1980和2008年間的產量多維持在20萬—30萬公噸間,沿岸漁業則維持於4萬公噸左右。臺灣的養殖漁業頗為發達,但受限於水土資源,1980年以來幾乎沒有繼續發展,產量也大多維持在20萬至30萬公噸之間。

臺灣漁產品流通方式主要是由南運到北,從漁港和養殖區域運到都市。年漁產總供應量約在80萬至100萬公噸間,以2008年為例,有66.5%漁產量來自南部縣市,12.6%來自東部與東北部,7.5%來自北部地區,12.3%來自中部地區,其他地區占1.6%,主要消費地區則在臺灣的四大都會地區。長期以來,水產品在臺灣農產貿易中一直扮演重要角色,歷年進出口淨值也多能保持著貿易順差。外銷市場主要集中在日本、美國、泰國、香港等地區,平均出口量約45萬—65萬公噸,出口值320億—460億元,每年略有增加。各類出口水產品以冷凍魚類占最多數,占產量的90%與產值的80%,隨著冷凍加工業和漁船冷凍技術的進步,此一趨勢將維持繼續。主要出口漁產品包括有鮪魚、旗魚、鰹魚、魷魚和秋刀魚等遠洋魚貨,以及鰻魚、吳郭魚、虱目魚、石斑魚和蝦類等養殖漁產品。

就生產經濟貢獻而言,臺灣早期漁業發展是以沿近海漁業為主,1950年的漁產量為12萬餘公噸,50餘年來,除發展沿近海漁業外,亦積極拓展養殖漁業及遠洋漁業,其發展成果也受到國際的矚目;至2008年的總漁產量已達134萬餘公噸,產值920億元,另未列入統計之觀賞魚養殖產值約15億—20億餘元,加上漁業相關周邊產業的產值,估計年漁業總生產價值超過1000多億元(200億人民幣以上)。在就業和關聯產業貢獻方面,臺灣早期經濟發展是以農業來支持工業,當時漁產業為民眾主要就業機會選擇和賴以維生的重要行業之一,截至2008年止,漁業從業人數仍約有34萬人。此外,漁產業對於關聯產業如造船、

加工食品等工業的經營亦有高度重要性,漁產業除促進關聯性產業發展之外,在糧食和健康食品的貢獻上,也供應臺灣人民優質的動物性蛋白質,包生鮮水產品與加工製品,並為臺灣賺取巨額的外匯收入。至於漁業其他多元功能方面,則包括在安定漁村經濟與文化傳承的社會貢獻、維護海洋環境的生態貢獻,及海權象徵和海域占有利用的主權貢獻等。近年來,由漁業所延伸出來的休閒服務事業,如娛樂漁業中的海釣船、賞鯨船等,體驗漁業中的漁人碼頭、漁村民宿等,都為漁村帶來不小的經濟貢獻。

二、臺灣的漁業經濟發展概況

漁業是一項從事水產生物資源利用的產業,舉凡經營或管理水產生物之事業,不論漁撈、製造、行銷或養殖均為漁業的研究範圍。凡是與漁業及漁業從業者有關之經濟事務、行為與現象均屬漁業經濟的研究範疇。具體而言,可包括下列四個層面:

人:與漁業生產者、運銷者及消費者相關行為或福利等直接相關者,主要如漁民所得、漁家經濟、漁業就業、漁業經營者及勞動者之行為,運銷商之管理,企業管理等。為由生產者與經營者之行為屬性為出發點的層面。

事:與漁業之生產、流通、消費相關之事務,主要為漁業生產、產業結構與發展等。為有關漁業經濟量、經濟事務變動與其因果相關等之事務層面。

物:與漁產品之供需及其價格變動等相關之事務。為由漁產品之物品屬性為出發點的層面。

地:與漁村社區、漁港及其他周邊地域相關之管理事物,主要內容為漁村社區發展、漁港經濟效益與海岸利用管理等之事務層面。

事實上,漁業經濟發展必須考慮漁業特性,就生產特殊性來看,海洋漁業資源的共有財特性,往往產生漁業生產者的競漁行為,其結果是增加漁獲努力量及

捕獲量，此導致作業成本上升與市場價格下滑，影響漁業生產的平均成本等於平均收益，漁民因而無法獲得經濟利潤之情形。基於上述資源共有財之特性，為維持海洋魚類資源的永續利用，國際社會普遍訂定各種管理公約，各國對其漁業資源亦無不進行各種管制措施。其中海洋生態標籤（Marine Eco-labeling）已成為業者重視海洋生物多樣性與生態保育的重要議題之一，這項管理機制是希望在維持漁業生產力與經濟價值的同時，亦能提供作為改進海洋生物多樣性與生態保育的契機。雖然有關漁業生態標籤可能造成之經濟衝擊、不同標準與驗證方法對漁產品市場影響、及不同利益關係人間如何協同運作等議題仍在討論之中，但在亞洲國家之中，日本已建立「日本海洋生態標籤（MEL Japan）」，並有多項產品透過認證；中國大陸在舟山、大連已有加工業者透過MSC、CoC驗證，並將產品出口至歐美國家通路（如Wal-Mart）。臺灣在漁業環境影響評估、漁業風險評估、漁場／漁船／漁民管理制度及漁場的排他性的相關研究或統計資料尚未符合MSC要求，不過東港櫻花蝦產業大致符合MSC的要求，亦是臺灣政府正考慮可以輔導的重點。

此外就資源與環境觀點而言，魚類生物具有一定再生能力，若能合理有效利用，將能生生不息。就經濟學的觀點，若將魚類資源量視為人類可利用的財貨，往往亦須考慮金錢的時間價值，亦即在考慮財貨價值的時間折扣率後，資源長期使用的總合經濟價值應由魚類永續性經營的總合價值來衡量。因此如何控制捕獲量，使產值最大，又能使魚類資源永不枯竭，成為漁業經濟發展上的重要目標。此外，漁撈產量受自然因素影響甚大，其成本與受益充滿著不確定，是屬高度風險的產業。特別是遠洋漁業作業受制於國際規範與兩國約定，漁業的國際事務也因而非常複雜。有關海洋漁業資源的利用，各國的政治干預甚多，因此漁業糾紛亦不斷。至於在產業特性與會性方面，目前漁產業雖已提升至二級加工製造業或三及休閒服務業，但多數漁業經營仍屬於初級產業，漁民家庭產業性質甚高，因此漁村經濟及漁民所得問題成為有關當局所重視的焦點。

臺灣漁業發展歷史悠久，為因應加入WTO及知識經濟發展，近年來漁業經濟發展特別顯得重要。2002年臺灣漁業經濟發展協會正式成立，其宗旨為研究漁業經濟議研題，促進臺灣漁業經濟發展、繁榮漁村經濟及增進漁民福祉。會員包

括產官學界,協會之業務範圍涵蓋:1.與漁業(漁民)團體合作辦理漁村經濟與社區服務之事項;2.協助業者提昇經營管理知能以促進臺灣漁業之永續發展3.提供政府漁業管理政策之建議與興革事項;4.發行刊物,流通漁業經濟資訊,聯繫會友動態;5.舉辦座談及研討會議,促進產官學之多元交流;6.蒐集內外部漁業經濟資訊,供會員參考;7.接受委託辦理有關漁業經濟發展之調查、研究、規劃及推廣活動;8.其他有關漁業經濟、漁村社區發展與漁民福祉事項。協助完成之計畫項目有漁船用油優惠措施及查核機制研究、魚貨直銷中心評鑑及管理制度研究、臺灣沿近海與養殖漁家經濟調查、漁港工程技術及經營管理研究、建構優質安全漁產品產銷履歷系統、影響水產品產銷履歷體系相關規範及對策評估研究、產銷履歷追溯條碼系統示範推廣、農業科技成果技術包裝與加值、推動養殖水產品上市前安全管理措施、推動優良水產養殖場認證體系、建立養殖水產品產銷履歷制度、強化臺灣產漁產品市場行銷能力、臺灣漁家經濟調查計畫、強化養殖水產品產銷履歷管理機制、提昇養殖水產品品質衛生計畫、推動優良水產養殖場認證體系、農業科技成果技術包裝與加值、影響水產品產銷履歷體系相關規範及對策評估研究、漁港工程技術及經營管理研究等。上述研究成果都間直接地協助提高漁產業的附加價值,未來更希望結合新科技與企業化經營理念,以改善漁業的產業價值鏈。

三、漁會組織在臺灣漁業經濟發展上的定位

臺灣漁會組織長期扮演政府與漁民間的溝通橋樑,對臺灣漁業經濟發展作出相當貢獻。漁會組織系成立於1919年,至今已有90年的歷史,其間歷經「日據時代」、「光復初期」、「全面改組」及「漁會法修改後」等四個不同階段之多次改組與合併,目前有39個區漁會及1個省漁會。漁會法第一條規定:「漁會以保障漁民權益,提高漁民知識、技能,增加漁民生產效益,改善漁民生活,促進漁業現代化,並謀其發展為宗旨」;漁會法第四條則規定漁會負有十九項任務。漁業由於作業方式較為特殊,漁會又相對多處在較偏遠的海岸或漁村地區,以致

外界人士對漁會組織的瞭解甚少，由漁會宗旨、結構、功能與任務關係來看，顯見漁會一方面是照顧漁民、為漁民謀福利的職業團體，一方面又是肩負達成政府任務的委託單位，因此漁會可算是一個融合行政、經濟、教育、社會等多種功能的團體組織。

臺灣漁會業務經營的種類繁多，包括會務、業務、推廣、供銷、財務、信用及魚市場等，按其性質可分為經濟、金融、服務與推廣事業四大類。經濟事業主要辦理魚市場、共同運銷、漁用資財供應、漁民購物中心、製冰、冷藏、漁船用油與漁用鹽轉售、漁船上架場、觀光魚市、魚貨加工、國軍魚貨副食品供應等。其中以魚市場收入為業務重心，其管理費收入也為漁會重要財源，但近年來因魚貨銳減，業務萎縮，致管理費收入減少。以2006年為例，漁會魚市場交易量總計為43萬3460公噸，總交易金額217億5126萬元，管理費收入4億5894萬元。基本上，近二十五年（1971—2006）漁會經濟事業的收支大致呈穩定成長，唯盈餘相當有限，相較漁業最盛時期呈明顯衰退。漁會金融事業方面，目前40個漁會中有25個漁會獲准成立信用部，不過除高雄、小港、蘇澳與琉球四個漁會信用部成立時間較久外，其餘21漁會信用部皆為1983年7月以後陸續申請營業。1997年亞洲金融風暴後，受金融自由化、經濟景氣低迷、及地方金融發生擠兌的影響，信用部之經營日益艱難，基本上，近二十五年（1971—2006）漁會信用事業的收支情形不太樂觀，不過盈餘已有逐年改善現象。漁會在服務與推廣事業方面，是以提供會員、勞健保業務及漁事、四健、家政推廣為主，服務事業之收入有會員常年會費、勞健保業務手續費、漁業證照換發之代書費用及事業盈餘提撥，政府補助之經費每年達50%以上。近年來，由於政府財政困難，加上不同團體的排擠效應，使得政府補助漁會服務、推廣事業經費已逐年降低，漁會為此也積極開創一些新的會員服務事項以增加收入。

當前漁會正處臺灣內外環境變遷之際，不僅面臨國際間強調實施資源管理型之責任制漁業，也遭逢其它漁業團體的競爭壓力，直間接使得漁會在組織管理與事業經營等方面皆受新的挑戰。今日漁會發展已面臨創新導向的階段，漁會在此階段的創新理念之實踐策略大致如下：

1.培育創新事業之專業人才

　　漁會要朝企業化或發展創新事業經營,其中創新研發能力與人才培育甚為重要。但目前普遍在人才與資金不足的情形下,可藉由外在資源的協助,包括與學術研究單位合作,如尋求各大專院校創新育成中心、漁業推廣委員會、及水產試驗研究所等,以協助其解決問題與找尋利基。此外,政府可與學術研究單位合作,設計一系列的創新研發與經營管理人才講座等辦理導入企業識別體/系之教育講習,以強化漁會經營體質與競爭力。

2.漁會合併且導入企業化經營

　　漁會可藉由合併改造後導入企業經營理念,以日本農協為例,其將組織再造或合併列為關鍵的作法之一,使得1987年擁有之4117個農協,至2005年僅存878家,也因此產生「規模經濟」的實質效益。其實臺灣十多年來都榮獲績優漁會組織的彰化區漁會,其組織的發展亦屬雷同,建議不妨參考內外部的成功經驗,擴大組織經營使資源能夠整合,組織方能永續經營。

3.整合核心資源、提升競爭優勢

　　漁會39個區漁會遍布臺灣各地及眾多分支,可整合龐大的漁港、漁村資源來發展在地文化特色,以發揮資源結盟及規模經濟的統合效益,進而提升其事業經營的競爭優勢;相關整合事項包括推動經濟與金融事業之連鎖化經營,採聯合行銷與採購的方式,或各級漁會就事業經營的項目,按地緣差異性與營業共通性,以自願加盟方式成立漁會聯合經營中心。

4.規劃休閒漁業、建立品牌特色

　　目前漁會發展創新事業中,不同型態的服務事業及休閒漁業成為可能的關鍵項目,包括如民宿、加油站、手工藝品、農地銀行等都是熱門選項,並以體驗型的休閒漁業活動為主軸。漁會可透過將顧客帶到門口消費的模式,再利用加工、品牌建立方式將當地盛產漁獲研發具有特色的產品,或創造具地方文化特色的產業,藉此管道把開發產品作為遊客的伴手禮販售,以增加漁會相關產品的附加價值與知名度,並帶動當地產業與漁村經濟的繁榮。

5.引進官學資源、輔導示範漁會

　　漁會被賦予執行政府多重任務，尤其在開拓創新事業的期待下，又兼顧其非營利私法人本質，也影響今日漁會角色、功能的發揮，加上漁會在政府輔導與經費補助上不如農會體系，為能使漁會在創新事業方面有具體的成效，可先選定北、中、南、東、離島各一個漁會做為輔導重點對象，集中漁會核心資源及政府與外在資源，積極投入協助其發展各項創新事業與地方特色產業，以作為將來各漁會示範學習及參考的標的。

四、當前重要漁業經濟問題與未來方向

　　臺灣隨著內外社會經濟因素的變動，以及加入WTO後的影響，政府對漁業補助受到限制，加上漁產業面臨漁產品貿易自由化、油價高漲、船員老年化、經營成本提高等衝擊，為能強化漁業經營體質及增進漁村社會安定，協助漁業的企業經營與創新事業的確重要，然僅是靠漁會力量是有困難的，更需要民間、產業與政府部門密切結合，才能進行全方位脫胎換骨的龐雜工程。基本上，目前漁業產生各種經營的困難問題，其重要者包括：

　　臺灣漁業勞動人口老化、勞力短缺，漁撈技術傳承及外籍與大陸船員的僱用與管理出現問題。

　　國際原物料與能源價格飆漲，各類漁業別的生產成本高漲，漁業經營相當困難。

　　水產品貿易自由化後，外來漁產品的大量進口，對於本地漁產品造成嚴重的市場衝擊。

　　市場魚價的穩定與季節波動問題，運銷效率的改善及產品衛生安全受質疑問題。

　　沿近海漁撈能力超過資源的負荷能力，海岸的不當開發造成海洋生態遭到汙

染或破壞。

海洋資源利用限制與水土資源的過度使用問題,遠洋漁業受限於國際魚類資源管理,養殖漁業則受限於水土資源。

漁村多位於偏遠地區,基礎建設相對不足,加上漁民所得偏低、就業機會不足、漁村人口老化等,造成城鄉差距。

為因應上述各種困難與問題,當前臺灣政府正努力於振興漁業、活化漁村的工作,至於漁業經濟研究的重要課題如下:

為因應水產品的市場開放,加強重要漁產品的市場經濟分析,調整臺灣的漁業產業結構,並就具有國際競爭力的重要漁業加以重點發展,並輔導其轉業與對外投資。

為因應中國國內船員勞動的嚴重短缺,適度僱用外籍與大陸船員,獎勵海事院校畢業生擔任幹部船員,並就僱用船員的社會安全與管理問題加以重視。

為因應漁民所得的偏低,規劃休閒漁業與漁港多功能的發展,以提高漁業的附加價值,並引進由漁業所延伸的新興產業,透過教育訓練與網際網路來提升漁民知識與經營管理的能力。

為因應漁場與水土資源的限制,強化資源最適使用的管理機制,並篩選具有發展潛力的旗艦產品,配合以社區自主管理與漁業權為基礎的責任制漁業。

關於漁業的未來發展願景,臺灣漁政單位希望在「永續漁業」與「全民漁業」理念下,朝向「優質、安全、休閒、環保、漁民福利」的政策方向。具體內容包括推動優質漁業,營造漁業優良經營環境,發展高經濟價值產業,提昇國際競爭力;加強安全漁業,實施優良漁產品產銷管理體系,保障全民權益;發展休閒漁業,促進沿近海漁業多元化經營,建設休閒漁港,並配合觀光旅遊活動,活絡漁村經濟;強化環保漁業,調整海洋漁業產業規模,養護漁業資源,促進生態和諧;綜合漁業發展,辦理漁船保險補助,漁船用油補貼,增進漁民福祉。至於各別漁業的具體政策措施包括1.遠洋漁業:獎勵汰建新船及適度削減漁獲能力,參與國際漁業組織與活動,擴大國際漁業合作,開發公海資源,推動責任制漁

業,充實漁業勞力;2.沿近海漁業獎勵汰建新船及適度削減漁獲能力,維護漁業秩序,防杜不肖漁民在沿近海地區以電魚、炸魚、毒魚等違規捕魚及非漁業行為,發展休閒漁業,落實漁業權漁業管理制度,發展栽培漁業及資源培育與管理,建立沿岸水域水質監測網;養殖漁業發展科技導向海水養殖業,強化漁民組織,增進新知,提高行銷效率,開拓消費市場。另外,海洋生態標籤的規劃與管理亦是參與國際社會無法避免的責任,隨著臺灣海洋保育意識的發展,政策上如何在海洋保育與資源利用間取得平衡,並重視由下而上的自主性管理,朝形成未來保護區網路系統之連結為目標,以永續享受海洋環境與資源所帶來的多樣化價值、強化漁產品的品質管理與價值,進而提昇臺灣的國際漁業形象,是目前臺灣有關單位重視的課題。

五、全球金融海嘯下的農業新思維

　　2007年8月美國次級房貸爆發之後,其延伸的金融海嘯已造成全球性的經濟衰退,臺灣也無可避免地受到重創。在這一波的金融海嘯的衝擊之下,政府各部門莫不全力搶救臺灣的經濟,特別是嚴重的失業問題,其中農漁業部門早已無形地扮演搶救失業、安定社會的關鍵角色。事實上,農漁業是一具有抗景氣循環效果的關鍵性產業,當臺灣面臨高失業率壓力的時候,更突顯出它吸納失業人口的重要性,因為一些都市失業人口悄悄地回到農漁村,在這裡他們不過多一副碗筷,很容易解決生活問題,甚至協助嚴重老化的農村社會,重現生命力與活力。相反的,如果他們繼續留在都市,其可能產生的社會問題與處理成本就無法想像。等到經濟情況好轉之後,這些失業人口又可回到都市、公司、工廠,繼續為臺灣的經濟社會貢獻心力。

　　其實從經濟學的角度來看,農漁業部門是一具有很強正外部經濟效益的產業,且其加值效果又多半是在臺灣內部實現,因此可能產生的經濟貢獻或乘數效果是不容忽視的。雖然目前臺灣農漁業部門的年產值約400漁業的多功能價值,

如涵養水土、淨化空氣、美麗景觀等,或從綠色GNP與可永續經營的角度來衡量其價值,則農業的產值估計會有10%以上的GDP貢獻,這和一些曇花一現的產業相比,當然是一項值得民眾重視的關鍵性產業。此外,目前臺灣農漁業部門的專業從業人口約53萬5千多人,這對於安定社會亦有不可忽視的功能。相對於臺灣,其他經濟體如新加波、香港等,在這次金融風暴的衝擊之下,由於沒有農漁業的後盾,因此其失業問題相對嚴重,所延伸出來的社會代價也會加劇。

臺灣農漁業部門一向是以小農、小漁為主體的結構,若要與國外大規模的農漁業經營相比,一定要找出自己的競爭優勢。特別是臺灣於2002年加入WTO之後,農業經營的內外部條件產生巨大的變化,傳統農漁業更不得不思考轉型經營。其實臺灣是有很強的農漁業實力,高素質的農漁業研究與農漁村人力,曾經為臺灣經濟奇蹟立下不少汗馬功勞,雖然如此,但過去臺灣在經濟掛帥的前提下,往往將農漁業視為弱勢的產業,媒體也常報導政府對農漁業部門的救濟或補貼措施,甚至不少是政策上輕忽農漁業潛在貢獻所產生的後果。如今,欣聞對於政府在推動臺灣六大新興產業時,特別提出要在四年內投入242億元的「精緻農業健康卓越方案」,並以健康、卓越、樂活農業為三大主軸,希望能深化農漁產品的品牌認證、研發領先國際的新技術,及重塑農漁村風情與開發農漁業深度旅遊。

基本上,這項策略性產業的發展上,應是具有極高發展潛力的。因為臺灣四面環海,森林覆蓋面積又達58.5%,農漁村擁有多樣性的自然生態與豐富的景觀資源,再結合優質的農漁業研發技術與人才,則地區產業與文化特性是可以彰顯出來的。精緻農漁業產業是符合臺灣既有優勢及3E原則的:即(1)經濟上(Economical)是可行的,強調穩定可預期之利潤;(2)社會上(Equity)是可接受的,注重產業發展能符合公平正義;及(3)環境上(Environmental)是和諧的,重視環境保護及生態平衡。的確,要改善目前農漁村所面臨問題是一項複雜及長期性的重要工作,特別是當前臺灣農漁村人力的平均年齡已達62歲,這些專業農漁業知識的傳承,不是辦幾次農漁業漂鳥體驗營或後繼者培育計畫就可以克服的,而是要落實在生活教育之中,這也是為何一些進步國家希望其中小學生在畢業之前,能在農漁村體驗一段生活的重要意涵,因為唯有向下扎根,才能

培育出真正「農」的傳人。不管經濟怎麼好壞,吃飽還是不變的一件大事,全球金融海嘯總會過去的,但農漁業的興衰卻攸關我們的未來。

六、海峽兩岸漁業經濟發展的互動關係

兩岸的漁業經營利害相關、涵蓋層面很廣,包括資源、勞動、市場、研發等面向。在資源方面,早期臺灣拖網漁船主要在中國大陸周邊海域作業,如今大陸的海洋漁業高度發展,並大幅擴大海洋資源的利用,以致兩岸漁民經常在臺灣周邊海域競爭資源,也發生一些海上交易衝突與漁船作業糾紛問題。近年來,這種問題特別隨著中國大陸實施全面嚴格的休漁政策之後,大陸漁船越界捕魚、非法炸魚現象時有所聞。未來基於海洋資源的永續利用和雙邊漁船作業的合諧,有必要在共同海域上推動漁業作業與管理的事務性協商,以解決漁業作業的衝突,並進一步推動資源保育與利用的合作關係。

在勞動利用方面,由於臺灣漁業勞動供給嚴重不足,以致於近二十多年來,大量僱用外籍或中國大陸船員,以滿足其漁業作業的所需。臺灣漁業經營長期缺乏年輕勞力的投入,目前相當依賴外籍或中國大陸船員,因此對於這些船員的僱用和管理必須研究改進。雖然目前兩岸已就船員的僱用和管理簽署合作協議,但對於船員的仲介僱用制度、船員訓練和證照、船員福利和作業安全等,仍有許多改進的空間。就此而言,從經濟和法制層面,建立一個雙方可以接受的勞資關係,是穩定兩岸漁業永續發展的重要基礎之一。

在漁產貿易供需方面,兩岸一直維持數量龐大但關係不正常的漁產品貿易,中國大陸的漁產品透過漁船海上交易或各種型態的走私進入臺灣市場,大幅壓低臺灣的市場魚價水準,嚴重損害臺灣漁民所得。這些管道也因缺乏檢疫措施,而存在極大衛生安全的風險。另一方面,臺灣若干漁產品,包括石斑魚、水產種苗等也一直是以小額貿易方式,出口到中國大陸市場,唯在出口數量和行銷通路上因受制於地方利益團體而無法順利開展。目前兩岸的漁產品貿易方式對於生產者

或消費者都缺乏保障。基於兩岸漁業的正常發展和雙方互惠的經濟利益，此一問題亟待研究解決。

在產業研究發展方面，臺灣漁業發展固然已有很好成績，但隨著社會經濟結構的轉變，漁業發展的目標和屬性，已開始朝向生產現代化、生活自然化、生態永續化和生命知識化等四生一體的全民漁業目標發展。在此方向上，漁業資源的可持續利用與保育、海洋休閒與遊憩活動的開展、生態景觀及文化事業的教育等日益受到重視。在中國大陸方面，其漁產量已超過4000萬公噸，並居世界之首。近年來也開始推動各種型態的海洋休閒事業，海洋資源的多方面利用，也逐漸受到重視。其海洋休閒資源豐富多樣化，然整體漁村建設、文化和生態景觀的意識上，仍有待加強，在此方面，雙方仍有許多交流合作的空間。

此外，在科技利用及衛生安全方面，雙方仍有許多互惠互利之處。中國大陸在基礎科學研究上有很好的成就，而臺灣在漁產加工和市場行銷則有長處，特別是近年來推動食品安全與產銷履歷制度方面。我們也期望中國大陸在這方面有更好的發展，包括透過優質、衛生安全的漁產品來供應臺灣不足的市場，以建立消費者信心。就此而言，在漁業和海洋科技利用及衛生安全方面是值得探討的，共同創造優質公平的市場競爭及發展知識經濟。此外中國大陸漁業政策與其發展趨向，及社會經濟，特別是對漁產品的市場需求和貿易管理，對於臺灣的漁業發展亦有許多直接與間接的影響，有鑑於此，臺灣也在今年正式成立「兩岸漁業合作發展基金會」，積極推動兩岸加強的漁業交流合作。

七、結語

漁業是臺灣一項關鍵性的初級產業，不論在糧食安全、就業機會、社會安定、國際貿易、生態環境等層面，都在臺灣經濟發展過程中扮演重要的角色。基本上，漁業為利用全民共有資源的產業，其經營也因其特殊性而具有經濟、國防、政治、社會、外交之意義，故漁業政策往往受到各階層重視，使得政策決定

除考慮漁業經營效率、漁民所得外，亦須考量社會總體資源的使用效率。因此，漁業經濟發展上都會考慮如下要項：1.漁業就業的保障，2.漁產品外匯的創造，3.生產者合理的所得，4.消費者福利的照顧，及5.魚類資源的永續利用等。唯隨著臺灣經濟發展階段的不同，上述各要素之重要性有所變動，漁業政策目標與經營策略也須有所調整。尤其是在臺灣加入WTO後，漁業各項政府補助受到限制，漁產業面臨貿易自由化、油價高漲、船員老年化、經營成本提高等衝擊。此外，兩岸漁業經營的互動關係也特別顯得重要，特別是在臺灣成立「兩岸漁業合作發展基金會」及中國大陸積極推動加速「海峽西岸經濟區」建設之既定政策下，兩岸如何透過交流活動為漁產業開拓更大的利基，應是兩岸有關單位需要重視的課題。

掌握契機建構兩岸食品安全管理體系

彭作奎

一、前言

　　當前全球正處於一個變動劇烈、充滿挑戰與機會的新時代，無論是國際格局或兩岸的政經社會形勢，都在快速變化發展中，新的國際經濟環境是經濟秩序的建構與整合。兩岸正站在農業發展的轉捩點上，兩岸農業的發展必須以新的思維，以各自農業發展優勢優先，結合國際農業資源，建立一套可長可久的安全農業體系，才能開創臺灣與大陸農業的新時代。

　　「民以食為天」，過去社會所關心能否吃飽的「糧食安全」數量問題，隨經濟發展所得提高，轉而為食品安全及品質相關之「安全食品」問題。蓋食品是人類生活與發展的基本生活物資，如果食品安全無法確保，人類的生活與發展即受威脅；進而影響國家經濟發展與國際貿易關係，危害國民經濟穩定。

　　近年兩岸經貿大幅成長，食品安全是一項兩岸關心的話題，2008年9月爆發中國大陸製造，輸入臺灣的三鹿奶粉被檢測出含有化學物質會導致嬰兒死亡，而臺灣長期進口中國乳製品作為食品加工原料，發現進口的植物性奶精含有三聚氰胺，由於使用的商家與產品眾多，產品大量下架，造成消費者的恐慌以及食品業者的重大損失，暴露食品中毒對於消費者的隱藏威脅。

　　近年來臺灣經濟以大陸為腹地的兩岸產業分工體系逐漸形成，兩岸農業合作與貿易的深化，兩岸糧食與食品供應體系將從量變到質變。由於食品衛生安全的

控管涉及從「農場」到「餐桌」的過程，從原料來源、生產、收穫後處理、加工、製造、流通、運輸、銷售、食用消費，涉及層面相對複雜，隨著兩岸間食品安全事件的發生，兩岸宜以風險評估為基礎，制定食品安全風險管理法規與政策，共同建構兩岸食品與農業安全管理體系，推動食品追溯系統，實施農產品產銷履歷制度（Traceability Systems），提供兩岸農產品從原料、生產、運輸及販售等各階段資訊，作為消費者購買時資訊蒐集之依據，提升消費者信心及確保飲食安全。

二、臺灣食品與農業安全管理體系與措施

臺灣食品衛生與安全主管機關——衛生署與農業主管機關——農委會組成跨部會小組，參照國際標準制定複雜而全面的食品安全管理體系，以確保生產者的利益與消費者的權益。其架構與重點措施如下：

（一）以風險評估為基礎，制定食品安全風險管理法規與政策

依國際資料顯示，全球出現下列五種趨勢，（1）全球因食物引起之疾病增加，如禽流感，重金屬、農藥及食品添加物汙染所造成的食物中毒或慢性疾病等；（2）新的致病性微生物出現，新產生的食因性病原菌，例如李斯特菌、出血性大腸桿菌等；（3）由食物引起之過敏性疾病增加；（4）全球性的貿易增加，某些國家之畜禽藥物（抗生素、致癌藥物）濫用情況嚴重，或有機畜禽產品受農藥汙染等，導致進口國家需加強防範與管制；（5）畜肉與禽肉工業結合之後果，因畜肉與禽肉產品之主要危害種類不同，尤其是微生物、藥物殘留與人畜共同傳染病之種類不同，當兩項工業結合時，交叉汙染機率與危害性增加等五大變遷，已引發國際間制定共同規範以維護食品安全的需求。

面對上述錯綜複雜的因素，臺灣對食品衛生安全的管理，主要藉由以下方式進行：（1）推動「危害分析重要管制點」（Hazard Analysis and Critical Control Point，HACCP）系統，以執行食品製造過程的衛生監督管理制度；（2）建立生

物技術食品（如：基因改造食品）的監督管理制度；（3）將「風險評估」（risk assessment）應用在食品衛生標準的建立與修訂環境保護、農業生產及加工流通等有關食品衛生安全之標準與法規；（4）利用高科技的電子化設備進行「源頭追蹤」計畫。

（二）以源頭管理，建立食品追溯系統

近年來，臺灣為使消費者對購買的農產品或食品之來源，有更多資訊可以參考，生產者或物流、銷售業者亦能透過相關資訊之建立，做到產品流向之追蹤及管制，從而提昇農產品及食品安全管理。行政院農委會及衛生署亦已建立「農業產銷履歷」及「食品追溯制度」，並積極此一系統來管理臺灣產品，銜接衛生署之「食品追溯制度」與農委會之「農產品產銷履歷制度」法令，進一步以產銷流程，調整農委會與衛生署之管理權責，達成產銷一元化之管理。

（三）強化廠商對食品安全之責任

先進國家的食品安全管理制度強調預防危害之發生，非事後之處理；管制措施應兼顧生產源頭及消費市場。臺灣則由農委會與衛生署分別推動「源頭管理」策略，以積極預防為主，消費市場之抽樣檢驗為輔。在此策略下，針對種植及養殖之農業生產，與食品加工及流通等源頭進行全程式追蹤及監控。

建立食品業者回收通報系統

問題食品一旦被發現流入市面，立即啟動「食品業者回收通報系統」機制，透過生產商或者經銷商「回收」措施迅速將問題食品由市面上收回銷毀。

建立業者自主澄清機制

輔導業者因應食品安全事件發生之危機處理能力，建立產品之風險管控機制與紀錄，以利分析事件內容，進一步提出處理措施，或對不當報導事件進行澄清，減少消費者疑慮、降低產業衝擊，最後再由政府聯合業者召開記者會，讓民眾瞭解處理過程。

建立檢舉獎勵辦法

臺灣可依《檢舉違反食品衛生案件獎勵辦法》向地方衛生局檢舉違法食品，項目包括：違反食品規定之食品、食品添加物、食品器具、食品容器、包裝、食品用洗潔劑、標示、宣傳、廣告或食品業者。

（四）提升農業生產之流程安全管理

為確保生產優質安全之農產品，採取下列提升農業生產流程安全管理措施：

強化各項農業生產資材管理

政府積極輔導農友依法製造、加工、輸入、使用各項農業生產源頭之農用資材。針對農藥，持續加強市售農藥檢查機制，劇毒農藥管理，並積極辦理偽（禁）農藥查緝。針對動物用藥品，持續加強查驗登記與品質、販賣、與使用之管理。飼料方面，自飼料原料進口、製造加工、運輸、儲存等各階段實施各項監控措施。

建立農產品生產認（驗）證制度

依據「農產品生產及驗證管理法」，推動「產銷履歷農產品驗證」、「有機農產品驗證」及「優良農產品驗證」制度。該法共有6章，28條，重點涵蓋：

自願性優良農產品認（驗）證農產品經驗證合格才可使用優良農產品標章，違者處罰。

有機農產品、農產加工品管理有機農產品、農產加工品經驗證合格才可使用優良農產品標章；進口之相關商品除經驗證外，需經審查合格，始得以有機名義販賣，違者處罰。

自願性農產品之產銷履歷管理該產銷履歷驗證制度必要時得強制實施。另規定實施產銷履歷之農產品經營業者對於產銷履歷資訊，具有提供及保存義務。農產品產銷履歷第三者認驗證機構，針對農民在生產農產品的過程及產品本身進行驗證，經驗證機構檢查產銷履歷資料記載正確，產品藥物殘留量符合標準者，透過驗證，允許張貼該會核發之農產品產銷履歷驗證標章。

建構完善農產品安全監測網

動植物防疫檢疫建構健全的動植物防疫檢疫體系，並推動臺灣重要動植物疫病害蟲防治，以有效的將國際上的重大人畜共通傳染性，以維護農業生產環境安全與民眾健康，保護自然生態環境。

農漁畜產品安全監測建立「安全農業檢驗管理中心衛星體系」，將農畜禽水產品不同領域檢驗技術結合成全國檢驗網路，以共同提高安全品質效率，擴充檢驗樣品件數能量，監測臺灣農產品藥物之安全。建立農畜禽水產業產品藥物安全抽檢及結果發布作業程序，加強違規案件依法查處及產品管制，防杜不合格產品流入市面。

加強農民教育輔導

開設農業專業訓練班利用各種農民集會辦理宣導、召開示範觀摩講習、田間衛生管理、病蟲害診斷鑑定、非農藥防治法等植物保護技術訓練班，並將安全用藥、生產履歷等納入課程內，使參訓之農友對當前農業發展方向有全盤之認識及瞭解，以生產安全優質之農產品。

強制畜禽養殖業者參與農業專業訓練班研習飼養管理技術及安全新知，強化業者守法觀念，賦予業者生產安全產品之責任，改善整體畜禽生產環境。

辦理養殖管理安全技術及產銷履歷講習對產銷團體設有初級處理廠或加工廠者，辦理相關從業人員HACCP衛生安全講習訓練班，強化業者守法及自主管理觀念，並辦理水產專長獸醫師（佐）培訓，協助聘用獸醫師進駐養殖區，輔導漁民適切用藥。

籌組技術服務團透過產業團體班會，加強食品安全及消費權益之宣導教育，導正業者生產觀念與提供消費資訊。透過全國豬隻保險計畫，將病死豬回收處理，防範非法流用情事之發生。

研發農業生產安全管理技術與資材，提昇農業生產技術

加強農業科技研發創新研究農作物之安全管理模式、研發農產品農藥殘留檢測及監測技術、整合有機生產管理技術之研發、篩選開發優良商業化各種微生物肥料產品，以農業發展與農民需求為導向，因應國際農產貿易加速自由化，及農

產品消費結構轉變，發展具科技效率之現代化農糧產業。

積極創新防疫檢疫科技研發應用生物技術開發疫病害蟲診斷與鑑定防治技術，發展疫情監測與風險分析技術，積極開發農產品檢疫及處理技術；並規劃新建檢疫中心之儀器設備建置及標準檢疫作業流程，以有效檢出外來有害生物。

加速畜牧科技之創新研究整合育種、營養、生理、生物科技及加工領域技術，開發含抗生素飼料的添加物替代產品，改善畜禽安全飼養模式，建立高效高值畜禽產業體系。

開發快速判定之套組式快速檢測試劑開發符合經濟、操作容易與應用試劑於魚貨新鮮品質與非法添加物，及以消費及產業需求導入新技術，研發優質多樣化、高附加價值新產品。

（五）建立農產品運銷安全流程管控機制

輔導及強化農產品批發市場等衛生安全管理體系

輔導改善其檢驗室設施（備）及員工之教育訓練，強化產地及消費地衛生品質檢測能力。並建立農產品批發市場衛生監測與即時回報系統，統合交易資料庫為臺灣農產品批發市場流通管理資訊中心，即時與同步掌握從生產端進行管理。

輔導加工廠場與初級加工處理集貨場等實施HACCP管理規範

為落實HACCP管理體系之「源頭管制」、「自主管理」及「產品責任」等三大基本精神，以確保最終產品之衛生安全品質，並將延伸至前端，輔導農產初級加工處理或集貨場，從原料或半成品開始就導入危害分析預防管控慨念，避免有些危害至加工廠無法補救，於加工製程品質管制時，強化自主衛生管理，以經常性之監測，維護臺灣民眾的飲食權益與健康。

整合及建立符合衛生安全之高效率漁水產銷供應鏈體系與管理指標

臺灣漁產運銷過程長且複雜、多元，為提升擬定漁產運銷效能，整合及改善魚市場及各級、魚種產銷團體、合作社之軟硬體運銷相關設施（備），以供應鏈觀念串聯上、下游垂直整合及產銷團體間策略聯盟，辦理生鮮處理場改善、冷藏

設備溫度紀錄監控設備等,建立輔導水產品處理場管理指標,有效結合政府與民間資源,落實管理監控系統。

改善傳統市場肉品販售設備

配合傳統市集禁止宰售活禽政策,全面改善畜禽肉類攤商販售環境,推動畜禽肉品進行冷藏(凍)販售,加長肉品保鮮期,提升畜禽產品衛生、安全。

強化畜禽產品物流品質管控機制

建立畜禽產品於配送輸往零售端之物流管控標準化管理,針對不同畜禽產品進行HACCP項目,建立各類畜禽產品之《標準化物流品質管控作業規範》,並據以導入運輸流程,以落實畜禽產品運輸過程之品質管控,避免畜禽產品於運輸過程中發生品質劣化。

建立畜禽產品物流監控機制

配合畜禽產品之物流管控標準,建立運銷流程之查驗、監控作業,輔導業者確實依標準程序,導入運輸品質管理觀念。

強化化製原料運輸車及化製場管控機制

配合現行化製原料運輸車每年查驗發證及加裝GPS軌跡之管制措施,增加化製原料運輸車及化製場之查緝頻度,輔導業者依法清運斃死畜禽,以防範斃死畜禽非法流用。

(六)提升農業生產之環境安全管理

落實水質、空氣及土壤之全面性監測,以防止環境汙染物質進入食物鏈

環境保護署積極建立環境保護綜合監管制度,推動全面性環境監測工作,及預防性環境監管工作,掌握環境汙染狀況,進行環境汙染來源之減量與管制事宜,強化環境影響評估機制及法制化,降低開發前後對環境之汙染負荷。

農委會負責灌溉用水管理,加強灌溉水質汙染防治及管理維護,提升農產品品質。

落實農作物重金屬含量監測及汙染農地風險管控機制

持續加強農作物與農地之重金屬含量監測高汙染風險潛勢之農地，加強監測農作物重金屬含量，檢測結果超過食品衛生限量標準者，立即予以剷除銷燬，農地辦理休耕，並通報環保機關。

強化農業生產環境之公害汙染預警監測對於易遭空氣公害汙染威脅之農業生產區，由農委會設置田間空氣汙染指標作物監測站，利用特定指標植物對汙染物之反應特性，提供農民預警並採取防患措施，以減少汙染對農作物之危害。

營造安全養殖的生產環境

強化淺海及箱網養殖海域環境管理將淺海貝類養殖與外海箱網養殖比照陸上魚塭納入登記管理，建立完整之海洋養殖漁業行政管理體系，以利水產品源頭追溯。

確保養殖生產環境安全透過水試所或委請各大學等水產檢驗服務中心，對臺灣各項養殖魚介貝類之繁殖、養殖場進行水產品品質抽驗及環境品質檢測工作，並定期公告不合格養殖業者、拍賣市場及食品加工廠。

落實漁船環境衛生自主管理，提昇漁撈魚貨生產環境衛生

辦理漁船漁獲物衛生作業評鑑人員訓練計畫，研擬「船上漁獲物衛生自主管理作業指引」與辦理「漁船船上漁獲物衛生管理評鑑」，整合歐盟指令、決議以及HACCP原理原則，以提昇漁船上衛生作業水準，符合國際規範。

建立安全畜禽生產區

農委會依據環保單位提供之環境監測資料，參酌各項畜禽產品之飼養特性、上市週齡及運銷、加工等相關配套條件，研訂成立畜禽安全生產區，作為農業用地容許作畜牧設施使用之依據。

三、建立兩岸食品安全及農產品檢疫檢驗系統

依據財政部資料，大陸農產品進口值居臺灣農產品進口第五位，但兩岸卻缺乏及時有效的通報系統、配套措施以及相關法律規範，更加突顯出兩岸食品安全合作的重要性。為了維護食的安全，兩岸之食品與農產品貿易實應比照歐美先進國家，建立輸出入產品緊急通報系統，進行兩岸間有關輸出入產品之資訊交流，事先掌握產品之衛生安全與品質之情報，可針對進口之問題食品立即採取因應措施。加強對輸入產品產地之源頭管理、規劃產品輸入前之驗證及認證管理系統，積極規劃產品輸入前之驗證及認證管理系統，於產品輸入前，針對產品於出口地之產製流程，進行有關法規標準之符合性評估、查核、驗證或認證，以境外管理方式彌補邊境查驗機能不足，提升通關時效，並增進檢驗資源之有效運用，達到維護輸入食品衛生安全與高品質之目的。有鑒於此，「海峽兩岸食品安全協議」及「海峽兩岸農產品檢疫檢驗合作協議」之簽署更有其必要性。

（一）兩岸簽署「海峽兩岸食品安全協議」

過去臺灣來自大陸進口商品，進口前並未嚴格檢驗，也未有明確的安全檢驗機制，兩岸食品安全一直遊走在灰色地帶。在發生三聚氰胺及毒奶事件後，引起臺灣消費民眾極大不滿與恐慌，不僅對兩岸人民和社會均造成相當程度的困擾，更增加臺灣維持社會安全與秩序的內政成本。

為增進海峽兩岸食品安全溝通與互信，保障兩岸人民安全與健康，海峽兩岸關係協會與財團法人海峽交流基金會就兩岸食品安全事宜，經平等協商，臺灣與中國大陸於2008年11月4日簽署「海峽兩岸食品安全協議」。未來兩岸之間如有任何食品衛生安全事件，均可相互就涉案的產品品名、規格、製造商、進口商等訊息，直接通報雙方所指定的窗口，方便評估事件的風險程度，立即掌握產品流向，及時採取必要管制措施，以確保食品安全無虞。

此外，自大陸進口的農產品蔬菜、水果必須完全符合農藥檢驗規定才準予進口、畜牧肉類飼料全面進行安全監控、食品原物料來源皆須透過安全檢驗，甚至是必須要有檢驗合格證明書方可上架銷售，讓人民可以吃的安心、吃出健康。

（二）簽署「海峽兩岸農產品檢疫檢驗合作協議」

為瞭解決農產品貿易的檢疫檢驗問題，防範動植物疫病蟲害藉由貿易傳播擴

散，確保農產品的品質與安全，以保障農業生產安全與消費者健康，亟需加強兩岸在農產品貿易上的檢疫檢驗合作與交流，於2009年12月4日簽署「海峽兩岸農產品檢疫檢驗合作協議」。

協議雙方同意本著互信互惠原則，在科學務實的基礎上，加強檢疫檢驗合作與交流，協商解決農產品（含飼料）貿易中的檢疫檢驗問題，建立業務會商、研討、互訪、考察及技術合作機制；必要時，可成立工作小組開展檢疫檢驗專項領域技術合作研究。雙方同意提供檢疫檢驗規定、標準、程序等訊息查詢，給予必要協助；加強農藥及動物用藥殘留等安全衛生標準交流；建立直接窗口與機制，及時通報進出口農產品重大疫情及安全衛生事件訊息、定期通報進出口農產品中截獲的有害生物、檢出的有毒有害物質及其他不合格情況，並儘速協商解決該協議產生之問題。

四、結語：深化安全農產品產製銷合作

農業是先進國家的產業，是高度科技整合之生命科學產業。展望未來，在國際化的競爭環境下，兩岸應合作互相支援，推動以「科技、資訊、品牌、市場」為核心的食品安全體系與食品供應鏈，並與國際食品供應體系與國際市場接軌。以臺灣的技術、資金與品種，建立「臺灣品牌」行銷大陸及全球。兩岸農業產業「價值鏈」上，著眼兩岸合作「研發創新」之驅動平臺（上游）、以大陸土地為腹地進行「產品技術」創新（中游）及發展「品牌創新」複製臺灣農企業之核心價值（下游）之「微笑曲線」建立合作關係，以確保高品質農產品與食品的生產與供應。

為落實此雙贏目標，兩岸政府部門除應落實食品安全與農產品檢疫檢驗項目、掌握大陸內需市場消費習慣外，大陸與臺灣分別妥善利用「物流、金流及資訊流整合觀念」與「動態比較利益概念」，建立「從農田到餐桌」完整上桌之食品安全管理與安全農業供應體系，共同保障彼此「食的安全」。

此外，臺灣朝野應排除兩岸農業合作之樊籬，積極改善兩岸農業生產結構，提升效率，是兩岸確保「糧食安全」與「食品安全」有效的途徑。老農福利屬「社會與保險」範疇，不宜因老農問題而延宕兩岸農產貿易與投資等「經濟」議題之推動。臺灣應善用大陸ASEAN＋1組織之「策略性貿易政策」發展，開拓臺灣世界市場經貿空間。大陸應正視兩岸同為WTO會員體之事實，善用最惠國待遇原則，使兩岸農業合作有效發揮「互利效果」，創造雙贏局面。

一體化架構下兩岸農業合作機制的省思與創新

吳鳳嬌

一、引言

歷經近30年的發展，兩岸農業合作已初呈寬領域、多層次、全方位的雙贏格局，成為兩岸交流合作的重要組成部分。隨著兩岸關係的日益改善，兩岸農業合作將更趨活躍且呈深入狀態，但合作機制構建滯後的弊端也將逐漸顯現。科學的合作機制不僅可為合作提供動力，也能有效調節合作中的各種利益關係，使各類合作主體的利益取向與合作效益呈現一致的走向。因此，探索構建創新性的多元化的兩岸農業合作機制對促進兩岸農業合作的長期、健康、有序發展，保障兩岸農業合作的效益實現，具有積極而重要的意義。

在兩岸農業合作機制的研究上，兩岸學者從應然、實然兩個角度對其進行了多方面的研究。李岳雲、董宏宇透過對兩岸主要農產品貿易互補性和現有合作模式的考察，分析了兩岸農業合作由投資合作走向綜合試驗區的必然趨勢，事實上明確了相應機制建立的重點與方向。基於對中央政府與港澳之間合作機制的借鑑，溫思美、鄭晶認為，建立類似CEPA的更廣泛深入的農業合作機制是根本上符合兩岸經濟發展最大利益的選擇。陳照、高明也從兩岸建立長期區域經濟協作系統的角度提出了建立「兩岸農業共同市場」的建議。王建民對兩岸農業合作機制進行了探索性的構想和具體設計，認為應以兩岸農業為整體建立更高層次的、多樣化的兩岸農業合作機制。李周則從總體上闡述了構建兩岸農業共同發展的合

作機制的主要設想和兩岸應採擇的合作政策。然而，上述研究大多只是對兩岸農業合作歷程的一般總結和簡單抽象，基於前瞻研究的機制建構性體現不足；並且研究視角仍停留於狹隘的農業生產和技術層面合作，缺乏「大農業」思維。這一研究現狀既與兩岸農業合作的宏觀環境不符，也不能為兩岸農業合作的進展提供有效的理論研究支持。因此，本文擬在前人研究成果的基礎上，就兩岸農業合作機制創新進行深入、系統的研究，透過對既有農業合作模式、機制的評析和兩岸經濟一體化走勢的前瞻性分析，在借鑑歐盟農業合作機制建立經驗的基礎上，探索兩岸農業合作機制創新，提出構建創新性機制體系的具體領域及應予構建的相應機制。

二、基於合作模式與機制的兩岸農業合作評析

（一）對兩岸農業合作歷程與模式的概括性認識

兩岸農業合作肇始於1987年臺灣民眾赴大陸探親引致的臺商大陸投資。在大陸鼓勵以外銷出口創匯的政策目標導引下，臺灣農業企業尤其是種植、養殖經營者紛紛赴大陸投資，以大陸作為基地，從事食品加工業的上游原料生產與出口。隨著大陸內銷市場的逐步開放和臺灣原物料及工資成本的上升，臺灣食品加工業者也開始在大陸進行投資。目前，臺商農業投資已出現了上中下游一體配套投資的現象，投資領域不僅包括農產品生產，還包括加工、銷售與貿易等領域，一些區域在與臺商合作開拓市場渠道和構建行銷網路方面也有一定進展。據不完全統計，至2008年7月，大陸共有臺資農業企業5900多家，投資金額為69億美元，臺商投資大陸農業金額已占外商投資大陸農業金額的80%以上。

在投資和貿易關係上，農業投資與製造業具有同樣的特點。在臺商對大陸進行農業投資的很長一段時期，農業投資所產生的種苗及原料或半成品需求主要依靠從臺灣進口來滿足，因此，臺商在大陸的農業投資也帶動了兩岸農產品貿易，產生了一定的貿易效果。加之近年來大陸對臺農業優惠中農產品採購力度的加

大，兩岸農產品貿易在商品貿易中已占據了一定的份額。據臺灣「農委會」統計，兩岸農產品貿易額已從2002年的4.34億美元增至2009年的9.13億美元，增長了2.1倍，其中臺灣農產品出口至大陸從0.66億美元增至3.64億美元，增長了5.5倍，顯示大陸已成為臺灣農產品最具發展潛力的目標市場之一。投資和貿易的開展推動了技術交流。目前，兩岸農業技術交流已從單一的種植業逐漸向畜牧、漁業、農機等領域拓展，在引進臺灣先進技術和品種的同時，大陸的農業技術對臺灣的輻射作用也逐漸彰顯。

為加速兩岸農業資源的結合，推動兩岸農業合作集聚效應的發揮，自1997年開始，國務院臺灣事務辦公室、農業部與外經貿部先後在福建、海南等地建立了9個「海峽兩岸農業合作試驗區」、15個「國家級臺灣農民創業園」和1個兩岸林業合作實驗區，這些各具特色、各有側重、相互銜接的試驗區和創業園已成為兩岸農業合作的主要載體。

綜合來看，當前兩岸農業合作主要集中於農產品貿易、農業投資以及學術及技術交流三個方面，其中貿易與投資占據主導地位。農業合作的利益相關者（直接和間接主體）不僅包括農業企業、兩岸農民，也包括兩岸各層級行政部門、各類非營利組織以及學術界。基於此，可將迄今為止的兩岸農業合作模式概括為：（1）臺商對大陸單向性的農業投資，後期主要透過海峽兩岸農業合作實驗區和臺灣農民創業園進行；（2）農業技術貿易，主要是大陸對臺灣優良農作物品種、農業生產技術以及管理經驗等的引進；（3）特色農產品貿易，主要是大陸主動開放市場，允許臺灣水果、蔬菜、水產品等農產品的零關稅准入；（4）兩岸政黨間關於農業問題的交流，如海峽兩岸經貿論壇等；（5）農業勞動力合作，主要是一些大陸漁民受僱於臺灣的捕撈公司；（6）兩岸大學和研究機構之間的農業學術交流。

（二）兩岸農業合作既有機制簡要評析

考察兩岸農業合作歷程，可以發現，雖然農業合作的模式多種多樣，但非對等條件下的農產品貿易、臺商農業企業向大陸單方面投資、在大陸特定政策支持下建設試驗區與創業園等依然是兩岸農業合作的主流，也成為此前兩岸關係下大

陸與臺灣農業合作的主要模式。兩岸農業合作過程體現為一個從最初以投資為主的資源整合到以貿易為主的資源流動再到初步構建以兩岸農業合作實驗區為主要合作平臺的過程。由於兩岸農業發展存在明顯的階段差，因而，兩岸農業合作的動力主要源於資金、技術、市場、勞動力、自然資源、管理經驗等方面的高度互補，同時也間接源於相同的血緣文化背景下雙方應對國際農產品市場競爭和追求農業可持續發展的需要。也就是說，在兩岸農業經貿關係發展的歷程中，以經濟誘因為主的市場機制扮演了主要的角色。

一個完善的產業合作或者經濟合作機制應是政府與市場邊界合理確定、職能合理劃分的體系。就兩岸農業合作中市場與行政部門職能的發揮而言，眾所周知，2008年5月臺灣二次政黨輪替之前，雖然大陸為促進兩岸經濟合作頒布了一系列優惠政策，但臺灣卻基本上奉行的是緊縮性大陸經貿政策。兩岸貿易失衡與要素單向流動格局的形成就是一個體現。因此，兩岸農業合作的大部分時段內，民間的、由市場自發推動的農業合作占主導地位，合作的動力來自於資源和優勢及農業結構的互補性，這是體現市場性的一面。與此同時，在「三通」不通和限制大陸農產品入島的政策背景下，兩岸農業要素的流動是不通暢、不對等的、受到人為干預的，或者說，產業的互動關係受到了兩岸政治關係的影響，尤其受到了臺灣當侷限制性大陸政策的影響。2008年5月以來，兩岸要素流動的環境與產業合作政策有了大幅改觀，但政策積極效應的發揮尚需較長時間。由於兩岸特殊的政治關係，二次政黨輪替之前，兩岸官方並未就經濟合作乃至具體產業合作進行過正式協商，自然也不存在兩岸官方間的農業合作機制。因而，截至目前，兩岸農業合作機制仍是典型的市場演化和理論研究的產物。也就是說，兩岸農業合作主體在無形中採取了一定的模式，遵循或依託著一種或幾種機制，也在接受某一種或者幾種機制的調節或指導，但由於長期以來制度化調控缺位，依靠一種扭曲的市場機制負載農業合作，其應有效應自然無法發揮。一方面是行政部門職能政治性缺位，一方面是市場職能扭曲性運行，雙重因素制約兩岸農業合作。在扭曲性市場機制下，以市場為基礎的農業合作的具體機制也程度不同地發生變異。在官方制度化協商缺位的情勢下，市場不僅失靈，而且失真。

總體上說，兩岸既有的農業合作機制具有兩個顯著的特點：一是農業合作機

制產生的基礎與作用範圍限制了機制作用的廣度與深度。也就是說，兩岸農業合作的領域主要是經貿合作、技術交流、管理互動、人才流動、科學研究合作等生產與技術範疇，而在反映「大農業」功能的範疇如產業關聯、土地制度改革、農業組織運行、農村發展等方面則缺乏合作機制建立與發揮作用的基礎。二是官方制度化機制缺位條件下市場機制的單方面、扭曲性運行。即農業合作機制是特殊的兩岸關係下反映、適應、調節兩岸功能性一體化進展中農業合作主體的一系列規範。但是，市場機制是兩岸農業合作的基礎機制，無論是在功能性一體化階段還是制度性一體化階段，對兩岸農業合作機制的創新與完善都不意味著對市場機制的捨棄，而是在堅持市場機制的基礎上，透過兩岸行政部門的協商，建立與市場機制配套的、旨在反映與調節合作主體行為的機制性規範，並實現合作雙方的政策對接，從而引導農業合作走向更高的階段。

三、一體化架構下兩岸農業合作的機制訴求：以歐盟共同農業政策變遷為參佐

（一）一體化架構下兩岸農業合作的機制訴求

2008年5月臺灣二次政黨輪替以來，兩岸關係顯著改善。隨著海協、海基兩會協商的順利推進，兩岸三通基本實現，要素流動趨向雙向、全面，具有兩岸特色的經濟一體化協議即將簽署，兩岸經濟將從功能性一體化走向制度性一體化。制度性經濟一體化的實現，不僅表明兩岸農業合作背景的深刻變化，也將對兩岸農業合作的功能、結構、領域乃至運行機制提出新的要求。

兩岸經濟一體化雖不一定遵循經典一體化理論規定的階段逐次演進，但政策協調是共同規律。由兩岸關係的進展與現狀決定，兩岸農業合作必然經由一個從正常化到制度化再到政策一體化的發展軌跡。正常化的實現意味著人為阻礙因素的消除，制度化的實現則完全依賴於兩岸行政部門協商，而且其本身就是一種合作機制，政策一體化是經濟合作發展到較高階段的產物。如果說在正常化和制度

化階段要素流動的範圍仍然侷限於一體化區域之內的話，那麼政策一體化階段，要素尤其是成員間的要素組合的流動已經打破了一體化區域邊界而在更大的範圍流動。一體化的政策目標將以開拓一體化區域之外的國際市場為主。因此，一體化架構對兩岸農業合作的機制訴求從宏觀上說就是要加強兩岸農業政策的協調。

在兩岸農業政策協調基礎上，一體化架構的運行對兩岸農業合作的具體運行機制也會產生相應訴求，主要體現在要求要素雙向流動、實現產業關聯、構建大農業視角、進行組織與制度合作等方面。因此，一體化架構下，兩岸在促進要素雙向流動、順暢流動的基礎上，需要將農業生產與技術領域的合作拓展到構築農業產前、產中與產後的完整產業鏈，並以「大農業」的要求改造與建構兩岸農業合作的社會環境。需要將農業合作從單純的產業合作拓展到農民、農村、農業組織、土地制度等領域。需要從產業關聯與產業融合的角度，將農業合作與製造業合作、服務業合作聯繫起來，建立三次產業及其內部行業的關聯與融合機制。需要將技術研發方面的交流與合作推充到農業制度安排和農業組織建立方面的合作。

為實現上述機制訴求，兩岸需要借鑑相關區域經濟組織進行農業合作的有益經驗，根據對行政部門與市場職能的科學確定與邊界的合理劃分，形成市場機制與官方制度化安排配合支持、良性互動，並從「大農業」範疇出發，建構更符合兩岸農業競爭力提高和經濟一體化需要的具有兩岸特色的農業合作新機制。

（二）歐盟農業合作機制變遷參佐

歐盟是當今世界經濟一體化程度最高的區域組織。在一體化架構下，歐盟實施的共同農業政策幾經演變，在促進農業與發展方面取得了顯著的成績，堪稱國際農業合作的範例。歐盟農業合作中機制建構的政策精神與政策手段值得兩岸借鑑。

1.歐盟農業合作機制的演變

歐盟在經濟一體化的不同階段，根據農業合作的進展及其效應採取了側重點不同的農業合作政策。其中1960年代確立的共同農業政策框架和1990年代以來建立的以「第二支柱」為主軸的農業合作政策影響最大，也最具借鑑意義。

（1）共同農業政策框架的構建。在農產品處於短缺狀態、對外貿易水平較低和成員經濟體對共同體的高度認同尚未形成的特定背景下，歐盟共同農業政策的建立具有多元目標，即刺激農業生產、促進出口和協調內部關係。1962年1月，歐洲共同體的歐洲委員會（歐盟前身）建立了以統一市場、共同體優先和財政一致為前提的共同農業政策（CAP）基本框架。共同農業政策的運行主要是透過價格機制、市場機制、貨幣補償金機制、歐洲農業指導與保證基金和共同市場組織來實現。農業是歐洲一體化程度最高的領域，CAP也因之成為此後歐盟建立要素自由流動的單一市場的基礎和協調共同體內各經濟體政治、經濟關係的黏合劑。以市場機制為主要基礎的共同農業政策被稱為歐盟農業合作第一支柱。

（2）第二支柱的建立。共同農業政策在促進歐盟農業發展的同時也導致了農產品大量過剩和財政負擔的日益沉重，加之共同農業政策在解決農村就業和可持續發展問題方面的功能缺失，引發了對共同農業政策進行改革的激烈爭論。1992年6月，歐盟開始對共同農業政策進行改革。改革的主要途徑與目標就是建立以鄉村發展為主要內容的「第二支柱」，將過去以價格支持為基礎的機制轉變為以價格支持和直接補貼為主的機制。這項改革由一系列政策構成，改革到目前仍在持續。1999年歐盟通過「2000年議程」，旨在根據一體化成員的農業發展及其合作情況構建歐洲農業模式。2002年7月制定並於2003年6月通過的2007—2013年CAP改革方案是將掛鉤的直接收入補貼改為脫鉤的直接收入補貼的關鍵步驟。2005年6月又決定成立鄉村發展基金，專門用於2007—2013年間的鄉村發展。基金的建立採取歐盟中央預算和成員國共同負擔的共同籌資安排。2008年11月20日，歐盟透過對與農產品產量掛鉤的農業補貼的進一步削減改革，建立了支持落後地區發展和保護生態環境的資金安排機制。至此，歐盟農業合作「第二支柱」得以構建。綜合來看，第二支柱的核心內容在於以下三個方面：透過投資和培訓提高農業相關產業競爭力、為農民和其他農業主體提供環境管理方面的支持、促進農村經濟和文化發展以提高農村地區生活質量。

2.對兩岸農業合作的啟示與借鑑

歐盟是當前國際上一體化程度最高的區域組織，而農業又是歐盟一體化進展

最快的部門。由於兩岸的特殊關係,以兩岸目前的一體化整合程度,歐盟的許多農業合作政策在技術意義上並不能為兩岸整體接受或效仿。但是,歐盟農業合作的政策精神、發展方向、機制建立乃至一些具體領域的合作方式卻值得兩岸共同借鑑。

啟示與借鑑一:「從農業走向農村」是歐盟農業合作政策由第一支柱轉向第二支柱過程中所奉行的主要理念,也是其農業合作各階段的政策精神體現。儘管歐盟的市場化程度很高,但基於「大農業」的多重功能實現,歐盟在農業合作上始終採取組織(或國家)支持範式而不是單純的自由主義範式,從而實現了政府與市場的有機結合。從兩岸各自農業發展的歷程或取向來看,雖然發展階段尚存差異,但在各自內部的農業政策取向上已先後在按照歐盟的方向發展,但在農業合作中這一走向體現尚不明顯。顯然,歐盟以「大農業」功能實現為主旨的農業合作理念與政策精神都值得兩岸借鑑。

啟示與借鑑二:歐盟政策目標與合作機制的有機結合是其農業合作取得成效的重要因素。歐盟農業政策目標確立的主要依據是農業發展形勢及其與國民經濟的關係。隨著農業發展在不同階段的主題與任務變化,歐盟適時調整其農業合作政策目標,將一體化初期以促進農業生產和提高農產品自給率水平的目標轉換為一體化較高階段以減少過剩、提高產品質量、保護生態環境、促進農村發展和維護農村社區的政策目標。相應地,其農業合作機制實現了由產業發展與支持機制向環境發展與支持機制的轉變。事實證明,歐盟農業合作目標與機制的協同轉換不僅極大地促進了農業的發展和經濟的復興,也在一定程度上推動了歐洲一體化的進展。

兩岸農業合作是典型的「政府」缺位狀態下市場主導的民間自發行為,在缺乏明確政策目標的前提下,合作機制的形成在體現出一種自發性和無序性的同時並未體現出一種建構性。因此,兩岸農業合作首先需要在政策目標的形成上借鑑歐盟經驗,其次,需要按照兩岸農業發展與合作的階段性形勢建構相應的機制,才能保證兩岸農業競爭力的共同提升。

啟示與借鑑三:共同農業政策在本質上就是一種農業合作機制,體現了歐盟

農業合作的政策協調高度。共同農業政策既是歐盟經濟一體化演進的必然要求，也是一體化組織機構的一項創新性制度安排。正是在一體化演進和制度推動的雙重作用下，農業才成為歐盟經濟中一體化程度最高的部門，為歐盟經濟一體化發展提供了基礎條件。兩岸農業合作目前雖不具備實行共同農業政策的條件，但可借鑑歐盟經驗，在兩岸經濟合作框架協議簽署後，就農業一體化進行專門協商，建立兩岸農業一體化機制，使之在兩岸經濟一體化中承擔先行軍的職能。

啟示與借鑑四：歐盟農業合作的成功也得益於其多樣化的基金支持機制。在構築共同農業政策框架階段，歐盟適時設立用以維護第一支柱的農業指導基金；在第二支柱建立過程中，歐盟採取「共同籌資安排」的途徑設立鄉村發展基金，支持農業環境改善；此外，歐盟還設立結構基金用於調整區域之間的發展差距。兩岸可借鑑歐盟建立多樣化基金支持機制的作法，在綜合型基金設立尚不具備條件的情勢下，透過特定途徑與程序，設立兩岸農業合作的職能性基金，就兩岸農業合作中特定領域如研究與開發的推進提供支持，待條件成熟後，嘗試設立多樣化的農業合作基金。

四、經濟一體化架構下兩岸農業合作機制的創新

基於上文分析，以下三組關係將共同構成兩岸農業合作機制創新的基礎、框架與方向。一是「政府」與市場的關係；二是「大農業」的功能與發展手段的關係；三是經濟一體化與農業部門一體化的關係。在上述範疇內，兩岸農業合作機制的創新體現在兩個層面，一是根據「大農業」的功能實現條件構建新的條件支持機制，二是透過官方制度化合作機制對市場機制運行加以引導，實現市場機制與「政府」機制的協調進而融合。具體而言，對兩岸農業合作機制的創新性構建將主要集中於以下方面：

（一）完善兩岸經濟協商與要素流動機制

2008年5月以來，兩岸關係顯著改善，「兩會」協商順利恢復，兩岸「三

通」基本實現，陸資、陸客入島障礙初步消除。這標幟著兩岸經濟協商機制、要素雙向流動機制、人員交流機制的初步建立。但是，制約上述機制運行的制度與非制度因素仍大量存在，使上述機制還遠未走上常態化與制度化軌道。因此，兩岸需要借助當前協商經濟合作框架協議的契機，加強兩岸農業合作政策協商程度，加快消除制約兩岸農業合作的各類消極因素，建立更有保障與制度約束力的農業協商、要素流動、人員流動機制。同時，授權行業協會或特定民間團體，建立農業發展訊息與政策溝通機制。

（二）建立兩岸農業經濟主體的互動合作機制

兩岸農業經濟主體的互動合作具有一個鮮明的特點，那就是兩岸官方在各自與其內部的農業企業、大學或農業研究機構間存在或深或淺的互動關係的基礎上，借助於兩岸農業技術的交流與投資貿易的開展，兩岸產學研合作機制初步形成並取得一定成效。但是，兩岸農業合作中包括官方在內的多主體互動關係並未形成，即便有官方參與支持，也只體現在大陸官方與臺灣產學研界在大陸的互動。因此，兩岸需要構築完整的官產學研整合機制，並借助於這一機制的建立，將農業合作機制延伸到農業主體合作和農業環境整治領域，相應建立兩岸農業組織無障礙交流機制、新型農民培訓機制、農村建設經驗交流機制。

（三）建立貿易與投資的政策協調機制

兩岸農業發展雖處於不同階段，但穩定農產品市場，保證供需平衡和促進農民增收則是共同的農業發展目標，因而也是農業合作目標。為此，兩岸可建立以貿易調節產業的機制，即兩岸根據雙方農產品的供需情況，透過對對方部分農產品的進口來調節內部市場供求。或者說，在需要進口某種農產品時優先考慮與對方開展貿易。同時，為避免兩岸農產品在國際市場上激烈競爭影響農業發展，兩岸官方可授權特定民間團體建立農產品國際市場競合協調機制，以實現兩岸農業共同面向國際市場實現雙贏的合作目標。此外，兩岸可結合農業貿易糾紛仲裁機制的建立，鼓勵農業企業組團投資，以避免單個企業投資的盲目性。

（四）建立知識產權保護與安全合作機制

隨著兩岸農業合作的深入，兩岸農業研究機構的交流將更趨頻密，新品種、

新技術的研發推廣及農產品商標與品牌的保護將成為農業合作的重要內容。兩岸必須正確面對農業技術資源與研究成果共享合作的模式問題，一個關鍵的問題就是以合理的制度安排促進技術的試用與轉讓。為此，必須在兩岸知識產權相關法規對接的基礎上，建立兩岸農業知識產權與商標保護機制，杜絕農業技術（包括優良品種與實用推廣技術）的非法轉讓以及農產品商標搶注現象的發生，降低其對兩岸農業交流與合作的負面影響。同時，採取兩岸在漁業合作領域構建安全合作機制的做法，在農產品檢驗檢疫、運輸、生產等領域建立普遍的農業安全合作機制，以保障兩岸農產品消費者和農業經濟主體的利益。

（五）建立農業區域轉移及其效益傳導機制

兩岸農業合作區域雖呈現由沿海向中西部地區的擴展趨勢，但福建、廣東、海南和山東等東部沿海地區仍是兩岸農業合作的「排頭兵」，1991—2008年期間四省農業臺資占全國農業臺資達71.59%。中西部地區雖有臺資進入，但進展遲緩、規模較小。同時，臺資農企經營內容與區域分工脫節現象嚴重，其構建的產業鏈往往獨立於當地農業發展之外，形同「飛地」，進而影響兩岸農業合作的效益發揮與區域間傳導。這種現象的出現，除了東部地區農業「集聚」效應和中西部地區引資環境的劣勢與政策缺陷外，最主要的仍在於大陸統一市場建設滯後，要素流動渠道不暢。為此，大陸應在合理規劃農產業區域布局和推進統一市場建設的基礎上，建立產業轉移的區域協調機制和產業效益區域傳導機制，促進臺資農業與大陸區域經濟在合理分工基礎上的高度融合。

任何機制的運行都需要一定的條件。上述機制的有效運行不僅需要兩岸各自對其內部農業制度與組織的變革問題，更需要兩岸共同致力於一體化條件下農業乃至經濟政策的高度協調。限於篇幅，本文不再對機制效應發揮的條件進行探討。

跋

　　1895 年清政府被迫割讓臺灣，進一步激發了中國人變法圖強的堅定意志。100 多年來，兩岸中國人為此不懈努力，經歷了無數的挫折，也走了許多彎路。回顧過去的歷史，我們可以總結出許多經驗和教訓，其中知識的偏頗和缺乏系統性的思維可能是值得檢討的眾多問題之一。作為政治精英個體，兩岸的許多前輩先賢，他們各自都有對國家和民族問題極其深刻的洞察和體會，他們提出的主張也都有一定的合理性。但是，在如何吸納其他人的觀點，在如何採納其他政黨的合理主張方面，我們太需要能夠調和鼎鼐、博采眾長的精英。學會欣賞對方的優點，真正做到有容乃大，其實並非易事，除了要有高尚的道德精神外，更需要有全面的知識和能力。這一點對於從事臺灣研究的專家學者來說同樣是適用的，當我們的國家擁有一大批知識淵博且胸懷寬廣的兩岸關係研究精英群體時，我們就有可能實現 100 多年來的夢想。

　　廈門大學臺灣研究院有 30 位研究人員，分別隸屬 5 個研究所和政治、經濟、歷史、文學、法律、教育 6 個不同學科。雖然平時有不少機會一起工作和生活，但跨學科知識整合和合作研究的機會仍然很有限。兩岸簽署 ECFA 後，民間關係發展更加迅速，涉及兩岸人民生活的研究領域已擴展到法律、教育、宗教、社會等學科，進行跨越學科學研究究已不僅是尋找學術增長點的問題，更是臺灣研究工作者無可迴避的挑戰。期待這一套會議論文集的出版，將進一步促動全體師生研究觀念的變革和研究視野的跨越，或許不久的將來，多學科的知識整合將給我們的研究帶來新的收穫和喜悅。

　　感謝所有關心廈門大學臺灣研究院的朋友們，同時也感謝全院教職工多年不懈的努力和奉獻！

廈門大學臺灣研究院院長　劉國深

國家圖書館出版品預行編目(CIP)資料

兩岸經濟合作與海西建設 / 石正方 主編. -- 第一版.
-- 臺北市 : 崧博出版 : 崧燁文化發行, 2019.02
　　面 ; 　　公分
POD版

ISBN 978-957-735-636-9(平裝)

1.兩岸經貿 2.區域經濟 3.經濟合作

558.52　　　　108001235

書　名：兩岸經濟合作與海西建設
作　者：石正方 主編
發行人：黃振庭
出版者：崧博出版事業有限公司
發行者：崧燁文化事業有限公司
E-mail：sonbookservice@gmail.com
粉絲頁　　　　　網　址：
地　址：台北市中正區重慶南路一段六十一號八樓815室
8F.-815, No.61, Sec. 1, Chongqing S. Rd., Zhongzheng Dist., Taipei City 100, Taiwan (R.O.C.)
電　話：(02)2370-3310　傳　真：(02) 2370-3210
總經銷：紅螞蟻圖書有限公司
地　址：台北市內湖區舊宗路二段121巷19號
電　話：02-2795-3656　傳真：02-2795-4100　網址：
印　刷：京峯彩色印刷有限公司（京峰數位）
　　　本書版權為九州出版社所有授權崧博出版事業股份有限公司獨家發行電子書及繁體書繁體字版。若有其他相關權利及授權需求請與本公司聯繫。
定價：950 元
發行日期：2019 年 02 月第一版
◎ 本書以POD印製發行